宁波市文化研究工程 · 专门史研究

2017年度宁波市文化研究工程立项项目
（批准文号 WHDYTS17-3）

宁波民营经济史

THE HISTORY OF PRIVATE ECONOMY IN NINGBO

先秦时期—1956年

江 怡 著

中国发展出版社
CHINA DEVELOPMENT PRESS

图书在版编目（CIP）数据

宁波民营经济史（先秦时期—1956年）/ 江怡著．—北京：中国发展出版社，2018.6

ISBN 978-7-5177-0876-6

Ⅰ．①宁… Ⅱ．①江… Ⅲ．①民营经济—经济史—研究—宁波—先秦时代—1956 Ⅳ．① F127.553

中国版本图书馆 CIP 数据核字（2018）第 137325 号

书　　名：宁波民营经济史：先秦时期—1956年
著作责任者：江　怡
出 版 发 行：中国发展出版社
（北京市西城区百万庄大街 16 号 8 层　100037）
标 准 书 号：ISBN 978-7-5177-0876-6
经　销　者：各地新华书店
印　刷　者：北京市密东印刷有限公司
开　　本：710mm × 1000mm　1/16
印　　张：33.25
字　　数：585 千字
版　　次：2018 年 8 月第 1 版
印　　次：2018 年 8 月第 1 次印刷
定　　价：99.00 元

联 系 电 话：（010）68990630　68990692
购 书 热 线：（010）68990682　68990686
网 络 订 购：http://zgfzcbs. tmall. com//
网 购 电 话：（010）88333349　68990639
本 社 网 址：http://www.develpress. com. cn
电 子 邮 件：xiaofengsxf@126. com

序一

中国民营经济发展进入新的历史阶段*

辜胜阻　韩龙艳

民营经济是社会主义市场经济的重要组成部分，也是稳定就业和推进技术创新的重要主体、国家税收的重要来源、经济持续健康发展的重要力量、企业家成长的重要平台。当前，在国内外经济形势错综复杂、经济下行压力较大的背景下，我们要牢牢坚持“两个毫不动摇”和“三个没有变”的基本方针，推动民营经济在实现全面建成小康社会和“两个一百年”奋斗目标的历史征程中发挥重要作用。

一、中国民营经济的发展历程

改革开放近40年来，党和国家促进民营经济发展的政策体系不断完善，民营经济在稳定增长、增加就业、推动创新、出口创汇、改善民生等方面发挥着越来越重要的作用。回望来路，中国民营经济从小到大、由弱变强，大致经历了四个阶段。

第一阶段，理论上的“有益补充”与实践中的初步发展（1978~1992）。从1978年邓小平提出“要允许一部分地区、一部分企业、一部分工人农民，由于辛勤努力成绩大而收入先多一些，生活先好起来”，到党的十二大提出“鼓励和支持劳动者个体经济作为公有制经济的必要的、有益的补充”，再到党的十三大提出“私营经济也是公有制经济必要和有益的补充”，标志着我们党开始认识到市场因素对调节经济利益进而促进经济发展的作用，政府对民营经济发展采取了稳妥的、有限度的政策支持。这一

---

* 原载《求是》杂志，2017年第7期，第33~35页。

时期，“草根创业”开始兴起，柳传志、鲁冠球、年广久等中国第一代民营企业家群体正式诞生。全国个体经济从业人员从1978年的14万人快速增加到1992年的2467.7万人，私营企业第一次被纳入官方统计数据，达到13.9万户。

第二阶段，理论上的“重要组成部分”与实践中的快速发展（1992～2002）。这一阶段，国家更加重视保障、引导非公有制经济发展。1992年，邓小平南方谈话提出“三个有利于”，党的十五大把“公有制为主体、多种所有制经济共同发展”确立为我国社会主义初级阶段的一项基本经济制度，第一次明确提出“非公有制经济是社会主义市场经济的重要组成部分”，出台了《股份有限公司规范意见》等一系列改革举措，为民营经济蓬勃发展注入了巨大活力。全国掀起了一场以体制内人群下海经商为特征的创业浪潮。民营经济表现抢眼，现代企业制度开始真正建立起来。这一时期，全国个体工商户增长了54%，从业人员增长了92%；私营企业达到243.5万户，增长了16.5倍，税收贡献976亿元，增长了243倍。

第三阶段，理论上的“毫不动摇”与实践中的跨越式发展（2002～2012）。党的十六大提出“必须毫不动摇地鼓励、支持和引导非公有制经济发展”，党的十七大提出“坚持平等保护物权，形成各种所有制经济平等竞争、相互促进新格局”，“非公经济36条”、《企业所得税法》、《物权法》等政策法规密集出台，促进非公有制经济发展的政策体系和法律体系日益完善。这一阶段，中国加入世界贸易组织（WTO）、互联网创业浪潮的兴起等也都为民营经济提供了更多机遇。全国个体工商户首次突破4000万户，10年间私营企业增长了3.46倍，从业人员增长了1.03倍，民营经济占GDP的比重、民间投资占固定资产投资的比重双双超过60%。

第四阶段，理论上的“三个平等”与实践中的转型发展（2012年以来）。从党的十八大提出“要保证各种所有制经济依法平等使用生产要素、公平参与市场竞争、同等受到法律保护”，到党的十八届三中全会提出“坚持权利平等、机会平等、规则平等，废除对非公有制经济各种形式的不合理规定，消除各种隐性壁垒，制定非公有制企业进入特许经营领域具体办法”，再到2016年3月习近平总书记在民建工商联委员联组会上，强调我国基本经济制度必须坚持“两个毫不动摇”，重申非公有制经济“三个没有变”，进一步坚定了民营企业转型发展的信心。“鼓励社会投资39条”“促进民间投资26条”等政策的出台，为民营经济发展营造了更加公平、开放、宽松的环境。到今天，民营经济占GDP比重、税收占全国税收比重、民间投资占全社会固定资产投资比重都超过半壁江山。华为公司等一批大型民营企业崛起为世界级企业，全世界有1/3的人口在使用华为的产品和服务。

二、新常态下民营经济发展的机遇与挑战

随着中国经济发展进入新常态，民营经济也面临前所未有的新环境。国际上，世界经济仍将长期处于结构调整期，贸易保护主义有所强化，金融市场动荡不稳，全球贸易持续低迷等不确定不稳定因素增多。在国内，我国经济发展进入以速度变化、结构优化、动力转换为主要特征的新常态，资源环境约束日益趋紧，消费向个性化、多样化、多层次的方向转变，人口老龄化加快，“互联网+X”业态不断丰富，经济运行中结构性矛盾凸显，供求关系新的动态均衡正在形成。在此背景下，中国民营经济发展面临一系列机遇与挑战。

面临的机遇主要有：一是新型城镇化。据测算，城镇化率每提高1个百分点，就能拉动消费增长约1.8个百分点，拉动投资增长约3.7个百分点，新型城镇化不仅能创造巨大的消费市场和投资空间，还能通过提高非农产业的劳动参与率为民营企业提供稳定的劳动力供给。二是产业高端化与智能化。产业结构的优化升级为民营制造业迈向“高精尖”、走向价值链和产业链的中高端提供了重大机遇。三是经济服务化。我国消费呈现出的规模扩张与需求升级并存的新特点，不仅为民营企业在养老、医疗、互联网等相关产业挖掘新的经济增长点提供了机会，还有利于倒逼企业提质增效、转型升级。四是社会信息化。信息技术和互联网的快速发展，有利于培育新技术、新产品、新业态、新商业模式，形成潜在的巨大市场空间。五是发展绿色化。绿色低碳循环发展有利于开拓新能源和环保产业的发展空间，为民营企业创造绿色低碳经济机遇，同时规避绿色贸易壁垒、树立良好企业形象。六是经营国际化。依托“一带一路”建设、国际产能合作等，民营企业可以充分利用两种资源、开拓两个市场，既有利于对冲外需疲软、外贸下行的压力，又有利于应对贸易保护主义。

面临的挑战主要有：一是市场准入存在壁垒。一方面是民营企业投资领域越来越多元化，另一方面是投资障碍仍然繁多，一些民营企业面临“弹簧门”“玻璃门”“旋转门”的阻碍，甚至有的民间资本根本不知道“门”在哪里，“想投却无处投”。二是一些民营企业在发展过程中遇到了转型的“火山”。部分作为创新主体的民营企业，面临创新能力不足而“不会创新”“不能创新”，创新人才匮乏而“无法创新”“不敢创新”的困境，陷入了低端竞争陷阱。三是融资难、融资贵成为民营企业最普遍、最突出的问题。一方面是大量资金在金融体系内部空转，信贷资源流向实体企业受阻，另一方面是劳动力、资金、资源、土地等要素价格不断上涨，高成本进一步挤压企业的利润空间。四是制度环境和市场环境仍需改善。从总体上看，我国关于促进民营经济发展的政策法规体系在不断完善，但一些地方仍然存在产权保护力度不够、政府信用缺失、政策执行落实不到位、“官商勾结”、“为官不为”等问题，一些企业家缺乏安全感和方向感。

三、努力营造民营经济发展的良好环境

中国民营经济发展进入到转型升级的历史新阶段，关键是要破解制约民营企业发展的重大难题，营造民营企业发展的良好环境，推动各项政策落地、落细、落实，让民营企业真正从政策中增强获得感。

进一步放宽民营企业的市场准入，大力拓展民间投资的发展空间。要切实打破行政垄断和市场垄断，营造公平竞争的市场环境，保障民营企业发展实现权利平等、机会平等、规则平等。以“法无禁止即可入”为原则，加快建立行业准入负面清单制度，着力消除基础设施和公用事业等重点领域的显性或隐性门槛，鼓励民营企业依法进入更多领域。要引导国企调整产业布局，最大限度地为民资在一般性竞争领域腾出投资空间。大力推进混合所有制改革，让民资在不同层次上进入国资垄断行业。大力推广政府和社会资本合作（PPP）模式，发挥政府投资的引导和放大效应。

破解转型的“火山”，提升民营企业转型升级的能力。要引导民营企业建立现代企业制度，创新管理方式，加快实现企业治理结构专业化和产权结构多元化。推动民营企业发展战略转型，鼓励民营企业不断增强自主创新能力，加大科技创新投入，构建以企业为主体、市场为导向、产学研相结合

的技术创新体系，鼓励不同类型和不同规模的企业在分工协作中实现联合创新，在不同文化环境下实现开放式创新。构建创新的人才激励机制，实现创新、创业、创富联动，培育和弘扬企业家精神和工匠精神，引导民营企业向“专、精、特、新”方向转型。加快民营企业“走出去”和民资海外投资步伐，着力提高产品质量和服务水平，打造国际化品牌，增强民营企业的国际竞争力。

破除融资的“高山”，降低实体经济成本，助力民营企业摆脱发展困境。要深化金融体制改革，放宽金融市场准入，鼓励符合条件的民营企业发起设立和参与组建民营银行等金融机构。加快转变金融机构的经营和服务理念，引导商业银行加大金融创新力度，建立符合民营企业特点的信贷管理制度、风险控制制度和风险补偿机制。规范融资中评估、审计、保险、登记等金融中介服务收费，构建政府主导的融资担保体系。推进多层次资本市场建设，稳步发展“新三板”市场，规范新型互联网金融业态，拓宽民营企业直接融资渠道。组合出拳降低民营企业成本，要落实好“营改增”等减税清费政策，降低税费负担；规范和清理贷款中间环节收费，引导金融机构合理控制存贷款利差，降低融资成本；继续适当降低“五险一金”有关缴费比例，降低用工成本；进一步降低用地、用能、物流成本和其他制度性交易成本。

改善民营企业发展的制度环境，构建“亲”“清”政商关系，提振民营企业家信心。要完善产权保护制度，推进民营企业产权的依法保护、平等保护、全面保护，让“有恒产者有恒心”。要完善政府守信践诺机制，维护政策的连贯性和确定性，增强政府的规范性和公信力。严格按照习近平总书记“一分部署、九分落实”的要求，细化政策措施，制定、完善相关配套措施和实施细则，提高政府为民营企业服务的效率和质量。构建新型政商关系，稳定民营企业家预期，既要鼓励领导干部积极作为、靠前服务，坚持“不能有贪心私心、不能以权谋私、不能搞权钱交易”；又要鼓励企业家在法律的框架内积极主动同各级党委和政府部门多沟通多交流，坚持“洁身自好、走正道”。

序 二

史晋川[①]

宁波是国家历史文化名城，宁波建城有千余年历史。宁波古称明州、四明，自明朝后改名为宁波，有“海定则波宁”之意。宁波地处长三角区域，处于宁绍平原且濒临东海，古有“四明纵横八百里”之说，气候温润、平原肥沃和河海运输网络完善，由此形成孕育农耕文明的诸多要素。

一部宁波经济民营史，就是古今宁波人不断拓殖、奋力拼搏的真实写照。据文物考古发掘的物件显示，在距今六七千年的新石器时期，宁波的先民——“河姆渡人”生息、繁衍在宁绍平原的大地上，由此产生了“河姆渡文化”。自先秦至今，个体民营经济活动一直伴随着宁波从荒蛮、落后走向文明与繁荣。

宁波这座古城与水的柔性紧密相连。浙东古运河开凿于东晋，穿过富庶的宁绍平原，从杭州流进宁波，在镇海城南注入东海。奉化江、余姚江所形成的甬江从城中穿过，三江六岸尽显勃勃生机。四明山的涓涓细流在宁绍平原上兼容并蓄、汇成江河，坚韧不拔而不舍昼夜地奔流到海，水之魂与宁波灵秀的山川浑然一体，显现出“江作青罗带，山如碧玉簪”的意蕴。

在历史长河中，宁波依靠独特的地理优势和便捷的交通条件，将开放的触角延伸到海内外。奔腾不息的三江，刚柔并济、内引外联、通江达海，“一江春水向东流”；招宝山下，甬江汇入东海，将四明之地的人文气息与东海的广阔胸怀融为一体，展现宁波自古至今开放开发、勤奋有为、勇往直前的海洋文化特质，也使宁波的农耕文化与海洋文化融为一体，赋予了宁波

① 浙江省人民政府咨询委员会副主任，浙江大学民营经济研究中心主任，浙江大学经济学院教授、博士生导师，浙江大学经济学院院长。

从远古走向未来而不断拼搏进取的内涵。

宁波是在港口这一重要节点上拥有厚重历史文化与对外开放交融的城市。滨海襟江为宁波开放营造了广袤的空间，使宁波对外开放具有先发优势。宁波是中国海上丝绸之路的重要始发港。唐宋时期，宁波就与广州、泉州并列为中国三大贸易口岸。自唐宋以来，宁波依其独特的地理区位和水网密布的环境条件，成为内外开放的枢纽城市。千百年来，熙来攘往，如清道光年间（公元1821~1851年）诗人徐时栋所言，“走遍天下，不如宁波江厦”①，足见昔日宁波民营工商业的兴盛与繁荣。

港是资本之枢纽。借助舟楫平台，宁波个体民营客商不再把眼光仅局限于江河湖汉，而是投向了无垠的大海，将宁波的商帮文化和人才、资本、技术等软硬要素融入资本的海洋。源于勤劳勇敢、不甘人后的四明儿女内心的执着，着眼于不同历史时期与发展阶段，从千百年来的个体民营企业到近代“宁波帮”的演进，他们在商业的海洋中拼搏、进取。“书藏古今、港通天下”，信息、要素、资源在人和物的载体中有序流动，资本在个体民营企业家手中尽显活力生机，其经济社会和文化的建设成就，充分印证了宁波人从未停歇的勇于拼搏、不断创新的精神和干劲。

海是文化之源泉。四明大地，山的灵秀、水的妩媚、书的内涵、资本的功力和发达的港口所积淀的文化底蕴，显现出海纳百川、包容并蓄的海洋文化特征，并成为推动宁波经济社会发展的不竭动力。其实业、实绩经过千锤百炼后升华为具有开放、包容、勤奋、坚韧和诚信的宁波商帮文化，在中国民营经济发展史上留下了大写的一笔，并将之传承至今，成为宁波这座历史文化名城厚重而受用无尽的精神财富，更为成就今天宁波国际港口历史文化名城之地位奠定了厚实的文化根基。

古往今来，宁波民营经济舞台上的匆匆过客、利来利往的市井文化，千金散尽还复来的处世气度，无一不在历史的演绎中觅见踪影。今天，我们翻开哪怕因时久而散发霉味的历史页面，透过字里行间，展现在我们面前的仍是一幅幅帆樯云集、商铺林立、人流如织、喧嚣嘈杂的画卷。无论是孤帆远

① [清]徐时栋：《烟雨楼诗集》卷一《乞儿曲》。

影碧空尽，还是商人重利轻别离，人生飘忽、起落沉浮，人世间的悲欢离合皆如过眼烟云，留给后人的是如庆安会馆般凝固的文化符号。

《宁波民营经济史》（先秦时期—1956年）（以下简称“本书”）是珍视和传承宁波历史文化之举。该史站在宁波的角度，笔触上至先秦，下至20世纪50年代中期，将体制与机制问题放到民营经济发展的大环境、大视野中，显现自古以来宁波国营（有）经济与民营经济两种体制的博弈过程和结果，及其对过去和现在经济社会发展的影响。

阅读这一研究成果，能够给人以更多的启迪与思考。作者江怡同志不畏艰辛，潜心钻研而完成近五十余万言专著，勤奋之举令人欣慰，这是作为社会科学工作者应有的执着与追求，也愿今后宁波市发展规划研究院能够有更多的基础理论研究成果面世，以为宁波建设国际港口名城、打造东方文明之都贡献一己之力。

是为序！

2017年9月16日

序 三

江 怡

民营经济史是过往民营经济现象的罗列和集成。有学者认为，“从空间分布角度看，经济史主要涉及农村经济、庄园经济、城市经济”[①]。建立在稀缺资源基础上的生产、分配、交换和消费活动，既是资源实现最佳配置的路径，也是人们日常生产生活之行为，其影响因素不外乎是人口增长、农业、手工业和商贸流通业等经济活动，以及在经济活动中形成的人与人之间、群体与群体之间的相互关系。

本书将个体私营企业置身于国家经济发展的大格局中，意在对宁波个体民营经济发展的环境背景、实施路径和影响结果进行梳理和剖析，阐述在官营和民营等不同体制环境下，宁波经济社会资源的配置路径及生产、分配、交换和消费的行为和结果，以此窥见先秦时期至1956年“三大改造”后宁波民营工商业的发展历程，以填补从先秦时期至“五口通商”以前宁波民营经济发展历史的研究空白。

宁波民营经济的发展路径和成就与四明大地上古往今来的崇商、重商传统密不可分。春秋战国时期，当儒家文明以“厚本抑末”的传统思想观念浸润经济社会的时候，宁波的古鄮县[②]便有人以鱼盐进行交易，他们是宁波历史上第一批个体户，咸祥、大嵩等象山湾北岸的乡镇是当时的近海贸易中心。明清时期，心学大师王阳明提出“工以利器、商以通货”的思想，而同为余姚人的黄宗羲，更是直言“工商皆本”，由此影响了宁波个体民营商人知行合一的价值取向，而清末浙东学派的“经世致用”原则，更为宁波民营经济

① 陈勇勤：《中国经济史》，北京：中国人民大学出版社，2012年，第4页。

② 鄮：地有鄮山（原称贸山）故名，山在鄞县宝幢阿育王寺背面。《十道四番志》云：“以海人持货贸易于此，故名。”此贸加邑为鄮。源于《宁波市志》（上），北京：中华书局，1995年，第13页。

的发展奠定了理论基础。

宁波等地的古港曾经被习近平总书记誉为记载古丝绸之路历史的“活化石”。唐宋时期的明州（即宁波）作为全国三大贸易港口之一，曾是与日本、朝鲜及东南亚、西亚诸国贸易交流的重要口岸，并由此成为我国海上丝绸之路的始发港。伫立海曙鼓楼旁边的永丰库遗址、放眼三江口的庆安会馆、品味上林湖越窑遗址出土的瓷器，映入世人眼帘的是昔日宁波个体民营工商业的繁盛之景。

创新理论的先驱和商业史研究的创始人、经济学家约瑟夫·熊彼特认为，“如果一个人不掌握历史事实，不具备适当的历史感或历史经验，他就不可能理解任何时代（包括当前）的经济现象”①。《宁波民营经济史》（先秦时期—1956年）是宁波个体民营经济的发展历史，“落其实者思其树，饮其流者怀其源”，需要我们深入了解、珍视传承，更需要温故那些从事个体民营工商实业的先辈们不畏艰辛、奋力开拓的既往历史，知晓其发展路径与不平凡的历程。

从当年偏居东南一隅的东海小渔村演变成今天亚太地区重要的门户区，宁波在国家“一带一路”倡议中，抢抓机遇，乘势发展，正在积极参与和推动共建新亚欧大陆桥经济走廊，也使民营经济面临重要的发展机遇。因此，我们更需要了解过去，从中获取有益的经验和启示，更好地把握其未来发展趋势，为宁波建设国际港口名城、打造东方文明之都作出新的贡献。

2018年4月26日

---

① [奥]约瑟夫·熊彼特：《经济分析史》，第1卷，北京:商务印书馆，1991年，第29页。

凡例

一、原则。本书坚持和运用辩证唯物主义和历史唯物主义的立场、观点和方法，按照实事求是、求真存实的原则，对相关时代宁波区域民营经济的发展路径、成就和对经济社会文化的影响进行如实叙述。

二、断限。本书上限起于原始社会的“河姆渡文化”时期，下限断于1956年的社会主义“三大改造”任务完成止，即自原始社会末期至1956年12月31日止，统贯古今、纵横史实、明古详今、侧重于近现代时期。

三、记述范围。本书所记地域范围，以下限时宁波市域范围为基础。明洪武十四年（公元1381年），朱元璋将明州府改称宁波府，宁波之名沿用至今。以其为界，在此之前，本书称呼宁波区域为明州区域或明州地区，也可称为宁波；在此之后，则改称宁波、宁波府、宁波府城、宁波地区或宁波府城及相关辖县。

四、体例。本书采用述、记、论、表、录等体例，以史为经、以事为纬，突出在经济社会和文化大的发展环境下宁波民营经济的发展历程。全书每一章节冠以概述，中设章、节、目，注释在脚，表分别插入相关章节。文字表达为语文体、记述体。

五、历史纪年。新中国成立前沿用中国历史纪年，标注公元纪年；新中国成立后采用公元纪年。本书中“新中国成立前后”以1949年10月1日中华人民共和国成立为界。

六、计量。本书采用公制，引用旧时资料时用原制。币值，新中国成立前按各时期币制，新中国成立后以人民币记数。

七、名称。本书中的政区、机构、组织、单位、职务、计量、货币，均为当时名称，首次出现均用全称，后用简称。地名除必要时用历史名称外，均用现行标准地名。本书中“宁波地区”既指今宁波所辖县（市）区，也指历史上曾经属于宁波地区，但由于区划调整后而划入其他地区的区域。

八、时限。本书中关于国营（有）和民营盐业的时限，上至春秋时期，下延自民国时期至1951年3月。因此日起，宁波盐区实行土地改革，再无民营盐场的存在，此后不再赘述两种不同体制的盐业发展路径。

九、引用资料。本书所用资料均来自《宁波通史》《宁波志》《宁波盐史》《宁波金融志》等正史、志书，档案、报刊、专著、统计数据，以及其他正式出版的资料，史中均注明其出处，或对上述资料研究整理后予以加注。

十、产业。本书以农业、手工业（或工业）和商贸流通业为叙史顺序，叙述国营（有）经济和民营经济两种不同经济体制的创业发展路径。

前言

从经济学一般意义上讲，民营企业就是在生产资料私有制基础上，按照商业原则和市场规则运作的微观经济主体。民营经济[1]则是基于私有制性质的所有制和产权结构并以个体私营企业为载体进行生产经营活动，它主要通过价格信号和市场机制来调节供求关系，是相对于国营（或官营）[2]经济（即政府直接经营管理企业的情况）而言的经济形式。

生产资料所有制是指人们对物质资料的占有形式，通常指对生产资料的占有形式，即生产资料所有制，是所有人行使所有权活动的行为规范，反映了生产过程中人与人之间在生产资料占有方面的经济关系。民营经济是中国社会主义市场经济体制中独有的经济概念，是对生产资料的私人占有，但这一概念在西方市场经济国家绝无仅有。在中国，一提起民营经济，人们自然就会想到个体私营企业的身影，似乎民营经济就是个体户和私营企业[3]（即私营经济）的另一种称呼。

---

① 民营经济的实质是指公民投资、公民受益、公民承担风险。通俗而言，就是指民间私人投资、民间私人享受投资收益、民间私人承担投资风险、自我约束，在竞争中谋求发展的经济活动。严格地说，这样的经济应称为“民有经济”或“私有经济”。

② 就所有制性质和生产资料的所有权而言，国营与民营是对应的概念，二者自古以来就是对立统一的关系。计划经济体制下,国营企业主要是指国家经营的企业。国有企业是20世纪90年代中期改革国有经济体制的产物，即转变全民所有制企业经营机制，对国有企业的所有权形式进行改革，将国营企业转变为国有企业，成为由中央或地方政府投资参与控制并作为一种生产经营组织形式，同时具有营利法人和公益法人的特点，其生产经营活动由政府部门直接管理。本书为了延续二者数千年的对应关系，从生产资料的所有权角度，将国营和国有企业两个概念合并成国营（有）企业，下同。

③ 个体户是指公民在法律允许范围内，依法经核准登记，从事工业、商业、建筑业、运输业、餐饮业、服务业等活动的个体劳动者。私营企业是指由自然人投资设立或由自然人控股，以雇佣劳动为基础的营利性经济组织。根据1988年国务院颁布的《中华人民共和国私营企业暂行条例》规定，私营企业是指企业资产属于私人所有，雇工8人以上的营利性经济组织。

所有制是经济体制的重要组成部分，是一个国家的基本经济制度，决定了民众生产生活的根本框架，它对一个国家及其社会的未来发展起着明显的导向和规范作用。在生产资料所有制的选择上，马克思、列宁所设想的社会主义阶段，应该是全部生产资料已经归整个社会所有而不是私人所有。但在中国新民主主义时期和1978年的改革开放后，具有生产资料私有制性质和产权形式的民营经济，明显有别于社会主义生产资料公有制。

个体和私营企业以生产资料资本主义私有制为基础。在西方市场经济社会里，私营经济是经济活动的主体，西方经济学的很多理论都是以私营经济为基础而进行假设和分析的。私有制基础上的产权原则是个人和社会福利的核心，即使在当今世界发达的市场经济国家里，也存在国营（有）和私营等两种不同的经济体制。以英国为例，英国作为自由市场经济国家，“私有企业是英国经济的主体，占据了生产总值的82%和总就业人数的79%”[①]，如当今伦敦的金丝雀码头集团就是英国私营企业的代表之一。

民营经济涵盖农业、手工业（或工业）和商贸流通业等三次产业。在小农经济社会里，除历史上相关朝代屯田和1956年后的社会主义“三大改造”外，农业自古以来就是个体私营状态，农业属于个体或群体（如地主土地私有制下的农庄）的生产经营范畴，且一直受到政府的重视、保护性管制和政策倾斜。从体制机制角度看，农业领域一般不实行国营（有）经济发展体制与机制。即令历史上的朝代实行国营（有）性质的屯田[②]形式，但无论是制度体制，还是资源配置或产业路径，农业生产领域中的国营（有）经济和民营等两种不同经济体制不会产生博弈行为，政府仅以收取农业税的方式与农业及农户发生联系。

在制度政策上，政府干预主要是为农业产业的发展扫清工商业与其争夺要素资源的障碍，以获取固定的租赋，而未在农业领域与民争利。因此，本书对农业的叙述原因在于其重要的基础性地位和工商业实物来源。

从生产资料所有制角度看，农业产业与民营经济有一定程度的交集。主

---

① 贺桂金：《你知道或不知道的英国史》，《前言》，北京：同心出版社，2013年，第2页。

② 屯田是指国家强制农民或士兵耕种国有土地，征收一定数额田租。渊源于西汉，至曹魏时形成一套完整的制度。自此经魏晋南北朝、隋唐以至两宋、元明清的各代都推行过边防屯田。

要体现在所有制形式与政府有限干预等两个方面。生产资料私有制是民营经济的重要基石，自耕农、佃农的生产资料所有制形式属于民营经济范畴。除租佃农户外，无论是皇室阶层、地主阶层，还是自耕农群体，其土地生产资料皆具私有制的特征。租佃关系是一种变相的雇佣关系，有的自耕农有私有土地，而自有土地则属私有制范畴。佃农所获得的土地则是土地所有者的所有权与生产耕作权、收益权实行“三权分立”的结果。

在自然经济[①]状态下，农业的基础性作用尤为重要。农业产业组织形式、生产结构皆以家庭为生产单元，适于小农经营，且农业的比较优势低。封建社会农业的基础性地位和分散性生产形式决定了其产业的独立性，使农业极具小农经济特征。在自然经济条件下，农业的个体或群体（如土地私有制基础上地主庄园）经营具有一定的合理性。因此，农业产业的特殊性和重要性，决定了其个体经营的内在必然性，使个体私营农业不可能通过集聚生产要素、扩大生产规模而增加经济效益，其生产的分散性和生产资料的独立性，必使农产品具有生产的低效性而致规模不经济。

民营经济天然倚重发展环境。从结构调整角度看，在以小农经济为主的自然经济社会中，任何朝代的内外开放政策往往成为民营经济的重要发展机遇。无论是对内还是对外开放，体现在制度建设上，政府必须首先调整经济政策，放松管制，让利于民，使生产关系更加适应生产力的发展要求。因此，历史上凡属实行开放政策的朝代，虽然“重农抑商”的制度政策不会发生根本性的改变，但“抑商”程度有所减弱，甚至在某一时期还会重商和亲商，使手工业和商贸流通业在经济结构中的比重逐渐占据重要地位，其产业结构逐渐从以农为主而转向农工商业并举。

从产业发展角度上看，商贸流通业具有产业促进功能。农业和手工业是实体产业，着力点在生产环节，其产品数量和质量是衡量其发展的重要指标；商贸流通业着眼于流通环节，交易数量和价值高低是其衡量标准。

小农经济社会里，农业、手工业发展首先是满足自身的生存和温饱之需，当其发展到一定阶段，农业、手工业出现了较多的剩余产品后，商贸流

---

① 自然经济是中国传统社会的经济基础，其特点是以小农经营为主，高度分散，在一个小的社会单元里，自给自足，且内部封闭，不与外界产生过多的经济联系。

通业就应运而生，且与市场紧密相连，其在价格信号下形成的供给和需求曲线反映市场的真实情况，并具有产业倒逼功能，即以销定产、以销促产，销售量越大，对农产品和手工业品的生产拉动作用也就越明显。

从经济社会结构的形成路径和基础看，产业发展为社会结构和分层奠定基础。商贸流通业的产业促进功能和作用越大，自然经济社会三次产业良性循环发展的程度也就越高，更为“士农工商”等四大社会阶层的形成奠定基础。社会分工进一步扩大，“士农工商”四大社会阶层也就应运而生。社会结构稳定，民众安居乐业，小农经济状态下手工业和商贸流通业的发展不仅不会侵蚀“以农为本”的产业基础，反而会促进农业和手工产业加快发展，由此提升政府税收数量和增长比例。

自然和资源形成的禀赋条件是宁波民营经济发展的重要基础。对宁波而言，唐末至宋代的江南灌溉稻作农业的水平、明末清初新大陆作物的引入，造船、瓷器和纺织等手工业的发展、滨海位置与四通八达水系所形成的完善与便捷的江海水运系统、长期积累而产生的城市化对社会功能的强化、劳动力和资本等要素的集聚集约化成果、对内和对外开放引致的民营商贸流通业的兴盛等诸多因素形成的合力，使得宁波“日益明显的资源的特产化及与此相配合自然而然应运而生的商业与贸易，只有在中央集权制度的规定下，才有希望实现有效的飞跃”①，并以此推动宁波民营经济在东南地区发展到相当高的水平。

随着农业的生产技术不断提高，玉米、红薯、烟草、土豆等外来农作物的陆续引进与推广，宁波的农业品种不断增加，种植面积不断扩大，农业产业对保障民众温饱发挥了重要作用，也使得农业的剩余产品不断增多。

当手工业从农业中分离出来后，不再成为农业的附属产业，而是在经济社会发展中发挥重要的推动和促进作用。宁波既以农业产业和农产品的丰裕，以及手工业的发展为繁荣基础，又能使二者成为商贸流通之源，再加上优越便利的交通条件与环境，路通则人通，不断扩大的人流、物流、资金流，提升了宁波作为江海型港口城市的枢纽地位，促进要素资源流实现最佳

① [日]斯波义信著，方健、何忠礼译，虞云国校：《宋代江南经济史研究》，《序章》，南京：江苏人民出版社，2001年，第10页。

配置并呈现扩散效应。

工商业领域实行国营（有）经济发展的体制与机制对宁波民营经济具有消极影响。自古以来，宁波的工商业领域一直存在官营和民营等两种不同经济体制的竞争。手工业和商贸流通领域生产周期短、比较优势大、获取利润多。如果政府垄断盐、铁、茶等生产生活性用品，对这些资源要素的源头予以控制、专营，或自己亲手去做生意，以获取超额利润，其结果必然是政府收入的大增。因此，中国古代民营工业的发展“从一开始就受到了官营工业的挤压，居从属地位，很多领域严格禁止民营进入”[①]。

政府对工商业领域的干预不断强化。在自然经济社会，除军工制造外，政府垄断盐铁、酒水、商贸流通等关系国计民生的产业，它们数量少、获利大，与农业产业的收益相比具有绝对优势。政府可以不断出台有利于其自身而不利于市场经济发展的制度政策，形成了国营（有）经济和民营经济两种不同经济体制的博弈路径。简言之，就是官营企业和民营企业的利益之争。

在工商业领域，有的产业宁波政府直接干预，委派官员进行管理，实行国营（有）经济发展体制与机制。有的朝代，宁波政府实行自由放任的经济政策，对制陶业、纺织业和冶炼业等相关产业不直接干预，诸产业均实行国营（有）和民营经济并存的发展体制与机制，任由民营经济发展。

一般而言，中国古代社会的政府对产业管理主要包含以下几个方面，一是制定产业政策，在制度方面向国营（有）经济体制或民营经济体制倾斜；二是委派官员，对相关国营（有）产业进行宏观管理和微观指导；三是设置管理机构，从规制和产业链环节，对相关产业进行有效管理；四是参与具体经济活动，政府自行开设国营（有）企业，垄断并专营盐、铁、酒等获利丰厚的产业，以为政府增加财政收入；五是收取税费，政府官员和管理机构代表政府管理民营企业，履行收取税费的职能。

宁波经济社会实行国营（有）与民营经济并存的发展体制与机制。先秦时期，四明大地经济社会处于不发达状态。余姚“河姆渡文化遗址”出土的木桨、独木舟残片、石锛、原始瓷等新石器时期的遗物，充分证明原始手工

---

① 王天伟：《中国产业发展史纲》，北京：社会科学文献出版社，2012年，第124页。

业的发展程度，成为官营手工业的雏形。从已有的文献看，从原始社会生产资料公有制转变为商周社会的私有制后，宁波国营（有）与民营经济体制与机制并存发展。

民营经济有着与国营（有）经济不同的演变路径。一是发展体制不同。生产资料私有制后，各地方的经济发展都可体现为国营（有）经济体制和民营经济两种不同的体制，二者体现为对立统一关系，在不同历史发展时期，相互依托、共同发展。但国营（有）经济始终居于主导和领导地位，而民营经济则处于次要和被动地位，双方以自身利益最大化为目标，千百年来一直在各自的领域获取应有的利益与地位。

二是发展起点不同。我国古代手工业分为官营手工业、私营手工业和家庭手工业等三种经营形态，家庭手工业和私营手工业就是民营经济的范畴。为了实现某一时期的经济社会和文化发展目标，政府利用对制度政策源头的把控，在制度安排上对国营（有）经济体制倾斜，如“重农抑商”、“盐铁专卖”及对对外贸易的垄断等，使民营经济首先在制度要素的获取上不与国营（有）经济体制居于同一起跑线。

三是发展范围不同。经济环境为宁波民营经济提供发展机遇和要素配置动力。中国古代经济以农业生产为主，劳动力则是农业生产中最重要的要素。宁波“人口的增长与削减也反映了农业生产的进步与否，甚至是决定经济繁荣的首要因素”①。

除了人口因素以外，手工业也是民营经济重要的发展产业之一。“中国古代在工艺技术上所取得的成就对工业生产力的发展起到了重要的推动作用。如酿酒、青铜、陶瓷、冶铁、造纸、印刷等工艺技术，在不同时期，对不同产业部门生产力的发展产生了重大影响”②，使手工业和商贸流通业成为民营经济的主导产业。

自古以来，宁波个体民营商人借舟楫之便，将稻米、食盐及其他各种本地物产交易于海内外。宁波“资本的经营和管理活动是经济发展的最强大的

---

① 袁行霈、严文明主编：《中华文明史》（第三卷），袁行霈、邓小南主编，北京:北京大学出版社，2006年，第85页。

② 王天伟：《中国产业发展史纲》，北京：社会科学文献出版社，2012年，第19页。

动力，不承认这一条等于抹杀市场经济在经济生活中的决定性作用”[①]。因此，本书的写作需回答两个问题，一是自先秦时期后，个体私营经济这种非公有制形式在四明大地上产生和运行的历史渊源与路径；二是宁波民营经济过去和现在的发展如何成为传承关系。起源于先秦时期的甬商是靠工商业起家的，自唐朝以后至今的宁波个体民营企业发展正是甬商经营行为一脉相承的延续。

宁波国营（有）经济与民营经济在发展路径、体制机制、产业特征等方面显现不同的发展特点。具体而言，就是“一条主线”、“两种体制”、“三次产业”、“四大方面”（即农业、手工业（工业）、对内商贸流通业、对外贸易）。

“一条主线”，即宁波民营经济自古至今的发展历程；“两种体制”，即国营（有）与民营经济发展体制与机制；“三次产业”，即在自然经济状态下，民营经济涉及的一二三次产业。其中，“三次产业”所发挥的作用可从两个方面来理解，一是农业的基础性作用为小农经济社会的二三产业提供实物来源，二三产业是民营经济的主体产业，既在实体经济领域，也在商贸流通范畴，更是政府与其逐利的博弈场，构成了宁波民营经济波澜壮阔的发展史；二是民营产业的推力因素，至少包含农业新物种的引进、手工业的发展、便捷的河海运输条件、城市化推进对社会要素的集聚集约功能、资本要素内外开放的互动效应等五个方面。“四大方面”，即指民营经济发展史必然涵盖农业、手工业（工业）、对内商贸流通业和对外贸易等四个方面。农业是商周时期重要的生产部门，纺织、陶瓷、冶炼、制盐是千百年来中国古代手工业的引领产业。对宁波而言，除了冶炼业外，制盐、纺织、造船、陶瓷皆为其重要产业。多年来，在宁波范围内出土的陶器、原始瓷器、木浆等文物，代表了当时制陶业、造船业、冶铸业和纺织业的发展水平。

商贸流通领域分内外贸易。食盐是史料记载的战国时期宁波地区第一个商贸交流的商品，而市镇作为商贸活动的载体，在生产、流通和消费的链条中扮演了重要角色，宁波市镇的兴起直接促进了商贸流通业的发展，使其日渐兴盛，西门、南门、宋诏桥、望春桥、江东等区域成为重要的交易之地。

---

① 袁伟时：“叩问现代文明迟到的斯芬克斯之谜”，新浪博客，《迟到的文明》自序，2014-03-20，http://blog.sina.com.cn/yuanweishi2017-06-02。

由于封建社会的历朝历代大多重视对外贸易，而且对外贸易对当时的经济社会和文化都产生了重要影响。在主要的历史发展时期，政府的对外贸易经济体制与机制，与民营对外贸易一道，成为对外贸易的两种体制与机制的存在形式。

在工商业领域，商朝实行官办与民营并存的“双轨制”经济体制，首开历史上国营（有）和民营“双轨制”经济体制的先河。商朝产生了我国第一个官办性质的商人群体，标志着官商的诞生。到了汉朝，汉武帝将营商权收归国有，实行“盐铁专营”，首开政府营商先例，政府正式以商人身份登上中国的经济舞台。

“影响农耕社会发展的外埠因子，主要是国家政策与自然灾害两大方面。对经济影响最大的是国家政策”①。因此，宁波历史上出台的很多改革措施，几乎均涉及政府对民营经济的制度安排和政策举措，在实施过程中，政府、国营（有）企业和个体私营企业最终演变成三角关系。

在从春秋至清末的漫长时期里，除了“重农抑商”外，封建社会还有“盐铁专卖”和垄断海外贸易等两大基本国策，而对海外贸易进行垄断的首倡者是元世祖忽必烈时期的理财宰相卢世荣。因此，封建社会的三大基本国策，作为当时国家重要的制度安排，将政府利益置于首要位置，对民营经济产生明显的抑制作用，使其长期处于被动和从属的地位。

虽然“重农抑商”有一定的合理性，但危害民营经济发展。《汉书·文帝纪》有言，“农，天下之大本，民所恃以生也”，充分说明了农业是农耕社会的第一产业，更是民众赖以生存和维护封建政权的根基。自然资源和制度政策等要素具有稀缺性，政府在大力发展国营（有）经济体制的过程中，自然资源和制度政策等要素优先服务于国营（有）企业，其制度制订和经济政策向国营（有）企业倾斜。

为避免冲击农业的基础性地位，政府从制度政策和资源要素上保障农业产业的顺利发展，体现在农业立国、“以农为本”、重农而抑商，不主张、不鼓励发展商品经济，甚至通过政策举措对民营工商业产业进行抑制及对其

---

① 傅璇琮主编，钱茂伟、毛阳光著：《宁波通史》（元明卷），《导论》，宁波：宁波出版社，2009年，第8页。

群体进行打压，形成自然经济条件下的封闭型的经济发展模式。通过“重农抑商”发展理念和制度政策的顺利推进，以确保封建社会政治、经济和社会基础更为牢靠。

由于受儒家文化思想的影响和制约，封建社会一直实行“重农抑商”的小农经济政策，商人在政治上没有地位，商贸流通业也很难成为经济社会的支柱产业。因此，商贸流通业作为基本服务业，仅是在满足民众日常的衣食住行需求后居于被支配地位的经济形式，更由于交通不便而致运输成本高昂，即使价廉物美的本地产品也很难借助运输网络在全国流通。

自公元前221年秦统一中国起至东汉后，宁波商贸流通业才逐渐兴起，直到唐代中叶后，宁波的商贸流通业才不断兴盛。据史料记载，公元738年，以宁波单独设置明州而与越州分治为标志，宁波正式进入了经济社会和文化的开发阶段。

宁波因港而兴，港口的兴衰对宁波发展具有决定性的作用。作为一个内河型的港口城市，公元821年，由于明州州治移到了三江口，宁波老三区的滨江区域由此成为经济中心，表明宁波作为新兴港口城市地位的正式确立。以三江六岸为载体，宁波经济社会文化步入了正式的发展阶段，拉开了宁波作为东部沿海重镇、承担对外开放和文化传承重任的港口城市的序幕。这对宁波经济社会和文化的发展，尤其对宁波民营经济的发展具有十分重要的意义。

宁波民营经济肇始于春秋战国时期的工商业。由于滨海而立，海水连天，宁波陆岛岸线有1402公里，具有晒制食盐的天然优势。宁波先民们以海水为原料，通过人工或自然蒸发的方式，将海水逐渐浓缩成饱和卤水直至析出盐。据史料记载，周平王元年至周元王元年（公元前770～前476年），先民们在今余姚境内的滨海地带用海水制盐。到了战国时期，周元王二年至秦王政二十六年（公元前475～前221年），在鄮山之地，即今宁波鄞州境内，“海人持货贸易于此”，说明先民们以食盐进行交易。

社会分工的细化与扩大以及先进的造船技术是早期宁波民营经济发展的重要推手。社会分工为民营经济的发展奠定了产业基础，交换是扩大宁波社会再生产的动力，商贸流通业是宁波民营经济的起始产业。随着农业的发展和专业分工的不断扩大，纺织、造船、酿酒、海盐、瓷器等手工业十分发达，由此刺激了宁波市镇经济的迅速兴起而带来了商贸的繁荣，如“东渡门到姚江边的渔猎门一带则有集市贸易出现”①。

与早期相比，此时出售的产品已经不完全是剩余产品，而是个体工商业者以商品价值为取向，自域外引进宁波市场上的稀缺商品，再将其生产量大且具有比较优势的商品流通出去，推动了集市的兴盛和流通地域、领域的扩大。随着人口的增加和集聚程度的提高，市镇、集镇不断发展起来，尽显熙熙攘攘之势，宁波由此成为繁华的滨海城市。

宁波的造船技术在当时居于国内外的领先地位，舟楫之便带来了交通、交流之便，宁波成为重要的口岸城市。随着流通领域的扩大，人们逐渐发现固守在一定范围内做生意的收益远远不如利用舟楫之便往返于江河湖海做生意更赚钱。在利益的诱惑下，人们纷纷进江出海，为生意奔忙，无形中推动了宁波的对外开放。

个体民营商人通过生意的载体，将宁波的资本要素扩散到五湖四海，使其开放具有内外兼举的特点，即以港口为依托，以内河为动脉，以商品和文化的交流来拓展内陆腹地。而在对外交流中，由于航线的开通，民间商船可以往来于日本、高丽和东南亚诸国。元朝至元十四年（公元1277年），宁波设立“市舶司”②，政府对海内外的商贸交流进行有效管理。宁波不断与日本、高丽和东南亚诸国频繁往来，而且延及西亚和非洲地区，基于民营性质的商贸交流活动日渐兴盛。

宁波大规模开发始于唐代。自唐代以降，宁波就逐渐成为东南商贸重要的枢纽性城市。从唐宋到明代时期，宁波是我国通向日本、朝鲜等东亚国家的船舶始发地，日本、朝鲜等国的遣唐使、遣宋使、遣明使大多自宁波登岸。作为对外开放的东南重镇，宁波在明朝已是全国三大“市舶司”之一，清代是全国的四大海关之一，鸦片战争后又是“五口通商”中的“五口”之

---

① 乐承耀：《宁波经济史》，宁波：宁波出版社，2010年，第4页。

② 市舶司是中国在宋、元及明初在各海港设立的管理海上对外贸易的官府，相当于现在的海关。负责对外（海上）贸易之事，是中国古代管理对外贸易的机关。唐时对外开放，外商来货贸易，广州等城市就成了重要通商口岸，国家在此设市舶司，或特派，或由所在节度使兼任。始于唐，盛于宋，至明末逐渐萎缩。清时设海关而废市舶司。其职掌检查进出船舶蕃货、征榷、抽解、贸易诸事。

一。自鸦片战争到甲午战争的半个多世纪，随着内外开放程度的提升，宁波经济社会在商业形式与路径、经商范围，以及民营经济的社会地位等六个方面出现了明显的变化。

宁波傍依名山、水网密布、连江襟海、港通天下，有着进行商贸流通的天然条件。作为滨海城市，宁波因水而兴，因海而荣。从前，宁波商人和货物经浙东古运河进入钱塘江后，杭州为其营商提供施展营商才华的舞台。明代时宁波的天一阁曾藏书7万卷，这印证了其经济社会的发展水平和文明程度，“书藏古今，港通天下”。元代以后，宁波经济社会发展程度不断提高，经商之风渐浓。自明末清初后，其他散居各地的甬籍商旅则将宁波商帮文化在异乡发扬光大最终形成近代的“宁波帮”[①]。

“洋务运动”的重要贡献之一在于逐渐形成“重农重商”的发展理念。随着“洋务运动”的不断推进，“重农重商”的发展软环境不断形成，自然经济和社会结构逐渐解体，国营（有）经济逐渐让位于民营经济，以清政府放弃“重农抑商”的基本国策为标志，“重农抑商”也就逐渐演变成“重农重商”并作为重要的制度政策。

经过“洋务运动”的洗礼，以及其后外资和规制的不断进入，民营经济被压抑的状况直到近代才有所改观。经济社会由以国营（有）经济体制为主，到后来逐渐转变为以民营经济体制为主，宁波民营经济逐渐改变了过去的弱势状态和在国民经济结构中的配角角色。“国退民进”这一现象使民营经济逐渐成为宁波经济社会发展的重要力量，形成民营经济引领宁波经济社会和文化发展的新格局。

借“五口通商”的开放之机，一大批甬籍个体民营从业者从渡口上船，远赴他乡，到异地寻求发展之机。他们白手起家，奋力打拼，凭着一股不服输的韧劲，以鸿鹄志向在开放中学习谋生本领，在谋生中掌握立身技能，专一业而托终生、行多业而惠社会。宁波人以地域与亲缘关系形成的“宁波

---

① “宁波帮”是指宁波人尤其是宁波商人在开展商事活动中逐步形成并发展起来的一种群体称谓，它是历史上著名的商帮群体。一般泛指旧宁波府属的鄞县、镇海、慈溪、奉化、象山、定海六县在外地的商人、企业家及旅居外地的宁波人。鸦片战争后，随着外国资本的入侵，商人都涌向经济较发达的城市经商，形成了商帮，当时较著名的商帮有“广帮”、“徽帮”、“闽帮”等，但有些商帮逐步衰落，销声匿迹，而“宁波帮”历久不衰，不断发展壮大，尤其在港澳台等地的“宁波帮”企业家，更是举世闻名。

帮”及其发挥的作用与显现的实力，改变了中国近代经济的走向，成为宁波民营经济史上耀眼的篇章而名垂青史。

无论是宁波本土，还是身在异乡的个体民营从业者，他们纷纷涉足工商业、金融业领域，并通过创业创新成为资本拥有者，使民营经济立身于宁波这块土地并在海内外发扬光大，形成天时地利人和之势，不断促进资源要素实现最优配置，最终利人利己利社会。

宁波民营企业家作为生产资料私有制的载体之一，既是生产资料的所有者、经营利润的拥有者，更是社会化大生产的组织者、投资风险的承担者、生产经营的主导者和管理者、产品市场的开拓者。他们选择实业救国，在自己熟悉的领域，用聪明才智把实业当事业来做，毕其一生终做出惊人的成就。同时，讲究信用和公平，在赚取更多的金钱、实现自身价值的同时，也为社会增加了财富。

近代以来，宁波成为浙江区域内的经济发展重镇，民营经济逐渐在经济社会结构中占据主导地位，工商经济的发展使自然经济逐渐解体。宁波集市从兴起到繁荣，促使商人阶层迅速崛起而成为经济社会的中坚力量。源于资本原始积累的不断扩大，资本本身的逐利性和宁波商帮文化的有机结合，商品交易日益活跃，宁波从一个边陲商埠、明末后兴起延至民国而成为港航物流与枢纽与中心，宁波工商文化的基因一直在传承。

按其生产资料的占有情况来区分无产阶级和资产阶级是马克思的标准。按照传统理论，社会主义生产资料公有制的任务就是要消灭私有制。经过20世纪50年代中期的社会主义“三大改造”，商品经济逐渐被消灭，使市场经济失去发展基础，也消灭了从传统到现代形成的宁波工商业文明。从1956到1978年的22年时间里，宁波民营经济几近绝迹。

目 录

第一章 宁波发展沿革及宁波民营经济研究综述

第二章 先秦时期宁波民营经济发展概述

第三章 秦汉到六朝时期宁波民营经济发展概况

第四章 唐朝、五代及宋朝时期宁波民营经济发展概述

第六章 清朝时期宁波民营经济发展概述

第一章

宁波发展沿革及宁波民营经济研究综述

宁波在“于越时期，约当商、周时代”[①]。春秋战国时期，宁波是越、楚等国的辖地。秦朝时期，宁波属会稽郡管辖。唐朝时期，宁波正式称为明州，城区三江口成为州治所在地。

唐开元二十六年（公元738年），唐朝单独设立明州，由明州统辖鄮县。同时，以境内的四明山作为州治名称，称宁波为“明州”，州治迁小溪（今鄞江镇），辖鄮、慈溪、奉化、翁山4县。

“工商食官”[②]是夏商周时期的官营手工业制度，实际上就是今天的国营（有）经济体制，其最重要的作用在于实行政府垄断。“宁波帮”是宁波商贸文化的重要载体，近代宁波民营商贸交流成就及宁波帮的作为素来为人们所瞩目。

第一节　宁波概况及发展沿革

秦（公元前222年）建鄞县[③]时，包括今鄞西以及奉化全境和宁海、象山一部分，县府设在今奉化市的白杜村。唐长庆元年（公元821年），明州刺史韩察将州治移到今天的宁波三江口，并且筑子城，实行有效管理，为建城之始。以此为标志，宁波正式步入经济开放阶段。

---

① 傅璇琮主编，张如安、刘恒武、唐燮军著：《宁波通史》（史前至唐五代卷），《导论》，宁波：宁波出版社，2009年，第4页。

② “工商食官”是夏商周时期的官营手工业制度，它是周代，尤其是西周春秋时期工商业发展的基本制度，尤指西周官营手工业制度。指当时的手工业者和商贾都是官府管的奴仆，他们必须按照官府的规定和要求从事生产和贸易。即政府将商人集中起来，设官统一管理，为他们提供衣食，驱使他们为政府服务，推动了手工业的发展。在这种制度下，周王室和诸侯都有官府管理的各种手工业作坊，属司空管辖。

③ “鄞”是今宁波地区出现最早的地名之一，古鄞县则是今宁波地区最早设立的四县(句章、鄞、鄮、余姚)之一。据文献记载，秦汉时期已设立古鄞县，直至隋代开皇九年（公元589年）才并入句章，后废弃，其前后延用凡800余年。据考古发掘，并结合历史文献与方志记载，确定今宁波市奉化区西坞街道白杜村城山南侧为秦汉时期至隋代的古鄞县县治所在。

公元1367年，宁波称明州府。明洪武十四年（公元1381年），明州改称宁波府。

一、宁波概况

宁波地处东南沿海，位于中国大陆海岸线的中段，长江三角洲的南翼。自春秋战国至明清时期，宁波不断拓展港口的交流功能，历经行政区划和称谓的变化，自唐宋时期始称宁波。从公元821年起，宁波进入城市发展的快速通道。

（一）宁波名称的沿革

史料中讲的“甬”和“句”，即指今宁波。《辞海》里解释：“甬，浙江省宁波市的简称，因境内有甬江而得名。”古时将甬江流经的区域都称为“甬地”，尽管这块土地的名称曾经历多次变迁，但“甬”始终作为宁波的简称，延续至今。

对“甬”字的来历，三国时期的韦昭在《国语·吴语》中注：“甬，甬江。”就是说“甬”这个地名源于甬江，而甬江又源于甬山。甬山就是今天鄞县与奉化交界处的江口镇塔山，发源于四明山麓，是雪窦山的余脉，山南为奉化，山北为鄞州。《奉化志》上讲，甬山的得名源于此山很像覆置的大钟，且山上水源丰富，像泉水一般涌出来，而“甬”即含“涌”之意，故称甬山。

“甬”作为宁波的简称，早在2400多年前的春秋时期就已出现。当时，这块地方还不叫宁波，仅有鄞和句章两个地名，隶属于越国，是越王勾践的领地。据志书记载，夏朝时期有堇子国，以赤堇山为名，后加“邑”为“鄞”。因此，宁波最早的名称为“鄞”。

在春秋时期，鄞、甬地名已十分出名，且地域辽阔，到秦（公元前222年）建鄞县时，它的地域包括今鄞西以及奉化全境和宁海、象山一部分，县府设在今奉化市的白杜村，其境内唯一通向大海的这条甬江，成为这一地区通往外界的主要水道。

当时，甬江名气已很大，鄞、甬两个地名同时并存，指同一地域，但那时的甬江，是从剡江、鄞江和奉化方桥方向流来的东江汇合处开始，一直到镇海口出海为止，不是今天的甬江。现在已将从甬山流至宁波市区新江桥的长达121公里江段称为奉化江，而把奉化江和余姚江汇合于宁波市三江口至镇海口的22公里江段称为甬江。

（二）宁波历史文化悠久

1. 春秋战国时期宁波是越、楚等国的辖地

宁波市域有史记载，始于春秋战国时期。作为越、楚等国的辖地，公元前473年，越王勾践在今天宁波的江北慈城镇附近设立乍山城山渡，宁波成为春秋时期全国的九大港口之一，也因此成为古代“丝绸之路”的始发港。

2. 秦朝时期宁波属会稽郡管辖

秦时郭、贸、句章三县属会稽郡。秦王政二十五年（公元前222年），秦置会稽郡，所属地域设有句章、鄮、鄞和余姚4县。

宁波以鄮县命名，属会稽郡管辖。鄮县的区域包括今宁波江东区和今鄞州区东部、北仑区及舟山群岛，县治设在宝幢附近的鄮山同谷，即今天宁波市鄞州区五乡镇的同岙村，旧称鄮廓。

3. 唐朝时期宁波正式称为明州

城区三江口成为州治所在地。隋文帝开皇九年（公元589年），宁波称为句章县，下辖鄞、鄮、余姚、句章等区域。唐武德四年（公元621年），句章、鄞、鄮3县地置鄞州，州治在今城区三江口。

唐武德八年（公元625年），废鄞州，鄞州属地隶属于越州，即鄞、鄮、句章三县合并称鄞县，属于越州管辖。

宁波在唐宋时期称明州。唐开元二十六年（公元738年），唐朝单独设立明州，由明州统辖鄮县。同时，以境内的四明山作为州治名称，称宁波为明州，州治迁小溪（今鄞江镇），辖鄮、慈溪、奉化、翁山4县。

唐天宝元年（公元742年），明州改称余姚郡，隶属于越州。唐乾元元年（公元758年）复名明州。

4. 明朝时期明州易名为宁波而沿用至今

南宋中期以后，宁波称庆元府。南宋绍熙五年（公元1194年），宋宁宗赵扩即位，赐明州年号庆元。南宋庆元元年（公元1195年），升明州为庆元府，府治设在鄞州三江口。元朝时期，元改府为“路”，宁波称庆元路，辖鄞、慈溪、奉化、象山、定海（今镇海）、昌国（今定海）6县。

元至正二十七年（公元1367年），改庆元路为明州府。明洪武十四年（公元

1381年），为避国号讳，朱元璋采纳鄞县书生单仲友的建议，取“海定则波宁”之义，将明州府改称宁波府。迄今为止（至2018年），宁波城市之名已有637年的历史。

清代，宁波府辖鄞、慈溪、镇海、奉化、象山5县。民国十六年至二十年（公元1927～1931年），划鄞县城厢及近郊建立宁波市，直属省政府。1949年 5月浙东解放，鄞县城区建置宁波市，城区为宁波专署驻地。1983年撤销专署，实行市管县体制。

5. 宁波城市的历史始于三江口

公元821年成为宁波城市建制的元年。唐长庆元年（公元821年），明州刺史韩察将州治移到今天的三江口，并且筑子城，实行有效管理，为建城之始。以此为标志，宁波正式步入经济开放阶段。

乾宁五年（公元898年），又筑罗城，为宁波老城区之雏形。此后，宁波城市的名称虽有变化，但宁波作为建制城市，其经济社会文化等诸方面均得到长足发展。

二、开放文化是宁波民营经济的灵魂

古往今来，宁波这座连江襟海之城因水而生，水网密布，海河联通，水与人的结合，使宁波对外开放的地理区位优势显现无遗，其发展平台也由江河走向海洋。

（一）宁波具有地理区位优势

1. 南北洋的分界线

宁波地处中国海岸线中段，滨江临海，扼守南北海运之要冲，位于河海运输之枢纽，是名副其实的滨海城市。从镇海的出海口到定海的直线，将中国的海洋一分为二，定海以北为北洋，以南则为南洋，发达的水系再加上河海港口而形成的枢纽，为宁波“港通天下”打下坚实的基础。

2. 海河联通一体

从长三角区域看，宁波是长三角的南翼，位于太平洋西岸。从地质构造上看，宁波属于冲积平原，以滩涂连接海洋，北面是杭州湾的入海口，东与东海相接，南面毗邻三门湾。河的密集，使宁波的余姚江、奉化江和甬江汇聚成四通八达的水网，“三江六塘河、一湖居中央”。

（二）水是宁波发展之源

自“河姆渡文化”后，宁波先民将水的血脉属性转变成动脉功能，不仅贯通了发展动脉，也改变了宁波的发展平台，水从阻隔之势而变成了交流的纽带，将宁波先民将生存和发展能级从滨江跃升为了滨海，成为千百年来经济社会和文化发展的重要载体。

因生产生活之需，宁波造船业长盛不衰，也由此成为东南沿海舟船的生产重地。北宋后，宁波三江口还专门设有政府管理的造船场，即当时的国营（有）企业，彼时战船街的江面上帆樯林立。

水能载舟，宁波是中国大运河最南端的出海口，中国“海上丝绸之路”的东方始发港，宁波及其周边区域的土特产品通过舟楫等运载工具远赴重洋而与域外客商交易、交流。

（三）宁波港是对外开放的“桥头堡”

1. 宁波港对外开放历史悠久

港口发展与宁波紧密相连，它将古今宁波人的触角远及海内外。宁波先民是古代北越民族北系于越族的旁支，由于地理位置的优越和便利，宁波毫无农耕社会的封闭之感。

专栏1-1　句章港奠定了今天宁波的港城地位

早期宁波人在河姆渡以东3公里的城山渡建句章城，开辟句章港，以为军事目的而非民间贸易，成为彼时宁波通往东海的门户，这便是今日宁波大港的前身。

句章港与会稽港、琅琊港等其他九大港口一道成为中国历史上最早开辟的门户港口之一。唐长庆元年（公元821年），明州港跻身全国四大名港之一，使宁波成为东亚贸易圈的四大枢纽港，由此奠定了宁波港在民营经济发展中的重要地位。

唐代之后，作为中国“海上丝绸之路”的起点之一，除了丝绸贸易外，宁波民间商人还与日本、朝鲜半岛进行瓷器贸易，因此这条路也可称为“海上瓷器之路”。

北宋淳化元年（公元990年），政府在宁波设立官方外贸管理机构“市舶司”，行使海关职能。南宋年间，江东市镇颇具雏形，三江口造船业蓬勃发展。元代时期，宁波港口贸易遍及欧亚非三大洲，宁波成为名副其实的港城。

2. 港口是宁波对外开放的重要平台

宁波港包含句章港、江厦港和镇海港。随着经济社会发展和地理环境的变化，宁波港几经移址，从句章港移至江厦港，一时间，使三江口千帆竞发、商贾云集而成为繁华之地。宁波自古“帆船成排，桅杆成林”，据《四明志》记载，古代宁波“海外杂国，贾舶交至”。

宁波的对外开放带来了港口的繁荣。明代虽实行海禁，但宁波依然成为南北货运枢纽。清朝时期，清政府在此设立“全国四大海关”之浙海关，使宁波兼得大运河末端和“海上丝绸之路”起点的优势，促进生意通江达海行天下。

从江厦港到镇海港，“五口通商”使宁波重现昔日的辉煌，江厦街依然熙熙攘攘、摩肩接踵，人声鼎沸，生意兴隆。

（四）商业文化是宁波开放文化的重要组成部分

缘于宋代之前，宁波受传统的“重农抑商”制度和文化的影响较小，人们主观上并不觉得经商是低贱行当，认为商贸流通行为是农业和手工业的有力推手，再加上宁波本土地狭人稠，很多人或外出经商，或以商贸流通业为生，宁波港成为除土地以外的要素交流枢纽。唐宋以来，宁波成为我国重要的开放口岸。

“五口通商”后，宁波得以开开放之先河。从商是宁波人如愿的抉择，“树挪死、人挪活”，很多宁波人舍别亲朋，在三江口和镇海港乘船远行，飘洋过海，在起伏的波浪中开辟新的人生。不少人抢抓机遇获得成功，使宁波民营工商业者扬名天下，形成遍布海内外的宁波商帮。

第二节　主要内容与研究对象

本书涉及农业、手工业（包括工业）、商业、金融业、交通运输业等不同产业及行业类别。本书在官营经济体制下，研究宁波历史上民营经济在不同产业和行业类别中的发展程度及对当时经济社会和文化的影响，其时限为上至先秦时期，下至1956年宁波社会主义“三大改造”任务的完成。

一、研究内容与研究对象

本书研究宁波市域范围内的民营经济发展历史，主要研究生产资料私有制基础上的宁波民营经济产业发展形态和变迁路径，以及不同历史时期的经济体制、产业发展形态与特点对宁波民营经济产生的影响。

（一）研究生产资料私有制基础上的宁波民营经济产业发展形态和变迁路径

1. 宁波民营经济产业形态与生产资料所有制形式具有内在的对应关系

生产资料所有制属于生产关系的范畴，自人类产生经济行为并显现出不同的产业特征后，便有与之对应的所有制形式。因此，在不同的社会形态中，宁波官营工商业和民营经济产业演变路径与生产资料所有制形式形成一定的对应关系（见表1–1）。

表 1-1　宁波不同时期民营经济产业形态、特征与生产资料所有制形式的对应关系

社会形态	产业形态	生产力特征与生产方式	生产资料所有制形式
原始社会	原始农业	人力动力、石器、陶器；刀耕火种、狩猎、畜牧、渔业和原始农业	生产资料公社所有制
奴隶社会	传统农业	青铜工具和铁器出现；手工业从农业中分离出来，人力动力、石器、木器、青铜器；锄耕、犁耕、手工业以奴隶主家庭为单元劳作、简单分工协作，出现工场手工业	生产资料私有制，奴隶主占有生产资料和奴隶

续表

社会形态	产业形态	生产力特征与生产方式	生产资料所有制形式
封建社会	传统农业	小农经济成为主导产业；人力、畜力、青铜器、铁器；锄耕、犁耕等新的生产力水平不断提高；出现工场手工业和官办工业，民营经济形成发展体制与机制	生产资料私有制
	工商交汇	人力、水力、畜力、金属工具、水利灌溉；工场手工业官办工业和工场手工业规模不断扩大，分工细化，民营经济迅速发展	
半殖民地半封建社会（资本主义制度）	机器工业	“洋务运动”引进西式工业并采用资本主义发展方式，使电力动力、机器设备、机器大工业不断发展，产业形式多样化，“重农抑商”被“重农重商”所取代，民营经济迎来发展的春天	
社会主义社会（计划经济体制）	现代工业	电气、电力、电气化设备；机械化；民营经济几乎绝迹	生产资料公有制
社会主义社会（市场经济体制）	现代服务业	电子、信息；信息化。民营经济不断发展，成为社会主义市场经济体制的重要组成部分	以生产资料公有为主、多种所有制形式共同发展的混合所有制

资料来源：根据相关内容整理。

2. 不同历史时期的经济体制、产业发展形态与特点对宁波民营经济产生的影响

由于生产力的发展，生产关系不断发生变化，推动宁波产业形态发生演变，经济体制表现出不同的发展形态与特点，对宁波民营经济的发展产生影响（见表1-2）。

表 1-2　历代经济体制及产业形态与特点对宁波民营经济发展的影响

时期	经济体制及产业特点与路径	民营经济的发展形态与特点
原始农业时期（原始社会～夏朝前）	“刀耕火种”。新石器和弓箭的使用提高了劳动生产力，畜牧业和种植业逐渐代替了狩猎业，手工业有一定程度的发展	原始社会末期，农业和手工业的发展，出现了剩余产品，人们的交换意识逐渐萌发，为民营经济发展奠定基础
传统农业时期（商周～西汉前期）	农业仍居于主导地位。犁耕的出现、耒耜取代石器、牲畜的使用，使手工业从农业中分离出来手工业分工进一步细化，家庭手工业转变为工场手工业	私有制的出现使生产关系发生深刻变化。家庭手工业是民营经济的萌芽，私有制性质的工场手工业显示出民营经济规模经营的程度

续表

时期	经济体制及产业特点与路径	民营经济的发展形态与特点
农工商共同发展时期（西汉中期～清朝前期）	推行“重农抑商”的基本国策，农业与工商业相互依存、共同促进。新型工业不断涌现、手工业不断兴起、社会分工细化、商业繁荣、城市崛起。煮盐业、冶铁业和铸钱业等三大营利性工业收归国营（有），标志着官营手工业的出现，意味着国营（有）经济体制的形成	西汉在国营（有）经济发展的同时，私营商业快速发展；唐中期以后政府取消工商业的限制政策，民营工商业发展兴盛，纺织业、矿冶业、造船业、制瓷业、磨面业、印刷业、制糖业成为当时民营手工业的主导产业，民营经济迎来历史上第一个发展的春天
大机器工业时期（清朝晚期～1949年前）	明朝中期以后出现资本主义萌芽，纺织业、冶炼业、制瓷业等具有资本主义性质的民营企业不断发展；“洋务运动”奠定了中国近代工业的发展基础，机器工业成为近代工业的发展标志	随着经济社会的发展，民营经济在与官营经济的较量中不断显现活力，“重农抑商”的基本国策逐渐淡化而最终废除，整个宁波社会呈现“重农重商”的发展氛围，使民营经济迎来第二个发展的春天
现代工业时期（1949～1999年）	新兴工业部门主导工业体系，重化工业成为支柱产业；在完成“三大改造”的基础上确立了公有制的经济体制，通过“一五”计划，建设了156个基础工业项目，奠定了新中国的现代工业基础；改革开放后，新兴工业成为支柱产业，现代农业和现代服务业也得到发展	“三大改造”的过程就是民营经济在宁波逐渐消亡的历程，其后建立的社会主义生产资料公有制，从经济体制上让民营经济毫无立足之地。“文革”期间，除城市基本服务业外，民营经济在宁波几乎绝迹；改革开放后，民营经济再次迎来发展的春天，从原来发展的“补充”、到“两个毫不动摇”，为民营经济发展扫清体制障碍
现代服务业时期（2000～现在）	进入新世纪后，消费、投资和创新成为相应的经济形态，并各自对应基础产业、资源性产业和服务业等不同的产业特征，由原来的资本输入转变为大规模的资本输出；创新引领新型工业化、信息化、城镇化、农业现代化等“新四化”；财富增加、消费深化、现代服务业不断发展	从党的十六大到十八大，不断强调发展民营经济的“两个毫不动摇”，奠定了其在国民经济发展中的作用和地位，充分显现出党和政府民营经济制度政策不断宽松的变迁路径；“新四化”为民营经济带来新的发展机遇和广阔的发展空间

资料来源：根据相关资料整理。

3. 民营经济与三次产业形成对应发展关系

本书涉及农业、工业、手工业、商业、金融业、交通运输业等不同产业类别。三次产业是现代概念，一般可对应古代及近代的“农、工、商、虞（即山林矿产业，下同）”等产业。

在现代，“虞”可划分到工业的范畴。因此，“农、工（包括‘虞’）、商”就是古代和近代的三次产业。本书为了叙述的简洁，一律将古代和近代的“农、工、商、虞”等同于现代三次产业的概念，以现代三次产业的概念作为宁波民营经济的发展形态与形式。

本书研究宁波历史上民营经济在不同产业类别中的发展程度及对当时经济社会和文化的影响，其研究对象就是在官营经济体制下，通过三次产业的集合过程，再现民营经济的渗入程度和发展态势，以及对宁波经济社会和文化的推动作用。

（二）研究宁波市域范围内的民营经济发展历史

本书研究宁波市域范围内（也包括历史上曾经属于宁波管辖而后因区划调整而并入其他地区的区域）民营经济发展的历史。

全书以经济体制为主线，研究自先秦以降的各个不同历史时期，宁波三次产业的发展背景与环境、产业发展的状况和特点；研究在国营（有）与民营经济两种不同体制的基础上，宁波民营经济在不同历史时期和阶段所面临的制度变迁、技术革新和经济社会发展环境变化等外生性条件、内生性动力相互影响的过程和结果。

二、主要观点

农业、手工业是民营经济的基础性产业，民营经济起源于个体私营的手工业和商贸流通业。政府政策对民营经济发展具有重要的影响，民营经济与官营经济形成对立统一的关系。

（一）农业、手工业是基础性产业

在农业社会，宁波农业是基础性产业。“中国古代在工艺技术上所取得的成就对工业生产力的发展起到了重要的推动作用。如酿酒、青铜、陶瓷、冶铁、造纸、印刷等工艺技术，在不同时期，对不同产业部门生产力的发展产生了重大影响”[①]，使宁波民营经济产业史作为经济史的重要组成部分，与历史和相关经济

---

① 王天伟：《中国产业发展史纲》，北京：社会科学文献出版社，2012年，第19页。

学科互相交织、融为一体。

（二）民营经济起源于个体私营的手工业和商贸流通业

农业、手工业为商贸流通业奠定实业基础，商贸流通业是引领性产业。随着生产力水平的提高，农业、手工业生产效率不断提高，宁波社会剩余产品不断增加，人们的交换欲望与日俱增，小农经济状态下的交易方式自然形成。因此，宁波民营经济最初起步于手工业和商贸流通业。其后，商贸流通业引领农业、手工业不断发展。

（三）民营经济涵盖三次产业

民营经济发展与三次产业紧密相连。在小农经济社会里，非国营（有）经济的经济行为，就是民营经济，其内涵包括农业、手工业（或工业）和商贸流通业。除历史上的个别朝代屯田和1956年后的“三大改造”外，农业自古以来就是个体私营状态，当时没有国营（有）农场，农业生产领域就不存在国营（有）经济和民营经济两种不同经济体制的博弈。

（四）政府政策对民营经济发展具有重要的影响

“重农抑商”、“盐铁专卖”、垄断对外贸易是封建社会的既定国策，危害民营经济发展，使其生存维艰。在历史上的个别朝代或个别时期，囿于当时经济水平低下，社会环境艰难，统治者出于权宜考虑，在重视农业的同时也重视发展民营工商业，也在盐铁领域让利于民，民营经济因政府政策宽松而得到较大发展。

（五）民营经济与官营经济形成对立统一的关系

民营经济是在体制政策、经济性质、运作机制等方面与国营（有）经济相对应的群体，他们是矛盾的统一体，既对立又统一。随着原始手工业的发展，宁波造船工场和专管造船官署的出现，标志着公有制体制下官办（国营）企业的成型。

在推动经济社会和文化的发展过程中，民营与官营经济相互促进、共同发展。

三、主要创新之处

本书从官营和民营两种不同经济体制的交集切入，再现历史上不同时期经济社会文化对宁波民营经济发展的影响，并展现官营和民营两种不同经济体制的产业演进路径。重点显现自“五口通商”后，个体民营工商业对宁波经济社会发展的引领作用。

（一）以发展体制为叙史架构，体现官营和民营两种不同经济体制的交集

本书从体制机制角度切入宁波民营经济的大视野，将其发展放到中国古代近代政治、经济和社会制度政策不断变化的大环境中去考量，以现实的眼光剖析历史的断面，以学术的角度和叙史的方式，论述国营（有）经济发展体制与机制及对宁波民营工商经济发展的阻碍性作用与影响，以及民营经济的发展路径与成就。

（二）以编年史为叙述方式，再现历史上不同时期经济社会文化对宁波民营经济发展的影响

本书上至先秦时期，下延至1956年的“三大改造”任务的完成，把宁波民营经济放到历史长河的坐标中，展现其发展和变迁的过程。本书以编年史为经、以民营经济在三次产业领域的发展为纬，展现其与官营经济体制的博弈过程。同时，参考《宁波市志》《宁波通史》《宁波经济史》等既有研究成果，着力显现不同朝代，尤其是自唐代以来宁波经济社会和文化的发展对民营经济的影响。

（三）以产业路径为论述主线，展现官营和民营两种不同经济体制的产业演进路径

自然经济环境下，宁波农业产业作为基础产业，在历朝历代都在发挥着财政税赋、稳定社会的功效与作用。手工业是宁波彼时经济社会发展的需要和生产力水平的显现，也是官营经济体制极力占领的领域。

本书以人—水—物为基轴，以资源配置—资本流通—资本效果为主线，叙述官营和民营两种不同经济体制在政策变迁及三次产业中的演变路径。其中，尤以官营经济体制下，叙述政府实行“重农抑商”、“盐铁专卖”及对对外贸易垄断等政策对民营经济产生的重要影响。

（四）以“五口通商”后的内外贸易为结构重点，显现宁波民营工商业对经济社会发展的引领作用及“宁波帮”的形成背景与条件

得益于千百年来宁波工商业的发展环境及其成就，重商文化的传承未有间隙。“五口通商”后至1956年“三大改造”完成时的这一时期，宁波民营内外贸易为本书的叙述重点，以其贸易的便利化、国际化凸显其对宁波经济社会发展的引领作用。

“五口通商”而西风东渐后，对外开放激活了宁波本土的营商基因，宁波港作为中国东南商贸重镇的枢纽地位不断强化，民营工商业对对外贸易及经济社会的引领性作用不断增强。一大批宁波人远赴他乡，寻求新的发展机遇，形成以上海为中心，包括天津、汉口等地甬籍工商人士在内的宁波商帮团体，并对中国近代经济社会发展产生重要影响。

第三节　宁波民营经济研究文献综述

1917年，意大利史学家、哲学家贝内德托·克罗齐在其专著《历史学的理论和实际》中提出“一切历史都是当代史”的著名论断，即“克罗齐命题”，意在着重历史的现时性。在他看来，历史与现实之间似乎有某种契合，其实就是着重历史与生活的联贯。

以当代的视野溯望历史，须从政府政策、产业路径和古代、近代宁波民营经济发展方式与成就入手，对历史上民营经济相关理论及实践特征进行研究。通过民营经济史的研究累积，既推本溯源，又以古鉴今，让历史回答诸多现实问题。

一、民营经济与经济史的相互关系

“民营经济是基于私有制性质的所有权和产权结构并以个体私营企业为主体的经济形式。”[①]民营经济的发展历程构成了经济史的丰富内涵。经济史作为

① 江怡：《民营经济发展体制与机制研究》，《前言》，杭州：浙江大学出版社，2016年，第1页。

历史的实践，可以更好地从过往经济现象来研究民营经济的发展历史。

（一）经济史是对过往经济理论实践及发展和变迁的追溯

1. 经济史的历史实践性

经济史是指经济领域的发展历史和经济状态的变迁史。陈勇勤认为，“经济史是一种研究方法”①，因产业经济史的研究兴起于20世纪二三十年代，因此学界认为，“从空间分布角度看，经济史主要涉及农村经济、庄园经济、城市经济”②。人们在经济活动中，在“看不见的手”的指引下，通过生产提供有效供给，并以分配为支点，通过交换满足有效需求，恰恰涵盖民营经济的生产经营过程。

2. 经济史的“窗口”效应性

经济史为我们提供了窥见经济发展历程的“窗口”。经济史属于经济学的范畴，通过对过去的经济理论发展及实践和变迁的追溯，探讨经济思想与具体活动对经济社会发展的影响，张雁认为，如果“缺乏对经济思想史的研究，就难以理解经济学的根本内涵和现实意义”③。因此，无论是当下还是未来，都需要我们从历史的角度，关注和研究民营经济起源、发展和演变的历程，以期为研究民营经济提供有益借鉴。

（二）社会基本矛盾的互动过程及影响构成了经济史的内涵

1. 社会基本矛盾的演进是经济史研究的理论基石

胡寄窗先生肯定生产力对生产关系的决定性作用，他在《中国经济思想史》中认同生产关系与生产力的矛盾、经济基础与上层建筑的矛盾并列为社会基本矛盾，提出社会基本矛盾的互动及相互影响的论点，从而完整地构建了中国经济思想史的研究框架。

---

① 陈勇勤：《中国经济史》，北京：中国人民大学出版社，2012年，第3页。

② 陈勇勤：《中国经济史》，北京：中国人民大学出版社，2012年，第4页。

③ 张雁：“探索经济学的‘历史路标’——关于深化经济思想史研究的对话”，《光明日报》，2017年1月3日，第11版。

2. 社会基本矛盾关系的演变过程构成民营经济史的发展路径

胡寄窗先生在研究中国经济思想史的过程中，以社会基本矛盾的互动及相互作用作为研究中国经济史的理论指导，其重要性在于深入分析社会经济的变化和发展对经济思想产生的影响。

他认为，“一个国家的经济思想史，是与这个国家的社会生长进程有亲昵关联的，所以经济基础与上层修建的关连，在这里，就应该特别予以思量”①。而黄孟复则认为，“我国民营经济60年来的曲折历程总体上呈现另一个‘U’型反转轨迹”②，也是社会基本矛盾关系不断演变的时期，这种演变对民营经济的发展产生了重要影响。

（三）从经济史的窗口溯望民营经济的发展路径与历程

1. 民营经济属于经济史的研究范畴

民营经济发展历程及其变迁路径构成了民营经济史。笔者认为，民营经济史严格讲属于产业史。就民营经济史而言，建立在稀缺资源基础上的生产、分配、交换和消费活动，既是资源实现最佳配置的路径，也是人们日常生产生活之行为，其影响因素不外乎是人口增长、农业、手工业和商贸流通业等官营和民营经济活动，以及在经济活动中形成的人与人之间、群体与群体之间的相互关系。③

2. 民营经济的发展与经济社会文化密切相关

历史学家认为，周朝取代商朝意味着农耕文化对商业文化的征服。因此，“农耕文化孕育了中华文明，使其具有明显的大陆文化特点，民营经济的发展也深深打上大陆农耕印记”④。笔者认为，中国古代封建社会，“农耕文化深深植根于经济社会文化的方方面面，形成的农耕文明对国家组织形式、国家机器的建立完善、组织制定的制定、民营工商业的发展，以及人们日常生活方式都产生了巨大影响”⑤。

---

① 胡寄窗：《中国经济思想史》，上海：上海财经大学出版社，1998年，第8页、第1页。

② 黄孟复主编：《中国民营经济史纪事本末》，《前言》，北京：中华工商联合出版社，2010年，第2页。

③ 江怡：“民营经济若干问题研究综述”，《社会科学动态》，2017年第12期，第80页。

④ 江怡：《民营经济发展体制与机制研究》，杭州：浙江大学出版社，2016年，第55页。

⑤ 江怡：《民营经济发展体制与机制研究》，《前言》，杭州：浙江大学出版社，2016年，第3页。

二、对民营经济相关理论及实践特征的研究

历史上民营工商业发展皆源于个体私营行为，且先于官营手工业，商贸流通业是民营手工业的终端产业。抑商政策是政府施政理念的再现，政府干预经济事务具有明显的制度导向性。

（一）民营企业的本质内涵与特点

1. 民营企业与官营企业的区别

官营与民营企业是相对的概念。基于生产资料公有制性质基础上的、属于国家所有并由政府进行经营管理的企业就是官营企业。张志勇认为，国内第一个提出“民营”这一概念的当属我国经济学家王春圃先生，在1931年出版的《经济救国论》一书中最早使用了“民营”这一概念。书中把民间经营的企业称为“民营”，主要是与“官营”相对应。[①]

2. 民营企业的特点

吴敏认为，民营企业是指除国营企业以外的所有形式的企业，它包括国有私营、集体私营、合伙经营、承包经营、租赁经营、委托经营和私有经营等类型的企业和外资企业。[②] 因此，“民营企业是在市场经济在市场竞争中成长起来的，适应市场经济的制度安排，具有责权分明，经营方式灵活，自负盈亏，生产效率高，成本低的特点”[③]。

（二）民营经济表现为一定时期的经济社会形态与经营形式

1. 经济形式、所有制形式与经营方式的相互关系

民营经济对应的经济社会关系表现为不同的经济社会形态。刘辉认为，“在马克思主义的政治经济学术语中，‘经济形态’基本就是‘社会形态’，亦即带

---

① 张志勇：《中国往事三十年——揭幕民营经济中国式进程》，北京：经济日报出版社，2009年，第2～5页。

② 吴敏：“我国民营企业的发展现状及其发展模式”，《经济体制改革》，2005年第3期，第62页。

③ 江怡：《民营经济发展体制与机制研究》，杭州：浙江大学出版社，2016年，第7页。

有社会发展的历史阶段性”[①]，阐明了经济形式、所有制形式与经营方式的内在统一性。

木志荣认为，“任何一种经济形式都是所有制形式与经营方式的双重体现”[②]，这种体现构成了一种社会关系，也使经济形态表现为繁杂的社会关系。社会生产方式同时也以相异的经济形态来体现。王翔认为，“战国时期，丝绸生产除了官营手工业外，农民的家庭手工业和独立生产者的个体手工业也有了一定程度的发展”[③]。

2. 民营经济是传统经济形态的集中体现

凤凰网财经认为，“任何社会形态所共有的经济领域如劳动、消耗等，其自己就具备相比的可能性，且只有议决相比才气表现出各社会形态经济领域所反应的经济思想和客观经济条件的特点”[④]。毕世宏认为，“中国传统社会始终表现为小农经济、家族管理、中央集权官僚体系这三者的结合和统一”[⑤]，而民营经济正是在这三者的结合和统一中出现的传统经济形态。

小农生产方式的确立是传统经济形态的表现方式之一。因此，王翔认为，“封建制度取代奴隶制度，也就意味着一家一户的个体小农庄生产的方式在中国确立，‘男耕女织’成为中国农业与手工业相结合的小农经济的典型形态”[⑥]。

3. 民营经济显现为一定时期内的经济结构形式

在一定的历史发展阶段，民营经济与市场经济有着天然的内在关系，形成一种自由的经济形态，并以不同的所有制形式而存在。秦汉时期，“丝绸生产比较明显地形成了官营手工业、独立手工业和农村副业三种充分并存的结构”[⑦]。

笔者认为，“新中国成立前有国营经济、农民和个体手工业者的个体经济、半社会主义性质的合作社经济、公私合营经济和资本主义经济等五种经济成分的

---

① 刘辉：“新中国成立前后经济学界对新民主主义的理论思考”，《中央党史研究》，2013年第1期，第39~49页。

② 木志荣：“对民营经济概念的修正”，《云南财经大学学报》，2008年第5期，第81~85页。

③ 王翔：《中国近代手工业史稿》，上海：上海人民出版社，2012年，第15页。

④ “胡寄窗：中国经济思想史研究的开拓者和首创人”，2009年09月04日，凤凰网财经。来源于网页：http：//finance.ifeng.com/opinion/xuejie/20090904/1195409.shtml，2017年09月15日。

⑤ 毕世宏：“中国产业经济思想的历史演变”，《中国经济思想史学会第十届年会论文》，2002年，第1页。

⑥ 王翔：《中国近代手工业史稿》，上海：上海人民出版社，2012年，第15页。

⑦ 王翔：《中国近代手工业史稿》，上海：上海人民出版社，2012年，第16页。

表现形式”[①]，由此形成了不同的经济社会关系，这是新民主主义时期适应经济社会发展的经济结构形式。

（三）土地制度对民营经济发展的影响

1. 土地私有制是封建国家最重要的制度安排

笔者认为，土地是农业社会赖以生存的最重要资源，土地的属性和变化决定生产资料所有制的性质。[②]而土地私有制的确立和完善，影响国家的制度安排和政策体系的建立。自进入私有制社会以来，土地作为最重要的物质财富和最基本的生产资料，决定着封建社会的经济基础。[③]

根据马克思关于亚细亚土地所有制的相关论述，侯外庐先生曾在《中国封建社会土地所有制形式的问题》一文中，认为中国的封建土地所有制是 “亚洲式的土地所有权形式”，因国家或君主是主要的土地所有者，故将之命名为“皇族垄断的土地所有制形式”[④]。

2. 土地权利的变化决定社会基本财产关系的变化

笔者认为，私有土地能够自由兼并，强化了民营经济的体制基础，刺激了农业资本的原始积累。[⑤]而土地私有制推动了民营经济的发展。生产资料的私有制性质奠定了私有产权的制度基础，生产力水平的提高促进了交换媒介的变化，促进生产要素向城镇非农产业集聚，促进商贸流通业的发展。[⑥]

（四）民营经济的三次产业关系及对经济社会发展的影响

1. 强调农业对民营经济发展的基础性作用及其商品化效应

农业是经济的基础，只有农业商品经济的发展，才有可能为手工业提供原料与市场。陈新权的《明代江南农业中商品经济论略》中认为，江南地区农产品商品化的进一步发展，使传统的农业与手工业相结合的自然经济发生了深刻的变

---

① 江怡：《民营经济发展体制与机制研究》，杭州：浙江大学出版社，2016年，第9页。

② 江怡：《民营经济发展体制与机制研究》，杭州：浙江大学出版社，2016年，第54页。

③ 江怡：《民营经济发展体制与机制研究》，杭州：浙江大学出版社，2016年，第55页。

④ 侯外庐：“中国封建社会土地所有制形式的问题——中国封建社会发展规律商兑之一”，《历史研究》，1954年第1期，第20～35页。

⑤ 江怡：《民营经济发展体制与机制研究》，杭州：浙江大学出版社，2016年，第62页。

⑥ 江怡：《民营经济发展体制与机制研究》，杭州：浙江大学出版社，2016年，第62～64页。

化。农民种植经济作物，已作为手工业原料的商品，对这种商品进行加工的手工业，也不完全是为了自给而是为了出卖。

当时，棉织业、丝织业等农产品加工业，已部分转化为小商品生产的农业和手工业，在某种程度上已脱离了手工业。因此，“明代中叶，江南地区手工业的发展，主要表现在农民家庭手工业日益兴盛上面。随着棉花种植的迅速发展，纺纱织布已成为农村的重要生产活动，并不同程度地转变为市场而生产”[①]。

2. 民营与官营手工业的发展路径

笔者认为，就所有制性质而言，商人、手工业者及其拥有的店铺等生产资料具有私营属性（政府开办的除外），他们是民营经济的萌芽[②]。王天伟认为，中国封建社会中，“官办工业和工场手工业规模空前扩大，工业部门日益增多，官府机构庞大而复杂，工业生产分工越来越细，促进了民间工业的迅速发展”[③]。

苏小和认为，“在一般意义上的市场经济体系之内，企业既能解决整个社会的就业问题，也能解决政府财政的深入，因此，抓住企业，就意味着抓住了经济的本质”[④]，“民营工业，起于家庭手工业，先于官营工业存在并与官营工业共同发展”[⑤]。战国时期，已经出现民营工业，但官营仍占主导地位（王天伟，2012）。

3. 社会分工对民营经济发展的影响

①社会分工为民营经济奠定产业基础。袁行霈、严文明认为，“社会分工不但在农业和工业之间，也在制造业内部发展起来了。这必定引起产品的交换和流通方式的复杂和多样化”[⑥]，而生产、交换和流通的主观能动者是商人。

中国古代的工商业者被统称为商人。春秋战国时期，由于私营工商业不断兴起，民营商人私商逐渐取代官商成为商人的主体。彼时出现的诸如弦高、子贡、

---

① 陈新权：“明代江南农业中商品经济略论”，《史林》，1987年第1期，第21页。

② 江怡：《民营经济发展体制与机制研究》，杭州：浙江大学出版社，2016年，第67页。

③ 王天伟：《中国产业发展史纲》，北京：社会科学文献出版社，2012年，第13页。

④ 苏小和：《百年经济史笔记》（上卷·晚清启蒙课），《序言》，北京：东方出版社，2015年，第12页。

⑤ 王天伟：《中国产业发展史纲》，北京：社会科学文献出版社，2012年，第124页

⑥ 袁行霈、严文明主编：《中华文明史》（第一卷），严文明、李零主编，北京：北京大学出版社，2006年，第39页。

陶朱公等人，之所以成为流通业的巨子，即得益于社会分工的扩大和深化。[①]

②促进商品经济发展。社会剩余产品的增多并将之用于交换是社会第三次分工的成果。中国历史上曾经有三次社会大分工，尤其是第三次社会大分工促进了商贸流通业的发展。学者认为，“在商品经济存在的古代社会中，商品经济始终是一个进步的因素和推动历史前进的力量”[②]。

宁波籍历史学家童书业先生在其著作《中国手工业商业发展史》认为，“从整个社会发展的总趋势看，直到战国时代才出现了农业与手工业的分离，才出现社会第三次大分工”[③]。

董书城在《中国商品经济史》一书中研究中国封建社会商品经济时认为，中国封建社会商品经济出现过三次兴盛时期，即战国秦汉时期、唐宋时期和明清时期的商品经济。[④]

4. 经济产业的分类对应相应的社会阶层

①经济产业的形成与分类催生了相应的社会阶层。士、农、工、商则是班固在《汉书·食货志》中对农、工、商、虞提出的新划分方法，他将虞业并入了农业，新增了“士”这个新阶层，形成了以“士农工商”为职业划分集聚的群体。所谓古代士农工商等四民群体，一般是指读书而入仕者、农民、手工业者、商人。

②社会分工产生社会分层。笔者认为，民营工商业的发展促进社会分工的扩大，由此成为社会阶层分化的重要条件。“手工业和商业相互促进、共同发展，生产和流通领域进一步融合，经营范围不断扩大，改变了经济社会发展的既有格局”[⑤]，士农工商的职业群体因此固化而稳定。

5. 交换是扩大社会再生产的动力

从产业路径而言，个体民营手工业的产品须进入流通领域成为商品，或生产者延伸产业链而直接将产销合二为一，据此才能完善产品—商品—消费的产业链。

---

① 根据江怡：《民营经济发展体制与机制研究》，杭州：浙江大学出版社，2016年，第129页的内容整理。

② 陈新权：“明代江南农业中商品经济略论”，《史林》，1987年第1期。

③ 童书业著，童教英校订：《中国手工业商业发展史》，《校订说明》，北京：中华书局，2005年，第2页。

④ 董书城：《中国商品经济史》，合肥：安徽教育出版社，1990年。

⑤ 江怡：《民营经济发展体制与机制研究》，杭州：浙江大学出版社，2016年，第68页。

吴慧在《中国古代商业》（增订版）中解析了商业形态的萌芽和成长对商品经济发展路径的影响。作者认为，商业是生产力发展到一定水平，有了社会分工和生产物的剩余之后，才逐渐产生的。其初始的萌芽状态是生产者之间直接的物物交换，后来才有发展了的交换形式——商业。

只有进入商贸流通领域，民营手工业的产品才能成为商品。如列宁所言，“由于出现了社会分工，即单独的个别的生产者专门从事一种生产部门的生产”①，直接生产者的自然经济转化为商品经济，以及商品经济转化为资本主义经济，成为资本主义发展中的两个关键因素。

三、官营经济体制的形成机理及体制载体

（一）官营经济的制度安排与政策实施机制

笔者认为，在经济社会发展过程中，官营经济以强势政府为背书，既是政府产业政策制度的制定者，又扮演实施者的角色，其制度安排和产业实践构成官营经济体制与机制。

研究民营经济史，必然涉及“重农抑商”“盐业专卖”和对对外贸易的垄断等官营经济的制度安排，其实施主体为政府及官营企业。围绕这三个方面的问题，中国民营经济史的演进过程实际上也是官营企业与民营企业的博弈过程，这一过程使民营经济与官营经济分别在经济社会结构中发挥不同的作用。

（二）“工商食官”②对官营经济体制的作用

1. 官营经济体制的形成原因

官营经济体制的形成有着重要的利益因素。夏商周时的“工商食官”制度是

---

① 《列宁全集》（第一卷），第7～3页。原文为：“在资本主义的历史发展中有两个重要关键：（1）直接生产者的自然经济转化为商品经济，（2）商品经济转化为资本主义经济。第一个转化是由于出现了社会分工，即单独的个别的生产者专门从事一种生产部门的生产［注意：这是商品经济的必备条件］。第二个转化是由于个别生产者在各自单独为市场生产商品时，发生一种竞争关系，每个人都力图高价卖出，低价买进，结果必然是强者更强而弱者垮台，少数人发财而大众破产，使独立生产者变为雇佣工人，许多小企业变为少数大企业。”

② “工商食官”是周朝的官营手工业制度。当时的手工业者和商贾都是官府管的奴仆，他们必须按照官府的规定和要求从事生产和贸易，即官府将商人集中起来，设官统一管理，为他们提供衣食，驱使他们为政府服务，以此推动手工业发展。在这种制度下，周王室和诸侯都有官府管理的各种手工业作坊，属司空管辖。

官营经济体制正式形成的重要标志。刘含若等作者在《中国经济管理思想史》中认为，自西周时期起，以“工商食官”为载体，由政府控制和管理工商产业已然形成制度体系，“工商食官”是夏商周时期的官营手工业制度，实际上就是今天的国营（有）经济体制，其最重要作用在于政府垄断。

2. “工商食官”是政府重要的官营手工业制度

“工商食官”标志着国营（有）经济体制的形成。王天伟在《中国产业发展史纲》中认为，在漫长的两千多年时间里，官办工业和手工工场的规模空前扩大，工业部门日益增多。随着经济社会的发展，政府在对内对外贸易领域的垄断程度不断提升，以此为载体的国营（有）经济体制也在走向成熟与完善。

（三）“匠户制度”[1]与资本主义萌芽产生的外在关联性

“匠户制度”与资本主义萌芽的产生具有一定的关联性。王天伟认为，“明代中期以后，民营资本的兴起，不仅使劳资分离，而且呈现规模大、用工多、分工细的特征”[2]。童书业先生认为，“匠户制度的破坏，始于明代中叶以后，而完成于清代康熙年间，这与通常说的资本主义生产关系的萌生期基本上是相一致的”[3]。

“匠户制度”是官营经济体制的重要组成部分，对生产要素的禁锢，实质上阻碍了生产力的发展，不利于民营经济从业人数和产业规模的扩大，更不利于资本主义生产关系的建立。随着生产力水平的提高和商品经济的发展，民营经济逐渐崛起。

四、“重农抑商”“盐铁专卖”与外贸垄断等官营经济制度与政策的研究

“重农抑商”“盐铁专卖”与外贸垄断是官营经济的制度基础与实施平台，其实质是与民争利阻止民营经济发展。

---

① 明代在手工业部门实行匠户制度，即工匠的全家老幼都要参加生产，且世代相继，他们收入微薄，地位低微。

② 王天伟：《中国产业发展史纲》，北京：社会科学文献出版社，2012年，第126页。

③ 童书业著，童教英校订：《中国手工业商业发展史》，北京：中华书局，2005年，《校订说明》，第2页。

（一）“重农抑商”及其他政策是官营经济体制重要的制度安排

1.“重农抑商”是封建社会的既定国策

封建政府是抑商制度的始作俑者。王天伟在《中国产业发展史纲》中认为，汉代推行“抑商”政策的同时，称商人为“害商”、“贼商”。

童书业先生认为，“中国封建社会统治者向来重本抑末，歧视手工业者和商人”[①]。究其原因，在于“重农抑商”的文化理念和制度政策在历代占据主流地位，整个社会“对商人的蔑视，对工商从业者的蔑视，在相当长的历史时期里，曾经是东、西方世界的共识”[②]。

2.政府干预经济事务具有明显的制度导向性

刘含若在《中国经济管理思想史》中认为，战国时期的法家以“利出一孔”[③]为最好的政策选择，认为国君应该“在经济上掌握臣民的贫富予夺，也即是说国家和君主要臣民富就富，要臣民贫就贫”[④]。

吴晓波在《浩荡两千年》（第二版）中认为，这源于“统治者对国民人身财产权利拥有任意宰割的无限威势”[⑤]。因此，在封建社会，统治者及其施行的制度政策显示出对民营经济的歧视与打压。

（二）政商关系的变迁路径对“重农抑商”制度效应的影响

如上文所述，从战国时期法家提倡的“利出一孔”到汉代的“抑商”政策，无一不显示出封建社会统治者重本抑末的政治选择。但凡政商关系好的时候，政府“抑商”的力度就小，反之则大。

从汉唐到明清，“集权”与“抑商”是封建社会的两大主题，前者是基于中央集权制国家的重要考量，后者是国家积极干预产业经济的施政实践。有的学者试图从经济变革和企业变迁的角度解释历史现象。

---

① 童书业著，童教英校订：《中国手工业商业发展史》，北京：中华书局，2005年，《校订说明》，第1页。

② 吴晓波：《浩荡两千年》（中国企业公元前7世纪—1869年·纪念版），《总序》，北京：中信出版社，2015年4月第二版。

③ “利出一孔”是指人们获取功利只允许有一个渠道，其他的均被堵塞。国家用法治来约束人们的经济社会活动，通过农业、战争的方式，把追求名利的目标引导到符合地主阶级国家利益的轨道上来。

④ 刘含若等：《中国经济管理思想史》，哈尔滨：黑龙江人民出版社，1988年，第65页。

⑤ 吴晓波：《浩荡两千年》（中国企业公元前7世纪—1869年·纪念版），《前言》，北京：中信出版社，2015年4月第二版。

吴晓波提出了“中国的工商文明为什么早慧而晚熟？商人阶层在社会进步中到底扮演了怎样的角色？中国的政商关系为何如此僵硬而对立？”等疑问，这是对“重农抑商”文化理念和制度政策施行效果和影响的最好诠释。

笔者认为“盐业专卖”和垄断对外贸易是官营经济强化其发展体制与机制的重要载体，并以此形成了从制度政策颁行、管理机构建立、相关人员安排与布局、具体经济事务的操作等诸多方面组成的完善结构，达到了从制度源头到产业终端遏制民营经济发展的目的。政府以集权的手段，通过计划经济体制的方式，以权力而非市场来对经济社会资源进行分配和再分配。

（三）“盐业专卖”政策是政府打压民营经济的重要手段

1. 专卖制度的本质是与民争利

专卖制度的建立源于国家资本与官僚资本的结合。专卖制度是政府经济利益和来源的制度源头，政府可以利用手中的权力进行专卖方面的制度安排，其目的是将经济活动的主导权牢牢控制在自己手中，这种理论倡导者及政府实践行为出现在中国的春秋时期。刘含若等认为，“《管子》是最早的国家资本和官僚资本的提倡者”[①]，其集大成者为管仲。

《管子》主张官营垄断、政府专卖，由此而形成的专卖制度体现了政府的利益导向并成为民营经济发展的制度性障碍。王天伟认为，“古代的专卖制度，经历了由汉代以前的民制（或民官和制）官收、官运官销→唐宋时期的民制、官收、商运、商销→明清时期的民制、商收、商运、商销的演变过程，由官专卖制演变为‘官专卖制’或‘委托专卖制’”[②]。

2. 盐铁官营实际上是政府垄断盐铁资源的分配权力

食盐既是中国历史上最重要的专卖商品，又是政府重要的财政收入来源之一。吉成名在《先秦至隋代食盐产地考略》一文中，探讨了食盐生产开始时间及先秦至隋代的食盐产地问题。[③]食盐专卖在中国经济史研究中占有重要地位。始于先秦秦汉时期而直到民国的盐业专卖，与经济社会和文化密切相关。朱柏铭在其主编的《宁波盐制》中认为，“历代盐的生产体制是以公有制为主，延绵两千

---

① 刘含若等：《中国经济管理思想史》，哈尔滨：黑龙江人民出版社，1998年，第119页。
② 王天伟：《中国产业发展史纲》，北京：社会科学文献出版社，2012年，第141页。
③ 吉成名：“先秦至隋代食盐产地考略”，《盐业史研究》，1997年第3期。

余年。间有允许盐户私煎”[①]。

3. 盐铁官营显示政府与个体私营生产者之间的相互关系

盐铁官营是西汉封建政权依靠行政权力，垄断盐铁等生产生活资料，从制度体制的角度，控制获利之源而与民争利，以获取巨额的财政收入。在对盐铁官营的利弊争端中，于传波在《汉代盐铁官营的再评价》一文中认为，盐铁官营摧毁了汉代的资本主义萌芽，阻碍了生产的发展。[②]

4. “盐业专卖”政策是政府与民争利的有效工具

笔者认为，“盐铁具有经济命脉的地位，自然就形成了以盐铁为主导的、极具垄断性的国有经济体制”[③]。

陈乃华在《盐铁专卖与西汉中后期社会危机》一文中认为，“盐铁专卖”堵塞了商人资本及农村过剩劳力向工商业流通的渠道，加速了农民破产并沦为流民或奴婢的过程和土地的集中，是导致西汉中后期社会经济危机的主要原因。[④]

五、对古代宁波民营经济发展路径与成就的研究

以民国时期张寿镛先生编纂的《四明丛书》为发端，诸多专家学者对宁波经济社会和文化的探究之旅正式开启，其时限为从古至今，对宁波民营经济的研究取得了丰硕的成果。

（一）宁波港的起源及对经济社会发展的推动作用

宁波港是承接南北转运的枢纽性港口，商贸流通业的发达，促进了产业的分化和宁波城市化程度的提升，这一提升以农产品和手工业品的商业化为演进路径。

徐季子先生在其著作《宁波史话》中，对宁波既往的经济社会状况进行深入研究，尤其研究其商业文化的渊源及路径。公元前222年，秦就在三江口以东建置鄞县，在相当长的时期内，鄞县一直是宁波经济社会和文化发展的重要载体。

---

① 朱柏铭主编：《宁波盐志》，宁波：宁波出版社，2009年，第235页。

② 于传波：“汉代盐铁官营的再评价”，《浙江学刊》，1991年第4期。

③ 江怡：《民营经济发展体制与机制研究》，杭州：浙江大学出版社，2016年，第70页。

④ 陈乃华：“盐铁专卖与西汉中后期社会危机”，《山东师范大学学报》，2000年第2期。

林士民先生在《三江变迁：宁波城市发展史话》中，叙述从7000年前四明山下古港湾中原始寄泊点的出现到宁波句章港口的形成路径，充分说明港口城市地位的确立，对宁波经济社会转型具有重要的推动作用。从唐宋时期三江面上“商舶往来，物货丰衍”，到清朝初年“百货咸备，商号林立”，作者再现三江口林立的帆影樯形、不歇的桨声橹迹，将港口及宁波城市的形成与内河和海外的民营贸易行为点、线、面有机地融为一体。

郑绍昌先生主编的《宁波港史》，对宁波港口的形成与演进进行了深入分析，着重论述了宁波港口对宁波经济社会和文化发展的推动作用。

（二）民营经济的起始产业与发展路径

1. 渔盐贩卖是宁波民营经济的起始产业

据史料记载，“从春秋越国起，宁波于翠屏山丘陵北麓的滨海地带，已有先民以海水制盐，逐渐发展为以聚落形式存在的产盐区域”[①]。因滨海的优势、渔盐的地利，一部分农民开始从农业中分离出来从事渔盐生产。

在春秋战国时代，宁波的先民们就以自产的食盐与捕捞的鱼在鄮县一带出售，商贸流通业从此作为一个独立的产业而存在，使宁波因农业、手工业的发展与社会分工的扩大和深化而将商贸流通业作为个体私营经济的起始产业。

朱柏铭先生在其主编的《宁波盐志》中，对宁波地区自春秋以来的盐业生产经营进行了系统性研究。当时宁波的慈溪一带就有海盐生产。秦汉时期，宁波的先民们用海水煮盐，成为古鄮县市场交易的重要内容之一。唐朝时期，宁波盐业置官设署，政府对其进行有效管理，形成了古老而厚重的盐业文化。

2. 始于唐代的大规模开发奠定了宁波千百年来的兴盛基础

自唐代以降，宁波就逐渐成为东南商贸重要的枢纽性城市。宁波的先民们依托便利的交通条件，内达四明三江、舟山群岛和长江黄河流域，外通朝鲜半岛、日本列岛，以及东南亚与其他国家和地区，以官营和民营贸易为纽带，以资本、商品为载体，做生意交天下人、天下商品汇宁波，其内外贸易重要口岸的优势与作用显现无遗。

陆敏珍先生在其《唐宋时期明州区域社会经济研究》的著作中，对唐宋时期宁波区域的经济社会发展状况进行描述。唐宋时期是明州区域经济社会由开发走

---

① 朱柏铭主编：《宁波盐志》，《概述》，宁波：宁波出版社，2009年，第1页。

向开放、由内贸走向外贸的过程。在此时期内，官营和民营经济两种不同的体制与机制对经济社会发展分别产生了不同的影响。

（三）商贸流通业的发展对提升宁波城市化程度与促进资本集聚的作用

1. 形成相互依存的关系

古往今来，宁波地区的“几个市镇团团围着一个城市，向城市供应产品，并通过城市与外地贸易，取得当地不生产的产品”①。日本学者斯波义信在其所著《中国都市史》中认为，中国都市及市镇的市场经济活动在明末清初及至民国时期达到了顶点，所以，人们“将历史上对农村环境中出现的工商业等非农业性活动的过程视为‘都市化’已成为共识”②。

市场和店铺与交换和消费相互依存。布罗代尔先生认为：“在消费和交换均有增长的这个时期，市镇的初级市场和店铺无疑比任何时候都更加活跃：村庄里开始开设店铺，小贩的生意也成倍增加”③。同时，他又认为：“店铺不折不扣地属于市场经济。出售自制产品的铺主叫作工匠主；出售他人产品的铺主进入商人的行列”④。

2. 形成完善的流通体系

本土农副产品商品化程度高和将域外商品贩至宁波销售，是宁波个体民营商贸流通业的显著特点。商贸物流的发展促进农工商产业不断融合，推动工商市镇发育。陈学文先生在《中国封建晚期的商品经济》一书中，对明清某些地区商品经济发展状况进行具体分析，论述了从农副生产加工到农产品商品化，从工商业市镇发展到商业形式和市场网络体系的完整性，以及从商品经济发展到社会意识形态的变化。⑤

---

① [法]费尔南·布罗代尔：《十五至十八世纪的物质文明、经济和资本主义》（第一卷），顾良、施康强译，《资本主义的活力》（代译序），北京：商务印书馆，2017年，第11页。

② [日]斯波义信著，布和译：《中国都市史》，《中文版序》，北京：北京大学出版社，2013年，第2页。

③ [法]费尔南·布罗代尔：《十五至十八世纪的物质文明、经济和资本主义》（第一卷），顾良、施康强译，《资本主义的活力》（代译序），北京：商务印书馆，2017年，第11页。

④ [法]费尔南·布罗代尔：《十五至十八世纪的物质文明、经济和资本主义》（第一卷），顾良、施康强译，《资本主义的活力》（代译序），北京：商务印书馆，2017年，第9页。

⑤ 陈学文：《中国封建晚期的商品经济》，长沙：湖南人民出版社，1989年。

3. 形成丰裕的资本集聚高地

“农业经济商品化和贩卖贸易的活跃，逐渐突破传统的经济结构，推动了江南市镇的进一步发展。”[①] 其结果是提高农副产品和手工作品商品化程度，促进了人口和资本的流动，也是宁波城市化的开始。蒋兆成在评述《中国封建晚期的商品经济》时指出，商业资本或贩运商业的独立发展对明确社会经济发展的作用是不能低估的，它促进了工商业城镇的兴起和繁荣。

陈学文先生除了研究明清工农业生产和资源配置、整合外，还注意到商业资本、商人、商帮在推进商品经济发展与城市化过程中的作用。[②] 它是商业资本发展的最好载体。而商业资本的发展，促成货币资本的积累和集中，为商业资本转变为产业资本创造了条件，这对瓦解旧的生产方式和推动新的生产方式的萌发起了巨大作用。[③]

（四）民营经济的发展与开放文化的互动作用

1. 农耕文明与海洋文化的结合是宁波文明的显著特点

宁波具有独特的地理区位优势与7000年历史的厚重文化底蕴，孕育、培植了一代又一代宁波人勇于进取、敢作敢为的创新精神。日本著名学者、汉学家斯波义信先生在其所著《宋代江南经济史研究》一书中，认为明州的实质性开发始于唐中期。

青瓷行业连接手工业和商贸流通两大产业，是宁波民营经济的代表性产品之一。林士民先生在《青瓷与越窑》一书中，对宁波古代瓷器业发展进行深入研究，再现古代四明大地上座座窑炉的缕缕青烟。青瓷是古代宁波的标志性符号，越窑中所烧制的青瓷不断供给宁波本地市场，作为中国文化的使者之一而远销海外。

2. 对内与对外商贸交流是宁波民营经济的主要内涵

“宋代的商业革命确属质的变化”[④]，对宁波政治经济社会和文化制度发生

---

① 陈新权：“明代江南农业中商品经济略论”，《史林》，1987年第1期。

② 任放：“保持史家本色的史家—— <陈学文集>评介”，《中国经济与社会史评论》（2012 年卷），第339页。

③ 蒋兆成：“《中国封建晚期的商品经济》述评”，《中国社会经济史研究》，1990年第2期，第103页。

④ [日]斯波义信著，方健、何忠礼译，虞云国校：《宋代江南经济史研究》，《序》（吴承明所作），南京：江苏人民出版社，2001年，第2页。

了深刻的变化，这种变化的前提在于宁波南北独特的地理位置和便捷的交通环境与条件。以宁波与日本交往为例，千百年来，宁波个体和民营企业不断与日本、朝鲜等东亚诸国，以及南洋各国进行商贸往来。

王慕民先生在其所著《宁波与日本经济文化交流史》中，详尽描述了历史上宁波与日本进行经济文化交流的过程，以及宁波经济社会文化的诸多方面对古代日本的影响。

3. 文化交流以商贸往来为载体

宁波与域外经贸往来，虽属民营商贸交流行为，但其实是国与国之间文化交流的重要基础。交流的对方或以物易物，或以货币易物，双方各得其所，所获物品都对对方的经济社会和文化的发展产生重要影响。日本学者木宫泰彦先生所著《日中文化交流史》中，对唐宋时期宁波与日本的商贸交流予以详尽记述。

六、对近代“宁波帮”及经济体制和结构不断实现近代转型的研究

上海作为宁波籍人士的生存发展之地，使宁波商帮文化得以在沪上发扬光大，因其工商实业成就为世人瞩目而成为“宁波帮”。近代以来，宁波成为浙江区域内的民营经济发展重镇，经济体制和结构不断实现近代转型。

（一）近代“宁波帮”的崛起

1. “宁波帮”是宁波商贸文化的重要载体

“宁波帮”形成于明朝，崛起于“五口通商”后的上海，至辛亥革命后达到鼎盛时期。王千马先生在其所著《宁波帮：天下第一商帮如何搅动近代中国》中，将宁波商帮置于近代中国艰难转型的大背景下，“五口通商”后，宁波的商业曾一度兴旺，至19世纪60年代，宁波的钱庄、南北货号、鱼行遍布于市，形成以江厦街为代表的宁波商业繁盛之景。

2. “宁波帮”与宁波经济近代化的关系

周千军先生在其主编的《月明故乡》的一书中，着重叙述“宁波帮”与宁波经济近代化的关系。后来，随着先进技术和外来资本等要素的进入，以蒸汽机船

为动力的运载工具逐渐替代人工动力，内外贸易的商务成本较之以前大为降低，更由于上海和杭州的先后崛起，宁波的口岸地位逐渐弱化。

“五口通商”后，因人地矛盾突出，大批宁波人离乡背井去城外谋生。当时，上海作为开放的新中心，吸引了一大批宁波籍人士前往发展，他们抓住了上海经济社会和文化发展的新机遇。郎咸平先生认为，“诚信、团结以及现代商业意识，让宁波帮至今仍站在在中国商业的高峰”①。

3. “宁波帮”的成就对经济社会产生的推动作用

张守广先生在其所编《宁波帮志（历史卷）》一书中，认为进出口贸易的发展不仅有力地瓦解宁波传统的自然经济结构，推动宁波经济与国际市场接轨，而且使以洋货为载体的西方文明较快地经宁波进入中国，从而促进中国经济发展与社会进步。他在其所编《超越传统：宁波帮的近代化历程》一书中叙述了“宁波帮”的发展历程，以及“宁波帮”的成就对经济社会产生的推动作用。“宁波帮”群体通过多年打拼，其中的佼佼者已经成为上海滩上叱咤风云的一方巨富，并深深地影响着中国近代经济的走向。

（二）内外开放的制度政策和经济体制推动近代转型

1. 近代宁波经济社会的发展基础

官营手工业、个体手工业和农村副业等不同的所有制结构与形式构成了宁波经济社会的发展基础，使宁波成为浙江区域内的民营经济发展重镇。其中，民营经济以其自身的活力，奠定了宁波工业资本主义的成长基础。“正是市场经济、基础经济和小工业的生命力和创造性以及生产和交换的全部活动为未来的所谓工业资本主义奠定了基础。工业资本主义的成长壮大取决于它的经济基础。”②

2. 外向型经济的拓展是实现近代转型的重要基础

朱荣基先生著的《近代中国海关及其档案》，反映了近代社会自开放以来的贸易往来概况，包括宁波在内的中国沿海地区由内向型经济向外向型经济的转变路径。

---

① 郎咸平：“天下宁波帮”，《新世纪周刊》，2008年，第32期。

② [法]费尔南·布罗代尔：《十五至十八世纪的物质文明、经济和资本主义》（第一卷），顾良、施康强译，《资本主义的活力》（代译序），北京：商务印书馆，2017年，第51页。

乐成耀先生在其著作《宁波近代史纲》的第四章和第五章中，对宁波作为“五口通商”之一、与上海的埠际往来及航运贸易进行了详尽的描述。而郑绍昌先生主编的《宁波港史》对近代背景下的宁波与外埠的航运业也有论及。

由杭州海关译编的《近代浙江通商口岸经济社会概况——浙海关、瓯海关、杭州海关报告集成》则是对相关海关对外贸易的数据记载，显示出自然经济的发展模式向被强制性地纳入资本主义市场体系后的路径与结果。杭州海关认为，彼时宁波海关收取关税及对宁波海外贸易的管理境况，也是宁波民营经济实现从传统商业到现代商业的转型，促进近代中国民族工业发展的见证者之一。

3. 制度变迁是实现近代转型的充要条件

①技术进步和制度创新完善市场规制。著名历史学家蒋廷黻先生在其著作《中国近代史》中认为，近代中国不管面对多少困难与问题，但走向世界，不断拉近中国与世界之间的差距，始终是近代中国的主题。

由引进技术和资本所形成和推动的宁波近代工业，以及引致的技术进步和制度创新，“带来了工业生产体系的逐步齐全，运输通讯条件的不断改善，原材料和中间产品价格的趋于下降，银行、保险、法律、行业管理的日益改进，商业交易和市场体系的逐渐完备”[①]。

②对外开放推动经济体制实现转型。近代以来，在内外开放的背景下，“重农抑商”的基本国策及计划经济体制向“重农重商”和市场经济体制转型，也吸引了宁波区域内外众多专家学者的研究目光（见表1–3）。

表 1-3　众多专家学者研究宁波民营经济的成果概览

作者	研究宁波民营经济的成果名称	出版社	出版时间
李瑊著	《上海的宁波人》	上海人民出版社	2000
李学通著	《翁文灏与中国早期的工业化》	天津古籍出版社	2004
乐承耀著	《宁波近代史纲》	宁波出版社	1999
金普森、孙善根主编	《宁波帮大辞典》		2001
金普森主编	《虞洽卿研究》		1997
傅璇琮主编	《宁波通史》		2009
朱柏铭主编	《宁波盐志》		2009
王凤山、冀春贤等著	《宁波近代商帮的变迁》		2010
周千军主编	《月明故乡》		2006

① 王翔：《中国近代手工业史稿》，上海：上海人民出版社，2012年，第117页。

续表

作者	研究宁波民营经济的成果名称	出版社	出版时间
孙善根著	《民国时期宁波慈善事业研究》（1912 ~ 1936）	人民出版社	2007
乐承耀著	《近代宁波商人与社会经济》		2007
俞福海主编	《宁波市志》	中华书局	1995
贺师三主编	《宁波金融志》（第一卷）		1995
袁行霈、严文明主编	《中华文明史》	北京大学出版社	2006
马骏主编	《宁波金融志》（第二卷）	方志出版社	2006
吴晓波著	《跌荡一百年》（中国企业 1870 ~ 1977）	中信出版社	2014

资料来源：根据相关资料整理。

（三）民营经济在经济社会结构中的主导地位

乐承耀先生在其著述《宁波经济史》中，论述自先秦时期至近代，宁波经过从原始经济与传统经济的缓慢发展后，至唐中期至宋元时期港口城市地位的确立与兴盛，着重论述了明朝至清代前中期因宁波传统经济的发展而产生的资本主义萌芽。

进入近代后，由于外来要素和规制不断涌入，农耕社会“重农抑商”的制度与近代农工商并重发展的理念成为天然冲突。费维恺先生著《中国早期工业化——盛宣怀（1844-1864）和官督商办企业》、陈锦江先生的著作《清末现代企业与官商关系》，对“官办”、“官督商办”为基础的国营（有）企业的成因、路径及对民营企业发展的影响进行了论述。

随着开放程度的提升与近现代规制的进入，制度政策由“重农抑商”逐渐转变为“重农重商”，以“官办”“官督商办”为基础的国营（有）企业逐渐向转变近代民营企业，意味着官营垄断逐渐失去主导地位，计划经济体制不断向市场经济体制转型。

第二章

先秦时期宁波民营经济发展概述

“氏族工业”是宁波原始手工业的发展载体，也是宁波国营（有）企业的雏形，“河姆渡文化遗址”出土的手工艺品是“氏族工业”产品。在生产结构方面实现由石器、骨器工具向青铜工具的转型。

生产力的发展推动社会分工不断细化，促进交换方式和社会组织结构发生变化，使家族经济成为私有制的经济基础，推动宁波实现从原始社会的公有制单一体制向公有制和私有制并存的混合体制转型。

“船宫”是西周时期宁波第一家国营（有）企业，它的创立具有划时代意义。宁波因滨海与滩涂的便利优势，先民们在春秋时期就开始煮盐。鱼盐是史料记载的宁波个体民营经济从事商贸交流的重要商品。

第一节　原始社会末期宁波经济社会发展概况

手工制品是宁波地区原始社会生产力发展的重要标志。手工业是提升宁波原始社会生产力水平的重要产业并贯穿整个演进过程，可将之称为原始社会转型发展[①]的载体。

一、“氏族工业”是宁波原始手工业的发展载体

“河姆渡文化”属于原始社会时期，原始社会实行生产资料公有制，其“氏族工业”是宁波早期国营（有）企业的萌芽，陶器制造业成为宁波“氏族工业”的标志性产业。

---

① 此处所指的转型发展至少包含三个方面的内涵，一是工具转型，实现由石器、骨器工具向青铜工具的转变；二是产业转型，实现刀耕火种向耜耕农业、由耜耕农业向原始农业的转变；三是体制转型，原始社会末期实现生产资料公有制向私有制转型。

（一）"氏族工业"是宁波早期国营（有）企业的萌芽

由于生产力水平的提高，原始社会后期发生的第二次分工使手工业从农业中分离出来，氏族出现了社会分工，分工能够提高生产效率。在原始氏族社会，手工业就是"氏族工业"。

当时，已有人专门从事手工业生产，陶器、石器、木器、骨角器和舟楫工具的制作，代表当时社会分工的细化程度和手工业的发展水平。

"河姆渡文化遗址"出土的石器、木器、骨器皆属于新石器晚期的"仰韶文化"时期，实际上就是"氏族工业"产品。

（二）"氏族工业"的主要行业

制陶业、纺织业和冶炼业是宁波地区"氏族工业"的主要行业。在新石器时代的青铜时期，宁波地区的手工业主要有制陶业、纺织业和冶炼业。当时，"河姆渡人"为了满足烹饪、饮食和储藏等日常生活的需要，就地取材，以土为原料，手工制陶，大量生产日用陶器、漆器（见表2-1）。陶器制造业成为宁波"氏族工业"的标志性产业。其中，陶釜是日常炊煮器具，以夹炭黑陶为代表。

表 2-1　"河姆渡文化"时期宁波手工业发展概况

名称	古实物	出土地	作用与意义
陶器	以泥质黑皮陶、夹沙灰陶、夹炭黑陶、泥质红陶、夹沙陶等为主要类型的罐、盆、锛、釜、器座等各种器皿，以及陶质的鼎、碗	鳻山、田螺山、江北八字桥、慈城董家跳、朱山、定海	夹炭黑陶采用"泥条筑成法"，泥质红陶采用"轮制法"，夹沙陶采用"高温法"，满足炊饪、饮食和储藏需要；它是原始社会后期发生的第二次劳动大分工、手工业从农业中分离出来的重要标志
漆器	口径约10厘米的矮圈足木胎碗	宁波余姚河姆渡	手工业品的制作从实用性转变为观赏性，标志着人们的审美情趣和水平的进一步提升

资料来源：根据傅璇琮主编，张如安、刘恒武、唐燮军著的《宁波通史》（史前至唐五代卷）的相关内容整理。

二、氏族社会实行生产资料公有制

农业聚落是氏族社会生产资料公有制的形成基础。"河姆渡文化"时期，宁波因农业聚落而形成氏族社会，即原始公社。

（一）生产资料公有制的实现基础与特点

氏族是原始社会基本存在的社会组织，也是社会中的基本经济单位。当时，“财富归社会公有，分配和继承在氏族内部解决，生产活动由氏族组织，对外通过通婚或其他利益关系与别的氏族结成部落”①。其所有制形式主要表现为原始的生产资料公社所有制，所生产的产品皆不具有私有制性质。

生产资料公有制体现在所有制和产权结构与一定的资源配置方式的内在统一。“河姆渡文化”时期，人们以陶器、石器、木器、骨角器，以及后来出现的弓箭作为生产生活工具，是“氏族工业”发展的例证。由于生产资料归劳动者共同所有，其生产活动及其成果同样与产权结构具有一致性的特点。

（二）生产资料公有制的实施载体与作用

“河姆渡文化”时期，手工制造场所集生产资料公有制和落后的资源配置方式于一体。在出土文物中，“石球、骨镞、骨鱼镖和木矛等渔猎工具以及骨梭和管状针及苇编，可以推测河姆渡先民以此为工具进行渔猎”②。手工磨制这些工具的渔猎工具制造场就是“河姆渡人”的“氏族工业”载体。

有学者认为，“这种‘氏族工业’，可能就是后来‘工官’③的先驱”④。而“工官”制度作为国营（有）经济体制的主要形式，自然对应民营经济体制。据此认定，渔猎工具制造场是宁波国营（有）手工企业的萌芽。

三、生产力的发展推动宁波经济社会结构不断发生变化

由于手工业的发展，“河姆渡人”不断使用先进的金属生产工具，逐渐由原始农业向传统农业转变，其社会组织结构和经济体制实现由氏族社会的生产资料公有制向家族社会的生产资料私有制转型。

---

① 袁行霈、严文明主编：《中华文明史》（第一卷），严文明、李零主编，北京：北京大学出版社，2006年，第79页。

② 乐承耀：《宁波经济史》，宁波：宁波出版社，2010年，第4页。

③ “工官”本身是进行城市建设和建筑的规划者、营造的管理者和具体实施者，职责相当于现在的城市规划和建设部门，是为官家专门服务的机构，是国营（有）企业，具有行业的垄断性。因此，所谓“工官”制度，实际上就是中国古代中央集权与官本位体制的产物，实行的是官办经济体制，其初衷是服务于集团中的个人，而非直接服务于社会大众。从这个角度看，国营（有）经济也可以称作官办经济、官营经济或公有经济。因此，本书中上述各概念可以通用。

④ 童书业著，童教英校订：《中国手工业商业发展史》，北京：中华书局，2005年，第2页。

（一）农业生产工具实现由低端向高端的变迁

骨耜的应用标志着“河姆渡人”进入了“耜耕农业”的阶段。但由于金属铜被发现和在生产生活中的应用而成为“河姆渡人”的农耕工具。因此，在农具中，青铜质地的农具占60%以上。

“河姆渡人”制成的青铜农具主要有锄、铲、削、耙、斧头等，其使用范围不断扩大，青铜逐渐取代了石制工具和骨耜的地位。石器、骨器、青铜器等工具使用属性发生的变化，越来越适应生产生活的需要，这是宁波生产力发展的重要标志之一。

（二）农业产业结构实现由原始农业向传统农业的转型

随着生产工具质地的变化、生产技术在实践中的应用和农作物收成的明显提高，宁波农业生产进入精耕细作阶段。从“河姆渡人”到商朝的漫长时期，宁波农业生产效率不断提升，原始农业向犁耕农业转型，使个体经营农业终于成为现实。

随着农业生产的种类和品种不断增多，宁波犁耕农业逐渐转变为传统农业，并具有精耕细作，轮种套种，用地与养地结合，农、林、牧相结合的有机农业的特点。

（三）社会生产形式实现由原始农业为主、手工业辅之，向以传统农业为主、手工业发展和商贸流通业萌芽的方向转变

社会分工的不断细化，不但促进交换方式发生变化，而且引致产品交换和流通方式多样化。随着生产力水平和劳动生产率的提高，“河姆渡人”在原始传统农业的过程中，出现了剩余产品。剩余产品触起了人们内心交换的欲望，使商贸流通等新的产业形态自然萌生。

据考古发现，宁波地区的青铜器大多来自绍兴，这说明原始社会时期宁波就已存在商贸流通行为，其私有观念的产生和私有经济活动为其后宁波民营经济的萌芽和发展奠定基础。

（四）社会组织结构和经济体制实现由氏族社会的生产资料公有制向家族社会的生产资料私有制转轨

1. 交换推动生产资料所有制形式与内涵发生变化

随着“河姆渡人”对大自然的征服和生产的不断发展，剩余产品逐渐增多，

交换使商贸流通范围不断扩大，家族经济的产业链逐渐完善，产品分配出现不均等的现象，人们在生产中的地位和相互关系也在发生变化。凡此种种，皆成为动摇“河姆渡人”生产资料公有制的所有制形式和产权结构的重要力量。

2. 分配不公造成贫富差距和社会地位的差异

产品分配是生产关系的核心要素。当以交换为目的的生产出现后，“由于各家族实行的是财产私有制，这就意味了氏族组织内部的各家族之间首先在经济上出现了不平等”[①]。由于出现了社会分配不公的现象，使社会成员间的贫富差距进一步加大，由此产生贵族阶层，社会成员分层化，造成相互之间经济社会地位的不平等。

3. 私有观念的产生促进氏族社会逐渐走向解体

据考证，私有观念的产生和私有经济活动是“河姆渡人”的主观意识和自发行为。“一旦以交换为目的的生产出现，私有观念随之产生，开始蚕食氏族公有制，社会成员彼此之间的经济状况逐渐失衡，社会成员间的分层化也就开始了。”[②]其变化及其产生的不平等现象由经济而延及社会、文化，引起了主观意识、观念和行为规范等社会范畴内的全面变化。

“河姆渡文化”的后期，即原始社会末期，氏族的生产资料公有制的所有制形式与产权结构不断受到侵蚀，因交换而发生的种种经济行为使社会成员之间的经济状况逐渐失衡并开始分层化，家族逐渐取代氏族，家族经济成为私有制的经济基础，生产关系逐渐由公有制向私有制方向转变。

4. 社会结构进一步分化

“河姆渡文化”晚期，由于生产资料公有制逐渐转变为私有制，其社会结构进一步分化，生产关系的内涵也在随之发生变化，阶级开始了其胚胎状态。经济体制也由原来单一的公有制转变为私有制形式。

“技术进步、农业和手工业产品日渐丰富，刺激着村落内部多级所有制发生

---

① 袁行霈、严文明主编：《中华文明史》（第一卷），严文明、李零主编，北京：北京大学出版社，2006年，第80页。

② 袁行霈、严文明主编：《中华文明史》（第一卷），严文明、李零主编，北京：北京大学出版社，2006年，第44页。

变化。多级所有制，实质上是不同社会单位的私有制”[①]，在生产资料私有制基础上，社会分工在农业和制造业之间，以及制造业内部不断深化，引致商贸流通方式多样化发展。

第二节　先秦时期宁波民营经济发展概况

宁波在夏商周三代属于越地区域。夏朝时，宁波被称作“鄞”，作为夏朝少康时代越国的一部分而存在，但在当时是荒芜的渔村。

公元前2000年以后，宁波地区进入青铜时代。夏商周时期是中国经济体制的发展和形成期，体现在生产资料所有制的不同和经济体制的实现形式相异等两个方面，私有制作为重要的经济体制不断得到强化。

一、商朝时期生产力水平的提高促进了宁波工商业发展

实行生产资料私有制的土地制度，以及使用先进生产工具，使宁波传统农业的发展水平得到提升，手工业成为当时宁波的引领产业。

（一）实行生产资料私有制的土地制度

推行“井田制”。商朝推行“井田制”的土地制度，实际上是村社的制度，即按照每一家平均分配份地的制度形式，而且每隔三年就要重新分配一次份地，是“农村公社土地所有制公与私的二重表现”[②]。其土地所有制皆为国有制，即以国王为首的贵族家系所有制。

（二）先进生产工具提升宁波传统农业的发展水平

古代鄞地以奉化白杜为中心，范围包括今天的奉化、象山一带。在商朝，宁波的地域面积包括鄞和句章地区，句章在今天的江北乍浦、位于余姚江边的城山

---

① 袁行霈、严文明主编：《中华文明史》（第一卷），严文明、李零主编，北京：北京大学出版社，2006年，第46页。

② 林甘泉主编：《中国封建土地制度史》（第一卷），北京：中国社会科学出版社，1990年，第8页。

渡，人口居住集中，已经形成了居民村落。

宁波的农业生产以稻作农业为主，其生产活动极受大自然的支配与制约。当时，青铜器技术和产品在生产中得到应用。多年前，“在鄞州区已出土的66件春秋战国时期的青铜器中，生产工具有44件，占66.7%[①]”。

当时，鄞、句章等地的宁波先民们由于使用了青铜工具，耕作器物得到改进，生产效率不断提高，为农业生产提供了有利条件。

（三）手工业成为当时宁波的引领产业

1. 手工业代表当时宁波的制造业水平

商周时期，宁波手工业包括制陶业、造船业和原始瓷烧制业。历史学家认为，“一般的民间手工业大概是与农业相结合的，民间商业大概也只是农民、手工业者的副业[②]”。

在宁波出土的陶器、原始瓷器、木浆等文物，代表了当时制陶业、造船业、冶铸业和纺织业等手工业的发展水平。其中，造船业是当时的重要产业，表明造船技术的提升和其产业的兴盛。

2. 出土的原始瓷是宁波地区手工业的行业代表

宁绍地区是我国原始瓷的重要出土区域。“商朝前期出现的原始瓷是在陶器烧制工艺基础上发展起来的。宁波发现的最古的原始瓷是商代的遗物，根据考古发掘报告，在象山塔山遗址第3文化层出土有原始瓷片”[③]。

在今天宁波江北区乍山乡城山村出土的夹砂红陶的釜、鼎和泥质红陶罐、碗以及杵、锛等石器，是商代晚期到西周时期的文化遗存，出土的商代前期和晚期的所有文化遗存，都是宁波手工业发展水平的体现。

二、西周时期的宁波经济社会发展环境及民营经济发展概况

西周（公元前1046～前771年）举国上下重视农业生产。宁波广泛使用青铜农具和应用农耕新技术，但由于实行“工商食官”制度，商业文化被迫中止。

---

① 乐承耀：《宁波经济史》，宁波：宁波出版社，2010年，第7页。

② 童书业著，童教英校订：《中国手工业商业发展史》，北京：中华书局，2005年，第2页。

③ 傅璇琮主编，张如安、刘恒武、唐燮军著：《宁波通史》（史前至唐五代卷），宁波：宁波出版社，2009年，第49页。

平王东迁、西周灭亡，促进西周的奴隶制或封建领主制向秦汉封建地主制过渡，为宁波民营经济的发展奠定了制度基础。

（一）确立了农耕文化的主导地位

西周前后历经五百年，创立的“宗法制度不仅是西周政治的建制原则和指导思想，也是规范社会秩序、整齐生活习俗的指导思想”[①]。“西周实行井田制，土地属于国有，为法律所承认”[②]。从体制而言，西周属于封建领主制经济，“普天之下，莫非王土”，周天子是全国最大的领主。

进入农耕社会后，西周重农观念深重，以农业立国，在组织制度、机构设置、水利建设等方面，都有一套促农发展的举措。因此，宁波形成了以种植业为中心的经济社会结构，确立了农业在经济社会中的基础性地位。

（二）使用青铜农具并应用农耕新技术

1. 广泛使用青铜农具

西周时期，广泛使用青铜农具的程度比商代高，耕作效率不断提高。“宁波发现的周代青铜器尤以农具为大宗，种类包括斧、铲、锸、削、耜、锄，数量占全部青铜器的60%以上”[③]。排水与引水等水利技术掌握较好，桑麻瓜果在农作物中栽培和种植数量都有提高。同时，耕作方法不断改进、创新，以二人为一组，通过合力进行耦耕，由此推动了金属农具的应用。

2. 进一步发展农业生产

“在越国的青铜器中，青铜农具占有突出地位”[④]。开垦荒地的规模越来越大。同时，农民勤于农耕，使用绿肥和制造堆肥，土地的肥力进一步提升，稻、粱、粟、麦、菽、稷等农产品的品种和产量都有了增加，自然经济条件下的男耕女织，国家的财政收入和各阶层的日常消费都得到了保障。

---

① 袁行霈、严文明主编：《中华文明史》（第一卷），严文明、李零主编，北京：北京大学出版社，2006年，第138页。

② 袁行霈、严文明主编：《中华文明史》（第二卷），张传玺、王邦维主编，北京：北京大学出版社，2006年，第84页。

③ 傅璇琮主编，张如安、刘恒武、唐燮军著：《宁波通史》（史前至唐五代卷），宁波：宁波出版社，2009年，第56页。

④ 乐承耀：《宁波经济史》，宁波：宁波出版社，2010年，第6页。

（三）具有从事商贸交流的环境与条件

1. 拥有纵横交错的水网

西周时期，宁波是一座河海兼有、水网密布的沿海城市，其优越的江湖河海的先天环境与条件刺激了造船业的发展；而造船业的发展便利交流，使江河湖海变通途，对宁波民众从事个体商贸流通行为产生了重要的推动作用。

2. 拥有泊船的港口

港口是重要的交通枢纽。学者认为，春秋战国时期，全国有五大港口，其中浙江就占有两席，分别是会稽港（即今天的绍兴，下同），句章港（即今天的宁波，下同），在北仑柴桥出土的青铜锚成为很好的佐证。据史料记载，当年的明州句章港在全国具有重要的地位，为民营经济奠定了良好的发展基础。

三、西周时期宁波实行“工商食官”制度

“工商食官”是政府官营体制下的工商业群体，也是国营（有）经济发展体制与机制的载体。在当时生产力落后的情况下，政府“工商食官”的制度安排有利于促进手工业发展，但也使个体民营工商业边缘化，在一定程度上阻止了民营经济的发展。

（一）政府通过“工商食官”管理和控制官营工商业

1. “工商食官”是西周的官营工商业制度

“工商食官”就是官府委派相关官员管理各种手工业作坊和商贾的生产经营事宜，相当于现在的国营（有）企业。因此，“西周时代的商人，也与手工业者一样，隶属于官府”[①]。在这种制度下，所有工商业者必须按照官府的规定和要求从事生产和贸易。

2. “工商食官”服务于政府官员而非市场

就全国而言，西周时期的手工业门类很多，主要有（铜铁）金属工、木工、

① 童书业著，童教英校订：《中国手工业商业发展史》，北京：中华书局，2005年，第9页。

纺织工、皮革工、营造工、武器工等类别。各门工人统称为“百工”[①]。“从西周到西汉的1100年中，主要工业部门都有官府作坊”[②]，从业者众多。

“西周时期实行‘工商食官’制度，这是一种奴隶制度”[③]。“工商食官”管理下的工商业群体按照政府的要求，从事工商业活动，他们完全为官员服务。因此，西周的“工商食官”就是国营（有）企业。

当时，“无论是传统的铸铜、纺织业、造车，还是新兴的冶铁、砖瓦、漆器等行业，总体上仍以官营手工业为主”[④]。

（二）“工商食官”成为国营（有）经济发展体制的载体

1. 国营（有）经济在整个国民经济结构中占有绝对优势

手工业官营，即在手工业领域实行国营（有）经济发展体制与机制。手工业是当时事关国计民生的重要产业，在国家治理架构中形成了以“工商食官”为主的国营（有）经济发展体制与机制，其治理结构中的政治形态从松散变为集权，国营（有）经济在整个国民经济中居于主导地位。

2. “工商食官”具有制度引领与排斥作用

实行国营（有）经济发展体制与机制。“工商食官”制度实际上就是政府将整个国家的手工业（工业）纳入其统一管理之下，从制度层面向国营（有）经济发展体制与机制倾斜，并对其不断强化和巩固的诸多政策措施。

尽管从商之人依然受到社会尊重，但商业文化在经济社会生活中已经不居于主导地位，契约精神、规则意识、公平诚信等工商业文化精髓也随之淡化。

（三）宁波政府在手工业领域实行“工商食官”制度

1. 政府委派“船宫”或“舟室”管理国营（有）造船工场

造船业具有劳动力、技术密集、协同作业的要求和工程大、周期长的特点。

---

① 所谓“百工”，主要是指政府官员领导的官营手工业者，但当时最主要的手工业还是与农业相结合的家庭纺织业。

② 王天伟：《中国产业发展史纲》，北京：社会科学文献出版社，2012年，第123页。

③ 袁行霈、严文明主编：《中华文明史》（第二卷），张传玺、王邦维主编，北京：北京大学出版社，2006年，绪论，第10页。

④ 袁行霈、严文明主编：《中华文明史》（第一卷），严文明、李零主编，北京：北京大学出版社，2006年，第244页。

在当时，除陶器制造业和纺织业外，造船业也是宁波手工业领域的重要产业，已能够打造轻舟、楼船等不同规格的船舶。

"船宫"或"舟室"就是"工商食官"制度在造船业领域，由宁波政府委派的相关官员和管理机构的称呼。"船宫"或"船室"是历史上第一家国营（有）企业。"春秋末期，越国的造船业趋向成熟"[①]。宁波拥有一流的造船技术和工匠，国营（有）工场能够承接政府的造船工程，使得"船宫"或"舟室"通过技术专业化、作业工场化、劳动密集化等有效管理，指挥工匠们利用简陋的工具打制木舟，使句章到东海的水路成为通途，便利民众生活及商贸交流。

2. 控制与管理制陶业和纺织业等官营手工业

宁波地区的手工业主要有陶器制造业、纺织业、采矿业和青铜冶铸业等产业。政府对陶瓷制造业、纺织业等产业进行控制，形成政府管理下的手工业发展体系。

专栏2-1　原始瓷器是宁波官营陶器制造业的代表

1995年5月，"在成山发现了周代的土墩墓，发掘出原始瓷等随葬品"[①]。此前，在慈溪、余姚、鄞州、江北、镇海等地遗址中，陆续出土"商周时期藏有原始瓷器的土墩石室及春秋战国时期的遗址20余处。1986年，慈溪峙山公园的一座土墩中出土西周原始青瓷器百余种"[②]。

注：①傅璇琮主编，张如安、刘恒武、唐燮军著：《宁波通史》（史前至唐五代卷），宁波：宁波出版社，2009年，第55页。

②乐承耀：《宁波经济史》，宁波：宁波出版社，2010年，第9页。

与农业结合的纺织业是宁波最主要的手工业。"宁波地区西周和春秋战国的遗址中发现有石制和陶制的纺轮，证明了当时纺织业的存在"[②]。

在纺织业中，宁波的先民们采用当时先进的器具进行生产，当时的纺织原料主要以麻、葛织品为主，"麻、葛织物的主要原料是葛麻、苎麻等，用其纤维织布，首先必须加以沤、濩，进行脱胶处理以使之柔软"[③]。

---

① 乐承耀：《宁波经济史》，宁波：宁波出版社，2010年，第10页。

②③ 傅璇琮主编，张如安、刘恒武、唐燮军著：《宁波通史》（史前至唐五代卷），宁波：宁波出版社，2009年，第57页。

第三节　春秋战国时期宁波民营经济发展概况

春秋战国时代（公元前770~前476年），也称东周时期。由于社会逐渐进入铁器时代，于越地区广泛使用金属农具，社会生产力得到了较大的提高。

宁波大力发展官营与民营手工业生产，食盐是史载宁波民间个体销售的首选商品之一。政府采取重商、敬商政策，成为我国历史上最重视工商业的时期，营商环境宽松，整个社会形成了自由竞争的风气和氛围。

一、铜铁器农具的广泛使用促进了于越地区经济发展

春秋时期，宁波通过交换方式自绍兴输入铜铁等金属。由于使用金属工具，社会生产效率不断提高，奠定了商贸流通业的发展基础。

（一）铜铁器物在生产生活中的应用是生产力发展的重要标志

春秋时期，铁制工具正式进入经济社会的活动范围，于越地区社会生产力发展到了一个全新阶段。铁在当时属于稀有之物，铜铁等金属的使用主要以绍兴为中心，宁波地区的金属器物由其输入而来。

（二）铁制器物是促进当时宁波工商业发展的重要推手

铁制器物当时在农业、手工业等生产领域广泛应用，社会生产力和农产品的产量有了进一步提高，工商业得到了发展，商业行为在生产生活中日渐活跃。

专栏2-2　宁波地区的铜铁器物主要用于生产兵器和农业工具

宁波地区发现的春秋战国时期的青铜器遗物，多以兵器和农业工具类的器物为主。当时，宁波地区手工业以青铜器的制造和纺织业而闻名于世。

“宁波地区青铜器主要发现于鄞州、慈溪和余姚等地，器物种类包括剑、钺、矛、削、斧、锛、锄头等，数量和形制都远逊于绍兴地区发现的青铜器”[①]。

鄞县出土的青铜器是生产力发展程度的代表。青铜农具较多的使用是于越地区生产力提高的物质标志。“仅以鄞县为例，至今出土的春秋战国时代的

青铜器数量不少，主要品种有斧、铲、锸、耜、锄等，尤以农具为大宗”[②]。这是社会分工进一步细化的结果，也是生产力发展水平的标志。

注：①傅璇琮主编，张如安、刘恒武、唐燮军著：《宁波通史》（史前至唐五代卷），宁波：宁波出版社，2009年，第50页。

②傅璇琮主编，张如安、刘恒武、唐燮军著：《宁波通史》（史前至唐五代卷），《导论》，宁波：宁波出版社，2009年，第5页。

二、宁波大力发展民营手工业生产

当时，宁波个体民营手工业主要有鱼盐业、陶器制造业、青铜冶铸业、纺织业、造船业、煮盐业和商贸流通业。其中，盐业生产经营领域兼具官营和个体民营等两种不同的经济体制与机制。

（一）食盐是史载宁波民间个体销售的主要商品

1. 宁波民营产盐业始于春秋时期

食盐是重要的生活用品，被称为“食者之将”，自古以来就与宁波民众的生产生活密切相关。据古书记载，越人将盐称之为“余”。有学者指出，“余姚、余暨（今萧山）、余杭地濒沿海，其地名都与于越的盐业生产有关”[①]。

宁波盐业生产历史悠久，“宁波产盐业始于春秋（公元前770～前476年），至迟在秦汉间”[②]。据最新考古成果显示，宁波产盐历史最早可以追溯到良渚文化晚期至末期。据史料记载，宁波地区的“今翠屏山丘陵北麓，远在古余姚立县前，于其境内之濒海地带，已有海水制盐”[③]。

宁波先民们在境内的滨海地带，就地取材，以海水制盐，逐渐发展成以产盐聚落形式而存在的生产生活区域，这是宁波历史上最早的煮盐记录。

专栏2-3　宁波保存我国古代海盐业最早实证

由于盐的不可或缺性，以及它所拥有的巨大经济利益，使得盐在人类社会中扮演了重要的角色。在2018年4月9日举行的“2017年度全国十大考古新

① 陈桥驿主编：《浙江古今地名词典》，杭州：浙江教育出版社，1991年。

② 朱柏铭主编：《宁波盐志》，宁波：宁波出版社，2009年，第183页。

③ 朱柏铭主编：《宁波盐志》，《大事记》，宁波：宁波出版社，2009年，第1页。

发现”终评会上，作为我国目前已知最早的史前时期的海盐业遗存，浙江宁波大榭史前制盐遗址项目引发各方关注。经过多次专家论证，大榭遗址被确认为“目前我国最早的史前时期的海盐业遗存”。

大榭制盐遗址是目前国内发现的最早制作海盐的遗址，煮盐灶等工具的出土显示，4000多年前的制盐工艺与传承至今的煮盐工艺如出一辙。

浙江宁波大榭史前制盐遗址位于浙江省宁波市北仑区大榭街道（宁波大榭开发区）下厂村，面积约2万平方米。该遗址文化堆积由早至晚分别为史前、东周和宋元时期，其中史前时期又包括一、二两期遗存，时代分别相当于良渚文化晚期和末期，为遗址的主体堆积。

大榭史前制盐遗址年代距今4400至4100年间。大榭制盐遗址不仅发现了我国海盐生产的最早证据，还在周边发现了商周时期大规模的盐业遗址群，填补了我国海盐业考古领域的空白，为深入探讨我国古代海盐业的起源、发展、工艺传承，以及早期交通、贸易和社会复杂化，为研究中国悠久的盐业历史和盐业文化，提供了极为重要的实物案例。

资料来源：浙江新闻，http://zj.ifeng.com/a/20180411/6493548_0.shtml，2018年04月11日。

2. 鱼盐是宁波先民们进行商贸交流的重要商品

食盐既能满足生活之需，又是收入的重要来源。宁波的先民们将盐煮好后，除了部分食用外，还将剩余产品进行贸易交流。“在秦之前的春秋战国时期，鄮之同谷附近的沿海地区就已有海水制盐和食盐的贸易”[①]。

鄮山境内，即今鄞州区，先民们曾经以食盐为商品进行贸易。据史料记载，当时，宁波的“古鄮县在秦前已有食盐的生产和贸易。宁波早期地方志宋宝庆《四明志》载。‘古鄮县乃取鄮县之义，居民喜游贩鱼盐’”[②]。

（二）盐业生产经营实行官营和个体民营经济体制与机制

1. 实行官营经济体制

从经济体制而言，“历代盐的生产体制是以官有制为主，延绵两千余年。间有允许盐户私煎”[③]。“春秋战国时期，官府直接介入生产和运销环节，开始形成食盐官营制度。而创建这一制度的是春秋齐国管仲”[④]。

---

①② 朱柏铭主编：《宁波盐志》，宁波：宁波出版社，2009年，第184页。

③④ 朱柏铭主编：《宁波盐志》，宁波：宁波出版社，2009年，第235页。

行使政府管理职能。通过食盐专营而收取盐业税收是政府行使经济管理职能的重要内涵之一，也是政府在盐业生产领域实行官营经济体制与机制的特点之一，其收取权和收益额由中央决定和拥有。

2. 食盐专营为国家带来大量税收

一般而言，政府的盐业税收于民众而言是重税，但盐业的利税收入是历代官府的重要财源。古人曾言，“天下之赋，盐利居半”、“东南盐利，视天下为最厚”①。宁波自有盐业记载以来，历届政府均对食盐课以重税，因之成为政府的主要财政收入来源。

3. 发展个体民营盐业

即使当时齐国的管仲推行食盐官营制度，但包括宁波在内的其他国家和地区，仍“多数采取放任政策，实行民产、官销，官府只管收取课税”②。即在生产环节以个体民营生产为主，而在销售环节则以官营为主。

随着时间的推移，宁波盐业官营制度逐渐趋向完善，直至发展到政府不自办盐场，通过发展民营盐业，届时只需以国家的名义，从盐场收购食盐即可，政府通过垄断盐业的收购和销售等两个环节而获利。

（三）宁波民营工商业不断发展

1. 以“通商惠工”政策促进民营工商业发展

“春秋末期冶铁工业的发展与民营作坊的兴起有很大关系”③。春秋末期，宁波为越国之地，“今境域有史学记载，始于春秋于越。公元前497年至前465年，属越王勾践领地”④，战国中期以后为楚国辖地。

当时，“‘通商惠工’的政策主要是招徕工商，以富实自己的国家或领邑”⑤。在“通商惠工”政策感召下，这一时期宁波地区的民营工商业得到发展，主要产业有陶器制造业、青铜冶铸业、纺织业、造船业、煮盐业和商贸流通业。

---

① 见《新唐书·食货志》、《宋史·食货志》。

② 朱柏铭主编：《宁波盐志》，宁波：宁波出版社，2009年，第235页。

③ 王天伟：《中国产业发展史纲》，北京：社会科学文献出版社，2012年，第124页。

④ 宁波市地方志编纂委员会：《宁波市志》，北京：中华书局，1995年，第2页。

⑤ 童书业著，童教英校订：《中国手工业商业发展史》，北京：中华书局，2005年，第24页。

专栏2-4　春秋战国时期宁波地区手工业发展概况

1981年，在城山渡附近，发现了战国时代的印纹陶。考古工作者"在鄞州区已出土的66件春秋战国时期的青铜器中，生产工具有44件，占66.7%"[①]。

另外，根据"周代钱岙的遗址中有春秋战国时期的纺轮出土，这说明当时鄞县已有纺织业"[②]。其中，纺轮有陶器和石器等两种类型的质地。

注：①乐承耀：《宁波经济史》，宁波：宁波出版社，2010年，第7页。

②乐承耀：《宁波经济史》，宁波：宁波出版社，2010年，第11页。

2. 金属质地的器物和港口是商贸交流的重要支点和载体

①春秋时期宁波已出现个体商贸流通业。学者对今天宁波的鄞州甲村和北仑柴桥两地出土的战国铜钺和青铜锚等文物据此推断，认为彼时的句章港是重要的港口口岸，对人员往来、要素交流、货物流通发挥了积极的作用。因此，"春秋战国时期句章、鄞的水上交通有所发展，商贸业已经出现"[①]。商贸交流活动中，有可能以货币为媒介，有可能物物交换。

②原始都市创卫交易载体。"古代的常设集市，往往与部落人民定居的处所相结合，这就产生了原始都市。"[②]今天，柴桥一带已属北仑港口区域，被认为是交易的地方，历史学家将这一过程称之为由原始集市向常设集市的演进状态。当时，"绍兴是春秋战国之际越人的青铜制作中心，宁波地区的青铜器多由绍兴输入"[③]。

① 乐承耀：《宁波经济史》，宁波：宁波出版社，2010年，第11页。

② 童书业著，童教英校订：《中国手工业商业发展史》，北京：中华书局，2005年，第16页。

③ 傅璇琮主编，张如安、刘恒武、唐燮军著：《宁波通史》（史前至唐五代卷），宁波：宁波出版社，2009年，第51页。

第三章

秦汉到六朝时期宁波民营经济发展概况

秦朝实行国营（有）和民营共同发展的“双轨制”经济体制，允许民营企业发展壮大。政府通过税收方式管理民营企业，民营企业和盐铁民营在当时具有合法地位。

从西汉中叶开始，宁波经济缓慢复苏，具体表现在“稻作农业出现了粗放式的‘火耕水耨’的耕作方式，原始瓷的生产获得了恢复性的发展，商业经济也出现了发展的势头”[①]。

东汉时期，宁波定居农业向平原地区推进，不断开发沼泽平原，“牛耕和铁制工具的使用，陂塘的兴建，使宁波的农业生产得到了较快发展。而成熟瓷器的烧制成功和商业活动的兴起，对应宁波社会面貌的改变尤其具有重要意义”[②]。

第一节　秦朝时期宁波民营经济发展概况

秦朝政府控制整个国家的经济命脉，但民营经济有其发展特点，商人在社会阶层中享有重要地位。

一、政府积极营造民营经济发展环境

鱼盐业是宁波地区重要的自然资源。由于放松管制，地方政府允许宁波个体户和民营企业涉足鱼盐等产业，这为民营经济带来发展之机。

①② 傅璇琮主编，张如安、刘恒武、唐燮军著：《宁波通史》（史前至唐五代卷），《导论》，宁波：宁波出版社，2009年，第5页。

（一）形成私有制的经济体制

秦朝实行土地私有制度，形成以官僚地主和自耕农为主体的、以家庭为单位的生产方式的小农经济社会，使私有制成为整个国家政治经济运行的重要制度基础，促进了土地要素资源配置的最优化。

（二）加强制度与道路基础设施建设

秦朝通过统一的度量衡和货币制度，奠定在文字、货币、度量衡、交通运输工具等方面的统一基础，进行道路基础设施建设，形成以首都为中心并通往全国的高速公路网络，降低了整个经济社会的交易成本。

（三）放松经济管制

秦朝延续战国时期发展工商经济的传统，未完全实行“商鞅主义”[①]，而是重视工商业在经济社会发展中的作用，不仇视商贾之人且积极鼓励工商业投资。因此，政府通过一系列开放政策的实施，意在聚集并有效配置天下资源，使物尽其用、货畅其流，政府与民众互惠互利，以创造更多的社会财富。

（四）便利商贸流通与文化交流

秦时形成以首都为中心而辐射全国的网络体系。“打破了原封建诸侯国之间的割据状态，商贸交流由原来的区块分割转变为以首都为中心辐射全国的网络体系”[②]，将包括宁波在内的长江流域与首都连为一体，便利政府管理、巩固封建政权和加强关中与中原地区的人文与物质交流。

二、宁波经济社会及民营工商业的发展路径

明州接受中央统一管辖后，大力发展农业经济，不断发展民营工商业。有的个体商户甚至把生意做到了邻近的会稽（今绍兴一带）地区。

---

① “商鞅主义”的主要内涵为政府管制矿山开发、粮食买卖和旅店经营等微观经济领域，消灭自由商人，在经济模式上则体现为“命令型的计划经济”。同时，仇视知识分子，将儒家学者、商贾、隐士、手工业者和勇士等视为“五害”，并把人民的贫困与无知看成是国家兵源和社会稳定的必要条件，认为战争是让国家强大和稳定的最好办法，

② 江怡：《民营经济发展体制与机制研究》，杭州：浙江大学出版社，2016年，第249页。

（一）明州接受中央统一管辖

在秦朝未统一中国前，宁波先后属于越国、楚国管辖。秦王政二十五年（公元前222年），“秦灭楚后平定楚江南地，降百越之君，置会稽郡，今境置为鄞、鄮、句章和余姚（余姚一说西汉置）四县”[①]。会稽郡的郡治设在吴（县今江苏苏州城区），下辖的鄞、鄮、句章和余姚等四县，大致与今天的行政区划相当。

秦汉时期，由于中央对江南的开发不重视，浙江经济在全国居于落后状态，明州区划的正式确立，使其作为一个行政单位而接受中央管辖的合法性，为今后经济社会发展步入正轨奠定了体制基础。

（二）大力发展农业经济

1. 发展传统农业

①兴修水利。明州属于楚越之地，依山傍水，随着生产力水平的提高，先民们越来越意识到水利对农业生产的重要性。于是，兴修水渠、疏浚湖泊、筑塘堵潮、围涂造田、灌溉农田、筑石作堤、变涂为田，为水稻栽培创造了条件，使土质肥沃的四明大地更适宜农作物的栽培与种植。

②改进耕作方式。宁波的先民们使用“火耕水耨”的方式，即用火烧掉田中的杂草，将草木灰混入泥土作基肥。同时，用水淹死杂草，使其腐烂而成肥料，大力开展水稻的种植。通过这种方式，进一步提升田地的肥力，让农作物充分吸收养分，为获得农业好收成打下坚实的基础。

③使用铁制农具。“从绍兴漓渚发现的汉代盐铁遗址推测，浙江地区估计在西汉中叶以后开始使用铁制农具。多年前，今天的宁波祖关山西汉后期长方形竖穴土坑墓中有铁釜，鄞州、象山也出土了汉代的铁制刀、剑等用品，堪资旁证”[②]。

农业劳动生产效率不断提高。铁制农具的使用，不仅成为宁波生产力水平的标志之一，更为发展传统农业发挥了积极作用。

---

① 俞福海主编：《宁波市志》（上），《卷首·总述》，北京：中华书局，1995年，第10页。

② 傅璇琮主编，张如安、刘恒武、唐燮军著：《宁波通史》（史前至唐五代卷），宁波：宁波出版社，2009年，第71～72页。

2. 兼营主副业等多种行业

多年前，宁波的“东钱湖周围莫枝、高钱、横溪、韩岭、下水等地出土的随葬品，有仿照实物的水井、谷仓”[①]。除种植水稻外，先民们饲养猪、狗、鸡等家禽家畜。而“鄞州区横溪丁湾汉墓，出土了大小瓷器二十余件，其中就有猪圈、狗圈、鸡笼三件冥器”[②]。有时遇到收成好的年份，他们还用粮食酿酒。

经过多年的发展，宁波地区形成了以水稻种植业为中心的农业生产结构，即以种植粮食为主，同时也种植粟、茶叶、杨梅等经济作物，并从事饲养猪狗鸡等家禽畜的副业生产，形成一业为主、多种经营的生产格局。

（三）不断发展个体民营工商业

1. 民营手工业发展独具特色

①政府允许发展民营手工业。秦汉时期，由于中央对江南的开发不重视，浙江经济在全国居于落后状态。宁波在手工业领域不仅存在官营手工业，也存在民营手工业。政府控制和管理纺织、陶瓷、酿酒、制漆和制砖等产业领域。同时，也允许民营经济在这些产业发展。

②传统手工业不断发展。当时，明州主要发展纺织业、酿酒业、制漆业和制砖业等传统手工业（见表3–1）。其中，以陶瓷业最具代表性。

表 3-1　　秦汉时期宁波民营手工业发展概况

行业	技术 / 产业载体	工具代表	墓葬出土地 / 时期	产成品及效用
纺织业	男耕女织形式的家庭手工业	“纺轮”	李家埠 / 东汉	绢、帛
陶瓷业	制陶技术 / 陶瓷窑	带釉的陶瓷制品、“蒜头壶”、“五联罐”	宁波 / 西汉、东汉	釉陶、青瓷类别的陶质壶、罐及其他各种生活器皿
酿酒业	酿酒技术 / 酿酒作坊	“酒钟”	海曙、鄞州 / 秦汉	酒水及饮酒器具
制漆业	制漆技术 / 使用装饰漆	漆器质地的“漆耳杯”	祖关山 / 汉代	有花鸟图案的“漆耳杯”
制砖业	制砖技术 / 砖瓦窑	砖瓦窑炉、烟囱、窑膛址	姜山 / 东汉	建筑房屋所用砖瓦

资料来源：根据相关资料整理。

①② 乐承耀：《宁波经济史》，宁波：宁波出版社，2010年，第15页。

2. 民营商贸流通业不断发展

①放松管制。允许个体户和民营企业涉足鱼盐等产业。在秦王政二十五年至东汉延康元年（公元前222～220年），鄮县的先民们用海水煮盐，“居民喜游贩鱼盐，即盐业的贸易趋向活跃”[①]，这充分说明鄮县的鱼盐是当时的重要产业。先民们不仅生产较多的剩余产品，而且将之进行贸易，实现了由手工业向商贸流通业领域的延伸。

②便利交通。明州港具有中国第一个商业性海港的特点，“自古以来就表现得十分明显，秦汉时候，当地已作为沿海渔业和航海业的中心而屡屡被载入史册”[②]。先民们通过交通运载工具便利交流鱼盐等剩余产品。

③产品盈余程度高。生产的产品除满足自身消费外，还可以为市场提供有效供给的程度。“在秦汉之际，古鄮县沿海地区已有海水煮盐和盐的贸易活动”[③]。因此，在农业、手工业的推动下，商品经济有所发展，物质产品有所剩余，水网通达海内外，进行商贸交流活动势在必行。

④互通有无。畅通的水陆交通，能使进行交换的商品通江达海，此时宁波民众已经具备进行贸易的条件。秦朝时，宁波地区的商人与民众到会稽的市场做买卖，交易十分兴盛。据考证，当时的钱塘江以南是商贸流通最为活跃的地区。

第二节　西汉时期宁波民营经济发展概况

西汉政府“汉承秦制”，采取“轻徭薄赋”“放权让利”等政策，确立土地私有制和地主经济的经济体制，为民营资本强势崛起营造了适宜的制度环境。

由于民营资本不断坐大，从制度政策、经济结构和社会分层等方面不断危及封建政权的统治基础，西汉政府不得不实行“盐铁专营”而将盐铁的营商权收归国营（有），首开历史上政府营商先例，政府正式以商人身份登上经济舞台。

---

① 朱柏铭主编：《宁波盐志》，《大事记》，宁波：宁波出版社，2009年，第1页。

② [日]斯波义信著，方健、何忠礼译，虞云国校：《宋代江南经济史研究》，南京：江苏人民出版社，2001年9月，第476～477页。转引自[日]藤田丰八：《中国港湾小史》，收于《东西交涉史研究·南海篇》，1932年。

③ 朱柏铭主编：《宁波盐志》，宁波：宁波出版社，2009年，第183页。

一、西汉初年政府为民营经济发展营造软硬环境

文帝和景帝在执政之初取消了“盐铁专卖”政策，标志着政府放松对山泽矿产资源的垄断和专营，原国家垄断专营的产业向民营资本开放，并放松了自“商鞅变法”以来延续200多年的经济管制，在一定范围内发展民营经济，使个体民营企业尽获盐铁之利。

（一）“汉承秦制”

1. 确立私有制的土地制度

汉初，政府延续秦朝的国家政治架构及相关经济政策，“汉承秦制，土地私有制和地主经济得以确立”[①]。这保障了政治、经济、社会和文化等方面发展的连续性和稳定性，为民营经济营造了安定的发展环境。

2. 确立货币金融制度

汉武帝元狩五年（公元前118年），汉武帝下令由臣下负责铸造“五铢钱”[②]，通过发行并将之作为法定货币通行于全国。“五铢钱”，枚重五铢，形制规整，重量标准，铸造精良，是秦汉货币史上的一大转折，标志着中央实现了对货币铸造权的集中统一。

（二）接收移民

秦汉时期，宁波经济社会较之以前有较大发展。以会稽为中心，包括宁波在内的江南南部地区，有宜人的气候、富饶的土地、没有豪强地主势力存在等经济社会发展环境。因此，“西汉中期以后，北方移民南下会稽，主要是北方强宗大族和避灾的民众”[③]。为发展宁波传统农业和民营工商业提供了众多的劳动力资源。

---

① 袁行霈、严文明主编：《中华文明史》（第一卷），严文明、李零主编，《总绪论》，北京：北京大学出版社，2006年，第16页。

② 五铢钱是一种中国古铜币，钱重五铢，上有“五铢”二字，故名。初铸于汉武帝元狩五年（公元前118年），东汉、蜀汉、魏、晋、南齐、梁、陈、北魏和隋都有铸造，重量形制大小不一。唐朝武德四年（公元621年）废止，但旧五铢仍然在民间流通。五铢是中国历史上数量最多、流通时间最久的钱币。

③ 乐承耀：《宁波经济史》，宁波：宁波出版社，2010年，第12页。

（三）放松管制

1. 力行“轻徭薄赋”

在农耕社会，农业稳则百业稳。西汉时期，“文帝前后两次‘除田租税之半’，租率最终减为三十税一，一度甚至还会免田租，长达十二年之久，这是中国历史上仅有的一次”①。减轻农民的沉重负担，利于民众休养生息，由此构建了新型的封建生产关系，增强农民自身扩大再生产的能力，整个经济社会也就进入了良性循环的发展轨道。

2. 取消“盐铁专卖”

西汉政府根据经济社会发展的实际，废除“抑商”政策，不设关征税。同时，将原国家垄断专营的盐铁产业向民营资本开放，不断促进物物交易的活跃和工商业的繁荣，降低整个社会经济活动的交易成本，有力地促进了商品经济的发展。

（四）开发开放

1. 开发山泽资源

西汉初年，自刘邦到景帝时期实行自由放任的政策，鼓励开放山泽等自然资源。汉文帝颁布鼓励发展工商业的政策，下诏“弛山泽之禁”，即开放原来归国家所有的山林川泽，劝课农桑，通过各种税收优惠政策鼓励人民开荒，鼓励农民发展农业和副业生产。

2. 打通关隘

政府不断强化公共服务职能，如劈山筑路，开关口，废除过关用传制度，打通关卡，改善整个社会的营商环境，不断便利商贸流通业的发展，促进商品流通和各地区间的经济交往，为推动统一市场的形成创造了条件。

3. 兴建交易市场

无论何人，其油盐柴米酱醋茶等基本生存必需品不可或缺。市场是交易生产

---

① 吴晓波：“‘文景之治’的成就与后果”，《作家文摘》，2014年2月28日，摘自《历代经济变革得失》，杭州：浙江大学出版社，2013年。

生活必需品的载体，交易市场就是彼时的公共基础设施。据学者考证，从战国到秦汉时期，为了便利商贸交流，政府出资兴建和管理市场，为个体民营工商业发展营造了适宜的硬环境。

二、宁波民营工商业加快发展的路径选择与成就

“文景之治”是民营商人第一次获得自由发展的重要时期。青瓷烧制业是宁波手工业的引领产业，宁波个体民营煮盐产业不断发展，“五铢钱”的流通促进了宁波商贸交流的发展。

（一）政府鼓励发展民营经济

1. 经济发展环境宽松

当时，政府不独享经济利益，不要求国营（有）经济一家坐大，而是将经济社会资源分配给地方国营（有）企业等官营和个体民营企业。

当时，个体民营商人主要聚集于青瓷烧制与陶漆器业、煮盐业、流通业和种植业等实业产业，成为国家经济生活中一支不可忽视的力量，对促进经济社会发展发挥了重要作用。

2. 多种所有制形式共同发展

西汉时期，在开放政策的引导下，政府实行多种所有制形式共同发展的经济体制。就全国而言，在冶铁业领域存在国营（有）、官营（地方官府经营）和个体民营等三种所有制形式，形成多种所有制形式共同发展的格局，显现出宽松的经济发展环境。

（二）青瓷烧制业是宁波手工业的引领产业

古代中国作为瓷器大国，陶瓷文化源远流长。西汉时期，宁波地区的陶瓷手工业得到恢复性发展，民营工匠们重新摸索生产技术和新工艺，着力恢复原始瓷的生产，宁波先民们烧制青瓷，把更多更好的产品投放市场。宁波“是我国最早烧制青瓷的地区之一”[①]。

---

① 乐承耀：《宁波经济史》，宁波：宁波出版社，2010年，第17页。

专栏3-1　出土的陶器和漆器代表秦汉时期宁波民营手工业的发展成就

"宁波祖关山西汉竖穴土坑墓中出土的遗物为例，前期所见均为陶器，以鼎、盒、壶、瓿为基本组合，后期则可见原始瓷，如壶。北仑霞浦镇山前村南麓西汉古墓群中甚至还出土过彩釉陶罐。"[①]这些不但证明宁波手工业发展的较高水平，而且充分展现其青瓷文化的深厚底蕴。

另外，考古工作者在今天的宁波火车南站（今宁波火车站南广场）出土了"漆耳杯"（见表3-1）。"漆耳杯"是漆器制造业技术的代表，与原始瓷一道成为当时明州地区手工业的产业代表。

注：①傅璇琮主编，张如安、刘恒武、唐燮军著：《宁波通史》（史前至唐五代卷），宁波：宁波出版社，2009年，第72页。

（三）宁波个体民营煮盐产业不断发展

1. 不同所有制形式均可涉足煮盐业

当时，随着生活中用盐量不断增加，盐的使用价值和价值功能逐渐为人们所认识，尤其是其价值功能吸引了不同所有制形式的人才和资本涉足其间。由于实行自由放任的盐业经济政策，据《盐铁论·错币篇》的记载："汉文帝时人民仍可自由煮盐，不受禁止"[①]。

2. 宁波煮盐业成为重要的手工产业

煮盐业是宁波重要的资源性产业，具有发展的先天优势。在汉初实行自由放任的经济政策下，国营（有）、官营和民营等不同所有制形式的实体都可以在盐业领域里发展并成为社会财富之源，民间工商业可以自由经营盐业。在此环境下，宁波煮盐产业不断发展，个体民营煮盐业尽获丰厚之利。

（四）民营商贸借助便利的交通发展流通业

西汉时，宁波具有优越的交通条件与环境，路通则人通，不断扩大的人流，畅通的水陆交通，便利交往和交流。当时，很多个体民营商人"可以沿东海、南海南下至闽越、南越等地"[②]，甚至也可以"沿东海、黄海北上山东半岛乃至辽

① 钱穆讲授、叶龙记录整理：《中国经济史》，北京：北京联合出版公司，2014年，第56页。
② 乐承耀：《宁波经济史》，宁波：宁波出版社，2010年，第18页。

东半岛”[1]，使进行交换的商品通江达海，促进要素资源流实现最佳配置并呈现扩散效应。

（五）金属货币的普遍使用对推动宁波商品经济发展发挥重要作用

1. 金属货币的普遍使用是商品经济发展的重要标志之一

为了便利交易，宁波人普遍使用货币。多年前，宁波地区出土了大量的西汉“五铢钱”。“五铢钱”是法定货币，具有强制性特征，是鄞、鄮县和句章等地为当时钱塘江以南商贸流通业最发达地区的有力证据，“反映了汉代的鄞、鄮、句章、余姚等地区已有货币使用，商品交换、商品流通成为商业经济发展的一个内容”[2]。

2. “五铢钱”的流通促进了宁波商贸交流的发展与深化

当时，“山阴—上虞—余姚—句章—鄮—鄞一线是当时钱塘江以南商业贸易最发达地区，货币流通量大”[3]，足以说明货币交易需求量大，也从另一个侧面印证了宁波工商业的繁荣程度。

据学者考证，“自三国以来直至唐代，钱币与实物包括五谷与绢同时使用”[4]。从货币流通角度而言，“四明地区金属货币被普遍使用，已成为商品交换和流通的媒介”[5]，能够更好地使货币行使一般等价物和价值尺度的职能。

三、西汉政府完善国营（有）经济发展体制与机制的举措

西汉时期，铁、盐等经济资源，以及煮盐业、冶铁业、铸钱业等三大营利性工业是官营经济体制的重要载体。“均输法”为政府官营经济提供法律依据，宁波盐业经济体制具有地方官营的性质与特点。

---

① 乐承耀：《宁波经济史》，宁波：宁波出版社，2010年，第18页。

② 乐承耀：《宁波经济史》，宁波：宁波出版社，2010年，第20页。

③ 金普森、陈剩勇主编：《浙江通史》（秦汉六朝卷），杭州：浙江人民出版社，2005年，第132页。

④ 钱穆讲授、叶龙记录整理：《中国经济史》，北京：北京联合出版公司，2014年，第272页。

⑤ 傅璇琮主编，张如安、刘恒武、唐燮军著：《宁波通史》（史前至唐五代卷），宁波：宁波出版社，2009年，第72页。

（一）控制资源及产业领域

汉武帝实行国家干预的经济政策，在货币及盐铁资源控制上下功夫。政府先从货币入手，通过统一币制，掌控货币铸造、发行等管理之权，贬值货币，缩水民间富商大贾所藏财富，削弱民营经济的发展基础。

汉武帝通过控制铁、盐等经济资源，官营煮盐业、冶铁业、铸钱业等三大营利性工业，形成较大规模的官营手工产业体系，达到既统制经济，又增加财政收入的目的。据史料记载，当时宁波的“食盐生产实属官营”[①]，即在盐业生产领域实行官营经济体制与机制。

（二）控制商贸流通领域

1. 政府必须控制利益之源

商贸流通业作为资金密集、交易频繁、财富密集的重要领域，民营商业资本丰裕，收益巨大，而政府收益不多、财政收入有限，但支出却呈现刚性。因此，汉武帝认为有必要将获利之源牢牢控制在政府手中，于是，迫切需要通过“均输”、“平准”的方式，以国营（有）经济体制控制商贸流通领域。

2. 政府以官商行为代替民商行为

元鼎二年（公元前115年），西汉实行“均输法”。元封元年（公元前110年），大司农桑弘羊奏请朝廷，建议统一在郡国设置均输官，通过政府官员直接控制流通领域的业务，将原来有利可图的民营商业改为官办商业，以国家的名义来经营。元封五年（公元前106年），在郡国设置均输官，均输官实际上就是官商，代行政府处理涉商事宜并代卖货物，其所得收入上缴国库。

专栏3-2 “均输法”为政府官营经济提供法律依据

“均输法”为政府在经济领域实行官营提供了法律依据，为正式形成国营（有）和民营两种不同经济体制奠定了基础，既使国家有了稳定的收入来源，又有效打击了民营商业资本的蔓延，政府与民营工商业的利益之争由此而始。

---

① 朱柏铭主编：《宁波盐志》，宁波：宁波出版社，2009年，第135页。

"平准"就是以国家的名义来存储物质，当市场上该物资很多而价格疲软时，政府出面将其收购上来，以备其市场稀缺时抛售，对市场余缺进行调剂，平抑物价，打击囤积居奇、哄抬物价、牟取暴利的不法行为。这是针对欲操纵市场、买空卖空、扰乱社会经济秩序的不法商人的举措。

（三）实行"盐铁专营"政策选择及施政目标

1. 政府被迫实行"盐铁专营"政策

西汉初期，为了尽快恢复经济，政府放松管制，允许民众开发山水矿藏等自然资源，这标志着盐业官营政策的中止，个体和民营盐业生产单元纷纷扩大再生产。同时，政府盐业管理官员仅负责征收盐税而已。

"汉武帝时，又将盐铁统归官营，实行专营专卖，官营得到扩大和巩固"①。元狩四年（公元前119年），西汉政府下令将盐铁业收归国营（有），对其实行专卖政策，不允许个体民营企业染指。同时，严禁民众私自煮盐并处罚盐业走私行为。

在铁业方面，官营盐铁企业集制造、收购、运输和销售于一体，并在京师设置专管运输和平抑物价的政府官员。在盐业方面，由政府盐官招募百姓，提供场地和生产工具进行生产。同时，又将地方官府的冶铁业收归国有，盐铁业国营（有）化的政策一直实行到西汉末年。

2. "盐铁专营"政策的施政目标

①控制资源源头。盐铁在当时是生产和生活资料，其重要性不言而喻，盐铁仅是载体而已，控制财富之源才是其本质要求。"汉武帝时，又将盐铁统归官营，实行专营专卖，官营工业得到扩大和巩固"②。因此，"秦、西汉以来，官营垄断日益加强，民营工业受到削弱"③。

②独享盐铁之利。汉武帝时期，"重农抑商"已成既定国策，实行"盐铁官营"而不让工商业阶层独占其利是一项重要的制度安排，"盐铁专营"实际上就是由国家垄断盐铁开采、生产和经营的权利而不许个体和民营经济染指，并因此正式形成了以"盐铁官营"为基础的国（官）营经济体制。

---

① 王天伟：《中国产业发展史纲》，北京：社会科学文献出版社，2012年，第124页。

②③ 王天伟：《中国产业发展史纲》，北京：社会科学文献出版社，2012年，第124页。

3. 宁波盐业经济体制具有地方官营的性质与特点

当时，吴王刘濞（汉高祖刘邦的侄子）的封地包括现在北起连云港、南止厦门的沿海区域，地域广阔，物产富饶。

由于吴王刘濞实行与中央政府不同的盐业政策，“垄断境内包括宁波范围内的食盐生产，具有地方官营性质”[①]。他通过官营垄断的方式，大量铸钱煮盐，逐渐积累了巨额财富。

四、西汉中期宁波民营经济发展概况

西汉时期的宁波，随着开发开放力度的加大，人口数量也在不断增加。陶瓷制造业引领宁波的手工产业，在工商业领域实行国营（有）和民营经济并存的“双轨制”经济体制。同时，首开近海商贸交流活动，使今天象山湾北岸的鄞州咸祥、大嵩成为当时宁波的近海贸易中心。

（一）宁波经济缓慢复苏

1. 行政区划调整

从公元前206年至公元前121年，宁波地区先后属于九江国、荆国、吴国、江都王、扬州会稽郡管辖。西汉初期，明州正式纳入西汉王朝的统治范畴。其后，在秦朝原有的鄞和句章的基础上，设置鄮县和余姚两县。

“鄮县的范围相当于今江东区和鄞州东乡地区，县治在今阿育王寺附近的鄮山同谷（即今天五乡镇同岙村村口山谷）。”[②] 其中，余姚县的范围包括今天的余姚、慈溪两地的部分地区。行政区划的调整，理顺了管理体制，为宁波接受中央管制奠定法理和制度基础。

2. 人口不断增加

“大约自西汉中叶开始，宁波经济才进入缓慢的复苏期。”[③] 明州经济社会

---

① 朱柏铭主编：《宁波盐志》，宁波：宁波出版社，2009年，第235页。

② 傅璇琮主编，张如安、刘恒武、唐燮军著：《宁波通史》（史前至唐五代卷），宁波：宁波出版社，2009年，第68页。

③ 傅璇琮主编，张如安、刘恒武、唐燮军著：《宁波通史》（史前至唐五代卷），宁波：宁波出版社，2009年，第61页。

较之以前有较大发展，这源于“西汉中期以后，北方移民南下会稽，主要是北方强宗大族和避灾的民众”[①]。他们不仅带来了人才、资金、技术等诸多要素，更重要的是带来了先进的观念和管理方法。自此时起，宁波经济进入了缓慢的复苏期。

（二）大力发展农业

1. 使用铁制农具

在农业生产中，宁波的先民们使用铁制农具进行耕作。多年前，“宁波祖关山西汉后期长方形竖穴土坑墓出土有铁釜，鄞州、象山也出土了汉代的铁制刀、剑等用品”[②]。铁制农具的使用，使农业生产效率不断提高。

2. 发展农副业生产

①大力兴修水利。随着生产力水平的提高，宁波的先民们越来越意识到水利对农业生产的重要性。于是，兴修水渠、疏浚湖泊、筑塘堵潮、灌溉农田、筑石作堤、变涂为田，为水稻栽培创造了条件。

②“火耕水耨”。宁波的先民们通过“火耕水耨”的办法，改进耕作方式。不断投入劳动力，人口的增加为宁波的传统农业提供了众多的劳动力，促进传统农业进一步发展。

③主（业）副（业）兼营。经过多年的发展，宁波形成了以水稻种植业为中心的农业生产结构，即以种植粮食为主，同时也种植粟、茶叶、杨梅等经济作物，并从事饲养猪狗鸡等家畜禽的副业生产，形成一业为主、多种经营的生产格局。

（三）积极发展陶瓷烧制产业

1. 恢复陶瓷业生产

先秦时期宁波的陶瓷制造业曾经一度辉煌，后由于战乱频仍，自战国末期以来，宁波的陶瓷业出现了倒退。到了西汉，明州的工匠们潜心钻研，不断探索，终于恢复了原始瓷器的生产，引领宁波手工产业的发展。

---

① 乐承耀：《宁波经济史》，宁波：宁波出版社，2010年，第12页。

② 傅璇琮主编，张如安、刘恒武、唐燮军著：《宁波通史》（史前至唐五代卷），宁波：宁波出版社，2009年，第72页。

2. 陶瓷烧制业成为宁波手工业的行业代表

今天宁波的江北、鄞州、余姚、慈溪等县（市）区在汉朝的时候就有窑址存在。这不但证明其手工业发展的较高水平，而且充分展现了青瓷文化的深厚底蕴。多年前，在祖关山和北仑霞浦等地陶器的出土，充分证明了西汉时期宁波手工业的发展成就。

（四）大力发展商贸流通业

1. 开展与邻近地区的贸易往来

多年来，考古工作者通过对在宁波多地发掘的出土文物的研究后认为，西汉时期，明州三江口聚居的人群不断增多。据考古专家推测，在此处及周边范围内出土的日常用品并不产自宁波，而且汉代的明州没有冶炼业，更谈不上冶炼加工业。

专栏3-3　宁波近年出土的金属器皿是早期商贸流通业的见证之一

据学者推测，“1977年鄞州莫枝出土东汉禽兽纹规矩镜，极有可能是从铸镜中心绍兴输入的”①。会稽（今绍兴）离宁波咫尺之遥，来往便捷，会稽之地的漓渚出产的车马镜、神兽镜和画像镜，可能通过商贸流通的渠道进入宁波。

多年前的考古发现，宁波一些地方“出土的铜器和铁器，主要来自漓渚，可见商品交换有一定规模”②。一方面表明交换行为的存在，另一方面也说明商贸流通对生产生活的促进作用。

宁波和本土以外即域外进行交换的商品，都可以在比较优势的基础上互通有无、各得其所，以满足生产生活的需要。

注：①傅璇琮主编，张如安、刘恒武、唐燮军著：《宁波通史》（史前至唐五代卷），宁波：宁波出版社，2009年，第72页。

②乐承耀：《宁波经济史》，宁波：宁波出版社，2010年，第18页。

2. 首开近海商贸交流活动

①宁波的近海贸易产生于西汉时期。当时，海外贸易发达，呈现逐渐繁荣之景。鄮县的近海贸易一直比较发达，这充分证明宁波在西汉时就已经进行海

外贸易。因此，宁波港具有中国第一个商业性海港的特点，“自古以来就表现得十分明显，秦汉时候，当地已作为沿海渔业和航海业的中心而屡屡被载入史册”[①]。

②象山湾北岸是当时的近海贸易中心。咸祥、大嵩是象山湾北岸的乡镇，但在当时是宁波的近海贸易中心。“今天的咸祥、大嵩一带近海称‘贸’地，附近的山称‘鄮山’”[②]。

史书上解释，鄮山之名源于“海人持货贸易于此”，先民们用获得的鱼盐，在海塘之后的谷口与他人进行交易。因此，鄮县的近海贸易已经起步，四海宾客均带着相关特产来到此地交易。

专栏3-4　秦汉时期商贸交流概况

就全国而言，在重商风气下，农业和工商业并行发展，社会产品丰裕。秦汉时代盈利最多的产业，是贩卖盐、铁、酒、谷类、家畜、布帛、皮革、木料、丹漆、酱豉等，而手工业者与商人往往兼于一人之身，卖者就是制者。此外，各种东西都有贩卖者，大小商人极其众多。《汉书·食货志》说：“商贾大者，积贮倍息；小者，坐列贩卖。那时大概有批发商与零售商的分工，批发商都是大商人，他们把货物转给小商人去零售，小商人自然也要受到大商人的控制和剥削。”[①]

注：①童书业著，童教英校订：《中国手工业商业发展史》，北京：中华书局，2005年9月，第41页。

当时，定海、舟山或蛟川的当地民众，“从海口追溯小浃江来到鄮廓进行贸易活动。这是史籍明确记载的宁波近海贸易的发端”[③]。四海宾客均带着相关特产来到此地交易，当地民众也以起获的鱼盐与外人进行交易。

③宁波近海贸易具有诵江达海的先天条件。鄮廓有一条与甬江平行的短源性河流小浃江通海。“秦汉时期，鄞、鄮、句章的海上交通获得了一定的发展，可以沿

① [日]斯波义信著，方健、何忠礼译，虞云国校：《宋代江南经济史研究》，南京：江苏人民出版社，2001年9月出版，第476～477页。转引自[日]藤田丰八：《中国港湾小史》，收于《东西交涉史研究·南海篇》，1932年。

② 乐承耀：《宁波经济史》，宁波：宁波出版社，2010年，第19页。

③ 傅璇琮主编，张如安、刘恒武、唐燮军著：《宁波通史》（史前至唐五代卷），宁波：宁波出版社，2009年，第73页。

东海、南海南下至闵越、南越等地，这条交通线至少在西汉已经开通。”[1]当时，句章是会稽的重要港口。因此生意做得很好，海外贸易的枢纽性作用初步显现。

（五）在工商业领域实行国营（有）和民营经济并存的“双轨制”经济体制

1. 国营（有）和民营手工业并存发展

西汉时期，纺织业以丝织业为行业代表，国营（有）和民营企业均可以涉足（见表3-2），但二者生产经营的目标不同，“国营丝织业不生产商品，主要为皇家和官府织造服装”[2]。

由于当时尚未引种棉花，纺织业以麻、葛麻为原料纺织出来的织品称为布，为社会下层人士的穿着，因此将之称为“布衣”。

表 3-2　　西汉时期国营（有）和民营纺织企业生产经营概况

所有制性质	生产经营类型	生产经营路径
国营（有）		只生产产品，不向市场供给商品
个体民营	专业生产	生产商品，技术精湛，但企业数量不多
	家庭副业生产	生产商品，技术不一，数量众多

资料来源：根据有关资料整理。

2. 在盐业生产领域实行官营与民营并存的“双轨制”经济体制

①官营盐业。当时，宁波地区的盐业生产实行官营经济发展体制与机制，有官府招募盐民，向盐民提供生产工具，并管理煮盐生产事宜，但成本费用由盐民自付。宁波官府通过控制生产场地和工具，向盐民征收盐产品，从源头牢牢控制盐业生产。

②个体户贩卖食盐而获利。由于宁波地区鱼盐资源丰富，西汉时期，宁波鄮县一带的先民们就已经“游贩鱼盐”而成为利润之源。由于盐业资源属于刚性需求，价格弹性小，先民们所贩食盐，由私人煮制，并自行完善了从生产到销售的产业链。

---

① 乐承耀：《宁波经济史》，宁波：宁波出版社，2010年，第18页。

② 袁行霈、严文明主编：《中华文明史》（第二卷），张传玺、王邦维主编，北京：北京大学出版社，2006年，第102页。

（六）西汉中期后宁波民营工商业发展成就

1. 手工业经济得到恢复性发展

西汉中期以后，宁波的先民们开始使用铁制农具进行农业生产，陶器手工业制造获得了恢复性发展，原始瓷产品重新烧制。同时，商贸流通业也出现了良好的发展势头。多年来，四明大地上出土了很多可以佐证当时宁波手工业和商贸流通业发展的文物（见表3–3）。

表 3-3　西汉中期后宁波地区工商业发展概况

类别	出土地	出土文物
铁器业	祖关山、鄞州、象山	铁釜、刀、剑
陶瓷业	祖关山	鼎、壶、盒、原始瓷、壶
	北仑霞浦	彩釉陶罐
商业	祖关山	昭明镜、月光镜等铜镜

资料来源：根据有关资料整理。

2. 商贸流通业发展良好

表3–3中的昭明镜、月光镜等铜镜，非产自浙东地区。学者猜测，“它们极有可能是南迁到三江口的北人带来的，当然也不排除直接从北方输入的可能性”[①]。如果是后一种情况的话，就正好印证了宁波商贸流通业的发展踪迹。

第三节　东汉及魏晋南北朝[②]时期宁波民营经济发展概况

东汉是中国历史上第二个实行“双轨制”经济体制的时期。政府在重视农业的同时，采取自由放任的经济政策，放松对盐铁的管制，大力发展民营手工业和畜牧业，推动经济社会进一步的发展。

① 傅璇琮主编，张如安、刘恒武、唐燮军著：《宁波通史》（史前至唐五代卷），宁波：宁波出版社，2009年，第72页。

② 南北朝也称六朝。六朝指中国历史上在建康（今南京）建都的东吴、东晋以及南朝的宋、齐、梁、陈等六个朝代，因唐朝人许嵩在《建康实录》一书记载了曹魏、晋朝以及南朝的宋、齐、梁、陈等六个朝代而得名；具有继承关系的曹魏、晋朝以及南朝的宋、齐、梁、陈等六个朝代，因北宋的司马光撰写《资治通鉴》以此六朝作为正统编年纪事，后人将此六个朝代并称六朝。

魏晋南北朝时期（公元220～589年）是中国第一次由统一走向分裂的时期。由于战乱频仍，生产力遭到破坏，民众流离失所。待经济社会安定后，各朝、各国政府以恢复生产为施政导向，促进国营（有）和民营经济共同发展。

一、东汉时期宁波经济社会发展概况

由于人口不断增多，牛耕和铁制农具的广泛应用，宁波定居农业不断发展，农业生产效率大幅提高。与个体民营企业形成相互依存的关系，使更多的农业劳动力成为自由独立的手工业者。

（一）区域人口不断集聚

由于经济的发展，人口数量不断增长，居住范围也在扩大，宁波“1956年修火车南站时，在祖关山清理了上百座汉墓，可知当时这一带的居民点范围较大，人口较集中”[①]，而且在西河口、西门街一带都发掘出东汉时期的文物，恰好证明了彼时宁波市镇的发展状况。

（二）定居农业不断发展

1. 兴修水利

当时，宁波与全国一样，牛耕和铁制农具得到广泛应用，而且大量兴修农田水利工程，“牛耕和铁制工具的使用，陂塘的兴建，使宁波的农业生产得到了较快发展”[②]。在今天的慈溪一带兴开杜湖、白洋湖，在城山渡修筑渠道，灌溉农田、便利水运，淤积之地变成沃野良田。

2. 发展农副业生产

东汉时期，宁波开始了对平原地区的开发，定居农业不断发展。同时，先民们普遍种植水稻，积极发展农副业生产，饲养鸡、猪、狗等家畜，并用猪粪做农田肥料。同时，广泛使用铁制农具及牛耕技术，农业生产方式有了重大改进。

---

① 傅璇琮主编，张如安、刘恒武、唐燮军著：《宁波通史》（史前至唐五代卷），宁波：宁波出版社，2009年，第76页。

② 傅璇琮主编，张如安、刘恒武、唐燮军著：《宁波通史》（史前至唐五代卷），《导论》，宁波：宁波出版社，2009年，第5页。

近年来，考古工作者“在鄞州横溪丁湾一座东汉墓葬中，仅在墓室口与甬道间就出土了稻田模型、水井罐、鬼灶、熏炉、耳杯、汤勺、鸡笼、猪圈、猪栏、钵、碗等明器仅20件”[①]，反映了东汉时期宁波地区六畜兴旺的景象。

二、经济社会发展环境宽松

政府中止实行“盐铁专卖”政策，宁波盐铁实现由专卖制向课税制的转变。同时，手工业生产技术不断提高，陶瓷、漆器业成为重要产业。手工业推动了商贸流通业的发展，高档奢侈品不断进入宁波区域。

（一）实行自由放任的经济政策

1. 政府与个体民营企业形成互惠互利的依存关系

政府只控制兵器、车马等重要门类的生产，将其他领域交给市场，由个体民营企业独立自主地进行生产经营活动。因此，个体民营纺织业的发展依赖政府的税收制度，“东汉王朝就曾经以征收绢帛等丝织品向农民索取家庭手工业品，祖关山汉墓中就保留了麻织物、丝织品”[②]。

2. 中止实行“盐铁专卖”政策

东汉建立后，不再延续西汉的“盐铁专卖”制度，而是将其恢复到西汉实行“盐铁专卖”制度之前。因此，政府实行多种所有制共同发展的经济政策，实行国营（有）、地方官营和个体民营共同发展的经济体制。其中，个体民营盐铁企业只需向政府照章纳税即可。

3. 让更多的个体户成为自由独立的手工业者

在纺织业方面，由于桑麻种植面积的扩大和产量的提高，政府陆续教民纺纱织布。随着社会分工的进一步发展，从东汉到隋代，“更多的工业部门被分离出来，民间手工业者开始向城市成规模的集中，成为独立的手工业者”[③]，他们向

---

① 傅璇琮主编，张如安、刘恒武、唐燮军著：《宁波通史》（史前至唐五代卷），宁波：宁波出版社，2009年，第83页。

② 乐承耀：《宁波经济史》，宁波：宁波出版社，2010年，第16页。

③ 王天伟：《中国产业发展史纲》，北京：社会科学文献出版社，2012年，第124页。

城市集中，成为社会的实业阶层。

（二）实行官营和民营经济共存的“双轨制”经济体制

国营（有）经济与私营经济共同发展。东汉与西周一样，仍然实行国营（有）与私营并存的“双轨制”经济体制，成为中国历史上第二个经济体制“双轨制”的时期。

当时，既有官府主持的造船、陶瓷业，有专门的官员负责管理督办，同时又允许个体民营造船业、陶瓷业的存在，形成两种不同经济体制相互包容、共同促进的发展模式。

（三）盐铁实现由专卖制向课税制的转变

1. 宁波地区大力发展盐业生产

东汉时期，政府实行开放的政策，开山泽之禁，允许民众开发山川、河流等自然资源，也允许豪强大族役使附民和奴僮进行盐业生产。据史料记载，当时宁波地区的鄮和余姚等地存在一定规模的盐业生产经营活动。

2. 政府废弃食盐专营政策

彼时，政府对食盐废除国营（有）专卖制度，仅对食盐采取收税制，准许民营盐业存在。“准许民间制卖，而由政府收税，凡100年”①。政府准许民营性质的盐业晒制、运输和销售，但需要对其进行收税。

“施行私煮盐课税制。汉和帝初，罢盐铁之禁，纵民煮盐，恢复食盐民制，盐官只负责课税”②，以保证政府的财政收入，使政府不再直接插手经济事务而从中渔利。

（四）手工业生产技术不断提高

1. 手工业生产技术先进

农业的发展促进了手工业的发展和繁荣，对工商业的发展起到了良好的促进作用。冶铁、铸铜、纺织、煮盐、漆器是东汉时期的重要工业，由于生产技术的

---

① 钱穆讲授、叶龙记录整理：《中国经济史》，北京：北京联合出版公司，2014年，第212页。

② 朱柏铭主编：《宁波盐志》，宁波：宁波出版社，2009年，第235页。

提高，铜铁等金属矿冶业不断发展，“东汉魏晋时期，养蚕、丝织业有很大的发展，长江流域和五岭以南地区都有推广”[①]。

2. 金属冶炼和纺织业是关乎国计民生的生存发展产业

“当时由于发明了低温炼钢法及通过鼓风设备提高炉温的方法，冶铁技术和产铁效率不断提高。东汉全面废除了铜兵器在军队的使用，而代之以更具有韧性和锋利度的铁质器具”[②]。铁器制造业为国防建设发挥了重要作用。

东汉时期，瓷器制造业和铁器业是宁波地区手工业的两大支柱产业，纺织业次之。瓷器与铁器，与先民们的生产生活紧密相关。宁波地区彼时除了瓷器制造业发达外，铁器制造业同样辉煌。

多年前，考古工作者曾经在宁波姜山李家埠出土过两个纺轮，这是东汉时期鄮县纺织业发展的标志。考古工作者在出土的东汉时期的墓葬中发现了铁质刀具、匕首、剑、釜等兵器和生活用具，成为当时铁器制造业发展的例证。

3. 陶瓷业是东汉时期宁波手工业的代表性产业

由于宁波地区瓷土蕴藏量丰富，从商周时期的印纹陶、原始瓷的生产，到西汉时期的恢复性生产，再“到东汉创烧出成熟瓷器，最终完成了由陶器向瓷器的过渡”[③]，成为宁波陶瓷工艺飞跃性发展的标志。

学者认为，东汉时期“成熟瓷器的烧制成功和商业活动的兴起，对于宁波社会面貌的改变尤其具有重要意义”[④]。考古工作者在江北、鄞州、慈溪和余姚等地的发掘中，出土了很多原始瓷与瓷器的合烧体及瓷器，以及在鄞州姜山出土的窑址，充分证明宁波也是我国的瓷器发祥地之一。

4. 漆器业得到发展

在生产力不发达的自然经济条件下，漆器业是重要的装饰业，它为人们生活服务。东汉时期，宁波地区的漆器业已发展到较高水平。

---

① 袁行霈、严文明主编：《中华文明史》（第二卷），张传玺、王邦维主编，北京：北京大学出版社，2006年，第103页。

② 江怡：《民营经济发展体制与机制研究》，杭州：浙江大学出版社，2016年，第175页。

③ 傅璇琮主编，张如安、刘恒武、唐燮军著：《宁波通史》（史前至唐五代卷），宁波：宁波出版社，2009年，第78页。

④ 傅璇琮主编，张如安、刘恒武、唐燮军著：《宁波通史》（史前至唐五代卷），宁波：宁波出版社，2009年，导论第5页。

近年来，考古工作者在祖关山汉墓中发现的漆杯，“它的风格与长沙出土的战国时代的漆器有着某些相似的地方，说明宁波是我国最早掌握制漆技术和使用装饰漆的地区之一”①。

（五）商贸流通业加快发展

1. 货币供量满足商贸交流的需要

金属货币的广泛流通是商贸流通业兴盛的重要基础，“五铢钱”是东汉时期宁波的法定金属货币（见表3–4），而发行必须对应相应的实物产品。根据货币发行规律，一定时期内商品流通中所需货币量取决于三个因素，参加流通的商品数量、商品的价格水平和货币的流通速度。

当时宁波充足的货币供量投放市场，充分说明商品的有效供给程度高，物价平稳，货币的流通速度快。因此，“钱币的大量出现表明自东汉起在今宁波地区尤其是三江口附近一带的商品交换、流通已经非常活跃”②。

表 3-4　　宁波地区出土秦汉时期钱币概况

出土地	币种	数量与重量
祖关山汉墓	铜铸秦半两、西汉五铢钱、西汉半两、王莽货泉等	7.5 公斤
象山丹城	东大泉十五、东汉五铢钱、小五铢钱等	数目不详
鄞州五乡、横溪、高桥	秦半两、大泉五十、西汉五铢钱、西汉半两、东汉五铢钱、新莽货泉、布泉等	仅横溪一地出土就达 17 公斤
余姚	秦半两、西汉五铢钱、西汉三铢钱、金错刀	数目不详
宁海城关	西汉五铢钱	
北仑霞浦	西汉五铢钱	
宁波火车站	秦半两、西汉五铢钱	
宁海	东汉五铢钱	百余枚

资料来源：根据乐承耀：《宁波经济史》，宁波：宁波出版社，2010年，第20页的相关内容整理。

2. 宁波本土商品与域外商品交换频繁

东汉时期，宁波地区由于农业和手工业的发展，商贸流通业逐渐活跃起来。宁波本地盛产瓷器而不产铜镜等铜器，此时的绍兴是全国的青铜镜制造中心之一。多年前，在宁波的一些地方“出土的铜器和铁器，主要来自漓渚，可见商品

① 乐承耀：《宁波经济史》，宁波：宁波出版社，2010年，第16页。

② 傅璇琮主编，张如安、刘恒武、唐燮军著：《宁波通史》（史前至唐五代卷），宁波：宁波出版社，2009年，第82页。

交换有一定规模”[①]。

宁波地区的先民们将宁波的瓷器等地产品与铜镜进行交换，各得其所，充分满足生活需要。此外，吴地的铜镜，以及外域高档的商品，在近年来的墓葬出土中多有发现（见表3–5）。

表 3-5　东汉时期宁波地区商贸流通业发展概况

宁波本土商品	与外域进行交换的商品	外域商品来源地	商品效用
青瓷器	神兽镜、画像镜、车马镜	绍兴、吴地	满足照姿容、整衣冠等日常生活需要
	水晶、玛瑙、琉璃、琥珀	不详	满足富裕家庭奢侈品炫耀消费的心理

资料来源：根据相关资料整理。

3. 商贸交流层次高

除进行盐、铁、酒、谷类、家畜、布帛、皮革、木料、丹漆等日常生产生活用品的交流外，宁波还与外域之地进行贵重商品的交流，显示出很高的交流层次。

当时，明州之地并不生产水晶、玛瑙、琉璃，但在“鄞州区高钱乡钱大山东汉墓中，出土了水晶、玛瑙、琉璃”[②]等彼时的高档商品，充分说明宁波地区的商品经济已经达到新水平。

三、南北朝时期宁波民营经济发展概况

六朝时期，随着北民南迁，宁波获得第一次人口红利。政府重视发展农业，不断“劝课农桑”，农产品及果树种植多样化，发展个体海洋捕捞业，产品经济不断转化为商品经济。同时，在手工业领域实行国营（有）和民营经济共同发展的“双轨制”经济体制。

（一）农业的基础性地位不断强化

1. 人口红利推动产业发展

六朝时期，宁波境内设置余姚、句章、鄞、鄮和宁海五县。其中，“前四县

① 乐承耀：《宁波经济史》，宁波：宁波出版社，2010年，第18页。
② 乐承耀：《宁波经济史》，宁波：宁波出版社，2010年，第19页。

隶属于会稽郡，而创置于东晋穆帝永和三年（347年）的宁海县，则下辖于临海郡”[①]。因躲避战乱，中原地区的流民大量涌入四明地区，同时也带来了先进的制度和技术，这是明州历史上的第一次人口红利。

人口的增加，不仅意味着剩余劳动力的增多，而且扩大了市场需求，刺激了有效供给，促进了宁波地区自然经济条件下的三次产业发展。其中，尤以棉织、麻织和丝织等纺织业发展为先。

2. 不断夯实农业发展基础

六朝时期，宁波地区的鄮、鄞、句章、余姚等地属于扬州会稽郡。政府将发展农业作为头等大事来抓，“政府多次发布劝农诏书，臣下也上表献策”[②]。政府通过“劝课农桑”，围湖造田，围涂筑塘，扩大水稻的种植面积，并兴修水利工程，为农业取得好的收成打下坚实的基础。

（二）农副产品的商品化程度日益提升

1. 农产品及果树种植多样化

宁波地区大力发展农业，广泛推广牛耕和使用先进的耕作技术，形成以种植水稻、小麦为主，包括粟、高粱、大豆等在内的主副业和经济作物的种植格局，满足了民众日常生活需求。当时，鄞、鄮、句章、余姚等地普遍种植茶树、桑树、柑橘树，其中，桑树是个体民营丝绸业重要的原料来源。而“果品的交易量很大，故政府设官征收橘子税收”[③]。

2. 积极发展个体海洋捕捞业

靠海吃海，宁波的鄞、鄮和句章等地为滨海地区。三国时期，明州就有关于水产资源的记载，六朝时期正式出现近海捕捞业，这是宁波渔业发展的重要标志。

---

① 傅璇琮主编，张如安、刘恒武、唐燮军著：《宁波通史》（史前至唐五代卷），宁波：宁波出版社，2009年，第98页。

② 乐承耀：《宁波经济史》，宁波：宁波出版社，2010年，第23页。

③ 傅璇琮主编，张如安、刘恒武、唐燮军著：《宁波通史》（史前至唐五代卷），宁波：宁波出版社，2009年，第179页。

专栏3-5　六朝时期宁波地区个体民营渔业发展概况

海洋捕捞业是宁波农业产业的重要组成部分。海洋渔业的发展，不仅促进人们食用种类的多样化，而且成为一种重要的商品资源。据古书记载，当时的海鱼有90种左右。

鄞、鄮县、句章滨海区域的渔民们以打鱼为生，在东海进行捕捞作业，西晋时鄮县已出现了海洋捕捞业，有的渔民在近海滩涂捕捉鱼虾贝类。他们辛勤劳作，所获海产品甚为丰盛。

海洋渔业是个体私营行为，当时没有国营（有）性质的渔业公司。因此，渔民们的生产经营行为属于民营经济范畴。渔民们将捕捞的鱼虾贝类拿到市场上进行交易，提高其商品化程度，将资源效益转变成货币财富。

（三）农业产品经济向商品经济不断转化

随着全国经济重心的南移和人口的不断增加，宁波地方经济得到发展。“明州作为商业和交通的中心地带及商品的中转站，也使农业向商品经济化发展”①，这是宁波民营经济发展史上的重要转折点。农业的发展程度与其剩余产品呈正相关关系，剩余产品的增多，使民营工商业具有雄厚的实物发展基础。

（四）在盐业领域实行国营（有）和民营经济共同发展的“双轨制”经济体制

1. 继续发展盐业生产

宁波的煮盐业最先在北部慈溪一带发展起来，而且余姚、鄞州等滨海区域也已经在生产海盐，其性质为个体民营行为。东晋时期（公元317～420年），包括宁波在内的浙东诸郡成为全国重要的海盐生产基地，每天煮制很多食盐。

据《中国盐业史》记载，当时明州地区的句章、鄮、鄞县、余姚、宁海皆属于浙东诸郡县，食盐煮制业不断发展，为社会提供足够的食盐产品，也为朝廷增加了巨额的财政收入。

---

① [日]斯波义信著，方健、何忠礼译，虞云国校：《宋代江南经济史研究》，南京：江苏人民出版社，2001年，第490页。

2. 实行盐业专营政策

魏蜀吴三国专门设置司盐都尉等官职，对煮盐业进行专门的管理，晋代也沿袭这一体制，将盐务官员及机构设在“度支尚书”（相当于今天的财政部）下，主管盐务，便利政府对盐务实行专卖。到了东晋及南朝，则将盐务专卖制度改为征税制。

到了陈文帝时期，政府又将盐务收归官营。北朝时对盐务实行政府统制的做法，由政府直接管理煮盐事宜。即使到了北魏、东魏的北齐、北周时期，盐业仍由政府管制，政府经营种类各异的食盐，获得了巨额的财政收入。

3. 向个体民营煮盐户征税

以征税方式允许个体民营煮盐业合法发展。在盐业专卖中，如果民众自行煮盐，政府也不横加干预，只须向政府盐务官员纳税就行。个体民营煮盐户向政府缴纳税收，意味着宁波个体民营煮盐业的合法化和产业化。

4. 改革盐业赢利制度

①实现由专卖制向征税制的转变。在盐业政策方面，政府认为必须改革盐业专卖制度，即以向个体民营盐户征税为基础，将盐业专卖制转变成征税制，以从具体的盐业经济交易中解脱出来，不再在市场中充当盐商的角色。

②实现由政府独享经济利益向政府与民众共享经济利益的转变。实现从专卖制到征税制的转变，实际上是政府对其赢利制度的改革。专卖制能够将盐业的所有利润收入囊中，而征税制仅是以合法方式获取部分利益而已，其余部分则让利于民。以此显示出政府思维理念和治理模式的积极变化，有利于整个社会的经济发展和盐民利益。

5. 恢复实行“盐业专卖”制度

东晋以后，“食盐官营日益散驰，出现民间私煮。但盐业资源多为地方豪强大族所垄断，其直接煮盐劳动者仍是奴僮以及封建依附民”[①]。

陈朝天嘉二年（公元561年），政府“以国用不足，立煮海盐赋及榷酤科，即征收海盐水，控制垄断盐的买卖”[②]。政府征收盐税，借此垄断盐业生意而

---

① 朱柏铭主编：《宁波盐志》，宁波：宁波出版社，2009年，第235页。
② 乐承耀：《宁波经济史》，宁波：宁波出版社，2010年，第34页。

获利。

政府对盐业的控制，意味着重新恢复以前实行的“盐业专卖”制度。在实施这种制度的同时，政府并未阻止个体民营煮盐业的发展，由此形成国营（有）与民营煮盐业共同发展的经济体制。

（五）国营（有）和民营手工业并行发展

在控制纺织业、矿冶业、酿酒业、造船业等国营（有）支柱产业的同时，政府也允许发展民营经济。

当时，宁波个体民营制瓷业、纺织业、编织业、煮盐业、冶炼业、制砖业都得到发展，使宁波地区成为继秦汉之后又一经济发展的高峰期，也是宁波“全面融入汉化文明圈的起始阶段”①。

1. 制瓷业

六朝时期，宁波地区是我国瓷器生产的重要区域。当时，数量众多的官窑和民窑分别根据政府需要和行政指令，以及价格信号和市场需求，大量烧制不同规格与型号的瓷器，不仅便利了日常生活，而且成为外销产品的价值载体。

专栏3-6　六朝时期的宁波是我国瓷器生产的重要地区之一

多年来，考古工作者在宁波地区的慈溪、余姚、鄞州、江北奉化等地发掘了大量的青瓷窑址，出土了大量的瓷器及残片遗物，以此形成的“越窑青瓷文化”，以上林湖区域的瓷器数量为多。

彼时，“宁波地区上林湖制瓷业异军突起，不但生产规模与上虞平分秋色，而且在器物造型、胎质、釉色、品种、制作工艺等方面，皆可以与上虞青瓷并驾齐驱”①，成为中国古代著名的瓷器品种之一。

注：①傅璇琮主编，张如安、刘恒武、唐燮军著：《宁波通史》（史前至唐五代卷），宁波：宁波出版社，2009年，第118页。

2. 纺织业

①具有产业主导作用。纺织业是宁波重要的个体民营产业。由于北民南迁，

---

① 傅璇琮主编，张如安、刘恒武、唐燮军著：《宁波通史》（史前至唐五代卷），宁波：宁波出版社，2009年，第116页。

纺织技术随之传入明州地区，棉织业、麻织业和丝织业成为纺织业的重要产业，更由于当时宁波地区广泛种植桑树，养蚕和纺织业成为当时主要的家庭副业，凸显出纺织产业在经济社会发展中的重要地位。

从该行业与日常生活的相关程度、在手工产业中的普及程度及在产业结构中的引领程度来看，纺织业是除青瓷外在当时发展速度和普及程度最高的产业。

②具有制度引领作用。六朝的赋税制度是使纺织业成为宁波支柱产业的重要推手。皇粮国税，本身具有强制性、时间性和无偿性的特点。“六朝赋税制度大体采用户调制。即按户征收赋税，民户纳调粟和调丝、绢、布。”[①]

粮食和织物为有形实物，作为实物赋税，其具有货币的一般等价物职能，这只“看不见的手”推动纺织业进入千家万户并成为惠及宁波大众的重要生产方式，也使其成为个体民营经济的重要组成部分，对促进民众福祉具有无可替代的作用。

③具有承担不同经济社会职能的作用。国营（有）与民营纺织业承担不同的功能作用。宁波地区纺织业的发展与外部环境密切相关。六朝时期，宁波地区棉织、麻织和丝织等纺织业因人口增加而发展。

东吴时期，政府在后宫设立“织室”，专门负责为宫廷织制织物，实际上就是官办纺织业，也就是国营（有）纺织场，宁波句章籍妇女被招至其中做纺织工人，这与个体民营纺织户生产资料的所有制形式与分配方式截然不同。

④具有广泛吸纳就业的作用。个体民营纺织户广泛存在。当时，宁波地区民间有很多农民身份并以家庭为生产单位的个体民营手工艺人，他们以桑蚕丝为原料，将其纺织成为衣料后，首先按照政府的要求，缴纳实物赋税。其次，除了满足自身及家庭成员的需要外，还可以拿到市场上出售，以满足有效需求。

3. 编织业

编织业主要是指个体民营性质的渔网编织业。由于宁波通江达海，河网密布，渔网编织业伴随江海渔业不断发展。当时，从事这一行业的鄮县、句章和镇海等濒临江海的个体民营织户，从事渔网的编织作业，织出经久耐用的渔网，促进渔业资源不断转化为经济效益。

4. 冶铸业

金属的冶炼与铸造，主要有两个用途，一是农业和手工业生产工具，二是军

---

① 乐承耀：《宁波经济史》，宁波：宁波出版社，2010年，第33页。

队的武器。前者属于民营民用范畴，后者属于官营范畴。六朝时期，政府控制采矿、冶炼和铸造等生产环节，垄断金属的冶炼与铸造业。

当时，宁波政府设立国营（有）兵工厂，委派官员对国营（有）兵工厂直接进行管理和指导，以生产更多更优质的冷兵器，其中以余姚的兵器制造业为行业代表。

（六）市镇化推动内外商贸流通业发展

1. 城镇初具规模

北人南迁至宁波后，民众安居乐业，城镇化步伐不断加快，具有一定人口规模的市镇逐渐形成，有固定的消费群体及自然经济状态下的有效消费需求，成为宁波商贸流通业发展的重要基础。

“甬江、姚江、奉化江的三江口沿岸在六朝已成为人群的聚集点，人口逐渐增多，鄞、鄮、句章、余姚变为初具规模的城镇”[①]。有的市镇，既有政府开设的交易市场，也有自发形成的民间市场，显现出安定的经济社会环境。

2. 水运交通便捷

宁波密布的水网形成了便捷的交通。随着经济社会的发展，消费需求随着商贸交流活动的力度和范围不断扩大，对经济社会发展的带动效应不断显现。因此，六朝以来，“明州作为交通和商业的中心地带及商品的中转站，也使农业向商品经济化发展”[②]。商贸流通业对农业和工商业等产业的拉动作用不断提升。

3. 海外贸易先行

海外贸易是宁波个体民营经济的特色之一。六朝时期，由于造船技术有新的发展和进步，“海上丝绸之路”更加兴盛。宁波滨江临海的优势决定了其进行内外贸易的先行性。

据史料记载，“六朝时期宁波在秦汉的基础上，商业有一定发展，海外贸易开始形成”[③]。海外贸易的发展既需要农业、手工业的产业支撑，更需要有源源

---

① 乐承耀：《宁波经济史》，宁波：宁波出版社，2010年，第35页。

② [日]斯波义信著，方健、何忠礼译，虞云国校：《宋代江南经济史研究》，南京：江苏人民出版社，2001年9月出版，第490页。

③ 乐承耀：《宁波经济史》，宁波：宁波出版社，2010年，第34页。

不断的农村剩余劳动力，其生产的丝绸、茶叶和瓷器为海外消费者追捧的紧俏商品。

（七）民营与官营商业交易概况

1. 民营与官营交易市场日渐繁荣

六朝时期，个体民营商业是宁波地方经济发展的重要组成部分。随着运河等陆路和海路交通的发展，商贸交流的便捷性进一步提高，明州与郡治山阴和域外的经贸往来日益频繁，使自然经济条件下的市场交易与民众的生产生活更加密切。

当时，宁波市场的交易主体是小商小贩与市民，具有交易种类繁多、交易面广的特点（见表3–6），鄞州、鄮、句章和余姚等地的小商小贩构成了个体民营商业的主流群体，他们在正规市场和余姚民间“草市”[①]进行商品交易。

表 3-6　　六朝时期宁波官办和民间市场交易概况

<table>
<tr><th>市场类型</th><th>市场性质</th><th>商品类别</th><th>交易商品的种类及名称</th><th>交易方式</th></tr>
<tr><td>正规市场</td><td>官办市场</td><td rowspan="2">农产品、日用品、手工业品</td><td rowspan="2">稻米、鲜鱼（河鱼、河虾及海鱼或其他海产品）、丝绸、绢布或绢绸、茶叶、铁器、陶瓷、果蔬、柑橘[a]</td><td>以“坐商”[b]为主而非“行商”</td></tr>
<tr><td>民间“草市”</td><td>民间市场</td><td>以“行商”为主而非“坐商”</td></tr>
</table>

注：a.宁波地区盛产“柑橘类水果，果品的交易量很大，故政府设官征收橘税”。

b.古代称开店营业的商人为“坐商”，与“行商”相对，“行商”则指外出经营的流动商人。“坐商”的特征就是具有一定规模的店面，一般长期经营，不需要像“行商”一样到处吆喝，顾客自会来光顾。

资料来源：根据傅璇琮主编，张如安、刘恒武、唐燮军著的《宁波通史》（史前至唐五代卷），宁波出版社，2009年，第179页的相关内容整理整理。

2. 商贸交流圈逐渐扩大

宁波民营商贸交流逐渐扩散到宁波以外的区域而走向长三角地区。六朝首都建康（今南京）的消费市场中就有慈溪、余姚的越窑青瓷。“六朝时期宁波与外地的贸易，主要以输入外来商品为主”[②]，使这一时期的宁波成为东部地区重

---

① “草市”原来是乡村定期集市，各地又有俗称，两广、福建等地称墟，川黔等地称场，江西等地称圩，北方称集。起源很早，东晋时建康（南京）城外就有草市，大都位于水陆交通要道或津渡及驿站所在地。“草市”的命名用意，或说因市场房舍用草盖成，或说因初系买卖草料市集。经过长时期的发展，到唐代，其中一部分发展成为居民点，个别的上升为县、镇；而紧临州县城郭的草市，则发展成为新的商业市区，以满足不断发展的商贸流通业的需要。

② 傅璇琮主编，张如安、刘恒武、唐燮军著：《宁波通史》（史前至唐五代卷），宁波：宁波出版社，2009年，第119页。

要的商品集散地。

商品的流通使商人的交易圈逐渐扩大，势必推动近海贸易不断发展。因此，明州“滨海的鄮县，以其地理之便，成为南北近海贸易的中转站”[①]。宁波商人的足迹也从四明大地走向五湖四海，“鄮、鄞、句章、余姚的商人可能已经到建康等地贸易了”[②]。

3. 对外贸易不断发展

宁波港作为始发港，载满商品，驶往海外，与主要贸易对象日本进行商贸和文化交流。当时，日本称为“亶洲”，日本商人也经常来宁波购买布匹等纺织品及其他商品。前些年在日本出土的三角缘神兽镜，专家认为“是东渡日本的吴人工匠在日本制造的，当然也有可能是由宁波港转运至日本国的”[③]。

4. 宁波历史上第一次形成“官商一体”的政经格局

个体民营商业行为的逐渐兴起，商人不断崛起为新兴社会力量，也使官营商业交易不断兴盛。六朝时期，明州经商之风兴盛，不仅在民间，而且政府官员也涉足其间并乐此不疲，形成了“官商一体”的政经格局。

政府对官员经商采取宽容的态度，体现在政策上，则是“对士人、封建军队的将领给予免税特权”[④]。这等于是合法鼓励政府官员大胆经商。于是，这些官员利用手中的权力经商，享受政府的优惠政策，不但能够获得丰厚的收入，还不用纳税。

---

① 傅璇琮主编，张如安、刘恒武、唐燮军著：《宁波通史》（史前至唐五代卷），宁波：宁波出版社，2009年，第120页。

② 乐承耀：《宁波经济史》，宁波：宁波出版社，2010年，第36页。

③ 林士民、沈建国：《万里丝路——宁波与海上丝绸之路》，宁波：宁波出版社，2002年，第47～51页。

④ 乐承耀：《宁波经济史》，宁波：宁波出版社，2010年，第36页。

第四章
唐朝、五代及宋朝时期宁波民营经济发展概述

唐朝（公元618～907年）政府对民营经济发展持宽松政策，融商、敬商，在矿业、手工业等产业领域也实行“双轨制”的经济体制，大量的手工业者成为城市里的产业工人，民营工商业的行业集聚程度不断提高。

宁波的正式开发始于唐代。以唐朝开元二十六年（公元738年）单独设立明州及其后将州治移到三江口为标志，宁波正式步入经济的开放阶段。其后，制盐、酿酒、造船、纺织、冶炼，以及海内外贸易等民营工商业不断发展。

第一节　唐朝时期宁波民营经济发展概况

“明越分治”[①]是明州经济社会发展的重要里程碑，它标志着明州进入经济社会和文化全面发展的时期，以此推动明州港口和城市转型而步入加快发展的新通道。

明州大力发展以粮食为主的传统农业，制瓷、制盐、酿酒、造船、纺织、冶炼等手工业，以及内外商贸流通业。“织锦坊”是唐代宁波的国营（有）纺织企业。

一、宁波发展民营工商业的环境与条件

“明越分治”对产业的拉动效应明显，使宁波实现了内陆城市向港口城市的转型，奠定了宁波建立在自然经济基础上的工商业港口城市的地位。

---

① 唐玄宗开元二十六年（公元738年），中央政府批准明州设立州级行政机构，浙东地区明、越两州分治，唐朝政府在宁波地区单独设立了地方二级行政建制——明州，相当于现在行政区划中的地市级。

（一）“明越分治”奠定宁波城市和经济结构转型的基础

1. 形成宁波经济社会发展新起点

①独立设州，明确开发开放的新目标。以唐朝开元二十六年（公元738年）单独设立明州及其后将州治移到三江口为标志，明越实行分治，确立行政秩序，“围绕着城市街道、桥梁交通、码头设施、寺庙建筑等，开展了一定规模的市政建设”[①]。“这一明、越分治的重大历史事件，完全可以看作是宁波跨入实质性开发阶段的标志”[②]。

②州治转移，确立明州港口城市的重要地位。因为小溪（今鄞江镇）北邻鄞江，地形偏狭。唐穆宗长庆元年（公元821年），明州州治从小溪移到了三江口，州城（即后来的子城）成为明州政治、经济、文化的中心。州治转移是宁波城市化的开端，凸显了明州的区位优势，推动宁波由内陆城市向港口城市转型。

2. 促进宁波经济结构发生变化

“明越分治”前，在自然经济模式下，农业在宁波经济结构中居于主导地位，工商业仅仅是农业的延伸产业而已。“明越分治”后，人口的不断增多刺激了有效需求，而有效需求又反过来推动有效供给的增加。随着个体民营经济的发展，工商业在经济结构中的比例逐渐提升，宁波经济社会发展步伐加快。

（二）浙东古运河影响明州开发开放路径

1. 密切明州与域外交流

优良的港口是明州最重要的优势资源。浙东古运河助推明州内外贸易步入全新的发展阶段。明州与福建等南方诸省的联系更加紧密，日常生活中最离不开的油盐酱醋茶药等物品，随开放而使流通范围不断扩大，惠及民生，使个体民营经济成为明州对外开放的急先锋，在推动经济社会发展的过程中不断发展壮大。

---

① 傅璇琮主编，张如安、刘恒武、唐燮军著：《宁波通史》（史前至唐五代卷），宁波：宁波出版社，2009年，第196页。

② 傅璇琮主编，张如安、刘恒武、唐燮军著：《宁波通史》（史前至唐五代卷），《导论》，宁波：宁波出版社，2009年，第7页。

2. 加快开发开放步伐

唐代之前，明州未有对外经商规模。大约自9世纪中叶后，在重商的理念指导下，对外贸易才逐渐繁盛起来，这源于大运河与浙东古运河相连，“进而又与余姚江和甬江相连，再从明州州治直达宋时的定海县（即后来的镇海县），与唐中期开始勃兴的海洋航路相连接”①。

唐朝时期，浙东古运河“作为杭州的外港，分担着以杭州为中心的海产品、农产品和山货集散地的功能”②。大运河通过浙东古运河与宁波的“余姚江和甬江相连，再从明州州治直达宋时的定海县（即后来的镇海县）的出海口，与唐中期开始勃兴的海洋航路相连接”③，明州港成为东部地区唯一的对外贸易港口，使宁波成为一座因港而兴的城市。

（三）大力发展农业产业

1. 开凿或重修水利工程，解决农业灌溉用水难题

政府非常重视水利基础设施建设。唐朝贞观十年（即公元636年）开始，明州大地不断兴修水利基础设施，“据不完全统计，唐代明州开凿或重修的水利工程达二十多项，无论从整治规模、灌溉面积上都远超前代”④。由县令主导兴修水利工程，鄮县县令王君照发动民众开凿小江湖，灌溉农田800公顷。

通过对东钱湖、它山堰等较大的水利工程修筑完善，东钱湖具备淡水灌田500顷的功能，其他的如对广德湖、它山堰的治理路径和效果亦如此。政府将泛滥的沼泽平原治理成农业稳作地区，且使内陆平原耕田化，为农业获得好收成打下了良好基础。

2. 筑塘围涂，大力开发利用土地

①筑塘围涂。“唐宋时代，沿江、沿海之处筑有江堤、海塘，通江入海的重

---

① [日]斯波义信著，方健、何忠礼译，虞云国校：《宋代江南经济史研究》，南京：江苏人民出版社，2001年9月出版，第469页。

② [日]斯波义信著，方健、何忠礼译、虞云国校：《宋代江南经济史研究》，南京：江苏人民出版社，2001年，第480页。

③ [日]斯波义信著，方健、何忠礼译、虞云国校：《宋代江南经济史研究》，南京：江苏人民出版社，2001年，第469页。

④ 傅璇琮主编，张如安、刘恒武、唐燮军著：《宁波通史》（史前至唐五代卷），宁波：宁波出版社，2009年，第228页。

要港浦设置堰闸。”[①] 由于明州居于滨海的地理环境，易受潮汐侵袭，大片滩涂未被有效利用，土壤的盐渍化程度高，不适宜栽植庄稼。于是，建设海塘防御工程，防止海水侵蚀良田，如进行海涂开垦，修筑海塘及堰、闸，截流围堰、御咸蓄淡、改造盐渍地、围涂筑塘、开垦荒地就成了当务之急。

②开垦荒地。先民们通过内泄外阻，用引水灌田的办法，减少土壤中的碱卤成分。同时，对丘陵的缓坡进行垦殖，“居住在这里的农民用火耕山地的方式进行耕垦，被开垦的土地称为山田。在唐代，象山、奉化有山田的开垦”[②]。大力进行土地的开发利用，提高了改造自然的能力。

3. 大力种植稻麦及其他经济作物，改变农业种植结构

①实物赋税制度推动明州农业发展。据史料记载，唐代前中期，中央政府通过租庸调制的方式，实行实物赋税制度，政府给文武百官的俸禄为主要由稻麦粟等谷物构成的禄米，使以谷物为代表的粮食作物成为当时的硬通货，刺激了明州农业的发展。

②大力发展稻作农业。“唐宋时期，南方的轮作复种制有了蓬勃的发展，不仅普及了一年二熟制，而且还出现了一年三熟制。”[③] 明州形成了以水稻种植为主的农业发展格局。

③积极种植经济作物。在大力发展稻作农业的同时，明州农民栽植茶树、桑树、苎麻、果树（柑橘、葡萄、青棂子）、药材（白术、芍药、黄精、二冬）等经济作物，改变了过去以水稻为主的单一种植结构，使农业朝向种植品种、效益来源多样化的方向发展。

专栏4-1　唐宋时期明州地区广泛种植茶树等经济作物

当时，明州广泛栽种柑橘，由于质量上乘而成为朝廷贡品，影响较大。茶也亦然，唐代茶的栽培技术有了很大提高。中唐以前，江南人工种茶大概仍是以散植为多。到了晚唐时期，由于种茶技术的提高，茶园既设于山区，也建

① 袁行霈、严文明主编：《中华文明史》（第三卷），袁行霈、邓小南主编，北京：北京大学出版社，2006年，第107页。

② 傅璇琮主编，张如安、刘恒武、唐燮军著：《宁波通史》（史前至唐五代卷），宁波：宁波出版社，2009年，第48页。

③ 袁行霈、严文明主编：《中华文明史》（第三卷），袁行霈、邓小南主编，北京：北京大学出版社，2006年，第86页。

于平地丘陵之上。"余姚瀑布茶名扬中外，瀑布岭栽种成片的茶，其茶叶称为'仙茗'"[①]，并种植莼菜、薯蓣（即山药）和菱等不同品种的蔬菜。

茶叶是当时明州重要的经济作物之一。明州地区的农民积极种植茶树且以种茶为业，茶叶税不仅成为明州政府重要的赋税来源之一，而且促进了明州茶文化的发展。

注：①傅璇琮主编，张如安、刘恒武、唐燮军著：《宁波通史》（史前至唐五代卷），宁波：宁波出版社，2009年，第49页。

4. 在自然经济模式的基础上，经济作物生产者逐渐从农业中分离出来

以"锄织"为生，桑麻的种植，满足了民众穿衣的需要，而"晚唐时上林湖一带曾种植桑麻成园成为本区。这样，'锄织'成为本区农业的主要特征"[①]。"锄织"的兴起，是农耕社会男耕女织的自然经济现象，即使桑麻织品的市场化程度低，但也可为家庭提供一定的经济收入。

粮食及其他经济作物的种植，不仅满足了民众的生存需要，而且为手工业提供原料，成为工商业发展的重要基础。同时，随着农业生产技术的不断进步，粮食生产力的逐渐提高，一部分农业劳动力有可能分离出来，专门从事桑、麻、茶等经济作物的生产，为个体民营工商业发展提供实物来源。

5. 工商产业拉动效应日渐明显，农业劳动人口不断从农村向城市转移

唐代以前，明州港口仅体现河、江埠头等码头功能，与海外贸易联系处于自发状态。而"海运的兴盛，推动着整个地区经济的发展，具体表现在促进港口城市的繁荣与市镇的兴起，促进工商产业不断发展，促使人口从农村向城市转移。

农业人口转移到明州城镇从事商品生产、贸易、运输、服务各行业，推动社会分工的发展，促进区域性市场的形成[②]。在推动市镇兴起的同时，也使明州城市吸纳更多的农村剩余劳动力。

① 傅璇琮主编，张如安、刘恒武、唐燮军著：《宁波通史》（史前至唐五代卷），宁波：宁波出版社，2009年，第233页。

② 袁行霈、严文明主编：《中华文明史》（第三卷），袁行霈、邓小南主编，北京：北京大学出版社，2006年，第119页。

（四）不断形成和完善开发开放的发展格局

1. 完善基础设施

①不断发挥河海兼备的港口优势。明州山水相连，发源于四明山脉的余姚江和奉化江在三江口汇聚成甬江而入东海。从浙东古运河到三江口的物流与人流在沿途的港口集散，被称为河口型港口。

明州兼具河口型和海岸型港口之优。随着开放的扩大，定海（今镇海、北仑）港口作为海岸型港口也在不断发挥枢纽作用，使明州兼得河口型和海岸港口优势。明州港口自古代以来始终对宁波地区经济社会的发展起着十分重要的推动作用。

②不断提升临港城市功能。浙东运河是中国大运河的最南端与"海上丝绸之路"的交汇点。唐代明州在开发的过程中，十分注意发挥宁波内河水网密布的优势，不断进行河渠水网的建设。

"在兴修水利的同时，平原各地河渠水运网开始形成，初步构成了后世称之为'三江六河塘'的内河航运的基本格局，成为明州港与腹地之间货物集疏的通道。"[①] 船只从三江口出发，经姚江、钱塘江与京杭大运河对接而至洛阳和长安，使明州港成为浙东地区的港口枢纽。

③不断完善临港城市架构。唐开元二十六年（公元738年），鄮县一分为四，以明州之名分别管辖慈溪、奉化、鄮县、翁山（今舟山）四个县，从城市建设上构建了未来城市和市镇发展的格局，进一步提升宁波居于江河海交通的枢纽性地位，为宁波从内陆型城市向开放型城市转型奠定了良好的基础。

④不断联通水陆交通。明州市域范围内，江河贯通且与大运河相接。同时，政府陆续兴修连接老三区的桥梁、浮桥，并进行修缮，而且慈溪、鄞县和奉化等地也不断建设桥梁，使陆路交通处于通畅状态，并在其通道上设置驿馆，便利民众出行和商贸交流行为。"在东渡门外奉化江上新建的浮桥，使州治与江东得到连接。"[②]

2. 提升枢纽地位

唐朝以后，随着与海外交往日渐增多，宁波独特的地理环境和滨海优势，为

---

① 傅璇琮主编，张如安、刘恒武、唐燮军著：《宁波通史》（史前至唐五代卷），宁波：宁波出版社，2009年，第200页。

② 傅璇琮主编，张如安、刘恒武、唐燮军著：《宁波通史》（史前至唐五代卷），《导论》，宁波：宁波出版社，2009年，第8页。

海上交通和民营对外贸易提供了便利条件。明州海运港口的功能不断拓展，港口功能作用不断发挥，以此形成内外开放的内生动力。

①枢纽性作用日渐强化。唐朝时期，“东南沿海地区的经济，除了传统农业的进步、手工业商业的繁荣外，航运业的发达也是促进这一地区经济发展的重要原因”[①]。明州地区“水路的开发使物质大量而迅速地移动成为可能，又随着华北平原、长江流域广大市场及商路的开辟，使浙江、江西、福建内地交通沿线的资源特产化”[②]，推动明州商贸流通业进一步发展并不断凸显其港口城市集散物质的枢纽地位。

②腹地优势不断显现。隋代之前，因为没有开通大运河，内河水网不能触及明州。当大运河中的江南运河、两浙运河开通后，明州不仅具有海洋优势，“更在于它可以溯运河而上，顺水路直达黄河流域及北京，这个优势使得明州港的腹地相当广阔”[③]。

宁波人流、物流和资金流的触角贯通南北、连接东西。运河通道打通后，明州的腹地优势立现，使明州与南北方各大经济区域有机地融为一体，促进明州由滨海型的节点优势转变为引领型的港口枢纽城市。

（五）不断优化营商政策

1. 营造环境

随着生产力的发展，商贸流通业在经济社会的重要性日益显现，迫使政府调整商业政策，其实是政府为了适应生产力的发展要求而对生产关系方面进行的调整，矫正“重农抑商”政策实施的偏差。从制度层面而言，商业政策的调整使营商环境发生变化，从而有利于民营经济的发展。

2. 矫正“抑商”

唐末以后，中央政府的商业政策发生了变化，“从原来把商业看成不可或缺的手段而却又以末业视之、严格统制在一定范围内的态度开始转变，已经能够既

---

① 袁行霈、严文明主编：《中华文明史》（第三卷），袁行霈、邓小南主编，北京：北京大学出版社，2006年，第119页。

② [日]斯波义信著，方健、何忠礼译、虞云国校：《宋代江南经济史研究》，南京：江苏人民出版社，2001年，第480页。

③ 傅璇琮主编，张如安、刘恒武、唐燮军著：《宁波通史》（史前至唐五代卷），《前言》，宁波：宁波出版社，2009年，第11页。

不强行统制，也不横加弹压，而是利用商业作为广开财源的手段”[①]。这无异于从制度政策上向民营经济倾斜，等同于制度红利。

3. 政策倾商

中央政府秉持重商理念，采取重商政策，“允许州县所在地设市，明州及各县所在地可以设市”[②]。此后，慈溪、鄞县、余姚、奉化、宁海等县都可以设“市官”[③]，政府相关管理机构的建立与完善，更为市场行为提供了第三方监管机制，使宁波商贸流通业的发展具备适宜的体制环境。

二、宁波官营和民营手工业发展概况

“男耕女织”是明州自然经济结构中最显著的产业特色。唐朝时期，明州政府通过实行国营（有）经济体制，控制手工产业，兴办国营（有）企业，支持和鼓励发展个体民营经济。

（一）明州政府牢牢控制手工产业

唐代明州农业进入精耕细作阶段后，农产品种植品种和面积的扩大，使农业获得好的收成，进一步促进手工业发展，纺织业、酿酒业、煮盐业和制瓷业随之发展起来，成为唐代重要的支柱产业。

唐代明州手工业以纺织业、制瓷业为产业引领，但主要的手工业部门仍掌握在官府和贵族官僚手中，它们以生产贡品为主，服务于封建统治者而不面向市场。

（二）纺织业领域

1. “男耕女织”是自然经济结构中显著的产业特色

在农耕社会，农业和手工业是解决衣食供给之源的重要产业。当时，每一个家庭和一定年龄的人丁都必须在规定的时间和期限内缴纳织品实物，以完成纳税任务，促使农民以家庭为单位，辛勤劳作。

---

① [日]斯波义信著，方健、何忠礼译、虞云国校：《宋代江南经济史研究》，《序章》，南京：江苏人民出版社，2001年，第68页。

② 乐承耀：《宁波经济史》，宁波：宁波出版社，2010年，第64页。

③ “市官”就是受政府委派、代表政府管理市场的官员，其所设机构的职能相当于今天的工商行政管理局（即市场监管局）。

当时，生产的品种包括丝织品、苎麻布、纭麻布，生产的范围遍及整个浙东地区。个体劳动者的劳动成果以税收形式上缴后，与“织锦坊”所生产的产品一样，进入丝织品的进贡行列。

2.“租庸调制”刺激明州家庭个体纺织业发展

在唐代的赋税制度中，政府把丝织品作为税收内容之一，收取实物税，称之为“租庸调制”。“租庸调制”促进纺织业成为宁波个体农民主要的手工产业，主要生产丝织品和麻布制品。唐代浙东地区的麻布纺织是赋税缴纳的组成部分，当时宁海有苎麻纺织生产，质量上乘。

3.纺织业是明州以个体家庭为基础的民营手工业的重要产业部门

织品既是重要的生活资料，又是价值和财富的载体。在经济活动中，织品是仅次于有形货币的“无形货币”，皇帝皆用织品作赏赐和捐赠之物，同样体现了有形货币价值尺度。因此，桑蚕业加工和丝织品的生产成为经济社会重要的支柱产业。而国营（有）纺织企业引领明州纺织产业发展的同时，以家庭为主体的民营纺织业也在发展。

4.“织锦坊”[①]是唐代明州的国营（有）纺织企业

据史书记载，明州唐代时期就生产上贡的吴绫、交梭绫。“唐代的丝织业，可以分为丝织、麻织、毛织和棉织四种，而以丝织业最具代表性。”[②]

“织锦坊”专事贡品生产。“唐中叶以后，全国丝织中心从黄河流域向长江流域转移。”[③]明州政府按照当时中央设置少监府及所属织染署的规格，设置国营（有）纺织企业，即宁波“织锦坊”。“织绵纺”原名纺丝巷，地址在今天开明街和解放南路汇合处的三角地，巷内集聚大量的纺织布机进行织作。

---

① “织锦坊”在今天宁波的开明街和解放南路交叉口的地方，原名为“纺丝巷”，巷内聚集大批织锦的布机及织丝和织品，生产规模庞大，其产业链及生产范围遍及余姚、慈溪等今宁波大市区域。

② 袁行霈、严文明主编：《中华文明史》（第三卷），袁行霈、邓小南主编，北京：北京大学出版社，2006年，第107页。

③ 傅璇琮主编，张如安、刘恒武、唐燮军著：《宁波通史》（史前至唐五代卷），宁波：宁波出版社，2009年，第236页。

专栏4-2 明州国营（有）纺织已经形成完整的产业链

唐代时期，“江南道的丝绸生产主要集中在现今浙西及苏南一带，杭州、湖州、睦州、越州、明州、润州、常州、苏州等地，贡品中都有丝绸”①。

据史料记载，慈溪和余姚大量生产吴绫。由于四明山麓和奉化区域种植大量的桑树并养蚕，带动了丝织业的发展。当时，“官营作坊的主要产品有高档丝织品吴绫和交梭绫，其产品不面向市场……专供皇室、贵族、官僚使用”②。工艺水平极高。

作为唐代明州的国营（有）企业，“织锦坊”生产的绫、锦、绢、绸等织品属于产业链的终端，显示出唐代宁波从桑树的栽培、桑蚕的养殖、缫丝业的发展、纺织技术的成熟与完善、织锦的布机及制造成品所形成的产业和价值链，对推动明州经济社会和文化的发展发挥了重要的作用。

注：①王翔：《中国近代手工业史稿》，上海：上海人民出版社，2012年，第8页。

②傅璇琮主编，张如安、刘恒武、唐燮军著：《宁波通史》（史前至唐五代卷），宁波：宁波出版社，2009年，第236页。

（三）制瓷业领域

1. 国营（有）瓷窑陆续建立

①兴办国营（有）瓷器工场。唐朝时期，明州地区的上林湖、东钱湖等地发展成为浙东窑业生产的重要区域，其产地主要集中在上虞（属于越州）、余姚、慈溪、鄞县等地。国营（有）瓷窑就是当时的官办瓷窑，是国营（有）瓷器工场。“随着瓷器质量的提高和需求量的增加，瓷窑迅速发展，镇海、奉化、象山、定海相继建立了瓷窑，形成了一个庞大的瓷业系统。”①

②烧制上品瓷器。到了唐代晚期，明州建立了具有官办性质的“秘色窑”，实际上就是“贡品窑”，即制瓷业领域的国营（有）企业，其产品主要是作为贡品之用而非面向市场，余姚的“上林湖地区（今属慈溪市）盛产越瓷”②。其“秘色窑”烧制精美瓷器，主要是为了进贡。

为了追求技术水平和烧制质量的“高大上”，他们对瓷窑烧制管理方面严格要求，尤其在质量上把关很严，其在瓷土选炼、瓷窑烧造、施釉及釉下彩绘技术

① 乐承耀：《宁波经济史》，宁波：宁波出版社，2010年，第53页。

② 俞福海主编：《宁波市志》（上），北京：中华书局，1995年，第89页。

等方面有独到之处。“晚唐五代上林湖窑业进入兴旺时期，产品质量已位居各地名窑之首，朝廷选择在此设立贡窑。”[①]

③国营（有）企业瓷窑众多。地方上烧制上贡越地瓷器的窑场，就是具有官府性质的定点生产厂家（见表4-1）。当时国营（有）企业烧制的彩绘瓷器品种繁多，有碗、盘、钵、盏、罐、壶、生活用品面向官府和市场，很受消费者欢迎，使“越瓷”产品久负盛名而流传至今。

表 4-1　　唐代后期明州国营（有）窑场建立概况

区域	窑场名称
余姚	上林湖窑
慈溪	杜湖窑、白洋湖窑、小洞岙窑
鄞县	东钱湖郭家窑、沙叶河头窑、小白市窑
翁州	青龙山窑

注：定海在周朝时称甬东，唐玄宗开元二十六年（738）始设县，名翁州县。

资料来源：根据相关资料整理。

专栏4-3　明州越窑青瓷制造技术和产品质量达到顶峰

唐朝时期，以上林湖的越窑青瓷为代表的瓷器制造业在明州手工行业中异军突起而蜚声中外。唐代瓷器烧制技术纯熟，越、明两州的瓷器代表了浙东地区的最高水平。

“慈溪上林湖窑区一跃而成为越窑青瓷产业的领头羊，并将青瓷烧制技术发展到炉火纯青、臻美完善的境界，从而使明州港更有条件成为海上陶瓷之路的始发港。”[①]

注：①傅璇琮主编，张如安、刘恒武、唐燮军著：《宁波通史》（史前至唐五代卷），宁波：宁波出版社，2009年，第248页。

2. 个体民营制瓷业不断发展

①瓷器烧制业是当时明州个体民营的主要产业之一。隋唐时期是其发展水平的重要阶段，余姚、慈溪、鄞县等地大量烧制“越瓷”，镇海、奉化、象山、定海等地相继建立了瓷窑，形成了一个庞大的瓷业烧制体系。

当时，象山窑的工艺水平在初唐时期属于翘楚之作。随着瓷器质量的提高，

① 傅璇琮主编，张如安、刘恒武、唐燮军著：《宁波通史》（史前至唐五代卷），宁波：宁波出版社，2009年，第235页。

“越瓷”不但在浙东很有名气，而且誉满全国，成为中国陶瓷文化的重要组成部分，在中国陶瓷发展史上占有重要的地位。

②个体民营窑工名留青史。多年来，从明州各地数处窑址的出土文物看，有的窑具上有很多刻有姓氏的铭文，“诸如王嵩、魏文、姚蒲奴、徐信见、马、何等，被专家们称为‘上林窑工’”[①]，是当时的个体民营制瓷业者的行业代表。

（四）煮盐业领域

1. 明州官营和个体民营煮盐业不断发展

唐宋时期，明州地区产盐已具规模。据《宁波盐志》记载，“宁波自春秋起开始产盐，唐前无盐产记录”[②]。由于政府没有实行盐业专卖制，官府和百姓随便采用，且官府不征税，使明州个体民营煮盐业获得重要发展机遇而为社会增加财富。

2. 余姚慈溪一带是明州重要的产盐区

明州地处浙东，资源丰裕，“茧税鱼盐，衣食半天下”[③]。当时，明州地区的鄮县、慈溪、余姚、宁海、象山翁山等地都有产盐业。据《新唐书·地理志》和《嘉泰会稽志》记载，“唐江南道有明州的鄮县、台州的宁海和越州的余姚三地产盐”[④]，明州由此成为南方江淮地区重要的产盐区域。

彼时，慈溪的师桥和石堰宁海县的白峤港，以及鄮县、镇海和北仑等地已经设灶煎盐（见表4-2）。因此，“从余姚的石堰到慈溪的沈师桥沿海一带，即为唐时的产盐地区”[⑤]。

表 4-2　　唐代时期明州地区的主要产盐区域概况

所在县域	主要产业区域	备注
慈溪县	师桥、石堰	石堰位于今天慈溪市的横河镇，《嘉泰会稽志》称之为“余姚场”
宁海县	白峤港两岸	宁海县的旧盐场在“今宁海水车、越溪、城郊三地，该区域至今犹存灰场村等旧时产盐地名”
鄮县	沿海、沿江一带	—
镇海、北仑	沿海一带	—

资料来源：根据朱柏铭主编的《宁波盐志》，宁波出版社，2009年，第185页的相关资料整理。

---

① 乐承耀：《宁波经济史》，宁波：宁波出版社，2010年，第55页。

② 朱柏铭主编：《宁波盐志》，宁波：宁波出版社，2009年，第65页。

③ 朱柏铭主编：《宁波盐志》，宁波：宁波出版社，2009年，第185页。转引自《文苑英华》卷四零八，杜牧《授李纳浙东观察使兼御史大夫制》。

④⑤ 朱柏铭主编：《宁波盐志》，宁波：宁波出版社，2009年，第185页。

3. 政府设置盐业管理机构

由于盐业是政府主要的收入来源之一，政府加强对盐业生产经营的管理和控制，盐政管理机构应运而生。

从唐乾元元年（公元759）开始，至咸通年间（公元866年）止，中央政府在明州地区设置“富都监”、“兰亭监”、“新亭监”和“余姚场署”等盐业生产、储运的管理机构（见表4–3），作为政府征收包括盐税在内税收的税务机关。

表 4-3　　唐朝年间明州区域盐业管理机构的设置概况

年号、年间 / 时间	设置机构的名称	职能	设置地
乾元元年 / 公元 759 年	“富都监”	主管浙东催征赋税事物	鄮县
元和至咸通间 / 公元 806 ~ 866 年	“余姚场署”	主管就地或邻近产区生产、储运事物	今慈溪市横河镇

资料来源：根据朱柏铭主编的《宁波盐志》，宁波出版社，2009年，《概述》第1页的相关资料整理。

4. 管理明州盐业生产经营事宜

①开办国营（有）盐场。明州地区濒临海洋，制盐具有得天独厚的资源条件。中唐以后，明州地区的海盐生产加快发展，各县不断兴建国营（有）盐场（见表4–4）。

表 4-4　　唐代明州地区兴建盐场概况

区域名称	所辖县域	盐场名称
越州	余姚	余姚盐场
明州	鄞县（今鄞州区）	大嵩盐场
	定海（今镇海区、北仑区）	定海盐场
	富都（今舟山）	富都盐场
台州	宁海（今宁海县，原属台州）	宁海盐场

资料来源：根据相关资料整理。

②设灶煮盐。唐朝时期，在今天的慈溪师桥和石堰等地已经设灶煮盐，其中的石堰位于今天慈溪的横河镇。“鄮县也开办大嵩盐场，唐政府直接插手管理盐务”[①]。

③管理盐业。盐业是财富之源，唐朝政府为了增加财政收入，设立专职官

① 傅璇琮主编，张如安、刘恒武、唐燮军著：《宁波通史》（史前至唐五代卷），宁波：宁波出版社，2009年，第239页。

员，对盐业进行分级管理（见表4–5）。

表 4-5　　唐朝政府盐业管理机构及名称概况

层级	设立盐业管理机构及名称	备注
中央	司农、盐铁使	唐中叶以后设立“盐铁使”
地方	榷盐院	—
盐业产地	场、监	—

资料来源：根据相关资料整理。

监管煮盐区域。明州作为重要的产盐区，也设置场与监等管理机构，如余姚场，连同越州的兰亭监会稽盐场、会稽西场、怀远场、地心场一道，每一场平均向政府课盐8万石。

当时，“政府规定产盐户的生产定额，其所产盐，全部由官府统购，并由官府加价出卖”[①]。同时，严格控制盐业的生产经营流程，并在全国各地征收盐税，对盐业实行严格的管制，政府从盐税中获利甚丰。

④缉捕私盐。唐朝时期，明州的“盐区扩大到鄮县、宁海、余姚等沿海一带。是当时江淮海盐的主要产盐区”[②]。春冬是明州海水制盐的大好时节，当时，“鄮县也开办大嵩盐场，唐政府直接插手管理盐务，刘晏所置的浙西巡院还在此缉捕私盐”[③]。

为了获取更多的利润，政府“对盐民实行强制性管理，且按官府既定价格对海盐实行全部官收，盐民丧失了直接经营和任意开发盐业的自由”[④]，直接抑制了个体民营盐业的发展。

5. 完善食盐专卖制度

“盐税一直是历代官府的主要财政来源，《新唐书·食货制》记‘天下之赋，盐利居半’”[⑤]。从唐玄宗开元六年（公元718年）起，官府开始象征性地收税，每斗盐仅收10文钱的税。

“安史之乱”后，政府急需开拓财源，“盐铁使”第五琦、刘晏不断完善

① 乐承耀：《宁波经济史》，宁波：宁波出版社，2010年，第56页。

② 朱柏铭主编：《宁波盐志》，宁波：宁波出版社，2009年，第183页。

③ 傅璇琮主编，张如安、刘恒武、唐燮军著：《宁波通史》（史前至唐五代卷），宁波：宁波出版社，2009年，第239页。

④ 朱柏铭主编：《宁波盐志》，宁波：宁波出版社，2009年，第135页。

⑤ 朱柏铭主编：《宁波盐志》，《序一》，宁波：宁波出版社，2009年，第1页。

"榷盐法"[①]，即政府对食盐的垄断专卖制度。同时，通过完善官员和机构设置等制度安排，以确保其专卖制度的顺利实施。

唐肃宗乾元元年（公元758年），"盐铁使"第五琦主导了第一次盐税改制，其核心思想就是对盐业实行专采专卖的政策。因此，"榷盐法"成为唐代盐业专卖制度的实现形式，包括民采、官收、商运、商销等具体内容，它是盐税制度改革的重要举措，为朝廷带来了丰厚的经济收益。

6. 明州个体民营煮盐业发达

煮盐业成为明州的重要手工产业。当时属于越州的余姚、属于明州的鄮县（今鄞州，下同）、慈溪、翁山（今舟山，下同）等地盐业生产兴盛，其中尤以鄮县的盐最为有名，《唐书》上对此有记载。

①盐场数量不断增加。"唐时，盐区扩大到鄮县、宁海、余姚等沿海一带，是当时江淮海盐的主产盐区。"[②] 到了唐代，尤其是"中唐以后，海盐生产在东海和南海岸，获得了空前发展"[③]。

鄮县大嵩、慈溪沈师桥、定海（今镇海、北仑）、宁海都有盐场。"宁海盐场主要在白峤港两岸的今宁海水车、越溪和城郊等地。"[④]

当时，明州先民们采用平滩蒸发或分段蒸发制卤的办法制盐。余姚"制盐业尤为兴旺，是浙江地区三大产盐区之一"[⑤]，成为唐代政府赋税收入的重要来源之一。

②灶户自主生产经营。唐朝时期，政府将从事设灶煮盐的盐民称之为亭户或灶户。在均田制的土地制度下，宁波地区的"盐民可以拥有一定盐田、盐灶之类的生产资料及工具，且盐的生产、经营不受限制"[⑥]，这即是从制度安排上明确了盐业领域实行民营经济发展体制。

在此体制下，盐民们可自行生产并出售自产食盐，这一状况直到第五琦建立食盐专卖制度后才告停。

---

① "榷"的本意是像仙鹤脖子那样可以灵活升降的独木桥，设在城门口，由守城士卒掌控。生意人想过"榷"，就得耐心地同士卒商量，对过桥费讨价还价，这是"商榷"一词的由来。"榷盐法"就是将盐税并入盐价征收，盐税是多少，政府说了算，体现着国家对食盐的专卖制度和垄断经营。这个概念第一次由唐肃宗时期的"盐铁铸钱使"第五琦（"第五"是复姓）提出并付诸实施，后由刘晏补充完善。

② 朱柏铭主编：《宁波盐志》，宁波：宁波出版社，2009年，第183页。

③ 乐承耀：《宁波经济史》，宁波：宁波出版社，2010年，第55页。

④ 朱柏铭主编：《宁波盐志》，宁波：宁波出版社，2009年，第169页。

⑤ 乐承耀：《宁波经济史》，宁波：宁波出版社，2010年，第56页。

⑥ 朱柏铭主编：《宁波盐志》，宁波：宁波出版社，2009年，第135页。

7. 食盐商品化程度高

由于唐代时期四明之地的鱼盐十分丰厚，除了涉足煮盐业的生产环节外，也有贩卖食盐的个体民营商人。其中分为两种类型，一种是遵守国家盐业政策的合法商人，他们遵循的是“国家榷盐、粜于商人，商人纳榷，粜于百姓”[①]的生意路径。另一种是游离于国家法律之外的个体私营行为，如余姚人徐泽专营鱼盐之利，即贩卖私盐。明州海产的丰盛，极大地刺激了先民们的用盐量，他们用大量的食盐腌制海产品，民营私盐贩卖者为其提供价廉物美的腌制用盐，极大地发挥了盐物效用。

（五）酿酒业领域

1. 政府实行官营酒场+酒类专卖并行的专营垄断政策

①农业进步令酿酒作物增产。由于扩大了粮食和经济作物的种植面积，增产后解决了酿酒所需的原料问题，酿酒业由此加快发展。当时，明州民众已经掌握酿酒技术，在水、酵母和温度的综合作用下，粮食的内部结构发生分解等细微变化，形成了浓郁芳香的酒水。

②政府建立官营酿酒场。随着海陆贸易繁盛，西方葡萄酒酿造技术的东传，明州酒的种类不断丰富。酒水的利润很高，酿酒人有利可图，政府从“盐铁专卖”制度中得到启发，随之仿效，建国营（有）酿酒场，即官酿。

③政府实行酒类专卖制度。从唐德宗建中三年（公元782年）起，政府就对酒类的生产经营实行专卖制度，即“官酿”和“官酤”。这一制度源于“榷酤”[②]，通俗而言，就是政府设置国营（有）酿酒企业，同时对酒类实行专卖并从中获利。

2. 准许发展个体民营酿酒业

晚唐及五代时期，明州民众苦于不得私酿的规定。“官酿”和“官酤”实行后显现很多弊端，一些政府官员主张将“官酿”改为“私酿”，实际上就是将国营（有）酿酒企业改制为个体民营企业，而政府只管收取酒类税收而不参与其具体的生产经营活动。

唐代宗广德二年（公元764年），政府规定只要是酿酒户就应该向国家纳

---

① [唐]韩愈：《论变盐法事宜状》，《韩昌黎集》卷四零，《四库全书》文渊阁本。

② “榷酤”亦称“榷酒酤”、“酒榷”，是中国封建政权实行的酒类专卖制度。始行于汉武帝天汉三年（公元前98年）。官酿官卖只是狭义的“榷酤”，广义应包括其他各种形式在内。

税。换言之，只要纳税，就允许合法酿酒。从此，明州个体民营酿酒企业面向市场而发展起来。

（六）造船业领域

1. 造船业是明州地区手工业的重要组成部分

①国营（有）造船企业技术一流。由于明州通江达海的地理位置与环境，为了便利交流的需要，造船业自古就处于发达状态，刺激了国营（有）和个体民营造船船场共同发展。

②官营造船产业居于重要地位。隋朝之时，政府在包括明州在内的吴越之地，建立具有垄断性质的国营（有）船场，能够建造大船、楼舰等技术先进的船舶。随着隋代大运河的开通、经济社会和文化的广泛交流，以及漕运、军事运输的发展，船舶运输的重要性越来越凸显，由此刺激了宁波造船业的发展。

专栏4-4　明州地区官营造船业在当时居于技术和工艺的高端水平

中唐以后，“明州造船业迅速崛起，当时的船场已经能建造载重为20吨～50吨上下的海船，商船能乘40～60人，比日本遣唐使船小而较快，质地牢固而能承受风浪，船舶性能显著提高”①。这充分说明明州国营（有）造船业发达，在国内同行中具有重要地位。

多年前，考古工作者在对唐代造船场遗迹发掘的过程中，出土了大量的造船工具及辅助器材，并发掘出一艘独木船，见证了彼时明州造船业的发达程度。

注：①傅璇琮主编，张如安、刘恒武、唐燮军著：《宁波通史》（史前至唐五代卷），宁波：宁波出版社，2009年，第237～238页。

③官营造船业实行行业垄断。据史料记载，唐朝时期的官营造船业垄断程度高。初唐时，明州的造船技术有了很大的发展。在今天的和义路沿江一带建有造船场，建造用于进贡的“贡船”，且在整个江南地区独此一家，这是明州造船技术和工艺达到高端水平的集中体现。

2. 民营造船业借机发展

隋唐时代，明州存在众多的个体民营造船作坊。出于经济实力和成本的考虑，国营（有）造船船场造大船、战船、“贡船”更具规模化和经济性，具有技术和规模优势；而个体民营船场作坊经济实力有限，技术优势不足，无力建造大船，只能承揽造小船的生意。国营（有）造船船场和个体民营船场作坊实行错位发展。

（七）矿冶业领域

1. 明州具有丰富的铜铁等矿产资源

唐代的矿产包括铁矿、铜矿、金银矿等资源。当时，明州地区范围内有为数不少的铜、铁矿山。其中，宁海铁矿资源富集，奉化铜矿资源丰富，在奉化县城西北十五里的地方是铜矿开采的集中地，使采矿业成为发展经济的源头产业。

2. 货币铸造需求刺激采矿业发展

由于商贸流通业发达，交易的货币需求量极大，“唐王朝为此多次铸钱，大量用铜。巨大的金属需求量，促使冶金生产规模和产量都超过了前代”[①]。

3. 官营和民营共同发展矿冶业

当时，官营采矿企业具有优先开采权，其政策是政府优先开采矿产资源，在资源占有和采掘富矿方面具有优先权，而个体民营采矿企业可以合法开采矿山资源。“百姓私采要卖给官府，也可以折充课役”[②]，形成官民共同开采矿业的格局，实现了矿产资源共享、共同开发矿山的发展目标。

4. 金属冶炼业成为明州地区的重要产业

由于采矿业的发展，更由于个体民营工匠们已经掌握了冶铁技术，明州地区的铁器制造业成为重要的产业。以冶铁技术为引领，明州地区的个体民营铁、铜等金属冶炼业不断发展。

（八）草席业领域

1. 一草荣千年

宁波是草席的故乡。长江中下游地区气候温润多雨，使蔺草[③]的生长与土地气

---

① 袁行霈、严文明主编：《中华文明史》（第三卷），袁行霈、邓小南主编，北京：北京大学出版社，2006年，第101页。

② 乐承耀：《宁波经济史》，宁波：宁波出版社，2010年，第59页。

③ 蔺草，俗称石草、席草，草茎圆滑细长，粗细均匀，壁薄芯疏，软硬适度，纤维长，富有弹性，抗拉性好，色泽鲜艳，清香浓郁。宜于编织，是极佳的天然绿色植物纤维之一。

候有着密切的关系。受惠于大自然的眷顾，明州地域有适于蔺草种植的土壤和气候环境，其蔺草细且长，质感较硬具韧性，成为极佳的天然绿色植物纤维之一。

“小暑割草，大暑割稻”，每年6月至7月上旬是蔺草的收割季节，今天的鄞州、奉化、余姚等区市是宁波蔺草的主要产区。“十天三市黄古林，花席双草白麻筋”，宁波黄古林一带自古以来就是草席的生产和集散地。宁波城乡个体和民营草席编织业者将收割处理后的根根蔺草和缕缕麻线，全副身心地一寸一寸编织出光滑紧致、经久耐用的宁波草席。

2. 一席扬四海

宁波鄞县“古林镇生产的草席，书名叫灯心草凉席，又叫席子、席爿、越席、滑子、明席和宁席”[①]，具有通气、吸湿、清凉的作用，特别是蔺草茎具有调节干湿的功能，备受消费者喜爱。

宁波草席质优价廉。当时，宁波草席与扬州的朴席、苏州的璞关席一起，被誉为中国三大名席。

专栏4-5　宁波草席成为宁波的文化符号之一

距今约五千年的古林芦家桥遗址中，就有经纬编制的碳化草席碎片实物。唐代时期，宁波草席是“海上丝绸之路”重要的商贸流通品之一。个体民营企业生产的草编织品在唐代“海上丝绸之路”开启后，就随之远销海外十几个国家和地区，深受消费者喜爱。

据宋代《宝庆四明志·六卷市舶篇》记载，唐代开元元年（公元713年），草席通过海运出口朝鲜，而且还被作为官府的礼品进贡或馈赠。

3. 一编济民生

宁波草编业的兴起和发展，吸纳了宁波地区农村的剩余劳动力，使其充分利用农闲时间进行产出并获取一定的货币收入，刺激了出口，带来了宁波城市经济的繁荣，“对于改组中国农村的经济结构，促进自然经济向以市场需要为目标的商品经济转化起到了一定的作用”[②]。

---

① “海上草席之路宁波延续千年 可望再创历史辉煌”，2017-06-10，中国宁波网。引自网页：http：//nb.sina.com.cn/news/2017-06-10/detail-ifyfzhac0990822.shtml。

② 王翔：《中国近代手工业史稿》，上海：上海人民出版社，2012年，第67页。

三、宁波民营商贸流通业发展概况

随着商品经济发展程度的不断提升，农产品的市场导向性越来越明确，涉及衣食住行的工商产业随之发展起来，内外商贸流通业对明州农工商产业的拉动作用日益显现。

借助明州港的发展大平台，内外贸易对明州工商产业的拉动程度快速提升，不但使明州港成为国际性的港口，也使明州由自然经济形态转型为发达的商品经济社会。

（一）粮食和经济作物的商品化程度不断提升

有了价格信号和市场需求，粮食和经济作物的生产，满足了明州城市居住人口的日常温饱之需。同时，明州农民稻作及经济作物的种植和加工不再以满足自身需求为主要目标，而是以域外市场的有效需求为引领，促进明州内外“两个市场”的对接。

“使部分农民以商品生产为生，他们与市场的联系比传统的自然经济下的农民更加频繁。以农产品为原料的手工业生产，如丝织、麻织、棉织、榨糖、榨油手工产业，随着农业商业化和多种经营的发展而发展。”[①]

（二）港口枢纽作用进一步体现

1. 明州成为东部地区内外贸易的集散地

①明州的实质性开发始于唐朝中期。当时，“在整修浙东河的同时，还开通了以明州为中心的东西南北各个方向的陆上干线”[②]。宁波在海内外交通中的枢纽地位骤然得到提升，使其成为对外贸易的重要端口。

②明州港口在唐代正式形成。使“宁波港经历了从原始寄泊点、河流（江）埠头、近海船只停靠码头到对外交通贸易港的发展过程”[③]，其成为明州乃至整个国家重要的对外开放口岸，为开展贸易活动奠定了良好基础。

---

① 袁行霈、严文明主编：《中华文明史》（第三卷），袁行霈、邓小南主编，北京：北京大学出版社，2006年，第120页。

② [日]斯波义信著，方健、何忠礼译、虞云国校：《宋代江南经济史研究》，南京：江苏人民出版社，2001年，第480页。

③ 傅璇琮主编，张如安、刘恒武、唐燮军著：《宁波通史》（史前至唐五代卷），宁波：宁波出版社，2009年，第204页。

③明州港成为连接南北帮的转运地。“在那里既有适合杭州湾浅海航行的船只，也有适合在甬江—余姚—浙东河上航行的船只，总之它能够通过航船的替换将南方河流水运系统连接起来”[①]，并不断吸引明州周边地区乃至全国很多地方的瓷器、丝绸、土特产品汇聚于此，装船待运。

2. 明州进一步加强与东亚诸国商贸交流

海外航线的不断拓展及与东亚诸国贸易的开展，显现出明州对外交往的重要性。明州优越的地理位置和门户优势，为其对外交往创造有利条件。随着经济社会发展的需要，以贸易为载体的交往进一步加深，尤其是与朝鲜半岛、日本列岛隔海相望，明州门户的功能效应不断释放，吸引了更多的海外客商与其进行商贸交流。

3. 航运业发达

海外航线的拓展是宁波对外交往、扩大开放的重要前提。唐代元和年间（公元806～820年），明州开通与朝鲜半岛的航线。当时，朝鲜半岛南部出现了以张保皋为代表的民营贸易团体，“开辟了一条从灵岩（在全罗南道）附近出发经黑山岛达到定海（今镇海）的新航路”[②]，与明州民营商人直接贸易。

其后，明州至日本的航线也已开辟，他们从明州港出发，横渡东海，直抵日本的相关岛屿。另外，明州积极拓展南洋航线，与南洋诸国进行经济文化往来。

（三）商贸流通业呈现良好的发展趋势

1. 商业市肆成为城市经济的重要内涵

①农业、手工业是明州商业发展的重要基础。在传统社会，小农社会建立在自然经济基础之上，明州商业的发展以农业、手工业的发展为前提，农业、手工业和商业的发展形成产业链，使明州“城市由商肆而立，起于商，建于周，兴于汉，而盛于唐”[③]。城乡内外双向商贸交流日盛。

②商业市肆是交流的有效载体。由于经济社会的发展，明州既有商业市肆，自然就具备城市特征。农业的发展为手工业提供原材料来源，手工业为商业的发

---

① 《慈溪林氏宗谱》卷一，光绪《慈溪县志》卷五《水利》。

② 傅璇琮主编，张如安、刘恒武、唐燮军著：《宁波通史》（史前至唐五代卷），宁波：宁波出版社，2009年，第205页。

③ 王天伟：《中国产业发展史纲》，北京：社会科学文献出版社，2012年，第130页。

展提供产品实物，商贸流通通过货币的媒介将手工业成品由产品转变为商品，使明州城乡的消费者获得物有所值的效用。

2. 商贸交流兴盛

①做生意者众。在重商政策的鼓励下，明州商贸流通业逐渐兴盛，做生意的人越来越多。民营商人们以船舶为载体，从内陆水路和港口出发，溯浙东运河而上，进行长途贩运业务，使外地产品源源不断地输入明州，如铜镜就是从外地输入明州的高档消费品。

另外，象山港“在初唐承担繁忙的船运任务，会稽旅商经常往来其间”[①]。有的域外商人到明州来采购商品，又如四川人到明州来购买药材。

②明州港成为重要的集散口岸。唐朝时期，明州府城就已“‘万历之舶，五方之贾云集’于三江口，贸易兴盛，历宋元明清民国，迄今市区最繁华商业街多集中于区内”[②]。这源于其具有便捷的水陆交通及港口的运输和集散功能。

有客商通过船舶运输的方式，将商品从外地运往明州港，在此装船出口（见表4–6）。多年前，考古工作者“东渡路市舶司遗址唐代地层中发现了一批唐越窑青瓷和长沙窑产品”[③]，其中的长沙窑产品是外域商品进入宁波的例证。

表 4-6　　明州民营商人对内贸易概况

始发地及港口	商品类别	运输路径	出口商品的目的地
湖南长沙铜官镇码头	“湘窑”瓷器	铜官镇—湘江—岳州—洞庭湖—长江—扬州—京杭大运河—杭州—曹娥江—明州	到达明州港后装船出海，销往朝鲜、日本及东南亚诸国，以及印度洋诸国，埃及、伊拉克等波斯湾沿岸国家

资料来源：根据相关资料整理。

3. “坐商”与“行商”并存

①“街市”与“草市”同在。唐朝时期，明州地区设市经商的状况很普遍，充分证明商贸流通业的兴旺（见表4–7）。明州从“东渡门到姚江边的鱼浦门一带则是集市的所在地，沿江有船舶停靠的码头，商品交易频繁”[④]。

---

① 傅璇琮主编，张如安、刘恒武、唐燮军著：《宁波通史》（史前至唐五代卷），宁波：宁波出版社，2009年，第243页。

② 俞福海主编：《宁波市志》（上），北京：中华书局，1995年，第57页。

③ 傅璇琮主编，张如安、刘恒武、唐燮军著：《宁波通史》（史前至唐五代卷），宁波：宁波出版社，2009年，第201页。

④ 乐承耀：《宁波经济史》，宁波：宁波出版社，2010年，第64页。

表 4-7　　明州地区城镇商业市场境况

市场类型	所在区域	店铺及市场现状
“街市”	慈溪县城（今江北区）	大街宽 7 丈，街道两旁店铺林立、商人甚多
	宁海	“人烟辐辏，商贾贸迁，店肆遂兴”[a]
	余姚城关、余姚	城关集市兴旺，有“越州巨镇”[b]的美誉；四川药商来四明山采购药材
	鄞县	很多生意人子承父业、善于经营，成为远近闻名的大贾
	奉化	街道两旁，酒店、肉店众多，老板能赚到很多银子
	象山	用船将越州、苏州等地的大米贩运到象山出售；商贩往来于石浦东门岛
“草市”[c]	余姚、鄞县	农民将自养生猪屠宰后在“草市”卖猪肉

注：a.《宁海城关镇志》，第8篇《商业·私营商业》，杭州：浙江人民出版社，1989年。

b.《余姚镇志》，第1章第2节《古县城》，1989年铅印本。

c.唐代政府法定设市地区以外的农村也设立交易市场，称之为“草市”。

资料来源：根据相关资料整理。

②行商与坐商并存。民营商人经过政府允许后在明州城内做生意，他们在明州集市上成为“坐商”，使“各县、镇水陆交通要道及江津河口等地商业市场纷纷兴起”①。在“街市”和“草市”等集市中，商人们熙熙攘攘，皆为利往，“如晚唐时王可交从四明山携至州城叫卖的药、酒畅销”②。

有的民营商人认认真真做“行商”，他们溯浙东运河而上搞长途贩运业务。如唐代会昌年间，外地民营商人从越州和苏州等地将大米贩运到象山，四川人千里迢迢来明州采购药材，交易十分活跃。

（四）实行国营（有）和民营对外贸易并存的“双轨制”经济体制

1. 明州实行国营（有）和民营并存的“双轨制”经济体制

①完善国营（有）贸易经济体制。“唐宋时期，为了管理日益繁荣的海外贸易，唐朝设立了市舶司主管对外港口的贸易活动”③，为形成国营（有）贸易经济体制打下基础。随着对外交往的日益深入，唐代明州形成以“遣唐使”和朝贡为特点的国营（有）贸易经济体制，以及以民间贸易为主体的民营贸易经

① 乐承耀：《宁波经济史》，宁波：宁波出版社，2010年，第64页。

② 傅璇琮主编，张如安、刘恒武、唐燮军著：《宁波通史》（史前至唐五代卷），宁波：宁波出版社，2009年，第240～241页。

③ 袁行霈、严文明主编：《中华文明史》（第三卷），袁行霈、邓小南主编，北京：北京大学出版社，2006年，第115页。

济体制。

9世纪前，中国与日本的交往以朝贡贸易为主，带有明显的官方色彩。日本自“大化改新”后，积极通过官方渠道，以“遣唐使”的方式与中国交往而以华为师，他们身兼学习和贸易的重任，形成以“遣唐使”为主体的官方贸易体制。

②民间商贸交流活动进一步开展。随着交流的扩大，中日双方重点转向民间性质的商贸交流，即民营商业。因此，自9世纪以来，明州商帮迅速崛起，穿梭往来于高丽和日本，成为国际贸易中的佼佼者。通过明州港输出的各色陶瓷、丝织品，散播于世界各地，对各国人民的物质生活产生了影响。[①] 这即是说，明州的对外交流活动进入了与目的国民间为主的阶段，民营商贸流通领域和深度进一步拓展。

③明州港成为对日贸易的重要港口。明州民营商人“驾驶帆船，经营鱼盐、陶瓷等物产，又积极开拓海外市场，控制了中国对外贸易的主要部分”[②]。明州民营商人将收购的大部分丝织品直接远销日本。

自中唐晚期开始，明州港就已成为“东方海上陶瓷之路”的主要始发港之一，成为著名的对外贸易港，反过来也刺激了明州地区桑蚕业和丝织业的发展。

2. 与东亚诸国贸易往来

作为“海上丝绸之路”的始发港，明州地区的商船往来穿梭于朝鲜、日本和东南亚诸国之间，“通过明州港输出的各色陶瓷、丝织品，散播于世界各地，对各国人民的物质生活产生了影响”[③]。

唐朝时期，日本列岛、朝鲜半岛的商人也来到明州，带着自己国家有比较优势的商品来四明进行交易（见表4-8），同时更多的是买回他们所需的瓷器、丝绸和茶叶。“日本文物宝库奈良正仓院藏有大量唐代的精美丝织品，肯定有从明州港输入的外地和明州本土所产的丝织品。”[④]

---

① 傅璇琮主编，张如安、刘恒武、唐燮军著：《宁波通史》（史前至唐五代卷），《导论》，宁波：宁波出版社，2009年，第9页。

② 傅璇琮主编，张如安、刘恒武、唐燮军著：《宁波通史》（史前至唐五代卷），宁波：宁波出版社，2009年，第244～245页。

③ 傅璇琮主编，张如安、刘恒武、唐燮军著：《宁波通史》（史前至唐五代卷），《前言》，宁波：宁波出版社，2009年，第4页。

④ 傅璇琮主编，张如安、刘恒武、唐燮军著：《宁波通史》（史前至唐五代卷），宁波：宁波出版社，2009年，第237页。

表 4-8　　唐朝、五代时期宁波与东亚诸国海上贸易概况

年号、年间/时间	贸易主体	始发港	行商路径及目的地	交易物品类别
初唐时期	会稽民营商人（姓名不详）	象山港	商人往来于象山、福建，将象山窑烧制的瓷器就近沿海路销往目的地	象山手工艺品
开成三年/公元838年	宁波民营商人李邻德、张支信、李孝延、李达、詹景全、钦良晖等	明州港	经东海往日本肥前国值嘉岛进入博多津	丝绸、瓷器、水产品
公元838年~公元9世纪	日本商人（姓名不详）	日本港	通过东海—明州航线，登岸后进入中国内地	水银、锦、锡、绢、青瓷
会昌二年/公元842年	李邻德	明州港	不详	用瓷器、丝织品、药材、棉绮、香料、经卷换回砂金、水银等
大中元年/公元847年	张支信及元净等37人	明州望海镇	经东海往日本肥前国值嘉岛那留浦	用瓷器、丝织品、棉绮、香料、经卷换回砂金、水银等
大中三年/公元849年	李孝延、张支信、张言、崔及、杨青、崔泽等53人	明州港	不详	用瓷器、丝织品、药材、棉绮、香料、经卷换回砂金、水银等
大中十一年/公元858年	李孝延	明州港	经东海往日本肥前国值嘉岛	用瓷器、丝织品、棉绮、香料、经卷、神像换回砂金、水银等
大中十二年/公元859年	张支信	明州港	经东海往日本肥前国值嘉岛	用瓷器、丝织品、棉绮、香料、经卷换回砂金、锦、锡、绢、水银等
大中十五年/公元862年		明州港	不详	用瓷器、丝织品、药材、棉绮、香料、经卷、佛画、文集、诗集换回砂金、锦、锡、绢、水银等
大中十六年/公元863年		明州港	不详	用瓷器、丝织品、棉绮、香料、经卷换回砂金、水银等
大中十八年/公元865年	李孝延等63人	明州望海镇	经东海往日本肥前国值嘉岛进入博多津	用瓷器、丝织品、棉绮、香料、经卷换回砂金、锦、锡、绢、水银等
天佑四年/公元907年	宁波民营商人李邻德、张支信、李孝延、李达、詹景全、钦良晖等	明州港		用瓷器、丝织品、棉绮、香料、经卷换回砂金、锦、锡、绢、水银等

续表

年号、年间 / 时间	贸易主体	始发港	行商路径及目的地	交易物品类别
五代时期(公元9世纪初)	宁波民营商人（姓名不详）	明州望海镇	经东海往朝鲜半岛清海镇或新罗灵岩附近；或经钱塘江口—明州—新罗	丝绸、瓷器
	新罗商人(姓名不详)	新罗	钱塘江口—明州—新罗（今朝鲜半岛南端）	丝绸、瓷器、书籍、茶叶

资料来源：根据相关资料整理。

3.“遣唐使”在明州进行民营商贸交流活动

“唐朝与日本的官方贸易，是以日本派遣遣唐使以朝贡形式进行的。”[①]名义上是官方贸易，实际上亦官亦民，如在公元752～838年间，在明州港上岸的“遣唐使”，除了少数赴京进行官方贸易外，大部分人员停留在宁波。他们还用随船带来的日本物品，与当地市民私下交易并将很多商品带回日本，这是具有个体民营性质的商贸交流活动（见表4–9）。

表 4-9　唐代时期日本“遣唐使”三次登陆明州地区进行民间商贸交流概况

年号、年间 / 时间	日本“遣唐使”携带的物品	明州出售的商品	明州民营商人通过交易获得的商品
天宝十一年 / 公元 752 年	银、丝、棉、布	经卷、佛像、佛画及文集、诗集、药品、香料、瓷器、彩帛	金、锡、水银、棉、砂金
贞元二十年 / 公元 804 年			
开成三年 / 公元 838 年			

资料来源：根据相关资料整理。

4.明州与日本民间贸易往来频繁

唐开成三年（公元838年），明州商船就往来于日本之间，开启了明州与日本的海上通道。由此，明州与扶桑之国的交往日盛，此时明州民间的主要贸易对象是东北亚的日本、朝鲜等国。

江厦码头是当时明州的国际海运码头，日本“遣唐使”在明州港上岸并进行商贸交流活动。明州民营商人借助商机，了解日本列岛对相关商品的需求和供给行情后，一人或多人、多批次地横渡东海到日本列岛（见表4–9）。

① 王勇进主编：《宁波市对外经济贸易志》（638～1995），宁波：宁波出版社，1997年，第3页。

日本停止“遣唐使”后，中日官方贸易转向民间民营，即民营贸易。在“839–907年（开成四年至天祐四年）的70年间，中日往来贸易船舶37次，其中有确切记载的7次”[①]。明州民营商人与日本商人进行贸易，把中华文化远播日本。

专栏4–6　宁波开辟的东海南线和南路北线航线成为中日官方和民间贸易的桥梁

唐朝时期，明州开辟了中日间通商的南路南线，即东海南线和南路北线。东海南线是由明州、越州的沿海港口启航，扬帆横渡东海，然后达到日本南方沿海的奄美大岛附近，再由此逐岛北行到日本相关地方。

南路北线是明州望海镇外的金塘岛与日本九州岛西端的值嘉岛，两地之间仅相距650公里，可以利用海流和季风，扬帆远航5天左右便可达到日本目的地。

由于明州所处纬度位置，海上风力和全年的浪潮频率比北方航线小得多，因此成为明州沟通中日官方和民间贸易的桥梁。

5. 明州与朝鲜半岛交流密切

随着明州与东亚、南亚航线的开通，明州与相关地区的交往进一步扩大，丝绸和瓷器是其大宗出口商品。

专栏4–7　新罗民营商贾张保皋与明州上林湖的越窑青瓷产品

新罗民营商贾张保皋是中国与韩国民间贸易的代表性人物。9世纪上半叶，新罗杰出的海上贸易活动家张保皋，不仅掌握了东方三国的商业权，而且在政治上也有很大的权力。日本对唐贸易的商人、留学唐朝的僧侣，大多搭乘过张保皋的商船。

张保皋的主要活动区为莞岛清海镇。考古出土的唐代遗物中以玉璧底碗、大环底碗、执壶、罐等陶瓷品最为引人注目，不论造型、釉色、支烧方法，均与唐代宁波上林湖的青瓷产品毫无二致，时代上也相吻合。

多年前，“经大量的考古发掘，全罗南道康津郡、高兴郡都发现了一批9至10世纪的青瓷龙窑，证实那里确是越窑技术东传的接收点”[①]。这些青瓷实

---

① 王勇进主编：《宁波市对外经济贸易志》（638–1995），宁波：宁波出版社，1997年，第3页。

际上就是明州上林湖的产品，这充分说明“9世纪中期前后，宁波上林湖的越窑青瓷产品，通过海路被带到了韩国的莞岛等地”②。

日本也同样出现这种情况，“在日本鸿卤馆遗址出土的2000余片青瓷，就是明州出口到日本的主要商品”③。

注：①傅璇琮主编，张如安、刘恒武、唐燮军著：《宁波通史》（史前至唐五代卷），宁波：宁波出版社，2009年，第205页。

②傅璇琮主编，张如安、刘恒武、唐燮军著：《宁波通史》（史前至唐五代卷），宁波：宁波出版社，2009年，第209页。

③乐承耀：《宁波经济史》，宁波：宁波出版社，2010年，第12页。

明州港成为中国地区重要的对外贸易港口。当时，很多明州人从港口起锚后，利用季风，以及自然海流形成的航向，装载瓷器、舍利子等物品，从明州港出发达到新罗，将浙东发达的制瓷技术传播到朝鲜半岛。

6. 与波斯交往日渐频繁

唐开成三年（公元838年），明州的对外贸易触角达到东南亚各国和波斯湾地区。明州民营商人以商贸交流为桥梁，将明州的产品与其进行交换。

明州的港口地位和营商的便利吸引了四海宾客。随着对外开放的扩大，波斯商人也不远万里来到明州，在东渡门外的江厦码头登陆靠岸。他们来到明州后，与明州的民间商人进行贸易，购买了“大量越窑青瓷及其他窑系瓷器、丝织品等商品后从明州出口，经广州绕马来半岛，过印度洋运抵波斯湾沿岸的希拉夫港、霍尔木兹岛、巴士拉港，再从这些港口运抵至西亚各地”①。

（五）官方贸易逐渐转变为民营贸易

1. “朝贡”贸易的实质是官方贸易

唐朝大多时期，中国与日本、朝鲜等东亚诸国的商贸交流以“朝贡”贸易为主要形式，体现在主体上，是两国之间具有官方性质的贸易使团的商贸交流。

在这种交流的过程中，“朝贡”贸易的主体地位逐渐弱化，而代之以半官方贸易的形式出现。换言之，国营（有）贸易主体与民营贸易主体并存于商贸交流活动中，国营（有）经济与民营经济体制共享贸易之利。

---

① 傅璇琮主编，张如安、刘恒武、唐燮军著：《宁波通史》（史前至唐五代卷），宁波：宁波出版社，2009年，第209页。

2. 官方贸易的主体地位被民营贸易取代

随着交流的进一步扩大，以明州民营商人为主体的商贸交流行为，在中国市场经济中不断崛起，“9世纪以后，随着航海技术的发展，航路的开拓，朝贡贸易逐渐淡出，民间商团占据了东海国际贸易的主导地位”①。

民间商团在其中发挥主导作用。以新罗清海镇大使张保皋为首的海上国际贸易商团，在与中国的交易过程中，官方与民间色彩兼备。

“既有随同外交使节来往所进行的贸易，也有纯粹由商人进行的交易，因而具有半官方半民间的色彩。”② 其交易模式的变化，实际上就是使“朝贡”贸易的主体地位被弱化的过程，推动国际贸易从半官方贸易向民间商团贸易转变，最终使国营（有）贸易主体完全转变为民营贸易主体。

专栏4-8　唐朝时期明州民营对外贸易不断发展

唐开成三年（公元838年），明州商船架设了宁波与日本的海上通道。此时，明州民间的主要贸易对象是东北亚的日本、朝鲜等国，也包括东南亚各国、波斯湾地区。

古代宁波对内对外贸易的主要范围往南可达福建、广东地区，往北可达朝鲜半岛，往西可达内陆之地，往东可到日本列岛。

明州赴日本的民营商船，每次出航时尽量多带货物，“大致以绵绮、瓷器为大宗，还有香药、经卷之类，从日本换回砂金、水银等。明州港输往朝鲜的主要是瓷器，另有舍利子等宗教物品。在输出的林林总总的唐物中，明州港主要出口商品无疑是丝织品和瓷器”①。

注：①傅璇琮主编，张如安、刘恒武、唐燮军著：《宁波通史》（史前至唐五代卷），宁波：宁波出版社，2009年，第210页。

（六）明州城市与经济转型步伐不断加快

1. 社会分工与分层扩大，明州非农产业的就业人数不断增加

①商品经济进一步发展。唐朝时期，商品经济发达。唐代以后弥漫于社会的经商风气，也是促进明州进一步开放的重要推力。而明州的州治迁移到三江口，

---

①② 傅璇琮主编，张如安、刘恒武、唐燮军著：《宁波通史》（史前至唐五代卷），宁波：宁波出版社，2009年，第245页。

是明州城市商业发展的重要起点，为民营商贸流通业定点化、区域化和集聚化发展打下良好的基础。

②经济结构进一步调整。海外贸易的发展，促进了明州地区农业和手工业等产业结构的变化。由于海外贸易的兴盛和城市的形成，人口大量集聚，水稻种植面积不断扩大，桑树、苎麻、茶树、桐树、甘蔗、棉花、柑橘等经济作物纷纷种植，农业自身结构得到调整。同时，三次产业结构也相应地在调整，工商业产值在整个国民经济产值中的比例呈直线上升。

③非农就业人数不断从农业产业中剥离出来。“经济的发展社会分工的扩大，使许多农民从农业中分离或半分离出来，从事工商业活动，再加上还有不少的官僚经商，士农和工商已很难严格区分。”[①]商业气息的浓厚，意味着商贸交流步伐的加快，使得明州与域外城市的交流更加频繁。

2. 三次产业良性互动，明州港成为转型发展的重要平台

①港口的集散功能是产业发展的重要推力。隋唐之前，明州的农业、手工业和商业有了一定程度的发展。但由于港口等交通运输业的发展极大地便利了交流，以河海运输为主要内涵的交通运输业不断发展，其泊位能力、补给能力、河海运输能力得到质的提升，宁波港遂成为优良港口。

②内外贸易成为社会转型的重要动力。借天时地利之势，三江六岸，樯帆林立、外商集聚，港口的枢纽地位与作用推动了对外开放的扩大，使对外贸易成为明州从农耕社会向工商社会转变的重要推动力，也是明州的农业社会形态向工商社会形态转变的“催化剂”。

③社会环境与三次产业的互动作用不断强化。在小农经济社会里，即使随着开发区域的不断扩大，农业、手工业对商贸流通业发展的推动作用也很有限。但在唐朝时期，由于“明州出现了政治的、地理的、文化的一系列新变，具备了发达的水运条件，丰厚的物产，以及相对稳定的政治环境”[②]，三次产业的互动作用不断强化。

④明州港的枢纽性地位不断提升。随着明州港的枢纽功能对三次产业的拉动作用不断强化，以及港口集散功能不断深化，对明州农业、手工业辅之的拉动作

---

① 袁行霈、严文明主编：《中华文明史》（第三卷），袁行霈、邓小南主编，北京：北京大学出版社，2006年，第121页。

② 傅璇琮主编，张如安、刘恒武、唐燮军著：《宁波通史》（史前至唐五代卷），宁波：宁波出版社，2009年，第240页。

用明显。因此，唐代时期明州的经商氛围比以前更浓厚，其与福建等地的联系更加紧密，农业、手工业对商贸流通业的推动作用不断放大，形成了三次产业的良性循环。

3. 城市工商业不断发展，实现由农业市镇向工商业港口城市的转变

①市场成为配置资源的主体。除了农业、手工业的推动作用外，开明的政府、开放的市场，为宁波港城商业的兴盛与繁荣增添了双翼，呈现商贸流通业的发展超过农业、手工业的态势。同时，明州各地集贸市镇的集聚程度不断提升，使“唐代中期以来，以明州为中心的新的经济亚区开始出现，这是历史演进的必然结果”①。

②工商业在经济结构中占有主导地位。随着政府管理体制的理顺，港口城市对开发甬江流域、促进经济社会发展、提升城市地位发挥积极作用。因此，依托独有的滨海襟江优势，宁波工商业不断发展起来，并引领农业发展，促进明州实现从农业经济向城市经济的转变，为民营工商业拓展更大、更广阔的发展空间。

③经商之众已成燎原之势。唐代时期，明州以舟楫之便兴起经济往来和文化交流，但商贸流通业大多以批发为主而非零售。“以陶瓷业为龙头的手工业出现了迅猛发展的势头，而商业市肆也出现繁荣景象，尤其是海上贸易迅速崛起，宁波商帮一度在东海上独领风骚”②。

4. 商贸流通业的兴盛，促进明州实现由有形价值向货币价值的转变

自然经济环境下，人们因买而卖。但在明州的商品经济社会里，商贸流通的目的是为了将剩余产品转换成货币，实现由实物价值的产品、商品向货币价值的转化，即以货币来计量财富，以提高和衡量个体民营工商业者的实际收入水平，这也是商品经济发达程度的集中体现。

在重商政策下，各地集贸市镇的商旅往来满足了明州市场的有效需求。“即使是四明偏僻的山地，也有交换的需求，且不乏商旅往来其间。”③在宽松的流通环境下，人们以商为荣，向市场提供有效供给。因此，“晚唐时王可交从四明

---

① 傅璇琮主编，张如安、刘恒武、唐燮军著：《宁波通史》（史前至唐五代卷），《前言》，宁波：宁波出版社，2009年，第4页。

② 傅璇琮主编，张如安、刘恒武、唐燮军著：《宁波通史》（史前至唐五代卷），宁波：宁波出版社，2009年，第227页。

③ 傅璇琮主编，张如安、刘恒武、唐燮军著：《宁波通史》（史前至唐五代卷），宁波：宁波出版社，2009年，第241页。

山携至州城叫卖的药、酒，非常畅销”[①]，由此可见明州城及各县商贸交流景况。

5. 海外贸易的发展，推动明州实现由内陆型城市向开放型城市的转型

①明州成为引领型的港口枢纽城市。明州在唐朝和宋朝的时候就与广州、泉州并列为中国三大贸易口岸。明州港承担与各国商贸和文化交流的重要口岸功能，更使明州成为自古以来“海上丝绸之路”的重要始发港之一，充分说明明州的港口功能已经实现了从内河码头向对外交通贸易港的转型。

专栏4-9　明州港成为海内外瓷器转运的重要航运枢纽

当时，明州港不但输入本地的陶瓷产品，而且还接纳遥远的长沙窑产品。当时以生产外销瓷器为主的长沙窑产品主要是在铜官镇码头上船，沿着湘江至岳州，然后过洞庭入长江，抵达扬州，并以扬州为主要中转站，再经京杭大运河到杭州，入曹娥江转入姚江到达明州，跟越窑青瓷一起装船出海。

越窑青瓷除了运销到朝、日及东南亚周边诸国外，还远涉重洋，销往印度洋诸国、非洲的埃及以及伊拉克等波斯湾沿岸国家。[①]

注：①傅璇琮主编，张如安、刘恒武、唐燮军著：《宁波通史》（史前至唐五代卷），宁波：宁波出版社，2009年，第247页。

②海外贸易越发兴盛。明州商船从开城三年（公元838年）起，就往来于日本之间，开启了明州与日本的海上通道，由此，明州与扶桑之国的交往日盛，此时明州民间的主要贸易对象是东北亚的日本、朝鲜等国。唐朝时期，在甬江的出口，即今天的镇海招宝山一带，樯帆云集，一艘艘装满货物的商船驶向远方，与日本列岛、朝鲜半岛及南洋诸岛进行民营商贸交流活动。

③明州港实现从内河码头向对外交通贸易港的转型。明州“以港兴市”促进内外开放的新格局已然形成，使港口成为明州发展的重要平台载体。余姚江、奉化江在三江口汇聚成甬江，使明州港迅速成为唐代著名的贸易中转港，对外开放的新格局进一步形成。

① 傅璇琮主编，张如安、刘恒武、唐燮军著：《宁波通史》（史前至唐五代卷），宁波：宁波出版社，2009年，第241页。

第二节　五代时期[1]宁波民营经济发展概况

公元907年，钱镠被封为吴越王，建都杭州。吴越国[2]历三代五王，至公元978年纳土归宋，实际统治达80余年。

唐末五代藩镇割据，战乱频仍，钱镠采取保境安民和“休兵息民”的战略方针，重农桑、兴水利，发展与日本、朝鲜等国海外交往，使两浙之地有一个较长的稳定发展时期，为宋代时期明州的经济社会发展奠定基础。

一、吴越国时期宁波经济进一步发展

吴越国统治者重视发展经济，其经济社会发展环境不断向好。明州凭借优良的港口资源，不断完善对外开放的新格局，大力发展农业生产，使经济社会步入了全新的发展阶段。

（一）营造经济社会发展环境

1. 政府采取惠民措施

吴越国统治者把发展经济、巩固政权作为第一要务，具有促进经济社会发展的主观能动性。因此，在80余年的统治时间里，由于采取减轻赋税、安置流民、开垦荒地、重视商业等举措，明州经济在唐代的基础上有了进一步发展。

2. 优化港口运输资源

当时，“杭甬运河全线开通，通过杭甬运河和与京杭大运河的连接，大大激

---

① 五代十国（公元907～960年）这一称谓出自《新五代史》，是对五代（公元907～960年）与十国（公元891～979年）的合称，也指唐朝灭亡到宋朝建立之间的历史时期。五代是指907年唐朝灭亡后依次更替的位于中原地区的五个政权，即后梁、后唐、后晋、后汉与后周。公元960年，赵匡胤陈桥兵变，“黄袍加身”篡后周建立北宋，五代结束。

② 吴越国（公元907～978）是五代十国时期的十国之一，由钱镠在公元907年所建。都城为钱塘（杭州）。强盛时拥有13州疆域，约为现今浙江全省、江苏东南部和福建东北部，全盛时其范围包括今之浙江全境、上海全境、苏州全境和福建福州。

活了内河运输，使得明州的腹地向内一举延伸到了江淮地区”[①]，为明州地区农业、工商业的进一步发展奠定了良好的环境基础。

3. 形成河海联运系统

中唐至五代时期，京杭大运河的杭甬段开通，将宁波本身的内陆河运与海运连成一片，形成河海相通的运输网络。彼时，由于交通不发达，人们主要依靠舟船桨橹来缩短路程，而商贸流通业的发展反过来刺激了交通运输业的发展，以河海运输为主要内涵的交通运输业使明州有了靠泊港，港口发展成为良港，明州的泊位能力、补给能力、河海原始能力得到质的提升。

4. 创新货币形态

货币对于交换的重要性不言而喻。“作为促进交换的手段，货币是一种十分古老的发明。没有交换，就没有社会。”[②]当时，黄金、白银皆为流通中的硬通货，但白银的流通形式是碎银块而非机制银元。

唐末五代时期，“古老的实物货币——绢帛、谷粟渐渐被淘汰，新兴的货币形态——白银，正在进入流通市场”[③]。这充分说明白银这种贵金属已经从储藏和窖藏功能扩展到流通职能，与铜铁等金属币种一道正式成为流通货币。

白银价值量大，在流通中一般用于支付大宗交易。商贸交流活动中，实现由绢帛、谷粟等实物货币的支付向铜铁、白银等金属币支付的转变，既表明其交易媒介职能的创新，也是商品经济发达程度在货币领域的折射。

5. 提升城市功能

自然经济状态下，城市功能无以体现。随着商贸流通业的发展，城市功能也在不断完善和转型，其经济功能不断凸显。

据史料记载，“随着商业的发展，地方开始出现经济型城市，唐五代著名的商业城市有成都、幽州（今北京）、扬州、杭州、明州（今宁波）、泉州、广州

---

① 傅璇琮主编，张如安、刘恒武、唐燮军著：《宁波通史》（史前至唐五代卷），《导论》，宁波：宁波出版社，2009年，第9页。

② [法]费尔南·布罗代尔：《十五至十八世纪的物质文明、经济和资本主义》（第一卷），顾良、施康强译，《资本主义的活力》（代译序），北京：商务印书馆，2017年，第7页。

③ 袁行霈、严文明主编：《中华文明史》（第三卷），袁行霈、邓小南主编，北京：北京大学出版社，2006年，第113页。

等”①，明州实现了城市功能由居住型城市向经济型城市的提升。

（二）重视发展农业生产

1. 大力兴修农田水利

吴越国政府重视农田水利建设，曾经设置相关机构，管理农田水利建设事宜，他们每年都要浚川流以减水患，对保障农业收成起到了重要的作用。建隆元年（公元960年），吴越国开展了大规模的展拓广德湖的活动，并修复它山堰，修浚小江湖和月湖，修筑海塘，对稳定农业生产起到了重要作用。

五代至北宋期间，人们将广德湖改造成为水田。当时，人口的增加为发展农业提供了充足的劳动力，生产工具得到改善。前代开凿的江南运河，不仅具有重要的航运价值，而且还为农田灌溉提供充足的水源，使数十万亩农田确保收成。

2. 加快发展耕作农业和种植经济作物

由于北方连年战乱，农业生产遭到严重破坏。为了发展经济，吴越国鼓励发展农业经济，以满足经济社会和国防的需要。六朝以来，明州地区的荒蛮之地陆续改造为桑柘之田，以用于发展农业。当时，除了种植水稻、小麦以外，还大量种植桑麻、茶树、柑橘和药材等经济作物，米、麦、茶、丝和食盐的产量日渐增多，成为当时吴越国先进的农业区。

二、宁波在手工业领域实行国营（有）与民营共同发展的“双轨制”经济体制

唐、五代时期，制瓷业在明州手工业领域异军突起。在政府主导下，明州实行国营（有）与民营共同发展的“双轨制”经济体制，但在煮盐业领域，政府实行生产经营的垄断政策。

（一）青瓷制造业领域

1. 越窑青瓷烧制业是明州官营与民营经济体制的代表性产业

唐、五代时期，在长期的经验积累和博采众长的基础上，以越窑青瓷为代表

① 袁行霈、严文明主编：《中华文明史》（第三卷），袁行霈、邓小南主编，北京：北京大学出版社，2006年，第110页。

的明州瓷器制造业发展到全新的高度，“晚唐、五代上林湖窑业进入兴旺时期，产品质量已位居各地名窑之首，朝廷选择在此设置贡窑”[①]。以越窑青瓷为载体的产品誉满明州域外。

2. 官营与民营瓷器烧制工场及产品功能定位区别明显

当时，越窑青瓷的烧制达到了空前水平，成为这一时期明州地区官营和民营窑场的代表性产品。上文言及的“贡窑”实际上就是官营瓷器定点制造工场，官营瓷器工场生产产品主要用于上贡，它是明州地区官营瓷器制造业的重要载体。

在青瓷国营（有）经济体制中，官营手工业一般不从事商品生产，其主要服务对象为皇室、政府官吏和军队。

3. 官营青瓷生产领域实行国营（有）经济发展体制与机制的成就

①政府管理并主导瓷器烧制业。在北宋早期和五代时期，明州上林湖窑场烧制的越窑青瓷不但由官府指定，即定点烧制，而且还要在瓷器上刻制“官”字款，作为官营瓷器制造业的印记及信誉保障，其烧制质量均为上乘，代表了五代时期明州越窑的烧制水平。

多年前，在宁波竹园山等窑址出土的五代墓葬中，看见秘色青瓷器中铭有“太平戊寅”的字样，便是例证。

②官营瓷器制造业规模庞大。以越窑青瓷为引领的手工业快速发展。当时，瓷器制造业是明州手工业的支柱性产业，越窑窑场遍布明州，“尤其是今慈溪上林湖一带，窑场林立，原料易得，产量巨大，质量上乘，不但为越窑的中心产区，也最能代表越窑的技术成就”[②]。

四明地区以越窑青瓷为代表的瓷器制造业一枝独秀，并进入历史上的鼎盛时期。在同一时期，东钱湖窑场的规模仅次于上林湖窑场，其产品主要用于上贡朝廷，其他的部分外销，为政府获得了可观的外贸收入。

③明州上林湖是当时全国的窑业中心。明州慈溪的上林湖、上虞、鄞州东钱湖成为我国三大越窑青瓷的生产基地。其中，上林湖窑业中心的产品代表了9～11世纪中国青瓷烧制技术的最高成就（见表4–10）。

---

① 傅璇琮主编，张如安、刘恒武、唐燮军著：《宁波通史》（史前至唐五代卷），宁波：宁波出版社，2009年，第235页。

② 傅璇琮主编，张如安、刘恒武、唐燮军著：《宁波通史》（史前至唐五代卷），《导论》，宁波：宁波出版社，2009年，第9页。

“后司岙窑址作为上林湖越窑遗址中最核心的窑址，产品中秘色瓷比例高、质量精、种类丰富，是晚唐五代时期秘色瓷的主要烧造地。”①

表 4-10　五代时期宁波上林湖后司岙[a]官营秘色瓷窑址烧造品种与特点

秘色瓷烧造规模	后司岙秘色瓷品种	后司岙秘色瓷造型及特点
上林湖窑场生产规模大，其烧制作坊有一百多处，构成了一个庞大的越窑青瓷烧制集群	以碗、盘、钵、盏、盒为主，兼有执壶、瓶、罐、碟、炉、盂、枕、扁壶、八棱净瓶、圆腹净瓶、盏托等	胎质细腻洁净、釉色呈天青色，施釉均匀莹润，具有如冰似玉的视觉效果

注：a.后司岙是晚唐五代时期烧造宫廷用瓷的主要官营窑场，代表了这一时期官营窑场的最高制瓷水平。其开创的以天青色为特征的秘色瓷产品，不仅是制瓷史上的一大飞跃，同时成了此后高等级青瓷的代名词，影响到后代包括汝窑、南宋官窑、龙泉窑、高丽青瓷等一大批官营名窑生产与整个社会的审美取向。

资料来源：根据陈爱红、何华军：“上林湖后司岙秘色瓷窑址入选全国十大考古新发现”，《东南商报》，2017年4月13日，第1版的相关内容整理。

（二）纺织业领域

1. 官营丝织业成为行业代表

唐代时期，明州经济作物种植业已具产业规模。其中，桑树的大量种植为养蚕业、丝织业提供了食物和原料来源，也为其后明州丝织业发展打下了坚实的基础。因此，五代时期，明州地区丝织业发达，生产规模大，产量可观。“吴越国在显德五年（958年）之前，贡绫或绵，很少超过万匹万两的，但在显德五年以后，却动辄超过5万、10万的。”②

明州丝织作坊作为国营（有）企业，其生产的产品称之为“贡绫”或“贡绵”。官府手工业与前朝一样，生产高档纺织品、奢侈纺织品，并以计划调配的方式用于朝廷赏赐或为政府官员服务。

2. 个体民营纺织业不断发展

养蚕—缫丝—织绸这一产业链贯穿农业种植、养殖到手工纺织业的整个过程，如果加上丝织品的商贸流通业，就形成了完整的产业价值链。这一产业链

---

① 陈爱红、何华军：“上林湖后司岙秘色瓷窑址入选全国十大考古新发现”。《东南商报》，2017年4月13日，第1版。

② 傅璇琮主编，张如安、刘恒武、唐燮军著：《宁波通史》（史前至唐五代卷），宁波：宁波出版社，2009年，第310页。

和价值链在整个封建社会未有断裂，实际上是小农经济状态下的经济生态维系而成。

吴越时期，由于明州桑麻种植量大，为丝织业和麻纺业提供原料来源，不仅带动了官营纺织业的发展，也使家庭个体和民营纺织企业得到发展。当时，民营纺织企业以生产普通织品为主，其产品用途除满足家庭成员穿衣之用，还将剩余部分拿到市场上交易而获取收入。

（三）煮盐业领域

1. 严格管理盐业生产领域

五代后周时期，政府于显德二年（公元955年）颁布盐法，规定盐场必须在已经修筑好的壕篱内进行生产作业，严禁壕篱外的一切生产行为，违者处以重刑。政府通过采用封闭式方式来管理盐业生产，打压个体民营煮盐业的发展，独享煮盐业带来的丰厚利润。

2. 尽收盐业利润并自作盐商

五代时期，政府实行盐业税收政策。“蚕盐、屋税盐等俵配规定百姓领盐要由地方官吏核准参加，纳税也因随同正税征收而经地方官吏之手”①，即将盐业税收归于地方政府所有。

据史料记载，“太平兴国四年（979），规定天下盐利皆规县官，官卖或通商，各随州郡所宜”②。这即是说，盐业利润都属于县官所有。同时，明州被定为官卖地区，政府尽收盐户所产食盐后，再向个体民营销售者发放“许可证”，以获得官卖收入。

为了获得更多利润，“五代除俵配蚕、食盐等之外，还通过榷盐（税）院和场、务等专卖机构实行官销”③。明州政府做起了售卖食盐的商人。

三、宁波商贸流通领域国营（有）和民营经济发展概况

依托港口的枢纽地位和集散功能，宁波内外贸易加快发展，不断加强以民间往来为基础的内外交流。宁波主要的输出商品为丝绸、瓷器等。商贸流通业的发

---

① 朱柏铭主编：《宁波盐志》，宁波：宁波出版社，2009年，第342页。

②③ 朱柏铭主编：《宁波盐志》，宁波：宁波出版社，2009年，第343页。

展提高了明州农业、工商业产业的融合程度。

（一）国营（有）内外贸易加快发展

1. 内贸获利

“明州贸易的大规模开展，又必依赖于港口功能及其水运条件的良好发挥。”[①] 随着经济社会的发展和城市的不断发育，有效需求日益扩大，刺激了商贸流通业的兴盛，优良的港口优势发挥到最大程度。虽然官营手工业的产品不面对市场，但有时生产数量过多时，便会将之投放到流通领域。

当时，“吴越国与海内各国各地区都有商业往来，而以与中原的通海贸易最为发达”[②]，通过海上交通的方式，明州与中原地区、沿海的郡县即广州等地都有贸易往来，或者与青州、福州进行贸易，这些商贸交流活动皆为官方所为，赚到的丰厚收入在一定程度上缓解了明州财政和人民的沉重负担。

2. 外贸获誉

①明州港的门户地位与功能进一步提升。明州作为重要的对外开放港口，承担中国与日本、大食等亚洲国家商贸和文化交流的门户功能，“五代以后的大量丝绸，通过宁波港外输，逐渐成为海外贸易的大宗商品”[③]。

明州通过海外贸易的方式与日本进行交往，“主要以香药、绵绮等织物为主，同时还有越窑青瓷”[④]。这种交往是明州向日本输入商品的单向途径，而且双方的交往大部分又是纯商业性的，即使政府间往来也是通过商人进行。

②明州民营商人积极开展与东亚和非洲诸国的贸易。以蒋承勋、季盈张为首的民营商人，常常携带吴越王钱元瓘、钱佐、钱宏淑的书信送至日本朝廷。从体制类型看，这仍然属于官营贸易经济，因为当时日本实行锁国政策，对海外贸易采取消极态度，不准日本商船出海，制约了中日两国的民营贸易活动。

除了与日本、朝鲜等东亚国家进行商贸交流外，明州民营商人还将上林湖贡

---

① 傅璇琮主编，张如安、刘恒武、唐燮军著：《宁波通史》（史前至唐五代卷），《导论》，宁波：宁波出版社，2009年，第9页。

② 傅璇琮主编，张如安、刘恒武、唐燮军著：《宁波通史》（史前至唐五代卷），宁波：宁波出版社，2009年，第312页。

③ 傅璇琮主编，张如安、刘恒武、唐燮军著：《宁波通史》（史前至唐五代卷），《前言》，宁波：宁波出版社，2009年，第10页。

④ 傅璇琮主编，张如安、刘恒武、唐燮军著：《宁波通史》（史前至唐五代卷），宁波：宁波出版社，2009年，第313页。

窑的部分剩余产品用于外销。“在非洲埃及古遗址中出土的越窑青瓷器中，不少器物从造型到纹样都与东钱湖窑场中的产品毫无二致，无疑属于从明州港启运的东钱湖窑场的外销瓷产品。”[①]

（二）宁波民营商贸流通业成为重要产业

1. 宁波农工商产品的商品化程度不断提升

由于农业和手工业不断发展，社会剩余产品不断增多，人们安居乐业，供给创造需求，为工商产业提供实业基础。据史料记载，“望海镇‘商农工贾，不改其业’。鄞、奉的不少稠人市会之处多设有各类店肆”[②]。如当时在今鄞州的东吴镇存在一个粮食市场，有进行粮食贸易的店铺。

专栏4-10 宁鄞县民营企业家潘六郎的实业成长路径

当时，甬江镇建岙村有一个叫邵诰的人，他撰写了一篇墓志铭，介绍了逝者潘六郎生前从事实业的情况。

潘六郎从父亲手中承接染丝业，不断发展壮大。除染丝业外，私营业务扩展到有经营丝织品的店铺和当铺，获利盛丰。

彼时，潘六郎从实业起步，经营范围不断扩大，进一步涉足手工业、商贸流通业和金融业等领域，通过跨业经营，形成既互相关联又彼此促进的产业路径，成为民营经济由小到大、不断发展壮大的经典范例。

2. 与海外诸国进行民间商贸交流活动

依托便捷的交通区位和港口优势，宁波的农工商贾等社会各阶层有不少人从事商贸流通活动，商贸交流步入了全新的发展阶段，中日之间航运往来频繁，以其为引领的明州与海外诸国的海上往来通道，既承载国营（有）贸易经济性质的“朝贡”之任，又成为民营商贸交流活动的广阔舞台。

---

① 傅璇琮主编，张如安、刘恒武、唐燮军著：《宁波通史》（史前至唐五代卷），宁波：宁波出版社，2009年，第308页。

② 傅璇琮主编，张如安、刘恒武、唐燮军著：《宁波通史》（史前至唐五代卷），宁波：宁波出版社，2009年，第311页。

3. 明州农业与工商业等产业的融合程度不断提高

商贸流通业是五代时期明州地区的又一重要产业。五代时期，自然经济占据统治地位，商品经济居于从属地位。“明州作为交通和商业的中心地带及商品的中转站，也使农业向商品经济化发展。”①

在商品经济不断发展的环境下，明州农产品和手工业品的商品化程度不断提高，也使农业产业与商贸流通业的融合程度得到提升。

第三节　北宋时期宁波民营经济发展概况

宋朝在中国历史上具有重要地位。宋朝（公元960～1279年）分北宋和南宋两个阶段，共历经319年。两宋是中国古代历史上商品经济、文化教育、科学创新高度繁荣的时代，“中国在唐代以前可称古代社会，自宋代起至现在可说是近代社会”②。

“宋代是中国历史上一个特殊的时代。中国绝大多数统治者都重农抑商，而宋朝从开国起就十分重视发展工商业。政府支持造船、铸币、开矿、榷税、酒醋专卖等事业。”③

由于实行自由放任的经济政策，“推行不立田制、不抑兼并的土地政策，地主经济充分发育，商品经济日趋活跃”④，成为民营经济发展的大好时期。

两宋时期，明州地区人口增长和劳动力的增加、耕地面积的不断扩大和生产技术的进一步提高，为经济社会发展提供了有利条件。宋室南渡后，中国的经济重心南移。随着经济社会发展和有效需求市场的扩大，明州地区农业、渔业、手工业和商贸流通业等产业不断发展。

---

① [日]斯波义信著，方健、何忠礼译，虞云国校：《宋代江南经济史研究》，南京：江苏人民出版社，2001年9月，第490页。

② 钱穆讲授、叶龙记录整理：《中国经济史》，北京：北京联合出版公司，2014年，第248页。

③ 鼎湖听泉的博客：“王安石变法：社会转型的一次灾难”，2016-11-23，http：//blog.sina.com.cn/s/blog_5d2b45470102woyv.htm。

④ 傅璇琮主编，张伟、张如安、邢舒绪著：《宁波通史》（宋代卷），《导论》，宁波：宁波出版社，2009年，第1页。

一、北宋时期宁波经济社会发展成就显著

明州地区加强农业生产，并大量移种北方及外来经济作物，实行国家干预与自由放任并重的经济政策，人身依附关系不断减弱，农村剩余劳动力不断向城市转移。政府设置手工业管理机构，控制盐、茶等重要的手工产业。

（一）强化农业的基础性地位

1. 农业生产发展迅速

宋室南渡后，对南方进行大规模的开发，使生产得到恢复，耕地面积不断扩大，大量应用耕作新技术。宋代大兴水利，大面积开垦荒地，又注重农业生产工具的改进，农业效率不断提高，农作物产量大幅提升，奠定了经济社会发展基础。

2. 稻作及经济作物产量高

北方农作物大量移种南方，再加上茶叶、麻、桑和棉花、印度木棉等经济作物广泛栽种，“北宋因推广占城稻人口迅速增长，从太平兴国五年（980年）的3710万增至宣和六年（1124年）的12600万”[①]。当时，包括明州在内的江南一带成为重要粮仓。“以太湖流域为中心的两浙路以及江南东路和福建路的一些州县，是宋代生产最发达的地方。”[②]

3. 农业经济为手工业发展奠定实物基础

宋朝时期，明州农业的发展为手工业提供原料来源，使其成本低廉。粮食及主要经济作物的种植，使自然经济环境下的民众，在生产生活方面对手工业产品的消费需求逐渐提高，为手工业的发展提供了市场需求。

（二）不断营造适宜的经济社会发展环境

1. 人身依附关系不断减弱

“宋代的土地关系和土地经营方式主要是地主的土地私有制及租佃关系，而且租佃关系较之唐代又有了更大的发展。”[③]北宋时期，佃客对地主的人身依附

---

① 吴松弟：《中国人口史·第三卷》，上海：复旦大学出版社，2000年，第344～369页。

② 袁行霈、严文明主编：《中华文明史》（第三卷），袁行霈、邓小南主编，北京：北京大学出版社，2006年，第98页。

③ 《中国经济通史·隋唐五代经济卷》，北京：经济日报出版社，2000年，第167～180页。

关系逐渐减弱，“佃户可以在一定条件下离开原地主而佃种别的地主的土地。购买少量土地之后，就可以自立门户，成为国家的纳税人”[①]，提高了劳动力的人身自由程度。

2. 非农领域具有吸纳农村剩余劳动力的扩展空间

当时，由于商品经济加快发展，城市和市镇可以增加很多就业岗位。“到农闲时肯定会出现剩余劳动力，这些剩余劳动力就为域内或者域外的城市和城市性的集市所吸收，或移往那里居住，或在农村及城市的各种行业里就业。”[②]

有的农民自由选择职业而弃农从商，实现农村剩余劳动力向城市转移，为个体民营经济的发展提供了劳动力要素来源。

3. 逐渐形成和谐适宜的发展软环境

由于传统的经济管理思想占据主导地位，北宋在国营（有）经济发展体制的基础上，实行以国家干预为主体并辅之以自由放任的经济政策。

虽然政府并未放弃“重农抑商”的基本国策，但为了增加财政收入，政府着力营造发展工商经济的软环境，其商业政策显得宽松、和谐且具人性化。其间，改革家王安石甚至提出让民众自由经营，政府只管收取工商业税收的主张。[③] 因此，到了北宋末年，政府管制逐渐放松甚至消失。

（三）实行国家干预与自由放任并重的经济政策

1. 设置手工业管理机构

为了加强对手工业的管理，北宋政府设置相关管理机构。据记载，“宋代的官府手工业多隶属于少府、将做、军器三监，此外还有许多隶属于内廷和各部的手工业机关”[④]，以统筹和管理全国的手工行业。同时，相关管理机构也从事具体的手工业生产经营活动，从而成为官营经济体制的载体。

2. 控制盐、茶等重要的手工产业

盐业生产关乎国计民生，政府在盐业生产经营领域实行国营（有）经济体

① 江怡：《民营经济发展体制与机制研究》，杭州：浙江大学出版社，2016年，第189页。

② [日]斯波义信著，方健、何忠礼译，虞云国校：《宋代江南经济史研究》，南京：江苏人民出版社，2001年，第472页。

③ 刘含若等：《中国经济管理思想史》，哈尔滨：黑龙江人民出版社，1988年，第312页。

④ 童书业著，童教英校订：《中国手工业商业发展史》，北京：中华书局，2005年，第143页。

制，在所有制领域具有一定的代表性。“宋初开始已比较注重转向着眼于商业财源、商业课税以外，如盐等大宗生活必需商品和矿产的专卖由政府控制。”[①]

为了加强对茶叶买卖的控制，政府还“在南方设立管茶的机关”[②]，完全控制茶叶的生产与流通渠道。

3. 向商人征收的税率较低

宋代时期，为了减轻商人的负担，保护个体民营商人的利益，政府不向其征收重税。当时，行商的税率为2%，坐商的税率为3%，行商所交之税比坐商低1个百分点，使商人获得更多的可支配性收入，以利于其扩大再生产。

4. 在盐业领域实行混合所有制的经济体制

宋朝时期，盐业领域的“生产资料所有制大致可分为三种形态，即国家官有制、盐民私有制和官民综合所有制”[③]。这三种所有制分别对应的经济形式为官办企业，即国营（有）盐场企业；民办企业，即个体和民营盐业生产作坊，“官办民营”企业，即个体和民营承包的国营（有）盐业企业。

二、宁波经济社会发展环境概况

社会安定后，明州大力发展农业生产，引入先进稻作品种，积极种植经济作物，发展远洋捕捞业，使粮食及其他经济作物的商品化程度不断提高，明州发展民营经济的环境已然形成。

（一）行政建制的确立奠定明州社会经济发展基础

1. 确立行政建制

公元960年，北宋建立，包括明州地区在内的吴越政权接受其统治，由此确立了北宋王朝在明州地区的统治地位。从至道三年开始到熙宁十年（公元997～1077年），明州在行政归属上属于两浙路管辖。

---

① [日]斯波义信著，方健、何忠礼译、虞云国校：《宋代江南经济史研究》，《序章》，南京：江苏人民出版社，2001年，第68页。

② 童书业著，童教英校订：《中国手工业商业发展史》，北京：中华书局，2005年，第136页。

③ 朱柏铭主编：《宁波盐志》，宁波：宁波出版社，2009年，第236页。

2. 规定管辖范围

在行政建制上辖奉化、慈溪、象山、定海（今镇海、北仑）和鄞县等5个县，熙宁六年，又将鄞县的三个乡改设为昌国县。行政建制及管辖范围的确立，为经济社会和文化的发展奠定了稳定的基础。

3. 安定社会

由于地处东南，自唐朝到宋代，明州很少遭遇战乱，民众过着相对安宁的生活，经济社会发展没有因战乱而中断，反而因社会安定、政策宽松，经济社会具有稳定发展的条件基础。

（二）积极进行农田水利建设及发展农副业生产

1. 整治和兴修水利工程

不断完善水利设施体系。人口增长与劳动力不断增加，再加上耕地面积扩大和农业生产技术的不断提高，为经济社会发展提供了有利条件，反过来促进了农田水利基础设施的建设。

北宋时期，明州把对农业的重视程度落实到整治和兴修水利工程、修治海塘、修筑堤岸、水利灌溉工程等方面，形成了以海塘—湖泊—河网为特色的水利网络格局（见表4–11），将“水患”变成“水利”。

表 4-11　北宋时期明州地区兴修水利工程概况

开发年号 / 年代	主导者	兴修水利工程的举措	整治效果
建隆年间 / 公元 960 ～ 963 年	明州节度使钱亿	修复加固它山堰	便利农田灌溉
大中祥符三年 / 公元 1010 年	知州苏耆	重新疏浚广德湖	
天禧元年 / 公元 1017 年	知州李夷庚	疏浚东钱湖、广德湖	灌溉五十万亩农田
天禧元年 / 公元 1017 年	奉化县令肖世显	凿塘河 2.5 公里、在剡江筑堤堰	便利农田灌溉
康定年间 / 公元 1040 ～ 1041 年	鄞县主簿曾公望	重新疏浚广德湖	
庆历四年 / 公元 1044 年	鄞县知县王安石	清理、疏浚东钱湖	提高蓄水排灌能力
治平元年 / 公元 1064 年	鄞县主簿吕献之	重新修筑沿湖的方家塘、高湫塘、梅湖塘、栗湖塘、平水堰、钱堰塘	便利农田灌溉
熙宁元年 / 公元 1068 年	县令张峋	重新疏浚广德湖	

数据来源：根据相关资料整理。

明州海塘湖泊、堰埭碶闸等水利工程的大规模兴建和灌溉系统的完善，为促进农业产业发展打下良好基础。

2. 提高土地资源的利用效率

由于土壤及海潮的影响，明州地区从余姚北部到镇海东部的杭州湾沿岸地区原先并不适宜于农业生产，直到宋朝时期，杭州湾沿岸修筑石堤以后，其盐田与农田不再受海水侵袭而成为明州地区棉花生产的中心区域。

明州农民还通过涂田、圩田、围湖造田、山坡地开垦的方式，把山区、丘陵地带开垦为适于耕作的土地，涂田和湖田成为新垦田。同时，通过圩田的方式，充分利用沿海、沿江低洼地区，围湖造田，将其变为耕地，使耕地面积不断扩大。

3. 引入先进稻作品种

除以种植水稻、小麦、粟等主要粮食作物外，还引进良种“占城稻”。“占城稻”具有耐旱的特点，对稻田要求不高，适于广泛种植。“占城稻的引入时间约在北宋大中祥符五年（1012年）五月”[①]，北宋政府派遣专人从福建一带获取占城稻种后，由专业技术人员指导栽种。同时，广泛种植粟、豆。

“稻麦复种制在唐代已经出现，南方有双季稻，宋代甚至通过间套复种的办法实现了水稻的一年三熟。”[②]当时，明州水稻种植已采用一年两熟的间作制，稻麦轮种、麦类植物与蔬菜间作等耕作制开始出现，“在作物耕耘、施肥、用水等方面，没赚到钱的精耕细作程度已相当高，并形成了成熟的水田耕作技术体系”[③]。

4. 广泛栽植粮食作物

在封建社会的自然经济条件下，农业是手工业和商业发展的重要基础。明州农民辛勤劳作，改变农业生产结构，改进耕作制度和耕作技术，精耕细作程度高，形成了成熟的水田耕作技术体系。北宋时期，明州农业十分发达，“农业麦稻两熟、双季稻已在部分地区推广，城西广德湖灌溉区，水稻亩产已达到全国最

① 傅璇琮主编，张伟、张如安、邢舒绪著：《宁波通史》（宋代卷），宁波：宁波出版社，2009年，第55页。

② 袁行霈、严文明主编：《中华文明史》（第三卷），袁行霈、邓小南主编，北京：北京大学出版社，2006年，第88页。

③ 傅璇琮主编，张伟、张如安、邢舒绪著：《宁波通史》（宋代卷），《导论》，宁波：宁波出版社，2009年，第6页。

高水平，蚕桑、棉花等经济作物也有发展”[①]。

5. 积极种植经济作物

“桑麻的种植是传统男耕女织小农经济赖以生存的基础。”[②]明州农民充分利用有利条件，大量种植桑、麻、茶叶、棉花[③]、席草、甘蔗和青梅、桃等水果，以及蔬菜、花卉等经济作物（见表4–12）。其中，桑、麻在鄞县、奉化、慈溪、余姚一带农村普遍栽植。

表 4-12　　北宋时期宁波地区粮食和主要经济作物种植概况及成就

种类	作物名称	主要产区	特点与成就
主要粮食作物	水稻、小麦、粟、豆	明州地区	明州成为“鱼米之乡”
主要经济作物	桑、麻、茶、甘蔗、青梅、桃、蔬菜和花卉	鄞县、奉化、慈溪、余姚、宁海（其中，鄞县的大梅山种植青梅、象山种植桃树、广德湖种植蔬菜和花卉）	茶叶品质在会稽名茶之上；明州成为国内主要的产糖区域之一

数据来源：根据相关资料整理。

茶叶是明州地区农村重要的经济作物，鄞县天童一带出产的太白山茶很有名。另外，余姚和宁海是重要的产茶区，而“余姚茶叶种植历史悠久，有化安瀑布茶、四明十二雷，宋明时列贡品”[④]。当时，“据户部左曹在绍兴三十二年（1162年）的统计，明州慈溪、定海、象山、昌国、奉化、鄞六县的茶叶产量为510435斤”[⑤]，整个明州地区的茶叶产量雄踞浙东路的榜首，其商品化程度也在不断提高。

6. 粮食及其他经济作物的商品化程度高

历史学家认为，“宋代南方商业性农业和多种经营呈现相当繁荣的景象，桑树、苎麻、棉花、茶树、桐树、荔枝、龙眼、甘蔗、大豆等的种植，已使部分农民以商品生产为生，他们与市场的联系比传统的自然经济下的农民更加频

① 俞福海主编：《宁波市志》（上），北京：中华书局，1995年，第330页。

② 傅璇琮主编，张伟、张如安、邢舒绪著：《宁波通史》（宋代卷），宁波：宁波出版社，2009年，第60页。

③ 棉花俗称吉贝，是重要的纺织原料。南宋后期，宁波地区大量种植棉花，为民营纺织业的兴起奠定实物基础。

④ 俞福海主编：《宁波市志》（上），北京：中华书局，1995年，第91页。

⑤ 傅璇琮主编，张伟、张如安、邢舒绪著：《宁波通史》（宋代卷），宁波：宁波出版社，2009年，第61页。

繁”[①]。这即是说，包括明州在内的江南地区农业产业的发展已不局限于满足自身消费需求，而是将其投放市场，不断提升其商品化程度。

（三）大力发展海洋捕捞业

1. 渔业自农业中分离出来

北宋时期，“以海洋捕捞业为主的渔业开始从农业中分离出来，成为明州地区农业产业的重要副业之一”[②]。首先，明州地区的渔民开发浅海滩涂，捕获鱼货产品。其次，随着造船技术的提高，捕捞范围逐渐扩大，实现了从浅海滩涂向沿海江汉和周边海域的拓展。

2. 渔业成为明州民众食物和收入的重要来源之一

“海洋捕捞业的发展使海产品产量大增，渔民们除将部分鲜货直接投放周边市场外，大部分则通过特殊处理予以保存。”[③] 海洋捕捞业的发展，不但使食物来源多样化，增加了渔民们的经济收入，而且为海产品手工加工业、流通业提供了实物来源。

三、宁波手工业领域官营和民营经济经济发展概况

北宋时期，明州地区手工业领域既发展国营（有）垄断经济，同时又允许个体民营经济发展，在造船、瓷器、制盐等手工业领域，官营与民营两种不同体制共同发展，互为依托。

（一）官营手工业实行国营（有）垄断经济体制

1. 官营手工产业种类多

如按垄断形式与程度划分，宋朝的官营手工业的生产主要包括两大部分，即以中央国营企业和地方国营企业为载体，具有高度垄断与一般垄断特征的生产行业。

---

① 袁行霈、严文明主编：《中华文明史》（第二卷），张传玺、王邦维主编，北京：北京大学出版社，2006年，第120页。

②③ 傅璇琮主编，张伟、张如安、邢舒绪著：《宁波通史》（宋代卷），《导论》，宁波：宁波出版社，2009年，第7页。

北宋时期，明州地区官营手工业包括造船业、军器制造业、瓷器制造业、煮盐业、纺织业、酿酒业、制药业等行业，既实行国营（有）经济体制与机制，又允许实行民营经发展体制与机制。

2. 官营手工业产品计划调配

当时，民间手工业的分工细化，无疑为官营手工业的繁荣提供了充足的劳动力人手，尤其是能工巧匠，同时也为官营手工业提供了生产原料以及半成品。官营手工业以民间手工业的发达为前提，其主要供给的对象为皇室和贵族的奢侈品，其中一部分产品分配采取计划调配的方式进行。

“虽然官营手工业主要为官府服务，如生产的漕船、兵器并不投放市场，不属于商品，但酿造业中的酒、醋类及药局生产的各类药品等，除极少数上贡外，基本上投入市场。”①

（二）造船业领域

1. 明州具备发展造船业的基础条件

造船业是明州手工产业中最重要、最发达的行业。明州地区独特的地理位置和河海运输的需要，无形之中刺激了造船业的发展，使造船业不仅是重要的生产资料，也是重要的生活资料。

四明连绵山脉，树木成荫，木材资源丰富。“木材且可以通过甬江及支流运出。邻省福建的木材业可以通过海运运进宁波”②，为宁波发展造船业提供了充裕的主要原材料。

宁波有独特的地理环境及滨江襟海的航运便利，民众又在近海和远海区域进行捕鱼作业；同时由于文化和商贸交流活动的需要，以及海外贸易的拓展，明州对船舶的需求一直很强劲，促进造船业飞速发展。

2. 造船业是明州重要的官营支柱产业

“由于交通的发达，宋代的造船工业也飞速发展。官府设有造船场所。专门修造海船的中心地是浙江明州。海船的装置非常完备宏大（参看《宣和奉使高丽

---

① 傅璇琮主编，张伟、张如安、邢舒绪著：《宁波通史》（宋代卷），宁波：宁波出版社，2009年，第82页。

② 张守广：《宁波帮志》（历史卷），北京：中国社会科学出版社，2009年，第21页。

图经》卷三四《客舟》条）。”[①]

北宋时期，随着内外贸易的兴起和内地运输业的发展，明州地区的造船业加快发展。明州、泉州和广州是全国三大著名的官营造船中心。当时，“宁波的造船数已跃居国内前列，成为宋朝漕运船只的打造中心”[②]。

3. 官营造船场实行国营（有）经济体制

仁宗皇祐年间，政府委派官员直接管理造船事宜，其官员称之为“监员”。“明州的造船业主要是官营，设有规模宏大的造船场，置造船监官厅和船场指挥营”[③]，即负责船舶的建造事宜。

专栏4-11　明州市舶务和镇海招宝山下的官营造船场

据记载，“皇祐年间（1049-1054年）北宋政府在明州设造船场，在甬东厢桃花渡（今江左街一带），船场指挥定额为400人”[①]，其“监员”相当于国营（有）造船企业的厂长。

据考证，明州国营（有）“造船场在今天的姚江南岸江心寺到江东庙一带，监官厅在今江右街南昌巷。另外，在定海招宝山下和灵桥门旁的市舶务也设有船厂”[②]。

注：①乐承耀：《宁波经济史》，宁波：宁波出版社，2010年，第83页。

②林士民：《三江变迁——宁波城市发展史话》，宁波：宁波出版社，2002年，第97页。

当时，设置有造船监官厅和船场指挥营负责造船的技术、施工等具体工作。官营船场设在今天州城附近的镇海、北仑滨海区域，以及明州城东北、三江口的桃花渡一带（见表4-13）。“大观二年（1108年），温州造船场并入明州，明州买木场并入温州，各置官2员，分别管理造船和买木事宜。”[④]

---

① 童书业著，童教英校订：《中国手工业商业发展史》，北京：中华书局，2005年，第142页。

② 傅璇琮主编，张伟、张如安、邢舒绪著：《宁波通史》（宋代卷），宁波：宁波出版社，2009年，第67页。

③ 乐承耀：《宁波经济史》，宁波：宁波出版社，2010年，第83页。

④ 傅璇琮主编，张伟、张如安、邢舒绪著：《宁波通史》（宋代卷），宁波：宁波出版社，2009年，第66页。

表 4-13　　北宋时期明州地区官营造船场设置概况

年号、年间 / 时限、时间	造船场所在地	监官厅所在地	工匠名称及构成
仁宗皇祐年间 / 公元 1049 ~ 1054 年	甬东厢	桃花渡（今江左街一带）	船场指挥营 / 厢军
政和元年 / 公元 1111 年	今姚江南岸的江心寺到江东庙一带	不详	不详

数据来源：根据傅璇琮主编，张伟、张如安、邢舒绪著：《宁波通史》（宋代卷），宁波：宁波出版社，2009年，第66 ~ 67页的相关资料整理。

4. 官营与民营船场承担不同的功能

当时，既有国营（有）造船场，又有个体民营造船工场。

①官营作坊以造漕船为主，同时建造座船、战船、使船、运兵船等不同船舶。国营（有）造船场在真宗“天禧年间（1017–1021年）末，已造了177只漕船”[①]，主要用于运输南方地区的粮食到京师。元丰元年（公元1078年），北宋时期出使高丽的两艘大船为明州国营（有）造船场打造的漕船。

以漕船为例，真宗时，年产量达2900多艘。同时，国营（有）造船场也打造民船，一般用于运输和渔业生产作业，包括渔船和多浆货船。

由于对内对外开放、商贸流通以及军队运输的需要，宋代初期，明州地区的造船场“造船数量多且能够造巨型海船，北宋时期就建造了两艘‘神舟’海船”[②]。官营船场和民营船场所造之船用途不同（见表4–14）。

表 4-14　　北宋时期明州地区官营和民营船场所造船舶用途

体制类别	船舶类型	船舶用途	船舶特点
官营船场	漕运船	通过河运、水陆递运和海运方式，用船舶运送粮食，以供宫廷消费、百官俸禄、军饷支付和民食调剂	货仓空间大，防水措施好，有利于装载和运输漕粮
	使船	供政府使团出访时使用	俗称“万斛船”，乘坐舒适，“载重量可达2万石，折合1100吨左右”
	海防船	主要用于沿海巡防、作战时用	“船头方小，船尾阔，船底狭尖如刀刃，可载兵士 50 人”
民营船场	海船	民营河海运输业务	船舶大小不等，装载量为 100 ~ 600 人左右
	商船	民营内外商贸业务	安装“舭龙骨”，提升船体的稳定程度

数据来源：根据傅璇琮主编，张伟、张如安、邢舒绪著：《宁波通史》（宋代卷），宁波：宁波出版社，2009年，第68页的相关资料整理。

---

① 《宋会要辑稿·食货》四六之一。

② 张守广：《宁波帮志》（历史卷），北京：中国社会科学出版社，2009年，第21页。转引自（宋）徐兢撰：《宣和奉使高丽图经》卷34“神舟”。

②民营船场以打造海船和商船等为主。民船一般用于运输和渔业生产作业，包括渔船和多浆货船。民营船场所造之船，从装载五六百人到百余人不等，主要满足民间商贸流通业的发展和生活之需，与官营船场的造船目标明显不同。

在公元1017～1021年的四年时间里，明州民营造船场打造各类船舶共计7913艘[①]（见表4-15）形成了以民营造船场为主体的造船产业。

表 4-15　宋真宗天禧年间明州民营造船场船舶生产概况　单位：艘

县域名称	船幅 1 丈以上	船幅 1 丈以下	共计
鄞县	140	484	624
定海县	387	804	1191
象山县	128	668	796
奉化县	411	1288	1696
慈溪县	65	217	282
昌国县	597	2727	3324
共计	1728	6188	7913

数据来源：根据《开庆四明续志》卷六《郡隘船》条的相关内容整理。

5. 明州的造船数量位居全国前列

官营船场主要以打造漕运船为主，民营船场以运输船和商船为主。当时，明州地区的“造船数量已跃居全国前列，成为宋朝漕运船只的打造中心”[②]。因此，明州已能够建造50吨左右的船舶，到了北宋末期，能够建造300吨以上的远洋船舶。造船业发展成就不断显现，数量不断增多（见表4-16）。

表 4-16　北宋时期明州国营（有）造船业发展概况

年号 / 时间	造船数量（艘）
宋真宗天禧年间（公元 1027 ～ 1021 年）	177
宋哲宗元祐五年（公元 1090 年）	300*

注：*此数量为平均数。

资料来源：根据相关数据整理。

6. 造船技术居于世界一流

两宋时期，“明州不仅能够打造大型的航海船只，而且船体的结构、性能、

---

① [日]斯波义信著，方健、何忠礼译，虞云国校：《宋代江南经济史研究》，南京：江苏人民出版社，2001年，第492页。

② 傅璇琮主编，张伟、张如安、邢舒绪著：《宁波通史》（宋代卷），宁波：宁波出版社，2009年，第66页。

装备均已十分先进”[1]。明州打造的客船呈“V”型，抗颠簸能力大为提高；运用“隔舱法”，提高抗沉能力，防止船舱因一处漏水而危及全船安危；采用多桅多帆，最大限度地借助风力助船航行。

该船“安装指南针，以辨别航向”[2]，提升了方向辨识程度，极大地提高了船舶的航行能力。无论是船舶的结构，还是樯帆和指南针，以及应用“舭龙骨”，这些造船技术在当时遥遥领先其他国家和地区。

专栏4–12　宁波出土的宋代海船应用了相当于海洋船舶的现代装备

“1979年，宁波古代海运码头出土的宋代海船已应用了现代海洋船舶普遍装设的舭龙骨。舭龙骨安装在船体舭部，由半圆木构成，最大宽度90毫米，贴近船壳板处的厚度为140毫米，残长达7.10米，用两排间隔400～500毫米的参钉固定在第7和第8列壳板的边接缝上。这一装置大大减缓了船只航行时的左右摇摆，从而增强了船体的稳定性。”[1]这一技术的应用“比国外大约要早700年”[2]。

注：①傅璇琮主编，张伟、张如安、邢舒绪著：《宁波通史》（宋代卷），宁波：宁波出版社，2009年，第69页。

②席龙飞：《中国造船史》，武汉：湖北教育出版社，2004年，第172～176页。

（三）瓷器烧制业领域

1. 官营窑场和个体民营窑场共同发展

①“官窑”和“民窑”共存。宋朝时期，中国的瓷器烧制技术达到登峰造极的地步，这源于政府的重视程度，政府的产业政策和相关制度安排，并以政府的名义设立瓷窑，即国营（有）窑场。“宋代明州的制瓷业的生产性质主要有官窑、民窑两种”[3]，民营窑业（以下简称“民窑”）面向市场。

②“置官监窑”。北宋时期，贡窑作为国营（有）企业在瓷器制造业中居于重要地位，而政府也很重视官窑的生存发展。因此，采取“置官监窑”的方式，即由朝廷委派相关官员，具体管理官窑的生产经营事宜。如北宋政府曾经委派赵仁济监管越窑。

---

①② 傅璇琮主编，张伟、张如安、邢舒绪著：《宁波通史》（宋代卷），宁波：宁波出版社，2009年，第69页。

③ 傅璇琮主编，张伟、张如安、邢舒绪著：《宁波通史》（宋代卷），宁波：宁波出版社，2009年，第76页。

2. 官营窑场产品质量上乘

近期东钱湖的上水岙考古发掘的越窑青瓷窑址，代表了北宋中期越窑青瓷的工艺水平。其“少数器物与上林湖地区调查采集到的刻有‘字款的产品类似，可能为官督民烧产品，或者是仿‘官样’烧制”[①]，这充分说明明州地区的国营（有）瓷窑生产具有相当规模。

北宋初期，无论是瓷窑烧制数量、制作工艺，还是产品种类，都表明明州的制瓷业在技术、生产规模方面较唐代有很大的提高。当时，贡窑生产的“秘色瓷”非常珍贵，其产品“与金银器、宝器、丝绸珍品并列，成为全国青瓷名窑之首”[②]。慈溪博物馆曾经藏有北宋中期的越窑作品，便是很好的例证。

3. 官营窑场的产品实行计划分配方式

①官营窑场的产品服务政府官员。在计划经济体制下，瓷器产品不直接面向市场，而是专门为政府官员及皇室等少数人服务。“从开宝到太平兴国十年，明州上贡朝廷的越窑青瓷有17万件。比如，开宝九年（976年），明州节度使就进贡瓷器1.1万件。”[③]

②计划分配“贡窑”产品。“贡窑”的分配方式不是通过流通渠道，而是以上交和调拨的形式，将产品运往目的地，形成计划经济体制下的分配机制。

当“吴越归宋后，北宋政府派殿前承旨赵仁济继续监理越窑。上林湖烧制贡窑（见表4–17），上供皇室，一直到熙宁元年（1068年）”[④]。

表 4-17　　北宋时期明州上林湖地区窑址分布产品种类与特色情况

窑址名称	产品种类	产品特色
吴石林、余家湾、茭白湾、黄鳝山、高岭头、皮刀山、高车头、狗劲山、焦角湾、普济寺、吴家溪等	碗、盆、壶、盒	产品有施青黄、青绿釉等颜色，有鹦鹉、缠枝花、蝴蝶纹、莲花纹等纹饰

资料来源：根据相关资料整理。

4. 民营窑业产品直接面向市场

与贡窑产品去向明显不同的是，民营窑业必须面向市场，在满足市场需要的

① 陈晓旻：“东钱湖水岙窑址考古发掘成果公布 这里代表了北宋中期越窑青瓷的工艺水平”，《东南商报》，2016年12月23日，第9版。

② 乐承耀：《宁波经济史》，宁波：宁波出版社，2010年，第78页。

③ 乐承耀：《宁波经济史》，宁波：宁波出版社，2010年，第76页。

④ 乐承耀：《宁波经济史》，宁波：宁波出版社，2010年，第77～78页。

过程中，不断扩大再生产。因此，明州的个体民营窑业不断烧制碗、罐、壶、盘等生活用品，以满足中下层民众的日常生活需要。

有的个体民营窑场以烧制瓷壶为主，将产品拿到市场上出售，既满足了民众日常生活需要，又使其获利不少。多年前，在慈溪杜湖水库西岸东埠头村，出土了北宋时期的“民窑”遗址栗子山窑，成为彼时明州“民窑”的代表。

（四）煮盐业领域

1. 设置相关机构

为了加强盐业管理，从公元976～1113年间，中央政府在明州地区设置了名称不一的盐业管理机构，主管就地及邻近区域的盐业事宜（见表4-18），不断强化国营（有）经济发展体制与机制。

表 4-18　　北宋年间明州地区盐业管理机构的设置状况

年间、年号 / 时间	机构名称
太平兴国年间 / 公元 976 ～ 984 年	将“余姚场”改称“石堰买纳场”
咸平年间 / 公元 998 ～ 1003 年	在今慈溪的鸣鹤设“鸣鹤买纳场”
景德四年 / 公元 1007 年	在鄞县城东北设置“都盐仓”
天圣年间 / 公元 1023 ～ 1032 年	将昌国设置的“东西两监”并为一监
崇宁三年 / 公元 1104 年	在原镇海设置“清泉场”
大观三年 / 公元 1109 年	在宁海县辟建长亭盐场，并设置署官
政和三年 / 公元 1113 年	鄞县城东北设置“都盐仓”更名为“支盐仓”

数据来源：根据朱柏铭主编《宁波盐志》，宁波出版社，2009年，第1页的相关资料整理。

2. 实行“催煎制”①

北宋熙宁五年（公元1072年），政府在官营盐场中实行“催煎制”，即在盐业生产过程中，通过“盐田官有化，建立官有盐场，拘籍自煎盐户”②等方式，由政府督办官员监督生产者的日常生产行为。

北宋词人柳永曾经做过昌国晓峰盐场的监督盐官。盐官制定“编甲、火伏法、薄历制、计丁输盐等相关制度，借此对盐民进行煎盐产量等控制管理”③，不断完善国营（有）盐业经济体制。

---

① 盐民接受官府提供的灶、锅盘、荡田等生产资料和要素后，专门为官府如期如数地完成制盐任务并收取一定数量的工本费。

②③ 朱柏铭主编：《宁波盐志》，宁波：宁波出版社，2009年，第136页。

3. 扩大盐业生产规模

“宋代明州盐的生产。大多炼以海水，部分刮碱淋卤，不但产盐量高，而且质量上乘。”[①]因此，宋朝是明州地区盐业快速发展的时期，“从北宋的8个盐场发展到南宋的15个盐场（含时属明州昌国县的5个盐场），是全国的主产盐区”[②]。

当时，宁波的产盐区域主要集中在北部和东南沿海、沿江一带，以及舟山群岛区域。具体而言，慈溪、余姚、定海三县沿海沿江一带始成为宁波的主产盐区。官府为获取更多的利润，不断新建盐场，以扩大盐场的生产规模（见表4–19）。

表 4-19 北宋时期明州地区盐场设置概况

区域	盐场名称	设置的年号、年间 / 时间
余姚（时属越州）	石堰盐场	唐代设置
鄞县	大嵩盐场	
昌国	岱山盐场	端拱二年 / 公元 989 年
	昌国东、西盐场	
慈溪	鸣鹤盐场	咸平年间 / 公元 998 ~ 1003 年
余姚（时属越州）	石堰盐场	熙宁五年 / 公元 1072 年再置
昌国	昌国盐场、岱山盐场、东江盐场	熙宁六年 / 公元 1073 年
定海	清泉盐场、长山盐场、穿山盐场	崇宁三年 / 公元 1104 年
宁海（时属台州）	长亭盐场(今长街镇)	大观三年 /1109 年
	港头盐场	设置时间不详；港头盐场迁至长亭，改称长亭盐场
象山	玉泉盐场	政和四年 / 公元 1114 年

资料来源：根据朱柏铭主编《宁波盐志》，宁波出版社，2009年，第185页的相关内容整理。

当时，“鄞县大嵩盐场位于县东南部沿海及大嵩江两岸一带，位于今咸祥、瞻岐两镇属地”[③]。到了公元1114年，即宋政和四年，象山县设置玉泉盐场，进一步拓展盐业生产。

① 傅璇琮主编，张伟、张如安、邢舒绪著：《宁波通史》（宋代卷），宁波：宁波出版社，2009年，第73页。

② 朱柏铭主编：《宁波盐志》，宁波：宁波出版社，2009年，第185页。

③ 朱柏铭主编：《宁波盐志》，宁波：宁波出版社，2009年，第186页。

4. 提高食盐产量

明州地区产盐量大，从唐代至明朝时期，虽然区划调整和盐业场所名称不断变更，但明州地区的盐场也在不断发展壮大（见表4–20）。

余姚的盐业“始于唐、盛于宋，宋时鸣鹤、石堰两盐场占全浙盐产量64%”①。仅在北宋时期，石堰买纳场年产盐就达64376石，鸣鹤盐场年产盐业达到77365石。

表 4-20　　宋朝到清朝时期余姚盐场的生产范围与规模概况

时期 / 时间	生产范围	生产规模
至道三年 / 公元 997 年	—	20.1 万余石
唐朝至北宋庆历六年 / 公元 618 ～ 1046 年	沿山以至海岸	唐朝时期数目不详；在整个宋朝时期为 6.4376 万石（1 石为 50 斤）；宋末元初为 9000 引（1 引为 400 斤）
北宋庆历七年 / 公元 1047 年	筑大古塘，延至塘北	
熙宁五年 / 公元 1072 年	港头盐场	35.77 万石
乾道末年 / 约公元 1171 ～ 1173 年	不详	39.27 万石
明朝永乐年间 / 公元 1403 ～ 1424 年	筑新塘，扩及大古塘北 10 里许	数目不详
景泰年间 / 公元 1450 ～ 1456 年	全场分为 6 仓	
清雍正二年至乾隆十二年 / 公元 1724 ～ 1747 年	东西 55 公里，荡地 7.7855 万亩	数万引（1 引为 200 斤）
嘉庆年间 / 公元 1796 ～ 1820 年	盐田北移	

资料来源：根据朱柏铭主编《宁波盐志》，宁波出版社，2009年，第65页、第201页的相关内容整理。

据史料记载，北宋“至道三年（997年）明州昌国东、西两盐场每年卖给国家盐达201000石，折合5025吨，是杭州场的2.61倍”②。政府以每斤4文的收购价收购，然后高价卖给百姓，从中牟取暴利。

5. 控制盐业生产和销售环节

①宁波为食盐的重要产区。宋代食盐主要分两种，即颗盐（陕西路所产的解池盐和河东路盐）、末盐（沿海地区所产的海盐），浙东宁波地区所产即为末盐。当时，在慈溪、定海、象山、余姚、宁海（宁海此时属台州）等明州区域范

① 俞福海主编：《宁波市志》（上），北京：中华书局，1995年，第91页。
② [元]脱脱等著：《宋史》卷一八三，《食货志》下四，《盐中》。

围内有九大盐场，其中当属余姚的石堰盐场和宁海的长亭盐场规模为大。

②在流通领域实行官售和私售并存的销售体制。北宋初期，官府对食盐的生产和销售进行改革，即由政府在宁波各地建立国营（有）盐场，控制盐业的生产环节，在政府官员的管理下，由政府对食盐实行专卖。

③实行“许可证”管理。在北宋太宗时期（公元976～993年），通过实行计口配卖制度，政府由直接管理和进行盐业的销售，低价买进、高价卖出。同时，对民营商人实行类似于今天的许可证专卖制度，商人向政府购买“许可证”后方能到指定区域进行销售（见表4–21）。

表 4-21　　北宋时期明州地方政府盐业获利概况

年号、年间 / 时间	政府相关盐业税收政策规定	税收及相关政策举措
太平兴国四年 / 公元 979 年	中央规定天下盐利县官，官卖或通商，各随州郡所宜；实行官卖法，将盐税纳入盐价中，最后由消费者买单	明州定为盐业官卖地区，政府收购盐户所产食盐，由官营盐店出售；根据盐民每年所缴纳盐课的数量，免除除官课外的一切赋税
绍兴二年 / 公元 1132 年	实行“盐引法”[a]，即官设机构从购转差价中征取盐利；而商人经场运销时，还另外买引纳税。以盐引完纳盐课之法，从此时开始	商人运销食盐前，必须向政府申头“引纳税”，获取盐业利益最大化

注：a. 盐引，封建王朝的财政的重要来源之一。盐引又称“盐钞”，是宋代的取盐凭证，宋代之后又逐渐形成了“盐引制”，即商人花钱购买盐引。“引”是指有价证券，还可以作为“代币”流通。据《宋史·食货志》，“盐引每张，领盐116. 5斤，价6贯”。

资料来源：根据相关资料整理。

6. 政府获取丰厚利润

食盐是财富的载体，盐业收入是政府主要的收入来源之一，在其财政收入结构中占有重要的地位。因此，“两宋朝廷对盐的生产和管理同样实行禁榷制度，垄断经营”[①]，以独享盐业利润。

“当时明州每斤盐的收购价是4文。政府贱价从亭户那里买过去，然后高价卖给百姓。”[②]在宋太宗至道年间，朝廷统一规定了末盐的销售价格，“每斤自四十七至八钱，有三十一等”[③]。据史料记载，“至道三年（997年）明州

① 傅璇琮主编，张伟、张如安、邢舒绪著：《宁波通史》（宋代卷），宁波：宁波出版社，2009年，第73页。

② 乐承耀：《宁波经济史》，宁波：宁波出版社，2010年，第80页。

③ 李焘《续资治通鉴长编》卷97，天禧五年十二月戊子，第4册第2261页。《宋史》卷181《食货志》下3（第13册第4427页）作：“末盐之直，斤至自四十七至八钱，有二十一等。”

昌国东、西两盐场每年卖给国家盐达201000石，折合5025吨，是杭州场的2.61倍”[①]。如果按照一斤47钱为计算单位的话，则5025吨合472350000钱，即当时盐的价值，也就是宁波地区为北宋政府贡献的财政收入。政府因食盐专营而获利甚丰。

7. 官营盐场不断侵蚀个体民营盐业的经济基础

①个体盐民以自垦盐田荡地获得经济收入。学者认为，北宋，明州盐民在相当长时间里存有盐民私有制。这即是说，宋朝时期的明州在官营盐业生产体制外，还存在私营盐业的生产经营现象。

换言之，明州地区的盐业存在着民营经济发展体制与机制，这源于在相当长的时期内，“官府很少干预浙东盐户经营小片盐田和小型灶镬，至多也不过收购其盐而已”[②]。

在明州地区，以史超为代表的盐民们不断垦辟盐田与荡地，形成自垦田。盐民们自行刮土煎盐，并私自卖给他人以获得一定的经济收入，这种状况以定海（今北仑区）为最。从体制而言，其属于民营经济的发展体制与机制，但这种发展模式逐渐受到“榷盐田”的挤压，形成自垦田与“榷盐田”的博弈。

②“榷盐田”侵蚀自垦田的体制基础。榷盐本是政府对食盐所采取的垄断政策，即政府把盐税并入盐价征收称榷盐，“榷盐田”就是晒制榷盐的盐田。一般而言，盐民自垦的盐田荡地，本为荒芜的无主之地。因此，盐民拥有其所有权。

面对盐民私自煎盐，官府采取种种办法，“频频‘建置盐场’，将自营盐户‘拘籍’为官监亭户，甚至将他们的私有制盐资料，占为国有，造成了制盐资料私有权向官有权的转化，在浙东明州出现了“榷盐田”现象”[③]，即将私营盐民招募到官营盐场中，为官府制盐。

从表面上看，将自垦田转变为“榷盐田”，通俗而言，这一现象就是化私为公，但却使自垦田的生产资料发生了质的变化。抑或说，民营盐业的体制基础荡然无存。

8. 政府允许存在个体私营盐业

民营盐业主要是指其生产经营的小片盐田和小型灶镬，生产规模小，盐水煮

---

① [元]脱脱等著：《宋史》卷一八三，《食货志》下四，《盐中》。
②③ 朱柏铭主编：《宁波盐志》，宁波：宁波出版社，2009年，第236页。

制量少，但由于政府实行不同所有制共存的经济体制，所以，民营盐场能够合法存在，政府对其生产不加干预，而且还收购他们生产的盐品。但为了获得更多的利益，民营盐场有时也将盐私自贩卖于他人而获利，形成官民并存的盐业生产体制。

9. 个体私营盐田不断发展

在相当长的时期内，明州地区存在私有制性质的民营盐田。盐民们采用“团煎制”[①]的生产形式。

当时，“浙东明州史超等460余家，有卤田37顷，各自刮土淋卤煎盐。明州定海县崇邱、灵岩、太邱、海晏四乡（今北仑区）人户，南宋以前即久来占据泥土极咸之地，煎盐私自卖与客人”[②]，获得了不菲的经济收入。

10. 个体私营煮盐业的生产规模不断扩大

北宋时期，明州地区国营（有）盐业企业生产规模不断扩大的同时，民营煮盐业也在发展。盐工们通过海潮积卤、刮咸淋卤的方式制盐，行业内将之称为“熬海煮波”。

当时，“部分盐民拥有小片盐田及小型灶镬，当地官府很少干预盐的生产，至多是收购盐民们生产的盐”[③]，明州地区自煎私贩食盐的盐民为数不少。

据《宁波盐志》记载，明州地区史超等460 余家盐户，再加上崇邱、灵岩、太邱、海晏等四乡的盐民，不但在各自的盐田煮盐，而且还私自贩卖食盐。

在乾隆道光末年期间（公元1171～1173年），明州地区“沿海三县大约460户自煎盐户和租佃煎盐户，年产盐209万斤，平均户年产盐86.5石”[④]。盐民们因盐而获得较高的收入，生活水平有所提高。

（五）纺织业领域

1. 纺织业发达

宋朝时期，明州纺织业呈现品种多样、质量上乘的特点。“上贡平罗、婺

---

① 盐户以团为集中性的生产单位，每团由三灶或二灶组成，每灶内有若干盐户。同一灶的盐户，共同使用官灶、官盘，以完成官府的生产定额。

② 朱柏铭主编：《宁波盐志》，宁波：宁波出版社，2009年，第236页。

③ 朱柏铭主编：《宁波盐志》，宁波：宁波出版社，2009年，第136页。

④ 朱柏铭主编：《宁波盐志》，宁波：宁波出版社，2009年，第65页。

罗、花罗。另外，奉化绝[1]已经特产化，而奉化、象山还产苎麻，象山还生产称为‘女儿布’的纺织品”[2]，皆成为彼时的纺织精品。

2. 织品成为实物赋税征收的内容之一

北宋时期，明州地区的纺织业主要有丝织、麻纺、毛纺和棉织业等四大行业，其中以丝织、麻纺业为主，官办纺织业规模大、分工细。

纺织业成为明州地区的支柱产业，其主要原因在于布帛成为北宋政府赋税征收的内容之一，将之列入“皇粮国税”的范畴。因此，明州地区布帛类的赋税主要有罗、绫、丝绢等种类。

3. 国营（有）纺织企业引领产业发展

“宋以后，我国养蚕业也由北方移到了南方，而且由分散趋于集中”[3]。因此，“宋代的纺织业，仍是以丝织业为主。”[4]北宋时期，纺织业是宁波地区的重要产业，其重要性与农业等同，主要生产丝、麻、毛、棉等纺织物，丝织品为其主要产品。

当时，明州的纺织业比较发达，主要以国营（有）纺织企业为载体，进行丝、麻、毛、棉的生产。国营（有）纺织企业规模庞大、分工细化，技术精湛，使明州地区的纺织业在唐代的基础上得到进一步发展。

4. 织品成为赋税制度内容之一

由于北宋的赋税制度使然，纺织品成为赋税内容之一，极大地提升了其在经济社会中的作用与地位。据学者考证，北宋的赋税类别中涉及丝、麻、毛、棉等质地的织品就有10种，使宁波个体家庭纺织业在整个经济结构中占有重要的地位。

实物赋税制度促使宁波地区农村家庭妇女在进行农作的同时，还要以家庭为生产单位，从事纺织品生产。除将其所织之物的大部分作为赋税额度上缴国家，

---

① 古时一种粗绸子。

② [日]斯波义信著，方健、何忠礼译，虞云国校：《宋代江南经济史研究》，南京：江苏人民出版社，2001年，第491页。

③ 袁行霈、严文明主编：《中华文明史》（第三卷），袁行霈、邓小南主编，北京：北京大学出版社，2006年，第88页。

④ 袁行霈、严文明主编：《中华文明史》（第三卷），袁行霈、邓小南主编，北京：北京大学出版社，2006年，第109页。

完成所承担的赋税义务外，其余部分用于自身消费需要，剩余产品有时拿到市场进行交换以贴补家用，解决食盐、酱、醋、茶等家庭日常生活之需。

5. 个体民营纺织业较为发达

当时，宁波农村地区的纺织业以个体家庭为生产单元。“宋代的私营丝绸业大致可以划分为强制性家庭丝绸生产、自给性家庭丝绸生产和商品性丝绸生产三种形态。”[①]

在小农经济条件下，一家一户从事农业生产，产量低、收益低、分散化，以家庭为单位的纺织业是作坊性质，纺织业难以加快发展。在其产业链中，家庭纺织业仅是生产环节，织品的收购和销售由谁来承担，中间商[②]的出现使此问题迎刃而解。

（六）酿酒业领域

1. 明州具有酿酒的优越条件

明州种植水稻的历史悠久，通过技术改良、水利灌溉和精耕细作，宋代时期的明州已经出现了14个水稻的改良品种，涵盖中稻、占稻和晚稻等三大类型，使鄞县东钱湖周边成为稻米的主要产区。

明州的稻作业刺激了酿酒业的发展。当时，酿酒业的主要原料“糯米是作为商品作物种植的，并通过设在林村市、下庄市的粜卖场进行买卖”[③]。

2. 官营与个体民营酿酒业共同发展

明州政府设置专门管理酿酒的机构和企业，在酿酒业领域实行国营（有）经济体制和民营经济并存的管理体制。北宋时期，明州设置盐官、酒务监官等政府机构，管理烟酒专卖与征税事宜，如政府设置监官[④]，对酒水实行专营。

省级以下的各级政府设立“官酒务”的职务和机构，直接管理和控制酒水的

---

① 王翔：《中国近代手工业史稿》，上海：上海人民出版社，2012年，第21页。

② 中间商一般是指具有雄厚资金的商人，他们用资金收购散落在家家户户的织品，将产品变成了商品，织品产业链趋于完善。

③ [日]斯波义信著，方健、何忠礼译，虞云国校：《宋代江南经济史研究》，南京：江苏人民出版社，2001年，第491页。

④ 监官一般由下层文武官员担任，三年为一任期。监官除经营酒务外，还兼管征收商税以及茶、盐、酒算等事宜。

生产经营事宜，政府和军队都有相应的机构和名称，首都以外各州军队的卖酒机构叫“都酒务”，各县驻军的卖酒机构叫“酒务”（见表4–22）。“都酒务”和“酒务”都有自营的酿酒作坊，能够为政府提供税收收入。

表 4-22　北宋时期明州地区建立国营（有）酿酒企业概况

年号、年间 / 时间	所在区域	机构或职务	职责
淳化末年 / 公元 990 ～ 994 年	慈溪	“酒务”	由政府低级官员管理酒类事宜，并兼管征收茶盐商税
大中祥符六年 / 公元 1013 年	奉化	“酒务”	管理酒类事宜，并兼管征收茶盐商税
天禧元年 / 公元 1017 年	定海	“酒税务”	管理酒务，兼管征收茶盐商税
天禧五年 / 公元 1021 年	美禄坊	“都酒务”	设 6 名监官管理酒务
熙宁年间 / 公元 1068 ～ 1077 年 元丰年间 / 公元 1078 ～ 1085 年	奉化、慈溪、定海	“酒务” “酒税务”	管理酒务，兼管征收茶盐商税

资料来源：根据相关资料整理。

3. 在酒类行业实行国营（有）经济体制

北宋时期，浙江地区普遍实行榷酒①，政府首先在全国范围内，从上而下建立和完善酒水管理机构，如在各路、州相继创建“官酒务”，京城以外的各州军队的买酒机构称之为“都酒务”，在县一级则称“酒务”，这些机构实际上就是国营（有）酿酒和营销企业。

“都酒务”和“酒务”各自均有酿酒作坊，自行酿造大量酒水。宁波地区亦陆续建立国营（有）酿酒企业，设置相应官员来管理酒业事宜。“都酒务”和“酒务”经营酒类专卖业务，直接盈利。同时，“酒务”还收取酒类作坊的酒课，充当政府税务官的角色。

4. 明州大力发展国营（有）酿酒业

宋朝时期，明州政府在“林村市、下庄市、小溪镇、横溪市、下水市、韩岭市、东吴市、澥浦镇、南渡市设有酒坊、酒务”②。即政府建立官营酿酒企业，

① 榷酒，就是政府严格限制民间私酿自卖酒类，由政府独专其利。它作为增加国库收入的一项较为稳定的经济政策，肇端于汉武帝天汉三年（公元前98年）。汉武帝初榷酒酤，实行酒类专卖，其目的就是利用专卖的方法，为国家聚财。古今中外都把酒类的财政收入作为国家重要的稳定性财源。由于实行国家的垄断生产和销售，酒价或者利润可以定得较高，一方面可获取高额收入，另一方面也可以用此来调节酒的生产和销售。

② [日]斯波义信著，方健、何忠礼译，虞云国校：《宋代江南经济史研究》，南京：江苏人民出版社，2001年，第494页。

并兼管酒税的征收事宜，形成国营（有）经济体制发展体制与机制。

由于政府重视酿酒业的发展，明州地区的酿酒业非常发达，所酿之“金波酒”“双鱼酒”是明州地方名酒，并作为代表性酒类产品被选为御酒品种。

5. 政府通过酒类专卖而独享其利

宋代时期，明州政府对酒类实行官酿官卖。同时，在小溪镇、宝幢市（下庄市）、澥浦镇、横溪市、白杜市、公塘市设有商税场，林村市、下庄市、小溪镇、横溪市、下水市、韩岭市、东吴市、澥浦市、南渡市设有酒坊、酒务。

政府不但自营酒坊，而且还监管征收酒水税的事宜。同时，为了确保政府酒税收入的稳定，政府垄断酒水销售环节，规定“金波酒”“双鱼酒”等“在异地流通的地方名酒，在州治城下20里内是禁止贩卖的”①。

6. 政府允许存在民营（有）酿酒企业

北宋时期，政府在官营酒水的同时，也允许民间酿酒，即在酒水业实行民酿民卖，允许个体民营性质的酿酒作坊合法地生产经营。在两种不同的经济体制和经营机制下，官营和个体民营酿酒业相互竞争，共同发展。

当时，“在城下20里外，允许民酿民卖的酒进行间接专卖，相当于酿造所的酒坊任由民间承包经营，仅鄞县就有29处之多”②。即在明州下辖各县的集镇和墟市上，出售个体民营酒坊酿造的酒水。

7. 在酿酒行业实行“两权分离”的生产经营形式

①“两权分离”。政府批准同意个体私人提出的承包经营酒坊的要求，准予个体私营业主承包国营（有）酿酒场，这一做法称之为“买朴”。“买朴”相当于今天的承包制，即将所有权和经营权在一定时段进行分离。在此期间，个体私营酒坊主可以自主经营酒坊，只要按时向政府纳税即可。

②提升效益。由于这种承包方式激发了个体私人的主观能动性，个体私营酒坊主加强管理，降低成本，提高经济效益，不断实现资源要素的有效配置。

“神宗熙宁五年（1072年）以后，买朴制进一步在全国推行，形成了官府自

---

① [日]斯波义信著，方健、何忠礼译，虞云国校：《宋代江南经济史研究》，南京：江苏人民出版社，2001年，第490页。

② [日]斯波义信著，方健、何忠礼译，虞云国校：《宋代江南经济史研究》，南京：江苏人民出版社，2001年，第491页。

酿和民户买朴两种经营方式并存的局面。”[①]因为可观的酒水收入，政府获得了巨额的“承包费”和大量的酒税（见表4–23）。

表 4-23　北宋时期明州“买朴”收入与政府“酒税务”课税概况

年号、年间 / 时间	“买朴”收入（贯）	政府“酒税务”课税（贯）
熙宁十年 / 公元 1078 年	25479	—
熙宁年间 / 公元 1068 ~ 1077 年	—	83154

资料来源：根据（宋）宝庆《四明志》卷五《叙赋上·酒》及乐承耀：《宁波经济史》，宁波：宁波出版社，2010年，第86页的相关资料整理。

（七）茶叶业领域

1.政府对茶叶实行专卖政策

在宋代，江南茶树的种植更加广泛，栽培技术也有了进步。“茶农经过长期的实践观察，把握茶树生长与水、土、肥的关系，取得栽培优质茶的成功。”[②]因此，明州地区广泛种植茶树，茶叶市场不断扩大。

北宋政府对其实行专卖制度，首先由政府将收购的茶叶转手卖给茶叶商人，茶叶商人经过加工再卖给消费者，收购价和卖出价形成自然落差，其差额部分成为政府的专项收入。

2. 改革茶叶专卖政策

直到宋仁宗嘉祐年间（公元1056 ~ 1063年），茶叶专卖制度才有所松动。政府取消茶叶专卖制度，允许商人与茶叶种植户之间直接进行交易，政府从中收取茶叶交易税。此举促进了茶叶产业的发展，使明州地区的茶叶大都进入商贸流通渠道，提高了茶叶的商品化程度。

（八）草席业

1. 明州大力发展织席产业

自古以来，席草是宁波地区重要的草本资源之一，是宁波种植业的重要品种

---

① 傅璇琮主编，张伟、张如安、邢舒绪著：《宁波通史》（宋代卷），宁波：宁波出版社，2009年，第70页。

② 袁行霈、严文明主编：《中华文明史》（第三卷），袁行霈、邓小南主编，北京：北京大学出版社，2006年，第89页。

之一。宁波有平原和湖荡地区，优越的地理环境适宜席草的种植。宋朝时期，明州平原的东部、西部盛产席草、灯芯草（蔺草），是制作“明席”的绝好原料。

自古以来，宁波的先民们就大量种植席草，待成熟收割后作为编织草席及其他生产生活用品的原料，形成了自种植、粗加工、编织和销售的产业链。

2. 明州是全国草席编织的重要产区之一

草席编织业是宁波地区的传统产业，也是宁波民营经济的重要领域之一。草席编织业是当时明州农村手工业的标志性行业，其与盐、草鞋一道，成为宋代明州的特色产品而流通全国。

（九）金属加工业

宋朝时期，明州不因无矿产资源而放弃金属加工业，而是充分利用河海运输的便捷条件，通过交易方式将异地资源为己所用，不断发展金属加工业，以满足生产生活的需要。“铁矿石、铜矿石、木材、药材、香料等必需商品，主要通过船运，从福建、广南经明州而流通至内地，明州城内外通过利用这些重要过境物质发展了加工业。”①

四、宁波民营手工业的发展特点

北宋时期，明州人口持续增长，推动了消费需求的不断扩大及海外贸易的发展，刺激了手工产业扩大生产规模、内部分工细化，生产技术进一步提高。此时，明州地区的手工业加快了发展。

（一）明州手工业体系完善且技术先进

明州手工业加快发展，体现如下三个特点：

1. 门类齐全

手工业发展真实地反映市场需求变化。北宋时期，明州手工业发展程度较高，“手工业门类日趋齐全，如造船业、丝织业、酿酒业、煮盐业、制瓷业、刻

---

① [日]斯波义信著，方健、何忠礼译，虞云国校：《宋代江南经济史研究》，南京：江苏人民出版社，2001年，第491页。

书业等多种行业并存”[①]，从侧面印证了其发展水平。

2. 规模庞大

北宋时期，无论是国营（有）还是个体民营经济，虽体制不同，但明州地区的手工业生产部门产业人数多，生产经营的规模庞大，吸纳就业人口多。

3. 工艺水平高

手工业的生产部门掌握遗留的制作技术，其“制作工艺水平在唐五代基础上都有落地和提高，在两浙地区甚至在全国享有盛名”[②]。

（二）不断提高农产品商品化程度

北宋时期，由于生产力水平的不断提高，明州地区丝织、麻织、棉织、榨糖、榨油等以农产品为原料的手工业生产行业，随着农业商业化程度的提高和多种经营的发展而发展起来，夯实了手工业产业的实业基础。

“桑树、苎麻、棉花、茶树、桐树、荔枝、龙眼、甘蔗、大豆等的种植，已使部分农民以商品生产为生，他们与市场的联系比传统的自然经济下的农民更加频繁”[③]。农业种植方式和生产技术、经济结构和农产品的商品化程度都得到明显提升。

（三）不断向市场提供有效供给

以市场为导向。北宋时期，明州地区民营手工产业由家庭副业和手工业组成，其多以手工作坊和市镇、城区街面店铺的形式存在。

由于经济的发展和社会分工的扩大，市场有效需求的导向信号明显，许多农民从农业中分离出来，即使未完全脱离农业产业的农民也会利用农闲时间从事非农生产经营，以增加可支配收入而提高生活质量。

明州个体民营手工产业不断发展，手工业十分发达，品种繁多（见表

---

① 傅璇琮主编，张伟、张如安、邢舒绪著：《宁波通史》（宋代卷），宁波：宁波出版社，2009年，第66页。

② 傅璇琮主编，张伟、张如安、邢舒绪著：《宁波通史》（宋代卷），宁波：宁波出版社，2009年，第66页。

③ 袁行霈、严文明主编：《中华文明史》（第三卷），袁行霈、邓小南主编，北京：北京大学出版社，2006年，第120页。

4–24）。“吴绫、交梭绫，余姚小江布、奉化丝织品（绝密而轻）、象山苎布、鄞西草席、城西双鱼酒、十洲春酒等较为有名。”①

表 4-24　　　北宋时期明州民营手工行业发展概况

<table>
<tr><th>行业类别</th><th>所在区域</th><th>生产工艺及流程</th><th>代表性产品</th></tr>
<tr><td rowspan="3">纺织业</td><td>奉化</td><td rowspan="3">将苎麻、棉花蚕丝纺织成细纱，然后织成麻布、细布、绫罗绸缎</td><td>绝、苎麻</td></tr>
<tr><td>象山</td><td>苎麻、细布、“女儿布”</td></tr>
<tr><td rowspan="2">明州</td><td>绫、罗等丝织品</td></tr>
<tr><td>酿酒业</td><td>用糯米酿制白酒</td><td>“金波酒”、“双鱼酒”</td></tr>
<tr><td>瓷器业</td><td>余姚、慈溪</td><td>通过上林湖、白洋湖的“越瓷”烧制</td><td>“越瓷”瓷器</td></tr>
<tr><td>竹制业</td><td>鄞县、慈溪、奉化</td><td>毛竹加工</td><td>熏篝、焙笼等竹制品</td></tr>
<tr><td>海产品</td><td>明州及各县滨海区域</td><td>通过鲞、腊、鳔等方式进行加工后的鱼产品</td><td>鲜活海产品；加工后的鱼产品</td></tr>
<tr><td>造船业</td><td>明州城东北、桃花渡</td><td>应用造船技术，对木材进行打造、拼接、榫卯</td><td>漕船</td></tr>
<tr><td>金属加工业</td><td>明州</td><td>对铜铁等金属进行冶炼、加工和铸造</td><td>制成铁器制品、锅釜等铜器制品，“或把铜钱改铸成为‘古器’、‘匕筋器皿’等工艺品”</td></tr>
<tr><td>棺木业</td><td>明州“棺材巷”</td><td>对木材进行加工而制作成棺材成品</td><td>棺材及其他丧葬用品</td></tr>
</table>

资料来源：根据《宝庆四明志》卷四；[日]斯波义信著，方健、何忠礼译，虞云国校的《宋代江南经济史研究》，江苏人民出版社2001年，第492页及《开庆四明志》卷七等相关资料整理。

从明州手工业有效投入看，个体民营手工业者虽然在资金投入与生产规模上大多不及官营手工业工场，但其产品完全面向市场，为不同阶层的群体生产各种日常生产用品和生活消费品，既满足了明州城乡民众生产生活的日常需求，又获得了较高的经济收入。

（四）利用明州港的枢纽地位大力发展加工业

当时，虽然明州本地不盛产香料等相关必需商品，但可以借助交通的便捷和流通的便利发展相关手工产业。因此，“非长江三角洲地区出产的铁矿石、铜矿石、木材、药材、香料等必需商品，主要通过船运，从福建、广南经明州而流通内地，明州城内外业通过利用这些重要过境物质发展了加工业”②。

① 俞福海主编：《宁波市志》（上），北京：中华书局，1995年，第330页。

② [日]斯波义信著，方健、何忠礼译，虞云国校：《宋代江南经济史研究》，南京：江苏人民出版社，2001年，第491页。

（五）不断提升手工产业集聚集群程度

宋代时期，“以农产品为原料的手工业生产，如丝织、麻织、棉织、榨糖、榨油等行业，随着农业商业化和多种经营的发展而进步。其他手工行业，如制盐、盐铁、制瓷等，也因农业生产的发展而发展”①。手工业的发展奠定了手工产业实现集聚集群的基础。

一般而言，手工业的发展最先由个体经营的方式进行，当发展到一定阶段，其产业和行业发展必定走向集聚和集群。明州地区手工业发展经历了由个体向群体、由单一向群聚的转变过程。

从明州城内如车油巷、竹行、花行、石板巷、棺材巷、铸冶巷、车桥、盐蛤巷等街巷名称看，当时此地集聚了各类竹木器、铁铜器、石材、榨油、海产品、交通工具等手工业作坊，足见其手工业的发达程度（见表4–25）。

表 4-25　　　　北宋时期明州民营手工业生产和销售概况

品种	原材料来源	手工业生产和制作区域	流通范围与用途
酒水	明州城郊的米市	城郊	离明州城区 20 里外
“明席”	种植的席草、灯芯草（蔺草）	明州城的东部和西部	全国性市场
丝绸、绝	四明山麓、奉化山村养蚕	明州城区和相关县域	上贡平罗、婺罗、花罗
“女儿布”的细布	象山农村种植的棉花	象山	明州城乡内外
“越窑”青瓷	鄞县、余姚等地适于烧制瓷器的瓷土	鄞县小白市、郭家峙、余姚上林湖、白洋湖	南海诸国及高丽、日本
熏篝、焙笼等竹制品	鄞县、慈溪、奉化农村的竹子	相关县城及农村区域	明州城乡内外
海产品	舟山群岛的渔场	明州城乡内外	明州城乡内外及全国性市场
铜铁等金属制品	福建、广南		明州城乡内外
棺材	周围山区树木	明州城内	明州城乡；殡葬
船舶		鄞县、定海、象山、奉化、慈溪、昌国等县	明州城乡内外；河海运输

资料来源：根据相关资料整理。

---

① 袁行霈、严文明主编：《中华文明史》（第二卷），张传玺、王邦维主编，北京：北京大学出版社，2006年，第120页。

（六）手工业成为明州的支柱产业

北宋时期，民营手工业成为经济社会的支柱产业，主要包括瓷器制造业、制盐业、纺织业、酿酒业和造船业（见表4–26）。其中，以造船业和煮盐业最具代表性。奉化、象山、余姚、慈溪和鄞县，以及明州城的区域，以纺织业、酿酒业、瓷器业、竹器业、海产品、造船业、金属加工业等行业见长（见表4–24）。

表 4-26　　北宋时期明州民营手工业的产业地位及发展成就

类别	产业地位	发展特色与成就
瓷器制造业	瓷器是当时手工业发展的引领产业	浙东地区"越窑"生产的产品享誉海内外，其烧制的青瓷盒，现收藏于上海博物馆，是北宋初期瓷器产品的代表作，其贡窑生产的"秘色瓷"位居全国青瓷名窑之首
制盐业	制盐业是当时手工业的重要产业之一	以日晒和蒸煮的方式制盐，其产量和质量名列前茅
纺织业	纺织业是当时重要的手工产业之一	民众以绢、绸、绵等织物为赋税，其重要性与农业产业并列
酿酒业	酿酒业发达，其产业发展与经济发达程度呈正相关关系	民众普遍饮酒，成为政府重要的税收来源之一，"酒文化"的形成是经济社会发展的标志之一
造船业	造船业是当时发达的手工产业之一，明州造船业在北宋时期占有重要地位	造船技术先进，开始使用舭龙骨装置，是船舶航行的"稳定器"，以减缓其行程中的不稳定现象，领先欧洲 700 年；造船业成为对内对外开放与交流重要载体，主要用途为军事与对内对外贸易

资料来源：根据相关资料整理。

五、宁波商贸流通领域实行国营（有）和民营并存的"双轨制"经济体制

北宋时期，由于政府奉行"农商并重"政策，为明州民营经济提供重要发展机遇。在商贸流通领域实行国营（有）和民营并存的"双轨制"经济体制，商贸交流的平台功能突出，官营与个体民营内外贸易不断发展，商贸流通业在经济结构中的比重逐渐提高，明州工商业社会不断形成。

（一）明州营造内外开放的发展环境

1. 甬江水系联通明州辖县及附近区域

北宋时期，明州水陆交通便利，形成了甬江水系和浙东运河两大内河运输体

系。“在内河交通方面，以甬江水系的甬江、余姚江、奉化江为主构成宁波内河交通运输网络”①，覆盖了鄞县、奉化、象山、镇海、慈溪、余姚等明州区域，以及诸暨、嵊县、新昌、台州等域外附近地区，成为明州港口的经济腹地，形成了优势互补、利益均沾、互为依托、共同发展的经济体。

2. 浙东运河便利海内外贸易

对于明州以海内外贸易为载体的开放举措，浙东运河发挥了至关重要的作用。宋代时期，“浙东运河西起萧山西兴，经绍兴、上虞，东到宁波入海，横贯宁绍平原，连接钱塘江、余姚江、甬江诸水。自宋代以后，浙东运河就是杭甬间重要的交通线”②，为海内外商贸流通行为提供车辆、舟楫之便。

浙东运河畅通“海上丝绸之路”后，从广南、福建、高丽、日本等不同地域来的海船，“在明州城下移乘运河船，经过浙东河达到杭州”③，为产品变成商品提供了快捷和便利。而浙东运河“作为杭州的外港，分担着以杭州为中心的海产品、农产品和山货集散地的功能”④，对明州的开发具有决定性影响。

3. 明州工商业社会不断形成

伴随着经济重心南移和人口的增加，私营手工作坊和个体工商业者不断生产和交换有价值和使用价值的商品，不断为市场提供有效供给，也满足了日益增长的消费需求。以手工业、商贸流通业为引领的城市工商业经济迅速崛起。

明州经过多年经略，其区域经济结构发生了重大变化，农业产业不再成为经济的主导产业。明州城市和市镇成为工商业及工商业者的集聚、集群之地，产城融合程度已基本提升。明州港的集散功能和海内外商贸流通的枢纽作用，明州已然成为两浙的经济中心之一，明州不再是农业社会，而是充满商业气息的、名副其实的工商业社会。

（二）对内民营商贸流通业

1. 商贸交流环境不断优化

商业市镇迅速崛起。市镇的迅速崛起夯实了商贸流通业的基础。北宋时期，

---

① 张守广：《宁波帮志》（历史卷），北京：中国社会科学出版社，2009年，第15页。

② 张守广：《宁波帮志》（历史卷），北京：中国社会科学出版社，2009年，第15页。

③④ [日]斯波义信著，方健、何忠礼译，虞云国校：《宋代江南经济史研究》，南京：江苏人民出版社，2001年，第480页。

由于生产力水平的提高，其剩余产品逐渐增加，“明州农产品的商品化和手工业的发展，城乡之间、城镇之间的商品交换日趋频繁，作为商品交换中心的市镇迅速崛起”[①]。

市镇是明州地区居民生产生活并从事商贸交流活动的集聚区域，也是明州城区商业发展的重要基础。

2. 城乡一体化发展渐成趋势

州城商贸的繁荣促进城乡交换的一体化发展。州城商贸的发展是明州地区经济社会发展程度的折射，由于手工业和各种加工业的发展，促使人们的交易欲望不断提升，州城与周边乡镇进行原料、技术、劳动力等资源要素的交换，其制作的原料、农副产品和各种手工业品源源不断地输入到市镇。

产品的商品化程度的提升，促进了姜山、小溪、蟹浦、公塘等镇市镇的兴起，使明州地区的商贸流通业和基本服务业具备进一步发展繁荣的基础，推动了城乡市场、城乡交易区域的一体化发展。

3. 交易载体不断创新

北宋时期，在商贸流通的过程中，明州、宁海、象山等区域普遍使用金属货币。多年前，从大门口、象山、宁海等地出土的大量金属货币就印证了这一点。随着经济的繁荣，交易的载体及交易方式也较之于前朝有创新，如一改过去以金银铜质的金属货币进行交易的方式，而代之以纸质的货币“交子”。

“交子”的使用使交易方式和流程大为便捷，而且减少了铜在经济活动中的使用量，节约了金属矿产资源，同时便利携带方便，进一步便利了商贸流通业的发展。

4. 民营商贸组织发挥了流通的重要作用

宋朝时期，在社会分工进一步深化的基础上，明州民营商贸流通业形成了流通组织，主要包含三个方面。①对明州城乡、山区林地、渔业、盐业区域物质的剩余与不足进行补充性交换的流通组织与销售形式。②为了扩大供给而在明州城区建立货物集散和配送机构。③为了发挥比较优势而将明州的产品与海外输入的进口商品进行交换的组织与销售主体。其中，以个体民营商贸流通从业人员为主

---

① 傅璇琮主编，张伟、张如安、邢舒绪著：《宁波通史》（宋代卷），《导论》，宁波：宁波出版社，2009年，第8页。

体，对平衡明州地区有效需求和供给起到了有益的调节作用。

5. 商贸交流市场进一步形成

①明州城乡商贸十分繁荣。随着农业、手工业产品商品化程度的不断提升，市镇和城区商贸流通业日趋繁荣。北宋时期，明州商贸流通业十分发达，“现东门口至西门板桥，已出现米行、竹行、棉花行等行业化贸易场地，城厢有大市、中市、后市、大庙前市、三角头市、贯桥市等集市”①。

明州市镇的迅速崛起、城区商贸的繁荣成为拓展跨区域贸易的“发动机”，促使非农就业人数不断增加。它是经济社会发展到一定阶段的体现，也是商品经济发展的结果。

②明州消费市场进一步形成。跨区域贸易的进一步拓展推动了明州消费市场的进一步形成。由于明州区域水网密布，内陆水路航运发达，水陆兼具、江海并行，宁波得益于如此便捷的交通网络，商船可以通过余姚、曹娥和浙东运河直抵临安（今杭州），并经过大运河与长江中下游的内陆市场相连接。

明州这种居于大运河南方终点的地位，使其成为沿海中部地区沟通海陆、连接南北的交通要冲。由市镇、草市构成商贸交流的繁荣集市日益发展，形成了明州地区以州城为中心、以市镇为依托、以“草市”为核心的商贸交流市场。

6. 民营商贸交流活动活跃

①明州民营商贸流通业的辐射效应不断凸现。宋朝海外贸易分官府经营和私商经营两种方式，其中民营外贸又占大宗。

由于明州城市商业经济迅速兴起，明州城镇作为最大的商业中心和消费市场，对外地市场发挥吸纳、辐射效应，将明州的产品销往江浙和荆襄、巴蜀地区等域外地区（见表4–27），充分体现中心城区的流通枢纽和物流调节功能。

表 4-27　　北宋时期明州地区民营商贸交流的商品概况

手工加工方式及产成品的类别	明州手工业制品的输入区域
海鲜以及通过鲞腊、鳔、糟等方式进行加工处理的海产品	以杭州为中心的江浙市场、巴蜀地区（今四川、重庆一带）、荆襄地区（今湖北中北部地区）
鄞县、慈溪、奉化所产毛竹经过特殊加工后制成的焙笼	
越窑青瓷、明席、草鞋、奉化粗绸、女儿布、金波酒、双鱼酒、铁器、铜器	

资料来源：根据相关资料整理。

① 俞福海主编：《宁波市志》（上），北京：中华书局，1995年，第330页。

②民营商贸流通体系日趋完善。明州民营外贸个体和企业兼具规模与实力，形成以交通网络延伸为产业链，集市镇、州城内外贸易于一体的，有有效需求，有农业和手工业源源不断提供的实物做支撑的流通体系。明州在海内外区域贸易中的重要地位显现无遗。

7. 商贸流通业成为支柱产业

随着育种、犁耕等新技术的应用，农业劳动强度减轻，农业劳动生产率不断提高，农业产业的剩余劳动力可以利用农闲时节从事非农产业。这促进了手工业的发展，而且对国家的税收贡献数额逐年上升，有的年份甚至超过了农业税收。

宋神宗熙宁七年（公元1074年）与熙宁十年（公元1077年）相比，明州商税额的增长率为3.2%（见表4–28）。

表 4-28　　宋朝时期明州地区商税征收概况

年号、年间 / 时间	商税征收总额（贯）	增长率（%）	备注
熙宁七年 / 公元 1074 年	26947	—	—
熙宁十年 / 公元 1077 年	27837	3.2	其中，明州“州城税额为 20220 贯，约占总税额的 72.6%”

数据来源：根据傅璇琮主编，张伟、张如安、邢舒绪著：《宁波通史》（宋代卷），宁波：宁波出版社，2009年，第8页的相关内容整理。

政府财政收入进一步增加，不仅凸显了州城商贸流通业在经济结构中的重要地位，而且体现出城乡一体化对经济发展的推动作用。

8. 对内贸易发展迅速

宋朝时期，明州具有发展对内贸易的优越条件，更由于自身河网运输的便捷，使明州的贸易枢纽性地位发挥越来越重要的作用。源于“明州的开发受到了作为大运河延长的浙东河的决定性影响，它作为杭州的外港，分担着以杭州为中心的海产品、农产品和山货集散地的功能”[①]。

明州对内贸易的发展为对外贸易奠定了坚实的基础。一些“从广南、福建、高丽、日本来的海船，则在明州城下移乘运河船，经过浙东河达到杭州”[②]。

---

①② [日]斯波义信著，方健、何忠礼译，虞云国校：《宋代江南经济史研究》，南京：江苏人民出版社，2001年，第480页。

9. 集市遍布城乡

市场对保障明州经济实现有效供给起到调节作用，它能够对市场需求与供给发挥平衡调节作用。个体民营手工工场虽和作坊一样，但同时兼有商店的功能，形成“前店后场”的生产经营格局（见表4–29）。

表 4-29　宋代时期明州地区官营和个体民营手工产品销售方式的异同比较

所有制性质	产品分配特点	产品销售方式
官营	计划调配，非市场形式	—
个体民营	市场化生产经营，完全的市场形式	市场交易、门市交易（“前店后场”）、订货、批发等

资料来源：根据相关资料整理。

“前店后场”的增多，必然形成产业和行业的集聚，这种集聚则显现为集市等有形市场。

集市是商贸流通业的载体（见表4–30）。经过多年的发展，明州商贸市场数量多、规模大，交易品种全，在内外贸易中居于枢纽地位。

表 4-30　宋朝时期明州地区集市名称及交易种类

县域名称	集市名称	商品交易种类
鄞县	下庄市、东吴市、小白市、韩岭市、下水市、小溪镇	毛竹、木材、柴禾、木炭、萝卜、芋头、鲜花、柑橘、橄榄、竹笋；鲜鱼、虾、蛸蛤、鲜活及加工后的海产品
奉化县	白杜市、泉口市、公塘市、袁村市	
慈溪县	门溪市、大隐市、黄墓市、蓝溪市、车厩市、渔溪市	
定海县	定海县市、石湫市、澥浦镇、江南市	

资料来源：根据[日]斯波义信著，方健、何忠礼译，虞云国校的《宋代江南经济史研究》，江苏人民出版社，2001年，第493页的相关内容整理。

集市对发展明州工商经济的重要性不言而喻，它支撑着明州城市经济的繁荣与发展。明州城东部的甬东市、东西南北城门的“草市”，再加上连接西门与东门大道的大市、后市，明州城形成以甬东市为主体的市场格局。

10. 市场体系完善

在价格信号的引导下，明州不断调节农业、林业、渔业等产业产品有效供给不足的问题。明州市场不断扩大有效供给，通过市场对供给端不断发力，刺激生产者为市场提供适销对路的商品和劳务，使商品交易日渐活跃，形成社会分工明确、参与人员众多、交易体系日益完善的市场组织。

当时，甬东市尤为繁华，“卖席桥、城内的鲞团、竹行、花行、盐蛤桥、棺材巷、石板巷、油车巷、饭行等地名中，可以证明各式各样的物质都曾在明州集散、交易和加工”①。

宁波城郊及各县的市、镇“是介于县治和农村间的集市，处于农民、山民和渔民相互进行贸易的中心地区”②。她们与城内的主要集市一道成为遍布明州城市与农村的市场体系。

11. 商贸交流的枢纽作用显现

明州城乡数量众多的集市服务本埠民众，是商贸交流的主要载体。商贸流通业的兴旺，推动人员的频繁移动、商品的内外和远近流通、资本的进入与流动、河海的交通及往来，构成明州商贸流通枢纽的重要因素，成为一种好的路径依赖，其集聚、集散、集群效应越来越明显，当发展到一定程度的时候，就意味着明州商贸交流的枢纽性地位的确立。

12. 商贸交流的平台功能突出

北宋时期，明州的手工业加快发展，“冶金加工业、造船业、航运业的集中，自然意味着手工业主和手工业者的分化；由于这种阶级的分化，市场也进一步扩大了”③。促进商贸流通业繁荣，主要体现在众多的集镇和墟市等流通载体上，他们成为明州地区市场交换的重要平台（见表4–31）。

表 4-31　北宋时期明州城及下辖各县集镇和墟市所售商品种类概况

区域	集镇和墟市名称	商品交易种类
明州城	以城东甬东市为主的东西南北城门的“草市”[a]，以及连接西门与东门大道的“大市”、“后市”	海产品、蛤蚶、虾、水果、萝卜、芋头、粮食，以及“城东的卖席桥、城内的鲞团、竹行、花行、盐蛤桥、棺材巷、石板巷、油车巷、饭行”等销售节点所售的商品

① [日]斯波义信著，方健、何忠礼译，虞云国校：《宋代江南经济史研究》，南京：江苏人民出版社，2001年，第494～495页。

② [日]斯波义信著，方健、何忠礼译，虞云国校：《宋代江南经济史研究》，南京：江苏人民出版社，2001年，第491页。

③ [日]斯波义信著，方健、何忠礼译，虞云国校：《宋代江南经济史研究》，南京：江苏人民出版社，2001年，第492页。

续表

区域	集镇和墟市名称	商品交易种类
鄞县	下庄市、东吴市、小白市、韩岭市、下水市、小溪镇	毛竹及竹制品、木材、木柴、木炭、柑橘、水蜜桃、杨梅、茶叶、蛏子、竹笋、酒水、海产品、蛤蚶、鱼虾、萝卜、芋头、鲜花、柑橘、橄榄、生猪、粮食、布匹、绸缎、农具、鲜鱼、虾、蛤蛤、鲜活及加工后的海产品；越窑、鄞窑、明席、草席、“女儿布”、铁器、铜器、铜食器
奉化县	鲒埼镇、白杜市、泉口市、公塘市、袁村市、南渡市	
慈溪县	丈亭市、门溪市、大隐市、黄墓市、蓝溪市、车厩市、渔溪市	
定海县	石湫市、澥浦镇、城西市、定海县市、江南市	农副产品、水产品和手工业产品
象山县	象山镇、弦歌市	
昌国县	岱山镇	

注：a. 市，又称“草市”，原指乡村和城郊地区自为聚落、私相贸易的一种较为固定的集市，其交换活动集中于约定俗成的定期集日，是小生产者之间调剂余缺的交易场所。

资料来源：根据[日]斯波义信著，方健、何忠礼译，虞云国校《宋代江南经济史研究》，江苏人民出版社，2001年，第494～495页的相关资料整理。

北宋时期，明州集镇和墟市商贸流通频繁，满足生产生活之需，形成了明州城与下辖各县的商贸流通体系与网络。其中，奉化的鲒埼镇完全是一个基于商品交换而迅速发展起来的商业市镇，以其最具代表性。

随着明州城市的不断发展和有效需求市场的日益扩大，明州因商贸流通而引致的各种产业不断兴起。

明州依托便利的交通，个体和民营商贩将具有比较优势的商品与域外商品进行交换（见表4-32）。在历史学家看来，“以明州为据点的贸易商，经常通过这样的大市，进行颇具市场性的大宗商品交易”[①]，由此更进一步提升了明州商贸流通的枢纽性地位。

表 4-32　　　　北宋时期明州与其他城市之间商贸交流概况

由明州输入外埠的商品	由外埠输入明州的商品
越窑、鄞窑、明席、草席、女儿布、金波酒、双鱼酒、铁器、铜器、铜食器、竹器	浙东、浙西、广南的米，福建、广商的药材、矿石、木材、染料，日本的木材等，以及香药、玉帛、珍珠、犀牛角、名香、珍药、组绣、漆器、书画、钟鼎、彝器

资料来源：根据[日]斯波义信著，方健、何忠礼译，虞云国校《宋代江南经济史研究》，江苏人民出版社，2001年，第495页的相关内容整理。

① [日]斯波义信著，方健、何忠礼译，虞云国校：《宋代江南经济史研究》，南京：江苏人民出版社，2001年，第495页。

集市是有形市场，也是商贸流通业的载体。集市对发展明州工商经济的重要性不言而喻，它支撑着明州城市经济的繁荣与发展。“城市周边制作原料、农副产品与各类手工产品源源不断输入城内，促进了城区商贸的繁荣。”①市场对保障明州经济实现有效供给起到调节作用，它能够对市场需求与供给发挥平衡调节作用。

经过多年的发展，明州商贸市场数量多、规模大，交易品种全，在内外贸易中居于枢纽地位。明州城东部的甬东市、东西南北城门的“草市”，再加上连接西门与东门大道的大市、后市，明州城形成以甬东市为主体的市场格局。

（三）海外官营贸易往来

1. 政府重视发展对外贸易

宋朝政府的重商主义倾向明显，非常重视商贸流通业对经济社会发展的推动作用，立国后就非常重视海外贸易。因此，实行贸易鼓励政策，并在制度措施与机构设置等方面完善自上而下的对外贸易管理体系，推动对外贸易尤其是对日本、高丽等东亚国家的贸易交流进入了频繁的阶段。

公元987年，宋太宗曾经派人携带国书和礼物出使海外各国，邀请他们到中国来做生意。随着明州经济的进一步发展，以及造船和航海技术的进步，明州民营商人“走出去”的愿望愈加强烈，而北宋政府对此持鼓励支持的态度与政策。

2. 设置对外贸易管理机构

由于政府在工商贸易方面实行开放政策，两宋先后在明州设立市舶司，专门管理对外开放事务，推动和促进了明州与朝鲜半岛和日本列岛的商贸流通活动。

“宋元时期，宁波港是官方指定的对外开放的海港，设置有专门的市舶管理机构，主要贸易是日本和高丽。”②官营和民营贸易皆获得巨大利益。

北宋时期，明州与广州、泉州、杭州和扬州一道成为对外贸易的主要港口，政府在这些城市设立市舶司。为了加强对外贸易的管理，北宋政府在两浙地区设立市舶司等机构。

---

① 傅璇琮主编，张伟、张如安、邢舒绪著：《宁波通史》（宋代卷），宁波：宁波出版社，2009年，第82页。

② 傅璇琮主编，张如安、刘恒武、唐燮军著：《宁波通史》（史前至唐五代卷），宁波：宁波出版社，2009年，第10页。

北宋咸平年间（公元998～1003年），朝廷下诏“在明州设市舶司，且成为全国造船中心之一”[①]。这意味着宁波正式步入开放城市之列。换言之，宁波正式对外开放的年份达到1024年。

3. 明确对外贸易的管理职责

①完善市舶制度。宋代市舶制度主要由市舶机构、市舶官制和市舶管理三个部分组成。实际上就是对外贸易管理机构，规定民营商人出海贸易前，须到两浙市舶司办理签证事宜，即申请贸易许可通行证，手续繁琐，管理严格。商人如违法，政府则可没收所有货物。

“元丰二年（1079年）规定，凡商人去高丽，资金达五千缗者，在明州登记姓名、籍贯及经营项目等，并要寻人作保，方可发‘引’（类似证件）。如无‘引’，就作为私贩违法论处。”[②]

②设置市舶司。市舶司对过往商人和船舶进行管理并收取一定数量的舶税（见表4–33）。“明州市舶司的职责是掌番货、海舶、征榷、贸易之事，以来远人，通远物。”[③]

表 4-33　　北宋时期明州地区市舶司设置概况

<table>
<tr><th>年号、年间 / 时间</th><th>机构名称</th><th>设置缘由及特点</th><th>基本职能与相关规定</th></tr>
<tr><td>宋太宗淳化三年 / 公元 992 年</td><td>两浙市舶司</td><td>由杭州迁移到定海（今镇海区、北仑区）</td><td rowspan="2">管理舶商，征收舶税，收买舶货，对抽解博买所得货物进行处理和迎送外商</td></tr>
<tr><td>宋真宗咸平二年 / 公元 999 年</td><td rowspan="4">明州市舶司</td><td rowspan="4">明州与杭州分设市舶司，明州成为北宋时期 5 个对外贸易港口之一</td></tr>
<tr><td>宋神宗元丰二年 / 公元 1079 年</td><td>规定去高丽的船舶必须在明州市舶司登记姓名、籍贯，请人作保，才准放行。自此，明州成为北宋往返高丽的主要口岸</td></tr>
<tr><td>宋神宗元丰三年 / 公元 1080 年</td><td>规定去日本和高丽的船舶必须在明州市舶司签证，否则视为违法</td></tr>
<tr><td>宋神宗元丰八年 / 公元 1085 年</td><td>明州市舶司监管业务扩大，同时具有签发前往南海商船的签证权</td></tr>
</table>

资料来源：根据王勇进主编的《宁波市对外经济贸易志》（638–1995），宁波出版社，1997年，第3～4页的相关内容整理。

① 俞福海主编：《宁波市志》（上），北京：中华书局，1995年，第330页。
② 林正秋：“浙江古代海外贸易史探述”，《商业经济与管理》，2003年，第12期。
③ 乐承耀：《宁波经济史》，宁波：宁波出版社，2010年，第89页。

公元999年，市舶司又重新在明州设置，这标志着明州正式成为长三角地区重要的对外贸易港口。市舶司主要“监督沿海贸易，检核朝鲜、日本的海路贡品，直到1523年，几乎从无干扰”①。

4. 明州对外贸易的港航中心地位不断凸显

①水运作用。水路发达是商贸交流兴盛的重要原因。北宋时期，明州与广州、杭州并称为进出口贸易的三大港口。由于明州港利于外船靠泊，来自日本、高丽等国的商贾、僧人大多从宁波登岸，稍作停留后便沿浙东运河进入大运河杭州段，以此作为集散点，商贾、僧人及其他乘客们再沿大运河进入中原地区。

②口岸效应。明州港的口岸作用不断凸显，以此促进了明州造船业成为发达的手工产业之一。放眼三江江面，帆樯林立，而明州的商船具有很好的航海性能，极受船主欢迎。因此，从宋朝开始，明州成为东南沿海港口新的贸易中心。

位于三江口交汇之处的庆安会馆正是宁波“河海联运”的见证者。庆安会馆建于三江之畔，亲身见证外商云集、千帆竞发、百舸争流的宁波三江口的繁华景象。

5. 积极开展与日本、高丽及东南亚诸国的民间贸易往来

元丰二年（公元1080年），宋神宗下诏，把去日本、高丽的始发港定位明州，从制度上保证了明州成为对日本及朝鲜半岛最重要贸易口岸的地位。

①发展与日本的民营贸易。随着东海航路的开拓和对外交往的进一步扩大，日本“遣唐使”多次在明州登陆，明州民营商人与日本的贸易不断发展。“明州城内有从日本运来的杉木、硫磺、螺头等，作为回货，则是秘密输出的铜钱。”②

由于日本盛产黄金、硫磺，日本商人携带大量黄金、硫磺与明州民营商人自由进行交易，也因此成为明州贸易的大宗商品之一。同时，很多明州商人先后多次往来于明州与日本之间，带去经卷、佛像、佛画及文集、诗集、药品、香料、瓷器、彩帛等商品而与日本商人进行民营贸易（见表4–34、表4–35），这种贸易往来有时具有官方性质。

---

① [日]斯波义信著，王泰祥译：《宁波及其腹地》，第3页，2016年11月11日。来源于网页：http://www.docin.com/p–1189085044.html。

② [日]斯波义信著，方健、何忠礼译，虞云国校：《宋代江南经济史研究》，南京：江苏人民出版社，2001年，第491页。

表 4-34　北宋时期明州地区与日本等国民营贸易往来概况

商人姓名及人员数量	明州对日本出口的商品	明州从日本进口的商品
孙忠、朱仁聪等 17 人	纺织品、香药、瓷器、文具等	砂金、水银、绵、绢、布、刀剑、扇子

资料来源：根据王勇进主编《宁波市对外经济贸易志》（638–1995），宁波出版社，1997年，第4页的内容整理。

②开展与高丽的民间贸易往来。当时，高丽使团在明州登岸在沿途进行互市贸易，既具有官营性质，也具有民营贸易的特点。“据记载，明州商人到高丽经营贸易的有120多次，少则几十人，多则百余人。”[①]

表 4-35　北宋时期明州地区与高丽民营贸易往来概况

贸易往来方向	商品种类	特点
高丽对明州出口	白银、人参、麝香、茯苓、蜡、布匹、毛丝布、细、松子、松花、栗、枣肉、榛子、椎子、杏仁、细辛、山茱萸、白附子、芜夷、甘草、防风、牛膝、白术、远志、姜黄、香油、紫菜、螺钿、皮角、翎毛、虎皮、漆、青铜、铜器、双瞰刀、席、合蕈、金器、器、铜器以及硫磺、螺钿、花纹席子、折扇等土产	其中以人参和药材为多
明州对高丽出口	茶叶、瓷器、丝织品、彩帛、珍珠、布匹、书籍、药材、金箔、乐器、香料、文具、奇异花草、香药、犀角、象牙	其中以茶叶、丝织品为大宗；瓷器为重要出口商品；香药、犀角、象牙为转口贸易商品

资料来源：根据王勇进主编《宁波市对外经济贸易志》（638–1995），宁波出版社，1997年，第4页，以及傅璇琮主编，张伟、张如安、邢舒绪著《宁波通史》（宋代卷），宁波出版社，2009年，第107～108页的相关内容整理。

③积极与东南亚、西亚诸国进行贸易交流。随着南海航线的开拓，明州与东南亚、波斯沿岸各国的贸易往来大为加强，在“看不见的手”的指引下，商贾云集，周流天下。

当时，明州的海外贸易“已扩展到阇婆（今印尼爪哇）、真理富（今柬埔寨）、占城（今越南）、波斯（今伊朗）等国”（见表4–36），以及暹罗（今泰国）、勃泥（今加里曼丹北部）、麻逸（今菲律宾）、三佛齐（苏门答腊南部）等地。

明州对外贸易进入了加快发展的大好时期，由此取代了杭州在两浙路诸港口的龙头地位而与广州、泉州等贸易港齐名，成为彼时南方三大贸易港口之一。

---

① 王勇进主编：《宁波市对外经济贸易志》（638–1995），宁波：宁波出版社，1997年，第6页。

表 4-36　北宋时期明州地区与东南亚及西亚诸国贸易往来概况

明州出口的商品	明州进口的商品
金、银、缗线、铅、锡、杂色丝织物、精粗瓷器。其中，以丝织品和瓷器为多	香药、犀象、珊瑚、琥珀、珠琲、鳖皮、镔铁、玛瑙、车渠、水晶、蕃布、乌槾、苏木、刀剑、扇子、硫磺、铜器、人参

资料来源：根据王勇进主编《宁波市对外经济贸易志》（638–1995），宁波出版社，1997年，第4页的相关内容整理。

（四）内外商贸流通业提升政府财政收入水平

1. 唐宋时期税收概况

唐宋时期，由于实行重商政策，内外商贸流通业发展势头良好，从业者在农业、手工业到商贸流通业的三次产业链条上为经济生产、流通和消费具有效用价值的实物并创造社会财富，政府从中获得巨额的财政收入（见表4–37）。

表 4-37　唐末至北宋时期按税别分类显示的政府财政收入变化表（%）

年次（时期）	公元 780 ~ 834 年	公元 997 ~ 1007 年	公元 1077 年
两税	67.11	69.96	44.17
商税	?	11.15	14.15
酒税	8.05	10.60	21.73
盐税	24.83	8.30	19.95

数据来源：[日]斯波义信著，方健、何忠礼译，虞云国校《宋代江南经济史研究》，江苏人民出版社，2001年，第254页。

两税主要指夏秋两季征收的、以地税和户税为主的税收。两税的征收改变了自战国以来按人丁征收的赋税制度。

两税、盐税和酒税是政府的法定固定性收入。其中，盐税属于政府专卖收入，酒税在一定时期内也属于政府法定税收范畴，它们都与政府的既定国策和经济政策有关。

2. 商税收入成为国家财政收入的主体

在上述四种税收中，唯一与民营经济有关的只有商税收入。商税与政府的施政政策有关，如果政府实行农商并重的经济政策，促进经济社会实现良性发展，则商税收入会呈现持续增长状态，充分显现政府实行宽松经济政策的效果。

据史料记载，公元1077年，北宋的工商业税收占其赋税总收入的70%。构成国家财政收入主体的已不再是农业税收，而是工商业，由此说明彼时的中国已经由农业社会向工商业社会迈进。

六、宁波地区生产关系领域出现的新情况与新变化

宋朝时期，明州地区在生产关系领域出现了生产要素与农业产业和生产资料不断分化的现象，这是生产力的发展促进生产关系变化的结果，也是满足社会生产力发展程度的体现。

（一）生产要素与生产资料不断分化

1. 农业剩余劳动力逐渐由农业生产领域向非农业生产经营领域转移

①农业剩余劳动力供给城乡手工产业。随着人口的持续增长，农闲时期有大量的农村剩余劳动力，农忙时务农、农闲时务工，明州的农业劳动力从农业生产中分离出来，他们从事经济作物生产的趋势较唐代有了进一步增强，或涉足手工业，或为手工行业提供劳务服务。劳动力成本便宜，既便利民众的生产生活，又使其增加了非农收入。

②大量的农业剩余劳动力从事非农生产经营。农业劳动力逐渐分离到城乡工商业等非农领域。虽然农业技术有了提高，生产进一步扩大，但明州的农业增殖效益有限，同时人口也在不断增长，农业领域吸纳劳动力的容量有限，人地矛盾较为突出。

当时，定海县（今镇海区）有为数不少的农民，在从事农业生产的同时，也在农闲时节“既为工、为匠、为刀镊、为负贩，则不得不为之艺业”[①]。他们既不舍弃田耕，又从事工副业生产，成为工商业群体的新生力量。

2. 生产者和生产资料等生产要素逐渐由一体化向不断分化的方向转变

千百年来，明州手工业发展显现出了要素一体化现象，即手工业者和手工业主同为一人，或者以亲缘关系形成的个体民营生产经营团体，人数不会很多，且生产资料的拥有者和生产者均为一人或一家。

宋朝时期，随着生产的发展，明州出现了生产资料与手工业者分化的现象，即手工业者没有生产资料，仅靠出卖自己的劳动力而维持生存。拥有生产资料的业主可以以此雇佣手工业者。换言之，业者不再是生产资料的拥有者，其被业主

---

① 《浣川集》卷四《论抄札人字地字格式札子》。

所雇佣，形成雇佣关系并接收业主按时支付工资。

（二）形成雇佣性质的劳资关系

1. 萌生资本主义生产关系的萌芽

“各种手工业都有作坊，小商人对于作坊的依赖，已成较普遍的现象。”① 因之形成了“前店后场”的工商业模式，制造业和基本服务业的产业集聚、融合程度进一步提高，需要吸纳、雇佣更多的劳动力以扩大再生产，为形成民营企业中的劳资关系打好基础。

在学者看来，这是资本主义萌芽的又一条产生途径。其后，明州工商作坊中出现雇佣关系，私营作坊使用雇佣工匠，他们领取钱米作为雇值，这就是资本主义生产关系的萌芽，在造船、印刷等行业亦如此。

2. 雇佣关系存在于不同所有制领域

在印刷行业，国子监刻印的书，后世称为监本。民营书坊刻印的书被称为坊本，它们一同为读者所喜爱。在纺织行业，“绫锦院”是官营经济体制的载体，政府将织锦工安置在绫锦院工作，并成立相应的学府培训专门人才。

无论是国营（有）还是私营，这些作坊里的工人都与企业存在一种雇佣关系，充分说明在具有资本主义萌芽性质的生产过程中，其人身依附关系不断减弱。

（三）盐业领域出现的显著变化及特点

1. 与民争利

政府在所有制领域与民营盐田争夺利益。从所有制属性而言，自垦田和“榷盐田”皆为单一的所有制形式，在当时的情况下，官府以垄断利益最大化为目标而对私营盐田进行“围剿”，实为利益之争。政府依仗自身权力获得盐业利益，私营的自垦田以保护自身经济权益等既得利益为目标，必然与政府展开斗争。

2. “国进民退”

①盐田官有化。政府推动盐业经济体制由私营向官营转变，即“国进民

---

① 童书业著，童教英校订：《中国手工业商业发展史》，北京：中华书局，2005年，第149页。

退”。为了垄断食盐利润，官府在不断扩大盐田面积的同时，“通过盐田官有化，建立官营盐场，拘籍自煎盐户，控制和管理盐业生产”[①]。

②改变个体私营盐户生产资料性质。政府通过转变盐户身份的方式，将个体私营盐户转变为官府监管的“亭户”，并将其制盐的生产资料收归官有，扩大盐业生产领域生产资料的使用范围，使明州地区盐业领域的生产资料所有权实现由私营向官营的转变。

3. 转变所有制方式

推动盐业经济体制实现由单一所有制向混合所有制转变。为了确保双方利益不受损失，私营盐民迫使官府承认其自垦田的合法地位，“这使制盐资料私有权在一定时空条件下得到延续，并产生制盐生产资料综合所有制，即在同一生产单位中，部分制盐资料归官府所有，另一部分归于私有”[②]。

这一所有制方式的确立，意味着盐业所有制由私营和官营的单一所有制向私营和官营融合的综合所有制的转变。当时，“明州沿海三县约460户的自煎盐户和租佃煎盐户，年产盐209万斤，平均户年产盐86.5石”[③]，凸显明州个体煎盐户的生产效益。

第四节　南宋时期明州民营经济发展概况

南宋庆元元年（公元1195），改明州为庆元府，庆元经济社会和民营经济发展步入新的通道。南宋政府由于实行自由的工商业政策，商人有充分的经营自由，劳动力供给充裕，庆元地区个体民营纺织、造纸、陶瓷、造船等产业非常发达。

一、南宋时期经济社会发展路径及成就

南宋时期，由于实行自由经济政策，纸币流行于流通领域，使雇佣成为官营和个体民营企业的新型劳资形式，工商税收超过农业税收，经济社会发展成就

① 朱柏铭主编：《宁波盐志》，宁波：宁波出版社，2009年，第136页。
② 朱柏铭主编：《宁波盐志》，宁波：宁波出版社，2009年，第236页。
③ 朱柏铭主编：《宁波盐志》，宁波：宁波出版社，2009年，第65页。

显著。

（一）实行自由开放的工商业政策

1. 实行自由经济政策

南宋是中国封建社会的后期，“靖康之耻”而致宋室南迁。南宋虽偏安一隅，但奉行经济自由主义政策，农商并重，既重视农业，也大力发展工商业。

随着商品经济的发展和商业市镇的兴起，南宋农民可以自由迁徙，到城市从事手工业或商业等非农产业，劳动力供给充裕，商人有充分的经营自由。南宋工商业非常发达，其纺织、造纸、陶瓷、造船等产业超过了北宋。

2. 积极发展国营（有）手工业经济

在手工业领域以发展国营（有）经济为主。当时，纺织业是手工业领域的引领产业，南宋政府在杭州等三个大城市设置官营织锦院，在纺织业领域实行国营（有）经济体制与机制。

3. 实行对外开放的基本国策

①实施海洋经济发展战略。南宋时期，整个社会的重商主义倾向严重。为了加快对外开放步伐，宋高宗制订了海洋经济战略，鼓励和支持商人进行对外商贸交流活动。

②开辟“海上丝绸之路”。南宋政府比较内贸和外贸后，充分认识到海洋贸易对经济社会发展的重要性。当时，由于西夏国阻隔了陆上的丝绸之路古道，南宋政府不得不积极鼓励商人到海外经商，以在海洋领域内延续陆上丝绸之路的繁盛之景，即开辟“海上丝绸之路”。

（二）经济社会发展成就显著

1. 创新金融方式，推动纸币流行于流通领域

南宋进行金融领域的创新。“就纸币而言，南宋除了交子，最著名的纸币就是会子，甚至可以说直到南宋，纸币才真正在中国广泛流行起来。”[①] 彼时，交子和会子替代金属币材、充当价值尺度而频繁应用于庆元地区的商品交换和流

---

① 徐瑾：“纸币对南宋朝廷的影响”，《作家文摘》，2017年3月10日，第12版。转引自《中国经营报》，2017年2月27日。

通，且币值稳定，对推动庆元经济社会发展发挥了重要作用。

2. 调整经济结构，促进工商税收超过农业税收

①工商业发达的社会里政府收税的数量必定多于农业社会。农业社会里的税收一般以农业税及相关衍生税种为主，工商业税收仅是辅助性税收的类别。但在商品经济发达的庆元地区，手工业和商贸流通业创造财富的程度也远远大于农业，对经济社会发展的作用明显超过农业产业。

②工商业的快速发展改变了原有以农业经济为主的产业结构和税收结构。南宋时期，由于城市化水平高，店铺林立、樯帆云集，工商业发达，其对经济社会发展的推动作用明显。

工商税收在整个税收结构中所占的比例超过农业方面的税收，尤其是市舶的收入等对外贸易税收，使“南宋淳熙—绍熙年间，非农业税更是接近85%，表明农工商产业发展程度高，民众生活富足，市场交易活跃，其经济社会发达程度甚至超过了北宋时期”[①]。

3. 调整生产关系，使雇佣成为官营和个体民营企业的新型劳资形式

①减缓人身依附关系程度。由于实行自由放任的经济政策，工匠的人身依附关系和所受束缚大为松弛。南宋官营手工业作坊也以雇佣制度代替了强制性指派和差人应役的招募制度，这是生产力的发展对生产关系变化提出的新要求，因雇佣制度而形成的劳资关系适应了生产力的发展要求。

②雇佣制度常态化。无论是官营还是个体民营手工业作坊，所形成的雇佣关系是生产关系的调整与生产力水平提高的对应，它使工匠以出卖自身劳动力要素为生，工匠的人身自由程度更高，社会生产关系更能适应生产力的发展要求。这种经济关系，实质上是具有资本主义萌芽性质的新型生产关系。

二、庆元地区大力发展农业经济

南宋时期，庆元地区大力发展农业经济，引进农业新品种并进行农业技术与新品种的推广，不断扩大农业适耕面积，扩大及提高粮食和其他经济作物的种植面积与产量，有效缓解了人地矛盾。

---

① 江怡：《民营经济发展体制与机制研究》，杭州：浙江大学出版社，2016年，第201页。

（一）庆元改名

绍熙五年（公元1194年），明州被改称为庆元府。南宋庆元元年（公元1195年），朝廷升明州为庆元府，府治设在鄞县（今三江口）。至此，明州确立了东南地区港口物流和商贸重镇的重要地位。

（二）移民迁入

庆元作为东南一隅，广为吸收宋室南渡后大量迁徙的外来移民，地区人口快速增长。

“人口的迁入，为中唐以来业已进入实质性开发的明州提供了丰富的劳动力和先进的生产技术，有力地推动了明州地方经济的发展。”[①] 但聚集的人口必然消耗大量的粮食及食物，庆元地区人口的增长使人地矛盾突出。

（三）兴修水利

南宋时期，庆元地区兴修水利工程的力度非常大。在渠堰整治、疏浚的数量和规模上超过了北宋，如疏浚东钱湖，兴修塘堰碶闸，阻断江河泛滥的洪水，为发展农业生产奠定了坚实的基础。同时，在慈溪、余姚等滨海渠堰修整海堤、碶闸，并修筑定海（今镇海）海塘，抑制海岸坍塌，对保护农田免受洪水肆虐发挥了积极作用。

（四）垦辟土地

1. 积极围湖造田

明州的鄞县、宁海、象山、定海等辖县，积极垦殖土地。其中，以鄞县最具代表性。“宝庆年间（1225～1227年），鄞县已垦山地达149005亩，当时其他耕地为746029亩，山地占该县总田亩数17%。这一比例，已相当可观。”[②] 围湖造田扩大了耕地面积，减缓了人地矛盾。

---

① 傅璇琮主编，张伟、张如安、邢舒绪著：《宁波通史》（宋代卷），宁波：宁波出版社，2009年，第26页。

② 傅璇琮主编，张伟、张如安、邢舒绪著：《宁波通史》（宋代卷），宁波：宁波出版社，2009年，第49页。

2. 不断扩大农业适耕面积

南宋时期，庆元地区先民们通过围湖造田、开垦荒地，在沿海、沿江的低洼地区疏导水患，形成圩田、涂田、梯田、水田、沙田和湖田，使农田面积增加至近千余顷，可以扩大种植稻麦等粮食和棉花、桑、茶、杨梅、席草、荸荠、甘蔗等其他经济作物。

（五）引进和改良新品种

1. 引进农业新品种和推广农业技术

当时，庆元地区大力发展农业，普遍采用牛耕，不断提高种植技术，在农业的精耕细作上下功夫，通过改进生产工具，提升农业劳动效率。

庆元农民引进农业新品种，进行农业技术与新品种的推广。如引进推广耐旱的占城稻、金城稻，并且将其进行改良，培育了一批新的地方性水稻品种，使之适应明州地区的水土栽培条件。

2. 扩大及提高粮食和其他经济作物的种植面积与产量

随着粮食及多种经济作物种植面积的扩大，庆元地区农业单位面积的产量也在提高。粮食及多种经济作物的种植，农业及种植业为农民及市场提供源源不断的有效供给，缓解了庆元地区城乡居民供给不足的矛盾，对发展工商经济、稳定社会发挥了重要作用。

三、手工业领域国营（有）和民营经济发展概况

南宋时期，庆元地区煮盐业、纺织业、造船业不断发展。政府垄断性经营煮盐业、酒水酿造业和兵器制造业。同时，个体民营企业发展造纸刻书业、铁器加工业和中成药业务等行业。

（一）手工产业门类齐全

当时，庆元地区手工业主要有纺织、造纸、书刻、酿酒、制盐造船及兵器制造等产业。其涉及的行业有城市内的编席、制鞋、铁铜器等金属加工，有城市之外的打铁场、制铜场、造船场，以及从事丝织业、珍珠养殖业、玉器、漆器、陶器制造业和家具业等，生产的产品绝大多数是满足生活需要且用于交流。

据史书记载，当时“明州各地还分布着各类购买不等的手工作坊。这些作坊既有官营的，也有民营的，为官府和居民生产武器、工具和各类生活用品”①。

（二）盐场生产与销售领域

1. 设置盐业管理官员及机构

煮盐业是政府通过垄断性经营而实行国营（有）经济发展体制的主要产业领域。南宋时期，庆元（明州）地区盐业出现加快发展的趋势，盐场增加，共有盐场14处。政府在定海、昌国、象山，以及宁海的长亭盐场等各个盐场设置监官，管理盐场的具体事宜。

1162～1211年，南宋政府又在鄞县和定海等地设置盐场及盐业管理机构（见表4–38）。

表 4-38　　南宋时期庆元地区盐场及管理机构设置概况

年号 / 时间	盐场所在地即名称	盐务管理机构
绍兴三十二年 / 公元 1162 年	鄞县设“大嵩场”、宁海县设“长亭场”	—
开禧元年 / 公元 1205 年	宁海县灵绪乡设“龙头场”	盐课司
开禧二年 / 公元 1206 年	定海县穿山子场	子场升为正场
嘉定四年 / 公元 1211 年	定海县长山子场、象山县玉女子场	子场升为正场

资料来源：根据相关资料整理。

2. 增加盐场数量和产量

南宋在北宋设置“石堰买纳场”“东西两监”和“鸣鹤买纳场”的基础上，又在庆元（明州）地区增设玉泉场（位于象山境内，下辖瑞龙、东村、玉女等3个子场，场署设置“监盐官”）、玉女场、大嵩场、长亭场、穿山场、龙头场盐课司等，对盐业进行有效管理。

当时，新建、扩建的盐场有大嵩盐场、龙头盐场、穿山盐场、长山盐场、玉女盐场和南高亭盐场、芦花盐场，使国营（有）盐场在生产规模不断扩大的基础上，政府管理职能不断强化。

盐业产量不断提高，明州的石堰买纳场、鸣鹤买纳场等2处盐场，盐产量为135741石，产量占全部越州和明州7处盐场产量的六成多。

① 傅璇琮主编，张伟、张如安、邢舒绪著：《宁波通史》（宋代卷），宁波：宁波出版社，2009年，第78页。

3. 政府控制个体民营盐业

①政府在生产资料环节控制个体盐户的数量。为了扩大盐业再生产，官府不断建置新盐场，通过扩大官营盐场的数量，逐步侵吞个体盐户的私有生产资料。

南宋时期，明州地区的盐民中，既有自煎盐户，也有租赁盐户，官府“将少量自有盐户的制盐生产资料据为国有，自有盐户也被拘押到官办的亭场中，使部分的生产资料私有制逐渐转化为官有制”[①]。

②垄断盐业产业链。政府通过许可证的形式控制民营盐业的销售渠道而获利。南宋时期，政府对待盐业的利润与前朝一样，丝毫不会放过。

政府利用手中的权力，垄断和控制了食盐的生产、运输和流通环节，如果民营商人欲染指盐业的销售环节，就必须花钱向政府购买“引票”，即类似于今天的“盐业专卖许可证”，然后才能在相关指定的区域合法从事食盐的销售。

③通过行政许可的方式获得税外收入。个体民营盐商如果没有获得政府的行政许可而自行卖盐，则属非法行为，将受到刑法的惩治。“庆元的原盐在南宋实行票行制，官、商运盐，都必须申请引票，并确定包销区域。”[②] 使政府通过“盐业专卖许可证”的方式，又获得了一笔不菲的收入。

4. 个体民营盐业的生产和销售状况

①个体盐民从事盐业生产。当时，除了官营盐场的生产经营外，庆元地区还存在一定数量的个体民营盐场。其中，以个体为主，即令是民营盐场，但也以松散型管理为主，而且产量巨大。

专栏4-13 南宋时期庆元地区个体民营盐业发展概况

“南宋时，民众盐区就存在少量的盐业生产资料私有制。民众定海等沿海3县460余家各自刮土淋卤煎盐的自煎盐户，有私有卤田37顷和少量单灶、双灶等制盐生产资料。”[①]

庆元地区的盐民拥有盐田、生产工具等私有制性质的生产资料和生产要素，依靠自身的技术从事煮盐业。

据史料记载，“明州沿海三县约460户的自煎盐户和租佃煎盐户，年产盐

① 朱柏铭主编：《宁波盐志》，宁波：宁波出版社，2009年，第237页。
② 乐承耀：《宁波经济史》，宁波：宁波出版社，2010年，第113页。

209万斤，平均户年产盐86.5石"[②]，为社会不断创造财富。

注：资料来源①朱柏铭主编：《宁波盐志》，宁波：宁波出版社，2009年，第237页。②朱柏铭主编：《宁波盐志》，宁波：宁波出版社，2009年，第65页。

②个体民营盐户私贩食盐。政府盐业专卖制度实施的目的是为了垄断食盐利润，凡是经过垄断后必然价格畸高。因此，政府垄断食盐的生产和流通渠道后，价格就变得很离谱，使食盐消费在生活支出中的比重居高不下。

食盐畸高的价格诱使个体民营盐户向百姓卖私盐获利，虽属违法，但不愁销路。当时，私盐交易行为在庆元地区非常普遍。

5. 政府在盐业领域力推"国进民退"

在利益独享目标的驱使下，官府容不得个体民营煮盐产业的发展。于是，"通过置场而将自营盐户'拘籍'为官监亭户，甚至将他们私有的制盐生产资料占归官有，造成明州等地制盐生产资料的私有权向官有权的转化"[①]，在生产资料所有制领域消灭个体民营盐户。

政府将民营生产资料明火执仗地收归国营（有），将生产资料所有制由二元制转变为一元制形式，成为历史上典型的"国进民退"现象。因此，北宋时期的史超以及莫演等民营盐户，后来都被招到国营（有）盐场中当工人，个体民营盐户在盐业领域的发展受到严重削弱。

（三）纺织业领域

1. 个体民营纺织业不断发展

庆元地区的纺织业是自然经济条件下的小农生产行为，属于个体民营性质范畴。宋室南渡后，为数众多的移民涌入明州，衣食需求剧增，再加上织品本身具有的赋税功能，无形之中刺激了明州个体民营纺织业的发展。

"明州（庆元）的纺织业有丝、麻、棉等品种，以丝织业为主。"[②]生产场地大多在今月湖一带，其产业以家庭妇女为主，她们编织吴绫、交梭绫等具有细、密、轻、薄特点的贡物。

---

① 朱柏铭主编：《宁波盐志》，宁波：宁波出版社，2009年，第136页。

② 乐承耀：《宁波经济史》，宁波：宁波出版社，2010年，第107页。

2. 纺织品成为国家质优价廉的赋税贡品

当时，象山人用苎麻织麻布获得成功，这在个体民营纺织领域具有标志性意义。苎麻织麻布的成功，不仅使苎麻原料得到很好的利用，而且扩大了衣物之源，满足了民众生活之需。

“南宋晚期，棉纺织品已经成为江东西路、两浙路的著名土产了。”[①] 当时，整个庆元地区纺织品的产量比较高，为国家提供了质优价廉的赋税贡品。

（四）造船业领域

1. 官营和个体民营造船业共同发展

①官营船场主要建造运粮船和战船。南宋时期，庆元地区政府实行国营（有）经济体制，在造船行业建立国营（有）造船场。

南宋时期，“明州专门设置造船官（或称船场官）主持船场。在皇祐中，温州、明州各设有造船场。大观三年（1109年），造船场并归明州，买木场并归温州。于是，明州有船场官两员”[②]。

明州地区造船场的具体地址在甬东厢、城北和三江口，但同时也有民营船场。明州作为重要的造船基地，官营船场分布广，产量多，每年打造600艘的漕运船，使明州造船业在全国具有重要地位。

专栏4-14　庆元国营（有）船场造船的种类与用途

当时，庆元各县均建有国营（有）造船场。政府额定造船种类，主要建造平底结构、适于在运河等较浅水域航行的运粮船和吃水较深、具有抗风能力且耐腐蚀的海运船、捕鱼船，以及用于军事的战船。

乾道四年（公元1168年），庆元造船场打造出50艘由定海水军统制官冯湛设计的多桨船。另外，国营（有）造船场还能建造用于远洋航运的海船。有时为了防御海盗，政府征用民船，以节省造船费用，间接刺激了庆元个体民营造船业的发展。

---

① 袁行霈、严文明主编：《中华文明史》（第三卷），袁行霈、邓小南主编，北京：北京大学出版社，2006年，第109页。

② 林士民：《宁波造船史》，杭州：浙江大学出版社，2012年，第123页。

②个体民营船场主要建造渔船、运输船。渔船、运输船用于江海渔猎作业与远洋运输，因此，对技术和质量要求很高。昌国即今天的舟山，南宋时期属于宁波管辖。由于四面濒海，造船业非常兴盛。

当时个体民营船场以昌国区域内最多，其次是奉化、定海和鄞县。其中，鄞县和定海的个体民营船舶类型中，船舶形状显现出尖头、尖底、方尾的特点，由此成为中国传统名船“浙船”的代表（见表4–39）。

表 4-39　南宋时期庆元地区鄞县和定海个体民营船舶类型概况

主要类别	细分类型	主要配置与用途
大对船	长船、短船、春船	配有母船和网船，用于出洋远航，且各船配有捕捞作业人员
其他船舶	小对船	渔民个体海水作业
	墨鱼船、海蜇船	捕捞墨鱼、海蜇
	淡菜船	陪伴采集工具，用于挖取淡菜
	冰鲜船	装运冰块与密闭船舱，用于冰冻海鲜
	大莆船、溜网船、拉钩船、张网船、闵渔船、小钓船、串网船、元蟹船、抛钉船	用于海水渔猎的其他用途

资料来源：根据林士民《宁波造船史》，浙江大学出版社，2012年，第122页的相关内容整理。

南宋时期，庆元地区民间有大量的海船以作远洋运输和内河航运，南宋政府为了“利用民船作战、守之用，曾经调查宁波民船情况，统计各类民船多达7916只”[①]，充分说明当时的造船水平。

庆元政府有时征用民营商船以作军事之用，“南宋中期以后，浙东民营造船业更普遍。嘉熙年间（1237–1240年），官府调庆元及温、台三郡民船数千艘守定海”[②]，从侧面印证了庆元地区民营造船业的发达程度。

2. 造船业成为商贸交流的先导产业

南宋开庆元年（公元1259年），明州地区就有包括船幅一丈上下的船舶7796艘（宁海除外）（见表4–40），占东部沿海地区船舶拥有量的57.15%，足见明州航运业的发达程度。

航运业的发展，是内贸交流不断走向兴盛的重要基础，也使宁波航运枢纽的重要地位更加凸显。

---

① 张守广：《宁波帮志》（历史卷），北京：中国社会科学出版社，2009年，第21页。

② 林士民：《宁波造船史》，杭州：浙江大学出版社，2012年，第121页。

表 4-40　　　　南宋时期庆元地区民营船舶拥有概况

<table>
<tr><th>明州地区拥有量（艘）</th><th colspan="2">明州各县拥有量（艘）</th><th>各县拥有量所占比例（%）</th></tr>
<tr><td rowspan="6">7796</td><td>鄞县</td><td>624</td><td>8.00</td></tr>
<tr><td>定海（今镇海）</td><td>1191</td><td>15.28</td></tr>
<tr><td>象山</td><td>776</td><td>9.95</td></tr>
<tr><td>奉化</td><td>1699</td><td>21.79</td></tr>
<tr><td>慈溪</td><td>282</td><td>3.62</td></tr>
<tr><td>昌国</td><td>3224</td><td>41.35</td></tr>
<tr><td>总计</td><td>—</td><td>7796</td><td>100</td></tr>
</table>

数据来源：根据乐承耀《宁波经济史》，宁波出版社，2010年，第115页的相关内容整理。转引自开庆《四明续志》卷六《三郡隘船》。因当时宁海属于台州，宁海的船舶数量未计入。

（五）酿造业领域

1. 政府垄断酒水生意

南宋时期，糯米、小麦、粟等粮食作物已经成为庆元地区酿酒业的主要原料。作坊里的工匠们通过节约成本、不断改进技术，酿造出口感和风味甚佳的清酒和煮酒。

南宋初年，宋金交战，为了增加财政收入以弥补国库空虚，朝廷垄断了酒水生意，在各地建起国营（有）酒厂，低价生产，高价卖出，获取暴利。

2. “赡军库”专营酿造和批发业务

①建立官营酒厂。“赡军库”是政府专营酿造和批发酒类的国营（有）企业，由户部筹办，军队开办，并设置相关职务来管理酿酒业。宝庆年间，庆元府已设都酒务、比较酒务、赡军酒务等三处分管酒课（见表4–41）。

表 4-41　　　南宋时期明州地区国营（有）酒类管理机构概况

机构名称	所在地域与归并情况
都酒务	月湖西观音寺的侧面
赡军酒务	开元寺西侧，后在绍兴年间与都酒务合并
比较酒务	绍兴年间归并都酒务
酒务	慈溪、奉化、小溪、林村、下庄、定海、象山、宁海（酒税务）

资料来源：根据相关资料整理。

②代表政府征收酒税。“以酒税为例，熙宁（1068–1077年）初，明州城内及奉化、慈溪、定海、小溪五务酒税租额为83154贯，熙宁十年（1077年），又

于租额之外增买朴钱25479贯。”①

3. 政府限制发展个体民营酿酒业

①禁止民间酿酒。明州地区在发展国营（有）酿酒的同时，关闭了所有个体民营酒厂，不允许个体民营酿酒作坊的存在，还禁止老百姓在自己家里酿酒，但允许有钱人出钱向政府购买一定区域内的酒水经营权，相当于现在酒水品牌的区域代理。

②实行特许经营。当时，按照代理规则，政府以自身权力禁止域外其他品牌的酒水染指庆元地区，强化本区域酒水的垄断性营销。

以“买朴”方式实行许可证管理。据不完全统计，整个明州地区有246处“买朴”。南宋宝庆三年（公元1227年），“庆元六县乡村买朴酒坊达121处，……各县人户买朴场钱达31571贯965文”②。政府实行许可证管理为南宋朝廷带来巨额的财政收入。

4. 不断发展制醋业

由于生产生活的需要，明州制醋业与酿酒业一样也在不断发展中。当时，明州城内“美禄坊酒务之东有西醋库，灵桥门外有东醋库，专门负责醋的生产和管理”③。另外，据《宝庆四明志》记载，奉化、定海、象山等三县也有规模不等的制醋作坊。

（六）兵器制造业领域

1. 政府营建兵工厂

为了抵御外敌和平息内乱，兵器制造业是历代历朝政府非常重视的行业。南宋时期，庆元地区作为沿海城市和军事要地，政府非常重视兵器工业的生产，明州兵器制造作坊称之为“作院”，在今天月湖西面的圣功寺东，由军队的人员管理生产事宜。

---

① 傅璇琮主编，张伟、张如安、邢舒绪著：《宁波通史》（宋代卷），宁波：宁波出版社，2009年，第35页。

② 傅璇琮主编，张伟、张如安、邢舒绪著：《宁波通史》（宋代卷），宁波：宁波出版社，2009年，第71页。

③ 傅璇琮主编，张伟、张如安、邢舒绪著：《宁波通史》（宋代卷），宁波：宁波出版社，2009年，第78页。

"作院"作为政府的兵工厂，有13个作坊，分工细密，军匠和民匠为军队生产大量兵器，"从南宋宝祐六年（1258年）十月到开庆元年（1259年）五月，庆元府的作院制作兵器达119500件，这里还包括修理的兵器"①，为巩固国防做出了重要贡献。

2. 个体兵器制造匠人助力国防事业

"作院"中，其兵器制造的工匠分为军匠和民匠。军匠国营（有）经济体制的范畴，属于国营（有）企业的职工，而民匠则是个体匠人，属于民营性质。

"作院"的工匠以民匠为主，在工匠结构中居于多数。当时，政府颁布制度，规定"民匠采用轮换制，一般每40天轮换一次"②。

3. "作院"雇佣个体兵器制造匠人

由"作院"发给民匠路费，如果民匠被"作院"招募为正式工匠，虽然劳动强度大，但民匠可以获得"作院"为其提供的工资和其他均需物质，使民匠除生活衣食无忧外，还可惠及家庭。因此，很多身怀一技之长的民匠们对之趋之若鹜，乐于为政府当差而献身国防兵器制造业。

（七）造纸业与刻书业领域

1. 个体民营造纸业加快发展

宋室南迁后，庆元地区的文化事业迅猛发展，整个社会对纸张的需求与日俱增，由此刺激和拉动了庆元造纸业的发展。其中，政府的有效需求形成纸张的巨大市场。据《宝庆四明志》记载，奉化、鄞县、象山三县生产的盐钞纸非常有名，"太府寺交引库每年要收买79300幅"③。

造纸业与刻书业适于个体民营生产经营。由于余姚竹林密布，工匠们充分发挥毛竹种植的原料优势，就地取材，以嫩毛竹为原料进行手工造纸，成品称之为"竹纸"，很受市场欢迎。同时，庆元也生产竹纸和皮纸，质量与其不相上下。另外，宁海生产的"黄公纸"也很有知名度。

---

① 乐承耀：《宁波经济史》，宁波：宁波出版社，2010年，第117页。

② 乐承耀：《宁波经济史》，宁波：宁波出版社，2010年，第116页。

③ [宋]《宝庆四明志》卷六《叙赋下·朝廷窠名》，《宋元方志丛刊》本，北京：中华书局，1990年。

2. 官营和个体民营刻印业共同发展

造纸业促进了庆元地区刊刻印刷手工业的发展，二者互为依存。庆元的官刻主要刻印经典的学术性著作，“当时官刻书以府学为中心，遍及各县县学”[①]。

鄞县、象山、余姚、奉化等地，个体民营刊刻印刷手工业不断发展，“如绍兴年间（1131–1162年）奉化王庆曾、王伯序父子就刻了不少书籍，今存其所刻《大藏经》8册”[②]，有效地传承了浙东传统文化，有力地促进了庆元地区文化的传播。

（八）铁器加工业领域

由于生产力的发展和生产生活的需要，明州地区对铁器的有效需求强劲。当时，明州是两浙地区主要的产铁中心之一，如鄞县西南的灌顶山，宁海境内的梅岙铁场、一都铁场、六都铁场、紫溪铁场。

福州、漳州、泉州等地的生铁也通过商贸流通的方式，经海路而贩运到明州，使生铁原料有充裕的保障；而铸冶巷一带则是明州冶铁作坊的集聚地，见证了民众铁器加工业的发展境况。

（九）中成药领域

由于具有丰富的中草药资源，在南宋时期宁波地区药业不断发展。中成药领域实行官营体制，“南宋宝庆三年（1227年），明州制置使胡榘于城内创办官营惠民药局，有屋7间，资金1.4万贯”[③]，用于购置制药设备，制售中成药。宝祐五年（公元1257年），宁波官营药局不断扩建，增设销售网点，极大地方便了宁波城乡患者。

四、庆元地区官营和民营商贸流通业发展概况

南宋时期，政府降税减负，鄞县人袁燮提出“食货为本”的重商思想，使庆元地区具有适宜的商贸流通环境。民众通过流通平台，将资源价值不断转变为商

---

① 傅璇琮主编，张伟、张如安、邢舒绪著：《宁波通史》（宋代卷），宁波：宁波出版社，2009年，第77页。

② 傅璇琮主编，张如安、刘恒武、唐燮军著：《宁波通史》（宋代卷），宁波：宁波出版社，2009年，第78页。

③ 俞福海主编：《宁波市志》（中），北京：中华书局，1995年，第939页。

品价值，官营和个体民营内外商贸流通业不断发展，庆元地区进入工商业社会。

（一）政府着力营造适宜的商贸流通环境

1. 重视商贸流通业对经济社会发展的推动作用

南宋时期，政府不断从制度安排和政策实施方面为商贸流通业营造适宜的发展环境，推动整个庆元地区社会营商环境的和谐，以此发挥商贸流通业对农业和手工业的产业引领作用，实现民众安居乐业、政府税收有保障的经济社会发展目标。

2. 重视降税减免对经济社会发展的促进作用

嘉定六年（公元1213年），庆元有个名叫程覃的人就政府商业税收事宜上奏。他认为，庆元的民众以贩卖鲜鱼为生，“除淹盐鱼虾等及外处所贩柑橘、橄榄之属收税外，所有的鲜鱼、蛤、蚶、虾等及本府所产生果，悉免本府在城收税”[①]，反映了个体户希望政府对鲜鱼、蛤、蚶、虾等明州地产品免税的愿望。

宝庆二年（公元1226年），庆元知府胡榘作出了对民众携带海产品、果蔬等自产品入城交易的一律减免商业税收的规定。此后，“除了外地产品仍需课税外，对本地所产水产品与农副产品已逐步实行免税政策”[②]，减轻了个体户和民营商贸企业的负担。

3. 重视资本对工商业发展的要素资源性作用

在市场经济社会里，资本是重要要素，更是纽带，它能通过自由贸易，使商品和劳务成为有效供给。同时，通过满足经济社会的有效需求而使资本增值，不断增加个体和社会财富，使从商成为自然经济向市场经济转变的重要推力，以此推动经济社会文化良性发展。

---

① 傅璇琮主编，张伟、张如安、邢舒绪著：《宁波通史》（宋代卷），宁波：宁波出版社，2009年，第82页。转引自（宋）《宝庆四明志》卷五《叙赋上·商税》，《宋元方志丛刊》本，北京：中华书局，1990年。

② 傅璇琮主编，张伟、张如安、邢舒绪著：《宁波通史》（宋代卷），宁波：宁波出版社，2009年，第82页。

4. 重视食货[①]为本对发展经济、稳定社会、巩固封建社会的政权统治的重要作用

"食货"涵盖三次产业，政府重视"食货"。明州地区便利的河海交通和内外贸易的重镇地位，从商之风自古有之，与外界的交往、交流和交易从未间断，其重商理念一直传承，积极发展工商业未有间歇。

南宋时期，以鄞县人袁燮为代表的重商思想为明州地区广为接受，他提出"食货为本"的观点蕴涵重要的重商理念和追求，意在阐明人们在内在动力主导下，把商品、资本和人的有效需求有机地结合在一起，鼓励大力开展农工商生产经营活动。

（二）促进工商产业由资源价值向城市集聚的转变

1. 将资源价值转变为商品价值

明州地区最大的资源是港口资源、渔业及其他资源（见表4-42），前者无形，可称之为无形资本，也可作载体和枢纽；后者有形，可称之为有形资本，更可以成为商品，不仅具有价值的属性，也具有资本的内涵。

表 4-42　　南宋时期庆元地区资源与效用概况

资源种类	资源特点与属性	资源价值与效用
渔业	大黄鱼、鲳鱼、比目鱼、带鱼、鳗鱼、虾、蟹等60多种海产品	渔民自身生活及加工产品用于交易之需
盐业	以慈溪鸣鹤盐场为代表的明州食盐，粒细色白、质量上乘	政府专营、价值载体、政府收入来源之一
纺织业	以吴绫、交梭绫为代表的明州丝织品、苎麻布。其中，吴绫成为南宋"贡品"	民众自身生活之需、实物赋税、价值载体、财富象征
种植业	水稻、小麦、棉花、桑葚及桑叶（养蚕）、苎麻、茶树、席草、水果（柑橘、荸荠、枇杷、杨梅、香榧、甘蔗、金豆、青灵子）	满足生活需求之需、用于交易之需
制造业	造船、兵器制造	船舶用于交流与运输，是劳动力密集与资金密集的载体，还可称为商品；兵器为国防之用，成为无形资本

① 在《汉书·食货志》里，班固对"食"与"货"这两个概念，做了明确的解释："食谓农殖嘉谷可食之物，货谓布帛可衣，及金刀龟贝，所以分财布利通有无者也，二者，生民之本，……食足货通，然后国实民富，而教化成。"可见，"食"是指农业生产，"货"是指农家副业布帛的生产及货币流通。

续表

资源种类	资源特点与属性	资源价值与效用
造纸业	余姚的竹纸“姚黄”、明州的皮纸、竹纸	满足经济社会和文化发展的需要
刻书业	余姚印刷业、刻书业	官刻、坊刻和私营刻书传播文化、培养人才，无形资本
酿酒业	酿造清酒和煮酒、明州生产的“十洲春”成为宫廷贡酒	政府专卖酒类、酒水是财富之源、政府收入来源之一

资料来源：根据相关资料整理。

渔业资源可以通过港口的节点，装在资本的货船而与海内外客商进行交易，助力无形价值转变为有形价值，使明州因港而兴。资源价值助力收入水平的提高和城市的繁荣，有力地实现了由资源价值向提升城市经济社会发展程度的转变。

2. 以资本积累推动人口和城市集聚

资源价值的转变，不断促进社会财富的积累，也推动了明州人口和城市的集聚，不仅使城市和集镇成为工商产业的重要载体，而且推动了工商产业向城镇集聚、集群的转变。

南宋时期，宁波工商业经济不断发展，城区已成为工商业者集聚地。“1168年（南宋乾道四年），城区有纳税户5321户，约占总户数5.4%。”[①]工商产业从业者的居住地就是产业集聚之地，其生产生活行为本身创造了巨大的市场需求。

（三）个体民营内贸交流不断拓展

1. 个体私营户摆摊设点

由于经济的发展和民众交易的需求，农民等个体私人携带自产的粮食、蔬菜和水果到明州集市上“摆地摊”，这是一种无店铺的交易行为。双方通过商品和货币的交易后，出售人获得货币，然后去市场上购买所需的生产生活用品。

手工业者也可以在此出售手工业产品。其中，有些商人在集市上手握纸币，大肆收购粮食和农副产品和手工业用品，再将其运往价格高地牟利。因此，个体私人的商贸流通行为既是满足民众生产生活的前提，又为长途贩运的商人提供了货源。

① 俞福海主编：《宁波市志》（上），北京：中华书局，1995年，《经济总情·经济发展概略》，第330页。

2. 商业店铺遍布市镇

明州地区经济日益发展，使交通的便利性与口岸效应不断显现，明州城与鄞县的大嵩、横溪，奉化的公塘、白杜、鲒埼，以及慈溪、定海、小溪、石溪、宝幢、澥浦等市镇的商业店铺陆续开张。明州城内有80%的商业店铺，专营木材、棺材、毛竹、石板、皮件、花草、蔬菜、水果、鱼鲞、药材、香和食油（见表4–43）。

表 4-43　　南宋时期明州城内商业店铺经营概况

店铺及坊巷类别	交易种类及范围	用途
竹行	竹制品	满足生产生活之需
花行	花卉、苗木	满足生活之需、用于绿化
石板行	经过凿刻及打磨的成型碾、石板、碑、料槽等石质器具	生产生活及墓碑
鲞团[a]	鱼虾蟹等各种鲜活及加工后是海产品	满足生活之需、贩运至外埠
茶市	春夏秋等季节出产的绿茶、白茶	
酒市	清酒和煮酒及其他类型的酒水	

注：a. 在宋代，“团”即市场之意，“鲞团”就是贩卖海产品的市场。

资料来源：根据相关资料整理。

3. 交易市场陆续兴建

南宋中期，庆元“城区中心的大市、城东北的后市以及南宋中期后纳入甬东厢的甬东市，是最大的货物交易市场，市内所附设的‘市廊’，即是货物的交易之处”[1]。当时，明州城内至少有两个综合性市场、稻米批发市场。

明州和余姚、宁海是著名的茶叶产区，昌国和象山捕鱼业发达，自然在市镇有自发性的茶叶市场和鱼市的存在，如海曙区现在还有卖鱼路，便是例证。

由于明州城门口的商业不断发展繁盛，原有商业街区已经不能满足市场扩大的需要，因此“西南门各一，东门两个——从而市政官吏不得不创立市郊新区（乡），并将其合并统一”[2]。进行有效整合后，商业市场的范围和功能进一步得到拓展，推动市场不断走向繁荣。

---

① 傅璇琮主编，张伟、张如安、邢舒绪著：《宁波通史》（宋代卷），宁波：宁波出版社，2009年，第83页。

② [日]斯波义信著，王泰祥译：《宁波及其腹地》，第3页。来源于网页：http：//www.docin.com/p–1189085044.html 2016年 11月11日。

4. 服务性行业陆续兴起

①基本服务业日渐兴盛。由于人口的增长、商贸流通范围和人员的进一步扩大，明州港口的枢纽性地位不断加强，城市功能也在日益扩展，定居者与商旅往来人员衣食住行等基本服务的有效需求与日俱增，旅店业、餐饮业、娱乐业、旅游业等与商贸流通活动密切相关的行业发展起来，使基本服务业成为商贸流通业的重要行业之一（见表4–44）。

表 4-44　　南宋时期明州城内个体民营服务业发展概况

类别	店铺及游乐场所名称	新兴服务业功能
旅店业	郑允客店、吴可献客店、边家客店	供南来北往的商旅之人歇息
饭店业	宋端仁食店	供给明州城乡或商旅往来人士的饮食
娱乐业	与临安、湖州等商业比较繁华的城市一样，明州城内出现了‘瓦子’之类的商业性娱乐场所，娱乐业开始产生	满足明州市民及外地客商精神文化生活的需要
旅游业	月湖以及成为旅游观光胜地，吸引大量游人前来观赏	支撑商业产业，改变此书的经济结构，推动商贸流通业进一步繁荣

资料来源：根据傅璇琮主编，张伟、张如安、邢舒绪著《宁波通史》（宋代卷），宁波出版社，2009年，第84页的相关内容整理。

②担保业以“交引铺”[①]的形式开始出现。南宋宝庆年间（公元1225～1227年），庆元地区商贸交流活动日益频繁，专门经营茶叶、食盐等交引买卖和经营担保业务性质的“交引铺”也开始出现而成为市场交易中的第三方主体。

“交引铺”是经营“担保和换易交引业务，从中获取担保酬金，或从交引转手专卖中牟取利润的中介机构”[②]。

“交引铺”的出现是明州地区城市商贸流通经济发达的显著标志（见表4–45）。同时，因其担保功能，将交易各方及第三方担保纳入商贸流通的交易系统，形成环环相扣的交易链条，有效地降低了交易成本，对推动商贸流通业发展发挥了积极的作用。

---

① 所谓“交引”，即商人在缴纳金银、钱帛、粮草后，按值到指定场所领取现钱或运销某些商货的凭证。由于商人在领取现金或换易交引于产区领取茶、盐等物时，朝廷为防止冒名支领，规定须有人户做担保；同时茶、盐食商有时因急需现金，难免要变卖“交引”。

② 傅璇琮主编，张伟、张如安、邢舒绪著：《宁波通史》（宋代卷），宁波：宁波出版社，2009年，第85页。

表 4-45　　　　南宋宝庆年间明州地区“交引铺”所纳税额概况

<table>
<tr><th>所在地</th><th>数量（个）</th><th>每年的纳税总额（贯、文）</th><th>相关交引铺所纳税税收额（贯、文）</th></tr>
<tr><td>西门</td><td>1</td><td rowspan="6">10912 贯 5 文</td><td>—</td></tr>
<tr><td>南门</td><td>1</td><td>2636 贯 667 文</td></tr>
<tr><td>沈店</td><td>1</td><td>—</td></tr>
<tr><td>宋诏桥</td><td>1</td><td>—</td></tr>
<tr><td>望春桥</td><td>1</td><td>—</td></tr>
<tr><td>江东</td><td>1</td><td>2642 贯 210 文</td></tr>
<tr><td>总计</td><td>6</td><td>10912 贯 5 文</td><td>5278 贯 877 文</td></tr>
</table>

数据来源：根据傅璇琮主编，张伟、张如安、邢舒绪著《宁波通史》（宋代卷），宁波出版社，2009年，第85页的相关内容整理。

5. 明州成为浙东地区重要的中心消费市场

随着明州人口的增长、产品商品化程度的进一步提高，以及以明州州城为中心而与州城各区域交通条件的改善，庆元州城商贸枢纽地位得到提升，并因此“明州城作为地区性商业中心和最大的消费市场，充分发挥着流通枢纽和物流调节的功能”[①]，其市场经济发展水平在当时国内主要城市中居于前列。

6. 明州与域内外交流的范围进一步扩大

随着明州州城域内商贸交流的扩大，明州州城与域外交流的范围也在扩大（见表4–46）。

表 4-46　　　　南宋时期明州区域内外商贸交流层面概况

区域范围	自身商业机能与发挥的作用	商贸交流路径
明州城区	吸纳、消费外地产品而成为最大的消费市场；明州州城成为商贸交流的流通枢纽和最大的商品集散地	将部分输入品向域内县城、乡镇的集市和“草市”分销；成为本土商品的集散地，并将之输入外埠市场
明州各县城及乡镇	消化农业和手工业的剩余产品，满足本区域内的有效需求，进一步活跃各县及乡镇市场	将自产产品输往明州州城及外埠市场
明州州城以外地区	有农业、手工业产品和丰富的渔业资源，具有与明州域外市场进行交易的实业基础	将明州农业、手工业产品和丰富的渔业资源输往外埠市场，进行交易而获得明州市场所需商品

数据来源：根据傅璇琮主编，张伟、张如安、邢舒绪著《宁波通史》（宋代卷），宁波出版社，2009年的相关内容整理。

---

① 傅璇琮主编，张伟、张如安、邢舒绪著：《宁波通史》（宋代卷），宁波：宁波出版社，2009年，第86页。

在明州州城域内，商贸交流服务遍及城乡两大区域；而在域外，江浙、巴蜀和内地荆襄市场上随处可见宁波的海产品和鄞县、奉化、慈溪等地的竹制品，以及“明州的特产品，如越窑青瓷、明席、草鞋、奉化绝、女儿布、金酒、双鱼酒、铁器、铜器等产品”[①]。

由于生产力的发展，国内外市场逐渐兴盛起来，庆元地区国内贸易迅速发展。南宋时期，明州的国内贸易主要集中于长江三角洲区域，宁波居于北起山东半岛，南至福建泉州的漫长海岸线的中间位置，成为整个沿海地区主要货物的集散地（见表4–47）。

表 4-47　　南宋时期明州港口内贸货物集散概况

由广东、海南、福建等南方区域输入的商品	由山东半岛、密州、海州等北方区域输入的商品
生铁、木材、粮食、糖、染料、麻、胡椒、香、象牙、水果（荔枝、柑橘、橄榄）	蚕丝、粮食

数据来源：根据相关内容整理。

随着经济的发展和人口的增加，粮食需求量呈现刚性状态，粮食产量难以满足居民日常需要。明州民营商人的足迹远至两广地区、海南岛，他们将当地价廉物美的粮食贩运回浙东地区，以用于明州城乡居民饮食及酿酒之需。

7. 商税收入不断增加

①农户大多从事非农产业。在自然经济社会里，农业靠天吃饭，其比较优势低，农产品出售的价格也相对较低，农户辛苦劳作一年仅能糊口。但从事非农产业却能获取比农业更高的收入。因此，“奉化县的鲒埼镇、倚山濒海，居民数千家，许多农户已脱离农业”[②]，而从事捕鱼业等非农产业，其收入超过出售农产品所获得的收入。

②明州地区的商税收入不断增加（见表4–48）。除了茶市、米市、酒市、灯市等专业集市外，由于渔业发达，明州城乡各地还存在大小不等的鱼市，城乡居民买卖水产品，交易兴盛，为政府贡献了可观的商税收入。

---

① 傅璇琮主编，张伟、张如安、邢舒绪著：《宁波通史》（宋代卷），宁波：宁波出版社，2009年，第9页。

② 乐承耀：《宁波经济史》，宁波：宁波出版社，2010年，第120页。

表 4-48　　南宋年间明州税收收入概况

年号、年间 / 时间	明州商税总额（贯）	其中：州城税额（贯）	占总税额（%）	税场数量（个）	税收数量（贯）	年均每场税额（贯）	增长率（%）
宋神宗熙宁七年 / 公元 1074 年	27837	20220	72.6[a]	5	26947	5389	—
宋理宗宝庆元年 / 公元 1225 年	—	—	—	10	—	6221	323
宋理宗宝庆年间	—	—	—	7[b]	40530[c]	—	—
南宋中期	46574	—	53.5	—	—	—	—

注：a.（清）徐松《宋会要辑稿》食货一六之八，北京：中华书局，1987年影印本。

b.这7个税场分别是奉化、慈溪、定海、小溪、慈溪、宝幢、澥浦。

c.（宋）《宝庆四明志》卷五《叙赋上》《宋元方志丛刊》本，北京：中华书局，1990年。

数据来源：根据陆敏珍《唐宋时期明州区域社会经济研究》，上海古籍出版社，2007年，第289页及傅璇琮主编，张伟、张如安、邢舒绪著《宁波通史》（宋代卷），宁波出版社，2009年，第85页的内容整理。

③税收入超过农业和手工业税收收入。交易日益活跃既是经济活力的体现，更是政府财政收入的源头之一。南宋中期，明州“州城税额仍占总税额的53.5%。这一比例，充分反映出州城在区域商业经济中的中心地位①。”

8. 庆元地区进入商业社会

城乡居民大多从事非农产业，三次产业形成良性循环；城乡居民因商贸流通业而获得较多收入，其生活水平较内陆农业区域高；商业税收超过农业和手工业税收，皆成为商业社会发展的显著标志特征。

当时，作为地区性商业中心和最大的消费市场，明州已经成为商品经济发达的城市，商贸流通业对农业和手工业的产业推动和引领作用日益显现。随着明州城及各县的市镇商品经济不断发展，政府的钱袋子鼓了起来，政府收入日渐丰盈，其用于国防建设、政府自用和社会民生方面的开支不再捉襟见肘。

（四）政府管理和直接从事进出口贸易

1. 设置和完善对外贸易管理机构

海外贸易是庆元地区商品经济发展的结果。为了加强管理，元朝政府设置市舶司等机构，后由于机构调整，杭州两浙提举司的市舶司和江阴、秀洲、温州三

① 傅璇琮主编，张伟、张如安、邢舒绪著：《宁波通史》（宋代卷），宁波：宁波出版社，2009年，第85页。

地的市舶务被撤销，仅剩庆元市舶务一家。

据史料记载，庆元市舶司位在“子城东南，左倚罗城，又库、务两部分组成”[①]。市舶司由此成为管理两浙路对日本、高丽等国贸易的唯一机构，其贸易性质是官营而非民营。

2. 内贸业务向外贸领域延伸

大运河与浙东古运河相连，“进而又与余姚江和甬江相连，再从明州州治直达宋时的定海县（即后来的镇海县），与唐中期开始勃兴的海洋航路相连接”[②]。

明州地区的官营与个体民营对外贸易因江海一体联运而畅通无阻地发展起来，实现了以外贸为引领、内贸与外贸业务无缝对接的目标，其对外贸易的重要地位日渐凸显。

这一时期，明州地区与东亚的高丽、日本的贸易往来空前繁忙，明州与朝鲜、日本等儒家文化圈的国家交往更加密切。

3. 官营海外贸易利润丰厚

随着经济社会的进一步发展，以及造船和航海技术的进步与提高，明州官营对外贸易随之发展起来，当时出口的大宗商品是陶瓷。

浙江地区的“陶瓷……从温州出发，走东洋，或由明州转口，或直接走，下西洋，往广州、泉州转口。南宋时期，朝廷全力经营海洋，使得‘陶瓷之路’的分布范围比‘丝绸之路’更广，贸易顺差也不断扩大”[③]。

官营海外贸易获利甚丰，弥补了财政收入的亏空，而“到了孝宗一朝，财政规模就全面超过北宋”[④]。

（五）加强与东亚诸国的商贸交流

1. 采取惠商措施

庆元（明州）市舶务设置后，对外商实行优惠政策，如不断采取保护外商和

---

① 傅璇琮主编，张伟、张如安、邢舒绪著：《宁波通史》（宋代卷），宁波：宁波出版社，2009年，第94页。

② [日]斯波义信著，方健、何忠礼译，虞云国校：《宋代江南经济史研究》，南京：江苏人民出版社，2001年，第469页。

③④ 刘刚：《中国的大航海时代》，《作家文摘》，2015年6月16日第五版，摘自《国家人文历史》，2015年6月上。

商船的措施、保护其合法权益，对外商来明州贸易奖励其实物和官爵，意在进一步促进对外贸易的兴盛。

2. 解决财政困境

由于政府财政拮据，亟需广求财源。海外贸易，尤其是市舶司的收入，对于解决政府财政困难功莫大焉。因此，随着对外贸易的不断兴盛，明州政府可以借此对进出口货物征收更多的商税而获得不菲的财政收入。

3. 加强与高丽、日本的商贸交流

①高丽、日本是明州地区重要的官营贸易伙伴。南宋时期，明州地区与高丽、日本等东亚国家商贸交流频繁。“南宋中期以来，日本每年有40至50只商船开往明州等地”[①]。双方以货物贸易为主，互通有无、互惠互利（见表4-49）。

表 4-49　南宋时期庆元地区与东亚日本、高丽等国官营贸易概况

从日本进口的商品	向日本出口的商品	从高丽进口的商品	向高丽出口的商品
黄金、沙金、水银、鹿茸、茯苓、木材、硫磺、珍珠。	铜钱、瓷器、蚕丝、漆器、药材、香料、印染物品、丝织品、文具、草席、银币、茶叶、书籍	白银、人参、麝香、红花、布匹、铜器、板栗、杏仁榛子、松子	药材、丝绸、青瓷

资料来源：根据王勇进主编《宁波市对外经济贸易志》（638–1995），宁波出版社，1997年；傅璇琮主编，张伟、张如安、邢舒绪著《宁波通史》（宋代卷），宁波出版社，2009年等相关资料整理。

②加强与高丽的民间商贸交流。由于金国控制中国北方，自公元1164年后，中国与高丽就中断了官方贸易往来。民间贸易就是民营贸易行为，“明州与高丽之间只有民间贸易往来。1139年（绍兴九年），中国商船4批327人从明州出海去高丽”[②]，很多明州个体民营客商滞留高丽不归。

由于明州地区经济发展成就理独特的地理优势，再加上造船业的发展和航海技术的进步，为明州进行对外贸易提供广阔的市场和经济腹地，其与高丽、日本的民间贸易进入全新的繁盛时期（见表4-50）。

① 乐承耀：《宁波经济史》，宁波：宁波出版社，2010年，第124页。

② 王勇进主编：《宁波市对外经济贸易志》（638–1995），宁波：宁波出版社，1997年，第6页。

表 4-50　　南宋时期庆元地区与东亚高丽、日本等国民营贸易概况

从高丽进口的商品	出口高丽的商品	从日本进口的商品	出口日本的商品
白银、人参、麝香、红花、茯苓蜡等；布匹（大布、小布、毛丝布）、䌷、松子、松花、板栗、枣肉、榛子、椎子、杏仁、细辛、山茱萸、甘草、防风、牛膝、白术、远志、姜黄、香油、紫菜、螺头、螺钿、皮角、虎皮、漆、青铜、铜器、双檄刀、席、合蕈等	一类是中国物产，如茶叶、丝织品、瓷器、书籍、文具和各类奇花异草等；另一类是出产于东南亚、南亚等地，但经明州民营客商转手贩卖的商品，如香药、犀角、象牙等。其中，以茶叶、丝织品为大宗出口商品	黄金、沙金、药珠、水银、鹿茸、茯苓、木材（松板、杉板、罗板）、硫磺、螺头、和蕈、珍珠、扇绘、屏风、宝刀等	铜钱、瓷器、漆器、药材、香料、丝织品、书籍

资料来源：根据傅璇琮主编，张伟、张如安、邢舒绪著《宁波通史》（宋代卷），宁波出版社，2009年，第107~108页、第118页等相关资料整理。

专栏4–15　明州特产“明席”深受日本皇室欢迎

作为明州特产之一的草席，也通过民间贸易途径而输入日本。据《吾妻子镜》载，安德天皇文治元年十月，在源范赖献给后白河法皇的礼单中，就列有“唐席”50张。①

当时明州江东一带盛产席草，史称“人业于织，著名四方，曰‘明席’”②。可以认为，“唐席”即是闻名遐迩的明州特产“明席”，成为中国产品的“符号”。

注：①傅璇琮主编，张伟、张如安、邢舒绪著：《宁波通史》（宋代卷），宁波：宁波出版社，2009年，第121页。转引自[日]木宫泰彦：《日中文化交流史》（南宋元篇），北京：商务印书馆，1980年，第300页。

②傅璇琮主编，张伟、张如安、邢舒绪著：《宁波通史》（宋代卷），宁波：宁波出版社，2009年，第121页。转引自（宋）《宝庆四明志》卷四《叙产·草之品》，《宋元方志丛刊》本，北京：中华书局，1990年。

4. 加强与日本的商贸交流

①与日本进行黄金交易。南宋时期，全国黄金年产量仅数千两，但日本境内盛产黄金。日本黄金不断输入明州。

黄金具有天然货币的属性，就一两黄金的比价相比，日本黄金比价低而明州地区的黄金比价高，这吸引了中日两国的个体民营客商进行黄金交易。当时，很多日本个体客商私带黄金，登陆明州口岸后即与个体民营商人进行交易，使明州社会获得了更多的黄金硬通货。

专栏4-16　明州个体客商与日本民间商人进行黄金交易

据记载，“1232年（绍定五年），宋一两黄金值钱4万文，日本一两黄金值钱630文，中日商人都以贩卖黄金来牟取高利，多时一年从日本输入的黄金达四五千两”[①]。

金融业开放意味着开放型经济进入新的发展高度。在自然经济条件下，日本黄金对明州的输入是明州和日本个体商人主动参与和推进贸易国际化之举，也是明州金融业开放的标志，显现出以明州为代表的中国东南沿海贸易口岸开放型经济的发展程度，进一步提升了明州对外贸易的地位和交易水平。

注：①王勇进主编：《宁波市对外经济贸易志》（638-1995），宁波：宁波出版社，1997年，第5页。

②铜钱交易日渐频繁。日本由于商贸流通业的发展而对金属货币的需求量与日俱增，但其国内的金属货币铸造业曾一度中断，使贩钱业变得有利可图。因此，在明州与日本民间贸易中，铜钱交易位列首位，大量的宋代铜钱输入日本。

专栏4-17　日本境内出土的中国铜钱见证庆元地区与日本的货币交流

由明州地区输入日本的铜钱呈现量大、品种多的特点，涵盖中国自唐代至明朝时期的钱币种类，充分显现出彼时中日间金融业交流的规模与程度。

“据近时不完全统计，日本境内28处出土的中国钱币，自唐至明共为55.3万余枚，其中北宋钱占82.4%，这些钱绝大部分是南宋时输往日本的。”[①]

输入扶桑的宋代铜钱深受日本国人青睐，在日本国内的商贸流通业中发挥交换媒介、价值标准、价值储藏等货币职能，而从明州口岸输入日本的宋代铜钱实际上充当了世界货币的职能。

注：①[日]小叶田淳《改订增补日本货币流通史》第一章，转引自徐规《宋代浙江海外贸易探索》，《仰素集》，杭州：杭州大学出版社，1999年版，第523页。

③日本仿铸中国古钱。从唐永淳二年，弘道元年（公元683年），日本深受中国的影响而开始使用铜钱。“铜钱的来源，最初全从中国输入，称为‘渡来钱’，以宋钱为最多，唐钱、明钱次之”[①]。宁波作为当时对日贸易的主要口

---

① 林满红：“两千年间的‘佛’与‘国’：传统中国对西方货币领袖头像的认知”，《中国经济史研究》，2018年第2期，第9页。

岸，中国铜钱已成为双方交易品种之一。

随着对日贸易的展开，中国铜钱输日数量不断增加。日本以自宁波口岸输入扶桑的宋代铜钱为范本，“曾大量仿铸中国古钱，主要是仿铸宋钱，被称为‘长崎贸易钱’”[①]，这是中华文化对日本产生深远影响的有力例证。

5. 拓展与东南亚诸国贸易

①拓展海上商贸交流通道。南宋时期，由于政府大力鼓励海外贸易，且不断拓展海道以保障海上交通的便利，使明州地区与南洋诸国，以及波斯等国官营贸易迅速崛起，其商贸交流进一步展开。

②完善南海航线。当时，庆元不断加强与东南亚、波斯湾地区沿岸各国的文化贸易交流，其交流的频率与规模不断加大，瓷器、丝绸、茶叶等货物皆由明州港出口。这一时期，庆元地区“从海外输入的商品有160种”[②]（见表4-51）。

表 4-51　南宋时期庆元地区与东南亚诸国及波斯、阿拉伯地区进出口贸易概况

商品出口国及地区	输入明州地区的商品	经明州港出口的商品
波斯、阿拉伯地区	白银、鬼谷珠、朱砂、珊瑚、琥珀、玳瑁、象牙、沉香、丁香、龙涎香等多种香料，以及藤黄、犀角、葫芦瓢、红花、蜡等其他商品。其中，“以香料为大宗商品，其次为名贵药材、木材、宝货及布匹、矿石等特产”	“瓷器、丝织品、其次为金银铜铁等金属制品”
占城（今越南）	香料、苎麻、兽皮、木棉布、花梨木、苏木、椰子、水牛木、牛角、螺壳、条铁、生铁	—
其他国家	银、玳瑁、琥珀、象牙、沉香、芦荟、犀牛角、茶木、鳖皮、椰子、苏木、天竺香	

资料来源：根据王勇进主编《宁波市对外经济贸易志》（638–1995），宁波出版社，1997年，第5页及傅璇琮主编，张伟、张如安、邢舒绪著《宁波通史》（宋代卷），宁波出版社，2009年，第124～126页的相关内容整理。

当时，从明州港出口的商品主要有瓷器、丝织品、铜钱，以及金、银、铁等金属制品。据史料记载，“宋代铜铁还流入印度、阿拉伯、非洲等地，在南印度、霍尔木兹岛、肯尼亚和坦桑尼亚等地均有大量宋钱出土”[③]，反映出宋代明州地区海外贸易的繁荣。

① 林满红：“两千年间的‘佛’与‘国’：传统中国对西方货币领袖头像的认知”，《中国经济史研究》，2018年第2期，第9页。

② 王勇进主编：《宁波市对外经济贸易志》（638–1995），宁波：宁波出版社，1997年，第5页。

③ 傅璇琮主编，张伟、张如安、邢舒绪著：《宁波通史》（宋代卷），宁波：宁波出版社，2009年，第126页。转引自黄纯艳：《宋代海外贸易》，社会科学文献出版社，2003年，第45页。

第五章
元明时期宁波民营经济发展概况

元朝实行以国（官）营和官商合营为主的垄断经济体制，但政府重视海外贸易，与海外诸国继续进行官营贸易往来。

明朝虽仍实行“重农抑商”的基本国策，但在一定范围、一定时期内实行自由放任的经济政策，实行国（营）有经济和民营经济并行发展的经济体制。

随着生产力的发展，宁波工商业逐渐发达，民营工商税收在全国税收结构中的比例不断提高。商业资本与土地资本结合，土地大量兼并，雇佣关系成为劳资关系的主要形式，以工商业为主导的市民社会逐渐形成。

第一节　元朝时期庆元地区民营经济发展概述

元朝的社会等级制度，使工匠处于奴隶和半奴隶的地位，阻碍了民营经济的发展。元朝官府对全国的工匠统一进行管理，形成了集官府和贵族管辖于一体的手工业发展体制。同时，政府兴办国营（有）企业、垄断内外贸易和茶叶、酒、食盐等资源性产品，不许私人资本经营外贸业务，实行以国（官）营和官商合营为主的经济体制。

一、元朝政府加强统治的政策举措

元军在庆元地区设置管理机构，实行户籍制度，统一管理工匠，加强基础设施建设，为国（官）营和官商合营为主的经济体制营造发展环境。

（一）行使政府管理职能

1276年，元军占领庆元地区并设置了庆元路总管府。至元十四年（公元1277年），“元政府正式改庆元府为庆元路总管府，隶属江淮行省（后改为江浙行省）”[①]。以此作为管理庆元地方事务的机构，也开启了从公元1276～1368年长达九十多年的统治。

随后，庆元地区的都税使司、司狱司、司府仓、织染局、平准行用库、惠民药局等职能部门相继建立，“在庆元城，元政府设置录事司进行管理，市区施行坊社制”[②]，充分说明元朝政府在庆元的统治体系趋于完善，为稳定社会、发展经济奠定基础。

（二）施行户籍管理制度

1. 推行“乡都制”

为了加强管理，元朝庆元政府以在城市实行坊里制、乡村实行“乡都制”的方式，按照百姓的职业分工以及其社会职能的差异，将社会成员按职业划分为民户、匠户、儒户、军户、医户、灶户、弓手户、打捕户、驿户、急递铺户、船户等不同的类别，对庆元地区的居民进行有效管理。

2. 实行户籍制度

在此基础上，庆元政府实行以人户为中心、以人身奴役为主要内容的户籍制度。[③]“通过诸色户计的编定，不同职业分工的人户为政府提供专门的劳役，如弓手户担负地方治安的任务，匠户为官府服役生产手工业品。”[④]

（三）进行基础设施建设

由于庆元地区水网密布，人员往来和物质交流皆依赖于水路交通。元朝庆元政府大力发展交通事业。通过疏浚河道，修建桥梁，畅通水陆交通道路，促进了庆元城乡内外的人员往来于商贸交流，也为顺利海运粮食奠定了基础。

---

① 傅璇琮主编，钱茂伟、毛阳光著：《宁波通史》（元明卷），宁波：宁波出版社，2009年，第5页。

② 傅璇琮主编，钱茂伟、毛阳光著：《宁波通史》（元明卷），宁波：宁波出版社，2009年，第4页。

③ 元政府将户籍编为“诸色户计”，户计的划分基本上按照百姓职业的分工以及社会职能的差异来进行。

④ 傅璇琮主编，钱茂伟、毛阳光著：《宁波通史》（元明卷），宁波：宁波出版社，2009年，第18页。

二、重视农业的基础性作用和地位

元朝政府重视农业的基础性作用和地位，在庆元地区大力发展农业生产，减免农业赋税，调整种植结构，促进农业产业发展。

（一）设置农业管理机构

元朝政府从制度安排上采取一系列恢复经济、发展农业的措施是其转型的重要标志。忽必烈即位后，多次下诏，劝课农桑，以促进农业的发展。

元朝政府在庆元地区设置“劝农司”、“营田司”等机构，由地方行政长官亲自挂帅“劝农司”，以推进重农工作的深入开展。“为了发展和征集浙东木棉，在庆元设置浙东木棉提举司”①，可见对发展农业的重视程度。

（二）建立基层农业生产组织

一家一户从事生产是小农经济的特征之一，生产的自由性难以达到规模经济的效应，将个体农户组织起来，推进小农经济状态下的自然农业加快发展。

元朝政府非常重视农业基层组织对农业发展的重要推动作用，“元廷颁布了劝农立社法令15条，对村社的建置和作用作出了具体的规定。规定村社50家立一社，推举年高通晓农事者为社长”②。

当时，“庆元在基层农村实行村社制，有村社130个”③。元朝政府号召庆元地区的农村村社基层组织兴修水利、开垦荒地、广种树木，积极发展农业生产，取得了一定的效果。同时，政府负责编修和出版涉农书籍，指导庆元农村的农业生产行为。

（三）颁行重农政策

1. 减免农业赋税

鉴于南宋末年的战乱给社会生活造成人口锐减、土地荒芜、经济萧条的损害，元朝政府以减免农业税收的优惠政策措施（见表5-1），招募流亡人口，用一系列惠农政策吸引其务农，以壮大、稳定农业产业队伍。

---

①②③ 乐承耀：《宁波经济史》，宁波：宁波出版社，2010年，第134页。

表 5-1　　元朝时期庆元政府惠农政策概况

年号、年间 / 时间	减免农业税收的具体措施	效果
元成宗大德元年 / 公元 1297 年	昌国遭受自然灾害后，政府作出对损失超过 50% 的地方全额免除税粮，其余各处减免 20% 至 30%，夏粮全免	农民虽遭灾歉收，政府惠农政策帮助其渡过难关
元成宗大德八年 / 公元 1304 年	元朝政府诏令江南地主必须减免佃户的租课，"仿官田例租税减十分之二，永为定例"	庆元地区农民得到农业赋税减免的实惠

资料来源：根据乐承耀《宁波经济史》，宁波出版社，2010年，第134页的相关内容整理。

2. 开垦土地

元朝建立后，由于政府大力鼓励发展农业，农业的基础性地位得到加强。庆元地区的农民在沿海、沿江一带适于垦殖的地方，不断开垦土地，营造涂田，填湖为田，开垦山地，将海滩、河滩、荒地、山坡辟为圩地、涂田和梯田，共计有涂田1061顷成为可以种植农作物的良田，为农业好收成和政府获得稳定的赋税收入奠定坚实的基础。

随着海涂田数量的增长，从至元十八年（公元1281年）开始，海涂田和河涂田成为庆元农村纳税的土地。"从皇庆元年到至正二年（1312–1342年）的30年中，庆元的田地增加了230596亩，增幅为10%。"①

3. 兴修水利工程

元朝政府非常重视兴修水利。首先，设置相关官员和机构，负责领导和管理水利工程的兴修。其次，颁布相关诏令，强调水利兴修的重要性。

至正初年，灌溉慈溪、定海、鄞县田地的40余万亩的茅针碶，年久失修，庆元路总管府的总管王元恭率领三县官员和民众，经过8个月的努力疏浚成功。

庆元地区的政府官员亲自带领鄞县、慈溪和定海等三县的农业主管官员疏浚它山堰。奉化、慈溪等其他地方的政府农业官员和乡绅，将闸改堰，或设碶闸以利泄洪，或修筑海塘、整治小水利工程等，都取得了积极的效果。

4. 调整种植结构

元朝时期，庆元地区的粮食以稻麦为主，粟、荞麦、豆类次之。其中，稻类有粳稻、糯稻，麦有大麦、小麦、荞麦，以及黍、黍、粟、白豆、黑豆、绿豆

① 傅璇琮主编，钱茂伟、毛阳光著：《宁波通史》（元明卷），宁波：宁波出版社，2009年，第62页。

等。当时，庆元地区普遍实行稻麦二熟制，通过稻麦轮作的生产方式，形成水稻和大面积麦类作物种植区。

除粮食作物外，庆元地区还广泛种植桑树、棉花、茶树、苎麻、水果、蔬菜、药材等经济作物，以养蚕缫丝织绸、棉花纺织棉布、产茶并榨取茶油、苎麻经过加工脱胶后纺织成麻布，显示出庆元地区以粮食种植为主、以其他经济作物为辅的农业产业结构。

当时，最著名的茶叶有余姚的日铸茶、庆元的范殿帅茶、四明白茶等，这些经济作物成为工商业发展的重要基础。

三、元朝实行以国（官）营和官商合营为主的垄断经济体制

元朝政府严格控制个体工匠，垄断官营手工业，在纺织业、煮盐业、茶叶业、兵器业和刻书业等手工业领域实行以国（官）营和官商合营为主的垄断经济体制。

（一）夯实国营（有）经济体制的发展基础

1. 集聚工匠服务官府

元朝统治中国后，重视手工业，重视身怀一技的专业技术人才。因此，他们俘获工匠的人数达到了三四十万以上，形成成体系的专业人才队伍。“这些工匠，有的直接隶属于官府，有的归各贵族管辖”[①]。其中，大多是具有个体私营性质的民营工匠。

统治者奴役这些原来具有自由身份的手工业者为其服务，驱使他们为官府和贵族从事兵器和奢侈品的生产。

2. 设置机构管理手工产业

元朝政府在首都即各路州设置相应的机构，设置了很多诸如总管府、提举司、局、所、监等手工业管理机构，管理手工业的所有门类，形成了一种集官府和贵族管辖于一体的手工业发展体制。

---

① 童书业著，童教英校订：《中国手工业商业发展史》，北京：中华书局，2005年，第175页。

"在手工业方面，庆元有官营纺织业和武器、船舶制造业"[①]，由官府对工匠统一进行管理，形成了以国营（有）经济体制为主体和主导的经济体系。但到了元末至正后期，由于体制原因，庆元的官营手工业逐渐走向衰败。

（二）不断强化国营（有）经济的垄断地位

1. 严格控制个体工匠

元朝实行以国（官）营为主、官商合营的经济体制，排斥和摧残民营经济。元朝时民间工匠受官府控制很严，通过实行"匠户制度"[②]来控制个体民营工匠。这些工匠"平时自己经营，受差时，官给口粮和工价"[③]。

元朝这种经济体制"是一种部族性的手工业，它的发展，一定要阻碍民间手工业的自由经营和发展"[④]，民营经济毫无生存空间。因此，滨海区域的人们只能寄希望于海外贸易，通过走私赚钱。

2. 垄断官营手工业

元朝政府重视手工产业对经济社会的重要推动作用，通过集聚工匠、统一管理的方式形成国营（有）经济发展体制，其力度达到了空前绝后的程度。

"元代手工业官营垄断的部门都是矿冶、纺织、制盐、酿酒、军器制造业等，所用工匠主要来自匠役的匠户"[⑤]。而且"各贵族手中还掌握着不少的工匠，经营各种手工业，这也属于官府手工业的范畴"[⑥]，达到了不断强化官营垄断体制的目的。

---

① 傅璇琮主编，钱茂伟、毛阳光著：《宁波通史》（元明卷），宁波：宁波出版社，2009年，《导论》第2页。

② 匠户是指中国古代从事手工业生产的专业人户。匠籍又称"匠户"，是起源于元朝的一种户籍制度。唐代已有工匠在官营手工业作坊内定期服役的制度，宋代匠户往往被官府以强制方式役使。元代政府为了便于强制征调工匠服劳役，将工匠编入专门的"匠籍"。元代以后，工匠被编入专门的户籍，由专门机构直接管理，不得脱籍改业，必须世代相袭，承担指定的工役。"匠户制度"是封建社会严重的人身依附关系载体，它是政府权力在手工业领域的延伸，也是阻碍生产力发展的落后的生产关系形式，严重阻滞宁波民营经济的发展。

③ 童书业著，童教英校订：《中国手工业商业发展史》，北京：中华书局，2005年，第177页。

④ 童书业著，童教英校订：《中国手工业商业发展史》，北京：中华书局，2005年，第175页。

⑤ 陈永勤：《中国经济史》，北京：中国人民大学出版社，2012年，第61页。

⑥ 童书业著，童教英校订：《中国手工业商业发展史》，北京：中华书局，2005年，第185页。

3. 对茶叶、酒水、食盐等民生商品实行专卖

茶叶、酒、食盐等商品与民众日常生活密切相关，元朝政府将茶叶、酒水、食盐列入专卖名单，“甚至连竹子都实行专卖，借口是防止敌方得到竹子制造弓箭”[①]。这些专卖商品关系国计民生，属于民众的刚性需求，而政府通过专卖措施，对其垄断，独享丰厚之利。

4. 提高专卖价格和商税税率

滥发纸币“中统钞”，造成恶性的通货膨胀。元朝政府“为了刮钱不得不求助于专卖和其他敛财制度。桑哥以敛财著称，他提高专卖价格和商税，直接打击了元代的民间贸易系统”[②]，实际上严厉打击个体民营商贸流通业从业者，削弱其发展基础。

5. 依靠权力分红

政府依靠手中的权力，强力实施这些政策。为了确保国营（有）企业的既得利益，在国营（有）企业（如经营酒、铁、盐、海外贸易的部门）或国营（有）合资企业业绩分红时，政府严格要求其分配占有多数比例，极力与民争利，以获得更多的既得利益。

（三）庆元实行以国（官）营和官商合营为主的垄断经济体制

1. 纺织业领域

①庆元地区具有发展纺织业的有利条件。元朝开始普遍种植木棉，其后棉织业逐渐取代丝织业，反过来促进纺织业的发展，使纺织业成为当时庆元的支柱产业之一。元朝时期，余姚已经开始引进棉花进行种植，为庆元地区纺织业的发展提供原料和市场。

②纺织实物已成向政府缴纳的税赋之一。元朝政府重视棉纺织业，将棉纺织品作为赋税缴纳的实物之一。元代初年，“大规模向人民征收棉布实物，每年多达10万匹，后来又把棉布作为夏税（布、卷、丝、棉）之首，可见棉布已成为主要的纺织衣料”[③]，正在发挥流通货币的支付手段职能。

---

①② 郭建龙：“忽必烈的孱弱遗产”，《作家文摘》，2018年3月27日，第12版。转引自《中央帝国的财政密码》，鹭江出版社，2017年4月。

③ “棉花传入中国的历史”，天地9608的博客，新浪博客，2012-03-31。来源于网页：http：//blog.sina.com.cn/s/blog_3f81805b01013a9n.html2017-05-03。

③政府设置织务管理机构。元代初年，政府设立了木棉提举司，负责管理全国的棉纺织业生产经营事宜。庆元政府设置专门机构，“庆元路的官营纺织业主要由织染局负责生产。织染局隶属于路总管府在城西北隅阅武坊，原委宋贡院，至元二十七年（1290年）建屋置局”[①]。

织染局负责管理木棉等纺织原料的种植与生产，主要生产印染纺织品，“每年生产的丝织品共3291缎，主要有纻丝1726缎，丝绸1565缎”[②]。其花色品种繁多，深受消费者欢迎。

④丝织业是纺织业的主要行业。元朝时期，政府设置由工部管辖的织染局、院。“浙东的庆元路就设有织染局，规模比较大。……其官吏有提举、同提举、副提举等，他们分别管理织造业”[③]，负责整个庆元地区织造的日常管理事宜。

由于掌握了大量的匠户，随着生产规模的不断扩大和生产管理效率的提高，丝织业成为庆元地区国营（有）手工业的重要行业。

⑤官营丝织业发展由盛而衰。元朝时期，丝织业因其丝织品种多、花色全、产量高、质量好，所生产的产品不面向市场而供给皇室、贵族、官僚，以满足其服饰之需。政府通过税赋征收的方式，从民间无偿征集纺织原料，以供官办纺织工场的生产之需。当时，慈溪“彭桥乡以产小江布著名”[④]。

由于官营体制的非市场因素，庆元地区的官营纺织业发展了70年后走向衰落，直到1263年庆元政府重建织染局，其纺织业才得以恢复发展。

2. 煮盐业领域

①设置相关管理机构。元朝政府在至元十三年（公元1276年）颁布命令，强调要发展茶叶、盐业、酒水和食醋等民生产业，庆元地区的盐业适逢良机而发展起来。

元朝的盐务机构为二级管理机制，后来，元朝政府在庆元地区设置“两浙都转盐使司分司”的机构，对盐业实行专卖，而庆元地区的盐运司则代表政府负责管理盐业专卖的具体事宜。同时，屯驻庆元（见表5-2），对盐业事务进行有效管理。

---

①② 傅璇琮主编，钱茂伟、毛阳光著：《宁波通史》（元明卷），宁波：宁波出版社，2009年，第73页。

③ 乐承耀：《宁波经济史》，宁波：宁波出版社，2010年，第142页。

④ 俞福海主编：《宁波市志》（上），《区县（市）·慈溪市》，北京：中华书局，1995年，第99页。

表 5-2 元朝时期庆元地区盐场及管理机构设置概况

年号 / 时间	盐场所在地	盐务管理机构及生产规模
至元二十六年 / 公元 1289 年	庆元	“两浙都转盐使司分司”
元贞初年 / 公元 1295 年		将鸣鹤、石堰两场合并为一场，后又重新分为两场
延祐年间 / 公元 1314 ~ 1320 年		5 县产盐，有 10 场
至正十四年 / 公元 1354 年	石堰场流亭山	“盐课司”

资料来源：根据相关资料整理。

②政府垄断盐业生产。庆元地区的“盐运司下辖之盐场是直接管理盐生产的基层机构，其主要职责是管理、督促盐户，完成生产定额。每一盐场一般有数百以上盐户，下按团、灶分立，组织生产”[①]，形成了由政府官员完全控制的垄断生产模式。

当时，在鄞县、慈溪、定海（今镇海）、昌国州、象山等县分布有10个盐场。“在官办盐场下面，分立团灶，是制盐的基本单位。每团四向筑叠围墙，盐户在团内共同使用官灶、官盘煎盐”[②]。

③扩大盐业产量。延祐年间（公元1314 ~ 1320年），“庆元路产盐5县（州）10场盐产量已达90177引”[③]，使元朝的国营（有）盐务企业年产量又达到了新的水平，成为巨量的财富载体。

庆元地区的产盐量不断扩大。在延祐至至正年间（公元1314 ~ 1371年），庆元地区岁办盐额共计306436引，共计折合42604.3吨。当时，慈溪的鸣鹤盐场规模最大。

以此为引领，整个庆元地区的盐业产量在两浙地区占有重要地位。据史料记载，“元统三年（1335年），两浙的年产盐额是48 万引，而庆元地区至正初年各盐场的年产量就有11 万引，占两浙总产量的23%”[④]。

④获取丰厚利润。由于采用竹编盐盘取盐土等制盐新技术，改变了过去因天气原因而无法制盐的状况，盐产量大为提高。

在宋末元初，庆元地区余姚州的石堰盐场的盐课高达9000引（元制一引=400斤）[⑤]，对政府而言是一笔非常可观的收入（见表5–3）。

---

① 朱柏铭主编：《宁波盐志》，宁波：宁波出版社，2009年，第137页。

② 朱柏铭主编：《宁波盐志》，宁波：宁波出版社，2009年，第236页。

③ 朱柏铭主编：《宁波盐志》，宁波：宁波出版社，2009年，第187页。

④ 傅璇琮主编，钱茂伟、毛阳光著：《宁波通史》（元明卷），宁波：宁波出版社，2009年，第75页。

⑤ 元朝时期，宁波有盐场12个（含时属庆元路之昌国3处盐场）

表 5-3　　元朝时期庆元路诸盐场产量（附余姚州）

地区	盐场	延祐年间产量（引）	至正年间产量（引）
鄞县	大嵩	5988	9291
慈溪	鸣鹤	28000	24485
定海	清泉	7337	19115
	穿山	7292	12139
	龙头	6735	9449
	长山	8483	7146
昌国州	正监	6361	8572
	岱山	7005	8183
	芦花	6871	8209
象山	玉泉	9343	13017
余姚州	石堰	9000	—

资料来源：傅璇琮主编，钱茂伟、毛阳光著《宁波通史》（元明卷），宁波出版社，2009年，第74页。转引自（元）《延祐四明志》卷一二《赋役考》、（元）《至正四明续志》卷六《盐课》。

⑤征收盐税。元朝时期，庆元地区本来就是重要的产盐区，由于盐是国家专卖的物质而可直接获利外，政府还能够通过征收盐业赋税来增加收入。

专栏5-1　政府以盐引之法征收盐税

盐课是元朝政府重要的税收来源，“盐课收入在元财政收入的钱钞部分中所占比例很大，达到了十分之七八”①。

盐税是政府重要的税收内容之一，政府通过盐税而大获其利。当时，“南方各地实行的都是盐运司卖引，商人运销的办法，以盐引为征税单位，岁定引额，寓税于价”②。

注：①傅璇琮主编，钱茂伟、毛阳光著：《宁波通史》（元明卷），宁波：宁波出版社，2009年，第33页。

②朱柏铭主编：《宁波盐志》，宁波：宁波出版社，2009年，第344页。

⑥官运官卖。元朝政府不仅垄断食盐的生产环节，而且亲自做商人，通过官营运输而进行食盐专卖。政府通过官运官卖的方式收取盐税，“元代实现官运官卖，以引为单位，每引400斤”。其后，盐税数量不断增加（见表5-4）。

表 5-4　　元朝时期政府盐税收取概况

年号、年间 / 时间	每引收取中统钞的数量（贯）	同比增长额（%）	实折钱
至元十三年 / 公元 1276 年	9	—	4 贯 500 文
至元二十六年 / 公元 1289 年	50	455.56	—
元贞二年 / 公元 1296 年	65	23.08	—
至大二年 / 公元 1309 年	150	56.67	75 贯，每斤 187 文

数据来源：根据朱柏铭主编《宁波盐志》，宁波出版社，2009年，第348页的相关内容整理。

⑦盐业缉私。元朝时期，灶户是专门为政府进行食盐晒制的工匠。他们工作任务繁重，但收入微薄。“大德年间的工本钱是一引10贯，而这时期的盐价是一引50贯，只相当于盐价的五分之一”[①]。

一些灶户私下将剩余的食盐卖给盐商，导致盐课数量不足。于是，政府整顿市场，加强管理，大力开展缉私工作，对因私自贩盐的灶户，一经发现，即刻重罚，如仗责或足刑。

3. 兵器业领域

庆元地区与全国一样，兵器制造业属于官营工业。元朝建制后在江南区域设置了很多兵器制造工场，庆元也不例外。“至元十三年（1276年），庆元路置杂造局，在西北隅河利桥东，以制造军用物资为主”[②]。

庆元官营兵工厂生产常用的盔甲、刀枪、弓箭袋、箭葫芦等制式武器及军需用品，以供给军队之用，其所需费用由政府财政拨款解决。

4. 茶叶领域

①设置官营茶场。元朝时期的庆元地区，“元政府还在开寿寺设置造茶局”[③]，是元政府对茶叶行业实行国营（有）经济体制的最有力证据。

专栏5-2　政府实行茶叶专卖政策

当时，茶叶由政府专卖，并征收茶叶税。“茶的生产由官府经营、专

① 傅璇琮主编，钱茂伟、毛阳光著：《宁波通史》（元明卷），宁波：宁波出版社，2009年，第18页。

② 乐承耀：《宁波经济史》，宁波：宁波出版社，2010年，第142页。

③ [明]成化《宁波郡志》卷五《廨宇》，参见俞福海主编：《宁波市志外编》，北京：中华书局，1998年。

卖。茶叶买卖凭茶引，茶引一张可买茶90斤，纳官课12.5两。”①

政府征收茶叶税收的主要区域为鄞县、慈溪和奉化三州县。“茶课收入虽然仅占百分之三强，但在诸色课程中，茶课仅次于盐课，仍占有重要地位”②。

注：①乐承耀：《宁波经济史》，宁波：宁波出版社，2010年，第141页。

②傅璇琮主编，钱茂伟、毛阳光著：《宁波通史》（元明卷），宁波：宁波出版社，2009年，第33页。

②通过“茶引”的方式实行所有权与经营权的“两权分离”。政府对茶叶行业实行专营的同时，仿照政府民营盐业经营许可的作法，对个体民营企业网开一面，准许个体私营盐商花钱向政府购买“茶引”，实际上就是个体民营的“茶叶经营许可证”。

个体民营商人经营茶叶，如果没有“茶引”则属违法。“茶引”的实施，表明政府在茶叶领域实行所有权与经营权“两权分离”的生产经营模式。

5. 刻书业领域

由于地方儒学的不断发展，元朝时期庆元地区的国营（有）刻书业非常兴盛，刊刻了大量的地方性文献。

据资料记载，当时元朝政府常常下令庆元路、州、县儒学书院等机构，按其要求自行刊刻九经、史学、文学、类书等各种书籍。“至元六年（1340年），庆元路儒学联合浙东七所儒学刻印了一批王应麟的著作。”①

四、庆元地区民营手工业发展概况

元朝时期，庆元纺织业和瓷器业在民营手工业发展中具有引领地位，煮盐业、矿冶业、酿酒业、渔业等个体民营经济得到发展。其中，酿酒业实行“两权分离”的生产经营模式。

（一）纺织业和瓷器业引领庆元民营手工业发展

1. 纺织业和瓷器业是元朝民营手工业的重要行业

元朝时期，“庆元民间的造纸、酿酒、冶铁、编织等行业都具有一定的规

① 傅璇琮主编，钱茂伟、毛阳光著：《宁波通史》（元明卷），宁波：宁波出版社，2009年，第76页。

模”[①]。纺织业是个体、家庭的重要产业，成为家庭经济收入的主要来源。“元丰末年，根据上引《始丰稿》的记载，民营丝织业似乎还相当的发达，它为明代丝织业的全盛奠定了基础。”[②]

2. 丝织业和棉织业等纺织业行业是手工业中最重要的产业部门

由于纺织技术由南方推广到北方，且纺织原料也由蚕丝变为棉花，棉织品因此普及而大众化。因此，“传统的丝绸品、明席和瓷器出口，使纺织品、制瓷业、草席业成为庆元的重要手工业行业”[③]。

（二）个体民营纺织业成为纳税的重要行业

1. 纺织产业具有广泛的群众基础

元朝时期，已普遍种植木棉，棉织业逐渐替代丝织业的产业地位。因此，庆元地区的纺织业很发达，纺织业已然成为国计民生的重要产业。

纺织品能够发挥缴纳赋税、满足自身衣着要求和市场出售以获得一定收入的作用。纺织品是封建王朝的实物赋税之一，纺织业技术要求不高，女性易学易会，一家一户、一人一车（纺车）便于操作。当时，庆元地区的农家妇女大多从事家庭纺织业。

2. 织品赋税成为政府主要的实物税收之一

政府非常重视。元世祖至元二十六年（公元1289年），政府在庆元地区设置“浙东木棉提举司”，负责管理浙东区域的纺织业生产和织品赋税的缴纳事宜。据史书记载，庆元地区每年缴纳的织品赋税的棉布就多达10万匹，可见产量之大。

（三）民营盐场获得行业发展机遇

盐业是利润极其丰厚的产业，因政府控制不严，民营盐场有所发展。元延祐年间，庆元路的盐场有10处（见表5-5），民营盐场占有其中的一部分份额，与国营（有）盐场一道共同发展。

---

① 傅璇琮主编，钱茂伟、毛阳光著：《宁波通史》（元明卷），《导论》宁波：宁波出版社，2009年，第2页。

② 童书业著，童教英校订：《中国手工业商业发展史》，北京：中华书局，2005年，第189页。

③ 乐承耀：《宁波经济史》，宁波：宁波出版社，2010年，第158页。

表 5-5　　元朝延祐到至正年间庆元路盐场数量与规模概况

年号、年间 / 时间	盐场面积（灶户田）	其中：国营（有）盐场面积（顷）	民营盐场面积（亩）	国营（有）盐场面积占盐场规模之比（%）	民营盐场面积占盐场规模之比（%）
元仁宗延祐年间 / 公元 1314 ~ 1320 年	839 顷 82 亩	官田（灶户田）42	50	5.00	60.97
		民田 797 顷	32	94.99	39.02
元惠宗至正二年 / 公元 1342 年	1597 顷 117 亩	官田（灶户田）209	54	13.09	46.15
		民田 1387	63	86.85	53.85

数据来源：根据朱柏铭主编《宁波盐志》，《第一篇·第三章》，宁波出版社，2009年，第66页的相关内容整理。

（四）个体民营造纸印刷业积极充当文化传播载体

1. 充分利用自然资源

由于奉化盛产毛竹，庆元地区的其他辖县产野藤，野藤是制作纸张的重要原料。因此，当地民众因地制宜，充分利用地产资源，将山水、植物和生产方式与技术融为一体，大力实施山野资源的开发利用。

他们以毛竹和山中采集的野藤为原料，通过祖传的造纸方法，大量生产竹纸和皮纸，形成水利资源的开发、造纸原料的采集和处理、造纸方式和技术的发挥的产业链。“鄞县的章溪出产皮纸，奉化州的棠溪则盛产竹纸和皮纸”[①]，造纸资源的开发和纸张制作满足了市场需要，实现了从资源效益向经济社会效益的转化。

2. 大力发展印刷业

印刷业是教育教材和文化传播的重要前提，由于庆元地区的造纸业发达，由此推动印刷业的发展与兴盛。当时盛行文化人自费刻印书籍的做法，很多民间饱学之士将自己的作品付梓。有的个体民营刻印社模仿当时流行的赵孟頫书体，刻印了大量的文化典籍类的书本，既为浙东地区教育和文化传播奠定良好基础，也为传统文化的传承做出了贡献。

（五）酿酒业实行“两权分离”的生产经营模式

1. 政府以“榷酤”获利

元朝时期，庆元地区的酿酒业非常发达。政府对酿酒业的管理与煮盐业直接

① 傅璇琮主编，钱茂伟、毛阳光著：《宁波通史》（元明卷），宁波：宁波出版社，2009年，第78页。

插手参与其间不同，而是如同茶叶产业的管理一样，通过“榷酤”的方式，由政府做一级批发商，民营商人欲经营酒水业务，须从政府那里获得专卖许可，否则属于违法。

2. 政府收取酿酒税

随着管理政策的宽松，政府逐渐改变“榷酤”的方式而任由个体民营企业自行酿酒，酒类专卖事实上处于中止状态，个体民营酒商获得生产经营的自由，只须向政府照章纳税即可。

政府放弃“榷酤”的方式而只收取酿酒税，实际上是把酒类的所有权与经营权进行分离，这意味着政府彻底放弃酒类专卖业务而只靠酒水税收获益。

3. 个体民营酒商为政府贡献巨额税收

至正年间，“庆元地区每年征收的酒课就有在中统钞4485余锭，市政府课税中的重要部分，也折射出酿酒业的重要地位”[①]。个体民营酒水行业获得很好的发展机遇。

（六）民营矿冶业以来料加工为主

铁器与生产生活密切相关，须臾不可或缺，既是重要的生活资料，更是主要的生产资料，在生活生产和军事领域应用广泛，同时又是政府的税源之一。

元朝时期，庆元地区的矿冶业大多分布在奉化州、宁海，其中以奉化州为代表。“宁海的冶铁业相对比较发达。每年的铁冶课有70余锭。”[②]

为成本计，当时庆元地区的生铁主要来自广东、福建一带，民营商人将生铁贩运到庆元后再对其进行冶炼加工，将之铸成各种器物，以满足市场需要。民营冶铁商人要按照相关规定，定期向政府缴纳铁业课税，为经济社会发展作贡献。

（七）编织业成为民营手工产业的重要行业

1. 庆元地区的编织业发达

庆元地区的编织业主要包括渔网编织和席草编织。庆元地区属于滨海区域，船舶用品需求量大、市场前景看好。渔网是重要的船舶用品，也是生产资料之

---

①② 傅璇琮主编，钱茂伟、毛阳光著：《宁波通史》（元明卷），宁波：宁波出版社，2009年，第78页。

一。区域地区的渔网编织业历史悠久，自原始社会至今一直存在。元朝时期，庆元地区渔民们出海打渔或近海作业皆为必备之物。

席草是重要的经济作物，席草种植是农民的收入来源之一，其手工编织形成的收益价值远远高于粮食作物，更为家庭换来一定的收入。宁波鄞县盛产席草，即一种用来编织草席“明州席”（以下简称“明席”）的草类植物。

2.“明席”编织是庆元地区手工行业之一

“明席”以鄞县的甬东席草编织最为著名，甬东也是席草编织重镇。另外，“竹器也是重要的手工业产品，庆元出产的熏篝焙笼，其他地方都没有生产，很有地方特色”[①]。

包括“明席”在内的重要生活用品，不仅满足了庆元地区民众的生活需要，而且创造了自己的品牌，远销海外，成为出口创汇的商品之一。

（八）蔬果业商品化程度不断提高

庆元地区农村大力发展种植业，大量种植蔬菜水果，既能够满足自身消费需要，又能够通过市场交换而增加收入。“蔬菜能够即时出卖，获利一般多于种植稻谷等粮食作物，因此一些农民就以卖菜为业”[②]。

据史料记载，庆元本地出产水果，种类丰富，除樱桃、杨梅、李子外，还有知名的地产品，“如鄞县小溪盛产李子，同岙产金子瓜；慈溪出产枇杷、金柑和林檎；奉化则以盛产杨梅而著称，有邵家乌、金家乌、许家乌、韩家晚、大荔枝等品种”[③]。蔬果业的发展，为庆元地区农副产品商品化并进入手工加工产业打下良好基础。

（九）海洋渔业成为庆元民众重要的收入来源之一

由于具有滨海的优越条件，庆元地区具有鲈鱼、石首鱼、鲑鱼、春鱼、鲳鯸、带鱼、鲨鱼、比目鱼、鳗鱼等丰富的鱼类和蛤蜊、蛏子、蚶子等海产资源，其为庆元地区工商业发展提供实业支撑。

---

① 傅璇琮主编，钱茂伟、毛阳光著：《宁波通史》（元明卷），宁波：宁波出版社，2009年，第78页。

② 傅璇琮主编，钱茂伟、毛阳光著：《宁波通史》（元明卷），宁波：宁波出版社，2009年，第70页。

③ 傅璇琮主编，钱茂伟、毛阳光著：《宁波通史》（元明卷），宁波：宁波出版社，2009年，第71页。

鄞县、定海、象山、昌国州、奉化州、余姚、宁海等庆元地区的百姓大多从事海洋捕捞和养殖等渔业生产。渔民们利用庆元地区丰富的海盐资源，以盐腌制海产品或晒制成鱼干，由此发展起海产品加工业，不仅为民众提供食物来源，而且海产制成品具有较高的经济价值。

五、庆元地区国营（有）商贸流通业发展概况

庆元时期，由于政府积极发展官营商贸流通业，庆元港成为集散商品的重要平台，成为重要的商业城市。

（一）庆元地区商贸流通的条件优越

1. 庆元港成为集散商品的重要平台

庆元港在宁波民营经济发展中具有重要的作用和地位。当时，庆元与广州、泉州是元代的三大主要贸易港。“在元代的对外关系史上，庆元港占有很重要的地位，它包办了元代对日本列岛和朝鲜半岛的海外贸易，凡日本商船赴元贸易，几乎无一例外地在庆元港寄泊”[①]。

庆元港便利交通的作用不仅解决舟车劳顿的难题，而且通过便捷的运输网络，将本地所需要且价廉的生产生活物资运进来，将外地紧缺且与本地存在差价的物资运出去，互通有无、调剂余缺，使生产生活能够顺利进行。

2. 河海联运沟通东西南北

宁波通过河海联运的方式，在宁波与北京两地之间架起沟通之桥，从而使以漕运为中心的生产生活物质从宁波的三江六岸出发，沿着大运河直达北京的积水潭，通过水路运抵北京；回航时，商船也可以将环渤海湾地区的物资捎带回宁波销售，或以宁波为中转港，通过浙东运河运输到其他城市销售。

3. 便捷的交通拓宽了庆元的开放渠道

既是漕粮之运，此地应该是粮食的丰产地才行，而当时宁波并非富产粮食之地，但有港口这个无尽的财富之源，从而能够吸引中西部如江西、安徽等地的粮

---

① 林士民：《宁波造船史》，杭州：浙江大学出版社，2012年，第126页。转引自郑绍昌主编：《宁波港史》，人民交通出版社，1989年，第72页。

食货物源源不断地集聚三江六岸，宁波货物也加入了这个行列。

在农业社会，钱粮是人们生活必需，更是皇家经年所需之物。在海曙鼓楼旁有一座遗址，名曰“永丰库遗址”，为元代收纳税赋钱财，定期上交国库之用，很好地佐证了这一时期的历史。

（二）积极发展官营商贸流通业

1. 庆元已成为重要的商业城市

元朝时期，由于河海联运的便捷交通和港口集散与贸易枢纽功能的发挥，农业、手工业不断发展，促进了元代庆元商品经济的发展，三次产业步入良性循环的轨道。

当时，大量庆元沿海人口从事商品经营，其中最为发达的是庆元城与鄞县，以及庆元周边地区。商品经济已经发展到较高程度，成为商业社会。

2. 政府控制商贸流通业

元朝时期，政府主张大力发展国营（有）商贸流通业，以此牢牢控制民营商贸流通业。“元代不但商税很重，而且商业很受官府的控制。元代的国家商业机关，有所谓‘平准库’，主管平定物价。又有所谓‘回易库’，掌管市易币帛诸物。”①

（三）设置专门机构管理海外贸易

1. 政府设置专门管理海外贸易的政府机构

“元灭南宋后，很快沿袭南宋制度，在泉州、庆元（今浙江宁波）、上海、澉浦（今浙江海盐南）四地设立市舶司，管理海外贸易事务。”② 据史料记载，至元十四年（公元1277年），元朝政府在今天的城东北隅姚家巷设置庆元“市舶司”，即今天的世贸大厦一带。

“元朝中期，市舶司统一合并为泉州、广州、庆元三处。”③ 随着社会的安定

---

① 童书业著，童教英校订：《中国手工业商业发展史》，北京：中华书局，2005年，第179页。

② 袁行霈、严文明主编：《中华文明史》（第三卷），袁行霈、邓小南主编，北京：北京大学出版社，2006年，第282页。

③ 袁行霈、严文明主编：《中华文明史》（第三卷），袁行霈、邓小南主编，北京：北京大学出版社，2006年，第283页。

和经济的发展，元代的经济中心则不可逆转地移向南方沿海。“1293年（至元三十年），1298年（大德二年），温州、上海等市舶司相继并入庆元（今宁波）。”①

2. 庆元市舶司统一管理海外贸易

庆元“市舶司”成为当时整个江浙地区海外贸易的基层管理机构和唯一的对外贸易职能部门（见表5–6）。“市舶司”对港口贸易进行有效管理，标志着宁波港的事务已纳入政府管辖的范围，对促进海内外贸易起到了很好的作用。

表 5-6　　元朝年间庆元地区对外贸易管理机构设置概况

年号、年间 / 时间	机构名称 / 废立情况	作用与意义
至元十四年 / 公元 1277 年	市舶提举司	当时全国四个市舶提举司之一，代表元朝政府行使海关、征税、查缉走私和管理对外经济贸易的职能
至元三十年 / 公元 1293 年	温州市舶司	三地的市舶司先后并入庆元
大德二年 / 公元 1298 年	上海、澉浦市舶司	
至大元年 / 公元 1308 年	恢复庆元市舶司	重新行使海关、征税、查缉走私和管理对外经济贸易的职能
至大四年 / 公元 1311 年	撤销庆元市舶司	—
延祐元年 / 公元 1314 年	复立庆元市舶司	重新行使海关、征税、查缉走私和管理对外经济贸易的职能

资料来源：根据相关资料整理。

（四）垄断内外贸易

1. 提出政府垄断对外贸易的主张

元代以来，以宁波为节点的东部沿海城市的海运代理商与东南沿海、北方地区等港口进行通商。政府紧紧抓住内外贸易的领导权，直接控制庆元的对外贸易。

元朝高官卢世荣于“1285年正式提出国家垄断海外贸易的主张”②，是中国历史上主张政府垄断海外贸易的第一人。

2. 垄断海外商贸流通行为

元朝政府直接管理海外贸易。延祐元年（公元1314年），元朝政府复立庆元

① 王勇进主编：《宁波市对外经济贸易志》（638–1995），宁波：宁波出版社，1997年，第6页

② 刘含若等：《中国经济管理思想史》，哈尔滨：黑龙江人民出版社，1988年，第369页。

市舶司后，“仍然禁止商人下海，由官府垄断海外贸易”[①]。到了至治二年，（公元1322年），“元政府重申严市舶之禁，禁止金银、丝绵、人口贩往海外”[②]。

政府将对商贸流通行为的垄断作为基本国策来施行，并以政府的名义招聘商人发起海外贸易，并准备海船等远行的载体；回港时，对货物采取七三开抽税的办法与商人分成，官员得七成，即按比例征收进口税。

3. 通过对外贸易获利

元朝政府“除去对私人海外贸易进行严格的管理和抽分外，蒙古统治者也试图发展官营海外贸易。不仅由朝廷选择商人代理，有时也直接派出使节率船下海，采办货物[③]，直接将利润揽入怀中。

元朝时期对外贸易中，进口的“品类大大超过了宋朝，贸易的商品也从以前昂贵的奢侈品逐渐转向有实用价值的日常生活用品”[④]。由于政府在酒、铁和对外贸易方面实行官营体制，在制度安排和政策实施上鼓励海外贸易，其规模和金额不断扩大。

由于实行官商合营的经济体制，商人与政府进行利润分成，元朝统治者在酒、铁、海外贸易中取其利之大部。

4. 限制民营商人的行动自由

①实行“舶户”[⑤]制度。元朝政府实行“舶户”制度，聚合庆元地区职业化的民营海外贸易队伍，将海外贸易商人专业化。但同时规定，“舶户”出海贸易，既要牙人担保，又要市舶司审核批准，然后才发给民营商人“公验”、“公凭”，即“对外贸易许可通行证”，兼顾贸易许可和准予通行的两大功能。

②打压民间贸易行为。当时，政府明文规定私人资本不能涉足外贸业务。据记载，与元朝进行贸易的国家和地区有140个之多，但其业务由政府主导和参与，且不许私人资本经营外贸业务。元朝政府规定，“商人出外必须取得文引，连行动都不得自由；海边人民不得擅与番商交通贸易，许多东西不得私贩下海；甚至江南的兵器也不得在北方贩卖，又私贩铁器也有罪”[⑥]。

---

①② 乐承耀：《宁波经济史》，宁波：宁波出版社，2010年，第153页。

③ 袁行霈、严文明主编：《中华文明史》（第三卷），袁行霈、邓小南主编，北京：北京大学出版社，2006年，第283页。

④ 王勇进主编：《宁波市对外经济贸易志》（638–1995），宁波：宁波出版社，1997年，第7页。

⑤ 元朝时期，庆元地区有专门从事海外贸易的民营商人，史家称之为“舶户”，即专业的海外贸易经营户。

⑥ 童书业著，童教英校订：《中国手工业商业发展史》，北京：中华书局，2005年，第179页。

（五）与日本和高丽等国进行官营贸易

日本和高丽是庆元地区对外贸易的主要对象。当时，庆元港是中国对这两个国家进行贸易交流的起始港，而日本的博多（即今天日本的福冈）则是对中国庆元地区贸易的起始港。

据记载，当时的中日贸易中，庆元以输出日本货物为主，曾有日本商人携带黄金到元朝来换铜钱。因此，“宁波对外贸易日益繁荣，已发展到东南亚、西亚、地中海、非洲等国家和地区，也是元朝对日本、朝鲜贸易往来的最重要口岸”[①]（见表5-7、表5-8）。

表 5-7　元朝时期庆元地区与日本官营贸易概况

<table>
<tr><th>年号、年间 / 时间</th><th>贸易规模</th><th>日本向庆元出口的商品类别</th><th>庆元向日本出口的商品类别</th></tr>
<tr><td>忽必烈至元十六年 / 公元 1279 年</td><td>4 艘日本商船</td><td>金银、檀板、硫磺、铜器、金银</td><td>陶瓷、铜钱、丝织品、金属制品、药材、经卷、香药、书籍、文具、唐画卷、什器、金砂、唐绫、经卷、草席</td></tr>
<tr><td>元成宗大德二十九年 / 公元 1292 年</td><td>两批次日本商船要求来庆元贸易</td><td>不详</td><td>不详</td></tr>
<tr><td>元成宗大德二年 / 公元 1298 年</td><td rowspan="4">日本商船四次来庆元贸易</td><td rowspan="4">金银、檀板、硫磺、乌木、苏木、刀剑、螺钿、铜器、船舶用品</td><td rowspan="4">陶瓷、铜钱、丝织品、金属制品、药材、香药、书籍、文具、画卷、金砂、唐绫、经卷、草席</td></tr>
<tr><td>元成宗大德九年 / 公元 1305 年</td></tr>
<tr><td>元成宗大德十年 / 公元 1306 年</td></tr>
<tr><td>元成宗大德十一年 / 公元 1307 年</td></tr>
</table>

资料来源：根据王勇进主编《宁波市对外经济贸易志》（638–1995），宁波出版社，1997年，第6页的相关内容整理。

表 5-8　元朝时期庆元地区与高丽官营贸易概况

年号、年间 / 时间	高丽向庆元出口的商品	庆元向高丽出口的商品
至正十八年—至正二十五年 / 公元 1358 ~ 1365 年	高丽铜器、人参、新罗漆、茯苓、松子、漆、纸张、新罗参、高丽松花、水银、香油、青器、松花、榛子、硫磺、药材、鹧鸪肉	青瓷、白瓷等瓷器、茶叶、金属制品、铜钱、纺织品、石制品、紫檀木、药材、经卷、草席

资料来源：根据王勇进主编《宁波市对外经济贸易志》（638–1995），宁波出版社，1997年，第6页的相关内容整理。

① 王勇进主编：《宁波市对外经济贸易志》（638–1995），宁波：宁波出版社，1997年，第6页。

宁波作为港口枢纽城市与贸易集散中心的地位为世人所瞩目。在学者看来，“当时宁波不仅是‘海上丝绸之路’的始发港之一，也是内贸商品的外销集散地和转运中心。它面向广阔的海洋，又有连通京杭大运河的浙东大运河，内陆与海外的商品，在这里汇集发散，使得宁波成为中国古代海上丝绸之路上的核心港之一”[①]。因此，贸易交流自然频繁。

（六）海外官营贸易在庆元经济社会中占有重要地位

元朝时期，庆元的海外贸易相当发达，海运规模在当时世界上居于领先水平。大量的外商云集于庆元三江六岸，庆元官营商人与之交流频繁。

庆元主要向外商购买具有比较优势的生产生活用品，以满足庆元地区民众的生产生活需要。“元朝海外贸易输出的货物主要是丝绸、瓷器等传统手工业品，输入货物则有珠宝、药材、香料、布匹等。它不仅活跃了国内市场，也给元朝政府带来了巨额收入。”[②]

市舶税，即海外贸易商税，也是元朝政府的重要税收之一，在庆元政府税收中占有较大的比重。据史料记载，“元代庆元市舶货物已经达到了223种”[③]，这给庆元政府带来大量税收收入。

六、庆元地区民营商贸流通业发展概况

自春秋时期至元朝，宁波社会具有浓厚的重商氛围，民众积极从事个体民营商贸流通业。政府开放海禁重新振兴海外贸易，充分发挥了市场在资源配置中的决定性作用，加快庆元地区民营商贸流通业发展。

（一）庆元民众从事个体民营商贸流通业

1. 庆元地区经商之风一直在传承

由于农业的比较优势低，庆元地区的农民更愿意经营鱼盐等海产而获利，商

---

① “每一片碎瓷都有宁波人走出与归来的信息”，《钱江晚报》，2017年09月27日。来源于网页：http：//www.zjww.gov.cn/news/2017-09-27/1203772710.shtml。

② 袁行霈、严文明主编：《中华文明史》（第三卷），袁行霈、邓小南主编，北京：北京大学出版社，2006年，第283页。

③ 傅璇琮主编，钱茂伟、毛阳光著：《宁波通史》（元明卷），宁波：宁波出版社，2009年，第87页。

贸流通业的发展似“无形之手”，吸引和指挥着更多的人加入其中，使很多农民弃本逐末，使商贸流通业领域具有源源不断的劳动力供给。

2. 庆元民众积极从事个体民营商贸流通业

元代以后，庆元地区经济社会已达到较高的发展阶段，个体工商业者拿出自产产品到市场上进行交易。鄞县、定海、江北、慈溪、奉化等地的很多人在集市上出售稻、麦、菽、茶叶、竹笋、瓜果、竹木等带有明显地域特色的庆元地产商品（见表5–9），促进了庆元地区经济社会发展。

表 5-9　　元朝时期庆元地区市场交易产品概况

类别	品种	生产加工路径及效用
粮食作物	水稻、麦类（大麦、小麦）	包括已经加工的米麦产品
经济作物	桑树叶果、苎麻、茶叶、蔬菜、水果、药材（山药、黄药、半夏、何首乌）、野藤	用作生产生活原料
手工业品	纺织品、纸张、器皿、酒水（白酒、黄酒、葡萄酒）、食醋、书籍、竹木	满足生产生活需要
海产品	藻类、河海鱼虾、海贝、蟹	食盐腌制，延长保质期，以利于长途贩运

资料来源：根据相关资料整理。

（二）在商贸交流过程中寻找商机

1. 政府开放海禁重新振兴海外贸易

至治三年（公元1323年），元朝政府开放海禁，准许民营商人与海外进行商贸交流活动，而政府仅对之征收相关税收。

彼时有温州、广州、杭州、泉州、庆元、上海、澉浦等八个港口承担对外贸易职能，其交易范围“西到欧洲，南到南洋，东到日本，……陆上交通的范围广及亚欧两大洲”①，给庆元地区民营经济带来重要发展机遇。

2. 庆元个体民营商人积极寻找商机

庆元地区人稠地狭，人地矛盾非常突出，迫使很多的城乡剩余劳动力背井离乡去外地谋生，在开拓市场的过程中寻找更多的商机。这些宁波籍人士以商旅为抓手，游食于四方，跋山涉水、历尽艰辛，开拓域外商贸市场，把商机变生机，

① 童书业著，童教英校订：《中国手工业商业发展史》，北京：中华书局，2005年，第181页。

寻求更广阔的发展空间。

（三）充分发挥市场在资源配置中的决定性作用

1. 以价值规律配置资源

具有实物内涵的资本使这个产业链越发紧密，链上的每一个环节和节点皆为因服务他人而受惠，商贸交流活动发挥优化完善产业链的作用。在庆元地区，由于生产力的发展，以“无形之手”配置资本、人才、技术等要素，通过商品的触角达到南北东西，充分显现市场在资源配置中的决定性作用。

2. 不断完善农工商产业链

庆元商品在资本的支撑下，沿着陆路、河运和海路，达到了可以发挥优化配置作用的地方。商旅的往来、商品的交流、商业的繁荣不断扩展而兴盛，农业、手工业因商贸流通业的引领而发展，庆元经济形成和完善了从生产加工领域到销售、消费范畴的产业链，不断显示其生机和活力。

3. 不断展开埠际商贸交流活动

庆元因海路而开放。当时，浙东运河是浙江省的主要水运通道，便利庆元与杭州的商贸交流。因此，宁波个体民营商人利用舟楫之便，开通北到锦州，南到福建的航线，南船北舟穿梭其间。庆元港在此时也充分发挥货及南北、物流东西的枢纽作用（见表5-10），成为南北货物中心。

表 5-10　元朝时期南方和北方个体民营商人在庆元港进行货物集散的概况

南方个体民营商输入庆元港的货物	南方个体民营商人输出庆元港的货物	北方个体民营商人输入庆元港的货物	北方个体民营商人输出庆元港的货物
木材、国外的木头、钢、铁、麻布、染料、药材、胡椒、食糖、干果、香和百货	蚕丝、棉花、陶瓷、纺织品、海产品	蚕豆、豆饼、牛骨、猪油、药材、染料、鱼鲞和干果	大米、药材、食糖、海产、棉织品、纸张、竹、木材、百货

资料来源：根据相关资料整理。

（四）生意场上成就名商巨贾

元朝时期，庆元地区河运与海运的交通优势而形成的漕运通道，使官营贸易日渐兴盛，形成浓厚的经商氛围。在此风气下，庆元地区很多人舍弃农产、投身商贾，依靠运输的便利和庆元港的枢纽性地位，从事商贸流通业，庆元港的口岸作用得到进一步发挥。

庆元地区埠际民营贸易不断兴盛，其中很多人成长为生意场上的富商巨贾。奉化人唐氏、徐氏、薛氏在湖南溆浦做生意，定海人乐大原、倪谧经商成就显著，成为庆元地区民营商圈里的标志性人物。

（五）政府商税、不动产税和市舶税收入不断增加

1. 元朝政府商税征收范围不断扩大

增加就业和收入，提升政府的财政收入是衡量民营经济作用和地位的重要指标。商贸交流业的兴盛与繁荣，利于个体民营商业自身、利于政府可以增加更多的商税收入，使民营经济不断成为经济社会发展重的要推力。

市场交易量大，元朝对粮食、果蔬、牲畜、纺织品、日常生活用品、生产工具都要征收商税，而其所征种类既包括这些动产，也包括房屋、土地等不动产。

2. 个体民营经济为政府财政贡献巨额税收

①财产收入。在庆元城市，个体民营商人是动产和不动产的主要持有者，其所缴纳的税收成为政府的财政收入来源之一。

②商业收入。据史料记载，"元代商税收入在财政收入的钱钞部分中占有重要地位，其重要性仅次于盐课"①。当时，"全国年商税额超过3000锭的城市有30个，庆元就是其中的一个，可见其商业在元代的地位"②。

③手工业及其他收入。酒醋税、冶铁税及其他税目（见表5-11）也给庆元政府带来巨额的收入。

表 5-11　　庆元路税课表（附宁海）　　单位：锭

税目	城务	鄞县	奉化州	昌国州	慈溪	象山	定海	宁海
商税	4438.5		545.2	103.7	216.0	112.3	785.5	506.0
茶税	—	11.4	9.0	3.1	10.4	3.1	3.1	0.3
酒醋税	1522.0	144.9	701.5	102.0	537.2	96.0	460.0	433.0
冶铁税	—	—	2.0	—	—	—	—	72.0

① 陈高华：《元代商税初探》，《中国社会科学院研究生院学报》，1997年，第1期。

② 傅璇琮主编，钱茂伟、毛阳光著：《宁波通史》（元明卷），宁波：宁波出版社，2009年，第36页。

续表

税目	城务	鄞县	奉化州	昌国州	慈溪	象山	定海	宁海
历日钱	80.4	174.0	169.4	21.5	100.9	32.0	61.4	—
盐税（引）	1526.0	4495.0	5163.0	1107.0	3474.0	806.0	959.0	8.5
系官屋地钱	27.7	4.7	1.7	1.8	3.5	0.2	5.1	7.0
市舶税	504.0							—

资料来源：根据（元）《至正四明续志》卷六《田土》，（明）崇祯《宁海县志》卷三《食货志》的相关内容整理。

3."永丰库遗址"再现宁波地区经济发展成就

当时，宁波地区因其经济发达，各项税赋钱财征收见多。据元朝史料《至正四明续志》介绍，政府的税收路径是"差设官攒，收纳各名项断设赃罚钞及诸色课程，每季解省"，即政府税收机构在每一季度把已征收的官营和个体民营各项税赋钱财上解到国库。

专栏5-3 "永丰库遗址"是一座宋元明时期宁波大型衙署仓储遗址

今天，在宁波海曙鼓楼旁有一座遗址，名曰"永丰库遗址"，是元代宁波的衙署仓储区遗址，为元代收纳税赋钱财，定期上交国库之用。

"永丰库遗址"是国内首次发现的宋元明时期大型衙署仓储遗址，是中国宋元考古的一次突破。它位于浙江省宁波市中山西路北侧唐宋子城遗址内，今天宁波繁华的鼓楼东侧，便是永丰库遗址公园。

永丰库前身为南宋"常平仓"（官府粮库），元朝（此时永丰库作"收纳各项断没赃罚钞及诸色课程"）之后为明朝宏济库（由平准、永丰二库并为一库）。

"永丰库遗址"也与"海上丝绸之路"有密切联系。2016年3月，该遗址以其完整的格局和丰富的堆积，被国家文物局列为"海上丝绸之路"首批申遗点之一。

永丰库是宋元明时期宁波进出口货品集散中心。越窑、龙泉窑、吉州窑、定窑、钧窑、磁灶窑、磁州窑，以及景德镇瓷器，在永丰库遗址的不同时期文化层及各类遗迹中，共出土完整或可复原文物标本800多件。还有来自海外的波斯陶片，以及各种建筑构件、钱币、唐代"文房之印"铜印、元代残碑等。

（六）庆元社会生产关系出现新变化

1. 雇佣关系

元朝时期，庆元城内有很多个体民营企业。随着生产规模的扩大和行业发展，庆元个体户及民营企业主有的已不再从事具体生产活动，有的因为缺少人手，于是通过收徒弟、请雇工的方式，吸引他人就业。个体户及民营企业主以“日薪”的形式向工人们支付薪水，其雇佣方式具有资本主义生产关系的因素。

2. “日薪”制

“日薪”制既反映分配方式的变化，也表明庆元地区劳动力的社会流动性程度。“日薪”制充分表明当时庆元的劳动者有一定的自由度，其社会流动性大。当时，庆元个体民营企业以“日薪”制的方式吸引和雇佣劳动者，这是商品经济发展到一定程度的反映。

第二节　明朝时期宁波民营经济发展概况

随着产业集聚、集约和集成程度的提升，形成了全国性的分工体系和统一市场，对外商贸交流推动了包括宁波在内的沿海开放城市经济社会的发展，外贸税收成为政府的重要财政来源。

白银在流通中发挥重要作用，民营经济实力雄厚，繁华市镇蓬勃兴起，明州市民社会逐步形成，促进小农经济社会向商品经济社会不断转化。由于商品经济的发展，劳资双方形成雇佣关系，这是社会生产力发展的结果。

一、明朝政府重视农业的基础性地位和作用

明朝时期，政府重视发展农业，以银折收制度成为推动和鼓励农民积极种植经济作物的重要推力。因此，明州农民积极推广农业生产技术，广泛种植经济作物，不断调整农业种植结构并发展渔业生产。

（一）积极劝农耕田

1. 颁布兴农诏令

农业是基础性产业，是衣食之源、经济社会发展之根本，对封建社会政权的稳定具有重要的作用。政府从制度安排和政策举措上积极劝农耕田、发展农桑，已然成为明朝政府的既定国策。在此指导思想下，政府大力鼓励和推进农业生产，朱元璋亲自颁布诏令，要求民众安居乐业，并通过招抚流民、开垦荒田的方式，夯实农业发展基础。

2. 鼓励增加耕地面积

政府招抚流民、开垦荒田的一系列劝农举措取得了积极效果。全国及宁波地区的耕地面积不断扩大（见表5–12），耕地面积的增加为农业生产走向稳定和发展打下坚实的基础。

表 5-12　　明朝时期宁波地区耕地面积增加概况

年号、年间 / 时间	所在区域	田地数量（亩）	增加数量（亩）	增长率（%）
洪武二十四年 / 公元 1391 年	定海县（今镇海区、北仑区）	582179	—	—
永乐十年 / 公元 1412 年		611571	29392	4.8
洪武二十四年 / 公元 1391 年	余姚	659779	—	—
永乐十年 / 公元 1412 年		661161	1382	0.21

数据来源：根据乐承耀《宁波经济史》，宁波出版社，2010年，第170～171页的相关内容整理。

3. 兴修水利设施

朱元璋同样诏令兴修水利设施。皇帝重视水利设施的兴修，对发展农业产业具有极大的推动作用。明州政府身体力行，在公元1378～1581年间，积极倡导并亲自督促兴修水利设施（见表5–13）。

表 5-13　　明朝时期明州地区水利设施兴修概况

年号、年间 / 时间	主持人、所在地域或方式	兴修水利设施的举措
洪武十一年 / 公元 1378 年	明州知府余文昇	督促政府官员和民众兴修水利设施
洪武十二年 / 公元 1379 年	定海（今镇海）县令何肃	督促鄞县、慈溪、奉化和定海四县民众修筑后海塘
洪武年间 / 公元 1368 ～ 1398 年	鄞县、定海。	疏浚东钱湖、修筑龙山塘
永乐年间 /1403 ～ 1424 年	余姚	修筑新塘

续表

年号、年间 / 时间	主持人、所在地域或方式	兴修水利设施的举措
永乐二年 / 公元 1404 年	慈溪	兴修松浦闸
宣德八年 / 公元 1433 年	奉化知县周铨	重新修筑江栗树塘、长汀塘
正统十一年 / 公元 1446 年	宁海尉雷震	修筑方家塘、白桥海塘
天顺年间 / 公元 1457 ~ 1464 年	鄞县钱琎捐资	修筑梅墟石塘
万历九年 / 公元 1581 年	鄞县县簿孙春芳	主持重修梅墟塘

资料来源：根据相关资料整理。

（二）提高农业生产技术水平

宁波地区的农民在选种、育种、耕地、施肥等各个方面，运用丰富的农作经验，将农业生产技术广泛应用到农业生产环节上，不断促进农业单产的提高。

当时，“余姚、慈溪的棉农已经掌握了治田技术；另外，也注意作物的轮作、间作、套种等生产技术，麦稻实行两熟制”[①]。同时，注重引进红薯、土豆、玉米等农作物新品种，为提高粮食及经济作物的产量打下基础。

（三）大力发展渔业生产

1. 宁波渔业资源丰富

宁波作为沿江滨海城市，发展近海渔业，将海产品的资源优势转变为货币的价值优势，拓展衣食之源就成为宁波民众首先必须面临的问题。因此，每年五月的渔季来临后，百舸争流，遍及东海，黄鱼、梅鱼、带鱼、鲳鱼、比目鱼、箬鱼、鲚鱼等丰富的海洋渔业资源尽收网底。

2. 捕鱼业发达

因为襟江连海的原因，宁波的渔民们打捞紫菜、淡菜、龟脚、鹿角菜等海产品，使渔业资源多样化，经济价值进一步显现。

在内江、内湖地区，宁波的捕鱼业同样发达，渔民们专事打鱼为生计，“如屠姓有张网船18对，涨潮时，在三江上排船网鱼。月湖里也有人打鱼，如渔民夏道昌就习惯在月湖中打鱼”[②]，成为宁波内河捕鱼业的代表。

---

① 乐承耀：《宁波经济史》，宁波：宁波出版社，2010年，第173页。

② 傅璇琮主编，钱茂伟、毛阳光著：《宁波通史》（元明卷），宁波：宁波出版社，2009年，第252页。

3. 水产品是市场交易的重要类别

河海水产品的多样化，促进了鱼市的繁荣。当时，三江口是宁波地区主要的海鲜交易市场，镇海的甬江口也有鱼市。除满足自身需求外，有的渔民将剩余产品拿到市场上销售，“以资薪米”[①]。

丰富的水产品资源不断满足了宁波地区民众的日常生活需要，而且吸引了大批来自于浙江台州、温州和福建漳州、汀州的客商来此交易，使宁波的水产品通过客商之手流通四面八方。

（四）赋税制度成为调整宁波农业种植结构的“无形之手”

1. 以银折收的赋役缴纳制度促进农民积极种植经济作物

①“棉花革命”[②]提升了棉花在农业种植结构中的地位。棉花原产于印度，朱元璋立国后，大力推广棉花种植，规定“农民有田5～10亩的，俱令种桑、麻、棉各半亩，10亩以上倍之，地方官不督促的要处罚”[③]。于是，棉花产量大增。

随着棉纺织技术的革新，棉纺织业成为手工产业的主导产业，也改变了原以丝、麻为主的穿着结构，由此促进了生产力的发展，史称“棉花革命”。这改变了原来以稻麦为主的农业种植结构，使棉花成为重要的经济作物和民众的衣着之源。

②以银折收制度推动和鼓励农民积极种植经济作物。为了保障财政收入及增加白银在政府收入中的比例，明朝政府决定农民缴纳赋役时以银折收。因此，对包括宁波在内的长江中下游地区，以银折收成为“无形之手”，驱使农民在种植稻麦等粮食作物的同时，大规模地种植棉花、桑树、茶树、甘蔗、蔬菜、水果等经济作物。

明朝时期，宁波地区的粮食种植结构以稻麦为主，兼种桑麻、茶树、棉花、果树、药材、席草等其他经济作物，其产出除满足自身需要外，绝大多数进入流通领域以换取白银，将经济资源转化成货币价值。

---

① [清]康熙《鄞县志》卷一八《夏道昌》，康熙二十五年刻本。

② “棉花革命”是指元朝时期，棉花大量种植而纺织技术落后，棉纺织家、技术改革家黄道婆传授先进的纺织技术以及推广先进的纺织工具，促进中国人开始大量使用棉布，并最终影响了农业、手工业和商贸流通业的发展，掀起了美国著名历史学家黄宗智教授等人所称的“棉花革命”。

③ 吴晓波：《浩荡两千年》（中国企业公元前7世纪–1869年·纪念版），北京：中信出版社，2015年4月第二版，第224页。

2. 宁波不断调整农业种植结构

成化年间，即使在稻麦类中，宁波地区农业品种结构也呈现多样化的状况，如粳稻和糯稻的品种有近40种，麦子有大麦和小麦。到了嘉靖年间，四明之地麦类品种增加到80多种。同时，稻种结构多样化促进了种植面积的扩大和收成的提高，充分满足了市场需求。

永乐年间，明朝国势强盛，经济持续发展。宁波政府鼓励农民大力种植经济作物，使其收成有保障，“永乐年间，宁波府仅秋粮收获量就达205844石，比元末增加86108石”①。粮食和经济作物的丰收为二三产业发展打下基础。

二、明朝政府施行“重农抑商”的基本国策对宁波民营经济发展的影响

明朝政府从理念到制度均施行“重农抑商”的基本国策。从政府到社会普遍存在仇富心理。因此，政府实行“海禁”与“陆禁”政策，禁止个体民营商贸交流活动，并严格控制互市规模与反走私相结合，阻断官方贸易通道，阻碍民营经济发展。

（一）重新实行“重农抑商”的基本国策，打压个体民营商人群体

1. “重农抑商”：从理念到制度

①自然经济基础上的“重农”观念影响当政者思维。明初，“手工业中最普遍的家庭手工业与小农业密切结合，形成很顽强的自然经济”②，显现出自然经济仍占主导地位的特点，由此固化了“重农”的经济基础。

虽然当时商品经济有所发展，商业资本与土地资本不断结合，已经萌生出资本主义的因素，但小农经济的社会结构及其形成的农耕文化对统治者的观念理念、思维方式形成影响。

②重新施行“重农抑商”基本国策。由于朱元璋对商人采取敌视态度，明朝政府一反宋元等三朝的重商传统，又将“重农抑商”奉之为基本国策。“太祖、成祖时期，明朝实行了严厉的打击商人（抑末）政策”③。以皇帝、宦官、大官

① 乐承耀：《宁波经济史》，宁波：宁波出版社，2010年，第171页。

② 童书业著，童教英校订：《中国手工业商业发展史》，北京：中华书局，2005年，第257页。

③ 傅璇琮主编，钱茂伟、毛阳光著：《宁波通史》（元明卷），宁波：宁波出版社，2009年，第269页。

僚为代表的明代封建专制主义者，不断压迫、掠夺新兴工商业者。

③政府重视农业而抑制商业发展。在自然经济社会里，由于资金、劳动力等要素稀缺，农业和商贸流通业的发展必然争夺稀缺资源。但在小农社会环境里，农业的作用功能是商贸流通业无可替代的。

在“重农抑商”的理念下，政府自然会把制度、政策、资金、劳动力等软硬要素及资源向农业产业倾斜，也意味着对个体民营商贸流通业的打压。

④通过户籍管理营造“重农”的制度环境。在“重农抑商”理念指引下，朱元璋建立了严格的户籍管理制度，把人分成“军、民、医、匠、阴阳诸色户”，农业劳动力的增多政策固化效应不断加强，一般农民很难脱离户籍去经商，而商人欲往外地经营，所办手续十分繁杂。

2. 打压个体民营工商业者：从政府到民间

①向民营工商业者征收重税。明初规定三十税一，到万历时已提高到3倍，成为十税一，且到天启、崇祯年间还继续增加，沉重的商税让商户们苦不堪言，有的倒闭，有的转向农业生产。政策的歧视、社会的鄙视和沉重的税役，使整个社会弥漫着“轻商”、“贱商”的氛围。

②社会成员产生“仇富”心理。封建社会的自然经济状态下，富裕者即资本拥有者，除政府官僚外，资本拥有者往往是富商大贾，即民营工商业者，他们拥有的金银货币和生产经营实物等动产和豪宅、土地等不动产，与绝大多数社会成员相比，显现出明显的贫富差距。

专栏5-4　明朝宁波民营富商以散财而平衡社会成员的“仇富”心理

据史料记载，“鄞县槎湖张氏，明初洪武间，以资产雄里中”。张氏资产雄厚，左邻右舍心生不平，因此与邻里结怨。有人向皇帝告状，希望皇上铲除像他这样的豪强，以平息绝大多数人的“仇富”心理。

明朝时期，鄞县又一民营富商，名叫杨起汶，他害怕周遭人群的“仇富”心理和手段祸及自身，尤其是政府的徭役折磨，于是，连忙散其家财以避祸，平衡他人的“仇富”心理。后来，杨起汶移居他乡，将家搬迁到人迹罕至的莳里，即今天鄞州区古林镇的莳里村，但也没有逃脱资产尽失、由富有变贫穷、家道中落的宿命。

“一个积财的富商家庭，两次受到折磨；而散财的富人，则避免了灾祸。”①一个富有的中产商人就这样淹没在由绝大多数穷人组成的队伍里，对他而言，反而获得了一种安全感。

注：①傅璇琮主编，钱茂伟、毛阳光著：《宁波通史》（元明卷），宁波：宁波出版社，2009年，第270页。

③迫使个体民营商人逐渐消亡。在“重农抑商”的既定国策下，政府对个体民营商人无情打击，让其消亡，化有生为无形。“元明间，宁波有36家货物仓库。……到了明初，在打击商人的政策下，36家贸易商全军覆没。”[①]

④对民营富商强制移民。明朝初年，明成祖迁都北京后，为尽快发展经济、稳定社会，实现繁荣，他将江南地区大量的富户和工商业者强行迁至北京和成边。学者将之称为“徙富民政策”，实则是经历永乐、正统、成化年间的经济移民行动。

专栏5-5　强制移民南方富商北上极大地削弱了南方地区民营经济的创富基础

在这场江南人迁至北方的移民过程中，为数不少的宁波民营富商遵从朝廷旨意，决意离开自己辛苦创业而卓有成就的四明之地，不远千里来到京城。以宁波人氏黄润玉、高桥人章氏、栎社人沈氏、鄞县人吴江、虞谦之等为代表。他们在北方虽然水土不服、居住环境恶劣，但仍然艰难地生存发展。

学者认为，朝廷将富人由富庶地区移民到贫瘠之地是汉朝和明朝两个朝代的惯性做法，而且规定不准回迁和回乡探亲，体现出强制性的特点。

强制移民延续“重农抑商”的政策实施路径，打压富商豪强，削弱宁波民营经济的创富基础，以迎合整个社会的“仇富”心理。

（二）实行“海禁”与“陆禁”政策，禁止个体民营商贸交流活动

1.“陆禁”与“海禁”政策严厉：陆上“通行证”与海上“票号文引”并重

①通过政策措施强化对民众的管制。在朱元璋看来，既然靠农业立国，就应该把人固定在土地上，而海外贸易会因为增进交往并进而成为影响政局稳定的不

① 傅璇琮主编，钱茂伟、毛阳光著：《宁波通史》（元明卷），宁波：宁波出版社，2009年，第269～270页。

安定因素。

为了强化“重农抑商”的基本国策，他不但实施“陆禁”，即“任何人要离开自己的户口所在地，都必须先向政府申请通行证”[①]，即给商人颁发“印信文簿”，类似于今天的“通行证”。同时，实行“海禁”，禁止民众进行海外贸易，杜绝宁波个体民营群体与外人的商贸机会。

②以行政许可审批的方式限制个体民营海外贸易行为。为了限制民营海外贸易，明朝政府实行行政许可审批制，其“通行许可证”，也称“票号文引”，实际上相当于今天的政府批文。

个体民营欲与外人做生意，必须先向政府报告，等待政府批准同意的文书，即“票号文引”。如果商人拿不到合法的政府批文，出海贸易就是“走私”行为。当时，政府通过发放“票号文引”的方式，管制个体民营商船的出海次数与规模，限制个体民营商船出海。

③实施严厉的“海禁”政策。由于“元末明初，东南沿海受到日本海盗倭寇的频繁侵扰，明廷除在沿海修建城戍防备外，又采取经济封锁的手段，禁止百姓私自出海贸易”[②]。朱元璋于洪武四年（公元1371年）颁布了海禁政策，规定“片板不得入海”，禁止民众私自出海与外人交易，阻止个体民营商人分享对外贸易的利益。

④关闭开放大门。洪武二十七年（公元1394年），因倭寇侵犯浙东等地，更由于明中叶以后，地处宁波的双屿港走私贸易蓬勃兴起，对明朝政府的“海禁”政策构成严重冲击。面对个体民营海外贸易的迅猛发展，为国家安全计，明太祖下令严禁沿海百姓私自出海与外人贸易，使宁波等东南沿海地区个体民营商贸流通业处于停顿状态。

（三）严格控制互市规模与反走私相结合，阻断官方贸易通道

1. 严格控制互市规模

明朝初年，为防止残余反对势力与外人勾结，朱元璋宣布实行有贡舶即有互市，非入贡即不许其互市及不得擅出海与外国互市的政策。洪武二十七年（公元1394年），政府又进一步收紧“海禁”政策，严禁包括宁波等东南沿海地区的个

---

① 雪珥：“与海为敌：被郑和舰队撞沉的商业文明”，《中国经营报》，2015年10月15日。

② 袁行霈、严文明主编：《中华文明史》（第三卷），袁行霈、邓小南主编，北京：北京大学出版社，2006年，第285页。

体民营商船私下与海外各国的商船进行贸易。

2. 关闭和限制官方贸易交流通道

①撤销专司贸易的机构。市舶司承担对外交往的重任，它是一个国家对外开放的重要平台。政府先后撤除泉州、明州等市舶司，关闭对外开放的“窗口”，意味着福建、浙江等东南省份的官方对外交往完全中断。

政府撤除明州市舶司，宁波首当其冲，官营贸易完全中断，从此进入没有官方贸易交往的时期。

②将宁波作为“堪合贸易”[①]唯一的指定港口。明朝洪武二年（公元1369年），明太祖下令沿海各地实行海禁，对外国来华船舶只允许以朝贡形式进行贸易，实行“堪合贸易”。

当时，限定宁波港只接待日本来华的“贡船”，将宁波港提升到政府唯一指定的对外贸易的“窗口”地位。收窄对外开放通道，不仅显示明朝政府的对外开放政策的变消极化，也凸显了宁波港在国际贸易中的重要地位。

3. 奖励举报走私行为

为将“闭关锁国”的国策落到实处，政府制定奖励举报政策。政府鼓励检举揭发，“举报者可获得‘犯人家资之半’，而隐匿不报者，也要严厉处置，掀起了海禁的群众运动”[②]。但海禁并没有阻断宁波民间的海外贸易行为，只不过由明转暗，由原来合法的贸易变成非法的“走私”行为。

（四）“重农抑商”等歧商政策实施及对宁波民营经济发展的消极影响

1. 干预从商者个体的人身和经济自由

①侵犯商人的人身权利。在“歧商”“轻商”的社会环境下，要求商人必须服从政府管制。明朝初年，朱元璋下旨，不安心从事农耕而专想做买卖的人将被

---

① 堪合贸易是指明代外国来华进行朝贡贸易的一种称呼，也称“贡舶贸易”。明初实行海禁后，只允许外国与明朝廷进行有时间、地点规定的朝贡贸易。外国商船载贡品及各自方物土产来华，明朝廷收贡品、购方物后，以“国赐”形式回酬外商所需中国物品。各国贡期或3年，或5年。对日本则规定10年一贡。贡舶必须持有明廷事先所颁“勘合”（执照签证）。因此，堪合贸易也指需要明代政府许可而进行的贸易。

② 雪珥：“与海为敌：被郑和舰队撞沉的商业文明”，《中国经营报》，2015年10月15日。

视为游民，政府可以合法地将其予以逮捕。同时，甚至规定商贾之家的衣着不准使用绸纱而只许用绢布。

②限制商人的人身自由。为了将"重农抑商"的制度政策落到实处，政府除了给商人颁发"印信文簿"外，还要求商人每月到官府接受审查，以便于政府随时掌握商人的行踪，达到控制个体民营商人群体的目的，以达到"抑商"效果。

③干涉商人具体的经济活动。政府对内陆的贩货商人制定了复杂的规定，商人外出贩货要向政府相关管理部门提出人数、行程路线、货物种类数量的申请，只有当政府审批应允后，商人才能合法成行，否则被视为非法。

2. 对个体民营商人课以重税

①以重税方式加重个体民营从业者的经济负担。政府除了加重工商业的税赋，限制民间的海外贸易，还经常"借'制造'和'采办'等名目，来掠夺工商业"[①]。其中，就税赋而言，原来明初的商税较轻，有的该纳税目甚至是免税，这促进了工商业发展。

盐业、茶叶和酒水等产业领域，大多为个体民营从业者。自永乐年以后，政府对盐、茶叶、酒等征收的商税税额逐年增加，这无疑增加了盐业、茶叶和酒水等个体民营从业者的经济负担，削弱了其扩大再生产的基础。

②对民营外贸行为收取相关税收。政府对民营商人与外人进行贸易实行"报官抽分"制度，即由商人向政府缴纳一笔很重的赋税。弘治、正德年间，明政府对民间贸易进口货物实行"抽分"制度，抽取一定比例的货物作为进口税，实际上就是要求商人们将利润的一部分上交。

3. 严厉打压民营经济

嘉靖二十六年（公元1547年），右副都御史、浙江巡抚朱纨警告从事民营海外贸易的巨商和商船船主，重申"海禁"政策。由于政府实行"重农抑商"、闭关锁国的基本国策，一方面提升对工商业的压制程度，另一方面垄断对外贸易，禁止个体民营贸易行为，使宁波民营经济发展受挫。

4. 民营工商业者社会地位低下

在"重农抑商"政策下，政府歧视个体民营商贸行为，极力打压个体民营

---

① 童书业著，童教英校订：《中国手工业商业发展史》，北京：中华书局，2005年，第257页。

商人的海外商贸交流活动，使其对内不能成为拥有政治权力和社会地位的社会阶层，对外无法与西方商人竞争。

政府的歧商政策不限于从商行为的本身，而是体现在参加科举、所穿服饰等诸多方面，即禁止商人三代子孙参与科举，禁止商人穿貂裘等高档服饰。在这种社会环境下，“万历年间，由于政府的苛捐杂税，在民间做生意的商人，竟然整整减少六七成”[①]。

三、完善国营（有）经济的垄断体制与机制

明朝政府完善国营（有）经济的垄断体制与机制主要体现在两个方面，通过专卖制度实行经济垄断，通过实行“匠户制度”为官营手工业提供源源不断的从业者。同时，牢牢控制盐业产业，收取盐业赋税。

（一）实行国营（有）经济发展体制与机制

明朝时期，手工业的发展以官营经济体制为主，“产品的销售目标，产品的数量，技术的改进，都取决于官府的需求”[②]。在此政策环境下，由于个体民营手工业无力与官营手工业抗衡，明州家庭手工业的发展只能进行简单扩大再生产，个体民营手工业者居于从属地位。

（二）通过专卖制度实行经济垄断

明朝政府规定进口香料、出口铁器、铜钱和纺织品等货物只能由政府经营。当时将专卖制度称为“禁榷”，严厉禁止民营商人涉足，如果擅自经营则属违法，并且直接开设“皇店”，与民营商人争利。

当时，政府垄断了手工业某些部门特别是矿产和盐、茶等，并设置相关管理机构（见表5-14）对之进行有效管理。

表 5-14　　明朝时期宁波地区盐场及管理机构设置概况

年号 / 时间	盐场概况	盐务管理机构
景泰三年 / 公元 1452 年	由埋马、柏山、梁堰等 3 仓分为埋上、埋下、柏上、柏下、梁上、梁下等 6 仓	“石堰场”

① 江怡：《民营经济发展体制与机制研究》，杭州：浙江大学出版社，2016年，第215页。

② 傅璇琮主编，钱茂伟、毛阳光著：《宁波通史》（元明卷），《导论》，宁波：宁波出版社，2009年，第9页。

续表

年号 / 时间	盐场概况	盐务管理机构
成化十二年 / 公元 1476 年	—	“石堰场”
嘉靖四年 / 公元 1525 年	定海县长山子场、象山县玉女子场	子场升为正场
天启年间 / 公元 1621 ~ 1627 年	龙头场撤并清泉场，称“清龙场”；长山场撤并穿山场，称“穿长场”	“清龙场”“穿长场”

资料来源：根据朱柏铭主编《宁波盐志》，宁波出版社，2009年的相关内容整理。

（三）实行“匠户制度”

1. 个体民营匠户为官府服务

作为国营（有）企业，宁波官府手工业有自己的生产场所，而且还雇请大量工人。明代沿袭了元代的匠户制度，把人户分为军、民、匠等三种户籍。

匠籍全为手工业者，军籍中也有不少在各都司卫所管辖的军器局中服役者，称为军匠。匠户子孙相继，不得脱籍，也不得做官，只能按轮班、住坐和存留三种形式到官府服役。

专栏5–6 “匠户制度”是民营经济发展的制度性障碍

“匠户制度”是明代时期的劳役制度。为了服役，匠户不得不定期前往政府指定的地区，参与区域性乃至跨区域的空间流动，使其空间活动范围被大大拓宽。

嘉靖四十一年（1562）起，轮班匠一律征银，政府则以银雇工。这样，轮班匠实际名存实亡，身隶匠籍者可自由从事工商业，人身束缚大为削弱。明中期开始的逐步深化的匠役改革无疑促进了民间手工业生产的发展。到了清代，持续了4个半世纪的“匠户制度正式”终结。

匠户身怀一技之长，比一般百姓更具生存技能，有着丰富的实际操作经验，是当时宁波产业大军中的佼佼者，也是最活跃的人力资源。“匠户制度”固化了人这个最重要的劳动力要素，形成了一种抑制宁波个体民营手工业者发展的制度性政策。

“匠户制度”的实施，是封建时代劳役制在官营手工业中的体现，成为明代时期束缚宁波生产力发展、阻碍工商业进步的落后生产关系形式。

2.“匠户制度”为官营手工业提供劳动力要素供给

明代匠户分为住坐和轮班两种，轮班匠需定期前往指定地点服役，住坐匠除在固定地点应役外，尚需轮流承担繁重的解运任务。“匠户制度”的延续和完善，确保了手工业体系中所需产业大军的供给，充分显示官营手工业在整个产业体系的重要地位和作用。

到了明朝中期以后，随着“匠户制度”的瓦解，匠户劳役渐为征银取代，封建社会的人身依附关系优势减弱，官营手工业在产业体系中的重要地位逐渐丧失。

（三）加强对盐场的日常生产经营管理

1. 完善官营经济体制

①“聚团公煎”[①]是明朝在宁波各个产盐区域实施的主要制度。明朝时期，宁波地区盐业生产的组织形式承袭元制而采用“聚团公煎”法，使盐业领域成为明朝官营经济体制的代表性产业，其主要内涵在于“明初仍行官有制，立聚团公煎法”[②]。

②政府在盐业领域实行“国进民退”。明洪武十四年（公元1381年），“明州改选灶户，盐民编入灶籍。户有灶丁，既给卤地，复给草荡，岁给工本钞，免杂役、办盐课”[③]，即将民营散盐户纳入国营（有）经济的管理体制。

③政府与盐民之间实则形成一种雇佣关系。盐业领域“国进民退”的具体措施为政府向盐民提供盐池、草荡等生产要素，民营散盐户的人身关系、生产对象与目标发生了由民营向官营的质的变化。

当时，政府每年还给盐户发工资并免去杂役，实际上双方形成了一种雇佣关系。随着这种关系框架的固化，国营（有）经济体制不断走向完善。

2. 设置相关管理机构

①动用军队开发盐业。洪武元年（公元1368年），明朝政府“差军士开置盐

---

① 聚散灶于一团之内，每团分若干户，盖灶舍，四周围以土墙或木栅，以防私漏，轮流作业。盐户只能在团内煎盐，并受官军看管。

② 朱柏铭主编：《宁波盐志》，宁波：宁波出版社，2009年，第236页。

③ 朱柏铭主编：《宁波盐志》，宁波：宁波出版社，2009年，第137页。

场”[①]，即动用军队士兵开发盐场资源。政府借用军士力量建设盐场而进行盐业生产，盐场也因此成为明代军政合一的盐业管理机构。

②设置盐课司。明朝洪武二十五年（公元1392年），宁波政府“设官攒，给铜记，盐政管理机构正式成立。浙江的盐政管理机构称为两浙都转运盐使司，下辖嘉兴、松江、宁绍、温台4分司”[②]。

到了洪武初年，宁波地区的“盐场得以恢复，有盐场12个，除奉化外其余各县都产盐”[③]。而在宁绍分司中，其下辖12个盐课司，宁波占有8席（见表5–15）。

表 5-15　明朝洪武年间（公元 1368 ~ 1398 年）宁波盐课司设置概况

盐课司名称	所在县域	盐课司名称	所在县域
清泉场盐课司	定海	鸣鹤场盐课司	慈溪
长山场盐课司		玉泉场盐课司	象山
穿山场盐课司		大嵩场盐课司	鄞县
龙头场盐课司		昌国正盐场盐课司	舟山

资料来源：根据朱柏铭主编《宁波盐志》，宁波出版社，2009年，第188页的相关内容整理。

③管理盐场生产经营事宜。除了宁波有8个盐课司外，还有属于台州府的宁海县长亭盐场盐课司，以及属于绍兴府的余姚县石堰场盐课司，则宁波总计有10个盐课司。盐课司代表政府对盐场进行管理，可见其管理机构的数量之多。

3. 提高盐业生产技术和产量

①应用盐业生产新技术。当时，宁波盐民们通过煎和晒的方式制盐，但主要以煎盐为主，即以锅、釜作为煎制工具，将卤水倾入其中煎熬成晶体。其后，福建的盐工发明了晒盐的办法，制盐有了新途径，盐场产量不断提高。

②向盐民提供启动资金。明朝政府每年向灶户提供一定数量的启动资金，即每年由政府提供一定数量的工本米（最先以米作为支付载体，后改为“工本钞”）。政府以给付启动资金的方式鼓励盐民增加产量。“洪武元年，一引定为

① 傅璇琮主编，钱茂伟、毛阳光著：《宁波通史》（元明卷），宁波：宁波出版社，2009年，第264页。

② 傅璇琮主编，钱茂伟、毛阳光著：《宁波通史》（元明卷），宁波：宁波出版社，2009年，第264 ~ 265页。

③ 朱柏铭主编：《宁波盐志》，宁波：宁波出版社，2009年，第188页。

400斤，给工本米1石。”[①]规定其生产数额，即产量定为多少“引”，“引”和工本米形成一定的对应关系。

4. 牢牢控制盐业产业

①实行垂直管理体制。盐课司属于垂直管理体制。正统和天启年间，宁波地区的盐课司进行调整，最后剩下7个盐课司，而盐课司的行政管理与宁波本地政府无涉。

彼时，“每一个盐课司设大使、副使、攒典等官员加以管理。从行政关系上来（看），直属两浙都转运盐使司及宁绍分司管理，不受宁波地方政府管理，系垂直管理”[②]。

盐是重要的生活资料和政府财税之源，煮盐业是政府着力控制的重要产业之一，以保障充足的财源，政府必须通过垄断盐的生产与销售，牢牢控制盐业产业。因此，宁波官营盐场实行国营（有）经济的发展体制与机制，具有官营企业生产经营的典型特征。

②垄断食盐生产和销售领域。政府运用“盐引”方式垄断食盐销售业务。通俗而言，所谓“‘盐引’，就是销售官盐的护照，谁执有这个护照，谁就可以合法自由或代理政府买卖食盐”[③]。政府通过颁发许可证的方式间接管理盐业经营事宜，既不必亲力亲为，但又能保证其利益不受损。

5. 收取盐业赋税

盐场是庞大的财政资源，更是政府赋税之源。面对数量众多的盐场，明朝在不同时期施行政策各异（见表5-16），但其目的只有一个，那就是加强赋税征收，尽可能地使盐业赋税收益最大化。

表 5-16　　明朝时期宁波地区盐业赋税征收政策概况

年号、年间 / 时间	政策名称	政策内涵
明代初年	官收盐体制	对灶户其盐产分为正额盐课和余盐两部分。灶户必须按官定课额上纳实物盐课
洪武三年 / 公元 1370 年	并行食盐法	“浙江布政司及直隶府州官民人等户口各随地方征收”

① 傅璇琮主编，钱茂伟、毛阳光著：《宁波通史》（元明卷），宁波：宁波出版社，2009年，第266页。

② 傅璇琮主编，钱茂伟、毛阳光著：《宁波通史》（元明卷），宁波：宁波出版社，2009年，第265页。

③ 朱柏铭主编：《宁波盐志》，宁波：宁波出版社，2009年，第521页。

续表

年号、年间 / 时间	政策名称	政策内涵
洪武二十三年 / 公元 1390 年	“计丁办课”	“丁盐”又称正盐，即“正丁盐课”，征发的标准是“日办三斤，夜办四两”
成化元年 / 公元 1465 年	灶课改征	灶课改为一半征收食盐，另外一半缴纳银两的办法
嘉靖六年 / 公元 1527 年	盐引折银征收	每一小引折合银 0.4 两
嘉靖二十四年 / 公元 1545 年	灶课改征银两	灶课一律改征银钱，改变了过去征收一半实物的做法
万历四十五年 / 公元 1617 年	商人包税制	做法命盐商纳税后，自行赴场购盐，再运到指定地点销售

资料来源：根据朱柏铭主编《宁波盐志》，宁波出版社，2009年，第344～345页的相关内容整理。

宁波盐场所生产的食盐均交给官府（见表5-17），煮盐业为历朝历代政府贡献了巨量的税收收入，煮盐业成为利润丰厚的产业。同时，官府按照相关管理办法，规定“各场灶丁，必须聚团煎制，不允许离开盐场私自煎制，违者以私盐治罪”①。

表 5-17　明朝嘉靖年间（公元 1522 ～ 1566 年）宁波府官营盐场对灶户实征额盐情况

盐场名称	团	灶户（丁）	总催（名）	额盐（引）	实征额盐（引）
大嵩场	11	1661	87	3114	2811
鸣鹤场	7	2996	47	7443	6040
清泉场	19	2756	175	6432	5615
长山场	9	879	43	2881	1835
穿山场	10	1082	67	3043	2720
龙头场	18	1085	150	3114	2610
玉泉场	11	1750	15	2520	2451
合计	85	12209	584	28547	24082

资料来源：根据傅璇琮主编，钱茂伟、毛阳光著《宁波通史》（元明卷），宁波出版社，2009年，第265页的相关内容整理。转引自（明）嘉靖《宁波府志》卷一二《额征》。

明朝政府建立国营（有）盐场的目的是为了获得巨额经济利益。明朝初年，“余姚石堰场每年每丁须纳盐3200斤”②，可见其产量的巨大。

① 傅璇琮主编，钱茂伟、毛阳光著：《宁波通史》（元明卷），宁波：宁波出版社，2009年，第265页。

② 朱柏铭主编：《宁波盐志》，宁波：宁波出版社，2009年，第137页。

嘉靖年间，宁波地区有盐场7个[1]，（见表5-18）皆为国营（有）盐场，说明国营（有）盐业企业的规模在不断扩大，所产之盐为明朝政府提供了巨量的财政税收收入。

表 5-18　明朝嘉靖年间（公元 1522 ~ 1566 年）宁波府岁办盐额（年产量）与征收盐税概况

盐场名称	岁办盐额（引）	实征海滨灶盐（引）	年产量（斤）	今属地	实征灶盐占年产量的比例（%）
大嵩场	3114	2811	1245600	鄞州区	90.27
鸣鹤场	7443	6040	2977200	慈溪市	81.15
清泉场	6432	5615	2572800	北仑区、镇海区	87.30
长山场	2881	1835	1152400	北仑区	63.69
穿山场	3043	2720	1217200		89.39
龙头场	3224	3061	1289600	慈溪市	94.94
玉泉场	2520	2451	1008000	象山县	97.26
合计	28547	24553	11418800	—	86.01

注：①每引重400斤。

②表中“年产量”和“实征灶盐占年产量的比例（%）”为本书作者所加。

资料来源：明嘉靖《宁波府志》。

四、宁波官营和个体民营手工业发展概况

明朝重视发展官营手工业，为此设置许多机构进行管理。当时，造船、纺织、造纸业和刻印印刷业等领域建立了很多官营手工业企业。

宁波具有民营资本迅速崛起的经济社会环境，随着生产力的不断发展，宁波官营和个体民营工场显现出不同的生产经营模式及特点。

（一）凸显官营手工业的重要地位

根据《明史·职官志》的记载，明朝的手工业由工部主管，下辖营缮所、文思院、皮作局、鞍辔局、宝源局（铸钱）、颜料局、军器局、织染局、杂造局等机构，并同时负责生产经营事宜。

“明代前、中期，官营手工业在整个手工业生产中占据重要地位，并沿袭唐宋以来实行的严格的匠籍和匠户制度。”[2] 因此，丝织、棉织、陶瓷是当时宁波

① 朱柏铭主编：《宁波盐志》，宁波：宁波出版社，2009年，第68页。

② 王天伟：《中国产业发展史纲》，北京：社会科学文献出版社，2012年，第126页。

最主要的手工行业。

（二）宁波大力发展官营手工业

1. 造船业领域

①满足刚性需求。刚性需求刺激宁波造船业不断发展。从宁波自身而言，宁波造船业发达有其自身的原因，因宁波地域内外交通与交流的需要、近海与远海渔业捕捞的发展需要，这些都成为对船舶的有效需求，推动宁波船场为市场提供更多的有效供给。

②在手工业领域居于引领地位。从政府角度看，明朝实行最严厉的“海禁”政策，政府相关机构和人员需要以船缉私，而宁波作为抗倭前线必须造大型战船，需要发展军用和民用造船行业，这是宁波造船业没有萧条反而加快发展的最主要原因。

③设置官营造船场。政府重视造船行业，设置官营造船场（见表5–19），建造所需船舶。“明朝主要的军用造船基地在宁波。”① 因此，明朝政府在浙东设立临山卫、观海卫

和三山所、龙山所、余姚所等卫所，“永乐九年（1411年），明成祖就命临山、观海、定海、宁波、昌国等卫造海船48艘”②，成为宁波官营造船场的造船记录，其中主要以战船为主。

表 5-19　　明朝时期宁波地区官营造船场盛产概况

船场场址	船舶规模（料）[a]	工场核员（人）	核定工期（月）	造船场	建造船舶数量（艘）[b]
定海、昌国、临昌、临山、观海卫	500	38	20	定海	72
	400	12	10	昌国	15
	200	10	8	临山	50
	八橹哨船	8	5	—	—

注：a.所谓料，是指所用材料的分级。用料越多，表示船的建造程度越复杂，技术要求越高，自然船的规模也越大。

b.根据傅璇琮主编，钱茂伟、毛阳光著《宁波通史》（元明卷），宁波出版社，2009年，第261页的相关内容整理。

① 傅璇琮主编，钱茂伟、毛阳光著：《宁波通史》（元明卷），宁波：宁波出版社，2009年，第260页。

② 乐承耀：《宁波经济史》，宁波：宁波出版社，2010年，第183页。

除此以外，官营造船场还打造海运的漕船，以用于向北京运送粮食。宁波地区总计建造船舶1228艘，分别为永乐三年（公元1405年）和永乐九年（公元1411年）的两年之和。①

2. 纺织业领域

①设置官营纺织业手工业管理机构。明朝政府对纺织业非常重视，为了向中央政府提供一定数额的纺织品，规定“凡织造技术较高的地区，都设有织造机构。由于浙东有较高的织造技术，为此设有织造专门机构”②，宁波府设置染织局，具体位置在府治西河利桥的左边。

②加强对纺织业产业的管理。作为政府官营手工业管理机构，宁波染织局负责管理宁波地区官营纺织行业的生产经营事宜，以进一步完善宁波官营纺织业的发展体制。当时，“官府把宫廷所需的丝织品，以低价摊派给机户。宁波府丝税一年就达白银566826两”③，足见获利之大。

3. 造纸业和刻印印刷业领域

①宁波可生产一般用纸及特殊用纸。明朝时期，宁波地区的官营造纸业和刻印印刷业很发达，这是经济社会发展推动文化进步的显著标志。从东汉末年到明朝时期，造纸技术已经发展成熟，纸在生活和文化中的应用已很普遍。

浙江是全国纸张的主要产地之一，其中尤以浙东最为著名。宁波府除了生产一般用纸外，还生产历日纸、盐钞纸等贡品纸。

②政府建立“官刻”企业。“官刻”即官营刻版印刷企业，主要负责刻印官府出版发行的重要书籍。“官刻”主要是为地方政府服务，如刻印明代宁波府、下辖各县的府志和县志，如家族刻本、寺院刻本。同时，官营刻书作坊还刊刻儒学刻本，以供给学堂教育之用。

于今，日本收藏有在嘉靖时期通过商贸流通手段传入日本列岛的宁波地区及相关辖县的志书，成为宁波造纸业和刻印业发展成就的见证（见表5–20）。

---

① 根据傅璇琮主编，钱茂伟、毛阳光著：《宁波通史》（元明卷），宁波：宁波出版社，2009年，第261页的相关内容整理。

② 乐承耀：《宁波经济史》，宁波：宁波出版社，2010年，第180页。

③ 傅璇琮主编，钱茂伟、毛阳光著：《宁波通史》（元明卷），宁波：宁波出版社，2009年，第258页。

表 5-20　当代日本馆藏明朝时期宁波府及相关辖县志书及其他书籍概况

年号、年间 / 时期	所藏志书及其他书籍名称
嘉靖年间 / 公元 1522 ~ 1566 年	《宁波府志》《奉化县志》《慈溪县志》《象山县志》《定海县志》等
万历年间 / 公元 1573 ~ 1620 年	《余姚县志》《天一阁集》《范氏天一阁碑目》《范氏奇书》等

资料来源：根据傅璇琮主编，钱茂伟、毛阳光著《宁波通史》（元明卷），宁波出版社，2009年，第260页的相关内容整理。

（三）宁波民营资本迅速崛起的经济社会环境

1. 政府赋税缴纳制度促进宁波手工业发展

在农业社会，农业、手工业发展首先是满足自身的生存和温饱之需，宁波农业及经济作物的种植在很大程度上是为了因应政府以银折收的赋税缴纳制度，迫使农民在劳作之余“尽可能地开展家庭手工业，将农产品加工成为手工制品，以增加经济效益”[①]，使乡村市场成为为个体民营企业提供所需日用工业品及原材料的平台。

2. 宁波农村经济的商品化程度不断提高

随着种植规模的扩大和内部分工的不断细化，造船、纺织、煮盐、酿酒等与人们日常生活密切相关的行业应运而生，其发展水平不断提高，宁波地区小农经济的生产方式逐渐向商品化生产转变，“出现了专门从事小商品生产的家庭和人员，通过市场交换来获得家族生活的必需品”[②]，由此促进整个社会产品商品化程度的提高。

3. 政府对宁波民营资本的控制不断减弱

由于“官营手工业衰落，匠籍制度瓦解，匠户劳役渐为征银取代，民营手工业者可以将全部工作时间集中到自己的作坊里，民营手工业活动生产力得到解放”[③]。

随着经济社会发展的需要，政府不得不放松对工商业的管制。到了明代中

---

① 袁行霈、严文明主编：《中华文明史》（第四卷），楼宇烈、刘勇强主编，北京：北京大学出版社，2006年，第143页。

② 傅璇琮主编，钱茂伟、毛阳光著：《宁波通史》（元明卷），宁波：宁波出版社，2009年，第250页。

③ 王天伟：《中国产业发展史纲》，北京：社会科学文献出版社，2012年，第126页。

期，宁波民间资本终于冲破重重束缚不断兴起，不仅使劳资分离，而且呈现规模大、用工多、分工细的特征，个体民营工商业重新发展起来。

（四）宁波个体民营工场的生产经营模式及特点

1. 个体民营手工业不断发展

明朝嘉靖、万历年间，由于技术水平不断提升，宁波地区纺织、造纸、印刷、造船、制盐、酿酒等行业发展很快，技术的先进和农业、手工业生产效率的提高，不但满足了人们日常之需，而且出现了较多的剩余产品。

2. 个体民营企业不断发展为大型手工业工场

城镇不断从农村吸收原料和劳动力，富有阶层不断向工商业投资，部分农民弃本就末，寻求城镇工商业、运输业中的岗位以养家糊口；更多的个体民营企业得到源源不断的劳动力供给，宁波个体民营工场或手工作坊因之成立并运作（见表5–21）。

表 5-21　宁波个体民营工场或作坊的生产经营模式与特点

种类	生产经营模式	作用与特点
纺织业	以家庭手工业为主，“男耕女织”	满足生产生活需要，产品具有一定的商品化程度
制盐业	以手工业工场为主	雇佣大量劳动力；产品的商品化程度高
陶瓷业	以手工业小生产、手工企业、手工业作坊和手工业工场为主，商品化程度高	雇工为其生产，靠出卖自身劳动力生活，产品的商品化程度高
制纸业	以手工业作坊和手工业工场为主	产品的商品化程度高
制糖业	以手工企业、手工业作坊为主	
酿酒业	以家庭手工业小生产、手工业作坊为主	

资料来源：根据相关资料整理。

3. 宁波个体民营手工业的发展特点

①门类齐全。当时，宁波个体民营手工业包括纺织业、陶瓷业、造纸业、制糖业及食盐、茶叶、酒水等产业，呈现不断发展的势头（见表5–21）。具有资本主义性质的企业在纺织、冶炼、制瓷等工业领域的发展，使宁波在纺织业、陶瓷业、矿冶业等领域形成了官府手工业和民营手工业并存的局面。

②产业发达。明朝是中国中世纪手工业最活跃的时期，“手工业的技术与生

产都有显著的提高，这是与农业和商业的发展分不开的”[①]。包括宁波在内的江南一带是当时手工业最发达的地区，手工产业中的资本主义生产方式和生产关系已经萌芽。

在学者看来，“中国明代工业发展超过以前任何一个朝代，明中期以后随着商品经济的发展，这些企业已拥有大量的雇工、设备和较雄厚的资本，但在封建等级的束缚下，资本主义萌芽没能得到进一步发展”[②]。到了明代中期以后，宁波个体民营手工业得到了大的发展。

（五）个体民营手工业成为宁波的主导产业

1. 个体民营手工业在经济结构中居于主导地位

随着经济的发展，嘉靖、万历年间，宁波个体民营手工业已超过官营手工业而居主导地位。“在棉纺织业、陶瓷业、造纸与印刷业、矿冶业等历朝官府垄断行业外，民间手工业都已占据了主要份额。”[③]

当时，在生产技术上取得了长足进步，产品的商品化程度空前提高，为满足官府和民众生产生活的有效需求及促进商贸流通业的发展奠定基础。

2. 个体民营手工业在产业中的重要地位进一步提升

（1）纺织业领域。“从元代开始到明朝中期，棉花种植及棉纺织业生产迅速在全国兴起和扩展”[④]，为发展棉纺织业提供了原料来源，也使其产生区别于其他行业的特点。

第一，纺织业在宁波手工产业中的重要性高于其他行业。源于解决衣食住行的需要，“衣”是人生存发展的第一需求。因此，纺织业是宁波经济结构中仅次于种植业的第二大行业，显现其在个体民营手工业中的重要地位。

明朝时期，宁波所辖各县农村普遍栽培棉花，市域范围内的农村市镇里弹花、纺纱、织布等行业非常发达，具有纺织业雄厚的产业基础，使之成为自明末以来浙东手工棉纺织业的中心区域。

第二，纺织业成为宁波地区全民性的产业。纺织业是宁波地区农村最主要的家庭副业。当时，家家户户的妇女用棉花、蚕丝和相关工具进行纺织，形成了个

---

① 童书业著，童教英校订：《中国手工业商业发展史》，北京：中华书局，2005年，第207页。

② 王天伟：《中国产业发展史纲》，北京：社会科学文献出版社，2012年，第7页。

③ 王天伟：《中国产业发展史纲》，北京：社会科学文献出版社，2012年，第126页。

④ 王翔：《中国近代手工业史稿》，上海：上海人民出版社，2012年，第10页。

体民营纺织产业的发展规模。同时，自明朝以降，丝织业在纺织业中的地位不断下降，而棉织业在纺织业中的结构和地位逐渐提升。

专栏5-7　明朝时期宁波个体民营棉纺织业的生产形式与作用

“明清两代的纺织业在前朝的基础上又有大的发展，形成了由南到北，自东往西遍布发展的格局，尤以纺织业最为明显。”[①]

明朝时期，宁波地区的纺织业既有官营企业，也有个体民营织户，实际上就是以家庭为单元的生产单位。因此，宁波个体民营纺织业的生产形式主要有两种，一种是家庭手工业，即通常所说的“男耕女织”。另一种是手工工场，主人除了自己参与生产外，还要兼管生产经营事宜。

当时，宁波地区的纺织产品品种较多，有布、麻布、葛布等种类。其中，宁海、定海、象山、慈溪等县盛产葛布、苎布。慈溪有妇女从事绢、绸等丝织品的生产，其薄绸的质量可与杭州丝绸一比。

注：①王天伟：《中国产业发展史纲》，北京：社会科学文献出版社，2012年，第85页。

第三，生产技术不断提升。“木棉弹弓是元代发明的，到了明代，已经成为宁波主要的棉花加工工具。”[①]因此，丝织业和棉织业成为官营和民营的主要生产领域。“嘉靖之后，浙东普遍使用腰机和花机。成化年间，宁波工匠采用花机、腰机工具，织成花布、腰机布和棋盘布。”[②]她们通过对工具的改进和技术的提升，使生产效率大为提高。

②煮盐业领域。第一，实行“盐引”。明朝政府在盐业领域实行官营经济的发展体制与机制，垄断了盐业的生产和销售环节。其后，政府采用“盐引”的办法，将食盐的专卖权让渡给个体盐商而退出流通领域，“盐引”[③]办法的实施标志着政府退出盐业流通领域。

第二，改革盐课征收制度。盐课征收制度的改革给个体盐业提供了一定的发展空间。嘉靖年间以后，宁波地区的作坊盐业专卖制度有所放松，“政府实行盐课折银征收制度，使盐民得以有一定的自主权，打破了官府对盐业生产与销售的

---

① 傅璇琮主编，钱茂伟、毛阳光著：《宁波通史》（元明卷），宁波：宁波出版社，2009年，第256页。

② 乐承耀：《宁波经济史》，宁波：宁波出版社，2010年，第179页。

③ “盐引”即政府改变过去统管盐业、把自己变成生产者加商人的做法，虽仍控制食盐，但将食盐卖给中间商。商人需按照政府旨意，将粮食运送到边关才能获得盐业专卖的许可。“盐引”就是销售官盐的护照，持有者可以自由或代理政府进行盐业的买卖活动。

垄断”[①]。

盐课征收制度的改革使煮盐户仅向作坊缴纳盐业税收后，可以将自己煮的盐拿到市场上出售，从而增加了一定的收入，官府对煮盐业生产和销售的垄断被打破，使盐业销售市场打开了一道门缝，有利于个体盐业的发展。

第三，确立盐户生产资料私有制的地位。明朝嘉靖年间，宁波存在个体私营盐户。据史料记载，当时宁波“沿海滩涂直至海岸接规丁主所有。荡地虽属官府分给，但已确认为灶民所有并世代相传。荡地等制盐生产资料实际上已开始转为私有”[②]。

③造纸业。宁波有丰富的山林毛竹和泉水资源，造纸历史悠久，所用古法造成的纸质量上乘，保存时间可达千年。其中，以今宁波奉化萧王庙街道棠岙村个体家庭生产的竹纸最为著名。

据奉化地方史料记载，“棠岙竹纸起源于明正德年间，至今已有500年的历史。这里曾是商贸古道必经之地，产自这里的棠岙竹纸随着往来的客商走出这小小的山岙，有的甚至成为贡品进入皇宫”[③]。

④刻书业。个体刻书者就是个体户，属于民营经济的范畴。明朝时期，由于经济社会的发展，文化的普及和繁荣成为刻书印刷业的重要推力。因此，宁波地区私营刻书业发达，刻印的大量书籍对传承传统文化发挥了积极的作用。其中，尤以嘉靖年间范钦刻印的《范氏奇书》为代表，其刻印和收藏的大量书籍使天一阁声誉远播。

⑤造船业。第一，宁波造船业一直呈现强劲的刚性需求状态。明朝时期，“自洪武实行海禁政策以后，禁止双桅沙船下海，这对航海业、渔业都不利”[④]。即使政府因实行“海禁”而打压个体民营海上贸易运输业，但因为生存与发展等引致的刚性需求，同时也是为了走私的需要，宁波地区的个体民营造船业仍然加快发展。

---

① 傅璇琮主编，钱茂伟、毛阳光著：《宁波通史》（元明卷），宁波：宁波出版社，2009年，第269页。

② 朱柏铭主编，《宁波盐志》，宁波：宁波出版社，2009年，第237页。

③ “82岁老人坚守古法造纸60年 72道工序制纸可保存千年”，来源于网页：http：//mini.eastday.com/a/180423050210276-5.html。

④ 傅璇琮主编，钱茂伟、毛阳光著：《宁波通史》（元明卷），宁波：宁波出版社，2009年，第263页。

专栏5-8 象山发掘的浅海木船见证宁波明代民营造船业的发展成就

近年来，宁波“考古工作者曾在象山发现了一艘明代浅海型木帆船，此船工艺尚为先进，但浅海型木帆船正说明了当时民用造船业的现状，这种船应是当时政府允许的民用船只规模。当然某些时期海禁松弛一些，有效走私商人就会偷偷建造大船”①。

个体民营造船场主要建造用于内河航运的河船，以及客货船和渔船、游船。其中，以内河船为主。同时，打造适于长途航行的商船，沿海运线路北至山东半岛和辽东半岛。

注：①傅璇琮主编，钱茂伟、毛阳光著：《宁波通史》（元明卷），宁波：宁波出版社，2009年，第263页。

第二，所造船舶满足宁波河海运输的需要。明朝时期，宁波地区的个体民营船场造船水平高，其产业与国营（有）造船场一样发达，造船业在当地经济社会中占有突出的地位。

打造用于远洋的贸易船舶，以适应和便利与海外商贸交流的需要，尤以鄞县的民营造船业最为发达（见表5-22），对宁波地区的渔业生产、河海航运和内外贸易具有重要的促进和推动作用。

表 5-22 明清时期明州鄞县个体民营造船业发展概况

船匠及船场所在地	船舶类型	适于航行区域	特点
东乡船匠	粮船即出海的渔船	浙西诸郡及近海	—
南乡段塘船匠	“商用蛋船及江河行走的百官船、乌山船”	南北洋	蛋船“船底较广，能装载 200 ~ 300 吨货物，只是速度不快”
不详	“四不像船”	远海航行	能够“装载 200 ~ 500 吨货物，可以张三个帆，速度快于蛋船”

资料来源：根据（清）张恕等修撰《鄞县志》卷二《风俗》；张守广《宁波帮志》（历史卷），中国社会科学出版社，2009年，第22页的相关内容整理。

⑥陶瓷业。明朝时期，宁波地区的瓷器业发展水平较高，源于当时窑场普遍采取浇釉和吹釉的新技术，个体民营窑场大量烧制很受市场欢迎的瓷器制品。

当时，除“官窑”外，个体民营陶瓷业中的“民窑”窑主大量雇请劳动力，烧制出精美瓷器，与“官窑”瓷器一道成为中国当时最重要的出口换汇产品。其中，以象山窑场烧制的瓷器技术水平最高。

⑦茶叶业、酿酒业。第一，政府仅对茶叶收取税收。茶叶也是重要的生活资料，与制盐业略有不同的是，政府后来改变对茶叶的管理办法，对个体民营制茶

业收取一定的税收。

“在原慈溪县所辖的车厩岙一带（今余姚市河姆渡镇）所产茶叶，从南宋末年，经元朝到明朝万历年间，历时300余年，每年由慈溪县进贡朝达260斤。”[①]茶叶的种植与制作，由于质量上乘，所制茶叶称为贡品，也因此成为明州地区的重要“名片”。

第二，政府对酒业采取征税的办法进行管理。当时宁波地区农村粮食和经济作物的广泛种植，为酿酒业提供了充足的原料。无酒不成礼仪，宁波府在明朝时期的酿酒技术先进，酒文化发达。由于酿酒作坊是个体民营性质，政府对酒水不实行专卖政策，因此，宁波的酿酒业平稳发展。

⑧中药业。自明朝始，以中医中药业与成衣业为先锋的宁波帮大量涌入京城，垄断了北京的医药行业，其中“鄞县会馆”便是典型一例。到了清代，“宁波帮”名噪京城，包含镇海会馆和慈溪会馆在内的宁波会馆最多时曾达13处之多。

五、宁波地区民营商贸流通业的发展路径与成就

由于商贸流通业的发展，政府决定以减税的方式鼓励其加快发展，使其对农业、手工业的产业引领作用不断凸显。商贸流通在促进宁波要素资源实现最佳配置的过程中发挥了重要和积极的作用。

（一）宁波不断形成有利于商贸流通的发展环境

1. 政府以减税方式鼓励发展商贸流通业

随着经济社会的发展和剩余产品的不断增多，城乡居民进行商贸交流的意愿愈加强烈，形成一种无形的推动力。为了加快商贸流通业的发展，政府决定降税，“减轻商税，关市之征由什一减至三十税一”[②]，减轻了个体民营工商业者的负担，营造有利于商贸流通业发展的环境。

2. 宁波市镇具有优越的腹地优势

更广阔的腹地、最具活力的商品市场，使宁波具有源源不断的要素资源的吸

① 周千军主编：《月明故乡》，宁波：宁波出版社，2006年，第262页。

② 童书业著，童教英校订：《中国手工业商业发展史》，北京：中华书局，2005年，第234页。

纳功能，而福建、广东等省对江苏、浙江一带出产的米、绢、陶瓷、工艺品之类的货物需求很大。因此，南方的香料等商品也陆续涌入宁波地区，宁波城市商品集散和消费功能尽显。

3. 宁波城市显现消费的集聚效应

明代末期，由于城乡的商品经济比重大增，商业资本增殖迅速。占人口58%的华东地区，占有全国80%以上的GDP。

当时，包括宁波在内的南北方都出现了一些以经营工商业而驰名的城镇，城市中也形成了大商巨贾、作坊主等比较富裕的民营工商业者，这是商品经济发展的结果。

（二）商贸流通业不断凸显产业引领作用

1. 农业和手工业的发展满足了宁波生产生活的消费需求

随着种植规模的扩大和内部分工的不断细化，宁波地区造船、纺织、煮盐、酿酒等与人们日常生活密切相关的行业加快发展。

大量的小生产者在集市上出售自产的产品，期待能够用货币换回自己所需要的生产生活用品。他们主要交易海产品、食盐、船舶、草席、冶金制品、家具、棉花等流通商品，通过比较优势，以获得更多的商品价值。

2. 手工产业能够吸纳宁波更多有技术专长的剩余劳动力

明朝嘉靖、万历年间，由于宁波手工业技术水平不断提升和内外贸易的兴起，手工产业的低门槛、低投入并可以获得高收益的状况，吸引社会上更多剩余劳动力投身其中，造纸、印刷、造船、制盐、酿酒等行业拥有的技术越来越先进。

3. 社会的商品化程度不断提升

明中期后，随着商品经济的发展和社会分工的扩大，宁波的“商业化的步伐加快，即连续呈现了农业生产的恢复、手工业的分化和沿海贸易的再度兴盛”①。

手工业、商贸流通业的发展不仅仅是为了满足自给自足的生活需要，而是以

---

① [日]斯波义信著，方健、何忠礼译，虞云国校：《宋代江南经济史研究》，南京：江苏人民出版社，2001年，第499页。

商品生产和交换为目的的经济活动，商品经济在经济生活中处于支配地位，使经济社会资源不断实现最佳配置。

（三）宁波新兴市镇与贸易集市显现的主要功能和内涵

1. 手工产业的发展水平提升了宁波传统市镇的能级

明朝时期，宁波地区的传统市镇以农副产品和海产品的交易为主要内容，显现出传统市镇的经济特征，其发展是建立在发达的手工业基础之上的。

经过多年的发展，宁波手工业在江南地区已居于较高的发展水平。手工业的发达，不仅提高了生产生活效率，而且创造了有效需求和有效供给。

2. 宁波城乡市镇民间集市贸易活跃

明代晚期以后，宁波城乡民间集市贸易不断发展，商贸交流活动频繁，个体民营工商业者不断进行商业资本的原始积累，推动宁波地区的商贸流通业走向兴盛状态。

彼时，宁波“民营资本的兴起，不仅使劳资分离，而且呈现规模大、用工多、分工细的特征”[①]，这是个体民营资本不断促进经济社会资源实现最佳配置的结果。

3. 宁波府及相关辖县贸易集市不断兴起

①农副产品的商品程度不断提高。产品商品化是市场的最大功能。因此，学者认为，“市场的出现与繁荣，是农耕经济向市场经济过渡的重要媒介”[②]。宁波地区的民众利用综合性集市、庙会赶集和专业化市场等多种平台载体进行商贸交流活动。

②城乡交易市场的数量不断增加。由于商品经济的发展，原有的交易市场越来越不能满足需要。据统计，从1462～1559年的近百年时间里，宁波城乡各地的集市贸易不断增加，为满足城乡居民生产生活的有效需求发挥了积极的作用（见表5–23）。

---

① 王天伟：《中国产业发展史纲》，北京：社会科学文献出版社，2012年，第126页。

② 傅璇琮主编，钱茂伟、毛阳光著：《宁波通史》（元明卷），宁波：宁波出版社，2009年，第278页。

表 5-23　　明朝时期宁波府及相关辖县集市贸易发展概况

年号、年间/时间	集市数量（处）	其中：部分相关辖县集市名称	
天顺六年/公元1462年	33	奉化县	泉口市、白杜市、南渡市、袁村市、公棠市、江南市场、大桥墟
		慈溪县	车厩市、黄墓市场、大隐市、文溪市、蓝溪市、渔溪市
		象山县	弦歌市
嘉靖三十八年/公元1559年	44	鄞县	小溪镇、西廓八市、南郭三市、东津四九市、后世、甬东市、宝幢市、小白市、东吴市、下水市、韩岭市、横溪市、小溪市、栎社市、林村市、凤岙市、石塘市
		奉化县	奉化市、江口市、蔡桥市、尚田市、溪口市、泉口市、白杜市、南渡市、袁村市、公棠市
		慈溪县	车厩市、黄墓市场、大隐市、文溪市、蓝溪市、渔溪市、鸣鹤市
		象山县	弦歌市、白石市、坟头三、南堡市、头市、三角市
		定海县	城西市、江南市、石湫市、澥浦市
		余姚县	方桥市、临山市、浒山市、姚家店市、新坎市、梁弄市、马渚市、周巷市、天华市、店桥市、埋马市、匡堰市、黄清堰三、石人山市

资料来源：根据傅璇琮主编，钱茂伟、毛阳光著《宁波通史》（元明卷），宁波出版社，2009年，第278页的相关内容整理。其中，余姚县当时属于绍兴府。

③集市类型和专业化生产各具特色。明朝时期，散布于宁波府及下辖各县的城乡集贸市场充分显现出不同的功能特点（见表5–24），有效地满足了不同群体的消费需求。

表 5-24　　明朝时期宁波府及辖县城乡集贸市场的功能特点

集市类型	开市特点	承担功能及交易行市
菜市场	定时；早上开市，正午闭市	为宁波府及辖县居民提供蔬菜及副食品供应
百货交易市场	定期；在特殊的固定时间内开业	为宁波府及辖县居民提供副食品及生产生活用品供应
专业集市	定点；专业商品集聚成行而形成专业化市场	鱼行、国行、柴炭行、鸡鹅行、猪行、羊行、布行；竹木柴炭行（鄞县下水市、韩岭市、慈溪县的车厩市）、鱼虾行（慈溪县的蓝溪市、渔溪市）、棉花行（余姚县的周巷、泗门和慈溪县的彭桥）

资料来源：根据相关资料整理。

（四）宁波商贸流通业发展成就显著

1. 街区商业店铺林立

发展工商业是明州城市的首位功能。当时，宁波市镇有许多集市，集市里店铺云集，永久性个体民营商业街区遍及城市的大街小巷与城外郊区（见表5-25），宁波城区商贸交流十分繁盛。

表 5-25　　明朝时期宁波城内商业街区及店铺经营概况

设置范围及名称	市场及店铺特点	店铺经营类别
从东大路—西大路的南北各向街道两旁的店铺	店铺林立、生意兴隆，构成宁波城市的商业中枢	棉布、食品、提包、帽子、家具、木材、竹竿、丝线和药材；客栈、当铺
东渡门内	最繁华的商业街区之一	木器店、竹器店、印染店
灵桥市场	大型商业区	药材店、木器店、竹器店、漆器店
江厦东门市场	最热闹的郊区商业区；船场、福建会馆、天后宫和庆安会馆均设于此	钱庄、海产店、食糖店、木材铺、麻店、粮店；南北商号经营的南北沿海特产店
甬东市市场	热闹的郊区商业区	货栈、米厂；有出售石板、铁器、燃料、蜡烛、纸张、染料百货、牛、蔬菜、水果及其他食品

资料来源：根据相关资料整理。

2. 市镇和城郊成为交易场所

①集市遍及市镇。集市贸易与民众日常生活与生产密切相关，一般而言，集市贸易的发展与经济社会发展程度呈正相关关系。

宁波府原来的许多市镇，经过发展后，从一个小小的村落成长为地方贸易中心。“市是江南地区以市场为主体而形成乡村市镇。在乡村生活，市镇是乡民之间、村落之间互通有无的主要场所。”[①]

②城市专业市场较多。在1400～1499年间，宁波城内有大市、中市和后市等五大市场（见表5-26），其“工商区优先考虑便于原料、商品的流通，及便于为贩卖、加工、生产提供劳动力”[②]，且都位于河岸或河岸附近，便于四乡八邻的商舢舨船靠泊。每逢集市，人流攒动、客商云集，充分展示了宁波都市的繁华程度。

表 5-26 明朝时期明州城内市场设立概况

名称	设置范围
“大市”	县衙门与大街之间的广场
“中市”	大街后面

① 傅璇琮主编，钱茂伟、毛阳光著：《宁波通史》（元明卷），宁波：宁波出版社，2009年，第278页。

② [日]斯波义信著，方健、何忠礼译，虞云国校：《宋代江南经济史研究》，南京：江苏人民出版社，2001年，第324页。

续表

名称	设置范围
“后市”	接近北面城墙
门外市场	在西门口、南门、灵桥门、东渡门等四门之外
“甬东市”	郊区

资料来源：根据相关资料整理。

（五）商贸流通业呈现的不同特点

1. 内贸以个体民营经济为主

明朝时期，宁波商贸流通领域分工明确，内贸领域主要是个体民营经济，几无官营现象。外贸领域主要以官营经济为主，个体民营经济兼而有之。

在内贸领域，宁波因为集市贸易的发展，对域外的客商极具吸引力，他们远道而来，在宁波做生意，也有宁波人远赴他乡进行贸易交流而成为巨贾。

2. 宁波成为本埠内外最大的商品与商人的集散和汇聚地

码头是港口城市的基石。明代时期，宁波的甬江码头，西起来远亭，东至三江口，即今天的江厦公园。而东门口是三江汇集之地，帆樯林立，也是宁波的水产码头，每日人流如织、熙熙攘攘。

宁波因商贸流通业的兴盛而吸引五湖四海的客商云集，西门、南门、宋诏桥、望春桥、江东等区域成为重要的交易之地。当时，货物的交易、人头的攒动、资金的流向、行商与坐商的云集等要素资源的配置，皆成为商贸交流活动的重要内涵。

专栏5-9　明朝时期宁波府城内的贸易市场概况

灵桥旁边原大世界市场也是水产码头，为海鲜交易市场。城东的姚江畔是当时宁波的商业贸易区域，主要集聚的是小商小贩。

在西南部开明坊的鄞县县治前后，有三个大市场，大市在县治前，中市在县治东，后市在县治后。大市一般指交易品种比较多、数量比较大、赶集人比较多的集市。

开明街是当时宁波的商业中心，店铺密集，很多是木质结构的平房，每天客流众多。而从镇海清水浦、五里贩等处挑盐入城的人，必须经过宁波府城市东部的盐仓门。府城东南的和义门，旧名渔浦，又名下卸，是当时的渔业码头。

3. 个体民营商业人才异域互动交流频繁

①宁波个体民营客商与域外客商双向交流。交通便捷是宁波最大的优势之一，便捷的河海客货运输促进了宁波与外地要素资源的双向交流。除了宁波本地人，外地人来甬经商外，也有宁波人赴外地经商（见表5-27）。

表 5-27　　宁波本地个体民营商人赴外埠经商概况

原籍贯	姓氏	所到区域	从事的行业	店铺名称	经营类别	经商成就
鄞县	徐桂	苏州	不详			“姑苏大贾”
宁波	孙春阳		零售业	南货铺	南北货、海货、腌腊、蜜饯、酱货、蜡烛	成为天下闻名的南北货铺
	不详	北京	中医、中药业		中医诊所、中药	于明末出资兴建“鄞县会馆”
奉化	王方济		成衣业	裁缝铺	衣料、制作成衣	标志着服装成衣业的兴起
慈溪	魏耕	湖州				

资料来源：根据傅璇琮主编，钱茂伟，毛阳光著《宁波通史》（元明卷），宁波出版社，2009年的相关内容整理。

②宁波个体民营客商旅居南方发达城市。为了占领宁波域外市场，宁波很多个体民营商人的生意遍及长三角地区的商业发达城市。

据史料记载，“当时中国最繁荣的城市北京、苏州、南京一带，都有宁波商人。晚明时期，苏州是南方最大的商业城市，宁波商人比较早地进军苏州”[①]，成为旅居姑苏的宁波个体民营客商，而旅居京城的宁波人最终发展成为闻名天下的“宁波帮”。

专栏5-10　“宁波帮”萌芽于明朝时期的京城

宁波药业及从业人员占领北京市场而形成“宁波帮”。自明朝始，以中医中药业与成衣业为先锋的“宁波帮”大量涌入京城，垄断了北京的医药行业，其中“鄞县会馆”便是典型一例。到了清代，“宁波帮”名噪京城，包含镇海会馆和慈溪会馆在内的宁波会馆最多时曾达13处之多。

早年移民北京的宁波籍个体商人，以及来自今鄞州区茅山、姜山及奉化西坞、江口、方桥和慈溪一带的裁缝，他们离开本土，闯荡江湖，走出去创业

① 傅璇琮主编，钱茂伟、毛阳光著：《宁波通史》（元明卷），宁波：宁波出版社，2009年，第276页。

而成为“宁波帮”的早期代表，使得“绍兴的师爷、宁波的商人”的说法在晚明时期逐渐成为世人的口碑。

（六）生产力的发展推动生产关系发生变化

1. 商业资本不断积累

①向政府购买“盐引”获利。在宁波地区，有的盐商通过向政府购买“盐引”，即盐业专卖许可证，把宁波地区质量上乘的食盐贩运到长三角地区，既扩大了宁波食盐的知名度，又赚取了丰厚的利润。

商业资本不断积累是生产力发展的显著标志之一。其他行业的商贾们，在经商的过程中，通过资本—商品（劳务）—资本的循环，不断获取剩余价值，以为扩大再生产打下基础。

②以虚实载体积累资本。为了使资本增值程度最大化，许多宁波商人涉足金融业，从事高利贷业务，利润非常可观。

2. 资本的乘数效应不断扩大

商业资本还具有对农业、手工业产品商品化的促进作用，形成乘数效应，连通农业、手工业和商贸流通业的产业链，沟通了宁波内外市场，使其成为彼时重要的内外贸易口岸。

3. 新兴商人阶层不断崛起

明代中期以后，随着生产力的发展，社会阶层中从商者渐多。其中，在农业、内贸和外贸领域中不乏有成就的商业人士，称为新兴商人（见表5-28），其资本的原始积累不断扩大，标志着商人阶层迅速崛起。

表 5-28　　明代中叶宁波部分新兴商人经商成就概况

致富领域	区域及人氏	致富原因及成就
农业	宁波人李山如、陆氏；徐景礼；鄞县栎社孙氏、定海薛通	“从借贷、输饷等因素来考察，应是靠农业致富者，这符合当时政策。在得到国家鼓励的农耕领域，通过辛勤积累，有可能成为新兴的富户”
对内贸易	宁波城西人董税	经商致富，乐善好施，曾经一次性拿出 2500 两白银接济穷人；出资修建望京桥
	宁波人孙珂	在陕西一带经商二十余年，是一名成功商人

续表

致富领域	区域及人氏	致富原因及成就
对内贸易	定海人贺孟员	随从父亲戍守辽东大宁卫，后在南州、丁家道口一带做木棉生意
	宁波人张时敏	“少承家学，通经史百家言”，后来放弃考试而经商，成为儒商
	宁波人王氏	做皮货生意，“家累千金”，十分富有
对外贸易	宁波李端家族	“李氏与日本贡使关系密切，李端的三个儿子与日本做贸易生意”
	定海人严翠梧、方子定	“以数十金之货，得数百金而归；以百余金之船，卖千金而返”
	南直隶徽州歙县人宗谊家族	徽商来宁波城市外贸生意，居于甬东，靠海上贸易起家，后来拿出十多万家产资助抗清义军

资料来源：根据傅璇琮主编，钱茂伟、毛阳光著《宁波通史》（元明卷），宁波出版社，2009年的相关内容整理。

4. 市井文化不断形成

在商言商，市井是商肆集中的地方。作为商业和文化的中心，新商铺的不断建立和老字号店铺的改造，便利交易，人流如织。

当时，府城及各市镇有沿街叫卖的小贩腔调和韵律的呼唤声、街头零卖的特色小食品，无一不显现宁波街巷中底层百姓质朴、原始、纯真的生活方式，反映了市民真实的日常生活和心态，形成了具有宁波地域特色的市井文化。

（七）明朝政府重新开放“海禁”

1. 外贸环境发生变化

资源配置和商贸交流出现全球性的趋势。当时，欧洲资本主义已开始萌发，新航路的开辟，标志着世界在逐步走向开放，也意味着外贸环境开始发生变化。

新航路的开辟使资源配置由区域化向全球化转变、商贸交流由区域性向全球性转变，欧洲白人在美洲掠夺了大量的白银，形成了要素资源突出的特点。西方新兴国家要求原料和市场不断扩大的愿望越来越强烈。

2. 明朝政府财政空虚

当时，由于连年征战，大兴土木，政府财政收入出现了危机。而国营（有）经济的垄断性及对民营商贸流通业的排他行为，出口商品数量的增多并未带来收入的增加。明朝政府需要通过对外贸易而获得更多的收入，迫使政府调整外贸政策，以弥补财政收入的严重不足。

3. 明朝大宗商品的出口极具竞争力

明朝在小农经济和实物征税的经济格局下，拥有大量劳动力资源，茶叶、纺织品、瓷器等出口产品价廉物美，如能解决市场对资源配置起决定性作用等供给侧问题，则明朝发达的工商业能够有效促进对外官营和民营贸易的开展。

作为茶叶、纺织品、瓷器等出口产品的原产地或集散地，当内外环境发生有利于宁波商品出口的变化的时候，不仅是官营贸易，个体民营贸易也迎来极好的发展机遇。

4. 政府开放“海禁”

从1370～1567年，明朝的“海禁”政策实行了近200年，民营商贸流通业遭到毁灭性打击。1567年，即隆庆元年，明穆宗下令开关，“开放海禁，允民间海外贸易，新订引票制和税制”[①]，允许民间“远贩东西二洋”，将原来的民间贸易行为由非法变为合法。

明朝开放“海禁”，允许民间海外贸易，虽限制较多，但宁波个体民营商贸流通业终于获得再次发展机遇，个体民营商人可以自由驾船出海贸易。

5. 宁波的贸易口岸优势凸显

明朝时期，对外贸易使货物和商人大量涌入，宁波与其他城市的商贸交流频率加快。宁波不仅与苏杭相连，而且江西等中部地区成为其腹地。因此，苏杭的丝绸、景德镇的陶瓷、宁波的本地产品越瓷与宁波的港口位置条件形成叠加效应，使宁波港具有在集散功能方面强于福州、在港口方面优于漳州的长处，宁波由此成为“海上丝绸之路”的始发港之一。

6. 重新开放宁波“市舶司”

①“市舶司”承担不同的管理职能。“市舶司”作为明朝政府对外贸易的管理机构，承担对外商贸流通的管理职能。各个“市舶司”的管理对象不同。其中，泉州管理对琉球贸易，而广州则负责对南洋诸国的贸易，明确规定宁波市舶

---

① 俞福海主编：《宁波市志》（上），《卷首·大事记》，北京：中华书局，1993年，第47页。

司接待日本客商和商船。

②政府频繁开关“市舶司”。出于开放和“海禁”的政策考量，在近200年的时间里，明朝政府反复开关“市舶司”，显示出政府海外贸易政策的变化轨迹（见表5–29）。

表 5-29 明朝时期政府在宁波及其他城市开关“市舶司”的概况

年号、年间 / 时间	开关“市舶司”的原因
洪武三年 / 公元 1370 年	为了扩大开放，中央在明州、泉州和广州等三地设置“市舶司”
洪武七年 / 公元 1374 年	因倭寇侵犯，明朝政府关闭明州、泉州和广州等三地“市舶司”，实行“海禁”政策
永乐元年 / 公元 1403 年	为了扩大开放，便利与日本的官营贸易，重新设置宁波“市舶司”
嘉靖二年 / 公元 1523 年	“争贡事件”，明朝政府关闭宁波、泉州和广州等三地“市舶司”，实行“海禁”政策
嘉靖三十九年 / 公元 1560 年	为了扩大开放，明朝政府在明州、泉州和广州等三地重新设置“市舶司”
嘉靖四十四年 / 公元 1565 年	明朝政府关闭宁波、泉州和广州等三地“市舶司”，实行“海禁”政策

资料来源：根据相关资料整理。

开放宁波、广州、泉州三地的“市舶司”，标志着明朝政府对对外贸易实行专职管理，意味着政府对外贸易政策的调整，这种调整大体适应了国际贸易开放格局的变化。明洪武三十年（公元1397年），政府禁止沿海居民私自出海与外国“互市”，将“海禁”政策的实施主体由官方延及民间，由此危及宁波个体民营经济的发展。

（八）对日贸易形式与宁波口岸的作用

1. 实行朝贡贸易[①]方式

“由于实施‘海禁’，明朝与海外诸国经济往来主要采取朝贡贸易的形式。”[②] 这实际上是一种官营贸易行为，它排斥了个体民营商贸活动。虽然朝廷也允许贡使将所带多余物品与民间进行贸易，形成一种互市状况，但这种互市

---

① 朝贡贸易完全是一种国家政府间的贸易，实质是由国家垄断中外政治、贸易交往与交易权。朝贡兼贸易是一种特殊的外交关系。在作者看来，朝贡贸易是官营贸易形式。

② 袁行霈、严文明主编：《中华文明史》（第三卷），袁行霈、邓小南主编，北京：北京大学出版社，2006年，第285页。

有前提条件，即贡使必须先“入贡”，其次才能进行民间贸易，否则不允许其互市。

2. 宁波承担日本朝贡贸易重任

“宁波贸易的兴起，是当时江南地区经济发展的结果。”[①] 自唐代以来，宁波对外贸易一直很发达。16世纪初，宁波依然与福建的泉州、广东的广州承担东亚朝贡贸易的重任。

明朝政府指定宁波“市舶司”专门对应日本的朝贡贸易事宜。此时的日本由于生产力不发达，生活日用品需大量进口。于是，日本的各大名、领主们以朝贡的名义，纷纷派出“遣明船”来中国与宁波商人进行官营和民间贸易。

3. 通过“勘合贸易”[②]与日本进行交流

①政府优先收购贡货。明朝政府要求回舶到岸的贸易客商，必须向政府如实申报所载货物及货值，以为税收提供征收依据，政府再据此向商船收税。

明朝洪武年间规定，贡使所带私货与民间交易之前，官方要高价收购其中的六成，其余的可以在民间互市，但不许官府抽税，以此鼓励民营商贸行为。

②对日官营贸易制度化。当时，明朝政府规定，海外诸国来华贸易，只要朝贡就许可互市，否则不允许互市。

1404年，即永乐二年，明朝政府派遣赵居仁送日使返国，并在日本国与日本签订《中日勘合贸易制度》，这标志着商贸流通上升为政府行为，其官营贸易已然制度化。

③宁波展开对日官营贸易。宁波港“仍是官方指定的‘勘合贸易’港，也是日本的遣明使团、商旅和学问僧来华的唯一的一个口岸”[③]，宁波港在对外开放中发挥了重要的作用，其口岸的唯一性也凸显宁波港在对日贸易中的重要

---

① 傅璇琮主编，钱茂伟、毛阳光著：《宁波通史》（元明卷），宁波：宁波出版社，2009年，第221页。

② 明代外国来华进行朝贡贸易的一种称呼，也称“贡舶贸易”。所谓“勘合”，实际上就是“明政府发给外国来华贸易商人的符节（证件）。这种勘合自明朝洪武十六年（1383年）起曾经颁发给50多个来自亚洲各个国家和地区的朝贡船”。明初实行海禁后，只允许外国与明朝廷进行有时间、地点规定的朝贡贸易。外国商船载贡品及各自方物土产来华，明朝廷收贡品、购方物后，以“国赐”形式回酬外商所需中国物品。各国贡期或3年，或5年。对日本则规定10年一贡。贡舶必须持有明廷事先所颁“勘合”（执照签证）。

③ 傅璇琮主编，张如安、刘恒武、唐燮军著：《宁波通史》（史前至唐五代卷），《前言》，宁波：宁波出版社，2009年，第10页。

地位。

日本勘合贸易船于1404～1410年、1433～1523年分两期15次到达宁波港，来宁波进行官营贸易（见表5-30）。

表 5-30 明朝永乐年间日本与宁波贸易概况

年号、年间 / 时间	日本贸易船输入宁波的商品	宁波口岸输入日本的商品
明成祖永乐元年 / 公元 1403 年	硫磺、玛瑙、金屏风、枪支、大刀、折扇、苏木、屏风、砚石	丝绸、铜钱、锦绣、铁链、铁锅、药材、陶瓷、棉布、古钱、古代名画、字画、古书、粘毛、马背毡、脂粉、漆器、醋

资料来源：根据乐承耀《宁波经济史》，宁波出版社，2010年，第198页的相关内容及其他相关资料整理。

④官营与民营贸易热闹非凡。据史料记载，“宣德七年（1432年）到嘉靖二十年（1547年）的115年间，日本与宁波的贸易业比较兴隆。这一时期日本勘合商船来宁波达10次以上，船50 艘左右。每次来的船规模都很大，人员有千余人之多”[①]。当日本船舶达到宁波口岸后，官营与民营贸易活动同时进行，足见当时的热闹场景。

⑤宁波民营商人以牙行[②]的方式参与对日贸易。“‘贡物’之外所携私物在民间进行贸易。”[③]当时，宁波在与日本商人进行官营贸易的同时也存在民营贸易现象。

“当日本商船到宁波并经查验确认合法后，聚集在宁波的牙行商人，便与日本船商协商并议定相关货物的交易价格，由牙行商人负责将货物出售。”[④]牙行商人除了贸易中介和从事代理商外，还接受日本船商的委托，“代为采购丝、绸、布、中药、砂糖、陶瓷器、书、画、铜器、漆器等货物”[⑤]。

4. 宁波成为当时江南地区最主要的中外贸易港

宁波商品经济发展程度不断提高，民众的收入水平不断提高，有效需求不断增多，有力地刺激了手工业和商贸流通业的发展，也以成熟的商业模式和生意口碑吸引了众多中外个体民营客商。

① 乐承耀：《宁波经济史》，宁波：宁波出版社，2010年，第198～199页。

② 牙行是中国古代和近代市场中为买卖双方介绍交易、评定商品质量、价格的居间行商。汉代称驵、驵侩，唐、五代称牙、牙郎、牙侩，宋、元、明又有引领百姓、经纪、行老等称呼。牙行一词始见于明代，他们以经营牲畜、农产品和丝绸布匹等手工业品为主，也有居间包揽水运雇船的，称埠头。

③ 王勇进主编：《宁波市对外经济贸易志》（638—1995），宁波：宁波出版社，1997年，第7页。

④ 张守广：《宁波帮志》（历史卷），北京：中国社会科学出版社，2009年，第38页。

⑤ 张守广：《宁波帮志》（历史卷），北京：中国社会科学出版社，2009年，第37～38页。

明朝嘉靖年间，宁波与苏州、南京、杭州皆成为农工商业共同发展、商贸流通业发达的商业城市；而宁波更因其滨海的优势得对外开放之先机，很多福建人以及葡萄牙、西班牙等早期欧洲殖民国家的商人纷纷来宁波做生意。

专栏5-11　宁波双屿港是明朝江南地区最大的中外贸易中转港

双屿港在浙江省舟山市普陀区六横岛中间。古时六横岛分为上庄和下庄两大岛屿，双屿港就在其中，而舟山市历史上属于宁波的行政区划。

葡萄牙人与宁波商人合伙，从今天的马来西亚等南洋地区贩来胡椒、香料等宁波稀缺的物品，在双屿港与宁波个体民营商人交换中国出产的丝绸、棉布等物品。双屿港为葡萄牙人进行“三角贸易”提供了很好的载体。

学者认为，“双屿港的形成，是福建等中国商人与葡萄牙等外国商人结合的产物”[①]。因此，到了明朝中后期，双屿港成为著名的走私港。涉入其间的先后有福建人、葡萄牙人、日本人、马来人、暹罗人、琉球人等十多个国家的商人。

葡萄牙商人将其运往日本销售并换回白银，再将日本的物品贩往中国和南洋地区以赚更多的利润。如此循环往复，葡萄牙人通过买空卖空，获得了丰厚的利润。

“双屿港原来只有中葡间双边贸易关系，随着日本人的加入，使之成为多边贸易，双屿港成为真正意义上的国际贸易自由港。”[②]

注：①傅璇琮主编，钱茂伟、毛阳光著：《宁波通史》（元明卷），宁波：宁波出版社，2009年，第224页。

②傅璇琮主编，钱茂伟、毛阳光著：《宁波通史》（元明卷），宁波：宁波出版社，2009年，第226页。

5. 宁波出口商品的比较优势不断显现

据史料记载，1533年，“宁波沿海的商民遂与东来的西方商人有了早期的接触和贸易”[①]。这源于欧洲人对从宁波口岸出口的香料、瓷器、丝绸、棉布、茶叶等产品有着强烈的有效需求。

宁波商人将宁波周边的茶叶、丝绸收购过来，通过茶—银、丝—银的贸易方式，换回了白银这种当时的硬通货。与日本贸易，给宁波官营和个体民营商贸流通业带来丰厚的利润。“如生丝从中国贩到日本可获利20倍，铜由日本运到中国

① 张守广：《宁波帮志》（历史卷），北京：中国社会科学出版社，2009年，第17页。

可获利4–5倍。输入中国的胡椒、铫子、赤金、苏木等可获利10–20倍。”[①]

六、宁波成为白银输入的重要口岸及对经济社会发展的作用和影响

白银作为本位货币具有一般等价物的作用。明代中期，随着“丝银贸易”的开展，宁波口岸大量涌入白银。明朝政府实行“一条鞭法”[②]，正式确立白银的本位货币地位后，生产关系不断发生变化。

（一）确立白银作为本位货币地位及对生产关系的影响

1. 白银质地优良

白银具有其他币种无可比拟的优势。作为一种贵金属，白银在西方被称作“穷人的黄金”（Poor Man’s Gold），它具有物理属性稳定，量小价值大且便于携带和分割的特点，具有承担日常支付的功能作用。

专栏5–12　白银作为货币历史悠久

货币是从商品中分离出来固定充当一般等价物的特殊商品。白银作为货币，具有一般等价物的作用。白银购买力强劲。据测算，明朝时期的一两白银相当于现在1000元人民币的购买力。

据历史记载，中国人使用白银作为货币可以追溯到汉武帝时期，但直到唐朝之后，中国才广泛使用白银，这源于其货币作用被广为接受。

中国是贫银国，对进入流通领域的白银十分渴求，这也使白银走私生意兴隆。易中天先生认为，甚至在“南宋理宗时期国内白银曾贵到每两值三千五百文，海外却只卖一千。也就是说，只要出资一千，就能净赚两千五”[①]。

注：①《易中天中华史19：风流南宋》，杭州：浙江文艺出版社，2017年。

2. 白银的货币功能

①便利交易。白银在商品流通中的大额交易和政府财政税收等方面有着纸币

---

① [日]田中健夫著：《倭寇与勘合贸易》，知文堂，1961年，第58~60页、第89~134页。

② “一条鞭法”是明代嘉靖时期确立的赋税及徭役制度，由桂萼在嘉靖十年（公元1531年）提出，之后张居正于万历九年（公元1581年）推广到全国。新法规把各州县的田赋、徭役以及其他杂征总为一条，合并征收银两，按亩折算缴纳，这样大大简化了税制，方便征收税款。

和铜钱无法取代的作用和优势。

随着商贸交易量的增加，宁波很多个体民营企业对货币质地提出了新要求，希望能够发挥比纸币和铜钱价值量大、更贵重的流通功能，而白银恰恰符合这一要求，连亚当·斯密在《国富论》中也认为，银是最有价值的输运品。

从货币制度来看，白银的流通，便利大宗交易，实现了宁波乃至整个中国社会由原来的铜这种贱金属质材向白银这种贵重金属质材的转变。

②“丝银贸易”[①]。明代中期以后，自然经济加快发展，农业生产以及手工业的多种经营，促进了沿海商贸流通业的复兴。西班牙通过开展“丝银贸易”，以白银与宁波个体民营商人手中的瓷器、丝绸、棉布、茶叶等中国出口商品进行交换，使宁波口岸大量涌入白银这种硬通货。

白银的大量涌入是“丝银贸易”的结果，也是商品经济发展的强大推力，对促进宁波经济发展起到了积极的作用。“到了16世纪，宁波发挥南北货集散中心的作用显得越来越重要。随着白银作为流通货币在农村的流通，使地方商业在此获得繁荣。”[②]

3. 确立白银本位货币地位及其影响效应

①“一条鞭法”正式确认了白银的本位货币地位。宁波作为东南沿海港口之一，自然首当其冲，因而也是白银的首选输入地。白银大量自宁波进入中国，使政府的财政收入大为增加。

万历九年（公元1581年），张居正改革财政税收制度，实行“一条鞭法”，将大部分田赋、徭役和其他杂税折算成银两的赋税制度，纳税者只须缴纳银两即可，这不但扩大了白银的使用范围，也刺激了对白银效用的需求。

确立白银本位货币地位是商品经济发展到新阶段的结果。以宁波为代表的中国东南沿海开放城市对白银的需求，使白银从此成为流通手段和支付手段后，不但具有广泛的流通性，而且具有“无限法偿的能力”[③]，显现出宁波经济社会居于较高的商品经济发展水平。

---

① 嘉靖四十七年（公元1568年），西班牙人以菲律宾为基地开始与中国进行贸易，欧洲人对瓷器、丝绸、棉布、茶叶等中国出口产品有着强烈的需求和巨大的市场。他们用美洲白银与宁波商人交换丝绸，史称“丝银贸易”。

② [日]斯波义信著，方健、何忠礼译，虞云国校：《宋代江南经济史研究》，南京：江苏人民出版社，2001年，第500页。

③ 无限法偿的能力即指货币具有无限的法定支付能力，不论支付的数额大小，不论属于何种性质的支付，即不论是购买商品、支付服务、结清债务、缴纳税款等，收款人都不得拒绝接收。

②促进生产关系不断发生变化。“一条鞭法”以国家法律确认了民众新的纳税方式和载体，政府向民众征收白银，推动其生产更多的有效供给产品而被市场接纳并转化为白银，迫使民众自身拥有较多数量的白银以供缴纳赋税和生计之用。

就生产关系而言，白银支付和流通的广泛性激活了生产力中人的积极因素，逐渐削弱了农民的人身依附关系，使更多的农民得以摆脱土地的束缚去从事非农产业，进一步促进了宁波工商业的发展。

（二）对白银的渴求推动了宁波对外贸易的发展

1. 白银成为宁波对外贸易的主要结算货币

自由贸易是导致专业分工出现的重要因素。白银在海外贸易中取代铜钱，成为宁波对外贸易的主要结算货币，满足了双方的交易需求，使宁波在对外贸易活动中因“丝银贸易”而获得大量白银，给宁波金融业注入了生机和活力。

随着商贸流通业的发展，人口增长和交易量增大与白银需求量的增长形成正对应关系，白银仍然处于供不应求的状态，解决这种矛盾的唯一办法就是通过宁波个体民营商人之手，更多地出口货物而换回白银，以满足对白银的有效需求。

2. 宁波个体民营商人通过比较优势实现要素资源的最佳配置

当时，基于比较优势基础上的世界市场已经形成。在白银的诱惑下，大量的宁波个体民营商人纷纷出海，将宁波本地如草席之类的特色物产连同内地其他地方的苏杭丝绸、景德镇陶瓷、越磁等当时让欧洲人追捧的产品，与日商在内的外商进行交易，以换回更多的白银和胡椒、苏木、名香等南洋热带产品。

宁波个体民营与日商以实物交换白银之举，既使日本人用手中丰裕的白银换回了自己不具有比较优势的货物，又使宁波本地的手工业者所生产的物品获得了高于社会平均流通价格的回报，实则是国际分工和比较利益的博弈。

专栏5-13　输入宁波口岸的白银来源于美洲大陆和日本列岛

哥伦布发现后的美洲大陆与日本是中国获得白银的来源地。当时的美洲大陆黄金、白银等贵金属藏量丰富，量大价廉，且黄金、白银已大量使用，无形之中刺激众多的欧洲“淘金者”蜂拥而至，以西班牙与葡萄牙人为代表的欧洲殖民者疯狂掠夺印第安人的黄金、白银。

日本自然资源十分贫乏，但白银矿藏却很丰富，其国内陆续发现了品位很高的银矿。由于发明了提炼银矿的矿渣分离法，白银产量迅速提高而储量大增，一时使日本成为富银国但银价持续低迷。

此时的明朝，由于银价高企，促使日本人在与宁波个体民营商人的货物贸易中更多地使用白银。日本人、葡萄牙及其他国家的商人与宁波的贸易中大量使用这种硬通货，正好因应了宁波个体民营商人对白银的渴求。

据美国学者弗兰克在《白银资本》一书中的研究，16世纪中期到17世纪中期，美洲生产3万吨白银，日本生产有8千吨白银，估计最终有7千吨到1万吨的白银流入中国。

弗兰克认为，在1500～1800年间，日本向中国输送了2000吨白银。这即是说，在这300年的时间里，日本人陆续拿2000吨白银与宁波及其他城市的中国商人进行交易。其后，日本又向中国输送了7000吨白银。

在长达300年的时间里，日本人向中国输送了9000吨白银，用于购买中国的货物。而宁波作为钦定的对日贸易的重要口岸，吸收了日本生产的大部分白银。

从宁波口岸输入的白银既是当时唯一的结算手段，又是中国与西方贸易持续顺差的重要标志。白银这只“看不见的手”指挥着宁波乃至内陆地区更多的农业、手工业者将丰富的资源用于扩大再生产，以参与国际区域性的产业循环而获得利益。

（三）对经济社会发展的作用和影响

1. 商业阶层崛起

从海外贸易的兴盛到宁波商人阶层崛起的路径来看，正是交易的流程和结果，推进商业资本的迅速增加和货币资本的不断积累。

宁波个体民营商人通过与日本及西班牙、葡萄牙等外商进行商贸交流，通过做买卖，在生意间逐渐养成商业意识，促进了宁波商人商业意识的觉醒和商帮文化的崛起，不断践行公平互惠的商业规则，由此带动宁波本地经济的兴盛与繁荣。

2. 商业社会兴起

商业阶层的崛起必然促进商业社会的兴起，而商业社会的兴起除了促进经济社会发展、繁荣和稳定外，更重要地在于商业文化的兴起。挟裹平等、公开、自愿等开放基因，以商业社会的交易规则为内涵的海洋文化逐渐浸入以儒家文化为内涵的宁波农耕社会，以此形成以具货交易为纽带、以双方互利共赢为目的、以商业文化为内涵的海洋开放文化。

3. 社会财富出现新载体

宁波作为西方白银的输入节点，承担了西方国家重要货币的离岸角色。这些白银从宁波流入后，一大部分成了政府的财政税收，另外一部分成了包括宁波民营企业和个人在内的财富载体。

从万历年间开始，很多银两用于商贸流通，它使宁波社会财富有了新的记载符号，更成为个体民营商人物质富裕的象征。

4. 金融业出现新业态

白银的输入促进了宁波商品经济繁荣和商业社会进步，也使民间产生了白银和铜钱兑换的需求。明隆庆元年（公元1567年），宁波的个体民营钱庄应运而生，这是市场机制选择和商品经济发展的结果。

5. 经济社会逐渐转型

促进宁波实现由农耕社会向商业社会的转型。经过多年的历练，海洋文化中的兼容并蓄、规则和平等、利益共存、实现双赢等现代意识，逐渐成为宁波本地文化的主流。在这种风气下，在明代中后期，宁波社会在转型，逐渐由传统社会向近代社会、农业社会向工商业社会转型。

七、生产力的发展促进了宁波生产关系的变化

由于全国性的分工体系和统一市场已然形成，明朝经济社会发展水平居于世界前列。宁波市场经济的软硬环境不断优化，农工商产业良性循环发展的路径逐渐形成，早期个体私营企业孕育资本主义萌芽，宁波成为长三角地区南端重要的经济发达地区。

（一）明朝经济社会发展水平居于世界前列

明清时期（清朝截止于鸦片战争前），明朝商品经济居于封建社会的顶峰，

包括宁波在内的广大江南地区为富庶之地，其商品交换与商品生产的发达水平臻至中国古代社会的巅峰，当时的中国经济整体水平居于世界领先地位。

在明朝嘉靖到清朝雍正年间（1560～1735年）的150多年中，宁波农村经济不断发展，乡村集市遍布余姚以北平原和甬江流域。彼时，宁波城乡手工业生产门类多，产品丰富，商品交换频繁，工商业呈现繁荣景象，宁波由此成为长三角地区南端重要的经济发达地区。

（二）全国性的分工体系和统一市场已然形成

1. 基于全国性的分工体系不断完善

“通过闽广商人之手，具有浓郁南方风味特色的热带、亚热带特产，被从海路运至东南沿海一带，形成了向更广阔腹地、最具活力的商品市场”①，形成在三次产业基础上的、具有优势互补且不断完善的分工体系，使闽广对江浙的米、绢、陶瓷、工艺品之类的货物需求很大，于是，南方的香料等商品也源源不断地涌入宁波地区。

2. 市场充分发挥连接资源要素配置和产业链的作用

明朝时期，由于生产力的发展和手工业的发达，“工商区优先考虑便于原料、商品的流通，及便于为贩卖、加工、生产提供劳动力”②。使商贸流通体系日趋完善，资源要素的配置范围也在不断扩大，使各地的自然禀赋通过分工和商贸流通体系得到充分显示，“看不见的手”把宁波等发达城市产业链上的所有要素和资源都连接起来。

（三）宁波市场经济的软硬环境不断优化

1. 社会分工更加细化

手工业者成为自由人，手工业的发展使社会分工不断细化且更加合理，此时的工商业出现了“三百六十行”的行业分工，足以说明其细化的程度而使这句话流传至今。宁波的手工业者工艺精致，而且农业、手工业和商业都发展到了一个

---

① [日]斯波义信著，方健、何忠礼译，虞云国校：《宋代江南经济史研究》，南京：江苏人民出版社，2001年，第327～328页。

② [日]斯波义信著，方健、何忠礼译，虞云国校：《宋代江南经济史研究》，南京：江苏人民出版社，2001年，第324页。

新水平。以纺织业为引领的主导产业，在江南地区得到充分发展，其中的丝织业和棉织业为其代表。

2. 中小城镇不断崛起

发展传统农业是宁波中小城镇形成的首要条件。一般而言，城镇崛起须首先具备生存基础、工商产业和较为完善的道路交通设施。

农业产业的发展为其提供衣食之源，其次是满足人口数量最低标准的生存需求、工商业的发展与集群为城镇人口提供生产生活便利，以及产业集聚的基本要求等条件。这些条件一旦成熟，则夯实宁波中小城镇的崛起基础。

3. 商业资本和实业不断结合

随着产业集聚、集约和集成程度的提升，个体民营经济发展程度逐步提升，全国形成了统一、相互依赖的大市场，宁波等相关城市均成为产业链中的节点之一，且在资源配置、生产经营等方面已经具有全国化、专业化的特点。

手工业的发展和扩大再生产刺激了商品经济的发展。有的民营企业主则通过商业资本和丝织业的结合，实现了由小生产者向大企业主的转变，使小农经济模式逐渐向商品经济模式转化。

4. 基础设施建设不断完善

明代通过整修大运河，畅通了南北运输动脉，为商贸流通体系的完善和交流的便利奠定了坚实的基础。一般而言，凡是商贸流通体系完善且发达的地方，必然具有农业发达、交通便利、河运和海运发达等先决条件。

宁波作为东南沿海之地，由于水网密布且具有滨海优势，河海交通发达，运输费用低廉。当时，“河运价格是陆路运费的3～4成，海运是陆路运费的7～8成”①，对内对外交流便利。

5. 市民阶层不断形成

明朝嘉靖初年，随着商贸流通业走向繁荣，推动社会结构不断发生变化。宁波“市民的壮大，以及由此带来的城市文化形态的形成，世俗化、商业化、个性

---

① [日]斯波义信著，方健、何忠礼译，虞云国校：《宋代江南经济史研究》，南京：江苏人民出版社，2001年，第336页。

化成为一时之风气”[①]。在商贸繁荣下，不断发展壮大的市民阶层使农耕文化下的社会结构发生了具有现代性质的变化，大量的个体、私营业主形成了市民阶层。

（四）宁波农工商产业良性循环发展的路径逐渐形成

1. 农业的发展提高了工商产品的商品化程度

农业生产力的提高，为手工业和商业发展提供原料来源。随着生产技术的提高和外来农作物物种的引进，明朝农业生产力得到很大发展。农作物的品种、数量和产量有了很大的提高，尤其是农作物品种呈现多样化的格局。

在江浙一带，农民在农作之余，种植桑蚕、棉花和果品，除极少数满足自身需要外，其余的大多将进入流通领域，使其商品化。

2. 农村人口逐渐向城镇集聚，为农副产品扩大了市场容量

①城镇扩容扩大了消费需求。农业生产的发展、农作物品种和产量的增加与提高，再加上手工业和商贸流通业的发展，使城镇化不断推进并促进城镇扩容；人们对农副产品和手工业品的消费需求进一步扩大，反过来促进生产效率的提升，为农副产品和手工业品提高商品化程度创造了有利条件。

②人口增长和集聚的程度不断提升。农业是城镇发展的重要基础，手工业解决自然经济条件下的城镇生产生活之需。从农业产业中剥离出的剩余劳动力更多地投身于城镇的二三产业中，使宁波人口增长和集聚的程度不断提升。

③三次产业良性发展。随着一个个具有工商业作用和城镇功能的市镇陆续形成，宁波不断发挥宁波港口及市镇在内外流通过程中的集散、供给和消费作用，再加上手工业和商贸流通业的发展，以及便利的海河运输条件，宁波三次产业的发展走上了良性循环的发展路径。

（五）盐业领域生产资料所有制形式不断发生变化

1. 在盐业领域实行所有权与使用权“两权分离”的生产经营模式

盐业土地所有权与使用权相分离。明朝初年，虽然在盐业领域实行国营

---

① 袁行霈、严文明主编：《中华文明史》（第一卷），严文明、李零主编，北京：北京大学出版社，2006年，《总绪论》，第18页。

（有）经济体制，但官府根据相关原则，仍然负责给盐户划拨草荡、煎盐铁盘等生产资料，且明确草荡界线，并规定盐户的下一代可以继承。煎盐铁盘由商人负责铸造并出租给盐户而收取租金。

政府将土地的使用权给予盐户，其所有权仍属国家，这实际上是将土地的所有权和使用权进行分离，即使盐户可以继承使用权，但因无所有权，所以仍是一种事权关系非法律关系。政府有固定的税源，盐户因之课税。换言之，盐户课税就是向政府缴纳土地租金。

2. 盐业生产资料所有制形式实现从官营向私有的转变

一般而言，盐业生产领域实行官营经济体制，禁止盐户私煎，否则以法律论处。宁波地区盐业生产领域虽实行所有权与使用权“两权分离”，但“制盐生产资料仍属官有，为官府按丁均拨”。

当时，“煎盐之铁盘，明初由官府统一铸造，发给灶户，数有定额，破损则呈官补铸，灶户请领，此为定制”[①]。后来，随着情况的变化，蔑盘代替铁锅、灶具由富有盐户把持、兼并和侵占，“至明末，盐业生产资料实际上已从官有转化为私有，官拨荡地只是官府对灶丁‘计亩办盐’的依据而已”[②]。

（六）宁波早期个体私营企业孕育资本主义萌芽

1. 宁波地区个体民营手工企业的开办形式

当时，宁波地区个体民营手工企业主要有两种开办形式，一是个人开设，相当于今天的个体户；二是民营合伙企业，由两个以上的出资者共同开设。

宁波个体和民营企业为市场生产布鞋、玩具、纸灯笼、小竹器、家具、草编、袋、衣箱、砧板和木勺等生活用品，以满足宁波内外市场的有效需求。

2. 资本主义萌芽不断兴起

①宁波资本主义萌芽的表现形式。明清时期，宁波资本主义萌芽[③]已经开始产生，无论从事何种职业，劳动力要素可以转化为资金要素。而要素的流动和商

①② 朱柏铭主编：《宁波盐志》，宁波：宁波出版社，2009年，第237页。

③ 在学者看来，所谓资本主义萌芽是指明朝的中后期，在农耕社会中孕育的资本主义生产关系的雏形。明朝资本主义萌芽最早出现在商品经济繁荣的苏州、宁波等江南城市。有学者在讨论资本主义萌芽的现象时认为，在明朝中后期的苏州、松江（即今天的上海）一带出现的手工机织作坊，形成了机主与技工的雇佣关系，但这种具有雇佣关系性质的做法多出现在农业、手工业领域。

品市场化水平的提高，侵蚀了自然经济的根基。

手工业作坊逐渐转变为手工业工场，这源于市场需求对生产的扩大和工人数量增加的带动，自给自足的自然经济被打破。

②宁波主要的手工行业皆出现资本主义萌芽。随着宁波个体民营经济的发展，“从明代中期到清代前期这段时间，在丝织、棉布加工、矿冶、榨油、造纸和制瓷等行业都出现了资本主义萌芽”[①]，而且体现规模大、用工多、分工细的特点，呈现出劳资分离的特征。

3. 雇佣关系成为个体民营企业生产经营的主要形式

①农村剩余劳动力向城镇流动。由于农业吸纳剩余劳动力的容量有限，大量的剩余劳动力或以短期、短工的形式从事非农行业，或离开乡村进入宁波城镇打工。

②宁波个体民营企业劳资双方形成雇佣关系。随着剩余劳动力向宁波中小市镇的涌入，宁波城乡的众多个体民营企业获得了源源不断的劳动力供给。工人们在宁波市镇个体民营企业打工，以此获得工资性收入，与雇主形成了具有雇佣关系性质的新型劳资关系。

专栏5-14　宁波农业、手工业领域逐渐形成具有雇佣性质的新型劳资关系

宁波的个体民营手工作坊拥有资金和织机等生产要素和工具，他们雇人进行生产，雇主叫“机户”，雇工叫“机工”。“机工”是出卖劳动力的自由人，“机户”雇主剥削“机工”劳动成果，是早期的资本家，彼此形成雇佣关系，标志着资本主义萌芽的出现。

当时，雇佣关系多出现在农业、手工业领域。农业生产需要更多、更强壮的劳动力，但有的家庭人手不够，于是他们雇佣具有季节性的短期帮手，男工耕田种地，女工从事蚕桑业和女红。

手工业则在旺季时间需要更多的劳动工人进行纺织、制陶、制盐和矿冶等实业生产，其发展水平低。他们以量计酬，只出卖自己的劳动力，没有所从事的土地、工具等劳动对象和劳动资料的所有权。这种以雇佣为内涵的生产关

① 王天伟：《中国产业发展史纲》，北京：社会科学文献出版社，2012年，第126页。

系，体现的是早期资本主义的萌芽因素。

以纺织业为例，手工机织作坊主面对不断的市场需求，必须提高劳动生产率，生产更多的剩余产品，将之更快地投入到商品流通中以换取更多的银两。而为了扩大再生产，企业主只能雇佣他人。一个业主带一两个徒弟，以师徒制而非雇佣制的关系存在。

4. 货币结算工资体现劳资双方的新型雇佣关系

宁波民营合伙企业出于扩大再生产的需要，必然需要筹集资金、原材料，准备工具、生产场地，雕刻木头、镶嵌家具、制造漆器、铸造金属等。

业主根据生产工序的需要，招收数个甚至十数个数量不等的雇佣工人进行生产并形成一定的生产规模。业主与工人是纯粹的雇佣关系，结算时用货币支付，雇佣工人在劳动时间内为雇主支配，劳动时间外享有人身自由。

第六章
清朝时期宁波民营经济发展概述

清朝的早中期时期（公元1616～1820年）以“重农抑商”为基本国策，严禁官民海外贸易，从制度安排上歧视民营经济的发展。清政府在手工业领域实行国营（有）经济体制，通过政府权力管制经济，设置官办性质的手工业管理机构，垄断食盐、茶叶等实业。

当时，宁波政府设置官办性质的手工业管理机构，涉足实业，在产业领域实行国（营）有手工业和民营手工业并存的经济体制。政府设置“门槛”、限制民营企业的产量、对其课以重税，实行“国进民退”，经济体制呈现出“官商结合”的发展特点。

鸦片战争后，宁波开始了近代化历程，整个经济社会和文化不断朝文明开化的路径推进。以英国为中心的世界贸易体系，意在通过市场交换等外向型手段促进经济发展，与中国民营经济的工商业基础与实体产业有着高度的契合性，也为宁波民营经济发展营造了适宜的外部环境。

近代化条件下，宁波民营工商业的生产关系变迁路径逐渐形成，整个社会结构不断地从农业社会向工业社会转变，对外开放成为宁波民营经济发展的外生动力。

“洋务运动”体现“工商为本”的现代发展理念，其实质是开放与接轨。随着外资及其规制的进入，宁波逐渐与国际接轨，经济社会从此以开放和改革为主题，形成了按照国际规则构建的、以市场经济制度为主体、以政府调控为辅助的制度体系，民营经济步入了新的发展路径。

第一节　清初至鸦片战争前后经济社会环境及对宁波民营经济发展的影响

清朝早期，形成以内向型为基础的自然经济发展模式。清政府歧视工商业，把其从业者视为下等之民，歧视民间资本主义萌芽。

其后，随着“五口通商”的推进，包括宁波在内的中国自然经济发展模式被强制性地纳入资本主义经济体系，宁波近代市场不断发育，宁波诞生了近代民营工业，农业人口不断减少。

一、清初经济社会发展环境抑制民营经济发展

清政府以“重农抑商”为基本国策，以权力管制经济，限制个体民营企业的发展，关闭通商口岸，禁止民众海外贸易。

（一）政府固守“重农抑商”的基本国策

清朝以“重农抑商”的发展理念，戕害小农经济状态下的工商业文明。自明代后半期以来，在工商业基础上发展起来的资本主义萌芽失去了生存土壤，整个经济社会发生停滞和倒退。

彼时，外部世界正在发生深刻变化，荷兰、英国、法国、美国等西方国家的资产阶级革命不断爆发；工业革命后先进的科学技术在生产生活中的应用，不断冲击中国的小农经济文化环境。

（二）通过权力管制经济

1. 限制民营企业发展

清政府通过权力管制经济，将权力之手伸向经济生活的方方面面。其中，以官营企业为政府权力的载体，意在“以官办工业来压制民营工业，使当时的民族资本主义工业无合法地位”[①]。干涉民营经济的发展，如通过税收手段，对民营企业课以重税，限制其发展壮大。

2. 强制内迁宁波沿海居民

政府将宁海、昌国等地的居民迁入定海，“今镇海沿海三十里至五十里居民入内地而空其地”[②]。通过政府权力和相关政策的实施，不断削弱宁波工商经济的制度环境和发展基础。

---

① 江怡：《民营经济发展体制与机制研究》，杭州：浙江大学出版社，2016年，第232页。

② 朱柏铭主编：《宁波盐志》，宁波：宁波出版社，2009年，第171页。

（三）禁止民众海外贸易

1. 关闭通商口岸

①实行“海禁”政策。自1670～1840年，清政府实行以封闭、禁止为主的经济政策，闭关锁国，禁止对外开放。清朝顺治十二年（公元1655年），清政府对宁波等浙东沿海实行严厉的“海禁”政策，规定片板不得入海。

②关闭宁波口岸。乾隆二十一年（公元1756年），清朝政府严禁外国商船在浙江沿海一带靠泊和贸易，而“只准在广东收泊，不准一船入浙”[①]，实行“一口通商”。到了乾隆二十二年（公元1757年），清朝政府关闭宁波港（包括定海），停止对外开放，断绝民众与外商进行商贸交流的机会。

2.禁止民营贸易

清政府三令五申，严格禁止商舟及渔船出海贸易，对外贸易仅准许官营贸易，且仅将宁波一地继明朝后再次作为对外开放的“窗口”。“1830年（道光十年），对日贸易仅限于浙江宁波一地，而船只限于10艘”[②]。从贸易机会而言，宁波成了对日贸易的唯一“窗口”和载体。

（四）政府制度体制与贸易路径与宁波民营经济发展的差异

1. 制度理念的差异：宁波的工商经济发展、内外贸成就与“重农抑商”的制度政策效应

宁波自唐代以后就不断发挥其海河运输优势、自然天成的及港口枢纽地位的作用和东南部内外贸易货物集散地的地位，其卓越的工商业与内外贸经济成就恰恰始于商贸流通业的引领。

在封建社会的自然经济条件下，清政府歧视民营工商业者的政策举措，宁波作为经济社会和文化发达的东南商贸重镇，自然也难以幸免。源自重商主义实践，宁波的工商经济发展与内外贸成就直接冲击“重农抑商”的制度政策基础，这与清政府“重农抑商”的基本国策背道而驰。

2. 对外贸易路径的差异：官营贸易的开展以禁止民营贸易为前提势必影响宁波个体民营贸易的利益

①以“一口通商”而独享其利。清政府实行“一口通商”的闭关政策，以禁

---

① 俞福海主编：《宁波市志》（上），《卷首·大事记》，北京：中华书局，1995年，第54页。

② 王勇进主编：《宁波市对外经济贸易志》（638–1995），宁波：宁波出版社，1997年，第8页。

止民间贸易为基础前提，关闭其他官营通商口岸而仅留宁波口岸实行官营对外贸易，将外贸流通领域之利悉数归于自己。

②个体民营商贸从业者的“走私”行为意在分享贸易之利。政府执意开展的官营贸易以禁止民营贸易为前提，产生很多负面效应。当时，宁波沿海有一大批以海外贸易为生的从业者，但清政府禁止其出海贸易，这无异于鼓励其展开走私活动。

在宁波与舟山的峙头洋、横水洋及灰水洋等洋面上，大大小小的船舶都在进行政府禁止的外贸交流，即走私活动，这是对政府一家坐大的官营贸易的反弹。

二、鸦片战争前后经济社会环境的变化路径及对宁波民营经济发展的影响

以英国为引领的产业革命推动了建立在市场经济基础上的世界统一市场的逐步形成。鸦片战争后，宁波对外开放进一步扩大，不断促进社会分工更加细化、商品经济加快发展，自然经济社会逐渐解体而进入资本主义社会。

（一）鸦片战争前清政府实行经济改革的举措

1. 调整经济政策

①“摊丁入亩”。雍正年间，清政府通过“摊丁入亩”，以改革赋税制度为抓手，鼓励农业生产、稳定农业人口，刺激人口增长，不断恢复、夯实农业生产基础，以此扩大市场消费容量。农业政策的调整，恢复和扩大了农业生产，使社会稳定且剩余产品不断增多，有利于经济发展。

②开放“海禁”。开放“海禁”是调整外贸政策的有力举措。康熙二十三年（公元1684年）十月，清政府宣布废止海禁的规定，并于“翌年在宁波设海关署，代替历代的市舶司”[①]。

宁波海关署管理对外贸易的诸多事宜，意味着对外开放的重要机遇再次降临到宁波头上，其海外贸易从此持续了一个多世纪的繁荣，使个体民营商贸流通业借此不断进行资本的原始积累，为宁波经济社会夯实发展基础。

2. 营造发展环境

①改革税制。为了加快商贸流通业的发展，康熙年间，清政府改革关税条

---

① 王勇进主编：《宁波市对外经济贸易志》（638–1995），宁波：宁波出版社，1997年，第8页。

例，并裁减关税数额，“又命江、浙江、闽、粤海关免沿海捕采鱼虾及民间日用货物之税；海船、洋船，单收货物正税，免除杂税”[①]。清政府在康熙、雍正、乾隆年间，通过调整经济政策，实行对外开放，鼓励内外商贸流通业的发展，成为宁波地区发展内外贸易的重要政策红利。

②着力改善对外贸易领域的软环境。清政府虽仍实行“重农抑商”基本国策，但在小农经济基础上发展工商业的政策环境逐步走向宽松。乾隆初年，清政府严禁牙行侵吞商客资本的举措，促进了商业环境的改善，对发展工商业起到了一定的成效。

（二）经济社会的近代化[②]转型为宁波民营经济提供重要发展机遇

1. 世界经济形势发生前所未有的变化

①国际经济全球化。学者认为，“经济全球化始于15世纪的欧洲，航海大发现使人类的脚步从一个大陆跨到另一个大陆之上，从而实现了从草原到海洋的革命性变革”[③]。而经济自由、公开透明、平等竞争等“游戏规则”与经济全球化以及以英国为中心的世界贸易体系相辅相成，相得益彰。

②市场规则体系化。以亚当·斯密的《国富论》为自由贸易的理论依据而形成的以英国为中心的世界贸易体系，以及以机器大工业为载体而形成的并与其相对应的市场规则体系，通过市场交换等外向型手段促进经济发展，对宁波经济社会和文化的发展产生重要的影响。

2. 宁波经济社会逐渐由封闭走向开放

①自由贸易。资本把西方殖民者所到之地皆纳入其市场体系之中，意味着世界资本主义体系的初步形成，也为宁波民营经济发展营造了外部环境。

《南京条约》及其后签订的一系列不平等条约，要求政府废除原有的公行自主贸易制度，准许英商与华商自由贸易，使中国部分沿海城市成为开放的口岸。

---

① 童书业著，童教英校订：《中国手工业商业发展史》，北京：中华书局，2005年，第296页

② 近代化是指资本主义化，它包括政治上的民主化、法制化，经济领域上的工业化、商品化，思想上的理性化、科学化，人员、资金、技术等因素和市场经济理念与“游戏规则”进入中国，整个社会结构不断地从农业社会向工业社会转变，并迫使自然经济逐渐解体。因此，近代史就是文明开化的过程，它对近代中国的市场发育、近代民族工业的诞生和民营经济的发展具有一定的推动作用。

③ 张明之：“从朝贡体系到条约通商：近代中国对外贸易形态的变迁——鸦片战争170周年反思”，《南京政治学院学报》，2010年第3期。

②“五口通商”。“五口通商”后，随着外资的不断涌入，整个“以个体家庭中男耕女织，耕织结合为基本特征的自给自足的自然经济”①解体，经济社会由原来的封闭逐渐走向开放。宁波作为工商业发达的城市，“五口通商”将使宁波经济社会的开放程度越来越高，民营经济恰逢难得的发展机遇。

3. 工商文明推动宁波经济社会结构发生变化

①自然经济逐渐解体。随着外资的进入和与国际惯例的不断接轨，自然经济不断瓦解，宁波资本主义经济逐渐产生。资本将原本不对市场产生绝对依赖的小生产者统一纳入了市场经济体系，使其成为丧失生产资料而又有一定自由的剩余劳动力，为宁波民营经济发展提供了廉价劳动力。

②确立资本主义生产方式。宁波逐渐产生资本主义生产方式。随着外资机器工厂的建立，资本主义生产方式已经在宁波立足，宁波“资本主义近代工业产生所需要的诸条件都开始具备”②，奠定了宁波民营经济走向国际市场的基础。

③城市社会工商业从业者众多。宁波近代史的过程就是农耕文明不断与外部世界接轨的过程。在接轨的过程中，农业产值和劳动力在经济结构中的比例逐渐下降，工商业及从业者在国民经济结构中占有越来越重要的地位。

“根据19世纪40年代鸦片战争后不久，外国传教士的实地调查和观察，当时宁波城区内有10万家住宅和店铺向当局纳税，城区的居民中4/5为商人和体力劳动者，1/5属于士大夫阶层”③，由此推断宁波已然成为商品经济发达的工商业社会。

第二节　清朝时期农副业和渔业产业的近代转型奠定宁波民营经济发展基础

清政府采取垦殖政策，以私有产权政策激励农民垦殖土地。通过相关政策招民垦田，宁波迅速恢复和发展农业生产，并大力兴修水利基础设施，水利建设规模超过明朝时期，奠定了工商业的发展基础。

---

① 刘含若等：《中国经济管理思想史》，哈尔滨：黑龙江人民出版社，1988年，第407页。

② 刘含若等：《中国经济管理思想史》，哈尔滨：黑龙江人民出版社，1988年，第409页。

③ 张守广：《宁波帮志》（历史卷），北京：中国社会科学出版社，2009年，第20页。

宁波发展茶叶和棉花等经济价值较高的产业。宁波传统农业向近代农业转型，不断实现由以稻麦为主的种植结构向以经济作物为主的种植结构转变、由自然经济条件下的传统农业向商品经济基础上的近代农业转型。

一、宁波迅速恢复和发展农业生产的举措

由于清政府采取减免土地赋税、明确私有产权等相关制度政策，宁波农业生产得到恢复。其后，不断调整农业结构，大量种植收益性经济作物，形成以稻麦为主的种植结构。

（一）采取垦殖政策鼓励拓殖土地

1. 开垦荒地

①垦殖激励。为了尽快恢复农业生产，清政府采取减免土地赋税、明确私有产权等相关制度政策，采取“五给”的方法，即给农民荒地、耕牛、种子、资金，形成资金贷款和实物扶持，农民在三年之内分期分批偿还即可，以激励农民垦殖土地。

清政府鼓励农民开垦荒山边角之地，而且对新增土地不加赋税，并严禁豪强抢占，以此明确土地的私有产权。

②招民垦田。清初政府重视发展农业生产。当时，宁波政府鼓励垦殖，同时，宁波政府将无主荒地分给流民栽植，鼓励其垦辟、续耕土地。另外，通过围海造田，修筑海塘，宁波地区的耕地面积不断扩大。

光绪元年（公元1875年），“浙江巡抚杨昌浚奏准象山县南田岛开禁，招民开垦”[①]。积极垦殖，以扩大农作物的种植面积。

2. 自耕农数量不断增多

所谓自耕农，就是通过耕作而获取该土地合法私有产权的拥有者。由于战乱而致大片土地荒芜，清政府为国计民生计，实行推进招垦、轻徭薄赋的宽松政策，鼓励无地或少地的农民垦田殖耕，很多农民获得“永准为业”的土地产权而成为自耕农。

随着自耕农数量的不断增多，其生产积极性的高涨促进了宁波农业经济的发

① 俞福海主编：《宁波市志》（上），北京：中华书局，1995年，《卷首·大事记》，第65页。

展，宁波地区各辖县的山区和平原都得到了开发。

（二）大力兴修水利基础设施

1. 重视宁波的水利建设

宁波水网密布，水利资源丰富，但也易受自然灾害的侵蚀。为确保稳定的财税收入，宁波政府充分认识到兴修水利对稳定农业生产的重要性。

为了减轻洪涝灾害对人口财产的损失，确保政府赋税收入的来源稳定，通过兴修水利、发展农业，富国利民，宁波府组织民众，兴建海塘、阻咸蓄淡，设碶闸、塘堤，灌溉农田。

2. 水利建设规模超过明朝时期

据《鄞县志》统计，“清朝前期鄞县重修水利29处，创建137处，远远超过了明代”[①]。同时，其中，雍正九年修筑大嵩塘，慈溪、镇海、余姚、象山同样修筑海塘，疏浚河道，以便于蓄水、引水灌溉，利于防灾。

清朝中期以后，宁波民众兴修了如碶、闸、堰、坎、堤等水利工程，至今仍惠之于民，今天宁波市区内有诸如“四眼碶”之类的地名，即是明证。此举不仅大为缓解饥荒之忧，也为获得好的农业收成打下坚实的基础。

（三）不断应用农业生产新技术

清政府通过一系列安民惠农政策，不断夯实宁波地区的农业发展基础。栽培与选种、耕作和灌溉等技术的应用，以及近代机械农具的使用，使农业生产效率不断提升。

“光绪二十三年，镇海已经引进抽水机进行机灌。这反映了宁波的农业生产工具逐步向机械化和半机械化过渡。”[②]引进抽水机进行机灌，通过引进和吸收先进技术，不仅提高了农业生产效率，且这在当时宁波农业生产领域具有划时代的意义。

（四）不断调整农业种植结构

1. 形成以稻麦为主的种植结构

清朝时期，宁波地区的气候适于粮食及多种经济作物的种植和生长。当时，

---

① 乐承耀：《宁波经济史》，宁波：宁波出版社，2010年，第222页。

② 傅璇琮主编，乐成耀著：《宁波通史》（清代卷），宁波：宁波出版社，2009年，第166页。

宁波有水稻、小麦等粮食及黍、粟米、高粱、玉米、红薯等主要作物。

清朝中后期，宁波地区广泛种植番薯、玉米，形成了以水稻、小麦等传统粮食作物的种植为主和以黍、粟、高粱、玉米、红薯等经济作物种植为辅的农业生产结构。其中，水稻品种有近40种，麦类作物有大麦、小麦和荞麦，余姚还种植糯麦、六棱麦和娜麦等稀有品种。

2. 粮食性经济作物品种多样

当时，宁波地区普遍种植水稻，其品种不断增多。“鄞县种植的水稻品种在明代仅有7种，到清代进一步扩大，发展到37种”[①]，而慈溪在光绪年间的水稻品种达到59种。鄞县、余姚、慈溪等县积极种植大麦、小麦、糯麦、六棱麦、娜麦、稗麦、荞麦、御麦等麦类品种。

宁波地区的农民大力引种玉米、红薯等外来粮食性经济作物。[②] 因此，宁波府各县民众积极栽种，粮食及其他经济作物的产量不断提高，不仅农产品商品化程度不断提升，而且缓解了人口增长的压力，也为发展工商业奠定基础。

（五）大量种植收益性经济作物

1. 大量种植非粮性经济作物

①种植经济效益明显的经济作物。除粮食经济作物外，宁波地区的农民还大量种植棉花、茶叶、桑树、蓝靛、烟草、果树、黄麻、苎麻等带来较多经济收益经济作物（见表6–1、表6–2）。其中，桃、李、梅、杨梅、梨、橘是收益性明显的果树。

②进一步扩大棉花、桑树的种植面积。当时，余姚、慈溪、镇海等县普遍种植棉花，其中以余姚泗门的品种为优，浒山还种植木棉。“余姚县的植棉从元代引进以来持续扩大，至清末从事植棉的农民已经占了七成，镇海的棉田约占了全部耕地的17%。”[③] 同时出现了很多植棉专业户，既为纺织业的发展打下基础，也成为品质优良的出口货物之一。

随着棉花需求量的增加，“道光年间，镇海梅山岛开始种植棉花，此后不断

---

① 傅璇琮主编，乐成耀著：《宁波通史》（清代卷），宁波：宁波出版社，2009年，第156页。

② 玉米、红薯虽非主要粮食作物，但也属于具有一定经济价值的粮食性经济作物，与稻麦相比，玉米、红薯需求弹性小，具有稻麦稀缺时的替代作用。

③ [日]斯波义信著，方健、何忠礼译，虞云国校：《宋代江南经济史研究》，南京：江苏人民出版社，2001年，第501页。

扩大。咸丰、同治年间，湾塘海甸一带也（种）植棉（花）”[①]。余姚、慈溪等县大力种植桑树，以桑叶养蚕而供给丝织厂缫丝和丝纺原料，以增加家庭收入。

表 6-1　晚清时期宁波地区经济作物种植和生产概况

品种	种植区域	种植加工状况	生产经营和出口状况
棉花、桑树、木棉	余姚	广泛种植棉花、泗门棉花质量上乘	向欧洲、日本出口，同时供给国内广州、汉口等其他地区对棉花的需求；甲午战争后宁波“创办的隆茂泰花厂，就用慈溪、余姚的棉花进行机器轧花”13，向海外出口绸缎
	慈溪	广泛种植棉花、浒山种植木棉	
棉花	镇海	广泛种植棉花	
桑树	鄞县	创办种植桑树的公司，工厂化种植桑树	形成桑树叶—春蚕—缫丝—纺丝—绸缎的产业链并出口海外
茶叶	余姚、慈溪、鄞县、奉化、象山、宁海、镇海	镇海柴桥茶叶市场规模很大，“盛时销售额就达20万到30万缗”，涉茶产业的工人近万人	产生太白茶、仙茗、十二雷等著名的茶叶品牌，以供给国内市场和出口海外
蓝靛	奉化、慈溪	由蓼蓝、松蓝等叶发酵制成	加工后的蓝靛供给国内市场，作为染衣物的天然染料
烟草	宁波	从福建引进后在宁波地区广泛种植	将烟叶加工后制成烟丝或卷烟，以供应国内市场

资料来源：根据乐承耀《宁波经济史》，宁波出版社，2010年，第254～259页的相关内容整理。

表 6-2　清朝时期宁波地区非粮性经济作物种植概况

种植区域	植物品种	种植区域或功能效用
鄞县、奉化、象山、慈溪、镇海	桑树	将桑叶出售给养蚕人，为养蚕户提供食物来源而获得经济收益；种植桑树已成为具有商业性质的农业产业
余姚、慈溪、镇海、梅山	棉花	余姚泗门出产优质棉花；出现了棉花种植专业户
余姚、慈溪、鄞县、象山、宁海	茶叶	形成太白茶、仙茗、十二雷等著名茶叶品牌；茶叶生产的商品化程度高
奉化、镇海、象山、慈溪、宁海	黄麻、苎麻	成为纺织夏布的原料，以宁海西乡桑洲一带种植量为大
奉化、慈溪	蓝靛	成为染织业的重要原料
宁波、镇海	烟草	烟草种子从福建传入，种植量不断扩大，所获收益超过茶叶
余姚、慈溪、奉化、宁海、镇海、象山	果树	杨梅（余姚、慈溪）、水蜜桃（奉化）、柑橘（宁海）、金柑（镇海）、枇杷（象山）

资料来源：根据傅璇琮主编，乐成耀著《宁波通史》（清代卷），宁波出版社，2009年，第163～166页的相关资料整理。

① 乐承耀：《宁波经济史》，宁波：宁波出版社，2010年，第258页。

2. 发展茶叶产业

宁波地区茶树种植年代久远，“余姚在乾隆年间产茶3400担，比南宋时产量增加24倍之多，到晚清（的时候）宁波茶叶生产更多”[1]。因此，清代时期，余姚、鄞县、慈溪、象山和宁海等县广泛种植茶叶，培育出太白茶、仙茗、十二雷等著名品种。

茶叶业是经济价值较高的产业。农户采摘的茶叶，或自己加工成茶，或出售给茶叶加工大户，也可以获得相应的经济收益，提高了收入水平。光绪年间，宁波茶叶的种植和生产加工规模不断扩大，成茶主要供给国外市场（见表6–3）。

表 6-3　　晚清时期宁波地区茶叶和棉花出口概况　　单位：担

年号、年间 / 时间	茶叶出口量
光绪八年 / 公元 1882 年	140171
光绪十一年 / 公元 1885 年	166604
—	棉花出口量
光绪二年 / 公元 1876 年	7715
光绪三年 / 公元 1877 年	14249
光绪十年 / 公元 1884 年	9575

数据来源：根据根据傅璇琮主编，乐成耀著《宁波通史》（清代卷），宁波出版社，2009年，第160 ~ 162页的相关内容整理。

（六）大力发展渔业生产

1. 渔场众多

宁波的滨海优势，发展海洋渔业具有得天独厚的有利条件。清代时期，宁波地区渔场众多，当时，象山的爵溪、石浦和舟山的沈家门、洋山、岱山都是著名的渔场。

“象山的爵溪、石浦。舟山的沈家门、洋山、岱山、陈（嵊）山都为我国著名的渔场”[2]。鄞县咸祥、瞻岐、塘溪等大嵩区域及奉化等临水区域的渔民，可在象山湾进行捕鱼作业，渔业生产兴盛发达。

2. 渔业资源丰富

宁波近海鱼类资源丰富。鱼类品种繁多，有包括大小黄鱼、墨鱼、石首鱼、

① 傅璇琮主编，乐成耀著：《宁波通史》（清代卷），宁波：宁波出版社，2009年，第161页。
② 傅璇琮主编，乐成耀著：《宁波通史》（清代卷），宁波：宁波出版社，2009年，第166页。

带鱼、鳓鱼等在内的100种左右的品种。

鄞县渔民主要捕获黄鱼、墨鱼等鱼类，夏天白露时至端午节期间，渔民们主要在沈家门和陈（嵊）山一带捕获带鱼。其后，渔民们又根据鱼汛在不同的地域捕获小黄鱼、墨鱼、大黄鱼、鳓鱼、石首鱼等。

3. 渔民数量众多

据史料记载，当时，宁波鄞县渔民占全县农村劳动力总量的二三成。慈溪、镇海和奉化等县从事渔业产业的比例也很高。

“光绪三十二年，宁波渔团局曾作过统计，当时宁波府有渔民7019人。”[①]捕鱼者众多，很多渔民驾驶渔船到海上从事渔猎作业，捕鱼业吸纳了大量的农村劳动力。

4. 渔业产量高

据史料记载，光绪二十七年（公元1901年），象山“爵溪有渔船200余艘，年捕鱼1万吨。宁波府共有大小渔船和运输船1万艘，年产鲜、咸干鱼20万担”[②]，使捕鱼业成为彼时宁波的重要产业。捕鱼业和鱼产品加工业产量高，也就意味着有更高的经济收益。

二、以市场需求为引领调整和转变宁波农业种植结构和产业组织形式

在比较优势下，宁波可通过市场价格的引领，种植生产那些投入产出比明显的经济作物，以获得高于粮食作物的经济收益；而开放的扩大降低了宁波自产粮食作物的重要性，推动了宁波农业产业结构的调整。同时，也使农业生产组织形式实现由以个体或家庭为主向农业公司为主的转变。

（一）开放的扩大降低了宁波本土种植粮食作物的重要性

1. 开放的扩大降低了粮食生产的重要地位

鸦片战争前，宁波大力发展农业，主要种植水稻、小麦等为主的粮食作物及

---

① 傅璇琮主编，乐成耀著：《宁波通史》（清代卷），宁波：宁波出版社，2009年，第167页。

② 傅璇琮主编，乐成耀著：《宁波通史》（清代卷），宁波：宁波出版社，2009年，第168页。

其他具有本地特色的经济作物，形成以种植粮食为重点并辅以经济作物为补充的农业经济结构，满足了城乡民众的日常生活需要，其富余部分用于手工加工业和商贸流通业。

鸦片战争后，宁波河海交通的便利性，使得商贸交流枢纽性地位对流通范围扩张的效应进一步放大。同时，商品经济的发展，提升了对农业和手工业的产业拉动程度，使宁波依靠自有要素资源进行粮食种植和生产的重要性下降，粮食生产在宁波整个经济结构中的地位也相应降低。

2. 以稻麦为主体的粮食作物种植和销售的比较优势低

粮食作物与棉花、茶叶、桑树、蓝靛、烟草、果树、黄麻、苎麻等经济作物相比，要素资源的有效投入量大，但收益有限。

种植粮食作物所需劳动力、土地及农具、肥料等要素资源的有效投入与经济效益产出不匹配，且粮食价格的上涨区间有限，销售价格与其他经济作物相比，比较优势低，盈利空间狭窄。

3. 通过比较优势能够保证粮食市场的有效供给

在“重农重商”的开放环境下，宁波完全可以通过要素成本的比较去生产那些具有比较优势的经济作物。换言之，宁波自产粮食作物已经不具有比较优势。除了自然灾害及发生战争外，和平年代的粮食价格上涨区间不大。

当时，除保证自给而种植部分粮食作物外，还通过价值规律在市场换回所需粮食，以满足宁波城乡民众的有效需求。同时，还可将投入在农业中的要素资源转换成对工商业的有效投入，进一步调整农业种植结构和经济结构。

（二）农业产业结构的调整及其作用

1. 种植和销售经济作物具有明显的比较优势

经济作物的栽培种植，无须如稻麦等粮食作物那样投入过多的人力、物力，但经济作物的销售价格却比粮食作物高。宁波农民种植经济作物并非完全为了满足自身需求，而是在于提高其商品化程度并获取收益，以经济作物的收益来弥补稻麦等农产品收益的不足，提高了农产品的商品化水平。

2. 价格信号引领农民积极种植经济作物

市场对原材料的强劲需求推动了农业产业结构的调整。随着对外开放的进一步扩大，外资不断进入和内外资近代工厂的设立，为经济作物种植提供了广泛的市场，其对棉花、桑树、茶叶、水果、烟草、蓝靛等经济作物的原料需求与日俱增，收益明显，其售价明显高于粮食作物。

价格的信号，无形之中起到了刺激和引领作用，使其趋之若鹜。宁波农民积极引种经济作物，其种植面积超过粮食作物，使宁波农业由原来重点种植稻麦等粮食作物转移到棉花等经济作物，实现了农业产业结构的调整。

3. 经济作物的种植完善了工业产业链

以桑树种植为例，宁波地区有的农民在农作之余种植桑木，可将采摘的桑叶出售给养蚕户用于喂蚕，还可将桑木出售给竹木加工行加工成桑木扁担或其他木制品。这样，种植户既为养蚕户提供春蚕食物来源，又为竹木加工商提供原材料，完善了丝绸从桑树种植—采摘—春蚕喂食—蚕茧—缫丝—织丝的产业链，并获取了一定的经济收益。

（三）农业生产组织形式实现由以个体或家庭为主向农业公司为主的转变

机器代替人工、商品化程度提高、成立民营性质的工厂化涉农公司是宁波农业产业形式出现的三个明显变化。

1. 机器代替人工

鸦片战争前，农业以自给自足的自然经济状态为主，宁波农业生产基本是以家庭为单位进行。在自耕或租佃的土地上，宁波农民通过劳动力、种子、肥料、耕牛和农具的投入，形成具有小农经济特色的农业生产形式。

鸦片战争后，随着开放的扩大，资本主义工业产品在宁波销售，宁波农村在耕作、灌溉及农产品加工的过程中逐渐使用机器来代替人工。“光绪二十三年（1897年），镇海引进抽水机进行机灌，这反映了宁波的农业生产工具逐步向机械化和半机械化过渡”[①]，成为宁波农业告别人工动力的重要标志。

2. 群体代替个体

鸦片战争前，宁波农业生产组织形式以小生产方式的个体家庭为主，属于农

---

① 《农学报》第17卷，《灌田公司》，光绪二十三年，公元1897年。

业个体生产行为。鸦片战争后，宁波经济作物的种植、销售和加工越来越适于组织群体化。抑或说，经济作物的产业链更能够适应组织化的大生产方式，生产力的发展对生产方式提出了新的变革要求。

成立民营性质的工厂化涉农公司，是大生产方式代替小生产方式的行为。晚清时期，宁波农村及外域的宁波籍人士纷纷成立民营性质的工厂化涉农公司，从事农林产业的生产经营管理（见表6–4）。

表 6-4　　晚清时期宁波成立民营性质的涉农公司概况　　单位：元

<table>
<tr><th>年号、年间 / 时间</th><th>所在地域</th><th>创办人</th><th>公司 / 学校名称</th><th>资本金</th></tr>
<tr><td>光绪三十二年 / 公元 1906 年</td><td>鄞县</td><td>冯丙然</td><td>树艺公司</td><td>不详</td></tr>
<tr><td>光绪三十三年 / 公元 1907 年</td><td>镇海</td><td rowspan="2">不详</td><td>永裕垦务公司</td><td>6000</td></tr>
<tr><td rowspan="2">光绪三十四年 / 公元 1908 年</td><td>鄞县</td><td>钱湖实业（植桑）公司</td><td>10000</td></tr>
<tr><td rowspan="2">慈溪</td><td>裘氏</td><td>树艺畜牧公司</td><td>不详</td></tr>
<tr><td rowspan="3">宣统二年 / 公元 1910 年</td><td>吴锦堂</td><td>蚕科实业学校</td><td>30000</td></tr>
<tr><td>锦州</td><td>李厚祐</td><td>天一垦务公司</td><td rowspan="2">不详</td></tr>
<tr><td>余杭</td><td>庄崧甫</td><td>杭北林木公司</td></tr>
<tr><td>不详</td><td>不详</td><td>吴锦堂</td><td>浙西场地农业股份有限公司</td><td>300000</td></tr>
</table>

资料来源：根据乐承耀《宁波经济史》，宁波出版社，2010年，第261～262页的相关内容整理。

3. 公司代替农户

晚清时期，宁波的涉农公司运用近代化理念和手段进行运作和管理，省略了小生产状态下的农户销售环节，节约了农户销售农产品的时间、金钱和人力等资源要素，使其能安心农产品的种植与生产，这完全异于自然经济状态下的小农生产经营。

以组织化的近代公司替代个体农户，是生产方式的重大变革，这在当时属超前之举。从某种程度而言，农业产业公司化运营实际上是宁波在农业领域与国际接轨的尝试。

三、推动近代宁波社会实现由自然经济向商品经济转型

随着开放的不断扩大，宁波传统农渔业向商品经济基础上的近代农渔业转型，土地所有权与使用权出现了“两权分离”现象，劳动力要素和农产品的商品化程度不断提升。

（一）实现由自然经济条件下的传统农渔业向商品经济基础上的近代农渔业转型

1. 农渔业加快发展

①人地矛盾是发展农渔业的首要原因。自明代以后，宁波地区以居东南一隅的优势而少战乱，很多甬域之外民众投奔于此。人口的增加与耕地矛盾的突出，也因此成为强烈的市场信号。在清朝康熙、雍正、乾隆和嘉庆时期，随着经济社会环境的稳定，宁波不断发展农业、渔业，以满足不断扩大的人口需求。

②个体民营农渔厂商为市场提供有效供给。在价格信号的引导下，宁波个体民营农渔厂商通过不断挖掘潜力，进行外延扩大再生产，广泛种植棉花、桑树、麻（苎麻、黄麻等）、茶叶、蓝靛、烟草和果树（水蜜桃、柑橘、枇杷、杨梅、荸荠等），向市场供给成品或半成品，为发展个体民营工商业提供实业基础。

2. 农业生产加工技术不断提高

在农业生产工具的应用方面，宁波地区引进抽水机进行农田灌溉，学习西方农业生产技术和相关知识。在棉花加工方面，建设以通久源轧花厂为引领的西式轧花企业，通过用机器轧制棉花，去掉绵籽而成皮棉。

自然经济条件下的商业社会，稀缺性的商品同时也是价格高地。在这一指导思想下，必须改进农业生产技术，提高生产效率，使宁波府城和各县陆续使用机器轧制棉，实现了木制工具轧制棉花向机器轧制棉花的转变，加工效率大为提高，改变了农产品的稀缺性状况。

3. 港口的集散功能不断促进要素资源集聚

宁波个体民营资本充分利用宁波港的集散功能和贸易枢纽地位，通过比较优势将劳动力和自身廉价的海产品、地产品与域外稻麦等农产品与手工业品进行交换，促进域内外商品在宁波的集散与集聚，宁波港成为其重要平台。

当时，源源不断的农产品和手工艺品为宁波市场提供了有效供给，以此满足宁波城乡不断增长的人口消费需求和域内外市场，宁波农业从传统农业向近代农业转型的基础条件已然形成。

4. 传统农业逐渐向近代农业转型的动力强劲

①农渔产品商品化程度不断提升。随着工商经济的发展，宁波民众不断向市

场供给农渔产品。以桑树、棉花及鱼产品为例，宁波鄞县、象山、奉化、余姚、慈溪等县广泛种植桑树。当时，“占地少的养蚕人家不种桑，花钱购买桑叶，占地很多的富户，却广种植桑树，出售桑叶”[①]。栽植桑树虽为农业范畴，但桑叶商品化是多种经营的途径之一。

在咸丰十年（公元1860年），由于美国南北战争，南方棉花种植业大受影响，致使国际棉价上扬。此时，宁波棉农因广种植棉花，其种植面积超过50万亩，棉花出口获利甚丰。

同时，宁波渔业发达，主要有大小黄鱼、鳓鱼、墨鱼、石首鱼等。渔民们将捕获的鱼类绝大部分用于交易，供应本埠和域外市场。

②宁波实现从传统农业向近代农业不断转型。随着开放的扩大，产品商品化是一只“无形之手”，农业和渔业不断发展，宁波在工商业领域的近代生产经营方式逐渐增多，对农产品、海产加工品的需求量不断上升，使农渔产品商品化程度提升。社会剩余产品不断增加，满足了域内外市场的有效需求，农副产品和鱼产品商品化成为宁波近代农业实现转型的重要动力。

（二）生产资料所有制领域出现了“两权分离”现象

1. 实现土地所有权与使用权的“两权分离”

在生产关系领域发生变革是传统产业向近代产业转型的重要标志之一。随着劳动生产率的提高和剩余产品的增多，土地所有者将其自有产权的土地出租以获取地租收益，成为“经营地主”。

当时，有一部分外来农民租用宁波土地而谋生，租地者成为耕种土地，通过苦心经营而获得农产品的收益权，实现了农业经营方式中土地所有权与使用权的“两权分离”。

2. 提升劳动力要素和农产品的商品化程度

“两权分离”是商品经济发展到较高程度而在生产关系领域出现的现象，属于生产关系的调整范畴，它适应了农业生产力的发展要求。

土地使用者所生产的农产品除了满足自身需求外，大多进入流通领域并获得收益，显现出劳动力要素和农产品越来越明显的商品化趋势，促进农村自然经济

① 傅璇琮主编，乐承耀著：《宁波通史》（清代卷），宁波：宁波出版社，2009年，第159页.

结构不断走向解体，推动宁波从传统农业向近代农业转型。

第三节　清朝时期宁波官营与个体民营纺织产业发展概况

纺织业是宁波的支柱产业，引领宁波手工产业的发展，也是自然经济条件下参与者众、受益面广的民生产业。由于自元代引种棉花以后，宁波地区成为浙江省重要的棉花产区。

清朝时期，由于织品是朝廷赋税内容之一，从政府到民间，已经形成了从种植生产—征收赋税—纺织经营的完整产业链，专门从事纺织营生的手工业者在非农业产业中的比例上升。

宁波民营织造产业实行资本主义生产方式，手工纺织个体和作坊向近代纺织企业不断转型。宁波民营“通久源轧花厂”成为我国第一家机器轧花厂。

一、宁波地区发展官营和个体民营纺织业的基础条件

由于自然禀赋的原因，宁波具备发展纺织业的原料和要素资源基础条件，而赋征织品成为宁波纺织业发展的强大推动力量。

（一）具备发展纺织业的原料和要素资源基础条件

1. 原料丰裕

发展纺织业，原料和要素来源是先决条件。千百年来，宁波陆续种植（养殖）麻、丝、棉等纺织原料产品的发展。尤自棉花传入中国后，宁波农村大量种植，其商品化程度不断提升，为棉纺织业发展提供了丰富的原料来源。

2. 要素充裕

纺织业是宁波地区女性织工首选的就业渠道。宁波府城及下辖各县有很多擅长纺织技艺的家庭女性，她们以纺车等传统的纺织工具为基本生产资料而辛勤编织，也使纺织业在宁波地区具有广泛的产业基础。因此，无论是原料来源还是劳动力资源，宁波具有发展纺织业的基础条件与环境。

（二）赋征织品推动宁波纺织业发展

朝廷赋征织品成为宁波个体民营纺织业发展的重要推力。自古以来，织品是政府赋税征收的内容之一，即实物赋税。纺织业是事关国计民生的重要产业，清政府对之非常重视。

为了顺利缴纳税赋，为数众多的劳动家庭女性投身纺织业中。她们身兼二重身份，既是自食其力的生产者，也是朝廷税赋的提供者。

宁波纺织业的发展不仅具有雄厚的个体产业基础，而且是宁波府城实现充分就业的有效载体，它使棉织业成为宁波的大众产业而惠及民众。

二、宁波地区官营和个体民营纺织业的生产经营形式与特点

清朝时期，宁波地区既然有官府丝织业机构和织造工场，也有大量散布在城乡各地的个体民营纺织从业者。纺织行业不断实现由自然经济的生产方式向资本主义生产方式的转变，且实现了产业和行业分离，其向近代企业不断转型。

（一）丝织业引领宁波手工行业发展

1. 丝织业是江南地区重要的手工产业

民营织造工场就是民营企业，由于技术的改进和发展环境的逐渐宽松，丝织业在明代本以苏、杭一带为中心地，到清代，丝织业的重点渐由苏杭转向以南京为中心的江南地区。[①] 这充分说明织造中心实现了由苏州、杭州等节点测试向整个江南地区范围扩大的变化。

2. 丝织业引领宁波手工行业发展

织造产业重心由点到面的扩张，其产业辐射不断加强，从侧面印证了其行业对农工商产业的拉动作用。而宁波作为江南地区的重要工商业城市之一，自然受

---

① 江南地区，字面意义为江之南面，在人文地理概念中特指长江中下游以南。江南最早出现在先秦两汉时期，是以楚国为背景所指的长江中游，即今湖南和湖北的南部、江西部分地区。狭义的江南指长江中下游平原南岸、濒临长江沿线组成的江南地区。广义江南涵盖长江中下游流域以南，南岭、武夷山脉以北，即今湘、赣、浙、沪全境与鄂、皖、苏长江以南地区。就工商业作用和地位而言，江南地区的近代工商业重镇主要是指江苏省的扬州、南京、常州、镇江、苏州，浙江省的杭州、嘉兴、湖州、绍兴、宁波等城市。

惠其中。

由于市场的需求信号强烈，再加上宁波本土乡村具有种植桑树、饲养春蚕的产业基础，宁波丝织业加快发展而成为手工行业的翘楚。

（二）政府设置官办纺织企业

1. 政府严格控制江南丝织行业

在纺织业中，江南丝织业是政府控制比较严的行业。为了获取垄断利润，清朝以政府的名义在南京、苏州、杭州设立官府丝织业机构和织造工场，织造成为官府丝织企业。他们募集织造工匠，生产政府官员享用的奢侈用品。其中，包括丝织品和棉织品。

2. 设立官府丝织业机构和织造工场

在宁波府城，政府设置了纺织业的管理机构，并在月湖的纺丝巷兴办国营（有）纺织企业，其中有官局的机产，形成了以官府丝织业为代表的国营（有）经济体制与机制，使清代前期宁波府城的丝织业具有以官营为主的特点。

（三）专门从事纺织营生的手工业者在非农业产业中的比例上升

1. 棉纺织业实现了产业和行业分离的现象

社会分工的进一步细化，一大批具有纺织业技艺的农民在时间和空间上从农业中分离出来，或在农闲时节从事纺织业，或离开农田专事纺织。

专门从事纺织的手工业者在宁波地区整个农业产业劳动力中的比例有所上升。同时，棉纺织业也实现了行业分离。比如随着棉纺织业的发展，“清代宁波棉布加工业逐渐与棉纺织业分离，形成独立的行业”①。

2. 宁波相关辖县存在大量的个体纺织业者

宁波的棉布加工业闻名遐迩，其布市引领棉布业发展。“慈溪的逍林、鸣鹤和鄞县的小溪都有布市设立。这些地区的妇女织布出售，支付日用所需，已经成为靠织布为生的手工业者。”② 因无资料记载，所以无法列出相关数据予以佐

① 傅璇琮主编，乐成耀著：《宁波通史》（清代卷），宁波：宁波出版社，2009年，第173页。
② 傅璇琮主编，乐成耀著：《宁波通史》（清代卷），宁波：宁波出版社，2009年，第172页。

证。这些专门从事纺织的手工业者，他们或以个体或以私营企业的组织形式，共同汇成宁波民营纺织业的产业大军。

（四）宁波民营织造产业实行资本主义生产方式

1. 劳资双方确立雇佣与被雇佣关系

当时，宁波纺织业的产业规划与发展加快推进，资金、土地和劳动力等要素投入日渐看涨。富有的“机户”为了扩大再生产，逐渐将之发展成手工丝织工场。在丝织产业中，一部分是丝织业作坊，其主人成为“机户”，雇工称为“机包子”。“机户”和“机包子”是建立在“两权分离”基础上的雇主和雇工之间的关系。

2.“机户”与“机包子”按要素进行分配

随着生产经营的不断进行，具有资本主义萌芽性质的雇佣关系逐渐发展并风行整个行业。换言之，纺织全行业的个体民营企业实行雇佣制的生产经营形式，生产资料所有者和被雇佣者均按资本、劳动力等要素进行分配。

（五）个体民营纺织产业的集聚集群与行业融合特点

1. 行业集群

民间丝织业主要以家庭手工业的生产形式而存在，其与小农经济密切结合，基本上不是为消费而生产，实质已是农民家庭副业形式的小商品生产，逐渐形成了以民营织造工场为主的生产经营格局。其中，一部分产品是满足自身生活需要，另外一部分产品则进入流通领域。

由于生产分工的扩大和专业化程度的提升，当时，在宁波个体民营纺织产业领域，集聚着一群相互关联的原料供应商、个体户和民营企业、购买商等上下游个体和民营企业，构建了专业化生产要素集聚的洼地。在这条产业链上，他们信息互通，彼此竞合，规模经济相应凸显，具有宁波民间丝织业行业集群的特点。

2. 产业集聚

随着生产的进一步发展，宁波纺织产业和工人集聚程度越来越高。为了追求质量和花色，月湖、天拓附近的纺丝巷集聚了众多的机户和机匠，充分显现出纺丝行业的集聚程度，纺丝巷也因此成为宁波的丝织中心，集聚效应明显。

"据史料记载，清朝乾隆年间宁波有丝织机850台，产丝、绫、绸、缎、绢等"①。即使按一台一个操作工人来计算的话，如果加上管理人员和其他工勤人员，纺丝巷至少集聚了千人左右，可见其行业盛况和丝织工人之多。

3. 行业融合

①纺织业的发展带动了染织业、缝纫业等下游行业的发展。以印染加工业为例，印染加工业属于棉布加工业的范畴，印染是纺织业的产业延伸链，纺织业的发展为印染加工业提供产品来源，二者显现同向发展关系。随着印染加工业和纺织业行业融合程度不断提升，更能够满足不同人群对不同衣着颜色的有效需求。

②宁波个体民营印染加工业加快发展。当时，宁波城内开设有多家个体私营染铺，形成一种前店后场的格局，他们接收上游产业输送的产品而进行染织加工，"手工染布作坊产毛蓝、双蓝、玄色、漂白、蓝底百花棉布"②，生产规模越来越大，所获收益也越来越多。

（六）手工纺织个体和作坊向近代纺织企业不断转型

1. 大量生产优质织品

清朝时期，由于宁波府及下辖的慈溪、镇海、余姚等县域地区盛产棉花而成为浙江省重要的产棉区，宁波地区纺织业因为丰富的原料来源而加快发展。

在自然经济环境下，宁波府城、慈溪、余姚和鄞县及其他各县家庭中的妇女，日夜操劳，承担繁重的纺织任务，纺织出各种质地且质优价廉的棉布（见表6–5），深受消费者欢迎，也因此获得相应的收入。

表 6-5　　　　宁波地区个体民营纺织业产品概况

产地	品种
宁波府城	苎麻布、葛麻布、白布、花布、紫布
慈溪县	"小江布"、葛麻布、夏布
镇海县	白布、苎麻布、葛麻布
象山县	

资料来源：根据有关资料整理。

①② 乐承耀：《宁波经济史》，宁波：宁波出版社，2010年，第231页。

2. 西方新式资本和产品对宁波市场的冲击

①工业革命后的大机器生产冲击自然经济条件下的小生产经营。当时，宁波地区有的农民以手工织布为业，除了自给自足外，还将剩余产品拿到市场上出售。但到了同治至光绪时期（公元1885～1995年），工业革命后的英国及明治维新后的日本，机器大生产效率大大提高，其纺织成品原料具有明显的价格竞争力。

②西方新式纺织产品倾销宁波。来自英国、日本的洋纱进入宁波的数量节节攀升，其纺织成品原料和棉布等纺织品大举向宁波倾销，相比宁波本土的产品更加价廉物美，其对宁波本土纺织业造成巨大的冲击，使大批个体民营纺织企业纷纷破产而走向衰落。

3. 引进新式机器

由于西方纺织品在宁波倾销及纺织企业在宁波设厂，其新式纺织机器的效率提升了洋纱的竞争力，宁波个体民营纺织业者痛定思痛，决意投入巨资，引进新式机器（见表6–6），加快本土纺织业发展。

同时，还仿制织布机器，当时，“鄞县人王承维仿制织造洋布的机械，并应用于生产，所织的布料其质量较洋布坚实，而且花色也超过土布，深受消费者的欢迎”[①]。

表 6-6　晚清表

年号、年间/时间	民营纺织企业所在地及业主	资本金	引进新式机器或企业名称	作用与意义
光绪十一年/公元1885年9月	“一日商与大阪棉纺厂合营在宁波创办一家机器梳棉厂[①]”	不详	从日本运来日制美式梳棉机30台	日本全资企业；“引进的梳棉机速度快、产量高，且效果好，与土法分离棉籽的手工操作现场鲜明的对比[②]”
光绪十一年/公元1885年	慈溪周巷（姓名不详）	不详	引进日本轧花车加工皮棉	提高生产效率
光绪十一年/公元1885年	鄞县三桥	不详	鄞县伟成布局	生产宁波最早的棉纺布
光绪十三年/公元1887年	严信厚、汤仰高	白银5万两	宁波通久源机器轧花厂	我国第一家机器轧花厂；浙江省内首家近代民营纺织企业

① 傅璇琮主编，乐成耀著：《宁波通史》（清代卷），宁波：宁波出版社，2009年，第172页。

续表

年号、年间/时间	民营纺织企业所在地及业主	资本金	引进新式机器或企业名称	作用与意义
光绪二十二年/公元1896年	鄞县人王承仿	不详	“仿制织造洋布的机械，并应用于生产[③]”	发展民营经济、提高生产效率，抗衡洋货对中国市场的冲击。
光绪末年	不详		宁波龙茂泰花厂	提高机器轧花的生产效率
光绪十三年/公元1887年	戴瑞卿、顾元琛	白银150万两	宁波和丰纱厂	生产机器棉纱
光绪二十年/公元1894年	严信厚、周晋镳、汤仰高、戴瑞卿、周熊甫等	45万银元	通久源纺纱织布局	浙江省最早的一家纱厂；轧花、纺纱、织布相连为一，但仍以纺纱为主，亦称通久源纱厂
光绪三十一年/公元1905年	戴瑞卿、顾元琛、周熊甫、郑岳生等363户股东	60万银元	和丰纺织股份有限公司	抵制洋货，利用宁波本土原料生产适销对路的纺织产品

注：①傅璇琮主编，乐成耀著：《宁波通史》（清代卷），宁波：宁波出版社，2009年，第170页。

②傅璇琮主编，乐成耀著：《宁波通史》（清代卷），宁波：宁波出版社，2009年，第170～171页。转引自[英]葛显礼《光绪十一年宁波口华洋贸易情形论略》，《近代浙江通商口岸经济社会概况》，杭州：浙江人民出版社，2002年，第256页。

③傅璇琮主编，乐成耀著：《宁波通史》（清代卷），宁波：宁波出版社，2009年，第172页。

数据来源：根据宁波市民建、工商联史料组《宁波和丰纱厂的创建与演变》及其他相关资料整理。来源于网页：http：//blog.sina.com.cn/s/blog_9bb904290101ltse.html。

专栏6-1 宁波民营“通久源轧花厂”是我国第一家机器轧花厂

在清政府“提倡实业”“实业救国”的口号下，1887年，李鸿章的幕僚、曾经做过河南省盐务督销的道员严信厚，联络专做日本生意的新生泰洋布店汤仰高，集资五万银两，在宁波北郊湾头地方创办了一家机器轧花厂，称“通久源轧花厂”，这是我国第一家机器轧花厂。

“通久源轧花厂”有四百台日本踏板轧花机，后改用蒸汽机，并聘请了日本技师。为避免地方官吏找麻烦，表面上打着“日本人合办”的牌子。每年收购大批子棉，轧成皮棉，然后运往日本，反映了我国民族工业一开始就对帝国主义者的依赖性。[①]

注：①宁波市民建、工商联史料组：《宁波和丰纱厂的创建与演变》。引自网页：http://blog.sina.com.cn/s/blog_9bb904290101ltse.ht。

（七）丝织业实现由粗放发展向集约发展的转变

1. 宁波民营纺织企业使用新式纺织机器

新式机器和仿制机械的投入和应用，标志着宁波民营企业“开始用西方的机器来从事棉纺业，使宁波城乡出现机器梳棉、轧花和纺棉”①。从轧花和纺纱等环节上提高生产效率，以产量、价格和质量来抗衡西方纺织企业及产品，实则是捍卫民族企业、抢占市场份额之举。

2. 丝织业的专业化程度不断提升

当时，宁波府城有官营和个体民营并存的丝织机产、机户和机匠，量多面广。月湖的纺丝巷区域成为宁波城区主要的丝织业产业集聚区。历经宋元清三朝，这里依然是宁波的丝织中心。

历经宋元明清四朝，宁波的丝织以清代前中期的官营丝织业发展为最。后来，丝织业不断推进产业的集聚和集约发展。“在城区，集中在纺丝巷。在农村主要在鄞县的林村小溪鄞江桥一带”②。

（八）纺织技术和生产效率不断提高

1. 丝织业机器化提升了产出效率

自乾隆至光绪年间，宁波民营丝织企业不断购置先进机器设备（见表6–7、表6–8），用机器织丝替代人工，以提高丝织品的生产效率，使丝织机器化实现了宁波丝织业从手工丝织向机器丝织的转变。

表 6-7　　晚清时期宁波官营和民营丝织业发展概况

年号、年间 / 时间	织机（台）	产出情况
乾隆年间	850	生产丝、绫、绸、缎、绢等产品
光绪六年 / 公元 1880 年	848（包含城乡区域）	“大部分在夏季开工，年产绸约 8400 匹”

注：光绪年间的织机数量包括宁波城乡区域的个体民营企业。

资料来源：根据傅璇琮主编，乐成耀著《宁波通史》（清代卷），宁波出版社，2009年，第174页的相关内容整理。

① 傅璇琮主编，乐成耀著：《宁波通史》（清代卷），宁波：宁波出版社，2009年，第170页。
② 傅璇琮主编，乐成耀著：《宁波通史》（清代卷），宁波：宁波出版社，2009年，第174页。

表 6-8　　晚清时期宁波民营丝织企业发展概况

年号、年间 / 时间	资本金	企业名称	生产经营成果
光绪二十一年 / 公元 1895 年	库银 1.5 万两	宁波永源丝厂	“置缫丝机 208 台，日产生丝 1 担”
光绪二十六年 / 公元 1900 年	不详	宁波华泰绸厂	“织机 120 余台，年产塔夫绸、花素缎 10000 余担，价值 50 至 60 万元”

资料来源：根据傅璇琮主编，乐成耀著《宁波通史》（清代卷），宁波出版社，2009年，第175页的相关内容整理。

2. 宁波地区民营纺织品品牌与质量堪与进口产品比肩

宁波本土民营企业由于生产技术和效率不断提高，宁波府城及各县民营企业所产棉纱、棉布，无论花色品种，还是质量，都超过了洋布。以晚清时期的宁波和丰纱厂为例，其生产效益向好（见表6–9），在短短的三年时间内盈利额不断提高。

表 6-9　　晚清时期宁波民营和丰纱厂的盈余情况

年号、年间 / 时间	盈余数额（元）
宣统元年 / 公元 1909 年	20603
宣统二年 / 公元 1910 年	248000
宣统三年 / 公元 1911 年	313000

数据来源：根据宁波市民建、工商联史料组编写《宁波和丰纱厂的创建与演变 》的相关内容整理。来源于网页：http：//blog.sina.com.cn/s/blog_9bb904290101ltse.html。

当时，余姚彭桥生产的“小江布”名气最大。“慈溪的逍林、鸣鹤和鄞县的小溪都有布市设立”①。市场上的纺织品品种众多，交易兴盛。

棉织品的市场范围不断扩张，宁波地区“所生产的苎布、葛布、白布、花布、紫布通过市铺贩运到全国各地及海外市场”②，逐渐演变成具有宁波本地特色的文化符号。

3. 棉丝织产品出口数量不断增长

棉丝织产品出口数量增加成为宁波手工作坊转型为近代企业的重要标志之一。以严信厚在宁波府城北的姚江畔湾头创办的通久源机器轧花厂为例，通过引进和推广先进技术，生产效率不断提高。自光绪十七年至十九年，轧花近10万

① 傅璇琮主编，乐成耀著：《宁波通史》（清代卷），宁波：宁波出版社，2009年，第172页。

② 傅璇琮主编，乐成耀著：《宁波通史》（清代卷），宁波：宁波出版社，2009年，第173页。

担，生产效率不输外企，其所产织品不但供给国内市场，且能够出口创收（见表6–10）。以光绪三十三年（公元1907年）宁波出口棉纱为例，这是宁波史籍中记载的本土民营企业第一笔出口大单，也可以看作是近代以来宁波民营棉纺织业企业抗衡外资产品的丰硕成果。

表 6-10　　晚清时期宁波民营企业棉纱和生丝出口概况

年号、年间 / 时间	出口商品种类	数量（担）	增长率（%）	商品价值（白银）
同治年间 / 公元 1861 ~ 1875 年	绸缎	>100	—	58000 海关两
光绪元年 / 公元 1875 年		270	170	
光绪五年 / 公元 1879 年		96	–64.44	
光绪十七年 / 公元 1891 年	生丝	362.35	277.45	224659 关平两
光绪元年 / 公元 1875 年		717	—	不详
光绪二年 / 公元 1876 年		1321	84.24	
光绪三十三年 / 公元 1907 年	棉纱	5395	—	1823 关平两
光绪三十四年 / 公元 1908 年		20316	276.57	713701 关平两

注：关平银，又称“关平两”“关银”“海关两”，清朝中后期海关所使用的一种记账货币单位，属于虚银两。

数据来源：根据傅璇琮主编，乐成耀著《宁波通史》（清代卷），宁波出版社，2009年，第171、第175 ~ 176页的相关内容整理。

第四节　宁波国营（有）和民营手工产业实现近代转型的路径与成就

“洋务运动”开启了宁波近代工业化的历程。轮船招商局宁波分局是宁波官营企业实行国营（有）经济发展体制与机制的重要载体。政府在盐业领域实行官营经济体制，同时采取宽松政策，宁波个体私营盐业不断发展。

随着开放的进一步扩大，宁波出现了“官督商办”企业，出现了由“两权分离”向“两权合并”的转变、由官营经济向民营经济发展的两大变化。

宁波工业和手工业领域的发展重点和方向呈现出由传统向近代转变的特点与趋势，经济社会环境由“重农抑商”逐渐向“重商富民”转变，宁波不断兴办近代民营企业。

一、宁波政府实行国营（有）和民营经济共存的“双轨制”经济体制

盐场是宁波政府实行国营（有）和民营经济共存的“双轨制”经济体制的重要载体。

（一）官营企业的经营路径与特点

1. 宁波创办第一家官营军工企业

“洋务运动”引进外国机器和技术，兴办实业之举也波及到宁波。洋务派的领军人物、时任浙江巡抚的左宗棠于同治元年（公元1862年），“在宁波作过创办军事工业的尝试”[①]，即制造火药枪炮。

为帮助清军抵挡太平军的进攻，光绪初年，左宗棠曾命下属海宁人陈其元在宁波创办火药局和机器局（见表6–11），这是宁波第一家近代官营工业企业。其后，宁波的火药局和军械局等官营军工企业和民用企业陆续兴办，以制造更多的洋枪洋炮。

表 6-11　　晚清时期宁波官营军工企业开办概况

年号、年间 / 时间	企业所在地	创办人	企业名称	产品类别	资本金
光绪六年十一月十六日 / 公元 1880 年 12 月 17 日	宁波随喜庵	陈其元	火药局	火药	不详
光绪七年十二月初八日 / 公元 1882 年 1 月 27 日	宁波城区观音寺	宁波知府宗湘文	机器局	水雷、开花铁弹、枪子、火箭	3000 两白银

资料来源：根据傅璇琮主编，乐成耀著《宁波通史》（清代卷），宁波出版社，2009年，第211 ~ 212页的相关内容整理。

2. 官办企业的运营特征

①政府开办。“洋务运动”开办国营（有）采矿、航运、铁路等大型近代机器企业并由政府以官办的形式垄断经营，其组织形式、管理及经营方法与古代官营手工业作坊或官办矿场如出一辙。

“洋务派在宁波创办的军事工业，完全采取官办的形式，经费主要来自海关关税、厘金和军饷。”[②] 同时，很多宁波工匠被征招福州船政局等官营军工企

① 傅璇琮主编，乐成耀著：《宁波通史》（清代卷），宁波：宁波出版社，2009年，第211页。
② 傅璇琮主编，乐成耀著：《宁波通史》（清代卷），宁波：宁波出版社，2009年，第212页。

业，从事专业技术工作。“福州船政局制造的第一号轮船‘万年清’号，就有不少宁波人参与起修造工作。”[①]

②经费划拨。由于是官办企业，“经费主要来自海关关税、厘金和军饷。比如，观音寺的宁波制造军械局，起经费为白银3000两，由宁波府提供”[②]。

③计划调配。就组织而言，官营军工企业并不是独立的企业单位，而是政府的一个分支部门。自然，其所产产品不会流入市场，而是通过计划划拨的方式分配给所属军队使用。

（二）官营经济向民营经济转变的原因与途径

1. 官营企业生产经营情况

①生产经营与市场脱节。轮船招商局宁波分局是宁波官营企业。同治十三年，“招商局在宁波购置原英商广源洋行一所栈房两处作为分局局址，光绪元年（1875年）在江北岸建造码头”[③]，以拓展官营企业生产经营业务，但官营企业由于不直面市场，在体制机制、生产经营等方面存在弊端。

②受外资企业冲击。先进技术取代落后的生产方式是一种“创造性破坏”。“五口通商”后，随着开放的进一步扩大，外资手工企业进入宁波后，其规制和生产经营方式直接冲击官营手工业，使宁波官营手工业逐渐衰落，民营手工业不断发展。

2. 官营企业向“官督商办”和股份制企业转变

①“官督商办”。从19世纪70年代起，洋务派代表人物李鸿章分别创办轮船招商局、电报局、织器织布局、华新机器纺织总厂等民用行业的官营企业，其所有制性质和生产经营方式为“官督商办”，它们都在不同程度上对宁波近代工业的发展产生影响（见表6–12）。

表 6-12　晚清时期洋务派开办官营民用企业在宁波的分支机构

年号、年间 / 时间	企业名称	企业经营范围或投资信息	宁波的分支机构	主要业务
同治十一年 / 公元 1872 年	轮船招商局	“以江轮运输和沿海运输为主，在国内 19 个重要商业城市设有分局”	公元 1873 年设立轮船招商局宁波分局	开通甬沪两地的定期航班业务

① 傅璇琮主编，乐成耀著：《宁波通史》（清代卷），宁波：宁波出版社，2009年，第211页。
② 傅璇琮主编，乐成耀著：《宁波通史》（清代卷），宁波：宁波出版社，2009年，第212页。
③ 傅璇琮主编，乐成耀著：《宁波通史》（清代卷），宁波：宁波出版社，2009年，第213页。

续表

年号、年间/时间	企业名称	企业经营范围或投资信息	宁波的分支机构	主要业务
光绪七年/公元1881年	电报局	敷设津沪电报干线	“在宁波支应局亦设电报机”	电报通讯；架设宁波至镇海通讯线路
光绪八年/公元1882年		敷设长江流域的电报干线并延及宁波	津沪电报局宁波分局	
光绪十六年/公元1890年	上海机器织布局	由一批宁波人投资并成为股东	华盛纺织新局与通久源纺纱厂	纺纱、织布

资料来源：根据傅璇琮主编，乐成耀著《宁波通史》（清代卷），宁波出版社，2009年，213～214页的相关内容整理。

②实行股份制。“官督商办”方式将企业转变为股份制企业，革除了官营企业生产经营机制的弊端。由于“官督商办”企业不能直面市场，生产经营体制与机制转型迫在眉睫。“到清末，轮船招商局开始由官督商办转为商办，为股份制，许多宁波巨商参股。”①

由“官督商办”企业转为商办并实行股份制（见表6-13），将经营权交给市场，由市场来配置资金、土地、人才等要素，不仅使民营经济有了发展的空间，而且推动了经济发展体制与机制由官营经济向民营经济的转变。

表6-13　　清末商办企业实行股份制概况

企业名称	股东姓氏	票数	备注
轮船招商局	盛宣怀	103	常州籍
	沈仲礼	84	宁波籍
	周金箴	79	宁波籍
	王子展	76	不详
	虞洽卿	55	宁波籍
上海机器织布局	蔡鸿仪、邵友濂、卢洪昶、严信厚、叶澄衷、许春荣、朱志尧	—	

资料来源：根据傅璇琮主编，乐成耀著《宁波通史》（清代卷），宁波出版社，2009年，第213～215页的相关内容整理。

（三）盐业领域官营经济体制的举措与实施效果

1. 实行盐业官营政策

清朝时期，政府在盐业领域实行官营体制，主要包括在制度源头实行官营

① 傅璇琮主编，乐成耀著：《宁波通史》（清代卷），宁波：宁波出版社，2009年，第213页。

经济政策、在所有制上实行生产资料公有制、在企业设置及运行方式上实行国营（有）企业的生产经营管理。同时，对生产经营实行多种形式的参与与控制。

2. 建立国营（有）盐场

清朝时期，政府从明末接手下来的有石堰、鸣鹤、清泉、龙头、穿山、长山、大嵩、玉泉和长亭等九大盐场，这些盐场理所当然地成为清政府的国营（有）企业。当时，余姚场是宁波规模最大的盐场，“因杭州湾南岸海涂不断向北淤涨，至清末，在现在的慈溪、余姚北部形成了全市最大的盐场——余姚场”①。

3. 控制和垄断煮盐行业

①对煮盐户发放行政许可证。“清承明专商引岸制。主要形式是官督商销，即政府控制食盐专卖权，招商认引，按引领盐，划界行销，承包税课。”②因此，在对煮盐业的管理上，清朝政府采用发放“生产许可证”的办法，垄断盐业领域。

政府要求盐业生产单元实行挂牌作业，规定生产者必须持有官府发放的盐业生产许可木牌，即“盐业生产许可证”，将之悬挂在灶舍前的醒目位置。对没有“生产许可证”而自行生产的，当属违法行为而受到惩处。

②由政府专职官员监督盐业生产经营事宜。盐业是重要的财政收入来源，清朝政府非常重视盐业的生产经营。顺治元年（公元1644年），清政府颁布新盐法（见表6–14），将盐业生产经营的诸多事宜用法律条文昭告天下。

表 6-14　清朝时期盐业管理制度及宁波地区盐场管理机构设置概况

年号、年间 / 时间	制度举措及效果	盐务管理机构
清代初年	实行商运商销，征收税银为商课	
顺治元年 / 公元 1644 年	颁布新盐法，推行民制、商收、商运、商销的制度；“按引征课”	不详
顺治二年 / 公元 1645 年	免除明末以来盐务的各种加派费用	
康熙十八年 / 公元 1679 年	玉泉场撤并大嵩场，称“嵩玉场”	“嵩玉场”
雍正元年 / 公元 1723 年	“课丁归地”，即裁去官商，有个体或民营自由贩卖食盐，盐课并入地丁征收。或称摊丁入地，按地亩征收，称为灶课	—

① 朱柏铭主编：《宁波盐志》，宁波：宁波出版社，2009年，第183页。
② 朱柏铭主编：《宁波盐志》，宁波：宁波出版社，2009年，第256页。

续表

年号、年间 / 时间	制度举措及效果	盐务管理机构
乾隆五年 / 公元 1740 年	重立“玉泉场”“龙头场”，复称“嵩玉场”为“大嵩场”，“青龙场”为“清泉场”	“玉泉场”“龙头场”“大嵩场”“清泉场”
嘉庆十一年 / 公元 1806 年	废除课归地而重新招商，回到原来的盐务政策轨道上来	—
道光十年 / 公元 1830 年	“废引改票”，即裁去专商，任由个体或民营盐商在州县自由贩卖食盐	不详
光绪六年 / 公元 1880 年	推行“计丁授板法”，余姚场盐板由 22.56 万块限定为 18.11 万块	不详
宣统元年 / 公元 1909 年	将盐业正税与杂税合并，统称“盐税”	
宣统三年 / 公元 1911 年	“余姚盐场”改名为“石堰盐场”、“龙头场”再次撤并为“清泉场”	“石堰盐场”“清泉场”

当时，政府委派的官员在盐业生产管理上权力很大，“主要是控制食盐的额定产量，以防产量不足或额外私煎私晒。官府和场官主要通过审批稽查来控制盐产”①。后来采取控制结晶工具的方式来控制盐产量。

③在明州地区设置管理机构。以政府在明州地区设置“嵩玉场”的机构，对盐业事务进行有效管理为例，显示出政府在不断强化国营（有）盐业经济体制与机制的决断力和执行力。

4. 盐田面积不断扩大

清初以后，随着经济社会的发展，食盐的消费量日渐增加。生产的强劲需求倒逼官营盐业增加产量，以向市场提供更多的有效供给。

在当时生产力不发达的情况下，盐田只能通过外延型的扩大再生产，即不断扩大盐田面积（见表6–15）。据史料记载，由于石堰盐场每年所办的盐课达到数万引，因此成为当时两浙地区最大的盐场。

表 6-15　清初时期宁波地区盐场面积概况

年号、年间 / 时间	增加面积的路径	区域	面积（亩）
康熙九年 / 公元 1670 年	开始重新启用原来弃置不用的灶田	宁波地区	—
康熙二十二年 / 公元 1683 年	陆续复展灶田	宁海长亭盐场	14005
雍正七年 / 公元 1729 年		镇海、鄞县、象山	25293

数据来源：根据朱柏铭主编《宁波盐志》，宁波出版社，2009年，第68页的相关内容整理。

① 朱柏铭主编：《宁波盐志》，宁波：宁波出版社，2009年，第138页。

5. 盐业产量不断提高

乾隆年后，岱山（今舟山）盐民王金邦发明了“板晒法”，很快推广普及。由于使用盐业生产新技术，成本不断下降，质量和产量也在提高（见表6–16），“其中石堰场雍正年间岁办额就达7443引187斤13两。玉泉场乾隆五年（1740年）则产盐2985引”[①]。

表 6-16　　清朝时期宁波地区盐场产量概况

年号、年间 / 时间	盐场名称	盐板产量	盐课（引）	备注
康熙年间 / 公元 1662 ~ 1722 年	宁海长亭盐场	—	942 引	年产量
雍正四年 / 公元 1726 年	镇海龙头盐场	—	3114 引	—
光绪六年 / 公元 1880 年	清泉盐场	8989 块	—	后来增加到 11200 块
宣统元年 / 公元 1909 年	宁海长亭盐场	44058 担	—	三年共计生产 40733 担
宣统二年 / 公元 1910 年	石堰盐场	593785 担		其中晒盐 585472 担、煎盐 8313 担
	清泉盐场	—	>5000 引	—
宣统三年 / 公元 1911 年	慈溪鸣鹤盐场	13457 担	—	—

数据来源：根据朱柏铭主编《宁波盐志》，宁波出版社，2009年，第68 ~ 69页的相关内容整理。

6. 通过“官督商销”的方式从食盐产业链中获利

盐税是清政府重要的财税来源。在销售环节，政府采用三种控制方式，采用官督商销、官运商销、官运官销和“包课”、商运商销[②]等办法（见表6–17），或全部或部分地获得盐业利润。

表 6-17　　政府控制食盐销售环节的方式和获取利润的程度概况

控制程度	控制方式	控制过程	获利程度	特点
完全控制	官运官销	垄断销售环节，利润全部归政府所有	全部	以政府为主而不让他人染指
半完全控制	官督商销	政府以发放许可证的方式，监督民营盐商的销售行为	一半	此法最为通行

① 乐承耀：《宁波经济史》，宁波：宁波出版社，2010年，第233 ~ 234页。

② 商运商销则是盐商在鄞县、镇海等地向政府申请“商引”，即食盐购销许可证，才被许可在盐场买盐，盐商将之运到宁波府核准后，盐商才能进入销售环节。

续表

控制程度	控制方式	控制过程	获利程度	特点
一般控制	商运商销	政府发放销售许可证，民营盐商自行决定销售事宜	部分	以政府许可为首要条件
	官运商销	由政府负责运输，但销售环节由民营盐商来完成		以政府运输为首要条件
	"包课"	对偏远省份的产盐地，允许民间自制自用而课以税银		政府主动放弃获利之源

资料来源：根据相关资料整理。

在官运官销中，即使运盐过关卡时，还需纳厘金，叫做"盐厘"，此外还有许多杂税。政府牢牢控制食盐的生产和消费，以此形成高度垄断下的食盐税收体系。以雍正十三年（公元1735年）宁波府销售盐引为例（见表6-18），即可见盐业的利润巨大。

表 6-18　清朝雍正十三年（公元 1735 年）宁波府年销引票概况　单位：引

年销引票总额，其中：	鄞县	慈溪	奉化	镇海	象山
14078	4364	3014	6100	400	200

资料来源：根据傅璇琮主编，乐成耀著《宁波通史》（清代卷），宁波出版社，2009年，第181页的相关内容整理。

（四）个体民营盐业领域

1. 确立个体私营盐业的主体地位

在此政策下，一时间宁波地区的盐民自置灶具、开垦荡地，生产积极性不断高涨，他们均以自产食盐与场商进行交易，"团煎之法废除，制盐生产私有制地位确立"[①]，意味着宁波在盐业生产领域实行民营经济体制与机制。

2. 鼓励发展个体制盐业

据史料记载，雍正年间，"官府鼓励发展制盐。雍正四年十一月，户部奏覆，丁归地征"[②]。清政府采取许诺灶地为盐民永久产业的积极政策，使恒产者有恒心，不但稳定了盐业生产队伍，而且进一步确认了灶地的私有制地位。

"道光十年（1830）两江总督陶澍改革盐政，废除引改票。裁革专商，听民贩在州县自由贩运"[③]。到了清朝后期，盐业领域的私有经济不断发展，但官府仍然

①② 朱柏铭主编：《宁波盐志》，宁波：宁波出版社，2009年，第238页。

③ 朱柏铭主编：《宁波盐志》，宁波：宁波出版社，2009年，第345页。

“加强对盐丁人身控制，稽查灶户的生产工具，又核定盐产，严禁私煎私售”[①]。

3. 改革销售方式

“清政府鼓励民营晒盐，采用晒板法，因此，在清代，宁波盐的产量和质量不断提高。”[②]体现在销售环节，在获得政府行政许可的前提下通过商运商销的方式，盐商可以合法地销售食盐。

4. 实行政府许可管理

清朝初年，政府沿袭明朝的盐业管理体制，在盐业生产领域采取宽松政策，政府“不再置拨荡地、卤地及灶具，所产之盐也改为由场商收购”[③]。而场商在没有得到政府允许之前不能随便自行收购。

如前文所言，场商须有“商引”，即政府颁发的“食盐购销许可证”，才能合法地进行交易。同时，此举也昭示政府不再直接充当商人，而是委托场商等盐业中介与盐民交易，政府只管收取盐税即可。

5. 个体私营盐户贫富分化严重

清代时期，由于在制盐业领域实行生产资料所有制，个体私营盐户出现了两极分化的现象（见表6–19）。

表 6-19　　清代时期宁波个体私营盐户两极分化的现象与成因

类别	两极分化的现象	两极分化的成因
贫困灶户	贫困灶丁成为受租于富裕灶户的佣工，其草荡也被侵占，生活贫困	贫穷盐户即外来灶丁依靠租赁富裕盐户（丁主）盐板、卤地为生
富裕灶户	一些拥有煎灶即锅盘等制盐生产资料者逐渐发展成富裕灶户	富裕灶户拥有大量的经官府确认的、为私有性质并可用于晒盐之“官板”。富裕灶户通过招租的方式盘剥贫苦盐民

资料来源：根据朱柏铭主编《宁波盐志》，宁波出版社，2009年，第238页的相关内容整理。

（五）造纸业领域

1. 纸品是具有宁波本地特色的地产品

原料丰富、水源便利是造纸的重要基础条件，宁波皆具备这些条件。当时，

① 朱柏铭主编：《宁波盐志》，宁波：宁波出版社，2009年，第238页。
② 傅璇琮主编，乐成耀著：《宁波通史》（清代卷），宁波：宁波出版社，2009年，第180页。
③ 朱柏铭主编，《宁波盐志》，宁波：宁波出版社，2009年，第238页。

余姚是宁波重要的产纸区域，个体民营企业所产纸品与草席、酒水、药材等其他的地产品一道，既能满足本地需求，又供给全国和海外市场，而且成为宁波著名的地产品之一。“同治八年（1869年），宁波出口的纸、酒、药材等，共计90000银两。光绪二十八年，宁波就有纸张出口。”[①]

2. 宁波纸品极具行业竞争力

清朝时期，宁波地区的民营造纸业得到发展。在造纸领域，其生产方式主要以个体民营手工作坊为主。宁波个体民营造纸业充分发挥造纸所需的毛竹、水源等原料优势，制造出质优价廉的公用和民用纸张。畅达的交通条件、低廉的原料成本和人工价格，使宁波地区的纸张在市场上具有很强的竞争力，受到文化教育行业的消费者欢迎。

3. 民营造纸业实现了由手工作坊向近代机器的转变

在嘉庆道光年间之前，宁波造纸主要依靠手工作坊，古法原始虽然质量有保障，但生产效率不高。到了光绪三十一年（公元1887年），以赵家荃在宁波城区北门外集资创办的通益造纸厂为标志，近代机器造纸替代了传统手工作坊的造纸方法，造纸效率大为提高。

（六）刻书印刷与报纸出版业

1. 刻板印刷业领域官营和个体民营经济并存

由于经济社会的发展，宁波文化日渐繁荣，雕版印刷是文化繁荣的显著标志之一。

①官营刻板业以方志型著作为主。清朝时期，宁波地区的刻板印刷业分为官营和民营两个领域。官营领域的“官刻以方志为主，有康熙、雍正、乾隆时期纂修的本子”[②]。

当时，在宁波雕版印刷领域里，“官刻以方志为主，私刻以诗文为主”[③]。宁波的官刻领域以城区日新街的汲绠书局为引领，为当时官营雕刻企业，“该书局采用石印、木刻技术刻字，出版儒家经典及医药等日常用书”[④]。

---

① 傅璇琮主编，乐成耀著：《宁波通史》（清代卷），宁波：宁波出版社，2009年，第176页。

② 乐承耀：《宁波经济史》，宁波：宁波出版社，2010年，第235页。

③④ 傅璇琮主编、乐成耀著：《宁波通史》（清代卷），宁波：宁波出版社，2009年，第176页。

②积极发展个体民营刻板印刷业。个体民营刻板即私营刻板坊，主要以学术文章为主。他们采用木刻、石印技术来刻印黄宗羲、姜宸英、全祖望、董秉纯、阮元等宁波地区著名学者的诗篇和文章。同时，私营刻板坊还刻印《百家姓》《三字经》和《唐诗三百首》等文化典籍，为传承中华传统文化发挥了积极的作用。

2. 印刷出版业引领社会时尚

图书和报纸属于文化类消费品。报纸是近代化的成果之一，是大众传播的重要载体，具有反映和引导社会舆论的功能。宁波近代印刷出版业主要出版印刷图书和报纸，在个体民营刻印领域里，“徐时栋烟屿楼刻印《宋元四明六志》是私人刻印的代表”①。

光绪三十二年（公元1906年），宁波的民营印刷出版企业“均和印刷公司”开业。以此为引领，晚清时期的宁波创办了多家刊行报纸及书籍的机器印刷企业（见表6-20）。除外国传教士外，其余为宁波本土人士创办的居于民营性质的报纸，在报道时政、针砭时弊、启迪思维、以正视听等方面发挥了积极的作用。

表 6-20 晚清时期宁波民营印刷出版业发展概况

年号、年间 / 时间	创始人	印刷企业及报刊名称	企业特点、厂址或产出成果
道光二十五年 / 公元 1845 年	美国长老会传教士柯里夫妇	后改名为美华印书馆	将原澳门的印刷所迁至宁波，定名为华花圣经书房；印刷机器购自美国；印刷出版书籍 1330686 册，使宁波成为中国教会印刷中心
咸丰四年 / 公元 1854 年	美国长老会玛高温	《中外新报》	宁波近代第一张报纸
同治九年 / 公元 1870 年	基督教传教士福特莱尔	《宁波日报》	创办不久后停刊
光绪七年 / 公元 1881 年	德国人白鼐斯	《德商甬报》	“由德丰洋印主办，地址在江北岸傅家道头”
光绪二十四年 / 公元 1898 年	英国人阚菲迪、李小池	《甬报》	在宁波江北岸创设

① 傅璇琮主编，乐成耀著：《宁波通史》（清代卷），宁波：宁波出版社，2009年，第176页。

续表

年号、年间 / 时间	创始人	印刷企业及报刊名称	企业特点、厂址或产出成果
光绪三十二年 / 公元 1906 年	宁波人开办（姓氏不详）	钧和印刷公司	购铅石印机 10 余台，铅字数十副，承印商标、书刊、中式；公司设于江北区原英国领事馆西侧，后迁至洋船弄
	袁荷龄	《宁波新报》	不详
光绪三十四年 / 公元 1908 年	张让三	《甬报》	
宣统二年 / 公元 1910 年	王东园、张申之	《四明日报》	为日刊，发行达 17 年之久
宣统三年 / 公元 1911 年	不详	《新佛报》《塑望报》《武风鼓歙》	不详

资料来源：根据傅璇琮主编，乐成耀著《宁波通史》（清代卷），宁波出版社，2009年，第177页的相关内容整理。

（七）个体民营酿造业

1. 酿造业的发展条件与市场容量

宁波的酿造业包括酒水业和酱菜酿造等两大类别。无酒不成礼仪，酒水与生活密切相关，是其必需品之一。粮食是酿酒业的原料，食盐是酿造酱菜的原料，因具有产盐的地域优势与粮食原料来源的便利，以及山溪泉水的便利水源，宁波具有发展酿酒业的条件基础。

自古以来，宁波港口经济发达，城乡民众生活富足，南来北往的客商云集于此，市民及客商组成庞大的消费人群，他们对酒水和酱菜形成庞大的有效需求。

2. 个体民营酿造业为市场提供有效供给

宁波地区个体民营酿酒和酱菜酿造业向来发达。清朝早中期，宁波城乡各地遍设个体民营酒坊和酱园（见表6–21），为市场生产和提供酒水与酱菜消费品。

表 6-21　　清朝早中期宁波地区民营酿造业发展概况

创立年号、年间 / 时间	区域	酿造作坊名称	创始人	经营品种及业绩
清代初年	宁海	东昌、项岙、紫溪、黄坛、东岙、塘下、铁场、石林	不详	不详

续表

创立年号、年间 / 时间	区域	酿造作坊名称	创始人	经营品种及业绩
乾隆元年 / 公元 1736 年	余姚	致和酱园		酿造酒水，“每年就酿酒千缸以上”[a]；酿造酱品
乾隆七年 / 公元 1742 年	宁波府城	楼茂记酱酒坊	奉化楼氏夫妻	康熙年间自奉化来宁波后，靠在百丈街发豆芽、卖豆腐起家，后获政府许可而购得“盐引”，转型为造酱酿酒作坊，生产酱油、酒水、酱菜、米醋、黄油、麻油、大酱、香干等产品
道光年间	奉化	楼恒昌酱园	奉化楼氏夫妻	将业务不断扩大到宁波郊县，成为民营造酱酿酒行业的名企
乾隆年间	宁海	不详		县城及乡镇都有酒坊，酿酒业发达
嘉庆二十三年 / 公元 1818 年	镇海	李泉昌酱园	李泉昌	酿造酒水；酿造霉醋、伏酱、腐乳等酱品
道光十八年 / 公元 1838 年	镇海	盛滋妃酱园	不详	酿造酒水；酿造霉醋、伏酱、腐乳等酱品
道光三十年 / 公元 1850 年	镇海	元记官酱园	不详	酿造酒水；酿造霉醋、伏酱、腐乳等酱品
道光十年 / 公元 1830 年	鄞县	仁记酒坊	不详	酿造酒水
道光三十年 / 公元 1850 年		泉生酒坊	不详	酿造酒水；泉生酒坊“取自太白山大堰江源头的水酿酒”
同治元年 / 公元 1862 年	段塘	醇德酒楼	不详	酿造酒水
同治三年 / 公元 1864 年	慈城	冯恒大酱园	不详	酿造酒水、酱油、酱菜
不详	象山	石浦润和、裕和酒坊、丹城李聚源酒坊	不详	酿造酒水
不详	余姚	致和、鼎和、贝美、新号、同润、恒利、美丰、衍和	不详	酿造酒水、酱油、酱菜

注：a. 乐承耀：《宁波经济史》，宁波：宁波出版社，2010年，第235页。

资料来源：根据傅璇琮主编，乐成耀著《宁波通史》（清代卷），宁波出版社，2009年，第181页的相关内容整理。

3. 劳资双方形成资本主义雇佣关系

清朝早中期，宁波的个体民营酿酒业以手工操作和前店后场为其生产经营方式。随着市场需求的增加和生产的发展，有的酒坊因人手不够，除了学徒工以外，还以季节工和长期工的形式雇请工人，不断扩大生产规模，并向工人支付工资，劳资双方形成了雇佣与被雇佣的关系。

（八）榨油业

1. 以家庭手工作坊为生产经营方式

一般而言，榨油业技术门槛低，有车、磨、灶等生产工具，再加上柴草、储油桶等辅助工具，家庭成员就可开工。自古以来至晚清年间，宁波地区一直采取手工方式榨油。清朝时期，一家一户只要具备石磨、牛车和灶等生产工具即可开工，这是典型的民营经济生产方式。

榨油业与民众日常生活密切相关。当时，宁波地区的个体民营榨油业主要以家庭手工作坊为生产单位，政府不在此领域与个体民营企业形成竞争关系。

2. 个体民营榨油业不断扩大再生产

宁波民营榨油行业快速发展，其产能能够满足宁波府城民众的日常生活需要。有的个体或家庭榨油作坊，善于经营，承揽为客户进行的加工业务，不断扩大再生产，有的“后来发展到独资或合资雇工经营，规模逐渐扩大，成为油坊”[①]。

3. 具有雇工性质的油坊遍及宁波辖县

随着食用油消费量的扩大，这种形成于家庭手工业基础上的行业逐渐发展成为具有雇工性质的油坊，而且油坊遍布鄞县、慈溪、镇海、余姚、宁海等县（见表6–22），足见其产业规模和消费市场的容量。

表 6-22　　晚清时期宁波地区个体民营榨油坊生产经营概况

年号、年间 / 时间	所在地	榨油坊名称
道光元年 / 公元 1821 年	慈溪周巷	恒利油坊
道光五年至光绪二十六年 / 公元 1825 ~ 公元 1900 年	余姚、慈溪的浒山、泗门、横河、周巷、长河、白沙、坎墩等乡镇	同源、崧盛、老永盛、正裕、二和、三和、广和、承昌、源顺、长源
咸丰六年 / 公元 1856 年	鄞县姜山西店桥	正和油车
	奉化大桥	大昌油坊

① 乐承耀：《宁波经济史》，宁波：宁波出版社，2010年，第235页。

续表

年号、年间 / 时间	所在地	榨油坊名称
同治九年 / 公元 1870 年	镇海贵驷	源茂油坊
光绪二十六年 / 公元 1900 年	宁海枧头	“王志成等 4 人合股办枧头油坊，用撞车生产柏油、菜油”

资料来源：根据傅璇琮主编，乐成耀著《宁波通史》（清代卷），宁波出版社，2009年，第182页的相关内容整理。

4. 先进机器代替人工榨油

由于开放的扩大，到清朝末年，“宁波开始用机器榨油。光绪三十二年，宁波城区濠河头开办通利源榨油厂，开始用机器榨油，资本金为8万元”[①]。这是当时浙江省内规模最大的榨油厂。

通利源榨油厂用机器榨油，标志着宁波在这一领域领先的生产方式。先进机器代替人工，榨油效率大力提升，其产品满足宁波本埠及外地市场的供给，引领宁波榨油行业实现由手工榨油向机器榨油的转变。

（九）席草编织业

1. 席草编织品成为宁波鄞县的地产标志

为了满足海内外市场的有效需求，从宋代到清代，宁波大量种植席草，为席草编织业发展提供丰裕的原料。清朝时期，尤其是“五口通商”后，宁波席草编织业得到较快发展。

长期以来，宁波鄞县在席草种植、加工和编织方面积累了丰富的技术和经验，鄞县地区由此形成种植、加工、编织、销售的席草产业链，吸纳了众多农民就业。“鄞县的黄古林、栎社、石碶成为全国著名的席草之乡”[②]，形成草席业的产业集聚，使草席成为鄞县的标志性产品。

2. 席草业成为宁波个体民营手工业的引领产业

当时，宁波席草种植量大面广区域的民众，把编织草席、枕席、草帽等席草编织作为谋生的重要手段。“嘉庆三年（1798年）鄞县织席者18万人，有席行20余家”[③]，另外有商贩3000多人，体现出从业者众多，专事席草编织品收购的个

① 傅璇琮主编，乐成耀著：《宁波通史》（清代卷），宁波：宁波出版社，2009年，第182页。

②③ 傅璇琮主编，乐成耀著：《宁波通史》（清代卷），宁波：宁波出版社，2009年，第183页。

体民营商人多、海内外市场容量大的特点。

当时，席草编织业是吸纳宁波农村剩余劳动力的重要行业，其从业者已经成为宁波重要的产业大军。

3. 席草产业的比较优势

当棉纺织业遭受外资倾销而生存维艰之时，只有席草编织业能够异军突起，其原由在于席草的地域性、编织的传统性、技术的低端性、产业的普遍性，形成宁波席草编织业的比较优势。在鄞县地区，男女老幼，如果有心进入席草编织行业，只要虚心学艺便可成为熟练工人，按件计酬，以养家糊口。

4. 席草业成为当时宁波重要的手工收入来源之一

①向市场提供不同功能的席草编织品。鸦片战争后，由于洋布洋纱的倾销，宁波农村的个体家庭手工纺织业居于破产境地，大量的从业人员转移到席草编织业上来。随着生产的发展和技术的提升，草席的制作方法各异，编织者向市场供给功能不 的编织品。当时，人们“根据草席的制作方法，可分为土席、改良席、软席三种”[①]。

②供给欧美及香港市场。草席产量大，在外贸出口中占有重要地位。鄞县草席不仅成为宁波的重要产品而惠及长三角地区的民众，而且作为重要的出口产品远销欧美市场（见表6–23），为宁波个体民营企业带来丰厚的外汇收入。

表 6-23　　清朝时期宁波鄞县草席销量销售区域概况　　单位：张

<table>
<tr><th>年号、年间 / 时间</th><th>海内市场销量</th><th>销售区域</th><th>海外市场销量</th><th>销售区域</th></tr>
<tr><td>同治九年 / 公元 1870 年</td><td>—</td><td>—</td><td>601913</td><td rowspan="3">欧美地区</td></tr>
<tr><td rowspan="3">同治十年 / 公元 1871 年</td><td>419796</td><td>上海</td><td>712176</td></tr>
<tr><td>122790</td><td>广州</td><td>661191</td></tr>
<tr><td>—</td><td>—</td><td>98500</td><td>香港</td></tr>
<tr><td rowspan="3">同治十一年 / 公元 1872 年</td><td>438881</td><td>上海</td><td>—</td><td>—</td></tr>
<tr><td>75510</td><td>广州</td><td>—</td><td>—</td></tr>
<tr><td>—</td><td>—</td><td>56660</td><td>香港</td></tr>
<tr><td>总计</td><td>1056977</td><td>—</td><td>2130440</td><td>—</td></tr>
</table>

数据来源：根据傅璇琮主编，乐成耀著《宁波通史》（清代卷），宁波出版社，2009年，第184页的相关内容整理。

① 傅璇琮主编，乐成耀著：《宁波通史》（清代卷），宁波：宁波出版社，2009年，第183页。

③草帽织品市场价值高。除了草席外，宁波个体和民营企业还编织草帽，“草帽业也是宁波妇女所从事的手工业”[①]，其产品主要供应国内市场，外贸市场以欧美为主（见表6–24）。“草帽贩至欧美，每顶草帽价值20美金”[②]，使席草编织业不但是宁波重要的手工产业之一，更成为宁波内外贸易的标志性产品。

表 6-24 清朝时期宁波鄞县草帽销量销售区域概况

年号、年间 / 时间	草帽出口数量（顶）	出口货值（白银海关两）
同治十二年 / 公元 1873 年	1239100	12395
同治十三年 / 公元 1874 年	2612950	25982
光绪元年 / 公元 1875 年	4098000	51000
光绪二年 / 公元 1876 年	3444400	46000
光绪三年 / 公元 1877 年	13725000	183000
宣统元年 / 公元 1909 年	4077461	—
宣统二年 / 公元 1910 年	3950368	—
宣统三年 / 公元 1911 年	3895635	—
总计	14442914	318377

数据来源：根据傅璇琮主编，乐成耀著：《宁波通史》（清代卷），宁波：宁波出版社，2009年，第185页的相关内容整理。

在近40年的时间里，宁波个体民营草帽出口数量达到了近1500万顶。一根短短的席草，引领宁波手工产业，不断展现出巨大的市场价值，且以遮阳庇荫的功能深受消费者喜爱。

二、宁波工业和手工业领域发展重点和方向由传统向近代转变的特点与趋势

“五口通商”后，宁波经济社会环境由“重农抑商”逐渐向“重商富民”转变，开发开放奠定了宁波民营手工业近代转型的基础。由于不断兴办近代民营企业，经济体制方面由官营经济体制逐步转变为民营经济体制，社会生产关系领域出现新变化。

（一）宁波民营手工业倍受外资冲击

鸦片战争前，宁波民营手工业主要包括纺织业（包括棉织业和丝织业）、造

①② 傅璇琮主编，乐成耀著：《宁波通史》（清代卷），宁波：宁波出版社，2009年，第184页。

纸与印刷出版业、制盐业、酿酒业、榨油业和席草编织业等主要行业，在宁波港口集散功能的作用下，其产出不断满足海内外市场的有效需求。

缘于产业革命后新技术、新机器等器物的应用，生产效率大幅度提高。鸦片战争后，随着开放的不断扩大和外资的进入，在农工商三次产业中，受冲击最大的是自然经济模式下的宁波农业和手工业的小农生产方式。

小农生产方式下的宁波农业和手工业的产出，因其生产工具和生产技术的落后，生产效率无法与西式机器相比，产品质量和价格自然不能与其比肩，其结果是产品无力与洋货竞争，大量的商品堆积如山而无人问津，大批的产业工人失业。

（二）开发开放奠定宁波民营手工业近代转型的基础

据学者考证，“宁波近代民营工业是在同治末、光绪初（约19世纪70年代）产生的，经过甲午战争又进一步发展。庚子赔款以后，民营资本发展更快，出现了宁波历史上兴办实业的高潮”[①]。

嘉庆、道光年间后，在西方新式机器及资本主义生产方式的冲击下，宁波民营手工业也在衰落之中，并逐步向机器工业过渡，手工产业领域由自然经济状态向近代经济迅速转型，因之形成了宁波近代民营工业的发展格局。

（三）经济社会环境由“重农抑商”逐渐向“重商富民”转变

1.“重农重商”的经济社会和文化环境

①“重农抑商”割舍农业与工商产业的关系。千百年来，由于“抑商”是中国的传统主流文化和社会思维，人们认为传统劳作是“本富”，现代工商业是“末富”，大力发展现代工商业是舍本逐末。统治者歧视商业，歧视商业阶层，认为无商不奸、无奸不商，整个社会文化中充斥对商业及阶层的歧视与偏见，使得“重农轻商”的政策在国家生活中长期占据主导地位，商人在整个国家经济社会中地位低下。

②“重农重商”是经济社会发展的必然要求。在开放的环境下和引进西式机器生产的作用下，“重农抑商”的理念逐渐发生质变，“工商立国”的主张为世人所接受。“重农”尚存，但“抑商”已无发展基础，由“重农抑商”逐渐向

---

① 傅璇琮主编，乐成耀著：《宁波通史》（清代卷），宁波：宁波出版社，2009年，第217页。

“重商富民”转变不仅是大势所趋，更是经济社会发展的需要。

2. 创办近代企业的政府行为与“重商富民”观念的内在联系

当开启近代化路径后，整个社会大力排斥自西方传入的“重商富民”的思想，鄙商、厌商的思维在人们在头脑里已经根深蒂固，认为从事工商业者是不耕而食、不蚕而衣之人。

随着开放的扩大，清政府引进军事装备、机器生产和科学技术以自救，史称“洋务运动”。虽然当时，创办大机器生产的近代企业是一种不折不扣的政府行为，但在近代化的思想理念下，宁波出现了第一批近代企业，客观上为民营经济发展起到了促进和推动作用。

（四）宁波不断兴办近代民营企业

1. 夯实要素基础

①获取发展资金。1852年，中国出现了民族资本主义工业，他们认为必须实行开放政策，同时大力发展资本主义工商业，在通商贸易中同西方资本主义国家展开竞争，以发展壮大自身。当时，宁波籍的一批买办通过进出口贸易及在商务活动中收取一定佣金的方式，获得了丰厚的利润，为回乡不断兴办实业奠定了雄厚的经济基础。

②积累社会财富。从同治末年到20世纪初年庚子赔款这一时期内，由于对外开放的不断扩大，宁波城乡商品经济不断发展。当时，大部分社会财富集中于王槐山、杨坊、朱葆三、虞洽卿、周宗良等买办及经营钱庄的个体民营工商业主手上，他们持有大量货币财富，积累了丰富的资本，为兴办民营企业提供了资金条件。

2. 拓展发展空间

①引进机器设备。引进创办大机器生产是近代化路径的唯一选择，也是绝好的商机。“五口通商”后，中国社会逐渐开始转型，宁波商人引进西式机器用于手工业生产，改变了原来依赖人工的生产方式。

②兴办民营实体。“光绪中期，即19世纪90年代上半期，宁波先后出现了八九家企业，其中机器制造、轮船航运、棉纺、火柴、印刷是宁波民营资本企业最早从事的五个部门，而最有影响的是棉纺和火柴。”[①]

---

① 傅璇琮主编，乐成耀著：《宁波通史》（清代卷），宁波：宁波出版社，2009年，第218页。

建于公元1887年的通久源机器轧花厂则是浙江省内第一家具有较大规模的近代民营企业，慈溪火柴厂为浙江省首家民营火柴厂（见表6–25），成为彼时宁波民营经济发展的代表性企业。

表 6-25　　甲午战争前后宁波民营企业发展概况

年号、年间 / 时间	创办人与民营企业名称及所在地	所涉行业	货币及固定资产概况或经营特点
光绪十一年 / 公元 1885 年	王承维创办纬成布局（今鄞州陈婆渡）	棉纺织业	手拉织机 20 台
光绪十三年 / 公元 1887 年	通久源机器轧花厂（宁波北门外湾头）		白银 50000 两；日式蒸汽机及锅炉、40 台新式轧花机
光绪十五年 / 公元 1889 年	慈溪火柴厂	日用手工业	白银 15000 两
光绪十年 / 公元 1884 年	彭成丰开办宁波 – 定海航线	轮船航运业	不详
光绪十三年 / 公元 1887 年	韩山曦开通宁波 – 定海航线		
光绪五年 / 公元 1879 年	广德兴机器厂	机器制造业	以零部件加工修理为主，它是宁波近代最早从事机器修造业的民营企业
光绪十六年 / 公元 1890 年	王宝全在宁波江北岸开办广兴铜匠店	机器制造业	承接阀门零件修理业务
不详	隆茂泰花厂（宁波盐仓门外的江心寺）	棉纺织业	不详
光绪二十一年 / 公元 1895 年	9 个宁波商人合资开办宁波开永源丝厂	纺丝业	白银 15000 两；缫丝机 208 台
光绪二十三年 / 公元 1897 年	孙衡甫创办宁波电灯厂（海曙战船街）	供电业	银元 14000 元
光绪二十七年 / 公元 1901 年	徐荣贵在江北岸创办顺记机器厂	机器及锅炉修理	资本 5000 元，为修理轮船提供配件
光绪二十一年 / 公元 1895 年	宁波绅商创办外海商轮局和永安商轮局	轮船航运业	外海资本 3.8 万元、永安资本 4.8 万元
光绪二十三年 / 公元 1897 年	士绅陶竹华创办宁波永宁商轮局		集资 3.0 万元购买 261 吨的“永宁”号轮船一艘
光绪二十五年 / 公元 1899 年	美益利记宁绍轮船公司		“镇新”和“镇南”小轮船
光绪二十七年 / 公元 1901 年	设立通久源面粉厂	粮食业	不详
光绪三十一年 / 公元 1905 年	赵氏通益造纸厂（宁波北门）	造纸业	

续表

年号、年间 / 时间	创办人与民营企业名称及所在地	所涉行业	货币及固定资产概况或经营特点
光绪三十二年 / 公元 1906 年	通利源榨油厂	粮食业	资本 8 万元，用于镇海等县的棉籽榨油
	姚芳亭设立光明烛皂厂	日用品业	资本 6 万元
	蔡鸿仪设立盛烟公司、禾盛碾米厂	烟草业、粮食业	资本各 10 万元
	戴瑞卿、顾元琛设立和丰纱厂	纺织业	资本 150 万元，产品行销川、湘、鄂、桂等省
光绪三十三年 / 公元 1907 年	徐惠生开办正大火柴厂	日用品业	资本 4 万元

资料来源：根据傅璇琮主编，乐成耀著《宁波通史》（清代卷），宁波出版社，2009年，218～226页及其他相关资料的内容整理。

③扩大产业领域。“洋务运动”由军工领域逐渐扩展到纺织、粮食加工、火柴、造纸、交通运输、通讯等民用工业领域，为宁波民营经济获得了发展机遇。宁波在此期间“先后创设了27家工厂。自同治十三年（1874年）宁波印刷厂开办至宣统末已有近40家民营工厂”[①]，其产业领域逐渐扩大，而民营性质的个体和企业又在此基础上发展起内外商贸和金融业等近代企业。

这一时期，宁波其他辖县的民营经济也在不断的发展中。当时，奉化“有集市33个，大桥、江口、萧王庙、莼湖为盛。1939年有商店785家。1948年商店798家，其中大桥210家、溪口95家”[②]。

（五）生产动力由人工或蓄力动力转变为西式机器动力

1. 手工产业在机器动力基础上转变为近代工业

在自然经济状态下，手工业一般是农业的附属产业。鸦片战争前，宁波的手工业发展具有内向型特征，处于自给自足状态。鸦片战争后，宁波手工业者通过购买西方新式机器来进行棉籽、稻谷、菜籽的加工，其以近代新型机器为载体进行涉农服务，通过引进轧棉、榨油和碾米机械，以机器代替人工或蓄力，机器动力的变革极大地提高了生产效率。

① 傅璇琮主编，乐成耀著：《宁波通史》（清代卷），宁波：宁波出版社，2009年，第226页。
② 俞福海主编：《宁波市志》（上），北京：中华书局，1995年，第108页。

2. 农产品的加工效率不断提升

机器代替手工劳动，提高了农产品的加工能力，使宁波农业商品化程度不断提高，提升了农产品的商贸交流速度。在满足宁波本地市场供给的同时，其农产品出口数量也在不断增加。奉化人庄崧甫“开设造纸厂，仿造东洋皮纸，用桑树制造，销路遍及各省”[①]。使宁波手工业实现了从内向型向外向型的转变。

（六）经济体制由官营经济体制逐步转变为民营经济体制

1. 官营丝织业逐渐衰落

①丝织业是巨利产业。政府在产业政策、机构管理和生产人员集聚等方面，对丝织业严加控制，形成官营体制下的政策、机构、机器、场地和技术工人的集聚与集约。

宁波手工业发展以鸦片战争为转折点。鸦片战争前，政府严格控制手工产业，如丝织业、军工业等。政府在宁波府城设置专门的机构，对丝织业进行集中管理，使“城内的机户、机匠多居住在城中纺丝巷一带”[②]，由此提升丝织业的产业集聚和集群程度，其产品主要满足皇室、政府官员和赏赐的需要。

②官营丝织业引领官营手工业发展。随着开放的扩大和机器大工业的引进，官营企业僵化的体制和对市场价格信号的天生不敏感，使其经营管理逐渐感到力不从心，官营手工业的垄断地位逐渐走向衰落。

2. 民营手工业加快发展

①劳动力供给要素源源不断。依靠传统动力生产经营的手工业大力引进新式机器，随着生产效率的提高，宁波家庭手工业逐渐成为手工业的主导力量，农村剩余劳动力也可以进城做产业工人。

②民营传统产业不断兴起。民营产业的兴起主要体现在纺织业（包括棉纺和丝纺）、榨油业、轧花业、染织业等加工业。造纸业、印刷业，以及具有家庭手工业特征的火柴业、草帽编织业和机器零件组装业等领域，属于传统手工产业，与生产生活密切相关。

③奢侈品等高端消费供需相宜。传统手工产业满足了大众需求，但也有部分

---

① 乐承耀：《宁波经济史》，宁波：宁波出版社，2010年，第262页。

② 乐承耀：《宁波经济史》，宁波：宁波出版社，2010年，第264页。

民营企业从事奢侈品生产加工。“漆器、木雕、镶嵌家具、金属首饰、成衣等行业生产的手工产品，一般都是比较贵重的耐用消费品甚至奢侈品，都需要有比较娴熟和高超的技术水准，才能在市场上立足。”[①]

当时，宁波府城有漆器、木雕、镶嵌家具、金属首饰等贵重的耐用消费品甚至奢侈品的制作加工，显现出较高的收入水平和生活水准。

3. 民营丝织业显现的发展特点

①丝织业形成完整产业链。宁波府城“城内的机户、机匠多居住在城中纺丝巷一带”[②]，丝织行业的产业链之间集群效应不断显现。同时，家庭手工纺织以鄞县小溪、鄞江桥一带的妇女最为有名，形成了种桑、养蚕、丝织和销售的产业链，很多产品出口海外。

当时，宁波府城很多具有实力的民营商人，以资本为基础和纽带，对机器、场地和技术工人等生产要素进行有效配置，生产出适销对路的产品并进入已有的流通渠道，形成产供销一体化的产业链和价值链，促进手工业和商贸流通业的融合。

②民营丝织业产业集聚效应明显。鸦片战争后，随着对外开放的进一步扩大，国营（有）丝织业逐渐走向衰落，民营丝织业由此快速发展起来，其产品多由商人经营、售卖并雇佣工人生产，其产品主要面向市场。

宁波府城内有不少民营丝织业的集聚之地，他们纺织出深受市场欢迎的织品。咸丰、同治年间，宁波城区已经有专门织绢的地方。[③] 同时，宁波府城以外的各县民营丝织业也很发达，“鄞县小溪、甬江桥在光绪年间是民营丝织业集中的地方”[④]。

（七）生产经营方面由个体家庭为主的手工纺织转变为机器工厂为主的机器纺织

1. 家庭手工土布织户濒临破产境地

宁波自开埠至1850年代，市场销售一直以本土织品为主。同治年后，在外资机器纺织业的效益和西方廉价商品的倾销冲击下，市场洋布商品价廉物美。

---

① 张守广：《宁波帮志》（历史卷），北京：中国社会科学出版社，2009年，第22页。

②③ 乐承耀：《宁波经济史》，宁波：宁波出版社，2010年，第264页。

④ 乐承耀：《宁波经济史》，宁波：宁波出版社，2010年，第265页。

“洋布就是外国机织棉布（主要原料为棉布）。在1868年以前，英国生产的洋布独占了中国市场，其后是美国，1900年以后，日本的产品也进入中国。”[①]无论是质地还是价格，洋纱较之于土纱更具竞争力，民营家庭手工土布销售价格一路下滑，大批手工织户破产。

2. 外国倾销商品严重冲击宁波自给自足的自然经济基础

工业革命后，以英国为代表的欧洲工业技术不断提高，生产效率得到快速提升。在18世纪50年代至19世纪30年代，英国纺纱业使用机械设备，使生产力提高了300至400倍，与以耕织为特征的中国自然经济的纺织产品相比，在价格上具有明显的竞争优势。

外资廉价工业品不断进入中国，冲击宁波市场，破坏了原来完整的手工纺织程序，原来可以自给的棉纺织品转而依赖市场提供，长期统治世界的中国棉布被更价廉物美的英国布淘汰，宁波自给自足的自然经济基础荡然无存。

专栏6-2　个体民营企业的原始生产方式和产品质地难以适应近代化要求

在手工染织业领域，随着外国商品的侵入，宁波个体及民营企业原来依靠人工或畜力等工艺简单生产的手工业品，在价廉物美的外来商品面前无竞争力可言。

“德国所产的靛青染料对宁波倾销，土染料很快被淘汰，改为外国进口靛青染料加工。”[①]淘汰意味着产品的消亡，也意味着失业者的增加。

在冶铁业领域，冶铁业是工业革命的内涵之一。由于冶炼工艺技术的提升和先进机器的使用，西方工业国家倾销的铁条、铁片、铁钉等冶铁制品质优价廉，进入宁波后，打垮了一大批个体民营冶铁作坊，也使得同期宁波的钢铁制品进口呈上升趋势，大批个体民营冶铁从业者失业。

注：①乐承耀：《宁波经济史》，宁波：宁波出版社，2010年，第267页。

3. 洋布销售民营土布市场

“光绪十年（1884年）以后，各种洋布输入宁波，从而使土布受到打击。”[②]很多民营商家改为销售洋布，甬籍民营企业家在外埠销售洋布，“宁波

① [日]斯波义信著，布和译：《中国都市史》，北京：北京大学出版社，2013年，第164页。
② 乐承耀：《宁波经济史》，宁波：宁波出版社，2010年，第267页。

城西郊石塘市的望族翁氏一族，1853年在上海南京路开了拥有英商李斯兄弟洋行店洋布代理权的零售商店‘大丰号’，……将商店经营范围扩大并改为批发店”[①]。

4. 民营纺织业实现手工纺织向机器纺织的转变

①积极引进西式纺织机器。宁波民营手工企业纷纷购买引进新式手工机器的来源地为英国。“贸易给中国带来的变化主要反映在机器的大规模引进上，中国开始有了自己的纺织厂。”[②]

据学者研究，在1894～1898年的中英贸易中，电气照明设备、机器、木制品、药品、棉纱和毛线等为中国主要进口商品。面对洋货织品的冲击，“宁波的一些地主、官僚和商人开始用西方的机器来从事棉纺业，使宁波城乡出现机器梳棉、轧花和棉纺”[③]。

②西式纺织机器效率大增。进口的外国电气机械不断涌入宁波，新式手工机器陆续进入个体和民营手工业作坊，其生产效率和产生的经济效益令人趋之若鹜。于是，宁波很多民营手工企业纷纷购买引进新式手工机器（见表6–26）。

③外资纺织企业落户宁波。外商看好宁波廉价的优势资源和宁波港的口岸优势，一批外资机器纺织工厂陆续在宁波落户。外商利用宁波的廉价要素和资源获利，宁波民营企业则借助海内外市场发展壮大自身。

表 6-26　宁波近代工业和手工业领域引进新式机器及生产经营概况

年号、年间 / 时间	区域	创办人 / 企业名称	资本 / 资产 / 生产经营特点
清朝年间	慈溪	周巷轧花厂	引进日本新式机器加工皮棉，生产效率高
光绪九年 / 公元 1883 年	宁波	不详 / 宁波电报分局	“商办上海电报总局宁波电报分局成立，为有电报之始”
光绪十三年 / 公元 1887 年	宁波	严信厚 / 通久源机器轧花厂	“开始使用机器，购置蒸汽机引擎和锅炉，引进日本新式轧花机
光绪二十一年 / 公元 1895 年	宁波	9 人合伙 / 永源丝厂	白银 1.5 万两；“缫丝机 208 台，日产生丝 1 担”

① [日]斯波义信著，布和译：《中国都市史》，北京：北京大学出版社，2013年，第165页。

② 林满红：“两千年间的‘佛’与‘国’：传统中国对西方货币领袖头像的认知”，《中国经济史研究》，2018年第2期，第43页。

③ 乐承耀：《经济史》，宁波：宁波出版社，210年，第266页。

续表

年号、年间 / 时间	区域	创办人 / 企业名称	资本 / 资产 / 生产经营特点
光绪二十三年 / 公元 1897 年	宁波博文海曙战船街	孙氏（名不详）/ 宁波电灯厂	“筹资 1.4 万元银圆于战船街创办宁波电灯厂，为宁波供电之始”
光绪二十六年 / 公元 1900 年	宁波博文记弄	华泰绸厂	“从业人员 200 余人，织机 120 余台，年产塔夫绸、花素缎 1 万余担，价值 50 至 60 万元”
光绪三十一年 / 公元 1905 年	宁波北门外	赵家荃 / 通益造纸厂	引进国外新式造纸机械，利用宁波水、草等原料生产纸张。
	上海	镇海 / 虞洽卿	“创办的宁绍轮船公司在上海成立，宁绍轮行驶沪甬线”
	宁波城区	不详	汇昌机器厂成立
			“筹建的通利源榨油股份有限公司建成投产，资本 12 万银圆”
光绪三十二年 / 公元 1906 年	宁波城区濠河头	严信厚 / 通利源榨油厂	资本金 80000 元；有蒸汽机、柴油机、发电机、锅炉、磨粉机、榨床等数量不等的机械设备；是当时浙江省内最大的榨油厂
	宁波	均和印刷公司	“购铅石机十余台，铅字数十副，承印商标、书刊、中式簿记等”
光绪三十三年 / 公元 1907 年	江东冰厂（今江东北路）	顾元琛、戴瑞卿等 / 和丰纱厂	“由顾元琛、戴瑞卿等筹资 60 万元银圆在江东冰厂跟（今江东北路）创办的和丰纱厂（今宁波和丰纺织厂）建成投产，有纱锭 1.12 万枚，职工 1785 人”
	不详		“正大自来火厂创办。后于 1912 年改称正大火柴公司”

资料来源：根据俞福海主编《宁波市志》（上），《卷首・大事记》，中华书局，1995年与乐承耀《宁波经济史》，宁波出版社，2010年，第268～269页的内容整理。

5. 通过引进西式机器促进生产方式的转型

①西式纺织机器具有生产技术和效率优势。晚清时期，宁波个体民营手工业主要有两种生产形式，一是以个体或家庭手工业为主，涉及火柴、草帽编织、机器零件组装等无需劳动密集型形式的行业；二是新式机器手工业，这种生产形式属于资金和劳动密集型行业，需要大量的资金投入和工人参与。

②实现由以个体或家庭手工业为主到以大机器生产为主的转型。在近代化浪潮下，宁波民营资本在纺织业领域投入巨资引进的新式机器，其生产效率高于劳动密集型的生产方式，如采用新机器织绸缎，生产效率提升很快，投入产出比明

显，其规模经济效应突出，生产方式的转型使大机器生产发展模式的优势尽显。

③实现从手工工场的生产形式向机器工厂生产形式的转型。为了应对洋货倾销，宁波民营纺织行业积极使用西式机器，扩大生产规模，提高生产效率。

以此为引领，宁波手工业的其他行业纷纷效仿，如棉纺织加工业、丝织业、造纸业、印刷业等领域，大规模、多行业地使用新式手工机器。“到清末，宁波有数十家企业使用机器生产”[①]，充分显现宁波近代化的发展水平。

6. 实现由小农经济基础上的自然经济向近代经济发展模式的转型

鸦片战争前，宁波以家庭为生产单位，形成了以内向型为基础的自然经济发展模式。鸦片战争后，在“五口通商”的基础上，宁波自然经济的发展模式被强制性地纳入资本主义经济体系，被迫接受以英国为引领的西方自由贸易体系的制度安排。

其后，宁波不断与国际惯例接轨，自然经济逐渐被近代化所取代。随着城市化进程不断推进，宁波经济领域的工业化和商品化程度提高，农业人口不断减少，形成了近代化条件下的生产关系变迁路径。

（八）社会生产关系领域的变革现象

1. 实现由“匠户制度”向建立新型雇佣关系的转变

商品经济的发展必然推动生产关系领域出现的新变化。“匠户制度”的实施主体体现政府与个人之间的关系，它是一种强制性的人身依附关系。随着生产力的发展，民间废除“匠户制度”的呼声日渐高涨。

政府废除“匠户制度”，向具有资本主义性质雇佣关系的变化扫清了制度障碍。清代顺治二年五月（公元1645年），持续了4个半世纪的“匠户制度”正式终结，匠人重新获得自由身份。

2. 实现由生产资料私有制的单一形式向实现方式多样化的转变

晚清时期，宁波个体民营手工作坊采取不同的组织形式及所有制实现方式进行手工业生产，其所有制实现方式与资源要素配置显现出不同的特点（见表6–27）。其中，个体手工业户是生产资料私有制的单一实现形式，股份制企业和联合型企业体现生产资料私有制多样化的实现方式，便利生产资料私有制推动资源要素实现最佳配置。

---

① 乐承耀：《宁波经济史》，宁波：宁波出版社，2010年，第269页。

表 6-27 晚清时期宁波个体民营手工作坊的组织形式及所有制实现方式 单位：人

组织形式	人数	所有制实现方式与资源要素配置特点	生产的产品
个体手工业户	1	一人开设，生产要素的所有权与使用权集于一身，自主经营，自负盈亏	以生产布鞋、玩具、提灯、竹制品等日用小商品为主；回收废品
股份制企业	>2	各方生产要素的所有权与使用权分离，集中不同人所有的生产要素；在保持所有权不变的前提下，把分散的使用权转化为集中的使用权，统一使用，合伙经营，自负盈亏，按股分红	生产家具、鞋子、席草制品、箱笼、砧板、木杓等日用商品
联合型企业	>10	以合股的形式成立联合企业，以集中资金、劳动力等要素和原材料、工具、场地等资源；生产、销售环节完全独立并形成统一整体；在保持所有权不变的前提下，把分散的使用权转化为集中的使用权，统一使用，合伙经营，自负盈亏，按股分红	生产镶嵌家具、木雕、漆器、金银铜等金属工艺品

资料来源：根据[日]斯波义信著，方健、何忠礼译，虞云国校《宋代江南经济史研究》，江苏人民出版社，2001年，第506～507页的相关内容整理。

3. 实现由按劳分配方式向按资本要素分配方式的转变

①按要素分配是宁波近代商品经济发展到较高阶段的体现。分配是生产关系的核心要素，其形式主要包括按劳分配和按资本、技术和企业家才能等要素分配。其中，按劳分配是自然经济的主要形式，按资本要素分配是近代经济发展模式的重要特征。

当时，很多宁波人从事非农产业，通过被老板雇佣而出卖自身的劳动力来获得收入，而民营企业老板靠雇佣更多的劳动力来获取更多的剩余价值。这一现象在宁波工商业经济活动中占有重要比例，实现了由原来靠实体劳动所得向通过资本增殖获取剩余价值的目标转变。

②按资本要素分配充分体现宁波民营企业家的经营才能。随着对外开放水平的提升和商品经济的发展，宁波个体民营商人除通过埋头实业勤劳致富外，在经济活动中更加注重要素资本的增殖，如集资入股、按股分红、雇佣工人，以获取更多的剩余价值。

按股分红就是以资本要素的多寡来分配，而资本的获得与增殖需要民营企业家的聪明才智。当时，宁波很多个体工商业从业者勤奋努力，不断把生意做大，其中的很多人实现了从个体户向民营企业家的转变，资本的“雪球”越滚越大，因之成为本行业翘楚。

③按资本要素分配是宁波自然经济模式向近代经济发展模式转型的重要途

径。要素资本化的现象表明，宁波个体民营经济的扩大再生产在不断深化，原本一家一户的自然经济模式不断向股份制、联合型企业等近代经济发展模式转型。宁波民营企业家以资本为纽带来维系各方利益关系，不断适应社会化大生产的需要，超越了自然经济的范畴而自然地具有资本主义萌芽的特征。

④宁波民营企业中按资本要素分配已然成为社会趋势。随着工商经济的发展，众多民营企业的老板和股东们按资本、技术和企业家才能等要素分配，成为宁波生产关系中最主要的分配方式，充分显现宁波商品经济的发展水平及民营企业家的经营成就与价值追求。

4. 实现由小农生产方式向资本主义生产方式的转变

鸦片战争前，宁波主要以小农生产方式为主。鸦片战争后，随着开放的扩大和西式器物与规制的进入，资本主义生产方式逐渐成为宁波近代民营企业主要的生产经营方式。

①雇佣关系成为近代企业主要的生产关系形式。一般而言，沿海开放城市，尤其是工商业发达的城市具有资本主义萌芽的萌生土壤。随着生产的发展，破产的农民进城后，宁波民营手工业工场中雇佣的劳动力人数不断增加。

“1662年（清康熙元年）余姚创建人和冶坊，在当地雇工生产。”[①] 这种雇工与雇主之间的生产关系，就是资本主义的萌芽。而在明清时代，资本主义萌芽主要出现在宁波丝织业中。

②劳动者在雇佣劳动的基础上获取报酬。在当时开放的大背景下，无论是家庭手工业，还是新式机器手工业，二者都具有雇佣劳动、发放工资的共同特点。“1887年，通久源花厂雇工300至400名，1905年更名通久源纱厂，雇用1200余人。”[②] 当时，个体或家庭手工业被新式机器工厂所雇佣，由工场按件计酬给个体或家庭生产者工人。以厂方向被雇佣者按时发放工资为基础，劳资双方形成了雇佣与被雇佣的关系。

5. 实现由封建社会的人身依附关系向资本主义生产方式的雇佣劳动关系转变

①雇佣劳动关系进一步凸显人在生产力中的主导因素。雇佣劳动使要素成为商品，劳动力商品的价值属性高于使用价值。雇佣关系中的劳资双方是基于商品经济基础上的平等关系，其所建立的雇佣关系，不仅仅适应生产的需要，而且完善了商品交易规则，使宁波劳动力要素的市场化程度大为提高。

---

①② 俞福海主编：《宁波市志》（上），北京：中华书局，1995年，第413页。

②个体民营企业的雇佣关系解体封建社会的人身依附关系。随着对外开放的进一步扩大，宁波个体民营企业广泛形成的雇佣关系促进了生产力的发展，资本主义生产方式逐渐取代传统生产方式，劳资双方的收入水平不断提高，社会剩余产品及财富不断增加，充分显现生产力与生产关系相互作用的结果。

第五节　清朝时期宁波官营与个体民营商贸流通业发展概况

宁波具有发展商贸流通业的良好环境。随着开放的进一步扩大，市场化程度的提高促进对内贸易的要素资源实现最佳配置，城市化推动宁波商贸流通业加快发展。商品经济发展程度和市场规则意识不断提升，农工商产业融合程度进一步提升。

重视和加强商贸交流的外在环境在不断形成，宁波个体民营商贸流通机能不断分化。商贸流通机能促进经商才能和近代金融业不断发育与成长，宁波商业大都市不断兴盛与繁荣，核心商业区域见证宁波商贸流通业的发达程度。

一、宁波具有发展商贸流通业的良好环境和载体基础

随着宁波城市化进程的不断加快，市场化程度和市场规则意识不断提升，重商理念推动农业、手工业等生存产业向发展产业转变。同时，开放政策及市场发展与深化程度影响宁波民营经济的发展，而手工业的发展又提升农工商产业的融合程度。

（一）城市化是宁波发展商贸流通业的重要载体

“越明分治”后，宁波开启了城市化进程，到清朝时已历经近800余年。宁波人以港口为载体，以开放开发为主线、以商贸流通为支点，城市化程度不断提高，城市功能发育完善，市场交易网络趋于完善，为商贸交流业发展奠定了坚实的基础。

从嘉靖末到清雍正年间，即从公元1560年左右到1735年内，“在宁波平原上，处于余姚江河甬江以北平原的农村经济中的市场网已被普遍扩大到整个地

区”[①]。宁波地区商贸流通业不断发展，其辖县各市镇的各种集市蓬勃兴起，市场经济已经发展到相当高的程度。

（二）市场化程度和市场规则意识不断提升

1. 市场化程度不断提升

清朝嘉庆、道光年间后，经济社会发展较快，宁波对外开放的程度不断提高，商贸流通业加快发展，社会产品的商品化程度也在提高。宁波周边乡镇所产农作物除满足自身生活之需以外，还能够通过集镇上的市场平台，以交换的方式转换成货币财富，循环往复、周而复始。

集镇的发展是宁波经济兴盛的缩影。宁波市场化程度的提高催生出一批便利商贸流通的集镇，集镇如布点一样，散布在明州大地上，将人—物—集市—货币等四点连成一线，货畅其流、物尽其用。在价格信号的指引下，扩大再生产进入良性循环中，从业者和整个社会的财富在不断增加。

2. 市场规则意识日渐深入人心

集市的交易功能和平台发挥作用，培育和促进了交易规则的形成、执行，简单的市场行为升华为市场经济的规则，并由此渗入其被大众广为接受的制度安排中。

人们的市场行为影响交换物品的价值属性，其价值规则与集市等交易平台的结合，产生并服务和规范于市场经济的规则意识，从而推动宁波商品经济的发展，应验世人所言“宁波帮”因人而兴、宁波港因物而兴之说。

（三）重商理念及举措营造商贸流通软环境

1.“重农重商”政策举措营造宽松环境

鸦片战争前，宁波以自然经济为主。鸦片战争后，宁波作为“五口通商”的口岸之一，对外开放进一步扩大。直到“洋务运动”时期，市场不断发育、市场经济环境不断形成。

虽然此时清政府未废止“重农抑商”的基本国策，但西风东渐，“重农重商”渐成正式政策且形成社会主流意识。同时，政府对市场的管制不断放松，为

---

① [日]斯波义信著，方健、何忠礼译，虞云国校：《宋代江南经济史研究》，南京：江苏人民出版社，2001年，第501页。

民营经济营造宽松发展环境。

2.“洋务运动”动摇“重农抑商”的制度基础

“洋务运动”产生的机器大工业，直接促进二三产业的发展，是自然经济条件下发展商品经济的有效途径，其体现的“工商为本”的现代发展理念，自然与“重农抑商”的理念及政策制度基础相悖。

自上而下推动的“洋务运动”尽管前期以官营当道，而一旦成为政府的制度政策且付诸实施，则严重侵蚀“重农抑商”的制度基础。“重农抑商”的发展理念与制度政策发生动摇而偏向“重农重商”，这一趋势恰与民营经济发展理念不谋而合。

3. 重商理念推动农业、手工业等生存产业向发展产业转变

为了谋生，更多的人从事非农产业。由于人地矛盾突出，镇海和东钱湖地区的农民发展编织草席和种植贝母等副业生产。另外，大力发展捕鱼及海上运输业。“到了十九世纪，大约五分之一雇员参与这些行业。镇海附近及象山港沿岸的村民，更以捕鱼为生”[①]。

随着商品经济的发展，人们不再把农业作为排名第一的生存产业，手工业也不是农业的附属产业，农业和手工业的发展皆以商贸流通业为引导对象，三次产业进入以流通为引领的大循环中。因此，农业、手工业不再是温饱产业而是发展产业，即获取资本的载体。

（四）鱼类加工产品是宁波对内贸易的重要商品

1. 地产品种类丰富

四明大地资源特产丰裕，出产石板、木材、柴炭、竹材等用品，以及水蜜桃、杨梅、荔枝、柿子等水果。另外，还有茶叶、柏油、鸡鸭、家畜、陶瓷、纸张、麻布、绢、烟草、中药和具有宁波本土特色的海河鱼虾等水产品。

当时，“薪炭、竹笋、水果、石板、陶瓷产于平原四周的山麓地区。竹器、茶、纸、柏油、麻布主要产于奉化县的山北地区。宁波最好的棉布产于象山，从宋代起麻布就是那里的特产”[②]，也是宁波对内贸易的主要销售商品。

① [日]斯波义信著，王泰祥译：《宁波及其腹地》，第6页。引自网页：http：//www.docin.com/p-1189085044.html 2016年11月11日。

② [日]斯波义信著，方健、何忠礼译，虞云国校：《宋代江南经济史研究》，南京：江苏人民出版社，2001年，第527页。

2. 鱼类产品交易繁忙

清朝嘉庆道光年间，宁波府城鱼市数量较多，不仅有固定的鱼市，还有流动摊贩，他们挑着鱼货在街边叫卖。当时，每一天鱼市和鱼货摊的交易量很大（见表6–28），如定海的鱼产品在三江口一带卸货登岸，就地交易，满足了宁波府城乡民众的生活需求。

表 6-28　　清朝嘉庆至光绪年间宁波府城鱼市分布概况

时期	区域	鱼市名称、交易类别及开市时间	鱼行鱼摊数量
嘉庆道光年间	宁波府城半边街	—	数十家
	江东后塘街	—	不详
光绪年间	慈溪新浦市	水产品	—
	坎墩市	鱼虾早晚市	—
	鹤鸣场市	鲜鱼	—
晚清时期	镇海澥浦	新公泰鱼行	11 家

根据傅璇琮主编，乐成耀著《宁波通史》（清代卷），宁波出版社，2009年，第168页的相关内容整理。

3. 鱼类加工产品成为宁波内贸的重要商品

①宁波鱼类加工产品大多销往域外地区。鱼类加工产品具有重要的经济价值，是宁波渔民及鱼类产品加工和销售商的财富之源。清朝同治年间，宁波地区捕捞和养殖的海产品，除一部分自身消费外，“大约一半销往上海、杭州，另外通过加工，经宁波港转运全国各地”①，总计有 57818.74担（见表6–29），不仅繁荣当地市场，而且带来可观的经济收益。

表 6-29　　清朝同治年间宁波输往外埠的墨鱼数量

年号、年间 / 时间	墨鱼输往地	数量（担）
同治九年 / 公元 1870 年	上海	12237
	汉口	6779.71
	九江	5550.83
	香港	230.6
	厦门	276
	合计	25074.14

① 傅璇琮主编，乐成耀著：《宁波通史》（清代卷），宁波：宁波出版社，2009年，第168页。

续表

年号、年间 / 时间	墨鱼输往地	数量（担）
同治十二年 / 公元 1873 年	上海	50481.69
	汉口	3585.50
	九江	2039.40
	香港	675.70
	厦门	764.85
	广州	271.60
	合计	57818.74

数据来源：根据傅璇琮主编，乐成耀著《宁波通史》（清代卷），宁波出版社，2009年，第168～169页的相关内容整理。

②墨鱼是宁波大宗出口商品之一。加工后的墨鱼出口在宁波对外贸易出口中占有一定的份额。“同治十三年至光绪四年，宁波出口的墨鱼为220639担，价值白银1038170两，占宁波贸易总额的1.6%。”[①] 由表6-29可知，从同治九年至同治十二年的短短三年内，宁波输往外埠的墨鱼数量增长了56.63%，年均增长18.88%，足见其巨大的消费市场容量。

（五）商业街区和广阔腹地成为宁波内贸的重要载体

1. 形成商业街区的格局

清朝时期，宁波“市内最宽阔的主干大街连接西门和东渡门，这条东西大街和另外两条南北走向的重要街道相交，两条街道中的一条与主运河并行，从南端商业区通往城市东北部的和义门”[②]。其中，街道、小巷成为商业店铺集聚之地，使得“东大路和在西而与之相连的西大路，成为商业上的主轴”[③]。

乾隆年间，宁波形成了以鼓楼为中心并辐射到东直街、西直街和开明街的商业核心区域。其后，由于水运的便利和外来人员的日益增多，商贸流通区域逐渐扩展到药行街、灵桥和江厦桥一带，三江口的繁华自此形成。

2. 商业腹地广阔

清朝初年，宁波的商业腹地广阔，各辖县商贸流通业繁荣兴盛。以镇海为

---

① 傅璇琮主编，乐成耀著：《宁波通史》（清代卷），宁波：宁波出版社，2009年，第169页。

② [日]斯波义信著，方健、何忠礼译，虞云国校：《宋代江南经济史研究》，南京：江苏人民出版社，2001年，第503页。

③ [日]斯波义信著，方健、何忠礼译，虞云国校：《宋代江南经济史研究》，南京：江苏人民出版社，2001年，第504页。

例，镇海“有镇5个、集市44个，澥浦、县城、新碶、穿山为海产集散地，骆驼桥为蔬菜集散地，柴桥、大碶镇贸易较为兴盛”①，以此形成了广阔的商业腹地。

宁波的商业腹地“包括了甬江领域的全部、东南和南面的边缘地区，特别是舟山群岛、向象山湾排水的地区和包括石浦、南田等市镇在内的半岛南端”②。

当时，城市和负郭③手工产业的特产部门众多，个体民营手工特产行业铁器、铜器等金属加工业、漆器、木雕、镶嵌杂器、油脂、书籍、土布、木制和藤制家具、竹伞等，造船场位于宁波城北郊及西南方向的段塘，其发展极具宁波特色（见表6–30）。

表 6-30　清朝时期宁波个体民营商贸流通业发展概况

流通行业	个体民营商贸流通行业类别或市场经营方式
水产品	鲜鱼、干鱼、咸鱼、鱼胶等舟山群岛、杭州湾南岸、象山湾沿岸特产；“象山湾沿岸海产品或直接运往宁波，或集中至奉化县东南面的大桥市场后在本地贩卖和再向南北输送”
盐业	海盐为政府专卖品，由“杭州湾南岸、象山湾沿岸、象山县的东海沿岸和舟山的盐田上生产出来的，由经官方允许的盐商运往各个城市”，再由个体户挑担贩卖。
木材业	从嵊县和新昌的山区砍伐后运到“奉化江上游的泉口、小溪市的市场，运至奉化江下游、宁波附近的叫石碶的集散市场，最后运往宁波。”鄞县西南部的木材经小溪市运往宁波
棉布业	棉花的主要场地在杭州湾南岸和大嵩河的沙地上；“1886 年，宁波及其周围地区的人们日常所使用的土布有 14 种之多，其中余姚彭桥、宁波望春桥和鄞县产的土布在宁波南门外的集市出售，并由个体民营布贩将其运往台湾”
草席业	宁波西部农民编织的草席统一集中在黄姑林市，再运往宁波进行集散，然后销售到全国各地
土特产业	“鄞县西南部生产的米、绢、竹、木材、贝母。经过小溪市运往宁波。奉化县的泉口市上贩卖从新昌县、嵊县来的林产品。另外，草席、草鞋、茶麻布在江口市贩卖”

资料来源：根据[日]斯波义信著，方健、何忠礼译，虞云国校《宋代江南经济史研究》，江苏人民出版社，2001年，第527～528页的相关内容整理。

（六）手工业的发展提升农工商产业融合程度

晚清时期，宁波的个体民营手工业发展水平高。当时，“漆器的制造、木雕杂器的制造，贵金属、低档金属的加工业等，都是宁波颇有名气和有广阔市场的

① 俞福海主编：《宁波市志》（上），北京：中华书局，1995年，第79页。

② [日]斯波义信著，方健、何忠礼译，虞云国校：《宋代江南经济史研究》，南京：江苏人民出版社，2001年，第527页。

③ 负郭亦作“负廓”，也谓靠近城郭，后以指穷巷或贫居。

行业”[①]，其行业生产源源不断地为市场流通提供实物。

个体民营手工业为商贸流通业开拓了广阔的市场，且不断细分，其产品能够满足不同消费层次的有效需求。农副业为手工业提供原材料来源，商贸流通业是手工产品的终端产业，手工业推动了宁波本土农副业及商贸流通业的发展，农副业与工商业的产业融合程度不断提升。

（七）不断形成商贸交流的外在环境

1. 内外市场相互交流的意愿和力度增强

十八世纪以来，欧洲资本主义的发展需要开拓新的市场，以获取原料和廉价劳动力。产业革命后，随着欧洲资本主义新兴势力向东方的扩张，葡萄牙、西班牙和荷兰等西方国家与中国进行商贸交流的意愿加强，他们迫切希望打开中国市场，这也给包括宁波在内的中国沿海开放城市以重要的发展机遇。

当时，中国处于“康乾盛世”时期，社会财富集中于政府官员和巨贾手中，其待币现象形成的强劲购买力构成了巨大的有效需求，双方多边进行商贸交流的外在环境已然形成，打上中国印记的“一带一路”即是对其交流意愿的重要回应。

专栏6-3　“一带一路”给个体民营工商业带来无限商机

清朝乾隆时期，达官贵族，酷爱钟表、皮毛等当时的高端奢侈品，“依托‘一带一路’，购遍全球”[①]。这一方面体现了大清国强劲的购买力，另一方面也为个体民营商人们提供了巨大的商机。

十八世纪下半叶，中俄两国签订了《恰克图市约》，中俄边境贸易由此走上正轨。在当时，一南一北，再加上西北的新疆，形成了以恰克图为中心的中俄贸易、以新疆为中心的与中亚贸易以及以广州为中心的海洋贸易，这三地成为清政府对外贸易的三个重要口岸。

在恰克图口岸进行的交易，茶叶与大黄是中国货的主流。在以广州为中心的海洋贸易中，来自宁波等浙江区域的丝绸则是抢手货。

一时间，宁波生产和集散更多的丝织品、瓷器，以满足外需，大量的出口产品换回了大量的白银。

注：①雪珥：“乾隆版‘一带一路’实践：大清全球购”，《中国经营报》，2015年6月16日。

---

① [日]斯波义信著，方健、何忠礼译，虞云国校：《宋代江南经济史研究》，南京：江苏人民出版社，2001年，第506页。

2. 清政府被迫调整对外开放政策

①被迫开放“海禁”。外人通商意愿是一种外在推动力，促使清政府调整相关政策，以利于贸易便利化。康熙二十二年（即公元1683年），康熙皇帝认为“海洋贸易有益于生民”，于是下旨解除“海禁”。1685年，清政府开放“海禁”后，不断完善对外贸易的有关政策，一时间，外商云集，交易活跃。

②严格限制个体民营商船出洋贸易。清政府仅“准许500石以下船只可在海上贸易和捕鱼，出海前须登记、具保、领票、烙号。如打造双桅500石以上危式船只出海者，发边远充军”[①]。同时，控制其次数和规模，即贸易船舶出海之前须向宁波地方政府申请行政许可，且经地方政府管理机构核发许可并备案后方能出海。

（八）不断构建对外商贸交流的硬件环境

1. 建立对外贸易管理机构

为了加强管理，康熙二十四年（公元1685年），清政府建立海关等相关管理机构。在澳门、漳州、宁波、云台山设立粤海、闽海、浙海、江海四海关，作为政府指定的与外商交易的“四口通商”之地。

2. 在宁波设立浙海关

浙海关（见表6–31）与其他口岸一样，主管由地方官员兼任，负责管理包括宁波在内的浙江省对外贸易的有关事宜。其后，浙海关又“在定海城外道头街之西设立浙海关分关。由此外国商船可以在定海验税”[②]。

表 6-31　清朝康熙至道光年间宁波对外贸易管理机构设置概况

年号、年代 / 时间	机构名称	设置地	作用与意义
康熙二十四年 / 公元 1685 年	浙海关	甬东的七图（今江东包家道头）	是当时全国四个海关之一，行使清朝政府海关和对外经济贸易的职能
道光二十四年 / 公元 1844 年		杭州	鸦片战争后，宁波于 1844 年正式开埠，成为“五口通商”口岸之一

资料来源：根据相关资料整理。

浙海关下设宁波、乍浦和温州三大分关，下辖15个分口。其中，北到慈溪，南到宁海，宁波皆建立分口机构（见表6–32），以强化对外贸易的管理工作。

---

① 俞福海主编：《宁波市志》（上），《卷首·大事记》，北京：中华书局，1995年，第52页。
② 乐承耀：《宁波经济史》，宁波：宁波出版社，2010年，第245页。

表 6-32　　清朝年间宁波“浙海关”关口及分口设置概况

宁波分关关口名称	所在区域
大关口	今江东区
古窑口	今慈溪市
镇海口（包含澥浦、邱洋两个分口）	原镇海县
湖头渡口、白峤口（包括健跳分口）	今宁海县
小港口	今北仑区
穿山口	
大碶口	
象山口（包括泗州分口）	今象山县

资料来源：根据相关资料整理。

（九）开放政策及市场发展与深化程度对宁波个体民营对外贸易的影响

1. 开放政策与宁波个体民营对外贸易的机遇

清朝康熙年代，康熙帝“促进了草原丝绸之路和海上丝绸之路的发展，让全球财富源源不断地流入中国”[①]，清政府对外贸易领域相关政策的调整，明确了经济发展的生产力导向，生产关系与生产力的调整朝着二者相互适应的方向努力。

在清朝政府开放“海禁”的政策下，宁波能够抢抓发展机遇，不断将相关政策转变成制度红利，在外贸领域相继发力，促进市场不断发展与深化，将政策红利转变成实实在在的经济利益。

2. 宁波外贸市场的发展与深化程度

①对外贸易不断发展。在开放政策环境下，个体民营商贸流通业借助浙海关在宁波设关的契机，在其行使海关职能的同时，大力开展对外经济贸易交流，以此形成城市化动力和完善宁波城市功能的强大推手。通过交流便利化，进一步提升宁波港口枢纽地位，使宁波成为清朝时期浙东地区最大的商品集散地。

②市场程度不断提升。随着城市化的不断推进，宁波的市场发育程度不断提升、商贸交流的类别和数量增多、商品的集散速度加快、乡镇市场发展不断兴

① 吕文利：“康熙帝：让世界财富流向中国”，《作家文摘》，2016年12月16日，第5版。转引自《环球人物》，2016年第7期。

盛、城镇集聚的人口越来越多，对外贸易引领农业和手工业发展的作用不断强化，推动经济社会走上了好的“路径依赖”。

③内外贸市场机能不断深化。内贸和外贸的生产与市场自然衔接、产业链和价值链完整，在满足自身有效需求的同时，不断提高农副产品和手工业品的商品化程度，让更多的农业、手工业剩余产品进入流通领域，以获取更多的剩余价值。

二、港口城市的枢纽地位促进宁波个体民营商贸流通机能不断分化

随着中心城市地位和作用的进一步提升，商贸流通机能的不断深化，社会产品的商品化程度不断提高，促进了宁波个体民营企业家经商才能和近代金融业的成长与发育。

（一）商贸流通机能促进经商才能和近代金融业的成长与发育

18世纪后，国内商贸流通领域的主导权掌握在徽商、晋商、陕商和闽商（即闽南的漳泉商人）手中，宁波商人“从徽州商人和漳泉商人那里学到了卓越的商业技巧和金融才能。宁波在18世纪的发展，是在它插手银行业而发展起来的”[①]。

在此过程中，宁波个体民营商人边干边学，善于从经营中寻找商机且逐渐展现金融才能，不断完善商业技巧，促进宁波市场化程度不断提升，为商贸流通机能的分化和深化奠定基础。

（二）中心城市的地位和作用与商贸流通机能的成长与分化相辅相成

1. 不断优化资源要素实现最佳配置的路径

①具有适宜的营商软硬环境。民营经济发展与政府鼓励营商的制度政策、市场交易规则及信用的接受程度、完善的金融机制等市场经济软环境密切相关。

宁波的自然地理条件、经济社会发展程度，尤其是市场经济意识和机能的发育与完善在浙江乃至长三角区域的城市里首屈一指，以此组合成适宜个体民营企

---

① [日]斯波义信著，方健、何忠礼译，虞云国校：《宋代江南经济史研究》，南京：江苏人民出版社，2001年，第502页。

业家生存和发展的营商环境，并通过市场机制调节供求关系，促成合理价格体系的形成。

②具有流通机能的分化路径。晚清时期，在商品经济环境下，宁波个体民营企业以血缘为纽带关系、以分店为商铺的扩张主体，通过合股及经理制的分化、所有权与经营权的分离与完善、信用的建立和银行制度的完善，实现实业途径与流通机能的分化路径（见表6–33）。

表 6-33　　宁波民营企业家的实业途径与流通机能的分化路径

家族企业或名称	实业途径与流通机能的分化路径
镇海方氏	把族产的大部分投入商业、金融业及城市的商业上，方氏各家还在宁波和镇海等本地区小城市积极开展商业活动
慈溪冯氏	“他拥有宁波东郊几条沿河岸街道上大部分的公司和商店，他把对这些公司的监督权都委托给了经理”
合股企业	宁波的商贸流通业和钱庄业普遍采用合股制的方式，聚集资金要素，实现最佳配置；在宁波民营商贸流通企业中，“成功的大商店一般开有分店，形成销售网络，这与 18、19 世纪中产阶层的发育程度有关”
“信局”（邮政企业）[a]	“通信线路也开始于宁波与其周边地方城镇相连接的水路沿线。随着那边企业家控制了宁波沿岸的大部分贸易，城市间的邮政服务业扩展到了上海和其他地区的城市”
私营钱庄	宁波的贷款制度早在 1760 ~ 1820 年间就出现了，发达的贷款制度和票据交易所的职能促进了宁波民营航运业、船业代理业、内外商贸流通业的发展。当他们完成资本的原始积累后，便把资本、劳动力、技能等要素转移到外埠，“在 1800 年前后从慈溪移居上海的董棣林的孙子董仰甫，他除了开设上海和宁波的姐妹店以外，还在杭州和汉口开设了颇有实力的钱庄分号”，钱庄制度不断完善、扩大和联合，流通机能进一步分化使宁波同时发挥了集散港和地域中心的双重作用”

注：a.宁波的邮政企业称为“信局”，即收发商家与客户之间私人信件的机构。

资料来源：根据[日]斯波义信著，方健、何忠礼译，虞云国校：《宋代江南经济史研究》，南京：江苏人民出版社，2001年，第536 ~ 537页的相关内容整理。

③具有港口城市与流通枢纽合二为一的功能。“与从事城市之间的沿岸贸易不同，宁波在本地区的商业组织中，发挥着中心城市的机能。”[①]因此，宁波的“经济环境是培养企业家的场所，也是改善制度的场所，即宁波这个地域城市的集散港机能是由成长的经济决定的”[②]，二者形成相互依存的关系，为实现资源

① [日]斯波义信著，方健、何忠礼译，虞云国校：《宋代江南经济史研究》，南京：江苏人民出版社，2001年，第527页。

② [日]斯波义信著，方健、何忠礼译，虞云国校：《宋代江南经济史研究》，南京：江苏人民出版社，2001年，第535页。

要素的最佳配置奠定基础。

2. 不断提高社会产品的商品化程度

在19世纪后50年中，宁波地区的“各类家庭手工业，诸如制帽、刺绣、纺棉、织网和裁缝，搞得热气腾腾。定班轮船开始往来上海宁波，加上地方运输功效的适当改善，宁波内地货物输入范围增加了，这样加速了农业商品化”①，对宁波发挥中心城市功能起到了重要的推动作用。

3. 不断分化和深化流通机能②

①个体民营商贸企业是城市机能发挥作用的重要载体，而市场机能的分化是以市场的扩大、流通速度的加快为前提的。晚清时期，由于商贸流通业的不断发展，宁波城内个体民营“批发商或批发店与同行业的零售商之间的这种机能分化呈现不断发展的趋势”③（见表6-34）。

表 6-34　晚清时期宁波城内个体民营批发商的经营分化概况

经营类别	经营分化类别
米商	行栈、米行（店）
酒商	酒坊（酿酒业和批发商）、酒行（酒类批发商）
纸商	纸行、纸店
金银器商	箔庄、箔铺
棉花商	花庄、花行、花店
木材商	本地木材商（经营本地木材的商人）、外地木材商（经营外地木材的商人）
零售商	店铺销售、摆摊设点

②批零兼营是流通机能分化和深化的缩影。随着城市的不断发展和人口的集聚，一座商业发达的城市在三江六岸崛起，宁波已然成为东部沿海重要的商品市场及集散中心。

当时，仅从事商品的批发而不进行零售业务，但有时这种分化未必分得很清

① [日]斯波义信著、王泰祥译：《宁波及其腹地》，第7页。来源于网页：http：//www.docin.com/p–1189085044.html 2016年 11月11日。

② 流通机能即指流通应有的作用和能力，其衡量标准是不断分化和深化的程度。流通机能是指在生产资料私有制的基础上，民营企业施行市场经济体制与机制而进行实业生产经营，以促进商贸流通机能不断分化。

③ [日]斯波义信著，方健、何忠礼译，虞云国校：《宋代江南经济史研究》，南京：江苏人民出版社，2001年，第509页。

楚。换言之，就是批发商和零售商融为一体，批零兼营，进一步提升资本和流通规模的扩大再生产程度，以此加快民营商贸流通业的发展与繁荣。

③市场经济环境提高个体民营商贸企业经营分化程度。在宁波大大小小的个体民营批发商中，“同时创业于清末的永康棉布行和隆昌帽扇百货店这两个宁波商铺，都兼营批发业和零售业，前者经营棉麻毛织品，后者经营成衣和棉织品”[①]，显示出商品进入流通领域后的价值链在不断延伸，实现充分就业和增加社会财富的程度也在不断提升。

三、宁波商业大都市不断显现兴盛与繁荣

进入康熙年间后，宁波个体民营商贸经济进入快速发展通道，宁波城乡各集镇充分发挥个体民营商贸流通载体的功能作用，形成以金融业、航运业和传统药业为内涵的商业街区，使宁波成为当时久负盛名的商业大都市。

（一）形成以金融业、航运业和传统药业为内涵的商业街区

1. 核心商圈形成

当时，“宁波商人开始涉足钱庄业，以沙船为代表的航运业，以童涵春堂为代表的传统药业，均盛极一时”[②]。核心商业区域见证宁波商贸流通业的繁盛程度。乾隆年间，宁波形成了以鼓楼为中心并辐射到东直街、西直街和开明街的商业核心区域。

2. 商业店铺林立

从乾隆到道光年间，宁波府城街巷纵横、交易频繁，商贸流通业显现繁荣兴旺之景，街巷和店铺不断增多。其后，由于水运的便利和外来人员的日益增多，商贸流通区域逐渐扩展到自药行街、灵桥和江厦桥一带，三江口的繁华自此形成。三江六岸作为宁波民营企业与外界连接的桥梁，见证了宁波民营经济的兴盛和衰落。

---

① [日]斯波义信著，方健、何忠礼译，虞云国校：《宋代江南经济史研究》，南京：江苏人民出版社，2001年，第510页。

② 傅璇琮主编，张如安、刘恒武、唐燮军著：《宁波通史》（史前至唐五代卷），宁波：宁波出版社，2009年，第7页。

3. 商贸行业集聚

①行业集聚街区。宁波商业街区具有行业集聚的特点，也是民营商贸流通业发达的显著标志。据史料记载，清朝时期，宁波有竹行巷、药局街、饼店街、南饭巷、鱼栈街、糖行街、钱行街等以行业集聚为主的街巷，显现出宁波民营商贸流通业的发展景象，而城区内的其他街区同样如此（见表6–35）。

表 6-35　清朝时期宁波街巷与个体民营店铺概况

商业区域	主要店铺与商品种类	特点
东渡门外	木制杂货店、竹器店、印刷、书店	—
灵桥内侧	药店、木制杂物、竹器、漆器、靛青	
江厦街	钱庄、海产品、砂糖、木材、麻布、谷物、食糖	宁波城外最繁盛的商业街区
甬东	石板店、铁器店、木柴店、蜡烛店、纸店、染料店、杂货店、牲畜行、蔬菜与干果店、食品店、米店、米行街、木行街、卖席桥、羊店街、卖饭桥、冶铁街、冶铁巷、锅厂巷、锚作巷、打航巷	奉化江对岸另一个重要的商业繁盛区域

资料来源：根据相关内容整理。

康熙年间，宁波“城厢有南货北货批发商号20余家，拥有100余艘商船、1000余艘运输船。成为国内较大的药材交易市场之一，药行、药号资本总额500万两银子以上”①。

②显现功能各异。当时，东直街和西直街皆以经营百货、丝绸、陶瓷和药材为主，而江厦街、灵桥、药行街、半边街则以经营外埠商品、典当业、钱业、药业和渔业为主。

半边街、后塘街是水产经营区域，“清代前中期，半边街、后塘街有鱼行和水产品交易场所。嘉道年间，城区三江口一带渔船云集，半边街、后塘街水产品买卖兴隆。半边街沿江数里有数十家鱼行”②。

（二）宁波城乡各集镇充分发挥个体民营商贸流通载体功能作用

1. 发展集市贸易

经济发展、社会安定，剩余产品增加和社会财富的不断增多，使集市贸易的兴起和发展成为水到渠成之势。到清朝时期，宁波府城历经近千年的发展后，府

① 俞福海主编：《宁波市志》（上），北京：中华书局，1995年，第330页。

② 乐承耀：《宁波经济史》，宁波：宁波出版社，2010年，第239页。

城内外，集市贸易不断兴起和发展。据统计，从明代天顺六年到清代雍正十一年（公元1462～1733年），宁波府城及下辖各县集市贸易的数量增长了25.5%。

2. 放大“原产地效应”

集市贸易具有“原产地效应”[①]。清朝时期，慈溪、余姚是棉花产区，所以当地的棉业市场兴盛。慈溪、象山渔业发达，宁波府城及慈溪、象山等地的街巷有水产品市场（见表6-36）。这些极具宁波本地特色的产品，价廉物美，供给和需求方各取所需。

表 6-36　　清朝时期宁波府及相关县集市贸易概况

所在地	集市贸易名称	主要经营种类
宁波府城	半边街、后塘街	水产品
慈溪	新浦、兰溪、坎墩	
象山	弦歌（今丹城）、爵溪、昌国、石浦	
慈溪	彭桥、逍林、浒山	棉花、布匹等棉纺产品
余姚	周巷、泗门	
鄞县	小溪、林村	丝织品
奉化	泉口	
鄞县	凤岙、韩岭、小白	山货竹木
慈溪	文溪、车厩、黄墓、大隐	
余姚	廊厦（今朗霞）	生产生活用品
慈溪	浒山	“鱼行、果行、柴炭行、木棉行、米行、鸡鹅行、猪行、羊行、布行”
	坎墩	经营海鲜、农产品、瓜果、山货等本地土特产品

资料来源：根据乐承耀《宁波经济史》，宁波出版社，2010年，第241页的相关内容整理。

2. 兴起商贸集镇

集镇的发展是宁波城乡民营经济兴盛的缩影。清朝嘉庆、道光年间后，随着社会产品的商品化程度提高，宁波周边乡镇所产农作物除满足自身生活之需以外，还能够通过集镇上的市场平台，将物品通过交换的方式转换成货币财富，由此催生出一批便利商贸流通的集镇。

集镇如布点一样，散布在明州大地上，个体民营企业注重发挥集市的交易

① 所谓“原产地效应”是指自然经济社会里，集市贸易的兴起和发展与产品的原产地密切相关，这种交易载体具有明显的本地产品的特征，经济作物就近销售，以降低交易成本。

功能和平台作用，将人—物—集市—货币等四点连成了一线，在价格信号的指引下，整个社会的扩大再生产进入良性循环之中。

3. 形成交易规则

人们在议论集市作用的同时，往往忽视了一个重要的问题，就是交易规则的形成、执行并由此渗入市场经济的制度安排中，当人们的市场行为决定交换物品的价值属性的时候，隐藏在物品背后的价值则与集市等交易平台进行结合，从而推动商品经济的发展。

（三）宁波已经成为当时久负盛名的商业大都市

1. 从商者众

据学者考证，20世纪初，宁波“城内人口为30万人，其中12万人是有收入的被雇佣者，这里面有60%从事商业，30%从事农业，10%从事杂业（学者、僧侣、占卜师、医生、佣工、厨师）”[①]。

据此推算，个体民营商贸流通领域的从业者大约有7万人左右，约占宁波当时总人口的4成多，资金、劳动力、土地等要素资源与手工业者、商人、店铺、商品、物流工具和消费者组成生产、流通和消费的产业链。

2. 餐饮业十分发达

餐饮业属基本服务业范畴，是宁波府城重要的城市功能之一。清朝时期，随着经济社会的不断发展和内外开放的扩大，以及人口的集聚和商旅的往来，再加上城市居民节假日聚会和婚丧嫁娶之需，都成为餐饮业的重要推力。

随着商业店铺和集市贸易的兴起，个体民营餐饮业开始服务城市功能，使宁波府城的餐饮业十分发达，开创至今的百年老店仍然存世（见表6-37），既弘扬了传统文化，又满足市民的饮食需求。

表6-37　　清朝时期宁波府城甬帮个体民营服务业字号概览

字号名称	创立年号年间 / 时间	创始人	所属行业	特色产品及文化特色
寿全斋	乾隆二十五年 / 公元1760年	王立鳌、孙将壳	医药业	在医药行业尊古炮制、独占鳌头

① [日]斯波义信著，方健、何忠礼译，虞云国校：《宋代江南经济史研究》，南京：江苏人民出版社，2001年，第506页。

续表

字号名称	创立年号年间 / 时间	创始人	所属行业	特色产品及文化特色
状元楼	乾隆五十年 / 公元 1785 年	鄞县籍的数个合伙人	餐饮业	冰糖甲鱼、雪菜虾仁；“状元文化、甬菜经典”
冯恒大	道光年间	冯云濠族人	食品业	创办初期经营酱油、香干、酒水、醋、年糕，有“冯恒大香干”“金龙牌秋油”“竹叶青白酒”等知名品牌
赵大有糕团	同治元年 / 公元 1862 年	上虞梁湖赵家村民		“赵大有糕团”
王升大米店	光绪十五年 / 公元 1889 年	王兴儒		“王升大米店”
源康布店	光绪三十年 / 公元 1904 年	屠景山	布业	“源康布店”
东福园	光绪三十四年 / 公元 1908 年	吴子昭	餐饮业	书写宁波餐饮业的百年传奇
老三进	光绪元年 / 公元 1875 年	徐麟升等 10 位股东	鞋帽业	“老三进”；千里之行，始于足下

资料来源：根据相关内容整理。

3. 商贸交流兴盛

当时，从事商业店铺和集市贸易的业主，主要以坐商为主。宁波府城市郊及下辖各县的集市，虽以行商为主，但商品流通主要局限于本地产品。有的个体从商者把宁波的地产品运往外埠销售（见表6–38）。

表 6-38　　　　清朝时期宁波府地产品销售概况

地产名品	原产地	销售目的地
棉花	余姚	黄岩、仙居
雪里蕻咸菜	鄞县邱隘、盛垫	苏州
竹椅	慈溪	上海
盐笋	宁波府城	苏州

资料来源：根据相关内容整理。

有的个体从商者在经营中不断积累资本，广集货源，从福建、广东等地进货，或“在浙东地区设肆贸易往来经营，一方面收购渔民的海产品，运往南北各地销售；另一方面，又从南北各地贩运木材、粮食、蓝靛、糖等货物到浙东，供当地人民生产生活之需”[①]。

① 张守广：《宁波帮志・历史卷》，北京：中国社会科学出版社，2009年，第51页。

4. 有形财富不断增加

物流随人流而动，资本与利润日增，商品成为连接宁波府城与外埠商贸交流的纽带，很多从商者后来成为腰缠万贯的富商巨贾。以镇海的方氏家族为例，他们从开设粮食和杂货店起家，从嘉庆到道光年间，在商海拼搏，并"辗转到上海经营食糖买卖，开设义和糖行。到道光十年（1830年），方家经营土布、杂货、钱庄业，存款6.7万两"①。

四、宁波官营和民营外贸交流程度进一步提升

长期以来，宁波的主要贸易对象为朝鲜半岛和日本列岛，其与外商之间不断进行官营丝茶贸易。日本是宁波丝茶等商品的主要贸易对象。"一口通商"②给宁波商贸流通业带来了许多发展商机。其后，宁波对外贸易的重点由东亚转向东南亚地区，个体民营单位商贸流通业业得到发展。

（一）宁波坚持与东亚各国进行商贸交流

长期以来，宁波的主要贸易对象为朝鲜半岛和日本列岛。宁波作为开放口岸，在与朝鲜、日本等东亚国家的交往中，始终秉承共存共荣、实现双赢的理念。

即使在政府实施"海禁"的高压下，宁波个体民营商人仍然没有停止与域外贸易交流的步伐。宁波成为重要的货物集散地，一大批民营商人成为商贸流通的"主力军"，对外贸易成为宁波经济的"发动机"。

（二）宁波与外商之间的官营丝茶贸易路径

1. 茶叶和丝织品是当时最主要的出口商品

中国当时的茶叶、瓷器和丝绸等商品享誉世界，为外人所景仰，清朝政府虽严禁民众海外贸易，但禁止不了外人与中国做生意的愿望。因此，很多英国人不远万里来到中国，通过贸易，互通有无（见表6–39）。其后，东西方商贸交流频繁，茶叶和丝织品是当时宁波出口的主要商品。

---

① 乐承耀：《宁波经济史》，宁波：宁波出版社，2010年，第242页。

② 道光十年（公元1830年），清朝政府规定对日贸易仅限于宁波港，宁波成为"一口通商"的口岸。在当时情况下，宁波与其他口岸相比，"一口通商"具有稀缺性和不可替代性。

表 6-39　　　　　　　　清朝时期英国商船来宁波贸易概况

<table>
<tr><th>时间</th><th>外商及职务</th><th>商船与数量</th><th>船载物品</th><th>贸易路径</th></tr>
<tr><td>1701 年</td><td>通商监督剀切普尔</td><td>率英船三艘</td><td rowspan="2">不详</td><td>来定海贸易</td></tr>
<tr><td>1710 年</td><td>—</td><td>商船十艘</td><td>至舟山贸易</td></tr>
<tr><td>1755 年</td><td rowspan="2">总商咯刺生</td><td>“霍德尼斯号”和“格里芬号”各一艘</td><td>“6 箱银元（每箱 4000 枚）、13 箱英国酒（每箱 120 瓶）、2 箱蜡烛等货物”</td><td>“霍德尼斯号”在定海验税，在宁波进行贸易</td></tr>
<tr><td>1755 年</td><td>“荷达奈斯号”一艘</td><td>“大炮 20 门，并有鸟枪 40 杆、火药 4 担等”</td><td>商船驶至宁波港外</td></tr>
</table>

资料来源：根据王文洪：“十八世纪，英国在舟山贸易开始逐渐兴盛”，《舟山微生活》，2016年9月7日及《宁波大事记·清》（1724年～1793年），宁波文化网·怀旧版（2007～2010年）的相关内容整理。

到了18世纪20年代后，北欧的茶叶消费不断增长，茶叶贸易成为所有欧洲东方贸易公司最重要、盈利最大的项目，而且当时宁波的丝织品也是很抢手的出口产品。“丝织业是最重要的输出品之一。……其货均系浙江等省商民贩运来粤，卖与各商行，转售外夷”①。

2. 日本是宁波丝茶等商品的主要贸易对象

①丝茶为重要交易商品。从明朝到清朝前期，日本是宁波对外贸易的主要对象（见表6-40）。当时，沿海地区的丝织业自然以江南地区为重点区域。因此，“康熙中期（1688-1703年）是浙江丝织品出口日本最盛的时期，宁波舟山成为对日的主要贸易港口。”②

②宁波在对日贸易中处于出超地位。康熙二十七年，即公元1688年，宁波有32艘商船直航日本，向其出口了大量宁波本土及其他地域的土特产品。从交易品种看，宁波出口到日本的商品明显多于日本输入宁波的商品。

表 6-40　　　　　　　　清朝康熙年间宁波与日本贸易概况

年号、年间 / 时间	宁波向日本出口的商品	日本向宁波出口的商品
康熙十八年 / 公元 1679 年	以丝、绸、绫、锦、罗、缎、棉、纱等纺织品为主，外加瓷器、冬笋、笔墨、砚台、中药、漆、芡实、竹鸡、南京缎子。其中，“生丝 3281 斤，锦 400 斤，各种绸缎 12651 匹”	铜、金、银、海参、干鲍鱼、鱼翅、海带

① 童书业著，童教英校订：《中国手工业商业发展史》，北京：中华书局，2005年，第279页。
② 乐承耀：《宁波经济史》，宁波：宁波出版社，2010年，第246页。

续表

年号、年间 / 时间	宁波向日本出口的商品	日本向宁波出口的商品
康熙二十七年 / 公元 1688 年	生丝、茶叶、绉绸、织绫、织锦、缎、金丝布、葛布、毛毯、纸、竹纸、竹扇、笔墨、砚石、瓷器、中药、生漆、方竹、冬笋、南枣、黄精、芡实、竹鸡、红花、林犀、附子、铜钱、食糖、畜皮	铜、金、银、海参、干鲍鱼、鱼翅、海带
康熙二十八年 / 公元 1689 年	生丝、茶叶、葛布、棉罗、扇子、方竹、药种、黄精、化妆用具	海参、干鲍鱼、鱼翅、海带

资料来源：根据乐承耀《宁波经济史》，宁波出版社，2010年，第246页的相关内容整理。

（三）“一口通商”的政策效应及宁波民营对外特产贸易

1.“一口通商”带动了宁波商贸流通业的发展

①“一口通商”把宁波港口集散功能的作用发挥到极致。“一口通商”使宁波再遇政策红利，又现对外贸易的良好发展机遇。“宁波作为长江下游最重要的货物集散中心在南北海上长距离贸易中的作用也越来越重要，港口商业与贸易由此更加繁荣”[①]。

当时，大量的商船云集宁波三江，江面上帆樯林立，船舱里货物堆积如山。码头工人挥汗如雨，正在日夜不停地装卸货物，岸场物流员工将其分门别类后，通过船舶、车辆等交通工具运往全国各地，对外贸易给宁波带来了意想不到的繁荣。

②“一口通商”使宁波府城因港而兴。当时，宁波府城大小街道，处处可见大包小包的货物和如织的人流。外地客商的涌入所引致的生活需要形成了对服务业的有效需求，宁波府城的商贸、食宿、中介、理发、洗澡等基本服务业为其提供商品和劳务等有效供给。很多进城的农民在工商业领域就业，也可以因打工而获得一份收入，宁波社会充分就业的程度较高。

2.宁波对外贸易的重点由东亚转向东南亚地区

“一口通商”不但促进宁波经济繁荣，而且夯实了宁波民营对外特产贸易的基础。内贸的发展是对外贸易的“发动机”，“一口通商”为宁波发展外贸增添了新的动力，也拓宽了交流的范围和视野。

---

① 张守广：《宁波帮志·历史卷》，北京：中国社会科学出版社，2009年，第19页。

当时，宁波民营商人不仅与日本、朝鲜等东亚国家进行贸易，还把商贸交流的目标转向南洋和英国、法国、德国、荷兰、丹麦、葡萄牙、瑞典、挪威等欧洲国家，以开辟贸易新区域，其通商范围主要以菲律宾、安南（今越南）、柬埔寨、暹罗（今泰国）等东南亚国家为主。

专栏6–4　宁波港是中国海上丝绸之路的重要港口

现称“小白礁1号”的一艘从宁波港始发的木质商贸运输船，在清代道光年间（1821～1850年）沉没于宁波象山县石浦港东南约26海里的北渔山岛海域。

2014年，水下考古工作者将其打捞出水，主要有品相精美的青花瓷、名家制作的紫砂壶，标明商号的玉石印章和来自日本、越南的年号钱币、西班牙银币等水下遗珍。这从另外一个侧面印证了宁波与主要贸易对象日本和东南亚的越南等国的商贸交流历史，有力地证明了宁波港作为中国重要的“海上丝绸之路”港口，在古代就已名扬海外，是非常重要的海上起航点。

“从宁波出海走南线的船只，每年约585艘”[①]。东南亚地区具有比较优势的相关商品可以经过个体民营商人之手进入宁波市场，尤其是大米的进口，弥补了宁波地区因人口增加而地产稻米供给不足的缺口。

当时，具有宁波特色的丝织品，茶叶等商品进入东南亚诸国后，深受当地民众及华侨的欢迎，传播了中华文化（见表6–41）。

表 6-41　　清朝年间宁波与南洋民营贸易概况

从南洋输入宁波的商品	从宁波输入南洋的商品
大米、木材、食糖、香料、象牙、珍珠、药材及机制毛棉织物等	生丝及丝织品，茶叶、中药、瓷器、海产品、干果及宁波本地特产品

资料来源：根据王勇进主编《宁波市对外经济贸易志》（638–1995）的相关资料整理。

（四）宁波个体民营近海贸易不断发展

1. 民间走私活动一时兴盛

宁波民营对外商贸行为因海禁而兴盛。清朝康熙二十四年（公元1685年），清政府在宁波设立浙海关，负责征收关税。其后由于清政府实行“海禁”政策，

① 王勇进主编：《宁波市对外经济贸易志》（638–1995），宁波：宁波出版社，1997年，第8页。

取消了包括宁波港在内的中国沿海港口稽征关税和对外交流的权利，仅允许广州一地与洋人进行合法交易，这阻断了宁波商人的对外贸易通道。

由于个体民营商人的逐利本性使然，他们驾船出海与日本商人私下交易，即人们通常所说的走私。当时，宁波洋面走私活动兴盛，这种自元代延续到清朝的走私活动，不因朝廷的阻止而终止，起到了调剂余缺、促进流通、活跃商贸的作用。

2. 近海贸易逐渐兴起

①利用宁波港的有利条件，通过贩卖鱼盐等及其他资源性产品获利。沿海地区自始至终是宁波个体民营商人进行商贸交流活动的重要区域。因此，“早期的宁波商人一方面从事海上贸易活动，一方面利用宁波独特的渔业资源，贩卖鱼盐等海产品”①。

宁波民营商人利用手上资金收购本埠鱼盐海产品、农副产品和手工业品等产品后，通过船舶等河海运输载体，将其贩运到全国相关地域。出售并获得利润后，商人们又将当地具有比较优势的商品运回宁波销售，将资源性产品转换为货币或其他价值性商品，形成“鱼盐南北货，天下宁波商”的营商路径。

②放宽政策限制，将宁波港打造成沟通南北商贸交流的重要枢纽。嘉庆年间，清政府调整生产关系，使宁波海外贸易有了新的发展契机。个体民营商人通过河海运输，用宁波土特产与外埠地产商品进行交换，促进“宁波与国内沿海各港口的贸易进入快速发展阶段，甬商遍及全国各地，北至关东、天津、直隶，南至闽广，中到苏、湘、鄂，入川渝”②（见表6-42）。

表 6-42　清朝时期宁波民营商人近海贸易概况

<table>
<tr><th>年号、年间 / 时间</th><th>启航地</th><th>船舶数量（艘）</th><th>目的地</th></tr>
<tr><td>嘉庆九年 / 公元 1804 年</td><td>镇海、上海</td><td>400</td><td>天津及辽宁营口</td></tr>
<tr><td>嘉庆十三年 / 公元 1808 年</td><td rowspan="4">镇海</td><td>不详</td><td>上海</td></tr>
<tr><td rowspan="3">道光年间</td><td>670</td><td>山东及辽宁东部城市</td></tr>
<tr><td>560</td><td>福建、海南</td></tr>
<tr><td>25</td><td>广州</td></tr>
</table>

资料来源：根据乐承耀《宁波经济史》，宁波出版社，2010年，第247～248页的相关内容整理。

① 张守广：《宁波帮志·历史卷》，北京：中国社会科学出版社，2009年，第37页。

② 乐承耀：《宁波经济史》，宁波：宁波出版社，2010年，第247页。

（五）宁波个体民营商人与葡萄牙人之间的“香料贸易”路径

1. 双屿港成为宁波民营商人与葡萄牙人进行贸易交流的平台

双屿港在今舟山市普陀区六横岛中间，古时六横岛分为上庄和下庄两大岛屿，双屿港就在其中，而当时舟山市属于宁波的行政区划。作为宁波的近海，双屿港湾水流缓慢，靠泊条件好，交易便利，因此成为葡萄牙商人用胡椒[①]等香料与宁波个体民营商人交换丝绸、棉布等物品贸易的首选之地。

2. 胡椒等香料与宁波丝绸、棉布等物品的交流成就葡萄牙商人的“三角贸易”模式

虽然中国自唐朝时自西域引进胡椒，但由于胡椒是热带植物，量少价贵，当时胡椒等香料是宁波乃至中国的稀缺物品。因此，贩卖胡椒利润丰厚，自然对宁波个体民营商人具有巨大的吸引力。

被称为“黑色黄金”的胡椒子是贵重的贸易货物，它还被作为实物货币使用。葡萄牙商人与宁波个体民营商人合伙，从今天的马来西亚等南洋地区贩来胡椒等香料。在双屿港，葡萄牙商人与宁波个体民营商人以胡椒等香料交换中国出产的丝绸、棉布等物品。

葡萄牙商人将其运往日本销售并换回白银，再将日本的物品贩往中国和南洋地区以赚更多的利润。葡萄牙人通过买空卖空，获得了丰厚的利润，如此循环往复，形成“三角贸易”模式。

（六）内外贸易交流形成了宁波的开放文化

1. 开放是宁波的灵魂

在中国漫长的海岸线上，宁波是重要的开放型航运口岸和商业中心。余秋雨先生认为，自近代以来，宁波就一直与开放连在一起。从“一口通商”到“五口

---

① 黑胡椒原产于南印度，自史前时代便被用作香料。在当地和其他热带地区都有着广泛的种植，其果实在晒干后通常可作为香料和调味料使用。在16世纪，胡椒开始在爪哇岛、巽他群岛、苏门答腊岛、马达加斯加岛、马来西亚与东南亚的其他地区进行栽培，但这些地区种植的胡椒大多用于与中国的贸易，或者用于满足当地的需求。马拉巴尔地区的港口还是远东地区香料贸易在印度洋的中转港。胡椒与来自印度和远东地区的其他商品一起，开创了地理大发现的时代，改变了世界历史的进程，这些珍贵的商品是促使欧洲人去寻找印度新航线并建立殖民地的原因之一。同时，在寻找新航线的过程中，欧洲人发现并殖民了美洲。

通商”，尤其自“五口通商”后，宁波得以开开放之先河。

宁波以通江达海的市场行为使对外开放成为经济社会发展之源，宁波与西方资本有了直接的接触，其港口贸易运输连同整个国家的外向型经济体系，也一并纳入国际经济的大循环中，由此奠定宁波的港口城市地位。

2. 内外贸易引领工商业发展

“宁波作为长江下游最重要的货物集散中心，在南北海上长距离贸易中的作用越来越重要，港口商业与贸易由此更为繁荣，成为著名的‘鱼盐粮食码头’。”①宁波港因货物集散成为海内外贸易的枢纽，宁波以海内外贸易的兴盛引领工商业产业发展为其显著特点。在此过程中，贸易的兴盛、财富的聚集、商人的集群为宁波商人阶层的崛起打下坚实的基础。

3. 海洋商业文化不断兴起

葡萄牙商人进行贸易的诉求，拓展了宁波商人的贸易范围。在交易之间逐渐促进商业意识的养成，为宁波商人的崛起奠定了基础。商业阶层的崛起必然促进商业社会的兴起。而商业社会除了促进经济社会发展、繁荣和稳定外，更重要的方面在于商业文化浸润了经济社会的方方面面。

4. 海洋文化削弱农耕文化的意识基础

宁波作为重要口岸之一，其对外开放的机会失而复得，这给宁波民营企业扩大对外开放带来了难得的发展机遇。“五口通商”后，“宁波于1844年1月1日开埠。”②1854年，在甬江口出现中国近代史上第一艘轮船“宝顺轮”，标志着宁波港由单纯的帆船港时代向轮船港时代转变。

至此，以商业社会的交易规则为内涵的海洋文化逐渐浸入以儒家文化为内涵的宁波农耕社会。商业文化挟裹平等、公开、自愿等开放基因，以此形成以具货交易为纽带、以平等为前提、以互利共赢为目标、以商业文化为内涵的海洋开放文化，促进了自然经济的解体，民营经济因此成为宁波经济社会发展的重要力量之一。

---

① 张守广：《宁波帮志》（历史卷），北京：中国社会科学出版社，2009年，第19页。转引自（清）张恕等修撰：《鄞县志》卷二《风俗》。

② 王勇进主编：《宁波市对外经济贸易志》（638–1995），宁波：宁波出版社，1997年，第8页。

第六节　晚清时期宁波个体民营金融业发展概况

对外开放与交流是宁波民营金融业创新发展的强劲动力。对外商贸交流使白银在宁波经济社会中的作用和地位日渐突出，宁波资源的稀缺性使白银更呈刚性需求，美洲大陆和日本是宁波所获白银的来源地。

流通领域的巨量白银催生了宁波金融业态，白银需求刺激了宁波民营外贸产业的发展。在白银的诱惑下，大量的宁波民营商人将宁波本地如草席之类的特色物产连同内地其他地方的苏杭丝绸、景德镇陶瓷、越磁等当时让欧洲人疯狂扫货的产品，与日商在内的外商进行交易，促进了宁波民营金融业加快发展。

一、对外商贸交流使白银在宁波经济社会中的作用和地位日渐突出

在重商理念下，宁波商品经济不断发展。作为贸易口岸，宁波在对外交往中通过“丝银贸易”获得了美洲和日本的大量白银，促进了金融业的成长与发展。

（一）白银资源的稀缺性与其刚性需求的矛盾日渐突出

美洲印第安人曾经认为银子是月亮的眼泪，将之作为辟邪之物。在中国，白银资源稀缺，但由于经济社会的发展，对白银的需求量与日俱增，供给与需求处于极度不平衡中。在重商主义理念下，解决这种矛盾的唯一办法就是通过商人之手，更多地出口货物，换回巨量的白银，以满足国内生产生活对白银的有效需求。

（二）美洲大陆和日本是宁波所获白银的来源之地

1. 美洲白银体现价值尺度和流通手段的职能

当时的美洲大陆黄金、白银等贵金属藏量丰富，量大价廉，且黄金、白银已大量使用。哥伦布发现美洲后，无形之中刺激众多的欧洲“淘金者”蜂拥而至，以西班牙与葡萄牙人为代表的欧洲殖民者疯狂掠夺印第安人的黄金、白银，除将大部分运回欧洲外，他们将其中的部分以作商贸流通货币之用，提高了交易的效率。

2. 日本白银量多而价贱

日本的白银矿藏很丰富，且陆续发现并大力开采品位很高的银矿。由于发明了提炼银矿的矿渣分离法，白银产量和储量一时大增，日本成为世界上不多的富银国之一。白银本身具有价值和使用价值等功效，同样显现价值规律的特性。因此，当大量的白银进入流通领域后，日本银价持续低迷。

3. 宁波成为吸收外来白银的主要贸易口岸之一

当时，明朝银价高企，白银缺口大，白银在两国贸易中的比较优势凸显，日本人在货物贸易中更多地使用白银结算的作法，越来越受到宁波商人的欢迎。于是，宁波一跃成为美洲大陆及日本输入白银的重要口岸之一。

（三）“丝银贸易”促进宁波商品经济发展

1. “丝银贸易”以换取更多的白银为目的

日本人、葡萄牙及其他国家的商人与宁波的贸易中大量使用白银这种硬通货，正好因应了宁波个体民营商人对白银的渴求。个体民营工商业者通过商贸交流积累了大量货币资本，促进了宁波商品经济和资本主义工场手工业的发展。

2. “丝银贸易”完善农工商产业链

宁波个体民营商人注重货币的交换职能，认为财富是货币，货币只有投入流通才能增值。因此，他们通过交换，使日本人用手中多余的白银换回了自己不具有比较优势的商品，不仅使宁波完善了以对外贸易为引领的农工商产业链，还使宁波本地的个体民营手工业者所生产的产品获得了高于社会平均流通价格的回报。

白银背后这只“看不见的手”指挥着宁波乃至内陆地区更多的农业、手工业者将更多的资源用于扩大再生产，以期换回更多的白银，促进了宁波经济社会财富的增加和民众收入水平的提高。

二、宁波个体民营金融业加快发展

对外开放与交商贸流是宁波民营金融业创新发展的强劲动力。在重商理念下，随着白银的大量输入，个体民营企业积累了雄厚的资本要素，钱庄业、典当等金融业的兴起，适应了社会扩大再生产的需要，为宁波资本主义生产方式的成长创造了必要的前提条件。

（一）金融业成长与发展的基础与成就及对宁波经济社会的影响

1. 白银的特性符合交易需求

①商贸流通业务的发展需要数量庞大的交易媒介。源于宁波独特的地理位置和港口的枢纽性地位，使“以沙船为代表的航运业，以童涵春堂为代表的传统药业，均盛极一时”[①]。作为交易的媒介，货币不断显现价值尺度、流通手段和支付手段的职能，使海产业、南北货运业的发展引致了对货币交易数量及币值的需求。

②宁波海外货物贸易引致了对白银的强劲需求。货币是一般等价物，其本身的质地与价值含量最受商人关注。宁波的对外贸易因其量大，原本作为交易媒介的圆形方孔铜钱难以满足交易需求，而白银符合交易要求，逐渐在海外贸易中取铜钱而代之。

由于对白银需求与日俱增，这种困境一时无法解决，但也因此给宁波商人带来了无限商机，催生了宁波民营企业支柱产业之一的金融业的发展。

2. 贸易口岸的大额资金需求需要与之匹配的金融功能

①宁波商人不断涉足金融业。农业、手工业的发展带来了商业的繁荣，而商业的繁荣又对金融业的发展提出了更高的要求。宁波是对日本贸易的重要口岸，贸易是资金密集型行业，对资金的需求与调度是钱庄业发展的重要诱因。

钱庄业属于民间金融性质，即为了民间经济融通资金的所有非国有经济成分的资金活动。一般而言，钱庄业是商品经济发展到一定阶段的内生需求。货币具有资本功能，促使很多宁波商人开始涉足钱庄业。经过世代经商，他们获利颇丰、手有积蓄，于是将生意载体从实业而转向金融业，纷纷开钱庄、银楼和典当行。

②通过金融业务放大货币的资本功能。贸易交易具有资金密集的特点，进行货币兑换、资金拆借、存贷和信用汇兑等业务，其目的是满足经济发展对资金的需要。因此，从本质上讲，宁波民营商人所拥有的钱庄资本，“是一种从事货币借贷业务的生息资本，它与商业资本关系密切，是商业资本的一种转化形式”[②]。

---

① 傅璇琮主编，张如安、刘恒武、唐燮军著：《宁波通史》（史前至唐五代卷），宁波：宁波出版社，2009年，第7页。

② 张守广：《宁波帮志·历史卷》，北京：中国社会科学出版社，2009年，第71页。

专栏6-5 宁波钱庄业的兴起与发展路径

钱庄是明代中叶以后出现的一种信用机构，是银行的雏形，也可以称银号、钱店，它最初起源于银钱兑换，其后逐渐发展为办理存放款项和汇兑，对当时刚刚兴起的民族工商业发展起了积极的推动作用。

钱庄的业务范围比票号广泛。钱庄是清代重要的金融机构。清初的钱庄最初主要以经营不同货币间的兑换为主，后逐渐发展成以存放款和汇兑为主。其汇兑先采用同业往来制，即委托异地同业办理汇解业务，后来逐渐打破了同行业的界限，乾隆时钱庄已成独立的行业。

宁波本土金融业从钱庄起步，钱庄分大同行、小同行和现兑行三种，统称银钱业。宁波钱庄业大约兴于十六世纪中叶和十七世纪初叶的明朝，盛于清朝咸丰、道光年间，其钱庄组织一般为合伙集股制，股东及管理人员分别占有不等的股份。

3. 钱庄的产生和运作适应了商品经济的发展要求

在今天看来，金融业是经营金融商品的特殊行业，包括银行业、保险业、信托业、证券业和租赁业等方面，但在一百多年前的宁波，金融业主要包括钱庄和典当业务。据学者考证，随着商品经济的发展，宁波在明代中叶以后就兴起了钱庄业。

钱庄、典当和银行属于金融方式范畴。“钱庄、典当和银行都是商品经济发展到一定阶段的产物。”[①] 宁波本身是繁华的商业城市，商品经济发达，货币交易量大，其充当交换媒介、价值尺度、支付手段和价值储藏的职能频仍。

4. 宁波钱庄的主要业务及存贷境况

钱庄主要承担存贷款、同业拆借、汇款货币兑换和规元买卖等业务。其中，存贷款为其重要业务。1750年以后，宁波的钱庄业主要集中在江厦街一带。“宁波在18世纪商业的发展，是在它插手银行业发展起来的。宁波市内有实力的钱庄大半是在1750年以后的一个世纪里创办的。”[②]

---

① 傅璇琮主编，乐成耀著：《宁波通史》（清代卷），宁波：宁波出版社，2009年，第198页。

② [日]斯波义信著，方健、何忠礼译，虞云国校：《宋代江南经济史研究》，南京：江苏人民出版社，2001年，第502页。

从光绪到宣统年间，宁波的钱庄业进入全盛时期。“光绪二年（1876年），钱庄业开大洋拆，利率提高到1分以上，存款骤增，各业依靠钱庄支持而相应发展，到宣统末共有大小钱庄67家。”[①]

5. 宁波金融业务的扩展路径与成就

①积极参与创办与发展上海钱庄。相关研究认为，清咸丰十一年（1862年），太平军攻克宁波，甬城钱业公所悉数被毁，钱庄、商铺大多停业，大批腰缠万贯的宁波个体民营富商携带大量资本避居上海租界。

历史学家认为，“发行纸币和开设有票据交换所的旧式银行，大体上确实产生于宁波，并随着宁波帮移居上海而进入上海”[②]。据学者考证，当时宁波城里的钱庄，首创发行纸币、设立票据交易所等金融行业，然后由宁波人传导到上海。

②金融业务拓展至外埠商业都市。这批颇有经济实力的宁波的钱业商人不仅在甬上开设钱庄，还将大量的白银、黄金和金融票据等资本投资于上海滩及北京、汉口、苏州等经济发达的外埠都市，通过开办钱庄的方式，进行货币兑换、资金拆借、存贷和信用汇兑等业务，以满足当地经济发展对资金的需要而获取金融利润。

早先，宁波人在北京开设了恒利、恒和、恒兴和恒源等“四大恒”钱庄，以钱庄来图谋利益、积蓄实力。到了近代，宁波商帮的金融势力范围影响到上海、北京、广州等国内大城市，经营信用放款、抵押放款、短期拆息等业务。放款对象主要是商号，每年给从事各出口行业的个体民营商人以大量贷款。

（二）江厦街一带成为宁波金融业集聚区

1. 江厦街区堪称“中国的华尔街”

宁波钱庄业从明代中期起萌芽，到清代时期已发展成为行业之势，“晚清、民国时，江厦的钱行街为钱庄集中地”[③]。直到清末民初，宁波的江厦街成了宁波金融业的大本营，资金划拨、银钱出纳高度集中，使其成为全国的金融中心。据研究显示，“当时，宁波各钱庄投放到上海的资金就有二三千万两白银，其势

---

① 傅璇琮主编，乐成耀著：《宁波通史》（清代卷），宁波：宁波出版社，2009年，第199页。

② [日]斯波义信著，方健、何忠礼译，虞云国校：《宋代江南经济史研究》，南京：江苏人民出版社，2001年，第502页。转引自曼素珊：《宁波的财政》，收于威廉E维尔莫特主编的《中国社会的经济组织》，[美]斯坦福大学出版社，1972年，第47～77页。

③ 俞福海主编：《宁波市志》（上），北京：中华书局，1995年，第57页。

力极盛时曾凌驾于沪、汉各埠金融业之上”[①]。

民国时期，宁波钱庄业迎来了黄金时代，据不完全统计，经营资本在六万块银元以上的大同行钱庄就有三十六家，小同行钱庄及现兑行钱庄更是不计其数，至今还有牌号记载下来的也有四百余家之多。“北有票号，南有钱庄”是这一现象的真实写照。

2. 江厦的“钱行街”是当时宁波钱庄的集中地

宁波是近代东南沿海的重要金融中心。当时，江厦街有“钱行街”的美称，商行密集，生意兴隆，成为宁波乃至浙东十分有影响的金融商贸区。“江厦街这种集金融、商贸、物流、航运和码头于一体的繁荣景象，在全国都极为少见，所以影响力非常深远”[②]。

专栏6-6　宁波江厦街区是当时宁波的金融核心区

供给创造需求。经济的发展对大额资金的需求日益旺盛，由此产生借款需求，即对资金要素产生庞大需求的市场，反过来又使宁波个体民营商人创造了银行业对资金的有效供给。市场需求与有效供给相辅相成，缺一不可。

一般而言，涉足钱庄、典当行、银行等金融业，首先必有雄厚的启动资金和充裕的流动资金，其次必须有对资金要素产生庞大需求的市场。遥想当年，江厦街车水马龙、商贾云集、人流不息，使得原本一条滨临三江口的江厦钱行街一跃而成为宁波的金融核心区。

清朝乾隆年间，宁波城区江厦街一带已是钱庄林立，资金汇拨、银钱出纳高度集中在一起，很早就形成了货币兑换、资金拆借、利率、汇率等金融市场。当时，“钱庄业是宁波地区最具特色的行业组织之一”[①]，宁波钱庄多吸收商人存款，并代收票据，政府公款也有一部分存入银号，均为往来存款。

黄金、银元、铜币集聚账面和柜上，钞票、汇票有物主携之而往来穿梭，时间在分秒中流淌、价值在时空中升值，经济因金融的不断“输血”而生机倍增、资本因借贷的往复而不断增殖，有形和无形的价值堆砌在江厦街面，显现了有形和无形的高调与奢华。

从《南京条约》后宁波被辟为“五口通商”的口岸之一开始直到

①② 柴隆、潘瑶菁：《江厦观潮》，宁波：宁波出版社，2017年，第11页。

1949年，江厦金融街区在宁波经济中发挥重要的作用，其功能、作用和地位比肩今天东部新城的宁波国际金融中心。于今，遗迹尚存，钱业会馆成为最具标志性的建筑，凝聚了昔日的繁华。

注：①傅璇琮主编，王幕民、沈松平、王万盈著：《宁波通史》（民国卷），宁波：宁波出版社，2009年，第309页。

3. 典当业得到发展

典当业是世界上最古老的行业之一，也是最早的金融贷款形式。宁波在宋朝时期就存在典当业务，它是以收取典押物作为放款依据的信用业务。清朝时期，政府鼓励有雄厚经济实力的巨贾涉足典当业，并以法律形式规定其质押的年息利率，为资本所有者获取一定的利益提供法律保障。

康熙二十二年到道光十年（公元1683～1830年）的一百多年时间里，宁波府城的典当业不断发展，在清朝中叶进入鼎盛期（见表6–43）。典当业因息获利，既为政府征收税银提供了有效载体，又为民营经济发展起到了缓解资金困难的作用。

表 6-43　　晚清时期宁波典当业发展概况　　单位：家

<table>
<tr><th>年号、年间 / 时间</th><th>所在地域</th><th>资本金</th><th>当铺数量</th><th>当铺名称</th><th>发展缘由及路径</th></tr>
<tr><td rowspan="2">道光十年 / 公元 1830 年</td><td rowspan="4">鄞县</td><td rowspan="2">> 百万银元</td><td rowspan="4">23</td><td>惠安</td><td>后来在宁波城乡各地开设惠安当、生泰当、惠生当、惠裕当、甡源当、惠然当等当铺</td></tr>
<tr><td>丰长</td><td rowspan="3">不详</td></tr>
<tr><td>同治十年 / 公元 1871 年</td><td rowspan="2">不详</td><td rowspan="2">不详</td></tr>
<tr><td>光绪三年 / 公元 1877 年</td></tr>
<tr><td>咸丰年间</td><td rowspan="2">余姚</td><td>5 万银元</td><td>1</td><td>宝源当</td><td>萧山富商陈以升开设，营业额 30 万银元</td></tr>
<tr><td>光绪初年</td><td></td><td>1</td><td>益源当</td><td>由陈以升增设</td></tr>
<tr><td>同治七年 / 公元 1868 年</td><td>慈溪浒山</td><td></td><td>1</td><td>谦泰当</td><td>由镇海小港李家钱业集团与浒山胡建新合股投资 12 万银元</td></tr>
<tr><td>同治九年 / 公元 1870 年</td><td>慈溪道林</td><td></td><td>1</td><td>吉安当</td><td>不详</td></tr>
<tr><td>光绪元年 / 公元 1875 年</td><td>镇海</td><td>4 万银元</td><td>6</td><td>祥丰当</td><td>后开设恒祥、豫成、宝成、阜城、洽元等 5 家当铺，资本金各 3 万银元</td></tr>
</table>

注：惠安、丰长是23家当铺中开业历史最长的两家。

资料来源：根据傅璇琮主编，乐成耀著《宁波通史》（清代卷），宁波出版社，2009年，第203～204页的相关内容整理。

（三）宁波个体民营金融业从钱庄向近代银行转型的基础条件与路径

1. 以存贷款作为钱庄的主要业务

当时，钱庄结构简单，大同行、小同行和现兑庄等不同形式均发挥不同作用（见表6-44），其以工商经济为主要服务对象，进行存贷款、同业拆借、货币兑换和货币买卖等主要业务。

表 6-44　　清末时期宁波民营钱庄业交易方式及发展概况

钱庄形式	交易范围与方式	行业要求	职业特点与职能作用
大同行	不进行货币兑换业务，仅从事划拨清算、存贷款业务，周转资金	初期进入资本金为一万元以上	“把持同业公会，左右钱业市场，统揽过账制度，”同时，决定金融行业的规章制度
小同行	交易存贷款、货币兑换业务，周转资金	初期进入资本金为一万元以上；认定一至两家大同行为业务上家	进入同业公会，可在钱业市场内经办业务
现兑庄	银钱兑换、货币买卖，并兼营他业	初期资本金在数百元至万元间	未进入同业公会，其业务“一般由烟杂店经办，叫烟纸现兑，这是现兑庄中的最低层次”

资料来源：根据傅璇琮主编，乐成耀著《宁波通史》（清代卷），宁波出版社，2009年，第200页的相关内容整理。

2. 钱业业务和服务范围进一步扩大

①钱业业务遍及宁波内地主要商业城市。民国时期，除江厦街的钱业业务外，“宁波钱业在省内的杭州、温州、绍兴、金华。省外的上海、武汉、天津、营口等城市都有放款”[①]。规模较大的钱庄，除办理存款、贷款业务外，还可发庄票、银钱票，凭票兑换货币，对宁波、长三角区域及相关商业城市的民营经济发展起到了重要的推动作用。

②资金要素助力民营企业家不断拓展市场。当时，小钱庄仅仅从事兑换业务，在一定程度上起了资助宁波商人扩大国内和海外市场的作用（见表6-45），在中国近代金融发展史上占据重要地位。

① 傅璇琮主编，王幕民、沈松平、王万盈著：《宁波通史》（民国卷），宁波：宁波出版社，2009年，第309页。

表 6-45　　民国时期宁波城区钱庄业发展概况

时间	钱庄数量（户）	资金数额（万元）	备注
1931 年	160	≈ 386	包括大同行、小同行、现兑庄
1934 年	93	≈ 350	其中：钱业大同行 30 余户
1935 年	≈ 60	不详	—

数据来源：根据傅璇琮主编，王幕民、沈松平、王万盈著《宁波通史》（民国卷），宁波出版社，2009年，第309页的相关内容整理。

3. 银行取代钱庄是宁波近代金融业实现转型的重要标志

①由钱庄业转型为近代银行势在必行。当时的货币制度落后于西方国家，仍然实行银钱并用的货币体系，以钱庄、当铺、票号为主的金融机构主要以高利贷为信用形式。同时，早期的钱庄业务以银钱兑换为主，钱庄业务已经越来越不适应近代经济社会发展的需要。

②实现了金融方式的创新。据史料记载，光绪二十三年（公元1897年），“由宁波人严信厚、朱葆三、叶澄衷、陈淦参与投资、经营的中国第一家民族资本银行中国通商银行在上海成立，并发行银两票与银元票等兑换券”[①]，宁波籍人士创立中国通商银行，标志着由钱庄业向近代银行的转型。

其后，随着一批近代银行的建立和在宁波设立分支机构，标志着其金融方式创新的成功，而近代银行作为新型金融业态落户上海，为进一步推动经济发展和沪上宁波商帮的崛起奠定金融基础。

③“宁波帮”名人陆续创办民营银行。“宁波帮”名人虞洽卿曾经上书慈禧太后，建议创办中国人自己的银行。1908年，宁波商人在上海开办四明储蓄银行，成为中国真正的民营银行。其后，宁波民营金融人士在上海创办了数家民营银行（见表6–46），扶持举步维艰的中国工商业。

表 6-46　　20 世纪初“宁波帮”在沪上创办的民营银行

创办人	银行名称
秦润卿	棉业银行
邬挺生	上海百货银行
严叔和	上海女子银行
黄楚九	上海日夜银行

资料来源：根据相关内容整理。

① 傅璇琮主编，乐成耀著：《宁波通史》（清代卷），宁波：宁波出版社，2009年，第205页。

一战后，中国的银行业开始有较快的发展，银行逐步成为金融业的主体，钱庄、票号等相应退居次要地位，并逐步衰落。

第七节　宁波近代民营商帮不断崛起

近代民营商帮不断崛起是宁波民营经济最大的发展成就，宁波籍工商实业巨子所形成的社会阶层标志着近代民营商帮的崛起。买办是上海“五口通商”的产物，也是宁波籍工商业阶层崛起的代表，更是与国际惯例接轨的先知先觉者。近代宁波商帮崛起于上海滩，是宁波对外开放最重要的成果之一。

宁波商帮完成了资本的原始积累，成为推动近代转型的重要力量。在对外开放的过程中，“宁波帮”实现由个体向群体的转变、由“自商”、传统商人向新式商人的转变，对宁波、上海、北京、天津、苏州等埠外城市，乃至整个中国近代经济社会发展产生重要影响。

一、宁波商帮的发展路径与特点

乾隆、道光年间后，宁波近代资本主义生产方式不断发展，港口贸易日渐兴盛。“五口通商”后，近代化和城市化进程不断加快，为民营经济提供了重要的发展契机。以“宁波帮”为代表的甬商群体是市场经济的先知先觉者，其足迹遍布海内外。

（一）宁波商帮简称“宁波帮”

1.“宁波帮”形成的重要标志

①宁波籍客商散居相关地域。在北京、上海、天津、苏州、汉口、常熟等客居地形成了会馆等帮会性质的商人团体，即是宁波民营商帮的雏形。当时，北到北京、南到温州、西到汉口，散居在各地、名称各异的宁波会馆陆续兴建。其中，以在明朝万历天启年间兴建的鄞县会馆最为有名。

②北京的宁波籍客商设立“鄞县会馆”。明朝万历到天启年间，宁波商人在京城设立“鄞县会馆”，这是“宁波帮”作为一个商业群体的形成标志，而到了

清初，慈溪人又设“浙慈会馆”，全称是“浙江省慈溪县成衣行业商人会馆”。

2.“宁波帮”的地域特色

当时，宁波“商人最主要的构成是农民和破产手工业者，但也有贵族官吏、地主兼营商业。在清代前中期，宁波商人纷纷出外寻求发展”[①]。他们以乡谊为纽带、以商贸业为载体的商业帮会已然形成。

明末清初，宁波人从事钱庄、航运业、渔业、海产、药业、金属加工、缝纫业，获利甚丰，经济实力雄厚（见表6-47）。“所谓宁波帮，原本是指明清以来浙江宁波府属鄞县、慈溪、镇海、奉化象山和定海（今之舟山市）六邑的地域性商业集团。”[②]

表 6-47　清朝早中期宁波民营商帮拥有资产概况　单位：万两白银

年号 / 年间	县域及商贾姓氏	资产载体	资产规模
康熙至道光时期	慈溪董氏	经营航运业、贸易业、沙船业、中药业、盐业等行业	达数十万
乾隆年间	鄞县王世荣	“经营长芦盐的大盐商和经营对日铜料贸易的大铜商”	不详
乾隆至道光年间	镇海县胡允善	“列肆半天下”	不详
道光时期	慈溪费三堺	30 艘承运漕粮的宁波船造价为 20 万两白银 + 近千船员的工资	30 ~ 40
咸丰年间	慈溪冯氏家族	冯氏家族“是当时朝野上下都有所闻的著名巨富商家”	2000

数据来源：根据张守广《宁波帮志・历史卷》，中国社会科学出版社，2009年，第81 ~ 82页的内容整理。

狭义而言，“历史上大部分时期的宁波帮主要指清代乾隆以来宁波府旧属鄞县、奉化、慈溪、象山、定海、镇海及相关的南田等县在各地活动的工商业者，以血缘、地缘关系为基础，结成的地域性商人群体”[③]。这对巩固血缘关系，抵御经营风险具有重要的作用。

---

① 乐承耀：《宁波经济史》，宁波：宁波出版社，2010年，第248页。

② 戴光中：《总序》，2009年6月21日。来源于张守广：《宁波帮志・历史卷》，北京：中国社会科学出版社，2009年，第1页。

③ 张守广：《宁波帮志・历史卷》，北京：中国社会科学出版社，2009年，第11页。

（二）甬籍宁波个体从业者赴域外发展

1.“五口通商”后宁波港口的枢纽性作用下降

一方面，适逢近代“五口通商”的开放之机，一大批甬籍的宁波个体从业者从渡口上船，远赴他乡，到异地寻求发展之机。另一方面，“五口通商”后，宁波作为港口型商贸城市，随着上海的开埠而使宁波港的枢纽型地位下降。

由于运输成本的上升和“蒸汽机船的出现，确实剥夺了宁波作为商品集散地的作用，加上宁波的腹地浅，对船载商品难以提供广大的市场”[①]，更由于杭州在1896年的《马关条约》而成为通商口岸后，宁波作为中继港的地位在下降。

2. 一大批宁波个体民营商人远赴上海等地谋生

当时，很多宁波人远赴他乡寻求新的发展机遇与空间。在宁波镇海，一百多年前这里只有一条航线通往上海，民国时代宁波第一代实业家虞洽卿、包玉刚当年都是从这里走出家乡去外埠打拼，到上海等城市去谋生。

在以上海、杭州为引领的长三角地区、在以天津为引领的北洋地区、在以汉口为引领的中原地区，更多宁波籍商贸人士奋力拼搏，在茫茫商海不断寻得发展之机。他们以其个体的力量，在各自领域奋力拼搏而渐有成就。其后，他们纷纷投资兴办近代工业企业，以此为代表的众多在工商界功成名就的宁波籍人士成为日后闻名世界的“宁波帮”群体。

二、“宁波帮”在中国近代工商业版图上强势崛起

沪上的宁波籍买办[②]群体是中国近代化进程中的先知先觉者。“五口通商”后，买办作为新式商人的代表，他们在贸易规则和具体实务中与国际惯例接轨，

① [日]斯波义信著，方健、何忠礼译，虞云国校：《宋代江南经济史研究》，南京：江苏人民出版社，2001年，第502页。

② 买办是指1800～1910年帮助欧美国与中国进行双边贸易的中国商人。这类被外商雇用之商人通常外语能力强，一方面可作为欧美商人与中国商人的翻译，也可处理欧美国家商界与中国政府之双向沟通。“买办”从本质上讲是经纪人，是我国经纪人和经纪业发展史上的一个特殊的阶层，他们是殖民地半殖民地国家中，替外国资本家在本国市场上服务的中间人和经理人。鸦片战争后，废止公行制度，外商乃选当地中国商人代理买卖，沿称买办。其性质既是外商的雇员，也是独立商人。之后，外商为了减少买办的中间佣金，逐渐采取与中国人直接交易的方法，买办遂转化为单纯的外商雇员，称“华经理”或“中国经理”。同时，他们还可自营商铺，因此致富者颇众。

逐渐在上海滩上形成宁波籍买办阶层，并完成资本的原始积累而成为推动近代转型的重要力量。

（一）“宁波帮”是新式商人的代表

“五口通商”后，上海较之于宁波开放程度更高。不断有相当数量的宁波人在外国商行中谋职，其中的佼佼者，由于天资聪颖、头脑灵活，更由于会说“洋泾浜英语”，他们与老外打交道如鱼得水。

在学者看来，“宁波帮”是“以从事钱庄、航运业、渔业、海产、药业、金属加工、缝纫业为其特色，他们通过在国内、海外开设会馆、公所的活动，向人们展示了宁绍帮的强大凝聚力”[①]。

他们在生意场上陆续充当起代理人、掮客等商务角色，在上海滩形成了一个以宁波籍、说宁波话为特点的工商群体，形成了以“宁波帮”为代表，且与洋商为一体、生意上互存共荣的新式商人。

（二）买办是新式商人群体

1.“共商”生意

原来在本土做生意，就国籍而言，是与自己人打交道，是一种“自商”行为，现在同样是在本土上与洋人打交道、做生意，是一种“共商”行为，历史学家将其称之为“买办”。在当时情况下，“买办”成为中西方交流的桥梁。

2. 协办洋务

买办是中国近代化的产物。上海开埠后，一大批外国人进入中国。来到上海的宁波籍买办最先是洋行的职员，替洋人办事，被外商雇佣，或依附于外商的生意，或服务于外商，与洋人一起做生意，为洋行服务，从洋人身上学习经营方式和管理理念，具备了国际化的视野。

3. 投身商务

当时，宁波籍买办与外商一道，生意共谈、风险共担、利润共享，在生意中学习做生意，在规则中学习遵守规则。他们其中的很多人后来“跑单帮”，成为

---

① [日]斯波义信著，方健、何忠礼译，虞云国校：《宋代江南经济史研究》，南京：江苏人民出版社，2001年，第472～473页。

某一行业的名商巨贾而成为买办，把生意从海内做到海外。

（三）沪上崛起宁波籍买办阶层

1. 上海滩上形成宁波籍买办阶层

宁波籍买办与外商一起，在工商业实务领域经受历练，获得西方先进的管理理念和技术，即使成为大买办，也依然恪守“诚信为本，义中求利”的经营之道。

“宁波帮”的标志性人物叶澄衷，最先在黄浦江上摇舢板，后来因为偶然的机会跃入商海，最终成为沪上经营钢铁、火油、煤炭等各类现代工业的大买办，这些佼佼者成为宁波籍工商业阶层崛起的代表。

专栏6-7 “美孚灯”成就宁波籍民营巨商叶澄衷

煤油适合照明用油，称之为“洋油”，顾名思义，它是靠洋人进口来的。实际上，从1843年开埠到19世纪七八十年代，我们很多时候用的都是“洋油”，后来改称煤油，用煤油点灯，先前称“美孚灯”，后来称煤油灯。

追溯到19世纪的四五十年代，对于依然停留在自然经济、自给自足状态下的中国人来说，当时用煤油灯是一件时髦的事，但也是必须要花钱的事，很难一下子被其接受。宁波民营商人叶澄衷首先给家家户户免费送一盏美孚灯，甚至送一壶油，让消费者在使用中积累口碑。一夜之间，油和灯就推广开了，很多人、很多行业，到了漆黑的夜晚也可以开工，延长了工时、提高了效率。可以说，叶澄衷推出的美孚灯照亮了半个中国。

卖煤油灯不是他唯一的生意，叶澄衷在长江中下游遍设五金商铺分号，利用五金店建立起来的自行销售渠道，把美孚煤油从上海虹口码头源源不断地运往全国各地，在获得巨额利润后，他用这部分资金投资开办火柴厂、缫丝厂等工厂，成为当时实业界的领袖人物。

他们在沪上生意场上呼风唤雨、纵横捭阖，不但创造了经济奇迹，获得了可观的收入，还成为推动上海经济社会和文化进步不可或缺的重要力量。

2. 完成资本的原始积累

宁波籍买办成了“西风东渐”后腰缠万贯的成功商人群体，标志着以宁波商人为代表的中国新式商人实现了从“自商”向“共商”的转变。

鄞县人杨坊，曾供职于怡和洋行，后埋头实业，与外资分享利润，完成了资本的原始积累（见表6–48），使其成为中国近代工业化资金的重要来源之一。

表 6-48　　清末宁波籍商帮财富积累概况

年号、年间 / 时间	代表人物	财富数额
光绪二十五年 / 公元 1899 年	叶澄衷	800 余万两白银
	虞洽卿	500 万银元
	严蕉铭	数百万银元资产（具体数额不详）
	叶星海	
	王铭槐	> 百万银元资产

资料来源：根据乐承耀《宁波经济史》，宁波出版社，2010年，第295页的相关内容整理。

（四）“宁波帮”的崛起推动了中国近代工商业进程

1.“宁波帮”是近代工商企业家群体

①宁波人聚集民国时期的上海。出门在外的宁波人以乡情为纽带，以商贸交流为载体，承载了开拓进取、善于创新、求真务实、坚韧不拔、诚信和谐等具有浓厚人文底蕴的甬商文化。当时，“1920年，上海公共租界共有华人68万，而其中宁波人竟占40万人之多”[1]。很多宁波人在上海滩上坚守自己擅长的工商业领域，以谋求更大的发展空间。

②“宁波帮”的崛起源于人才、资金等要素优势。“宁波帮”以地域与亲缘关系形成的商帮及之发挥的作用与显现的实力，在于这一群体“充分发挥人才、行业、资金和资源等方面的优势，成功地实现从传统商帮向近代工商企业家的群体性转型，成为推动中国社会经济形态向近代化发展的一支重要力量”[2]。

专栏6–8　“宁波帮”是具有宁波特色的商业集团

“宁波帮”群体借势谋事，善于打拼、敢作敢为，通过钱业、银楼业、糖业、保险业、绸缎业等实业（近代旅沪的宁波帮的七个同业公会的印章印证

① 《宁波商帮》，中国网，2005年2月5日。来源于网页：http：//www.china.com.cn/chinese/zhuanti/qkjc/779227.htm。

② 傅璇琮主编，张如安、刘恒武、唐燮军著：《宁波通史》（史前至唐五代卷），宁波：宁波出版社，2009年，第9页。

了这一史实）救国，崛起了一大批商贾巨子，事业有成的有2000多位。

“1874年，庄启霖、王先祖、庄州泉合资在城区东门开设二妙春钟表店，光绪初又在双街开亨得利钟表店，后在杭州、上海、天津等地设亨得利分店。”①

经过多年打拼，甬商在杭州创办实业，一时风生水起。“金润痒开办的华通杭州分公司，竺梅先和金润痒创建的华丰造纸厂，孙蘅甫投资的杭州绸缎庄，秦润卿和王伯元创办的中国天一保险公司杭州分公司，还有杭州钱业公会……这些杭州当年响当当的商业名号，皆为甬商创办。时至今日，‘方裕和’仍是杭城的百年老店之一，其创始人就是来自宁波镇海的方式家族传人方仰峰。方氏家族是名门望族，也是近代上海商界之翘楚。”②

注：①俞福海主编：《宁波市志》（上），北京：中华书局，1995年，第65页。
②程鑫：“浙东运河让杭甬两地紧密相连”，《东南商报》，2014年6月18日，第8版。

2. 宁波籍近代工商业巨子云集

穆炳元是上海“宁波帮”中的第一个买办，以他为引领，很多宁波人投身外国商行，如上海的五金大王叶澄衷、煤炭大王刘鸿生、汉口的头号商人宋炜臣，还有被称为“宁波帮”开山鼻祖的严信厚、“买办中的买办”朱葆三等。

后来朱葆三闻名上海滩，他又创办了一大批近代工商、航运、金融企业，并积极投身辛亥革命，担任上海都督府财政总长、上海总商会会长等要职。

在旅沪的23位“宁波帮”人士中，就有“超级大亨”虞洽卿、“国货大王”方液仙、“娱乐大亨”黄楚九、“建筑大王”张继光、“灯泡大王”胡西元、小港李家的后人李咏裳和上海呢绒工厂业同业公会主席陈贤本等。

（五）“宁波帮”的创业路径与发展成就

1. 掘得人生第一桶金

从鸦片战争到十九世纪末，以“五口通商”为载体，随着内外开放程度的不断提升，宁波得开放之先河，宁波商帮在新兴的对外开放领域迎来重要的发展机遇，如通过买办的途径，以内外商贸流通融合的方式，将外商的生意与自身的生意捆绑在一起。其中，以上海第一个买办之称的定海人穆炳元最具代表性。

专栏6–9　抢抓发展机遇是宁波民营企业家早期人生的重要经历

民营实业家王启宇于1913年创办了上海达丰染织厂，从最初只有两只染缸的小作坊，最终发展为中国规模最大的自纺、自织、自染、自漂、自印花、自整理的纺织联合企业，成为名副其实的中国机器印染先驱。而改变他人生的是其父曾经为身染重病的洋人治病，洋人为报救命报之恩，决定推荐王父去上海一家荷兰人开的和兴洋行供职。于是，王启宇随着父来到了上海。

在上海，他在圣约翰大学求学后，因偶见英文书籍《丝光染色》中描述的棉纺丝光染色技术而倍感兴趣，棉纱本身不会有鲜艳的色泽，但经过烧煮、加工处理后，能够有色泽鲜艳的效果，售价也会比棉纱贵很多。而当时中国的染织业，由于漂染技术落后，还处在起步发展阶段，其色彩、图案都与洋货略逊一筹，以至于国货销路不畅，库存积压严重。

王启宇从中看到了商机，与其他合伙人投身棉纺印染工业，最终发展成为专营丝光线漂炼染色的“达丰染织厂”。“达丰染织厂”的技术、管理都走上正轨后，恰逢一战爆发，进口丝光线骤减，行业产品出现空档，这给丝光线漂炼染色为主业的“达丰染织厂”以难得的商机。

于是，王启宇筹集资金，购买土地，增设机器，扩大产能，新建棉纱厂，延伸上游产业链，生产出日后风靡全国市场的名曰“达丰卡其”的黄卡其，并在世界博览会上展出，极壮国货之声威。

专栏6–10　近代“宁波帮”的形成路径和兴盛特点

一、“借鸡生蛋”

宁波籍商人刘鸿生，是英商开平矿务局在上海的第一号买办，拥有开滦煤矿在长江下游的独家经销权，每年收入数十万元，被称为“煤炭大王”。他生意起步全靠英国商人帮忙出资，帮英国人做生意，不但锻炼了商业头脑，获得了先进的管理经验，而且挣得了人生的第一桶金，完成了早期资本的原始积累。其后，他又和其他商号联手做起了自行销煤的生意。

二、“借船出海”

宁波商人在上海滩发展的历史，实际上就是中国民族产业的发展史。他们供职于外国洋行，首先帮外国人打开中国市场的产品销路，摸到生意的门路后，另起炉灶、自行创业，将学习到的经商经验、市场需求和现代化的工艺相结合，在已经开拓的市场上销售中国人自己生产的产品，这一批人既是产业的开拓者又是生意的践行者，是“借船出海”的首倡者。

而对于甬籍沪商而言，他们既借外国人的船出海，也借乡邻的船出海，借乡情之谊成就生意，相同的口音、相同的习俗、相同的追求，即使不是生意往来，在上海滩上碰到宁波口音的家乡人也可以无障碍地交流。而在生意场上，正是因为这种以乡情为基础、以血缘和地缘为纽带，无形之中连接了四面八方的甬籍商人，形成了团结互助、一方有难可得八方支援的乡情网络。

叶澄衷帮助朱葆三扩大经营店面，使朱葆三经营的业务不断地扩大，从而确定了其在沪上生意江湖的地位，掌握着对上海各钱庄拆放钱款的大权。同时，他们也借官府这条“船”，随着经营业务的不断扩大，商人们想要把产业做大，打通其与官府的关节就显得尤为重要。

三、“借钱生钱”

在上海的宁波籍商人走的是一条先在外国洋行做伙计、自己另起炉灶干实业、由实业转而经营金融等虚业的路径，逐渐实现由实业商人向金融商人的转型。体现如下特点：

独立性。他们在商海里打拼，经过多年的努力已经各有一片属于自己的天空。

实力性。他们通过各种方式掘得“第一桶金”后，完成了资本的原始积累但并没有因此歇手，回老家置地买房，而是不断进军商海，在生意上顺风顺水，实力大增，在商场里挣得了话语权。

现代性。作为上海开埠后与外部世界打交道的第一批人，他们在与外商的交流中，不但保持了传统儒学教化下的宁波商帮的中国商人优秀品质，而且还从外商身上学到了现代化的营商理念和管理办法，在口语上能够与老外无障碍地交流。他们不仅具有商业头脑，而且具有国际化视野。在赚钱的过程中，也实现了中国传统商人向近代民族工商业者的转型。

就银行而言，中国人头脑里的概念是钱庄放钱、钱生钱，但脱胎于钱庄的银行，具有将资本性与现代性融为一体的特性，而当这种特性与沪上的商业需求结合的时候，银行的生意不想做大都不行。

四、“借誉生财”

《辛丑条约》签订后，中国给八国列强赔款，上海当时作为对外的重要口岸，全国各地的赔款银两皆集中于此。庚子赔款数额巨大，且保管期限又长，而上海道台又是朱葆三的老朋友，于是，道台聘请朱葆三做总账房。朱借此之便，将银两用于生意拆借，渐渐地生意越做越大，“慎裕五金号”逐渐变成“超级钱庄”。他本人亦成为上海滩上的金融巨子，最后他出钱捐了个三品官，实现了由商人到官员身份的转换，变成第一代绅商，亦成“宁波帮”买办群体的引领式人物。他结交官场人士和亦官亦商的身份，使其在上海商界已经成为举足轻重的角色。

在商界中最令同行称道的是他的信誉，信誉成了他个人人品和行商能力的金字招牌。凭借其招牌效应，他参与创办了中国第一家银行、第一家华商保险公司、第一家华商轮船公司、第一个信托公司，后以其雄厚的经济实力，投资参与了工商业、金融业、航运业、公共事业等近百家企业。

五、“借机谋事”

继《辛丑条约》签订后，英国提出了修订商约谈判的要求，宁波帮人士严信厚在盛宣怀的提携下，牵头成立上海商业会议公所并且任总理，成为中国近代商会组织的开创者。其后，朱葆三、周金箴、虞洽卿、秦润卿等一批宁波帮的头面人物，都曾在上海商会当中任要职。

上海商会成为沪上宁波帮人士融乡情和生意于一体的“桥头堡”，由此确立了“宁波帮”在上海这个中国近代最重要的经济中心的霸主地位。

2. 成为中国第一商帮

宁波开埠后，随着列强在宁波攫取经济特权，“宁波迅速卷入世界资本主义市场。……通过外国人居留地吸收了大量的资本和先进技术，沟通了宁波与世界各国的联系，促进了宁波帮的壮大和形成”①。

从十九世纪末到二十世纪初，“宁波帮”在宁波及上海等其他城市凭借自己雄厚的经济实力、广泛的人脉关系和敏锐的经商眼光，陆续投资航运业、工业等实业领域和金融业等新兴领域，不断促进工业资本与金融资本结合，不断创办和经营现代企业（见表6–49），奋力拓展工商业版图，经营业务辐射长三角和中国内地，生意遍及海内外。

① 傅璇琮主编，乐承耀著：《宁波通史》（清代卷），宁波：宁波出版社，2009年，第68～69页。

表 6-49 晚清至民国时期“宁波帮”十大标志性人物创业路径与成就

年号、年间 / 时间	姓名	籍贯	创业路径	创业成就
咸丰四年 / 公元 1854 年	费纶志	慈溪	集银 7 万两，向英国购买轮船	中国第一艘轮船
	李也庭、盛植管	镇海		
同治元年 / 公元 1862 年	叶澄衷	镇海	在上海开设五金洋杂店，后在全国设立分号 38 家，联号 108 家	华人首家五金洋杂店；叶澄衷被称为“五金大王”
光绪二十二年 / 公元 1896 年	鲍咸昌、鲍咸恩等	鄞县	创办商务印书馆	我国近代史上规模最大、贡献卓越的大型出版企业
光绪二十三年 / 公元 1897 年	严信厚	慈溪	在上海创办中国通商银行	中国第一家银行
	叶澄衷	镇海		
	朱葆三	定海		
宣统二年 / 公元 1910 年	王才运	奉化	在上海南京路创设荣昌祥呢绒西服号	上海西服业的鼻祖，中国第一套中山装在此诞生
民国元年 / 公元 1912 年	方液仙	镇海	在上海创办化学工业社、日用化工厂	“国货大王”、中国第一家日用化工厂、中国日用化工的奠基人
民国四年 / 公元 1915 年	虞洽卿	镇海	创办总吨位 9.1 万多吨的商办航运企业	当时全国最大的商办航运企业
民国十一年 / 公元 1922 年	董杏生	镇海	开办了上海静安寺到曹家渡的公交汽车线	中国第一家公交汽车线
民国十二年 / 公元 1923 年	周祥生	定海	开办上海祥生出租汽车行，至 1937 年拥有分行 22 处，出租车 230 辆	居上海出租车业之首
民国十九年 / 公元 1930 年	刘鸿生	定海	创办大中华火柴公司，其产量占全国 1/4，后在全国兴办十几家企业	“煤炭大王”“火柴大王”“企业大王”

资料来源：根据相关资料整理。

3. 商帮群体遍及海内外

①经营业务从北到南。清朝中期，宁波民营商人主要从事沙船业、航运业、钱庄业、中药业、成衣业、盐业和邮递业等行业，业务范围遍及环渤海区域、长三角区域和以汉口为中心的中部区域。

据史料记载，“不少宁波人开始在上海、汉口、天津等地经营新式企业，形成了富有影响的宁波帮”[①]。他们在清末民初的生意场上，攻城拔寨、奋力开

① 傅璇琮主编，乐成耀著：《宁波通史》（清代卷），宁波：宁波出版社，2009年，第144页。

拓，不断兴办实业（见表6–50）。

表 6-50　　清末宁波籍商帮概况

城市	宁波商帮代表人物	从事的行业或产业
宁波	杨坊、蒋德镛、叶澄衷、虞洽卿	杨坊投资进军航运业；蒋德镛制造轮船；叶澄衷创办的宁波轮船公司的船舶“在长江流域、上海至宁波及上海至北方各港口航行”；“虞洽卿等人合资创办宁绍轮船公司”
上海	叶澄衷、虞洽卿、朱葆三、王槐山	叶澄衷的航运业
	方介堂、李也亭、叶澄衷、秦君安、董棣林、许春荣（原镇海人）、严信厚	钱庄业；这些“甬商不仅在上海拥有大量钱庄资本，在天津、汉口、北京也都拥有钱庄，投入不少资本”。严信厚创办中国通商银行，虞洽卿、朱葆三投资成立四明银行
天津	王铭槐、严信厚、叶澄衷、严蕉铭	王铭槐“任德商泰来洋行买办，经营进口军装、军火和机器生意，后接任俄国道胜银行买办”；严信厚设立同德商号，“开办源丰润票号，并开设新泰银号、物华楼金店、老九章绸缎庄天津分号”；叶澄衷从事进出口业务，并“开设老顺记分号，并附设信裕公司，专做军服，还兼营地产买卖”
	叶星海	任德商兴隆洋行买办，从事进出口贸易
	李正卿、李祖才	任美商美丰洋行买办
	严蕉铭	任德商禅臣洋行买办，从事进出口贸易
汉口	汪炳生、史晋生、王柏年	“他们在洋行工作，控制火油、洋布、五金等日用洋货的经销”
	宋炜臣	创办火柴厂，投资机器厂、铜煤矿、军服厂、铜矿业、水电业
	阮雯衷	涉足豆粕业
	沈祝三	创办建筑业
苏州	叶澄衷、戴玉书	叶澄衷创办火柴分厂，“戴玉书经营苏州运输业和信局业务”
	慈溪人（姓氏不详）	开办沐泰山、童葆春药铺、茶食糖果号、余昌钟表眼镜行

资料来源：根据乐承耀《宁波经济史》，宁波出版社，2010年，第294–302页的相关内容整理。

“以南帮船商为主体，辅以代办货物采购的庄客以及从事铺户贸易的坐商。他们通常把北方所产的货物及江浙的布帛等运来销售，同时又把包括台湾在内的闽广地区所产的木材、纸张、糖、果品等南货运到宁波和上海等地销售”[①]，其中涌现了一大批在各自领域颇有建树的民营商贾（见表6–51）。

① 张守广：《宁波帮志·历史卷》，北京：中国社会科学出版社，2009年，第51页。

表 6-51　　清朝早中期宁波民营商帮产业发展概况

产业	产业区域	商帮家族、人物姓氏及籍贯	经营范围 / 品种 / 商号
航运业	以上海、宁波、天津、山东、营口、福建、海南为中心的长三角地区、环渤海区域和南方地区	鄞县秦氏家族、吴氏家族；慈溪县董氏家族、费氏家族；镇海县小港李氏家族、乐氏家族	海产品、南北货、绸布、粮食、油料、建材、金属铜
贸易业	长三角地区、环渤海区域和中部地区	鄞县孙氏、李氏、黄同春等；甬商严信厚、卢氏；慈溪县董氏、费氏、严氏、俞氏、秦氏、罗氏等；镇海县郑氏	黄同春贩运绍兴黄酒、纸、食糖、生姜、紫菜、白鲞、白布、中药材；孙春阳创立苏州南货铺，自明万历到清朝年间，历经 300 年
沙船业	以上海、崇明为中心的长三角地区及南北两洋	镇海县小港李氏家族；慈溪县董氏家族	漕粮及货物运输；慈溪董棣林在上海开办“董萃记南北船号”，并往东北采购参药
钱庄业	以北京、上海等城市为代表的南北两洋地区	镇海县小港李氏家族；慈溪县罗陶、罗镜涵；镇海县方仁照；鄞县赵朴斋	在北京经营四恒号（恒兴、恒利、恒和、恒源）钱铺；镇海商人方仁照在上海开设同康钱庄、同裕钱庄
中药业	温州、北京、苏州、上海、广州、绍兴、杭州、临海、东北	慈溪县叶新培、乐氏家族、沐尚玉、童善长、钱树田、方庆彩和方庆禄兄弟、叶谱山、董棣林	叶新培在温州开设同仁堂；乐氏家族创办同仁堂、在北京开设万全堂药铺；沐尚玉在苏州创办沐泰山药铺；童善长在上海创办“童涵春国药号”；钱树田在广州创办“敬修堂制药作坊”；杜景湘在绍兴创办“震元堂药店”；张梅在杭州创办“茂昌药房”（后更名为“张同泰药号”）；在临海开设“万盛药号”；叶谱山在杭州开设“叶种德堂”；董棣林在上海及东北经营人参、中药材
成衣业	北京、苏州、天津、汉口	以慈溪县人氏（姓名不详）为多	慈溪人在北京建成衣食会馆“浙慈馆”，北京等地已有宁波人开设的裁缝店
盐业	天津、直隶（今河北）、台州、嘉善、天台	鄞县王世荣；慈溪县严氏家。族、董氏家族；镇海郑氏家族鄞县江氏	经营食盐业，郑氏家族岱山贩鱼盐、内地贩谷米；王世荣将宁波长芦盐场的食盐贩运到环渤海区域销售，同时经营对日本的铜料贸易

续表

产业	产业区域	商帮家族、人物姓氏及籍贯	经营范围 / 品种 / 商号
民信业	长三角地区及南北洋沿江沿海区域	鄞县人氏（姓名不详）创办民信局	“民信局又称新局，是宁波帮商人创办的一种民间邮递组织，其业务主要是为社会各界特别是商人邮递银信包裹等物，兼营汇兑业务”
粮食业	四川、湖北、湖南、江浙、福建和广东	定海县严殿先；鄞县袁丕营	将丰产区域的大米贩运宁波
木材业	福建	镇海县胡仁治	将福建等地的木材贩运到宁波
食糖业	上海	宁波方氏	在上海经营制糖业
棉织业	松江、上海、南北通州	镇海县谢子敬；甬商钱、林二氏；慈溪县周元阳、张世德；镇海县朱传纶。	谢子敬将松江的棉纺织业向上海及南通一带转移，将上海变成棉织业的集散中心；钱、林二氏在上海创办“林大成布店”；周元阳成为沪上布商；朱传纶在南通收购花布并在上海设店经销
书店业	宁波	鄞县屠继序	在集市上创办书店
采矿业	鄞县	鄞县徐氏家族	经营矿业

资料来源：根据张守广《宁波帮志·历史卷》，中国社会科学出版社，2009年，第51～71页的相关资料整理。

②经商范围扩展至海外。随着对外开放的扩大、海内外经商环境的变化和重商主义的兴起，“宁波帮”思维和视野进一步拓展，形成具有宁波地域特色的商帮团体，其经商范围也从内地和沿海扩展到海外，将对日贸易作为商贸重点，获利丰厚，使其跃居于成为全国性的著名商帮而与晋商、粤商和闽商齐名。

三、“宁波帮”成为推动近代转型的重要力量

在近代化的过程中，“宁波帮”充分利用经济资源和社会环境等有利条件，投身工商实业活动，成为中国近代化的主导力量。近代“宁波帮”对宁波及上海、北京、天津、苏州等埠外城市的经济社会发展产生重要影响。

（一）以实业救国为己任，不断在商场觅得商机

开埠后的上海，面临经济社会文化乃至生活的全面转型，人口的增加、需求

的上升、生意的需要都对资源型的初级产品产生了巨大的市场，其中对煤炭的销售更是英商所必须考虑的大事情，英商的需要实际上成了在沪宁波商人的商机。

“宁波帮”作为老一辈的民营企业家，在经商、办企业、赚取的过程中，将“经济人”的理念追求与海内外经商环境相结合，善于借力助力，以娴熟的生意技巧，在商海中纵横捭阖、如鱼得水，成为推动经济社会发展的重要力量。

（二）将儒商义利观融汇于商品经济活动中，不断创造社会财富

1. 以儒商义利观为精神支柱

“宁波帮”作为新式商业群体适应了经济社会的变化需求。在他们身上，体现的既非中国传统文化笔下唯利是图的商人，也非靠家族式财团作派、搜刮民财的不良商人，而是基于自身的理想与追求与当时的现实环境，将自身生意与民众的需求、社会潮流结合起来，从中寻找生意的最佳切入点的精明商人。

2. 成为“儒”“商”合一的新式商人

“宁波帮”成为近代上海滩上的新式商业群体，这一群体诚信经营，非常重视商业道德，不义之财不取；注重合作，把传统美德和由市场经济滋生的新的道德观念有机结合起来，尊重人的价值，实行人格化管理；有较高的文化素质，“立己立人，达己达人”，具有较强的社会责任感；以服务于天下为目标，有对社会发展的崇高责任感，有品牌战略思想，能成功后反哺社会，由此确立了其在中国近代经济史上的霸主地位。

（三）以自立自强为动力，不断实现从传统商人向新式商人的转变

1. 以“洋泾浜英语”[①]便利与外商交流，不断走向国际化

“洋泾浜英语”是宁波人的发明。“洋泾浜英语”是推动“宁波帮”实现从传统商人向新式商人转变的重要基础。如今躺在“宁波帮”博物馆展厅里的《英话注解》就是由宁波人自己编著并用宁波话注音的第一本正式“洋泾浜英语”教材。

“宁波帮”创造了“洋泾浜英语”，拓展了与外界的交流渠道。宁波与世界

---

① 如今已消失的现在跟黄浦江隧道走向同向的小河河道，名曰“洋泾浜”，它是上海县城到英租界的必经之地，每天有很多的宁波商人与英国客商打交道，宁波人所说的带有阿拉方言味道的英语也就被后人称之为“洋泾浜英语”。

各国的联系不断加强，使其便于在生意中学习做生意，活学活用。因此，“洋泾浜英语”成就了“宁波帮”。

2. 投身实业，不断拓展发展空间以自立自强

在面对汹涌而来的外资和舶来品，其生意空间受到进一步挤压的状况下，他们通过经商、办实业，其所经营的业务不断扩大，打破了外资、外商的垄断局面，松缓和拓展了自身被挤压的空间，最大限度地释放自己的聪明才智。

在近代化浪潮中，“宁波帮”立足上海，其生意方式、规模及所涉及的产业程度，以及对当时经济社会产生的影响，皆为自立自强的非凡成就。在专守工商实业、遵守商业规则、增进社会福祉等方面不断努力，实现了从传统商人向新式商人的转变，获得了与外商平起平坐的经济和政治地位。

第八节　民营经济推动宁波经济体制与经济结构实现近代转型

随着商品经济的发展，宁波地区城乡商业体系和网络趋于完善，资本与产业融合发展的趋势越来越明显。商业资本与民营手工产业不断结合，商贸流通业与农业手工业产业融合发展的程度不断提高，宁波民营商贸流通业发展显现出近代化特征。

随着开放的扩大，内贸和外贸相互促进、协同发展，宁波民营商贸经济发展方式实现由以内向型为主向外向型为主的转变，宁波成为西方国家商品的倾销地和廉价原材料的来源地。

一、宁波民营商贸流通体系实现从自然经济向近代经济的转型

随着内外开放的扩大，借助便利的交通条件，宁波城乡商贸流通业体系进一步完善，个体店铺字号林立，府城成为重要的商业区域，城乡商贸流通体系的发展特点各异。随着资本和产业的不断融合提升，宁波商贸流通业的枢纽性地位不断提升。

（一）城乡商业体系的完善性不断凸显宁波府城商业街区的主导地位

1. 农业、手工业与商贸流通业的产业链完整

在历史学家看来，“宁波在18世纪商业的发展，是在它插手银行业而发展起来的”[①]。19世纪后半期，宁波地区的草帽制作、花边编织、棉织、渔网编织、裁缝业等农村副业不断发展，其商品化程度的提高依赖于商贸流通业的成熟业态和发达程度，才能将产品转换为商品，从而形成完整的农工商业产业链。

当时，宁波“奉化江和甬江东南部平原的农村经济，到清朝中期终于达到了成熟的发展状态”[②]。同时，流通的平台载体数量多。在宁波平原上，稠密的市场网遍布各地，“在慈溪县北部的杭州湾沿岸平原、镇海县的东南部、沿象山湾北部的边缘部，都有十分发达的农村市场”[③]，农副产品和手工业制品皆可通过交流的媒介转化为货币财富。

2. 商业店铺成为商贸流通业的重要载体之一

晚清时期，宁波商贸流通业走向兴盛（见表6–52），其南北物质交流的枢纽地位不断得到强化。尤其是中山路，即今天的中山东路和中山西路，是当年宁波的主要商业区域，它是昔日宁波府城的一张“名片”，不断显现昔日的繁华。

表 6-52　宁波晚清时期商业街区个体民营店铺概况　单位：元

<table>
<tr><th>店铺名称</th><th>所在街区</th><th>资本金</th><th>开业时间 / 店铺特点</th></tr>
<tr><td>舒天成德记百货店</td><td>东门外</td><td>5000</td><td>同治年间（1862–1874）/ 宁波最早的百货店</td></tr>
<tr><td>大有丰广货店</td><td rowspan="3">东大路</td><td>10000</td><td rowspan="2">同治年间（1862–1874）</td></tr>
<tr><td>查二妙堂文具店</td><td>8800</td></tr>
<tr><td>老三进鞋店</td><td>4800</td><td>光绪年间开业</td></tr>
</table>

① [日]斯波义信著，方健、何忠礼译，虞云国校：《宋代江南经济史研究》，南京：江苏人民出版社，2001年，第502页。

②③ [日]斯波义信著，方健、何忠礼译，虞云国校：《宋代江南经济史研究》，南京：江苏人民出版社，2001年，第503页。

续表

店铺名称	所在街区	资本金	开业时间 / 店铺特点
鸿仪斋钟表店	东门口	不详	光绪二年，即公元 1876 年，鄞县人孙延源在东门口开设
中日大药房			光绪末年开设的中日合资企业
寿全斋国药号			不详
源康布店			
董生阳南货店			
昇阳南货铺	鼓楼		“前店后场，现做现卖，以经营南北货为其特色”

资料来源：根据乐承耀《宁波经济史》，宁波出版社，2010年，第2472页的相关内容整理。

当时，甬江码头一片繁忙，曾有清朝人形容此番盛景：“走尽天下，不如宁波江厦。”到了晚清时更有“无宁不成市”的说法，生动地反映了元明清以来宁波商业街区的生机和活力。

3. 宁波府城成为重要的商业区域

①府城与各县域及乡镇成为重要节点。论规模和门类而言，宁波府城的市场无出其右，在中山路、江厦、药行街、半边街、后塘街、江北等商贸区域（见表8-2），店铺林立，种类繁多，主要经营百货、南北商品及外国进口商品。

②特色商贸流通区域众多。彼时，货不分南北、人不分东西，远近客商组成的人流和物流穿梭其间，熙熙攘攘、摩肩接踵。江厦街区、药行街、半边街和后塘街，以及江北商贸区域是当时宁波府城的特色商贸流通区域（见表6-53），在宁波近代民营经济中占有重要的地位。

表 6-53　　宁波晚清时期民营商业街区店铺及经营特色概况

商业街区	商业店铺 / 经营类别	经营特色
江厦街区	“钱庄、南北货、粮油、鲜咸货水产号、糖号和木材、谷物等商店，生意十分兴隆，还有专营南北沿海贸易的商号”	出售外国商品是其特色，“时髦的西装、各种香水、羊绒、马蹄钟、西洋丝巾充塞店堂，衣食父母，西方的糕点、洋酒也在江厦街区出现”
药行街	药材店铺“达 50 多家，其中冯存仁堂、周介寿、存济、裘卫生堂”	中国南北药材的重要集散地之一
半边街、后塘街	“沿江数里的半边街鱼行达数十家之多。各地的渔帮运来各种水产品，有鲜的、咸的，由鱼行代卖，收取一定费用”	水产品交易市场，鱼货交易频繁

续表

商业街区	商业店铺 / 经营类别	经营特色
江北商贸区	以进出口贸易、海运、邮政、海关、洋行、百货、仓储、餐饮业、娱乐等涉外商贸服务业为主	近代宁波涉外商业中心；以政府行为为主

资料来源：根据乐承耀《宁波经济史》，宁波出版社，2010年，第273～274页的相关内容整理。

（二）城乡商贸流通体系及发展现状显现宁波的地域特点

1. 流通载体量多面广

集市贸易和商业店铺成为重要的流通载体。除战乱和严重的自然灾害外，自宋代到明清时期，宁波的集市贸易越来越呈现繁盛之景。“清代前中期宁波的集市为‘五日一市’。道光以后，集市由定期市转化为经常市。南郭三市逢三有市、西郭八市逢八有市，而东津市则农历四、九有市。”①

鸦片战争后，随着对外开放的扩大，宁波集市贸易作为商贸流通的重要载体得到进一步发展，体现为集市数量多、开市日期多、专门集市多的特点。其间，人员往来至四海、南北货物达三江。

2. 流通体系趋向完整

鸦片战争后，宁波进入近代化时期，商贸流通业与农业和手工业一道，深受开放所带来的影响。由于宁波水网密布和河海交通便利的优势，经过千百年来的发展与积淀，宁波商贸流通业实现点、线、面的扩张。

当时，以集市为载体的商贸流通网络遍及乡村，实现了由城市到乡村的延伸，形成从城府、县域到乡镇的三级流通体系，使其“一些集市有相当规模，鄞县的横溪集市有139家商店”②，城镇集市交流频繁。如奉化县，“清末有集市33个，大桥、江口、萧王庙、莼湖为盛。1939年有商店785家。1948年商店798家，其中大桥210家、溪口95家”③。

3. 引领作用不断凸显

①充分发挥商贸流通业的终端产业作用。在自然经济结构里，农业和手工业商品必以集市为销售平台，集市贸易引领农业和手工业的发展导向，进一步实现

①② 乐承耀：《宁波经济史》，宁波：宁波出版社，2010年，第275页。

③ 俞福海主编：《宁波市志》（上），北京：中华书局，1995年，第108页。

三次产业的融合，商品的流通速度进一步加快。在发挥南北物质交流的枢纽作用的同时，也使宁波集市贸易的地域性上升为区域性地位。

②不断增加市场有效供给。在“看不见的手”的指引下，供给端的产业链完整，在集市与店铺的基础上，府城与各县和乡镇实现了由点到面的延展与联通，由此刺激农业和手工业生产者不断提供有效供给，以满足市场需求。其繁荣的背后实际上是农业、手工业等产业不断发展的结果，且通过货币的媒介功能实现产业价值。

4. 融合程度不断提升

①商业资本与民营纺织产业不断结合。商业资本涉足手工业领域，资本与产业融合发展的趋势越来越明显。清代前期，在工场手工业资本主义萌芽的成长过程中，商业资本的成分不断增加。在这种环境下，商业资本大行其道，中间商大肆收购原料与成品，控制产业链的两端，所赚利润远远高于手工业生产者。

宁波个体私营生产者所产的棉布，主要是用来换取棉花和大米。商人收购后，运至江北等处出卖。商人运用手中的资本，收购棉织品并出售，完善棉织品的产供销链条，商业资本完善手工业产业链。

②商贸流通业与农业手工业产业融合发展的程度不断提高。随着经济社会发展程度的不断提升，人们的审美价值和工艺水平也在不断提高。当时，“宁波的漆器、木雕、镶嵌家具、金属首饰、成衣、锡箔、渔盐海产品加工等传统手工行业在宁波也十分发达”[①]。

宁波手工业的发展和发达，使一部分手工业者完成了资本的原始积累。长此以往，其积累的数量和能级不断增加和提升，这一部分人从实业中脱身而出并将资本投向商业领域，实现了手工业与商业资本的结合。

（三）宁波商贸流通业的枢纽性地位不断凸显

1. 不断成为宁波城市化的重要推力

①非农产业及就业人口比例上升。宁波地区农业人口由乡村到市镇而从事非农产业，改变了城乡的人口结构。进入市镇的农民以工商业为谋生手段，改变了产业结构，使非农产业在经济结构中的比例上升。随着宁波府城人口的增加，

---

① 张守广：《宁波帮志》（历史卷），北京：中国社会科学出版社，2009年，第22页。

倒逼政府改善市镇生产生活环境，不断完善市镇的相关功能，使市镇成为发展工商业的重要载体。

②城市化进程不断加快。除了宁波府城具有中心城市的功能外，还有镇海、慈溪、和奉化等次中心城市，以及遍布各县的大镇。有的乡镇人口较多，工商产业密集程度高。有的乡镇“一镇一品”，无论是内销还是外贸，在宁波工商经济格局中占有重要地位，其非农产业及就业人口在宁波经济结构中呈现上升比例。

2. 不断提升宁波府的中心城市地位

人口众多、城市功能完善、便捷的海河交通条件和持续不断的对外贸易，皆成为宁波府城内外商贸流通业发展的重要推动因素。中心城市因之形成的中心市场区域、各县次中心市场区域和乡镇市场区域，成为商贸流通业的三级载体。

到了“19世纪末，这里出现了新的市场群，可以明确地说，经过了1000年左右的宁波已发展成为一个重要的商港”[①]。因港兴市、因市兴港，使宁波的港口城市地位得到进一步提升。

3. 不断促进宁波港物流的集散功能走向完善

“除大米外，从宁波腹地以外输入宁波城里适合零售的外地商品，其比重比宁波向其商圈范围内输出的商品为小”[②]，因为本地的大部分大米销往宁波各县及新昌、嵊县等地，其流通枢纽的重要地位日渐凸显。

河海便捷的交通条件、商港的地位，不断完善宁波集散港的功能，使宁波成为集商业特产或中转地运输和供应物质于一体的集聚、集散和转口之地（见表6–54、见表6–55）。

表 6-54　　晚清时期宁波中心城市商品集散概况

商品的来源方向	商品种类（含部分商品的产出地）
西北	“棉花、绍兴的平水茶、绍兴老酒、药用贝母、烟草、牲畜、蚕茧”
西边	草席、柴炭、竹子、大米、蔬菜

① [日]斯波义信著，方健、何忠礼译，虞云国校：《宋代江南经济史研究》，南京：江苏人民出版社，2001年，第534页。

② [日]斯波义信著，方健、何忠礼译，虞云国校：《宋代江南经济史研究》，南京：江苏人民出版社，2001年，第529页。

续表

商品的来源方向	商品种类（含部分商品的产出地）
西南、南、东南方向	蚕茧、绢、药用贝母、烟草、牲畜、木材、茶叶、水果、食用油、竹制品、海产品、纸、牲畜
东北	“舟山和象山的海产品和象山以南台州府的牲畜、镇海的棉花。此外，还有从沿海诸省和海外运来的货物”

资料来源：根据 [日]斯波义信著，方健、何忠礼译，虞云国校：《宋代江南经济史研究》，南京：江苏人民出版社，2001年，第529页的相关内容整理。

表 6-55　晚清时期宁波中心城市加工商品和转口贸易概况

本地加工商品种类	转口贸易的商品种类	目的地
药材、舟船、镶嵌家具、木雕、漆器、纸、鱼胶、鱼干和咸鱼等海产品	金华火腿、绍兴老酒、绍兴平水茶、舟山海产品、日本函馆海产品、杭州湾南岸盛产的棉花、土布	宁波周边地区、以上海为代表的东部地区、中西部地区

资料来源：根据相关内容整理。

（四）商税收入在政府税收中的比例不断提高

1. 商业税收类别多

据咸丰、光绪年间的史料记载，在晚清时期，清政府的税收以地税（地丁税和谷税）为主，以盐税、关税、杂税为辅。当时，宁波地区的商业税收主要包含七大类（见表6–56）。

表 6-56　晚清时期政府商业课税类别

税收种类	课税对象及方式
重要商品税	牛、马、木材、木筏、铁器、矾、水银、酒水、茶叶、烟草、染料、蚕茧、棉布、丝绸
过境税（包含海关税、常关税）	“常关税是对户部管辖下的布匹、食品、杂货所征收的税和对工部管辖下的竹木、舟船等所征收的税”
落地税	对进入城镇的商品征收的入市税
牙税	对牙人[a]征收税金和牙帖供给费
当税	对当铺收税
契税	对重要的不动产交易时征收证书和契约书税
行税	对工商界的行业协会课税
临时捐税	对富商和行会临时募捐

注：a.牙人是指旧时居于买卖人双方之间，从中撮合，以获取佣金的人。又叫牙子、牙郎、牙侩，相当于今天的各类中介。

资料来源：根据 [日]斯波义信著，方健、何忠礼译，虞云国校《宋代江南经济史研究》，江苏人民出版社，2001年，第515页的相关内容整理。

2. 商税收入超过地税收入

据学者估算，当时在宁波从事商贸流通的人有一万之众，众多的从业者为政府贡献了巨额的税收收入，使商税收入与地税收入在税收结构中的比例发生逆转，这是自由经济政策的效果显现，也是宁波商业流通机能不断分化和深化的结果。

当时，“据估计，地税占总收入的70%以上（1753年）”①。其后，盐税、关税、杂税等其他税收的比重超过了地税收入。以史料为证，彼时的“田租已不占主体地位，而被工商税所代替，进出口贸易税、物品税、鸦片税、厘金已成政府财政收入的重要来源”②。

（五）宁波个体民营商贸流通业发展显现的近代化特征

1. 随着开放的扩大，内贸和外贸相互促进，宁波个体民营商贸经济发展方式实现由内向型为主向外向型为主的转变

①内向型流通与外向型交流的互动程度不断提升。自唐代以来，宁波官营和民营商人通过河海之径，不断拓展与本地区、邻省和中西部地区等，以及日本和朝鲜半岛的商贸往来。在自然经济条件下，其交流不仅具有互惠互利特征，而且以官营贸易为主，总体上仍属内向型流通方式，但却为外向型交流打下坚实的基础。

鸦片战争前，宁波的商贸交流，域内接四明、达三江，域外通东亚的日本和朝鲜，以及东南亚等其他一些国家。“五口通商”后，随着对外开放的进一步扩大，宁波商贸交流的范围也在扩大，内涵随之丰富，宁波商业店铺与集市的不断增多和对外交流的扩大，商贸流通业在经济社会发展中的作用越来越重要，并形成了好的路径依赖。

②土特产品实现了由宁波本土流通向区域性流通的转变。宁波传统的农业（包含渔业）、手工业、商贸流通业等产业经济均以近代工业为引导目标。或者说，三次产业的发展均以满足近代化工业的原材料需求为目标，如宁波本地生产的草帽、水产品、棉花，以及麦冬等药材，由宁波流通到汉口、广州、上海等东南部和中部地区，满足了宁波域外市场的有效需求。

---

① 王业键：《帝制时代中国的地税：1750–1911年》，哈佛大学出版社，1973年，第67～83页。

② 傅璇琮主编，乐成耀著：《宁波通史》（清代卷），宁波：宁波出版社，2009年，第40页。

③农副产品和手工业品的需求目标由单一性向多样性转变。农业和手工业等初级产品经过近代机器加工而成为质优价廉的出口商品。以本土流通向区域性流通为基础，宁波本地的蚕丝、棉花、茶叶、海产品等土特产品及邻近省区的商品，进入流通领域后，很快被本埠近代工厂制成各种成品，如蚕丝和茶叶成为对外贸易的主要物品。

提高内贸和外贸的相互促进，宁波商贸流通业的发展目标由原来主要满足民众日常生活为主的单一性，向既满足民众日常生活且又能满足近代化工厂的原材料需求为主的多向性转变，使商贸流通业在经济结构中的地位骤然提升。

2. 随着流通体系的完善，内贸和外贸协同发展，宁波参与国际经济大循环而成为西方国家廉价原材料的来源地和商品倾销地

①宁波港口的枢纽性地位为内外贸易提供集散平台。当时，宁波市域范围内各县，以及乡镇的集贸市场形成的由点到线、由线到面的流通网络和体系，使其交换功能在不断将市、县和乡镇联系在一起的时候，内外贸易的集散功能不断强化，商品货物皆通过宁波港的平台将形式内向型向区域性方向延伸。

②宁波港不断发挥内外贸的集散功能作用。鸦片战争前，宁波的内贸发展主要立足于本地，以满足本埠及周边省区生产生活的需求，宁波港仅发挥集散功能的作用。鸦片战争后，随着外部资本势力的涌入，宁波内贸发展不再立足于本地，而是服从“看不见的手”的指挥，内外贸易兼顾。

③宁波港口的枢纽性地位不断提升。使人流越来越集聚、商品越来越集中，“随着小农出售的产品和手工业产品的数量不断增加，粮、棉、丝、茶、棉布、药材都成为集市中的大宗商品，商人赴集收买”[①]，将其归类、分流，进行货物的集散。

通过集市、收购店铺等载体，提升农副产品和手工业品的集散功能。个体民营商人对农副产品进行有效加工后，延伸了价值链，扩大其流通范围。在1859～1862年的短短三年间，宁波对外贸易加快发展，向国外出口茶叶、蚕丝等产品。如“茶叶、棉花等经济作物，经加工后，也通过宁波港再出口”[②]（见表6–57），其中，棉花出口的目的地是日本。

---

① 乐承耀：《宁波经济史》，宁波：宁波出版社，2010年，第278页。

② 乐承耀：《宁波经济史》，宁波：宁波出版社，2010年，第279页。

表 6-57　　1859 ~ 1862 年间宁波茶叶、蚕丝等产品出口概况

年间	茶叶出口（万镑）	生丝出口（万包）
1859 ~ 1860 年	8593. 8	6. 9137
1861 ~ 1862 年	10735. 2	7. 3222

资料来源：根据傅璇琮主编，乐成耀著《宁波通史》（清代卷），宁波出版社，2009年，第40页的相关内容整理。

④宁波与外部市场的联通速度不断加快。开埠前，宁波地区及邻近省区的货物在宁波港口集散，传统商业以经营农副产品和手工制品为主，经过大大小小的集市及店铺等流通载体和渠道而进入消费者手中。开埠后，宁波能够“审时度势，打破封闭，主动融入，依托开放的市场，沟通宁波与全国各地乃至世界各国之间的联系，积极与国际市场接轨。”①

⑤宁波民营经济参与国际经济大循环的进度不断加快。开埠后，“西方商人一方面向宁波倾销工业制成品，另一方面收购宁波籍浙东其他地区的工业原料和土特产品，推动了宁波本地的内外贸易的发展。”②将宁波内贸型市场与国际市场紧密相连而参与国际经济大循环，无形之中凸显了宁波港口的枢纽性地位。

开埠后的宁波，洋布、煤油、锡和蓝靛等大量洋货不断输入。民营贸易商行大量进口外国商品，传统商业店铺不断向以售卖机器工业品的近代商业模式转型。宁波江北商业区和江厦商业区经营洋货的商业店铺很多，“各种香水、羊绒、钟表、丝巾和西洋糕点比比皆是”③。而宁波输往国外的商品，主要是农副产品和手工业制品。

专栏6-11　自中国进口的茶叶改变了英伦三岛的生活方式

16世纪的英国处于资本主义上升期，由于生产力水平的提高和收入水平的提升，正在实现从物质紧缺到丰裕的转变，社会阶层开始追求生活品质。

17世纪以后，以英国为首的西方发达国家的殖民扩张，增加了对非本土所产的烟草、咖啡、丝绸、香料和茶叶的需求。茶叶、瓷器和丝绸是中国出口到英国等欧美国家的大宗商品，经宁波港起航的茶叶、瓷器和丝绸这三大件商品远涉重洋到达英伦三岛。宁波的茶叶商人给这个岛国带来了一种新的生活方式。

① 傅璇琮主编，张如安、刘恒武、唐燮军著：《宁波通史》（史前至唐五代卷），宁波：宁波出版社，2009年，《前言》，第8页。

② 乐承耀：《宁波经济史》，宁波：宁波出版社，2010年，第278页。

③ 乐承耀：《宁波经济史》，宁波：宁波出版社，2010年，第279页。

茶叶本不是英国的地产品，但自中国传入后，英国人便对其发生了浓厚兴趣。出口到英国的茶叶，由于廉价和现喝现泡的简便催生了英国的茶叶产业，不仅成为政府的税收来源之一，而且创新了维多利亚时代英国人新的生活方式——在茶叶里加牛奶和糖形成“下午茶”，原本中国人追捧的绿色茶汤此刻踪迹全无。

茶叶改变了英国人的生活习惯。泡茶需要把水烧开，据说在此之前有的英国人没有喝开水的习惯，因此经常发生腹泻。但正因为有了烧开水这一喝茶的工序，摄氏100度的高温将水中细菌悉数杀灭，使人们在享受茶叶这一奢侈品的同时还促进了身体健康。

3. 随着资本的不断输入，商品和资本共同发展，宁波成为商品与资本之间转化与增值的重要载体

①自然经济条件下的内贸功能不断凸显。自然经济条件下，内贸具有实现产品商品化而满足基本生产生活需要的功能。无论个体，还是民营企业，皆在要素—生产—产品—商品这一生产和流通体系中，进行产业内部或产业与产业之间的内循环，从而实现劳动力和土地等要素向货币和资本的转换。在此过程中，商品的使用价值属性更为凸显。

②资本增值方式由单一性转变为多样性。第一，资本的筹集方式发生变化。在开放经济条件下，通过生产和流通体系中的内外循环，宁波不断与外部市场和外国资本对接。在满足基本效用的同时，宁波内贸流通的资本性程度不断提高，由原来独资经营的个体民营店铺向合伙制和股份制的合作经营模式转变。

第二，资本的增值路径发生变化。通过股份制的方式，集聚资金要素，实行强强联合，以获得更高的资本回报，使商品从满足使用价值的单一功能向实现商品效应和增殖资本价值双重功能的转变。

当时，“镇海方氏家族办在东渡门内的银楼方聚元就是采取股份制形式，邀请上海银楼大同行公所总董、南京路方九霞成记银楼经理桂增元和上海某银楼职员裘清甫联合入股，集股3.2万银元，合16万股，并采取经理制管理，聘请裘清甫为方聚元银楼经理”[①]。

---

① 傅璇琮主编，乐成耀著：《宁波通史》（清代卷），宁波：宁波出版社，2009年，第191页。

4. 随着“重农抑商”的基本国策逐渐向“重农重商”转变，宁波自然经济社会不断解体，近代化进程不断加快。“重农”与“重商”同步推进

①“重农抑商”逐渐转变为“重农重商”[①]的基本国策。第一，“商”的内涵发生变化。晚清时期，人们习惯用“商”来统称经营性的工业和商业，这是延续了明清以来的用法。19世纪晚期，由于开放的扩大和工商实业的不断兴办，产业资本日益壮大，反映出商业资本在当时经济生活中的重要作用。

“实业”之称取代了“商”的含义，使“商”的内涵发生了实质性的变化。以“实业”来统称农业、工业和商业，即新式工商业，这充分表明基本国策已经由“重农抑商”转变为“重农重商”，实业家和工厂取代了商人和店铺而成为生产者、经济生活的核心与主流。

第二，整个社会“重农重商”的发展软环境不断形成。五口通商”后，西风东渐，在洋务派的倡导下，许多达官显贵以兴办洋务为荣，体现“工商为本”的现代发展理念，其实质是开放与接轨。“洋务运动”的重要贡献之一在于逐渐形成“重农重商”的发展理念，深深地动摇了从“商鞅变法”开始的中国几千年文明中“重农轻商”的制度基础。

在“重农重商”理念的指导下，中国近代经济、资本主义不断发展，使资本主义经济成分在社会经济中明显增长，也使“重农抑商”的农耕文化不断受到工业文明的冲击，由敌商、歧商逐渐变成敬商、重商行为，对中国近代企业、民营企业的发展具有重要的推动作用，使“重农重商”的成为基本国策。

②宁波自然经济和社会结构逐渐解体。随着交流的进一步扩大，宁波地区的手工业不断发展，交流范围的扩大提升了农产品商品化程度，为商贸流通业的繁盛打下坚实的基础。

据研究，在十九世纪后五十年中，宁波地区的“各类家庭手工业，诸如制帽、刺绣、纺棉、织网和裁缝，搞得热气腾腾。定班轮船开始往来上海宁波，加上地方运输功效的适当改善，宁波内地货物输入范围增加了，这样加速了农业商品化”[②]。

③新式工商业的发展加快了宁波近代化进程。第一，外国新技术的进入使

---

① 重商中的“商”不一定完全指商业，可泛指工商业。有学者认为，重商思潮或重商思想指的是既包括“商”，也包括“工”在内的“振兴工商”的思想，实质上是指重视实业或经济发展的思想，即“以商立国”，“以商强国”，改变既往重农抑商的政策，走重商之路。

② [日]斯波义信著，王泰祥译：《宁波及其腹地》，第7页。来源于网页：http：//www.docin.com/p-1189085044.html 2016年11月11日。

生产效率不断提高。随着外资产品的涌入，近代化过程中，机器作业逐渐代替了人工劳动和手工工具，非生物性动力逐渐替代人力、畜力作为生产、运输和通讯的基础，生产动力更替的最大作用在于使社会生产率不断提高，社会财富不断增加，也为自然经济的解体提供源源不断的内生动力。

第二，推动依商贸交流行为而渐成经商文化的转变。宁波民营商人依托的港口城市进行商贸交流形成的商帮文化是一种反自然经济的行为。宁波开埠后，"当地人民基本生活所需主要是靠渔业而不是依靠农业维持。而渔盐业生产，恰又为宁波帮商人的兴起提供了可供交换的重要产品"[①]，地利之便，不仅维持了日常生活，且使其中的一部分人掘得了人生的第一桶金。

作为江南河海型港口城市，自古以来，宁波城市文化中重商崇奢的社会风气在经济生活中弥漫，具有潜移默化的特性，其重商传统滋生出敢于追求正当的经济利益的商帮文化，其社会氛围促进了新型工商经济的兴盛。因此，就宁波而言，如海鲜饮食、豪华家具、外来生活器物等，以及瓷器、丝绸和茶叶，既是工商产业发展成就的体现，也是宁波经济社会发展使然。

第三，制度规制等软要素与轮船等器物组合成宁波近代化的重要内涵。在开放的大潮中，资金、商品等硬要素和相关资源，以及人才、理念、制度等软要素也通过资本和商品的载体降临宁波这个大平台。个体民营商人们率先引进先进技术，从事新式工商业，重商的理念与外来器物组合成要素资源的最佳配置。"到清末，宁波近代工业企业约有37家，轮船航运企业约有15家"[②]，由此率先走上近代化道路，其本土农耕经济逐渐向近代资本主义工商经济转型。

二、宁波经济体制与经济结构不断实现从农业社会向工业社会的近代转型

随着对外开放的不断扩大，宁波不断兴办近代民营工商实业，个体民营商人的发展目标实现由内向型向外向型经济转变，生产关系领域出现"两权分离"的现象，生产资料所有制的分配形式实现由个体独享向相关群体共享的转变。

---

① 张守广：《宁波帮志》（历史卷），北京：中国社会科学出版社，2009年，第21页。

② 乐承耀：《宁波经济史》，宁波：宁波出版社，2010年，第285页。

（一）生产关系形式实现由“两权合一”向“两权分离”的转变

1. 自然经济基础上的“两权合一”生产关系形式的局限性

鸦片战争前，宁波一家一户独立生产经营是小农社会的主流经济现象，往往个体私营的一人或一户具有所有权和经营权的“两权合一”的特点。因此，除货源外，生产经营者相互之间不发生资本交集行为。

鸦片战争后，随着开放的深入和市场的进一步扩大，手工业、工业的实业生产加快发展，也为商贸流通业等下游产业提供实物基础。三次产业所形成的产业链需要互相联通，其价值链需要基于资本要素基础上的融汇贯通，“两权合一”的个体民营性质是自然经济的生产方式，与近代生产方式和要求格格不入。

2.“两权分离”的生产关系形式适应近代生产力的发展要求

在手工业、工业和商贸流通业等领域，不少资本持有者以入股的方式筹集资本。“镇海方氏家族办在东渡门内的银楼方聚元就是采取股份制形式，邀请上海银楼大同行公所总董、南京路方九霞成记银楼经理桂增元和上海某银楼职员裘清甫联合入股，集股3.2万银元，合16股，每股2000银元。”[①]

通过股份制来进行生产经营和管理，其生产资料所有权和生产经营方式成功地实现了“两权分离”。生产关系领域所有权和经营权实现“两权分离”适应了生产力的发展要求，标志其生产经营方式实现由自然经济状态向近代经济形态的转变。

3. 股份制是实现“两权分离”的重要载体

生产力的发展必然推动生产关系与之相适应，而股份制的推行，促使工商实业内部的管理方式发生变化。股份制合伙公司的建立顺应近代生产方式及其运行规则，这一新型生产关系与生产形式，必然要求人才、资金、企业家才能等生产力要素与之匹配。

聘请新的管理高层，对合伙企业的生产经营进行日常管理便成应有之义。宁波东渡门内的方氏银楼“采取经营制管理形式，聘请裘清甫为方聚元银楼经理”[②]，负责管理银楼的日常经营事宜，是方氏银楼实现所有权和经营权“两权分离”的成功尝试。

---

①② 乐承耀：《宁波经济史》，宁波：宁波出版社，2010年，第280页。

（二）分配形式实现由个体独享向相关群体共享的转变

1. 自然经济社会的分配方式以个人独享为主

在小农社会，以家庭为生产单位的个体私营企业，其分配方式是个人或家庭成员享有劳动成果，即使在多人之间分配，但也属于个体独享性质，这是生产资料私有制在自然经济状态下形成的分配方式。

分配权和分配方式是生产关系的核心要素，也是衡量生产关系性质的重要标准。鸦片战争后，宁波被迫开始了近代化历程，这一不断促进近代经济替代自然经济的过程，在生产关系领域首先表现为分配关系的变迁。

2. “两权分离”的生产经营方式属于市场化的分配机制

“两权分离”的生产经营方式适应了近代生产关系发展变化的要求，使分配方式随之发生变化，也使市场化分配机制具有丰富内涵。主要体现在两个方面：

第一，实业管理者并非一定是资本所有者。在规定的时限和权限范围内，聘请的管理者仅有权对实业进行近代生产经营管理，享有经营权及其连带的部分收益权，而无权享有生产资料的全部所有权。

第二，实业内的相关人员形成共享收益权及其收益的群体。在西方经济学家马歇尔看来，其收益权带来的收益，就是企业家才能的收益。[①]当时，“四明药房也实行股份制，每年分红一次，大自股东、经理人员，下至学徒和老司务，均按比例分别分红”[②]。

收益分配由个体独享向相关群体共享的转变就是企业家才能的显现，即在生产资料私有制的框架内，改变了原有个体独享分配成果的现状，实现了在权利共有、风险共担、利益共享激励机制基础上的共赢目标。

（三）个体民营商人的发展目标实现由内向型向外向型经济转变

1. 宁波民营经济实现由内向型向外向型转变的成本因素

内向型经济时代不会过多考虑成本因素。“五口通商”后，宁波的门户地位

① 马歇尔把萨伊的生产三要素扩充为生产四要素，即劳动、资本、土地和组织（企业家才能）。这是他的一个独创。他运用均衡价格分析方法依次研究各个生产要素，分配理论成为四个生产要素的均衡价格决定理论，即各生产要素的需求价格和供给价格的均衡形成。它们的均衡价格主要由工资、利息、地租和利润来决定。

② 乐承耀：《宁波经济史》，宁波：宁波出版社，2010年，第280页。

在下降，其对外贸易逐渐衰落。而上海以特有的地理优势和开埠后所形成的涉外环境，在长江三角洲地区独树一帜。

“轮船的出现，使宁波失去了靠岸换船的独特作用，宁波内地的有限区域，不可能为外国商人提供一个可观的市场贸易”①。同时，商船从宁波到杭州与大运河的运行过程，需要支付昂贵的来回拖运的运费，内河航运的成本居高不下。

2. 宁波作为海内外贸易重要枢纽的作用和地位下降的外在原因

在电气化时代，机械推进的船用动力远胜于帆樯和木浆。轮船以其成本低、快捷便利的优势取代了帆船，使得宁波自1843年开埠后，对外贸易渐成弱化趋势，民营经济的重心也由宁波向上海转移。

“到了1896年杭州开放后，作为集散地的宁波处境每况愈下。”② 宁波已失去了海外贸易中心的地位，被上海所取代，只能主要发展对内贸易，这迫使个体民营商人把发展重点放到宁波域外地区。

专栏6-12　众多“宁波帮”人士在杭州创办民营企业

浙东古运河开凿于东晋，穿过富庶的宁绍平原，从杭州流进宁波，在镇海城南注入东海。在这条河道上，宁波商贾携带散发宁波泥土的气息、刻着宁波的符号的稻米、食盐及其他各种本地物产，载于船上并经商人之手流通各地。

宁波商人和货物经这条运河进入钱塘江后，天堂之地的杭州为其提供施展营商才华的舞台，经过多年打拼，甬商在杭州创办实业，一时风生水起。

杭州是浙江省内离宁波最近的重要商埠。随着近代化进程加快，宁波的开放程度不断提升，大量的宁波籍商人远赴他乡，在商海中奋力打拼，成绩斐然，将实现人生价值与追求工商业成就有机地结合在一起，为社会增加了财富。其中，以金润庠、竺梅先、孙蘅甫、秦润卿、王伯元和方仰峰最具代表性。

宁波帮人士“金润庠开办的华通杭州分公司，竺梅先和金润庠创建的华丰造纸厂，孙蘅甫投资的杭州绸缎庄，秦润卿和王伯元创办的中国天一保险公司杭州分公司，还有杭州钱业公会……这些杭州当年响当当的商业名号，皆为甬商创办”①。

注：①程鑫：“浙东运河让杭甬两地紧密相连”，《东南商报》，2014年6月18日，第8版。

---

①② [日]斯波义信著，王泰祥译：《宁波及其腹地》，第7页。来源于网页：http：//www.docin.com/p-1189085044.html 2016年11月11日。

3. 民营商贸流通领域的营销终端出现了新变化

高端商品销售行业是宁波开埠后出现的新生事物，这是宁波认知外部世界的路径之一，也是扩大开放的结果。开埠后，外国商品不断涌入宁波，在今天的中山东路一带的个体民营商业店铺，流通领域出现了新的营销行业，“其中有洋广杂货店、钟表、眼镜、西药、洋布、西装，上述行业都是宁波开埠以后才有的，成为独立的行业”[①]。

宁波进口的高端商品，从计划出口到陈放在宁波商店始，经历离岸—运输—落地—报关—查验—分销—出售的过程，这一过程涉及从进口到营销的洋行、仓储、银行、海关、邮政、轮船、保险、海运、进出口贸易以及服务业等相关产业或行业。个体民营商业店铺作为销售终端，吸引和培育了一大批接触外埠商品和业务的从业人员，他们业已成为宁波近代商帮群体崛起的分子。

（四）宁波不断兴办近代民营工商实业

1. 民营资本兴办企业的环境已然形成

①“工商立国”的主张产生积极的实施效果。1852年，中国出现了民族资本主义工业，他们认为必须通过大力发展资本主义工商业，同时实行开放政策，“在通商贸易中同西方资本主义国家展开竞争”[②]。因此，大量实业不断兴办，工商业阶层迅速崛起并成为重要的社会阶层，对从事实业的民营企业阶层产生了重要的影响。

②民营企业获得广阔的产业发展空间。随着发展环境的形成，民营经济奠定了产业基础，在与国营（有）经济体制的博弈中得到发展。“洋务运动”由军工领域逐渐扩展到纺织、粮食加工、火柴、造纸、交通运输、通讯等民用工业领域，为民营经济提供了发展机遇，而民营性质的个体和企业又在此基础上发展起内外商贸和金融业等近代企业。

2. 民营资本不断与国际接轨

宁波个体民营商人先嗅商机，筹集巨资创办大机器生产。开埠后，随着西方大机器进口的不断增多，外国资本、国营（有）资本及民营资本相继开办近代企

① 乐承耀：《宁波经济史》，宁波：宁波出版社，2010年，第280页。
② 刘含若等：《中国经济管理思想史》，哈尔滨：黑龙江人民出版社，1988年，第426页。

业。其中，民营资本创办企业的速度和发展规模最为显耀。

外资企业的兴办至少发挥两个重要的对接作用，一是将宁波本土的原材料来源、生产经营和市场销售等产业环节与外部市场形成有效对接；二是兴办的外资企业对宁波民营企业产生“溢出效应”，宁波民营企业能够根据市场行情，积极引进外资企业先进的发展理念和技术人才、生产经营制度及大机器工业设备，将本土民营企业的生产经营与外部市场对接。

3. 不断兴办民营企业实体

①“洋务运动”明确了民营经济的产业发展方向。在资本主义大机器生产的效率性和近代工商业产生的背景下，宁波近代工业社会化大生产不断发展。从同治末年到20世纪初年庚子赔款这一时期内，宁波民营资本不断发展，个体民营工商企业主持有大量资产，积累了丰富的货币资本，为兴办民营企业提供了资金条件。

②民营企业涉足民生领域。“光绪中期，即19世纪90年代上半期，宁波先后出现了八九家企业，其中机器制造、轮船航运、棉纺、火柴、印刷是宁波民营资本企业最早从事的五个部门，而最有影响的是棉纺和火柴”[①]，成为彼时宁波民营经济发展的代表性企业。

③宁波府城及辖县不断兴办民营企业（见表6-58）。建于公元1887年的通久源机器轧花厂是浙江省内第一家具有较大规模的近代民营企业。这一时期，宁波其他辖县的民营经济也在不断发展中，如慈溪火柴厂为浙江省首家民营火柴厂。

表 6-58　　甲午战争前后宁波民营企业开办概况

年号、年间 / 时间	创办人与民营企业名称及所在地	所涉行业	资产概况
光绪十一年 / 公元 1885 年	王承维创办纬成布局（今鄞州陈婆渡）	棉纺织业	手拉织机 20 台
光绪十三年 / 公元 1887 年	通久源机器轧花厂（宁波北门外湾头）		白银 50000 两；日式蒸汽机及锅炉、40 台新式轧花机
光绪十五年 / 公元 1889 年	慈溪火柴厂	日用手工业	白银 15000 两

① 傅璇琮主编，乐成耀著：《宁波通史》（清代卷），宁波：宁波出版社，2009年，第218页。

续表

年号、年间 / 时间	创办人与民营企业名称及所在地	所涉行业	资产概况
光绪十年 / 公元 1884 年	彭成丰开办宁波—定海航线	轮船航运业	不详
光绪十三年 / 公元 1887 年	韩山曦开通宁波—定海航线		
光绪五年 / 公元 1879 年	广德兴机器厂	机器制造业	
光绪十六年 / 公元 1890 年	王宝全在宁波江北岸开办广兴铜匠店		
不详	隆茂泰花厂（宁波盐仓门外的江心寺）	棉纺织业	
光绪二十一年 / 公元 1895 年	9 个宁波商人合资开办宁波开永源丝厂	纺丝业	白银 15000 两；缫丝机 208 台
光绪二十三年 / 公元 1897 年	孙衡甫创办宁波电灯厂（海曙战船街）	供电业	银元 14000 元
光绪二十七年 / 公元 1901 年	徐荣贵在江北岸创办顺记机器厂	机器及锅炉修理	银元 5000 元
光绪二十一年 / 公元 1895 年	宁波绅商创办外海商轮局和永安商轮局	轮船航运业	3.8 万 ~ 4.8 万元
光绪二十三年 / 公元 1897 年	士绅陶竹华创办宁波永宁商轮局		集资 3.0 万元
光绪二十五年 / 公元 1899 年	美益利记宁绍轮船公司		“镇新”和“镇南”小轮船

资料来源：根据傅璇琮主编，乐成耀著：《宁波通史》（清代卷），宁波：宁波出版社，2009年，218 ~ 225页的相关内容整理。

1838年，镇海骆驼的盛氏创办了“盛滋记酿造园”，主要生产酱油、米醋、老酒，其酿造工艺和品种在盛氏家族人的手中世代相传，这些与百姓生活密切相关的日用品曾经风靡浙东地区，仅直营店就有17家。

以奉化为例。当时，奉化“有集市33个，大桥、江口、萧王庙、莼湖为盛。1939年有商店785家。1948年商店798家，其中大桥210家、溪口95家”[①]。

4. 清末宁波纺织业领域的民营企业实力雄厚

借近代的开放大潮，宁波民营企业家多方筹集资本，重金引进新式机器和紧缺人才，“先后创办了一大批包括轻工、机器制造、五金、西药、钟表、水泥等

① 俞福海主编：《宁波市志》（上），北京：中华书局，1995年，第108页。

门类的工矿企业。以与时俱进的姿态率先开始向近代化转型[①]”（见表6–59）。

在纺织领域，宁波民营商人实行资本主义生产方式，即市场经济的发展模式。其中，“创建于1905年的和丰纱厂，是解放前代表宁波工业的‘三支半烟囱’中的一支”[②]，在行业中具有一定的代表性。

表 6-59　宁波近代外资及民营纺织企业兴办和生产经营概况

年号、年间 / 时间	企业创始人	企业名称	资本 / 资产 / 生产经营状况
道光五年 / 公元 1845 年	美国商人	美华书馆	不详
不详	美国、英国商人	旗昌轮船公司	不详
不详	英国商人	太古轮船公司宁波分公司	不详
光绪二十一年 / 公元 1885 年	日本企业	机器梳棉厂	“从日本运来日制美式梳棉机 30 台，在宁波日夜开工”
光绪十三年 / 公元 1887 年	严信厚	通久源机器轧花厂	收购宁波本地的棉花后进行轧制加工
光绪二十二年 / 公元 1896 年		通久源纺纱厂	“十年后，该厂年产纱达 38000 担”
光绪三十一年 / 公元 1905 年	戴瑞卿、顾元琛	宁波和丰纱厂	资本 150 万元，“生产出用于手工织成的极漂亮的细工织成品。棉织品是有洋纱混合土纱蓝直条”
光绪三十三年 / 公元 1907 年	不详		宁波本地棉纱厂纺织的机器棉纱用于出口创汇
光绪十一年 / 公元 1885 年	鄞县人王承维	宁波纬成布局	“手拉织机 20 台。这是近代宁波永机器织布的开端”
光绪二十二年 / 公元 1896 年		不详	“仿制织造洋布的机械，并应用于生产”

资料来源：根据乐承耀《宁波经济史》，宁波出版社，2010年，第266～267页的相关内容整理。

5. 近代流通服务业不断兴起

到清末，“宁波近代工业企业约有37家，轮船航运企业约有15家，还有商号70余家，药行60多家，棉花商号70余家”[③]。由此表明宁波本土手工业逐渐被机器大工业取代后，以商号为引领的近代流通服务业完全取代了原来自然经济状

① 乐承耀：《宁波经济史》，宁波：宁波出版社，2010年，第293页。

② 陈爱红：“实业报国 造福桑梓——宁波甬港联会首任会长俞佐宸”，《东南商报》，2017年10月1日，第6版。

③ 乐承耀：《宁波经济史》，宁波：宁波出版社，2010年，第285页。

态下的基本服务业，其从业中的高管群体成为宁波商帮崛起的中坚力量并为世人瞩目。

（四）宁波民营经济体现的特点与特色

1. 在商业形式方面发生新变化

逐渐实现了从传统商业向新式商业的转变。自然经济社会的商贸流通业主要为生产生活服务，以日常生活用品和生产工具为主，具有生产门类少、商品层级低的特点。在其基础上，新式商业不断萌生，“从棉毛、呢绒扩展到西药、西服、橡胶、五金、玻璃等各个部门，至19、20世纪之交，宁波城内新式商业门类至少已达80余种”[①]。

2. 在开放渠道上显现新途径

商品流通原来以内贸为主，随着经济社会的发展和流通范围的扩大，宁波逐渐实现了由原来以内贸为主、外贸为次向内外贸并重的转变，除与上海、杭州等内地城市交往外，宁波还与新加坡等南洋国家进行贸易往来。

“五口通商”以前，宁波对内地开放，通过宁波港的枢纽性平台，吸纳五湖四海的资金、商品和经商人才等要素资源。“五口通商”后，宁波不再局限于对内开放，而是以长远的眼光，把资源和精力放在内外开放并重的着力点上，将宁波的内外开放发展到全新的水平，且在国内港口城市中居于领先地位。

以19世纪60年代美商旗昌洋行在宁波落地为标志和引领，各国纷纷在甬设置洋行和船舶代表机构，其后还将业务扩展到报关、保险、烟草、石油、日用品等相关领域。

3. 在行商路径中出现新特点

“五口通商”前，宁波以其港口的优势，吸引四面八方的客商云集于此，宁波个体民营企业自做生意，即使相互之间合作生意，也属自营“自商”行为。“五口通商”后，很多宁波人远赴沪上，跟洋人学做生意，成为买办。

以穆博炳元、叶澄衷、朱葆三为代表。其后，他们在自己熟悉的生意领域开辟了一片新天地，形成了天下闻名的“宁波帮”群体，由自营、“自商”向共

---

① 袁行霈，严文明、张传玺、楼宇烈主编：《中华文明史》（第四卷），楼宇烈主编、刘勇强副主编，北京：北京大学出版社，2006年，第395页。

营、“共商”转变，实现共赢。

4. 在经商范围内拓展新区域

①市镇的兴起促进了商贸流通业的发展。农业剩余产品的出现，为手工业、商贸流通业的进一步发展提供了条件，市镇作为商贸活动的载体，在生产、流通和消费的链条中扮演了重要的角色，宁波的商品交易日益活跃，促进了城市乡镇的繁荣和发展。当时，西门、南门、宋诏桥、望春桥、江东等区域成为重要的交易之地。

②经商区域和经营范围由区域化、本地化向国际化、西式化转变。“五口通商”前，宁波个体民营商人的经商范围近在宁波，远在他乡。宁波作为港口枢纽和商品集散地，其生意往来主要以长三角地区和汉口、胶州等内地城市为主，皆属海内。

“五口通商”后，随着对外开放程度的不断提升，宁波个体民营商人的生意范围进一步拓展，实现由原来以经营农副产品、手工业品为主，向经营五金、颜料、洋纱、洋布、玻璃、军火军械、西药、钟表眼镜等西式产品为主的转变，其经商范围由区域化转变为国际化，引领了中国近代经济的发展方向。

第九节　甲午战争前后至“辛亥革命”时期宁波民营经济发展概述

随着对外开放的不断扩大，“实业救国”渐成主流。清政府重视民营资本，放宽垄断行业准入限制，实行“民进国退”，允许民营企业在法律许可的范围内自主经营，推动垄断经济结构向自由经济、官营经济体制向混合经济体制转变。

宁波民营工商实业实现转型发展，一大批民营企业也从手工作坊转型为现代工厂，民营经济逐渐成为宁波经济社会发展的重要力量。

一、构建适宜的民营经济发展环境

甲午战争后，政府不断进行改革，出台经济规制，设立工商管理机构，构建适宜的民营经济发展环境，通过重商政策鼓励兴办实业，放松管制，鼓励民间投资，大力促进民营经济发展。

（一）通过制度改革营造发展环境

1. 出台经济规制

清末时期，为了更好地适应新形势的需要，政府进行机构改革，将立法权、行政权和司法权进行分立。同时，制定商法、工商企业注册登记制度、商标制度、会计制度等法律（见表6-60），为经济社会和民营经济的发展奠定制度基础。

表 6-60　　晚清时期清政府颁行经济法律法规一览表

<table>
<tr><th>年号、年间 / 时间</th><th>相关法律名称</th><th>作用与意义</th></tr>
<tr><td>清光绪二十三年 / 公元 1897 年</td><td>《振兴工艺给奖章程》</td><td rowspan="3">一定的商事法律制度与近代中国资本主义商品经济的产生和经济结构的变化相适应；奖励工商、发展实业；分别对民营企业开放了新式轮船在内河的自由营运与贸易，以及采矿、铁路运输的经营；《矿务铁路公共章程》以法律的形式明确赋予了私商自由经办铁路与采矿的权利；商人阶级正式登上中国历史舞台；为民营企业投资经营合法化提供制度保障，推动中国资本主义经济的发展</td></tr>
<tr><td>清光绪二十四年 / 公元 1898 年</td><td>《内港行船章程》《矿务铁路公共章程》</td></tr>
<tr><td>清光绪二十八年 / 公元 1902 年</td><td>《筹办矿务章程》</td></tr>
<tr><td>清光绪二十九年 / 公元 1903 年</td><td>《公司律》《商会简明章程》《重订铁路简明章程》</td><td>基本照搬了西方近代企业的内部组织架构，在法律上完全排除了政府对公司内部事务的干预，为公司拒绝政府的不当干预提供了法律保障</td></tr>
<tr><td>清光绪三十年 / 公元 1904 年</td><td>《钦定大清商律》（包含《商人通例》《公司律》）《商会简明章程》《商标注册试办章程》《试办银行章程》《呈请专利办法》《改订商标条例》</td><td>《钦定大清商律》以法律形式确认了商业活动以营利为目的，确认了商人 的合法地位，而一反中国以往重本抑末、重义轻利的传统；《商人通例》主要对商人的涵义、商业能力、商号、商业账簿等作了规定。其第 1 条规定，凡经营商务、贸易、买卖、贩运货物者，均为商人；第 2 条规定，满 16 岁以上之男子得营商业；《公司律》的规定较为详尽，具体规定了公司的组织形式、创办呈报方法、经营管理方式和股东权利等内容，它将公司分为合资公司、合资有限公司、股份公司、股份有限公司 4 种，这也是近代大陆法系国家商法典所通常规定的公司种类；《公司律》确立了“股权面前人人平等的基本原则”和“公司法面前所有公司一律平等的原则”</td></tr>
</table>

续表

年号、年间 / 时间	相关法律名称	作用与意义
清光绪三十二年 / 公元 1906 年	《破产律》	率先将公司破产风险以法律的形式颁行是近代立法的一大进步；改革传统的工商管理体制作为经济体制改革的主要内容；进一步放宽对私人资本参与近代工商业的限制，制定法律鼓励私人资本投资并保障其利益，兴办近代金融业、矿业等等；颁发相关法律制定商律，在法律的基础上调节官商关系，抑制官吏勒索商人的陋习，宣布奖商保商促进民营企业投资经营合法化，逐步形成了对民营经济发展的法律保护体系，民营企业的投资经营从此具有合法地位；为民营企业投资经营合法化提供制度保障
清光绪三十三年 / 公元 1907 年	《大清国矿务正章》	
清光绪三十四年 / 公元 1908 年	《银行通行则例》《大清银行则例》《银行通行则例》	
清宣统元年 / 公元 1909 年	《商法总则》《公司律草案》	
清宣统二年 / 公元 1910 年	《大清商律》《币制则例》	

资料来源：根据相关资料整理。

2. 设立工商管理机构

清政府认识到“无工不富、无商不活”的重要性，把发展工商实业作为振兴经济、巩固统治的出路。为了提倡奖励实业，振兴商务，鼓励私人出资兴办企业、交通，保障工商业者权益和提高工商业者地位，清政府设置相关管理机构。

清光绪二十九年（公元1903年），清政府设立商部，实行恤商政策，倡导官商创办工商企业，在中国工商实业的发展史上具有划时代的意义，为促进发展体制从管制经济向自由经济的转型奠定基础。

（二）通过重商政策鼓励兴办实业

1. 放松政府管制

清政府在制度层面实行“重农重商”的基本国策，颁布一系列工商业规章和奖励实业办法，推出了各种近代经济政策。进一步放宽对私人资本参与近代工商业的限制，制定法律鼓励私人资本投资并保障其利益，从经济体制上为工商业发展扫清制度障碍，以有利于经济社会的繁荣为目标，促进近代民营经济的发展。

2. 鼓励民间投资

清政府鼓励民营资本兴办实业。准许民间资本合法兴办企业，兴办近代金融业，对于兴办新式工商业、交通和金融事业，一律实行批准制。允许自由发展实业，奖励兴办工商企业，中国开始了又一次工业化浪潮。

“据统计，至辛亥革命前，各类民族资本创办的企业达530家，累积资本7246万元，平均每个企业资本为13.7万元，拥有职工推算为17万多人，平均每个企业320人”①。促进近代民营工商业在经济社会发展中发挥越来越重要的作用。

二、民营经济逐渐成为宁波经济社会发展的重要力量

由于清政府鼓励民营资本不断兴办实业，宁波经济社会关系出现近代性变化，近代民营资本在生产经营、成果收益形式和按劳分配方式等方面显现市场经济的诸多特征。

（一）“民进国退”为民营经济带来难得发展机遇

1. 清政府放松对民营经济发展的限制

为了保持政府对经济领域的垄断地位，清政府原本对民间设厂有诸多限制。但《马关条约》规定日本人可在华设厂投资，清政府对民间设厂的限制才因之被取消。因此，政府鼓励私人兴办企业，这是近代史上第一次“民进国退”。

嗣后，在庚子之变到辛亥革命前的十年间，“宁波民营资本得到了进一步发展。自然经济加速解体以后，在宁波出现了更多的劳动力和视频市场，而且清廷也在一定程度上放宽了对民营资本投资工业的限制，在经济上采取了所谓‘提倡’、‘奖励’的措施”②。

2. 清政府仅在部分产业领域对民营经济开放

在“民进国退”的过程下，清政府有选择性地部分开放纺纱、碾米、造酒等行业，而对航运、电报、铁路等行业仍不得放手。纺纱、碾米、造酒是民生行业，技术含量低、利润低、无法形成寡头垄断，而航运、电报、铁路是技术和资金密集型行业，投资多、生产高度集中、代表当时的前沿技术水平，最重要的是获利甚丰，政府可以形成寡头垄断而独享其利。

---

① 许涤新、吴承明主编：《中国资本主义发展史》（第二卷），北京：社会科学文献出版社，2007年，第120～125页。

② 傅璇琮主编，乐成耀著：《宁波通史》（清代卷），宁波：宁波出版社，2009年，第225页。

（二）民营企业加快发展改变国营（有）垄断经济的格局

1. 不断兴办实业

大力发展民族工商业。随着开放改革的不断深入和政府鼓励工商业发展的政策推进，在“实业救国”的思想指导下，民营企业紧紧抓住机遇，不断寻求生存发展之道，中国兴起了一次民间投资实业的热潮。

据不完全统计，1895～1900年间，全国新设立的创办时资金总额在万元以上的私人企业有127家，资本总额为2027万银元，相当于鸦片战争后到《马关条约》签订前50年间资本总额的一倍，民族工商业加快发展。

2. 加快发展民营工业

从《马关条约》签订后至1910年，宁波与全国一样，民营资本踊跃兴办实业（见表6–61）。民营工业（手工业）步入快速发展通道，取得不俗成就，成为推动宁波实现近代转型的重要力量。

表 6-61　　1900 ～ 1910 年间宁波民营资本兴办实业概况

年号、年间 / 时间	企业名称	所设行业	资本金	生产经营路径
光绪二十七年 / 公元 1901 年	通久源面粉厂	粮食加工业	不详	对小麦进行加工后制成面粉
	顺记铁工厂	金属制造加工	5000 元	“每年用铁约 5 万磅，大都为修配轮船上的机件”
光绪三十一年 / 公元 1905 年	通益造纸厂	工业	不详	利用宁波地区廉价原料造纸
光绪三十二年 / 公元 1906 年	通利源榨油厂	加工业	80000 元	“用余姚及三北等地的棉籽生产棉油和棉饼，副产品是花衣，产品行销本埠和外地”
	光明蜡皂厂	日用加工业	60000 元	利用宁波本地原料生产蜡烛和肥皂
	禾盛烟公司	烟草加工业	100000 元	对收购的宁波农村烟草进行加工
	禾盛碾米厂	粮食加工业		对稻谷进行加工后制成面粉
不详	和丰纱厂	纺织加工业	1500000 元	将棉花纺织成纱锭
光绪三十三年 / 公元 1907 年	正大火柴厂	火柴生产业	40000 元	利用本地和外购原料生产火柴

资料来源：根据傅璇琮主编，乐成耀著《宁波通史》（清代卷），宁波出版社，2009年，第225～232页的相关内容整理。

据史料记载，“在短短十年间，宁波先后创设了7家工厂。自同治十三年

（1874年）宁波印刷厂开办至宣统末已有近40家民营工厂"[①]，不但为宁波近代工业化奠定了坚实的基础，而且逐渐打破了官营企业的垄断局面。

宁波辖县的民营经济发展也不甘落后。以宁波为例，清宣统三年（公元1911年），宁海"始有手摇铁机织袜。1931年始办碾米厂。1936年开办发电厂，功率25千瓦"[②]。

（三）宁波经济社会关系出现的近代性变化

1. 生产经营方式实现由个体经营和作坊承包向现代企业管理转变

①生产经营业务实行转包。当时，宁波绝大多数民营企业以个体手工作坊为主，如从事密集劳动的织布作坊，除一部分由业主亲力亲为外，有很多作坊承包给包工头，给包工头一定的费用，再由包工头自己找工人生产。包工头引进西方先进的管理和技术，将个体手工作坊转型为现代企业。

②运用现代方式管理企业。现代工厂是19世纪上半期西方工业革命的产物，不仅使用雇佣劳动，而且还进行核算、会计、成本和利润等具有现代性的管理方式，凸显成本管理的重要性，以提高生产效率。

由于深受开放之惠，宁波城市化进程不断加快。"1900年，城厢人口30万，受雇者12万余人，其中受雇于商业、服务业7万人，受雇于手工业的达5万人，也有为数不少的现代工厂和手工企业"[③]。如此庞大的工商产业从业者队伍，所服务的个体民营工商企业必然运用成本利润核算方法来进行有效管理。

2. 成果收益形式实现由通过实业生产获取商品价值向投入资本而获得剩余价值的转变

①由商品价值投入转向资本价值投入。注重商品的使用价值还是剩余价值是自然经济与商品经济的区别之一。在自然经济社会，人们通过劳动力、土地、资金等有形要素而获得收益。在商品经济社会，人们生产的目的不完全是为了自身消费，而是将资本投放市场以获取更多的剩余价值，超越了自然经济的范畴而自然地具有资本主义萌芽的特点。

②由个体资本投入转向股份资本集聚。剩余价值是宁波近代社会生产关系变化的重要标志。原本一家一户的自然经济模式很难适应社会化大生产的需要，随

---

① 傅璇琮主编，乐成耀著：《宁波通史》（清代卷），宁波：宁波出版社，2009年，第226页。

② 俞福海主编：《宁波市志》（上），北京：中华书局，1995年，第115页。

③ 俞福海主编：《宁波市志》（上），北京：中华书局，1995年，第413页。

着对外开放水平的提升和商品经济的发展，宁波个体民营商人在经济活动中通过集资入股等资本的投入，以及采取股份制的方式，不断筹集资本，以资本的纽带来维系各方利益关系，通过按股分红以获取更多的剩余价值。

3. 按劳分配实现由按劳动力分配方式向按资本要素分配方式的转变

①按要素分配是分配方式的形式之一。按劳动力分配是自然经济社会结构的特点之一，而在商品经济社会，由于农工商产业的发展，一部分先富群体具有雄厚的资金实力，他们不再参与具体的生产经营活动，而是利用资金、经营管理才能等要素参与分配，成为马克思所言的食利阶层。

②按要素分配体现民营企业家的经营才能。企业家才能是软要素，股份数量是企业家才能的体现。按股分红本身就是以资本要素的多寡来分配。按要素分配是市场经济的分配方式，其分配方式的变化，实际上意味着宁波经济社会发展阶段的跃升，即宁波已经进入商品经济发达的社会发展阶段。

（四）宁波近代民营资本显现的市场经济特征

1. 产业民生化

在近代化的开放的大潮中，宁波民营企业的发展，一般总是选择入行门槛低、与百姓生活密切相关、市场前景好，且在官营垄断资本之外的民生产业，即在产业上尽量不与官营资本发生交集，显现出民营资本涉足初始产业与民生息息相关的特点。

纺织业关乎国计民生，是衣食住行的首要产业。依原材料来源的便利、劳动力价格的低廉、带动城乡剩余劳动力就业的广泛、与民众生活的相关程度等要素考量，一些颇有实力的民营商人正是看到了其中蕴含的巨大商机，使纺织业成为宁波民营资本的引领产业。因此，他们纷纷将资本投资于纺织业。

2. 利益共享化

民营资本兴办近代企业，除了利用宁波现有的原料、劳动力等资源要素外，还需要先进的生产技术和机器。宁波民营企业利用开放之际，从外国进口生产机器，并引进先进技术，其生产标准和产品不断与国际接轨。

在兴办企业的过程中，宁波民营企业家为了获得政府的支持，通过关系减轻了企业税收，其产品能够直接从浙海关出口，降低了企业成本，扩大了盈利空间。同时，为了扩大再生产，民营企业还必须寻求外资企业的支持与保护。

宁波民营企业进口先进机器，使外商产品实现了利益最大化；与政府修好关系，既确保自身盈利水平不降低，又能够保障政府有一定的税收收入；与外资合作，其目的在于寻求外资保护而逃避重税。

3. 规模扩大化

甲午战争后，随着《马关条约》的签订，外资在华设厂的种种限制被取消，民营经济制度政策进一步宽松，民营企业也获得良好的发展机遇。当时，宁波"新建的工厂超过了前期几倍，资本额大大超过了前期①"，以适应扩大再生产的需要。

宁波民营企业不断扩大生产规模。从1897～1907年的"短短十年间，宁波先后创设了27家工厂②"。到了20世纪初，"和丰纱厂的资本达到了150万元。资本超过10万元的还有通久源面粉厂、通利源榨油厂、禾盛烟公司、禾盛碾米厂、和丰电灯公司等③"。以通久源机器轧花厂为例，由于前后投资额的不同，其产出出现明显差异（见表6-62）。

表 6-62　　甲午战争后宁波民营企业扩大生产规模概况　　单位：万元，万磅

民营企业名称	创始人	前期投资额	后期投资额	扩大投资前月出纱量	扩大投资后月出纱
通久源机器轧花厂	严信厚	5	45	14	25*

注：* 此为1897年的每月产量。

数据来源：根据傅璇琮主编，乐成耀著《宁波通史》（清代卷），宁波出版社，2009年，第222～223页的相关内容整理。

4. 要素市场化

要素市场化是市场经济的基础，也是其衡量标准之一。随着对外开放的不断扩大，农民人身依附关系的降低，自然经济的经济基础与结构不断解体，农业剩余劳动力能够从农业产业流向宁波府城和各县城的二三产业，为宁波近代民营企业扩大了劳动力要素来源。宁波出现的劳动力市场，使宁波社会的劳动力就业率进一步提高。

---

① 傅璇琮主编，乐成耀著：《宁波通史》（清代卷），宁波：宁波出版社，2009年，第223页。

② 傅璇琮主编，乐成耀著：《宁波通史》（清代卷），宁波：宁波出版社，2009年，第226页。

③ 傅璇琮主编，乐成耀著：《宁波通史》（清代卷），宁波：宁波出版社，2009年，第230页。

第七章

民国时期宁波民营经济发展概述

民国继承和延续了生产资料私有制体制，奠定了近代中国市场经济的基础，各种要素市场得以建立，市场配置资源的作用不断发挥，形成了中国近代市场经济体制及之所对应的现代生产关系，为民营经济的发展营造了制度环境。

一战爆发后，宁波民营经济迎来重要发展机遇，民间资本通过发展实业而迅速崛起，在涉及国计民生的纺织、矿业、交通、电力等非垄断领域占有产业优势，成为近代中国工业化的重要标志和构成部分之一。

第一节　宁波经济社会发展环境及农渔业与官营盐业发展概况

民国建立后，经济社会发展及经济体制建设不断完善，各种要素资源在近代市场经济体制的框架内，通过市场配置的比例大为扩展，使得近代中国的市场经济得以发展并初步形成了现代生产关系，为宁波民营经济的发展开辟了一个新时代，也使宁波帮的经济社会成就达到新的高度。

一、辛亥革命后宁波民营经济面临良好的发展机遇与环境

由于法制环境不断完善，宁波近代民营资本迅速崛起，民营厂商和雇佣劳动者成为市场经济的微观主体，各种要素的组合构成现代生产关系，私有产权架构下的市场主体形成微观企业生态。

（一）法制环境不断完善

民国时期，为了夯实市场经济的制度基础，国民政府颁布《临时约法》，规定人民有保有财产及营业之自由，这是近代中国第一次以宪法的形式为国民从事

经济活动提供合法性保障，也为宁波民营工商业的发展提供制度支撑。

其后，国民政府陆续颁布《交易所法》《商标法》《商业登记法》《工厂登记法》等相关法规，并编订颁布有关工商矿业、农林业、渔牧业的政策法规二十余种。法律界定厂商与政府、消费者三者之间的关系，为发展民营经济，推动经济社会发展构建了适宜的法制环境。

（二）民营厂商和雇佣劳动者成为市场经济的微观主体

1. 各种要素的组合构成现代生产关系

民国时期，随着近代工业、手工业、交通运输业、商业等实业的发展，宁波民营企业中资方（即企业家才能）、资金、技术、雇主与工人或雇员的关系形成要素构成，是现代生产关系最基本的表现形式。

2. 私有产权架构下的市场主体形成微观企业生态

私有产权以所有制形式存在于企业中，民营企业主以追求利润最大化为目标。作为私有产权的代表和市场经济的微观主体，宁波民营厂商享有合法雇佣劳动者的权利。同时，通过经营企业，依靠企业家才能获得利润和利息等资本回报，而劳动者靠出卖劳动获得工资，这种新兴劳资关系成为宁波市场经济的微观表现形式。

（三）宁波近代民营资本迅速崛起

1. 民营经济加快发展

辛亥革命对经济社会，尤其是民营经济的发展产生广泛的影响。当时，随着对外开放的不断扩大，经济近代化程度不断加深，民营资本纷纷投资兴办实业，仅在“1912年和1913年，中国新成立的工厂数就分别达到2001家和1249家。到1916年全国的工厂数达16957家”[①]，民营经济呈现兴旺繁荣之势。

2. 近代民营企业不断兴办

在实业救国、抗御外资的口号下，宁波民营资本不断发展，由个体民营商人、手工业工场主转型而来的中小资本家等民族资本主义力量不断壮大。宁波人

---

① 江怡：《民营经济发展体制与机制研究》，杭州：浙江大学出版社，2016年，第262页。

徐贵荣创办宁波顺记机器厂、周仰山创办宁波永耀电力公司、徐惠生创办正大火柴厂等近代企业，为民国时期的宁波民营经济奠定发展基础，民营阶层的社会地位显著提高。

二、民国时期宁波农业和个体民营渔业发展概况

民国时期，租佃关系的形成因应了宁波市场经济的发展程度，租佃经济实质上是农业生产领域所有权、使用权和收益权等“三权分离”的体现。宁波农业主要以稻麦、棉花种植为主，渔盐业不断发展，其产品的商品化趋势越来越明显，资源性效益不断提升。

（一）土地兼并严重

由于人口数量增加，人地矛盾突出，自耕农数量进一步减少，“民国时期宁波地区半自耕农、佃农和雇农所占比例已达到80%以上”[①]。土地兼并导致因无土地要素等重要生产资料而只能出卖劳动力要素资源的人数增多。

（二）租佃关系盛行

许多失地或无地农民只能通过租佃土地或被雇佣的方式维持生计，租佃关系带动了租佃经济的发展。租佃经济实质上是农业生产领域所有权、使用权和收益权等“三权分离”的体现。它为促进宁波近代经济结构的转型，为工商业领域形成资本主义生产关系奠定基础。

在租佃关系中，有直租和转租的方式，转租人将转租来的土地再转租给第三方。而佃农须缴实物租、货币租、劳役租等地租，使资本带来利息、土地所有者获得地租、劳动力得到工资。

（三）兴修水利工程

民国时期，宁波地区不断浚治河道、疏通城河、修建碶闸、整治水库，如疏浚南塘河、南濠河、中塘河、西塘河等近50条河流，以及清理东钱湖。同时，

---

① 傅璇琮主编，王幕民、沈松平、王万盈著：《宁波通史》（民国卷），宁波：宁波出版社，2009年，第248页。

“修沿江旧堰闸，疏浚南塘河支流，清理它山堰积沙”[①]，并筑成奉化畸山堰，拦截剡江径流，修治它山堰，清理淤沙，畅通水道，引水灌溉，筑十多处碶闸拦咸蓄淡，为减轻自然灾害造成的损失和发展农业生产打下坚实的基础。

（四）大量种植粮食及经济作物

1. 积极种植主要粮食作物

由于宁波农村地区土地肥沃，水利灌溉等基础条件较好，宁波成为浙江省重要的粮食产区。“水稻也是民国时期宁波主要粮食作物。水稻在宁波地区播种面积之广，生产之多以及需求之普遍，远远在其他农作物之上。”[②]学者根据相关数据推测，“民国时期宁波地区稻田面积大概在250万～300万亩”[③]，小麦、大麦等麦类成为宁波地区的重要粮食作物之一（见表7–1）。

表7-1 民国时期宁波地区水稻和麦类种植面积及收成概况

年号、年间/时间	水稻种植面积（亩）	稻谷总量（担）	平均亩产（担）	麦类种植面积（亩）	麦类总量	平均亩产（公斤）
民国十八年/公元1929年	3490590	3446028	—	842000	436114担左右	—
民国二十一年/公元1932年	—	—	—	117300	0.94万吨	80.1
民国二十二年/公元1933年	2507299	8929573	3.56	247176	583962担	—
民国三十八年/公元1949年	4659700	57.04万吨*	—	217500	2.1万吨	92.4公斤

注：*俞福海主编：《宁波市志》（中），北京：中华书局，1995年，第1255页。

数据来源：根据傅璇琮主编，王幕民、沈松平、王万盈著《宁波通史》（民国卷），宁波出版社，2009年，第261～262页的相关内容整理。

2. 大量种植经济作物

民国时期，宁波地区的农民种植豆类、棉花、花生、杂粮（红薯、土豆、油菜、芝麻、玉米、高粱）、桑树、茶叶、药材、水果（桃子、枇杷、杨梅、李

① 傅璇琮主编，王幕民、沈松平、王万盈著：《宁波通史》（民国卷），宁波：宁波出版社，2009年，第257页。

② 傅璇琮主编，王幕民、沈松平、王万盈著：《宁波通史》（民国卷），宁波：宁波出版社，2009年，第260页。

③ 傅璇琮主编，王幕民、沈松平、王万盈著：《宁波通史》（民国卷），宁波：宁波出版社，2009年，第261页。

子、西瓜、柿子、杏、梅子）、席草等经济作物。

①种植区域与特点。当时，棉花以余姚、慈溪、镇海种植的“姚花”最为有名。药材以贝母、麦冬为代表性的种植作物，主要分布在象山、鄞县等地，种植量大面广。桑蚕种养殖业主要在余姚和奉化两县，其“种桑面积为6600亩，养蚕户3000余户，产品多为自用或在本地销售”[①]。

②杂粮种植及收成。宁波地区的杂粮作物主要集中在慈溪、奉化、定海、镇海、南田、象山等辖县（见表7–2）。其中，“定海的甘薯种植面积较大，达95700亩，亩产量也居全省之最，总产量达到1914000担”[②]。

表 7-2　　1933 年宁波地区杂粮种植及收成概况

杂粮品种	种植区域	种植面积（亩）	总产量（担）	总价值 / 产值（元）
甘薯	宁波地区	148754	2325626	1916300
油菜	宁波地区	62714	22774（油菜籽）	297310
芝麻	宁波地区	656	133	1057
高粱		7985	9880	36260
玉米	宁海、镇海、象山、奉化	4518	6541	12193

数据来源：根据傅璇琮主编，王幕民、沈松平、王万盈著《宁波通史》（民国卷），宁波出版社，2009年，第266页的相关内容整理。

③茶叶种植及外销概况。当时的宁波地区高山和丘陵地带皆大量种植茶叶。“民国时期，宁波地区的茶园主要集中于余姚、镇海、鄞县、慈溪、奉化、宁海等地（见表7–3），茶树种植面积约为21503亩。”[③]其中，余姚的茶园面积最大。

表 7-3　　民国时期宁波地区茶叶种植及收成概况

种植区域	种植面积（亩）	绿茶产量（担）	红茶产量（担）
余姚、镇海、慈溪、奉化、宁海	21503	16154（不含宁海）	370（镇海产）

数据来源：根据傅璇琮主编，王幕民、沈松平、王万盈著《宁波通史》（民国卷），宁波出版社，2009年，第266页的相关内容整理。

3. 不断提升经济效益

民国时期，上海已成为远东金融中心和中国发达的工商业城市，茶叶作为主要饮品，上海对此拥有巨大的有效需求。作为重要的经济作物，除少量满足宁波城乡市场外，当时宁波本土茶叶主要供给上海市场（见表7–4）。

---

①②③ 傅璇琮主编，王幕民、沈松平、王万盈著：《宁波通史》（民国卷），宁波：宁波出版社，2009年，第266页。

表 7-4 民国时期宁波地区茶叶出口概况

茶叶出口时间	茶叶出口数量（担）
1912 年	114969
1922 年	96501
1937 年	69663
1939 年	34594
1940 年	129963

数据来源：根据傅璇琮主编，王幕民、沈松平、王万盈著：《宁波通史》（民国卷），宁波：宁波出版社，2009年，第266页的相关内容整理。

经济作物的种植体现其经济价值的功能作用。大量的茶叶用于供给宁波埠外市场，对农民家庭的经济收入和提升其生活水平发挥重要的作用，既弥补了粮食产量的缺口，提高了农民的经济收入，又为手工业和商贸流通业提供了实物来源。

（五）个体民营渔业向近代渔业转型发展

1. 发展滩涂养殖业

宁波大力开发滩涂资源，不断促进淡咸水养殖业的发展。当时，淡水养殖主要是渔民在余姚江、奉化江和甬江等三江水流中置网养殖，鄞县渔民在鱼塘中进行淡水养殖。

“除淡水养殖外，宁波的镇海、宁海、奉化、舟山等地也有咸水养殖业，主要利用涂地养殖蛏子和毛蚶。如镇海每年毛蚶的产值就有数万元。”[①] 渔民们和个体民营鱼贩将捕捞和养殖的水产品，通过营销方式将其输往海内外，成为近代宁波对外贸易的大宗商品之一。

2. 开发近海渔业

①渔业资源丰富。由于具有滨海优势，宁波不断提高造船和捕捞技术，在民国时期大力开发近海丰富的渔业资源。当时，“海洋渔业资源主要有大黄鱼、小黄鱼、带鱼、墨鱼、青黄鲇、马面鱼、海蜇等，品种数量很多。”[②]

②海洋捕捞业发达。当时，“每次鱼汛期间，每对大对船捕鱼收获达六七千

---

① 傅璇琮主编，王幕民、沈松平、王万盈著：《宁波通史》（民国卷），宁波：宁波出版社，2009年，第271页。

② 傅璇琮主编，王幕民、沈松平、王万盈著：《宁波通史》（民国卷），宁波：宁波出版社，2009年，第269页。

元年之多，除去捕鱼成本和其他费用，经济效益相当明显”[①]，使宁波成为浙江乃至全国的渔业中心之一，整个地区“每年渔产总额估计不会低于2000万元。渔业生产也给宁波沿海成千上万的居民提供了就业的机会”[②]，使渔业产业实现了由资源性效益向货币财富的转变。

3. 渔业生产领域实行混合经济体制

①官商合营捕鱼。宁波地区渔业资源丰富，促进了船舶等捕捞器具的发展。“1902年（清光绪二十八年），宁波地区就出现官商合办的江浙渔业公司，该公司从德国进口拖网渔轮，名曰‘福海’号，以新式拖网捕鱼代替传统捕鱼方式。”[③] 拖网渔轮一般用于远洋捕捞业。由此可知，该公司采取官营与民营合作的混合经济体制，公司地址在今天的江北区。

②产权关系明确。宁波源源渔轮公司又依次跟进，购置“铁宁”渔轮。两大公司的官营和民营以合同形式为合作依据，双方责权利明确，产权边界清晰。官营负责捕鱼器具的进口、运营及组织渔业生产经营，民营渔业组织则负责个体渔民的招收、岗位分工、报酬发放等事宜。

第二节　民国政府在盐业领域实行国营（有）和民营并存的“双轨制”经济体制

政府强力干预经济，主张大力发展国家资本主义。[④]因此，在官营盐业的基础上，通过制盐许可证管理等措施，完善官营盐业体制与机制。促进食盐生产效

---

① 傅璇琮主编，王幕民、沈松平、王万盈著：《宁波通史》（民国卷），宁波：宁波出版社，2009年，第270页。

② 傅璇琮主编，王幕民、沈松平、王万盈著：《宁波通史》（民国卷），宁波：宁波出版社，2009年，第271页。

③ 傅璇琮主编，王幕民、沈松平、王万盈著：《宁波通史》（民国卷），宁波：宁波出版社，2009年，第270页。

④ 国家资本主义指资本与国家政权相结合，由国家掌握和控制的一种资本主义经济。它的性质和作用决定于国家的性质。在资本主义国家里，国家资本主义为国家所承认并受国家监督，它有利于资产阶级和反对无产阶级。它实际上就是国家垄断资本主义，是为资产阶级统治服务的，是变相的私人资本主义。新中国成立后，对资本主义工商业实行社会主义改造时期，国家资本主义在中国是“改造资本主义工商业和逐步完成社会主义过渡的必要之路”。现阶段，我国和外国资本家合作经营的企业也属于国家资本主义范畴。

率不断提升，使政府获得更多的盐税收入。

一、奠定国营（有）经济体制的发展基础

国民政府产业政策的主旨和核心是发展国家资本主义。因此，在社会转型的过程中，政府通过制订一系列的政策，大力发展国家资本主义。

（一）政府强力干预经济

民国时期，“近代中国社会结构经历了由一元结构向二元结构的转型，即从传统社会向现代社会转型或从农业的、乡村的、封闭的半封闭的传统型社会，向工业的、城镇的、开放的现代型社会的转型”[①]。

在此环境下，国民政府通过实行统制经济并对经济实行强力干预的方式，大力发展国营（有）经济，使国营（有）经济增长率较快。同时，国家资本控制了相关产业，为实行国营（有）经济体制奠定基础。据记载，“到1948年上半年，国家产业资本已经占全国产业资本总额80%以上”[②]。

（二）主张大力发展国家资本主义

国民政府产业政策的主旨和核心是发展国家资本主义。孙中山、蒋介石等政府领袖都认为应该通过计划经济体制，大力发展国营（有）经济，使国家资本在整个社会经济中占主导地位，或者主张由国营（有）资本控制并优先发展重要产业。

在此理念指导下，国民政府制订了《建设大纲草案》《基本工业建设计划》和《实业四年建设计划》等一系列的政策，鼓励做大做强国营（有）企业，并形成国营（有）经济发展体制和体系。“到1936年，中央政府控制的国营工业资本总额为1.16亿元，地方国营工业的资本额为1.56亿元加61.6万两白银，后者的成就超过前者。”[③]

二、宁波在盐业领域实行国营（有）经济发展体制

盐业领域是实行国营（有）经济发展体制的重要载体之一，也是国营（有）

①② 江怡：《民营经济发展体制与机制研究》，杭州：浙江大学出版社，2016年，第263页。
③ 江怡：《民营经济发展体制与机制研究》，杭州：浙江大学出版社，2016年，第265页。

经济发展体制最具有代表性的产业。宁波政府通过实行制盐许可证管理制度、设置相关管理机构等措施，不断完善官营盐业体制。

（一）颁布盐业管理政策

盐业产业是政府实行国营（有）经济发展体制最具代表性的产业。从民国三年至民国三十六年（公元1914～1947年），北洋政府和国民政府先后颁布了相关政策规定（见表7–5）。

表 7-5　民国时期政府盐业管理政策的颁行及相关内容概况

年号、年间 / 时间	政策名称	盐业管理政策的具体内容
民国三年 / 公元1914年3月4日	《制盐特许条例》《制盐特许条例施行细则》	“规定非经政府特许，不得从事盐的制造。盐制造者均须向盐务署提出呈请书，经审核批准，发给持有特许证券后始能制盐”
民国四年 / 公元1915年		“盐制造者必须遵守制盐特许条例的各项规定。在板晒或坦晒地之前，须立插制盐木牌，木牌上须表明制盐特许证券的号码及准许的晒板、盐坦数量，否则一律当作私盐处理”
民国六年 / 公元1917年		
民国九年 / 公元1920年6月	《盐政管理通则》	“每次制盐，煎盐的须将开煎日期先行报明场署，经查核确实后，发给火伏牌，停煎缴回；晒制的其开晒与停晒日期也由场署查核登记。凡所产之盐须悉数限期收入储盐仓坨”
民国三十六年 / 公元1947年3月12日	《盐政条例》	规定非经财政部的许可不得制盐，没有正当理由并经许可，制盐者不能停业或歇业
民国三十六年 / 公元1947年10月7日	《制盐许可规则》	财政部颁发《制盐许可规则》后，制盐许可证分为四联，以盐户为发放单位而在各场审核发放。同时，在许可证的背面必须载明盐板、盐坦的数量和地点，以备查验

资料来源：根据朱柏铭主编《宁波盐志》，宁波出版社，2009年，第140页、第143页的相关内容整理。

（二）实行制盐许可证管理制度

民国三十六年（公元1947年），“象山县玉泉场共对五批盐民申请核发制盐许可证303份”[①]，政府设置盐业生产的行政许可“门槛”，严格控制盐业生产，意在禁止个体或民营染指盐业生产领域，进一步强化盐业官营经济体制与机制。

① 朱柏铭主编：《宁波盐志》，宁波：宁波出版社，2009年，第141页。

专栏7–1　国民政府颁布《制盐许可规则》

民国三十六年（公元1947年），国民政府公布的《盐政条例》规定，“盐非经财政部之许可不得采制”；“制盐人非有正当理由经许可者，不得停业或歇业”。

10月7日财政部颁发《制盐许可规则》后，制盐许可证开始在各场审核发放。许可证共分四联：制盐许可证、场署存根、缴核、管理局存根。

制盐许可证以盐户为发放单位，在许可证背面须载明主要制盐生产资料——盐板、盐坦的数量和地点，由盐户收藏备查。当年，象山县玉泉场共对五批盐民申请核发制盐许可证303份。

资料来源：朱柏铭主编：《宁波盐志》，宁波：宁波出版社，2009年，第141页。题目为作者所加。

（三）设置盐业管理机构

民国时期，宁波国营（有）经济不断发展，其中以盐业产业最具有代表性。宁波政府重视盐田管理事宜，其在明州地区设置“余岱场务局”、“宁属盐务稽核支所”等机构（见表7–6）。

表 7-6　民国时期杭州与宁波地区设置盐业管理机构概况

年号、年间 / 时间	所在地	成立的盐业管理机构及名称	管辖区域
民国二年 / 公元 1913 年	杭州	两浙盐务稽核分所	余姚、宁波
民国二十六年 / 公元 1937 年	宁波	撤销盐运使和两浙盐务稽核分所，成立两浙盐务管理局	宁波
民国二十七年 / 公元 1938 年		成立浙区战时食盐收运处	
民国三十年 / 公元 1941 年	余姚、岱山	汪伪政权设立“场公署”	余姚、岱山
民国三十四年 / 公元 1945 年	宁波	两浙盐务管理局	余姚、定海、岱山、玉泉
		成立两浙盐务管理局宁属分局，“下辖穿长、大嵩、镇海 3 个办事处，进行相关盐务的管理”	穿长、大嵩、镇海

资料来源：根据傅璇琮主编，王幕民、沈松平、王万盈著《宁波通史》（民国卷），宁波出版社，2009年，第274页的相关内容整理。

（四）完善官营盐业体制

民国二十六年（公元1937年），“两浙盐务稽核分所改组为两浙盐务管理局。经理改称局长，取消两浙盐运使职称”[①]。宁波的盐业管理机构代表政府具体管理盐业生产经营事宜（见表7–7），标志着宁波地区在盐业领域国营（有）经济发展体制与机制的完善。

表 7-7　　民国时期宁波地区盐场管理机构管理盐务概况

年号、年间、/ 时间	制度举措及效果	盐务管理机构
民国二年 / 公元1913 年	政府规定盐税一律征收现洋（硬币），不用期票	不详
民国三年 / 公元1914 年 1 月	“盐务署”颁布法案，取消民初以来各种杂税，将其统称为“盐税”	
民国三年 / 公元1914 年 4 月	宁属包商改为引岸，额定 2.5 万引，每引征收 1 元	
民国三年 / 公元1914 年 7 月	额定引盐重量，每引 3 担	
民国三年 / 公元1914 年	颁布盐商均税条例；统一度量衡；各场盐事长改称场知事；改订税率；盐运使兼任缉私统领，各场知事兼任缉私督察员	场知事
民国五年 / 公元1916 年	余堰场公署由石堰迁至庵东；余堰场设由英、法等国控制、专事督收盐税的称放局	称放局
民国九年 / 公元1920 年	盐务总署核定新制盐板规格	不详
民国二十年 / 公元1931 年	“大嵩场”“穿山场”撤并“清泉场”，新名称为“镇海场”；鸣鹤盐场划归余姚盐场	“镇海场”
民国三十四年 / 公元 1945 年	政府停止盐业专卖，改为就地征税；设余姚场公署；盐业产销改为民制、官收、民运、民销，自由贸易	余姚场公署

资料来源：根据相关内容整理。

（五）盐场面积不断扩大

民国时期，宁波地区的主要产盐区在余姚的庵东。余姚盐场由鸣鹤、石堰“北移至庵东，1916年有盐田9.65万亩”[②]，庵东盐场实际上就是庵东盐区，它是宁波地区规模最大、产盐量最多的产盐区域，“民国时，系省内第一大盐场，

① 朱柏铭主编：《宁波盐志》，《大事记》，宁波：宁波出版社，2009年，第7页。
② 俞福海主编：《宁波市志》（上），北京：中华书局，1995年，第91页。

号称‘浙江盐都’”[①]。

民国二十一年（公元1932年），“宁波有庵东、镇海、穿山、大嵩、玉泉、长街6个盐场”[②]（见表7–8）。

表 7-8　　民国时期宁波地区庵东盐场面积概况　　单位：万亩

年号、年间 / 时间	盐场总面积	其中：盐田面积
民国五年 / 公元 1916 年	不详	8 ~ 9
民国六年 / 公元 1917 年	9.65	4.21

数据来源：根据朱柏铭主编《宁波盐志》，宁波出版社，2009年，第2页的相关内容整理。

由于宁波地处沿海，海盐资源极为丰富，具有煎晒食盐的有利条件，据《中国盐政实录》记载，民国十六年（公元1927年），余姚慈溪、镇海鄞县、象山、宁海等县的盐场数量有增有减。宁波盐业不断发展，产量不断提高（见表7–9）。

表 7-9　　民国时期宁波地区辖县盐场概况

辖县盐场名称	盐田面积（亩）	余田面积（亩）	合计（亩）	产量（吨）
余姚盐场	42091	54399	96490	不详
慈溪鸣鹤盐场	不详			
镇海清泉盐场、穿长盐场	793（清泉盐场）	—	—	
镇海盐场 *	—	—	—	3051
原大嵩盐场	14040	—	14040	—

注：* 民国二十年（公元1931年），由穿长盐场和鄞县大嵩盐场并入清泉盐场后合称镇海盐场。

资料来源：根据朱柏铭主编《宁波盐志》，宁波出版社，2009年，第191 ~ 192页的相关内容整理。

（六）“官板”与“私板”[③]并存

盐板分为“官板”与“私板”。“官板”与“私板”的存在，充分说明当时盐场实行官营和民营并存的经济发展体制与机制。在两浙不同的经济发展体制与机制下，民国时期余姚的盐板数量不断提高（见表7–10），“在近60年时间内，

① 朱柏铭主编：《宁波盐志》，《概述》，宁波：宁波出版社，2009年，第2页。

② 傅璇琮主编，王幕民、沈松平、王万盈著：《宁波通史》（民国卷），宁波：宁波出版社，2009年，第272页。

③ 盐板即盐民晒盐用的工具，属于生产资料范畴，官营的属“官板”，个体民营的属“私板”。盐板都以杉木制作，规格统一，状若门板而略宽，版厚约两厘米，底下有木档，四边设槛。盐板四角各有一个木质把手，既便于扛抬，又可用绳子将整幢盐板拴系在一起。晒盐有固定的场地。每块盐板下面设有四根矮木桩，盐板放上面后，注入卤水，经太阳暴晒，即结晶成盐。收盐时，将盐耙拢，用盐铲装入箩筐，挑进自家的小盐仓暂时贮藏。小仓满后，则装运至收购点交售。

余姚场盐板数增至原来的4倍”①。

表 7-10　　民国时期余姚场官盐和私盐盐板数量增加情况

年号、年间 / 时间	官盐和私盐盐板数量（块）	增长率（%）
民国元年 / 公元 1912 年	370663	—
民国十七年 / 公元 1929 年	513700	38.59
民国二十七年 / 公元 1939 年	678691	32.12

数据来源：根据朱柏铭主编《宁波盐志》，宁波出版社，2009年，第143页的相关内容整理。

（七）食盐生产效率不断提升

1. 改进制盐技术

自1931年后，宁波的盐民们改进制盐技术，运用晒盐法。在此之前，盐民们采用传统的煎盐方式制盐，“所谓煎盐就是熬制食盐，又分为泥盐和灰盐两种。”②以此为载体，不断降低成本，生产效益不断提升。

2. 增加盐板数量

清朝末年，由于宁波制盐技术实现了由煎制向晒制的转变，制盐者可以通过控制结晶工具的方式来控制盐的产量，盐板即是其有效载体。

以庵东盐场为例，经过多年的发展，宁波庵东盐场的盐板数量有了提高，其产量也有提高。据史料记载，其原盐产量在“民国元年至26年（1912–1937），常年8万～10万吨”③。

3. 食盐产量不断提高

整个宁波地区盐场的盐业产量也在不断提高（见表7–11）。据《宁波盐志》记载，1920～1927年，“宁波盐场在6.33万～9.66万吨之间，1928年盐产量突破10万吨，1940年余姚沦陷前，产量最高达18万吨以上”④。

---

① 朱柏铭主编：《宁波盐志》，宁波：宁波出版社，2009年，第143页。

② 傅璇琮主编，王幕民、沈松平、王万盈著：《宁波通史》（民国卷），宁波：宁波出版社，2009年，第272页。

③ 朱柏铭主编：《宁波盐志》，宁波：宁波出版社，2009年，第216页。

④ 朱柏铭主编：《宁波盐志》，宁波：宁波出版社，2009年，第69页。

表 7-11　　民国时期宁波地区相关盐场产量概况（节选）

年号、年间 / 时间	宁波地区相关盐场总产量（万吨）	盐场名称
民国元年 / 公元 1912 年	0.254	宁海长亭盐场
民国三年 / 公元 1914 年	5.62	慈溪盐场
	0.159	宁海长亭盐场
民国年间 / 公元 1920 ~ 1927 年	6.33 ~ 9.66	宁波各盐场
民国十年 / 公元 1921 年	7.97	慈溪、北仑、鄞州、镇海、江东、象山、宁海等地盐场
民国十六年 / 公元 1928 年	>10	同上
民国二十年 / 公元 1931 年	11.93	慈溪、北仑、鄞州、镇海、江东、象山、宁海等地盐场
民国二十一年 / 公元 1932 年	15	余姚庵东盐场
民国二十五年 / 公元 1936 年	13.46	慈溪、北仑、鄞州、镇海、江东、象山、宁海等地盐场
民国二十八年 / 公元 1939 年	15.41	
民国二十九年 / 公元 1939 年	18.09	
	16	余姚庵东盐场
民国三十六年 / 公元 1947 年	12.43	余姚庵东盐场

数据来源：根据朱柏铭主编《宁波盐志》，宁波出版社，2009年，第69 ~ 70页、第216页的相关内容整理。

盐业产量位居浙江第一。“民国时期，两浙盐务当局采取限产方针控制盐产供过于求。然1938年取消限制后，即增产200余万担。”[①]当时，宁波盐产量在整个浙江地区的盐业总产量中独居鳌头（见表7-12）。其中，象山县“全县年产盐5000吨至6000吨，最高1940年年产1.45万吨”[②]。

表 7-12　　民国时期宁波地区各盐场产量及占全省份额概况　　单位：吨，%

年号、年间 / 时间	宁波盐场总产量	各产盐区域	产盐区域产量	占全省总产量
民国十六年 / 公元 1927 年	96163.65	慈溪	88715	>50
		象山	6572.25	
		宁海	866.4	
民国二十二年 / 公元 1933 年	3037742 担（相当于 150000 吨多）	不详	不详	61

① 朱柏铭主编：《宁波盐志》，宁波：宁波出版社，2009年，第171页。

② 俞福海主编：《宁波市志》（上），北京：中华书局，1995年，第121页。

续表

年号、年间 / 时间	宁波盐场总产量	各产盐区域	产盐区域产量	占全省总产量
民国三十年 / 公元1940 年	不详	慈溪	177000	不详
		象山		
		宁海		
民国三十八年 / 公元 1949 年	51844	—	—	69

数据来源：根据傅璇琮主编，王幕民、沈松平、王万盈著《宁波通史》（民国卷），宁波出版社，2009年，第272页的相关内容整理。

（八）政府盐税收入不断攀升

民国二年（公元1913年）12月，北洋政府颁布《盐税条例》。次年，盐务署颁布均税法案，由此成为政府税收的制度安排。巨量的食盐产量，更代表丰厚的政府财政收入。

由于宁波地区的盐产量始终占据浙江全省总产量的一半以上，随着食盐产量的不断增加，盐税收入因之成为政府重要的财政收入来源之一（见表7–13）。

表 7-13　　　　民国时期宁波地区盐田纳税概况

年号、年间 / 时间	税率或纳税标准
民国二年 / 公元 1913 年	按照每引 400 斤的标准纳税
民国二年 / 公元 1913 年 12 月	实行均税，“规定司马称每百斤食盐一律征税 2 元 5 角，称为正税，其他名目的盐税一律废止”，每年缴纳 500 千文
民国三年 / 公元 1914 年	盐税较轻；宁海北半县、鄞县、慈溪、镇海、奉化等宁属引地的税率每担加收 1 元；象山玉泉场、余姚、江北每担交税 0.6 元
民国四年 / 公元 1915 年	每担银元 2.5 元，肩住地为每担 2 元
民国六年 / 公元 1917 年	每担 0.3 元
民国七年 / 公元 1918 年	每担 3 元，肩住地为每担 2.2 元
民国八年 / 公元 1918 年	由每担 0.2 元增加到每担 0.5 元；宁海北半县、鄞县、慈溪、镇海、奉化等宁属引地每担税率加至 1.5 元
民国九年 / 公元 1920 年	定海、象山每担 0.2 元
民国十年 / 公元 1921 年	象山、南田两县每担加至 1.0 元，渔盐 0.3 元；宁海南半县每担加至 0.8 元
民国十一年 / 公元 1922 年	象山、南田两县每担加至 0.2 元

数据来源：根据朱柏铭主编《宁波盐志》，宁波出版社，2009年，第351 ~ 352页的相关内容整理。

民国十二年（公元1923年），宁波地区辖县盐税包括肩住地、厘地等税类，各辖县的税率各异（见表7–14），但对政府来说也是一笔很大的收入。

表 7-14　　1923 年宁波地区盐税税率表　　单位：银元 / 担

税类	地区	税率
肩住地	余姚	2.2
厘地	鄞县、奉化、慈溪、镇海	1.50
	宁海北半县、象山、宁海南半县	1.00
轻税地	大嵩、鸣鹤、清泉、穿山	0.50
	定海	0.20
渔盐税	岱山	0.235

资料来源：朱柏铭主编《宁波盐志》，宁波出版社，2009年，第3352页。

民国时期，政府盐课税额不断呈现上升状态（见表7–15）。仅以大嵩盐场为例，“1924年至1934年11年间，盐课税额不断抬升，从1924年每担原盐0.5元（银元，下同）提高到1934年每担原盐1元”[①]，这也意味着宁波地区的所有盐田为民国政府增加巨额的经济收入。

表 7-15　　民国年间宁波鄞县财政自大嵩盐场征收盐课概况

年号、年间 / 时间	征收盐课额（银元）	增长率（%）
民国十三年 / 公元 1924 年	1440	—
民国十四年 / 公元 1925 年	1121.5	–28.40
民国十五年 / 公元 1926 年	1518.6	26.15
民国十六年 / 公元 1927 年	1040.4	–45.96
民国十七年 / 公元 1928 年	1554	33.05
民国十八年 / 公元 1929 年	1770.6	12.23
民国十九年 / 公元 1930 年	2086.2	15.13
民国二十年 / 公元 1931 年	2176.2	4.14
民国二十一年 / 公元 1932 年	4822.6	54.87
民国二十二年 / 公元 1933 年	5800	16.85
民国二十三年 / 公元 1934 年	8505	31.80

数据来源：傅璇琮主编，王幕民、沈松平、王万盈著《宁波通史》（民国卷），宁波出版社，2009年，第356页。转引自（民国）《鄞县通志·政教志·财政》，宁波出版社，2006年。

（九）官盐销售市场不断拓展

1. 官盐供给宁波市场

宁波地区所产原盐以余姚盐为质量上乘，素称“姚盐”。首先，“姚盐”充

① 傅璇琮主编，王幕民、沈松平、王万盈著：《宁波通史》（民国卷），宁波：宁波出版社，2009年，第355 ~ 356页。

分满足宁波本地市场的有效需求。食盐产量的增加，意味着政府不断可以获得更多的税收。民国时期，鄞县有55家官营盐店（见表7–16），负责食盐的销售业务。

表 7-16　　民国时期鄞县官营盐店字号及地址

盐店字号	所属区域	共计（家）
李德兴等	濠河头	4
姚日兴等	新河头	2
傅万兴	姚江	1
李顺记	定桥	1
项协茂	周宿度	1
项顺茂	下架桥	1
李和记	李家复门	1
冯新号	新河桥	1
姚万泰	唐塘桥	1
姚源泰	横溪	1
陈同和	姜山	1
董万升	胡家坟	1
何和利	翻石渡	1
李隆兴等	石碶	3
周中和	密岩	1
李锦记	麦面桥	1
董洽记	蔡郎桥	1
李源兴	望春桥	1
利民	莫枝堰	1
朱福记等	鄞江桥	4
周西涯等	黄谷林	2
江三和	唇蛟衙	1
邬同生等	凤岙	3
邬源生	石马塘	1
杨同源等	大蛟	2
元昌	张镇	1
周顺泰	樟村	1
周祥和	横街头	1
江鼎和等	栎社	2

续表

盐店字号	所属区域	共计（家）
江裕和	百梁桥	1
江丰和	林村	1
周乾元	王家车头	1
盛馀记	前虞奋	1
江恒丰	衡涨桥	1
陆亿生	堵台桥	1
汇泰	布政府	1
施元馀	施家	1
同昌	十家港	1
大康	走马塘	1
锦和祥	王家桥	1
合计	—	50

资料来源：根据朱柏铭主编《宁波盐志》，宁波出版社，2009年，第303页表13-3-9的相关内容整理。

2. 官盐销售遍及东中部区域

自宋朝以降至民国时期，余姚盐销售范围不止于两浙地区，除浙江全省区域外，还远销江苏、安徽、江西等省（见表7-17）。

表 7-17　　宋朝至民国时期宁波“姚盐”销售区域概况

朝代 / 时期	“姚盐”的销售区域	年销售数量	年销售量
宋朝 / 公元 960 ~ 1279 年	江苏松江、苏州、常州、镇江；安徽歙县	—	—
明朝 / 公元 1368 ~ 1644 年	江苏松江、苏州、常州、镇江；安徽歙县、广德；江西广信	—	—
清朝 / 公元 1636 ~ 1911 年	江苏松江、苏州、常州、镇江、太仓、上海；安徽徽州、广德等 8 州县；江西广信等 7 县	1236 引	49.44 万吨
民国时期 / 公元 1912 ~ 1949 年	江苏 6 州县、安徽 8 州、江西 7 县及包括上海在内的 50 县市	—	民国九年到民间三十七年，一般年份为 6 万 ~ 7 万吨，民国三十七年高达 9 万吨

备注：清初时期的盐引为一引200市斤，但到了后期为一引800市斤。本表以一引800市斤为计数单位。

数据来源：根据朱柏铭主编《宁波盐志》，宁波出版社，2009年，第2页的相关内容整理。

（十）盐业领域准许发展个体私营民营经济

1. 政府确认盐民的私有产权

民国初年，政府实行制盐许可法，以此为载体，“在对晒板、晒坦、采卤之泥场、灰坦进行全面清查核实后，颁发制盐特许证书，确认盐户的私有产权”，实际上明确了私营盐户的合法产权。

由于盐业生产区域拥有制盐生产资料的盐民居多，政府明确其私有产权后，可以把生产资料租赁给生产者而收取租金，相当于对生产资料本身实行所有权和使用权的“两权分离”之举，相当多的盐户即使不参与盐业生产，也能够通过出租生产资料而获取一定的收入。这种状况一直延续到1951年3月在盐区实行的土地改革为止。

2. 政府准许个体盐业销售

民国时期，宁波地区的盐业实行官营发展体制的同时，也准许民营盐业的存在。据史料记载，民国十年（公元1921年），宁波盐政“开放余姚销岸，准许商民完税后自由运销”[①]。

政府放开盐业的销售环节，对所销食盐收取一定的税收后，准许盐业商人自由销售。到了民国三十四年（公元1945年），政府更是放松盐业管制，将“盐的产销改为民制、官收、民运、民销，实行就场（仓）征收，自由贸易”[②]。

第三节　宁波民营手工业与商贸流通业发展概况

民营资本快速崛起并占有产业优势，大机器工业与传统手工业并行发展，纺织业成为宁波民营工业的引领产业。

民营资本在宁波国民经济结构中的比重快速上升，民营工业发展水平居全国前列，鄞县成为宁波民营工业发展的引领区域。

① 朱柏铭主编：《宁波盐志》，宁波：宁波出版社，2009年，第5页。
② 朱柏铭主编：《宁波盐志》，宁波：宁波出版社，2009年，第7页。

基础行业助推宁波商贸流通业的发展，发达的金融业使商贸流通体系趋于完善，宁波商贸流通体系发达，商贸流通体制效应凸显，商业街区纵横，行业集聚集约集群程度高。

一、民营经济利用“黄金十年”①加快发展

民国“黄金十年”是宁波加快发展的十年。随着民营资本的快速崛起，宁波籍本土民营企业家及“宁波帮”人士深耕纺织、矿业、交通、电力等非垄断领域，资本积累的速度加快，宁波新兴工业发展迅速，其分布密度以及资本实力跻身于浙江省乃至全国的前列。

（一）民营资本快速崛起

1. 民营经济加快发展

由于实行市场经济体制，民营经济也在不断发展，民营资本迅速崛起。1920年11月，刘鸿生②创办“鸿生火柴公司”，1930年时，产销量已占全国的22%。1934年，他又兼并了长江沿岸7家火柴厂，成立了大中华火柴公司，资本激增至365万元，年产火柴15万箱，成为当时中国最大的火柴公司，刘鸿生也被称为“中国火柴大王”。

专栏7-2　民营经济加快发展的“黄金十年”

——宁波籍人士陈顺通成为“民国船王”

20世纪20年代，宁波籍人士陈顺通被任命为国民航运公司经理后就开始从事航运生意。

---

① 黄金十年又称“南京十年”“十年建设”，是指1927～1937年间建都于南京由中国国民党领导的国民政府执政的时期。1930～1936年间，中国工业成长率已经达到7.7%以上，社会经济状况也呈现蓬勃发展的趋势。相较于其他现代化国家的经济大萧条，中国工农业产值达到了清朝末期、民国肇建以来的最高水平。

② 刘鸿生（1888～1956年），祖籍宁波定海，出生于上海，中国近代著名爱国实业家，以经营开滦煤炭起家，后将资本投资火柴、水泥、毛织等业，被誉为“中国火柴大王”和“毛纺业大王”。他由一个从事十年买办生涯的商人，成为集“煤炭大王、火柴大王、毛纺大王、水泥大王”等于一身的“企业大王”，经营领域遍布轻重工业、运输业、商业和金融业，创立了近代中国数一数二的民族企业集团。1956年公司合营时，是当时中国仅次于荣氏家族的最富有企业家。

1930年，他以30万元的资金注册成立中威轮船公司，因其业务熟悉、经营有方，7年后，其公司资产已经达到100万元，旗下有“新太平”“顺丰”“源长”“太平”等四条轮船，是中国当时最大的独资船运公司，陈顺通由此成为名副其实的“民国船王”。

抗战胜利后，宁波籍的包玉刚、董浩云等实业家纷纷南下到香港，那时，弹丸之地的香港，一时成为宁波籍人士所携资本的聚集地。

2. 民营资本引领近代工业化

①民营资本占有产业优势。民营企业在涉及国计民生的纺织、矿业、交通、电力等非垄断领域占有产业优势，到抗战爆发前的 1936 年，中国全国工业资本（包括矿业）约有 13.76 亿元，其中民营资本约为11.7 亿元，官营资本只有2.06亿元，约占 15%。民间资本企业集团的崛起和发展，是近代中国工业化的重要标志和最主要的构成部分。

②民营资本在国民经济结构中的比重快速上升。从经济构成成分看，民族资本主义经济在整个国民经济中所占的比重，由辛亥革命时期的2%到1949年全国解放时增长到20%。

在此时期，以上海、北京等大城市为引领的，包括宁波在内的各地城市经济社会不断发展，整个国家生产总值、国有和民营企业的家数、涉及的行业，以及其行业在全国所占的份额和企业的利润都创历史新高。

（二）全国民族资本主义不断发展

政府奉行市场经济体制实现资源要素最佳配置，近代中国经济社会不断发生新的变化，资本积累的速度加快，经济社会转型的步伐加快，为民营经济营造了适宜的环境。

1. 资本积累的速度加快

由于生产力的发展和自由贸易的开展，“工商为本”渐入人心，城市工商业不断发展，城乡的收入水平不断提高。“尽管整个国民经济的发展速度缓慢，但代表现代化方向的资本主义的经济成分增长迅速。从产业结构看，1936年资本主义生产已占工业总产值的65%，占工农业总产值的24.48%。从经济构成成分看，民族资本主义经济在整个国民经济中所占的比重，由辛亥革命时期的2%，到1949年全国解放时增长到20%。”[①]

2. 经济社会转型步伐加快

近代生产方式不断促进生产关系发生变化，要素自由流动、经济自由程度不断提升、自然经济逐渐走向解体。近代中国社会结构经历了由一元结构到二元结构的转型。

当时，传统社会向现代社会转或从农业的、乡村的、封闭的半封闭的传统型社会，向工业的、城镇的、开放的现代型社会的转型，促进近代工商业制度与经济结构从“重农抑商”向“重农重商”，由计划经济体制向市场经济体制，由“官办”“官督商办”为基础的官营企业向近代民营企业的转型。

（三）宁波民营资本快速崛起的路径与特点

1. 坚定实业，经济实力由弱变强

民国时期，在“重农重商”的市场经济大潮中，由于条件、环境和个人禀赋的差异，宁波民营资本的发展路径各有不同，形成一业为主、多种经营，行业突破、重点拓展，专注执着、做大做优，一业为主、多种经营等多种发展模式。

宁波个体民营企业家涉足实业，民营工业和传统手工业不断发展，实行了从无到有、从小到大、从个体到群体、从弱小到强大的发展（见表7-18），民营工业呈现出资本富集、门类齐全、范围广泛的特点。

表 7-18　　**民国时期宁波民营工商业发展概况**　　单位：家，元，人

<table>
<tr><th>年号、年间 / 时间</th><th>范围</th><th>工商企业</th><th>总资本</th><th>工业企业</th><th>工人</th></tr>
<tr><td>民国十年 / 公元 1921 年</td><td rowspan="2">宁波地区</td><td>—</td><td>—</td><td>39</td><td>>5000</td></tr>
<tr><td>民国十九年 / 公元 1930 年</td><td>3704</td><td>10589384</td><td rowspan="2">—</td><td rowspan="2">不详</td></tr>
<tr><td>民国十七年～二十年 / 公元 1928～1931 年</td><td>宁波城厢</td><td>8246</td><td rowspan="2">不详</td></tr>
<tr><td>民国二十二年 / 公元 1933 年</td><td rowspan="2">宁波地区</td><td>—</td><td>257</td><td>7277</td></tr>
<tr><td>国三十六年 / 公元 1947 年</td><td>4419</td><td></td><td>“较大工厂 11 家（时有大小工厂 200 余家）”</td><td></td></tr>
</table>

数据来源：根据俞福海主编：《宁波市志》（上），北京：中华书局，1995年以及傅璇琮主编，王幕民、沈松平、王万盈著：《宁波通史》（民国卷），宁波：宁波出版社，2009年的相关内容整理。

① 张福记著：《中国近代社会演化与革命》，北京：人民出版社，2002年版，第337页。

1948年，宁波“所辖7县工业、矿业、商业、交通运输业、公务人员、自由职业等从业人员299989人，占总人口15.87%”[①]，其充分就业率达到了近16%，足见当时宁波地区及辖县的经济发达程度。其中，“共有雇工222794人”[②]。

2. 立足传统手工业，夯实宁波近代工业的转型基础

宁波民营工业包括大机器工业和传统手工业范畴，以及纺织业、食品业、制造业、传统手工业等领域。自“五口通商”后，虽然传统手工业仍以家庭或小作坊式生产经营为主，但宁波近代工业不断发展，为民营工业的发展奠定了基础（见表7–19）。

表 7-19　　民国时期宁波民营工业发展状况

工业门类	行业细分
纺织业	棉纺业、棉织业、缫丝业丝织业、针织业、花边业
食品业	碾米业、榨油业、酿造业、制茶业、制糖业、面粉业、罐头业
制造业	“制造业主要指近代制造业，当时主要有玻璃制造业、陶瓷制造业、造纸业、机械制造业等”

资料来源：根据傅璇琮主编，王幕民、沈松平、王万盈著《宁波通史》（民国卷），宁波出版社，2009年，第279页的相关内容整理。

鄞县成为宁波民营工业发展的引领区域。宁波府城民营经济发展势头强劲，相关辖县的发展步伐也在加快。进入民国时期后，新兴工业发展迅速，其分布密度以及资本实力跻身于浙江省乃至全国的前列，宁波民族工业有很大发展。其中，以鄞县为引领，民营工业和手工业蓬勃发展（见表7–20），使宁波民营工业发展水平居全国前列。

表 7-20　　民国时期宁波地区主要民营手工业及工业行业一览表

区域	手工业及工业行业类别
鄞县	棉织业、针织业、榨油业、酿造业、棉纺业、碾米业、制茶业、罐头业食品、玻璃业、制皂业、制漆业、火柴业、铁工业、铜锡业、草织业、藤竹器业、木器业、制伞业、印刷业、电器业、制冰业、电池业、锡箔业
慈溪	碾米业、制茶业、电器业
镇海	棉织业（含毛巾业）、制茶业、铁工业、电器业
余姚	棉织业（含毛巾业）、针织业、碾米业、酿造业、制茶业、罐头食品业、手工造纸业、其他铁工业、铜锡业、草织业、印刷业、电器业、电池业

① 俞福海主编：《宁波市志》（上），北京：中华书局，1995年，第413页。
② 俞福海主编：《宁波市志》（上），北京：中华书局，1995年，第418页。

续表

区域	手工业及工业行业类别
奉化	碾米业、制茶业、罐头食品业、手工造纸业、竹石雕刻业、电器业
象山	电器业
宁海	制茶业
定海	其他铁工业、电器业

资料来源：傅璇琮主编，王幕民、沈松平、王万盈著《宁波通史》（民国卷），宁波出版社，2009年，第280页。转引自《中国实业志（浙江省）》庚编，第8～9页，1933年实业部国际贸易局发行。

从表7–20中可以看出，鄞县囊括了民国时期宁波地区所有的工业门类，所涉行业齐全、领域广泛、吸纳就业人员多、资本实力雄厚、对经济社会的影响程度高，带动效应十分明显。其中，鄞县“乡镇仅有规模化小的织布厂、酿造厂、碾米厂数家。个体小企业130家，年产值1413万元”[①]。

3. 通过劳动计酬和奖励，调动工商从业者的工作积极性

按劳取酬是劳动者的权利。民国时期，宁波私营工商业管理层实行劳动计酬办法和一定的奖励措施，以激励和调动工商从业者的工作积极性和主观能动性。因此，宁波私营工商业管理层通过定额工资、计件工资、拆账工资、其他付酬或奖励形式等方式，不断提高从业者的收入水平（见表7–21）。

表 7-21　民国时期宁波私营工商业管理层主要实行的劳动计酬办法

方式	内涵	施行范围	特点
定额工资	根据生产经营的需要和企业的财力，并按照被雇佣者职责、地位、特长、技能，以及与业主的亲疏关系而定	工厂里的管理、技术、维修和部分勤杂人员；商店里的经理、协襄理、会计、出纳、各个等级的营业员、采购员和推销员、库房中的栈司等	工资有差别；发放无固定期限；提薪有标准；技术人员薪水高
计件工资	工资标准由同业工会决定，管理层按照劳动者的产品数量付给劳动者报酬	在工厂、作坊、运输公司、手工业工场中施行，以计量方式计算其劳动成果	劳动成果多，收入高
拆账工资	也称其为“提成工资”，即管理层从营业总额中按照一定比例提取一定的数额给劳动者	在理发、浴室旅馆、戏馆等服务性行业盛行	经营业绩多，则提成多、收入高

资料来源：根据宁波市工商业联合会（总商会）志编纂委员会编《宁波市工商业联合会（总商会）志》，2005年，第416～419页的相关内容整理。

---

① 俞福海主编：《宁波市志》（上），北京：中华书局，1995年，第82页。

4. 发展近代工商业，带动宁波府城和辖县农工商产业发展

民国时期，宁波府城民营商人不断兴办实业，涉足粮食加工业、电力业、纺织业、铁路业等领域，为宁波经济发展作出了积极贡献（见表7–22）。

表 7-22　　民国时期宁波民营工商业实业兴办情况

<table>
<tr><th>年号 / 时间</th><th>企业名称</th><th>资本金（万元）</th><th>生产经营特点及作用</th></tr>
<tr><td>民国元年 / 公元 1912 年</td><td>宁波泰康、泰记机器碾米厂</td><td rowspan="3">不详</td><td>进行大米加工业务</td></tr>
<tr><td>民国五年 / 公元 1916 年</td><td>宁波铁路</td><td>虞洽卿创办、长约 1.6 公里的镇海三北轮埠公司站房至龙山码头的小铁路</td></tr>
<tr><td>民国六年 / 公元 1917 年</td><td>余耀电灯公司</td><td>“置 60 匹马力引擎、发电机各 1 台”</td></tr>
<tr><td rowspan="2">民国三年 / 公元 1914 年</td><td>宁波永耀电力股份有限公司</td><td>银圆 13 万元</td><td>供给生产生活用电</td></tr>
<tr><td>宁波美球丰记针织厂</td><td>不详</td><td>将棉纱织成成衣</td></tr>
<tr><td>民国九年 / 公元 1920 年</td><td>宁波如生笋厂</td><td>2</td><td>制作竹笋罐头</td></tr>
<tr><td>民国十二年五月 / 公元 1923 年 5 月</td><td>宁波棉业交易所</td><td></td><td>进行棉花的现货交易</td></tr>
<tr><td>民国二十年 / 公元 1931 年</td><td>宁波立丰面粉厂</td><td>30</td><td>进行小麦加工业务</td></tr>
<tr><td>民国二十一年 / 公元 1932 年</td><td>宁波冷藏公司</td><td>10</td><td>制冰以作冰镇之用</td></tr>
</table>

资料来源：根据俞福海主编《宁波市志》（上），中华书局，1995年，第90页的相关内容整理。

清宣统二年（公元1910年），余姚致和酱园（今余姚酿造厂前身）生产贡方腐乳，获农工商部银牌奖，面母酱油1915年获农工商部巴拿马赛会奖。

民国时期，“1916年，石浦始有祥丰米厂，1923年建成石浦明星电厂”[①]。同时，余姚、奉化等辖县地区的民营经济也在不断发展。以余姚、奉化为例，其民营商人也在积极兴办实业（见表7–23），余姚的个体民营手工作坊产品屡获国际大奖。

① 俞福海主编：《宁波市志》（上），北京：中华书局，1995年，第121页。

表 7-23　　民国时期余姚、奉化民营农工商发展概况　　单位：家，万元

<table>
<tr><th>年号 / 时间</th><th>私营企业名称</th><th>数量</th><th>生产经营特点</th><th>工业总产值</th><th>社会商品零售总额</th><th>备注</th></tr>
<tr><td>民国二十年 / 公元 1931 年</td><td>余姚茶叶作坊</td><td rowspan="2">不详</td><td>“茶园 1.42 万亩，产茶 500 吨”</td><td rowspan="2">不详</td><td rowspan="3">不详</td><td rowspan="2">不详</td></tr>
<tr><td>民国二十四年 / 公元 1935 年</td><td>余姚精制茶厂</td><td>外销珠茶、眉茶 1500 箱”</td></tr>
<tr><td rowspan="3">民国二十八年 / 公元 1949 年</td><td>余姚手工作坊和工厂</td><td>>400</td><td rowspan="3">不详</td><td>140646</td><td>“占工农业总产值 18.83%”</td></tr>
<tr><td>余姚商业机构及网点</td><td>5930</td><td>不详</td><td>1183</td><td>“农副产品收购额 747 万元，集市贸易成交额 58 万元”</td></tr>
<tr><td>奉化私营企业和手工作坊</td><td>70</td><td>635</td><td>—</td><td>职工 329 人，从业人员 5210 人；工业总产值占工农业总产值的 15.28%</td></tr>
</table>

资料来源：根据俞福海主编《宁波市志》（上），中华书局，1995年，第91～108页的相关内容整理。

民国时期，奉化在“1935年，有大小商号600余家。1943年，商店413家”[①]。奉化作为宁波下辖的县城，数百商号和商家的存在与发展，见证了彼时县域经济的繁荣与兴盛。

（三）宁波民营工业的发展特点

1. 民营工业在经济社会结构中占有重要地位

一般而言，民营工业在经济社会结构中占有重要地位，主要体现在本地资本的实力、民营工业企业的数量、在宁波地区各县的分布密度、在省域范围内的位次和引领程度等方面。

近代以来，宁波在发展民营工业的过程中，资本要素充裕、民营经济实力较强、城区及以鄞县为引领的县域经济发展好、民营工业企业在整个宁波地区分布密度大、有的行业在某一时期位列全省行业的前列。

2. 大机器工业与传统手工业并行发展

近代民营工业是经济社会的标志，而传统手工业对吸纳就业、提高民众的收入水平具有不可替代的作用。

① 俞福海主编：《宁波市志》（上），北京：中华书局，1995年，第116页。

虽然自“五口通商”后，宁波经济社会的近代化程度不断提高，但整个经济社会和文化自然经济的基础结构仍未消除，体现在工业领域，则出现明显的传统与现代并行不悖的“二元化”特征（见表7–24），而且“这些以大机器为主要生产工具的行业，基本上都属于轻工业性质”[①]。

表 7-24　　1933 年宁波地区大机器工业和传统手工业发展概况

工业类别	行业领域	行业数量（个）	企业数量（家）	投资总额（元）	职工数量（人）
大机器工业	纺纱、织染、面粉、榨油、碾米、玻璃制造、造船、机器、电力、自来水、罐头、火柴、电织、翻砂、烟草	15	103	2619700	5527
传统手工业	制漆业、糖果业、印刷业、烛皂业、铜锡业、镬厂业、砂皮业、电池业、针织业、酱油精业、磨房业、席草业、锯木业、木器业、伞业	15	154	510750	1750

数据来源：根据傅璇琮主编，王幕民、沈松平、王万盈著《宁波通史》（民国卷），宁波出版社，2009年，第303～305页相关内容整理。

由表7–24可知，虽然民营手工企业在数量上占有优势，但“手工业与机器制造企业的比为149：100，而在资本数量上，20世纪30年代大机器生产企业已占优势，为100：19”[②]，充分显示出宁波民营资本的充裕程度，以及资本要素对近代化的推动作用。

（四）纺织业成为宁波民营工业的引领产业

1. 宁波民营纺织业发达

纺纱是纺织业的基础行业，1933年，宁波“纱厂业的投资最大，达900000元，工人也以纱厂为最多，人数共有1867人”[③]。民国后，民营商人利用宁波丰富的棉花资源和外国先进的机器设备，大力发展现代纺织业，取得了显著的经济效益（见表7–25）。

---

① 傅璇琮主编，王幕民、沈松平、王万盈著：《宁波通史》（民国卷），宁波：宁波出版社，2009年，第304页。

② 傅璇琮主编，王幕民、沈松平、王万盈著：《宁波通史》（民国卷），宁波：宁波出版社，2009年，第305页。

③ 傅璇琮主编，王幕民、沈松平、王万盈著：《宁波通史》（民国卷），宁波：宁波出版社，2009年，第303页。

以最具代表性的宁波民营和丰纱厂为例，从1907年到1938年，“三十年中共获利8071000元，除去亏本631100元，净利为7439900元，为该厂投资总额的12倍”[①]。

表 7-25　民国时期宁波民营和丰纱厂的盈利情况

年号、年间 / 时间	数额（元）
民国元年 / 公元 1912 年	304038
民国二年 / 公元 1913 年	106029
民国三年 / 公元 1914 年	106000
民国七年 / 公元 1918 年	209100
民国八年 / 公元 1919 年	1405500
民国九年 / 公元 1920 年	1522940
民国十年 / 公元 1921 年	705000
民国十一年 / 公元 1922 年	409300
民国十二年 / 公元 1923 年	306400
民国十三年 / 公元 1924 年	176946
民国十四年 / 公元 1925 年	80000

数据来源：根据宁波市民建、工商联史料组编写：《宁波和丰纱厂的创建与演变》。来源于网页：http：//blog.sina.com.cn/s/blog_9bb904290101ltse.html的相关内容整理。

由于国民党的许多工厂、机关、学校纷纷迁往内地，大后方人口激增，加上战争消耗，物资供应紧张，尤其是棉纱、棉布等生活必需品更为短缺，由此刺激和丰厂加班加点发展生产。1937年，和丰纱厂扩大再生产后即获利120万元以上，经济效益明显提升。

专栏7-3　美球丰记针织厂由家庭手工作坊转型为近代工厂

民国时期，宁波地区的针织业比较发达，主要代表性企业是创办于1915年的美球丰记针织厂。

美球丰记针织厂起初为家庭手工业作坊，由于生产规模不断扩大，1921年安装柴油引擎，1923年安装发电机，1926年装设锅炉，1929年添置马达，从而使该厂成为典型的近代工厂企业。

从家庭手工业作坊逐渐发展成近代工厂企业是当时宁波地区针织行业的

---

① 宁波市民建、工商联史料组编写：《宁波和丰纱厂的创建与演变》。来源于网页：http：//blog.sina.com.cn/s/blog_9bb904290101ltse.html。

发展路径。民国时期，由于天时地利人和的原因，针织业在民生行业中异军突起，给宁波地区的个体民营企业带来巨大商机。

商场如战场。面对日新月异的电气发明为社会提供的先进机器技术，美球针织厂抢抓机遇，巨资引进机器，实现从人力纺车向纺织机器化的转变，将宁波纺织行业带入了一个新时代。

2. 产品种类丰富

宁波地区棉织企业“到1949年前曾先后有小型布厂100至140家之多”[①]，主要有雪花呢绒、条子布、各种平织布、斜织布、爱国布、高布等20多种布类产品，使纺织业成为宁波民营工业发展的引领性产业（见表7–26）。

据相关资料显示，“1932年宁波地区棉织厂产量约为70600匹，产值约576000元，二者分别占浙江全省产量、产值的11.6%和12.1%”[②]。

表 7-26　　民国时期宁波地区民营纺织业生产经营概况

年号、年间 / 时间	企业名称	所在地域	创办人或经营者	生产经营项目
清宣统三年 / 公元 1911 年	复成染织厂（1940年改为大昌布厂）	鄞县	不详	纺纱、棉织
民国元年 / 公元 1912 年	和丰纱厂（重新开工）	江东	戴瑞卿、顾元琛	纱锭
	公益织布厂	镇海	樊棻	织布
民国三年 / 公元 1914 年	永耀电力公司	慈溪、江北	虞洽卿、孙衡甫	电力
民国四年 / 公元 1915 年	翔熊席厂	鄞县	史翔熊	织席
民国九年 / 公元 1920 年	如生罐头厂	江北	孙衡甫	“宝鼎”牌油焖笋
民国十三年 / 公元 1924 年	厚丰棉织厂	海曙西门	李德芳	纺纱、棉织
民国十四年 / 公元 1925 年	诚生布厂	姚家浦	董梅荪	棉织
民国十五年 / 公元 1926 年	顺兴泰棉织厂、顺兴棉织厂	不详	不详	
民国十七年 / 公元 1928 年	厚丰棉织厂第二厂	海曙西门	李德芳	
民国十八年 / 公元 1929 年	东吴药棉绷布厂	鄞县	项松茂	脱脂药棉、医用纱布
	恒丰染织布厂（后定名为“宁波印染厂”）	海曙南门	王稼瑞	棉织、染整

资料来源：根据相关内容整理。

① 傅璇琮主编，王幕民、沈松平、王万盈著：《宁波通史》（民国卷），宁波：宁波出版社，2009年，第285页。

② 傅璇琮主编，王幕民、沈松平、王万盈著：《宁波通史》（民国卷），宁波：宁波出版社，2009年，第286页。

3. 民营针织行业产业集聚程度高

从宁波区域而言，民营针织企业也在不断发展中，他们从家庭手工作坊逐步转型为现代企业，整个宁波地区的针织企业总计有近30家。“针织机计4500至5000具，年产丝、棉、毛各种衫袜，共值银400万元。”① 其中，以鄞县的针织业为行业代表，聚集了一大批民营针织企业。

1933年，鄞县民营资本达到23400元的规模，从业人数达到518人，实现了针织行业的产业集聚（见表7–27），“这9家针织企业占浙江省针织企业总数的5%，占全省针织企业资本总额的6.8%，职工占全省针织企业职工总数的9.65”②，使针织业成为鄞县的集群产业。

表 7-27　宁波鄞县民营针织企业状况

企业名称	组织形式	资本（元）	工人数（人）	所处地址
美球丰记针织厂	独资	4000	192	石柱桥
振新织袜厂		3000	32	江北岸同兴街
美星针织厂	合股	4000	32	县东巷
荣华袜厂		1600	30	市心弄
明星织袜厂	独资	300	15	冲虚观前
淮阳针织厂		3000	100	甘条桥
美达针织厂		1500	20	江东银杏弄
三民针织厂		3000	37	开明坊
天伦丝袜厂	合股	3000	60	县前萧家桥
总计	—	23400	518	—

数据来源：傅璇琮主编，王幕民、沈松平、王万盈著《宁波通史》（民国卷），宁波出版社，2009年，第286～287页。

（五）米面食品业

1. 民营面粉加工业成为宁波地区的优势产业

面粉业作为粮食加工行业，是民生产业的重要组成部分。因此，自近代以来，宁波地区的民营商人代理引进先进的机器设备从事面粉加工业，使面粉生产成为“民国时期宁波地区食品业中最具影响力的行业，其起源之早，生产规模之

①② 傅璇琮主编，王幕民、沈松平、王万盈著：《宁波通史》（民国卷），宁波：宁波出版社，2009年，第287页。

大，在浙江省内首屈一指”[①]。

据史料记载，民国时期浙江全省有4个面粉企业，而宁波鄞县就占了3个，分别是乾大机器粉厂、恒顺面粉厂和立丰面粉厂（见表7–28），当时，“三厂的资本额占4个面粉企业资本额的97%，职工占87%”[②]。

表 7-28　　民国时期宁波鄞县民营面粉加工企业发展概况

<table>
<tr><th>年号 / 时间</th><th>企业名称</th><th>资本总额</th><th>生产经营特点</th><th>产品销售范围</th></tr>
<tr><td>民国十一年 / 公元 1922 年</td><td>乾大机器粉厂</td><td rowspan="2">不详</td><td>年产面粉 3000 包，麦麸 900 包，“民国时期宁波地区首家机器生产的面粉企业，也是浙江省内创立最早的面粉企业”</td><td rowspan="2">鄞县、温州、台州</td></tr>
<tr><td>民国十六年 / 公元 1927 年</td><td>恒顺面粉厂</td><td>年产面粉 12000 包，麦麸 3600 包</td></tr>
<tr><td>民国二十年 / 公元 1931 年</td><td>立丰面粉厂</td><td>“资本总额高达 15 万元，占 1933 年浙江省全部面粉企业资本总额的 94%”</td><td>采用面粉磨制新技术，年产面粉 80000 包，麦麸 26000 包，“有工人 41 人，占全省面粉企业职工总数的 68%，成为 20 世纪 30 年代浙江省最大的面粉制造企业”</td><td>上海、杭州、余姚、舟山、宁波、台州、温州</td></tr>
</table>

数据来源：根据傅璇琮主编，王幕民、沈松平、王万盈著《宁波通史》（民国卷），宁波出版社2009年，第288页的相关内容整理。

2. 民营碾米业在全省行业中具有重要地位

除了面粉加工外，宁波地区在民国时期还有碾米、罐头、榨油、酿造等行业。“宁波是浙江省机器碾米业的起源地”[③]，自1911年鄞县创建泰康、泰记两家碾米机器厂后，宁波地区相继设立碾米企业，一直到20世纪30年代前后，碾米业发展势头强劲，成为浙江省最大的机器碾米地区（见表7–29）。

表 7-29　　民国时期宁波地区民营碾米业发展概况

企业数量（家）	资本总额（元）	职工总数（人）	碾米机（台）	碾米量（石）	占全省碾米企业总数（%）	占全省碾米资本总额（%）	占全省职工总数（%）	占全省碾米量（%）
115	275250	814	116	1005715	25	28	36	38

数据来源：根据傅璇琮主编，王幕民、沈松平、王万盈著《宁波通史》（民国卷），宁波出版社2009年，第289页的相关内容整理。

---

①② 傅璇琮主编，王幕民、沈松平、王万盈著：《宁波通史》（民国卷），宁波：宁波出版社，2009年，第288页。

③ 傅璇琮主编，王幕民、沈松平、王万盈著：《宁波通史》（民国卷），宁波：宁波出版社，2009年，第289页。

3. 民营罐头食品业不断发展

由于鄞县、奉化和余姚的山地出产竹笋，其鲜干笋除了供应宁波地区外，主要销往杭州、绍兴和上海等地。以1920年鄞县兴建如生笋厂，资本金为20000元。以其建立为发端，宁波地区的竹笋加工厂陆续兴建（见表7-30），“截至1928年，宁波地区的罐头笋厂共有20家，这一时期也成为笋制罐头的黄金时代”[①]。

表 7-30　　　　民国时期宁波地区民营罐头食品业发展概况

<table>
<tr><th>年号、年间 / 时间</th><th>企业名称</th><th>厂址</th><th>主要产品</th></tr>
<tr><td>民国九年 / 公元 1920 年</td><td rowspan="2">如生罐头笋厂</td><td>鄞县马园</td><td rowspan="2">清汁笋罐头、油焖笋罐头、油焖大头菜罐头、渣汁大头菜罐头</td></tr>
<tr><td>民国十二年 / 公元 1923 年</td><td>余姚芦蓬头</td></tr>
<tr><td rowspan="5">民国十二年—民国十五年（公元 1923 ~ 1926 年）</td><td>顺生罐头笋厂</td><td rowspan="2">鄞县</td><td rowspan="3">竹笋罐头</td></tr>
<tr><td>恒新罐头笋厂</td></tr>
<tr><td>胜笙罐头笋厂</td><td>余姚</td></tr>
<tr><td>生生罐头笋厂</td><td rowspan="2">奉化</td><td rowspan="2">竹笋系列的罐头制品</td></tr>
<tr><td>天生罐头笋厂</td></tr>
<tr><td rowspan="5">民国十五年 / 公元 1926 年</td><td>利民罐头笋厂</td><td>余姚胜门</td><td rowspan="7">竹笋系列的罐头制品</td></tr>
<tr><td>亚东罐头笋厂</td><td>奉化下跸驻村</td></tr>
<tr><td>似生罐头笋厂</td><td>奉化西</td></tr>
<tr><td>翠园罐头笋厂</td><td rowspan="2">奉化溪口</td></tr>
<tr><td>如新罐头笋厂</td></tr>
<tr><td rowspan="2">民国十五年 / 公元 1926 年后</td><td>民生罐头笋厂</td><td>鄞县湖西马眼槽</td></tr>
<tr><td>天台罐头笋厂</td><td>鄞县北门外</td></tr>
</table>

数据来源：根据傅璇琮主编，王幕民、沈松平、王万盈著《宁波通史》（民国卷），宁波出版社2009年，第290页的相关内容整理。

竹笋加工逐渐成为重要的食品行业。“从20世纪20年代到30年代的10年间，宁波地区主要罐头加工企业拥有固定资本和流动资本总计167600元，年总产值622376元，职工总数1758人，1932年年加工鲜笋能力达到6771000斤。”[②]

由于竹笋罐头产量的不断提高，从侧面印证其市场的广阔容量，其主要销往南京、杭州、上海、汉口，以及香港、台湾和东南亚地区，成为宁波著名的地产商品之一。

---

①② 傅璇琮主编，王幕民、沈松平、王万盈著：《宁波通史》（民国卷），宁波：宁波出版社，2009年，第290页。

4. 酿造业占有重要地位

宁波具备酿造业发展须以粮食、用水等稳定的原料来源为基础的条件。民国时期，宁波地区的酿造业主要生产酒水、酱油、食醋等生活用品。其中，酿酒业是宁波地区的传统产业，鄞县范围内的个体民营酒坊遍布城乡，酒水需求旺盛，市场容量大。“30年代宁波地区年产酒总量约为1250万斤，产值百余万元。”[①]

由于生活条件的改善，人们对口味的要求越来越高，再加上海产品的后期处理对调味品的需求，使个体民营酿造商人看到了商机，由此促进了宁波地区酱油和酱制品的迅速发展（见表7–31）。

表 7-31　民国时期宁波地区民营酿造业发展概况

行业类别	民营企业数量（家）	资本总额（元）	年产值（万元）
酒水企业	15	47000	122000
酱酒兼制企业	19	不详	≈ 20（年营业额）
酱油和酱制品企业	80	数万元	不详
酱油生产企业	10	不详	>36（年营业额）

数据来源：根据傅璇琮主编，王幕民、沈松平、王万盈著《宁波通史》（民国卷），宁波出版社，2009年，第291页的相关内容整理。

（六）茶叶业

由于土壤、气候适于茶树生长，宁波茶叶成为重要产业之一。同时，由于宁波港口的枢纽性地位，不同地域的特产茶品汇聚于宁波，助推宁波茶叶产业的发展。因此，从古代到近代，茶叶一直是宁波地区的重要产业之一。

民国时期，“宁波地区每年产茶约17474万担，占浙江全省茶产量的4%左右，仅余姚、镇海、奉化三地生产的茶叶年产值就达275000余元”[②]，茶叶在宁波农业和手工业等产业结构中占有重要地位。

（七）烟草业

烟草业引领新兴产业的发展。随着对外交往的扩大，明朝中叶后，烟草与玉米、土地、花生、向日葵一道由美洲传入中国，宁波地区引进并大力种植烟叶。到了近代，由于外国卷烟技术和机器的引进，宁波地区的烟草业分化为卷烟和烟叶行业，而卷烟业则成为近代新兴产业之一（见表7–32）。

①② 傅璇琮主编，王幕民、沈松平、王万盈著：《宁波通史》（民国卷），宁波：宁波出版社，2009年，第291页。

表 7-32　　民国时期宁波地区民营烟草业发展概况　　单位：元，箱

年号、年间 / 时间	名称	厂址	资本金	年产量	生产经营特点	销售市场
民国十五年 / 公元 1926 年	鄞县韩岭卷烟厂	鄞县韩岭	不详		浙江省第一家卷烟厂	鄞县
民国十六年 / 公元 1927 年	中国和记卷烟厂	鄞县江北沃家弄	5000	700	不详	
民国十七年 / 公元 1928 年春	浙江第一卷烟厂	江东镬厂跟	6500	600 ～ 700		宁波地区
民国十七年 / 公元 1928 年秋	中国永安卷烟厂	江北岸浮石亭	不详	>2500	鄞县卷烟业发展鼎盛时期的标志，其产值为 20 万元	
民国二十二年 / 公元 1933 年	鄞县韩岭卷烟厂	鄞县韩岭	20000	数百	在其他卷烟厂倒闭的情况下仍生存	宁波、温州、台州

数据来源：根据傅璇琮主编，王幕民、沈松平、王万盈著《宁波通史》（民国卷），宁波出版社，2009年，第291～292页的相关内容整理。

（八）制造业

1. 手工制造业

民国时期，宁波地区的制造业主要包括玻璃制造业、制皂业、制漆业、火柴业、机械制造业等行业。“1918年，明华玻璃厂在鄞县江东新河头建立，规模较大，有职工80人，资本三万余元。”①其后，鄞县至记玻璃厂也相继建立，其产品除了供给宁波地区外，主要销往绍兴、台州和温州等地。

①烛皂业。皂类用于洗涤的习俗在宁波兴起较早，“清光绪三十三年（1907年）二月，光明烛皂厂在宁波江北外滩江心寺建立，资本为白银6万两”②，由此促进了宁波制皂业的发展。从1907～1933年的二十多年时间里，制皂业不断发展。

当时，“宁波地区共有制皂企业6家，占浙江全省30家制皂厂的20%”③。这6家制皂企业共有资本金35200元，大多集中在江东区域的镇安桥、新河头、梅花镇、东胜街等地，形成了制皂业的产业集聚。

②制漆业和火柴业。制漆业和火柴业与民众生产生活息息相关。民国时期，宁波地区的熟漆大多来自浙江省内的周边区域，漆业商人们借助宁波港的开放平台，将四面八方的熟漆汇聚到宁波，然后再销往外地。“20世纪30年代仅在鄞县的制漆企业就有21家，资本最大的达6000元，最少的只有150元，总额为40030元。”④

---

①②③④　傅璇琮主编，王幕民、沈松平、王万盈著：《宁波通史》（民国卷），宁波：宁波出版社，2009年，第292页。

火柴制造业在宁波地区起步较早，1912年，正大新火柴公司在江北岸泗州塘成立，其拥有资本金10万元，353名职工，“年产火柴约8500箱，年营业额282600元。除销往宁波、温州、台州外，还远销汉口、福州、芜湖等地”[①]，其产品质量深受用户好评，成为宁波地产品的最好广告。

2. 机器制造业

①机械制造业。以清末在鄞县建立的顺记机器厂、汇昌机器厂为标志，宁波地区民营机器制造业开始起步。民国时期，“1915年3月成立的宁波甲种工科职业学校附设宁波工厂是近代宁波地区的第一家机器制造厂”[②]。

当时，厂址设在鄞县、镇海、江东、江北等地，主要从事火油机、柴油机、织绸机、车床、钳床以及其他定制的机器零件的生产应用（见表7–33），产品主要销往宁波、绍兴、温州等地。

表 7-33　民国时期宁波民营机械制造业发展概况

年号、年间 / 时间	企业数量（家）	资本金（元）	年产值（万元）
民国四年—民国十五年 / 公元 1915 ~ 公元 1926 年	9	36900	21
民国二十五年 / 公元 1936 年	18	不详	不详
民国三十八年 / 公元 1949 年	44	212000	134
总计	71	248900	155

数据来源：根据傅璇琮主编，王幕民、沈松平、王万盈著《宁波通史》（民国卷），宁波出版社，2009年，第294 ~ 295页的相关内容整理。

②造船业。自20世纪20年代建立的大丰机器造船厂和鸿大造船厂后，直到1949年，“宁波有私营船厂4家，小型船坞3座，主要修理200吨以下的船舶”[③]，私营船厂的数量不多且生产规模并不大。

（九）水电业

水电业属于近代器物范畴，也是近代化的标志之一，对完善城市功能发挥重

① 傅璇琮主编，王幕民、沈松平、王万盈著：《宁波通史》（民国卷），宁波：宁波出版社，2009年，第293页。

② 傅璇琮主编，王幕民、沈松平、王万盈著：《宁波通史》（民国卷），宁波：宁波出版社，2009年，第294页。

③ 傅璇琮主编，王幕民、沈松平、王万盈著：《宁波通史》（民国卷），宁波：宁波出版社，2009年，第296页。

要作用。宁波自“五口通商”后，通过发展水电业等城市功能与国际接轨，成为当时的时髦事物。

1. 电力工业

电力工业是水电业的重要基础，也是城市文明的重要元素。宁波自清光绪二十二年（公元1897年）就开始发展电力工业，民营商人孙衡甫在战船街开办电灯公司。“1909年，顾元琛等集资8.28万银元创办和丰电灯公司。”[①]

民国时期，宁波电力工业步入快速发展通道（见表7–34），向城区工业和民用输送电力，为完善城市功能、推动经济社会发展做出了积极贡献。

表 7-34　　民国时期宁波民营电力工业发展概况

年号、年间 / 时间	企业名称	所在地域	主要投资人	资本金 / 股金 / 固定资产	装机容量（千瓦）
民国三年 / 公元 1914 年	永耀电力股份有限公司	宁波城区	周仰山、虞洽卿、孙衡甫	资本金 13 万银圆	50
民国二十五年 / 公元 1936 年				股金 252 万元法币	9664
民国三十四年 / 公元 1945 年				固定资产总值国币 96930 万元	9400
民国三十八年 / 公元 1949 年				不详	8220
民国四年 / 公元 1915 年	镇海龙山发电厂	镇海	虞洽卿		10
民国六年 / 公元 1917 年	余耀电灯公司（1932 年改名为余姚电气股份有限公司）	余姚		资本金 1.3 万银圆	30
民国七年 / 公元 1918 年	镇海明明电灯厂	镇海城关	傅宗耀、王荇琯	资本金 5 万银圆	35
	慈溪鸿记电灯公司	慈溪	不详		
民国十二年 / 公元 1923 年	明星电气股份有限公司	象山石浦	马学祯	法币 3 万元	50
民国十三年 / 公元 1924 年	耀华电气股份有限公司	象山丹城	何超等人	法币 2 万元	20
	昭明电气公司	镇海柴桥	不详		
民国十五年 / 公元 1926 年	永明电灯公司	奉化大桥	戴南村	资本金 1 万银圆	20

① 傅璇琮主编，王慕民、沈松平、王万盈著：《宁波通史》（民国卷），宁波：宁波出版社，2009年，第296页。

续表

年号、年间 / 时间	企业名称	所在地域	主要投资人	资本金 / 股金 / 固定资产	装机容量（千瓦）
民国十八年 / 公元 1929 年	奉化电气公司	奉化溪口	朱守梅	资本金 2.5 万银圆	37
民国二十三年 / 公元 1934 年	鄞县钱湖电灯厂	东钱湖	忻吟初	资本金 2 万银圆	1.5 万
民国二十五年 / 公元 1936 年	永明电灯厂	宁海城关	陆勇虎等人	不详	25

数据来源：根据傅璇琮主编，王幕民、沈松平、王万盈著：《宁波通史》（民国卷），宁波：宁波出版社，2009年，第296～297页的相关内容整理。

2. 自来水业

自来水是重要的城市功能之一，也是近代化的标志之一，宁波自开埠以来，近代化的元素不断增多，自来水为其中之一。“1926年由裘天宝银楼业主出资所办的通泉源自来水公司在城区东后街建立。”[①] 这是宁波城区使用自来水的开始。1934年，和丰纱厂的老板俞佐宸投资建立宁波自来水股份有限公司，形成年供水4万～6万吨的规模。

（十）传统手工业

传统手工业是吸纳就业提高收入水平的重要行业。民国时期，宁波的传统手工业十分发达，主要有席草编织业、手工造纸业、制漆业、铜锡业、藤竹木加工业、制伞业等类别，成为自然经济状态下宁波传统手工业的代表性行业，也因此成为宁波民营经济的重要产业。

1. 席草编织业

席草编织业是宁波传统手工业的重要行业，其发展兴盛主要有两个原因。宁波具有丰富的席草资源条件，“五口通商”后，由于廉价洋布、洋纱的进入，以家庭妇女或纺织企业等个体民营为主体的宁波传统纺织业有的处于破产边缘，有的生存维艰，迫于生计，人们把目光转向席草编织业这一未充分竞争的行业，主要编织草席、花席、草帽。

宁波编织业以鄞县为代表。“鄞县编织旧式草席主要集中在西兴一带，南乡

① 俞福海：《宁波市志》（上），北京：中华书局，1995年，第616页。

为数也不少。鄞县西乡、石碶、栎社、黄古林一带更是宁波旧式草席编织户的主要集中地区”[①]。据史料记载，“1932年，鄞县植席草2.14万亩，总产1.6万吨，兴盛一时”[②]。

余姚、宁波本地的席草编织业发展到一定规模，尤其是鄞县的从业人员达到了10万人之多，形成了产供销的产业链（见表7–35、表7–36）。

表 7-35　民国时期宁波地区民营席草编织业发展概况　单位：人

年号、年间 / 时间	所在区域	企业名称或类型	从业人员	主要原料	主要产品
民国四年 / 公元 1915 年	鄞县	新式草席编织工厂	210	席草、龙须草、三角草	床席、枕席、台席、椅子坐垫、花藤椅席
	余姚城区		150		
民国八年 / 公元 1919 年	余姚	华明花席厂	不详		

数据来源：根据傅璇琮主编，王幕民、沈松平、王万盈著《宁波通史》（民国卷），宁波出版社，2009年，第298～299页的相关内容整理。

表 7-36　民国时期宁波地区民营草席销售概况

年号、年间 / 时间	草席数量（条）	草席价值（两关银）
民国十八年 / 公元 1929 年	2397000	599250
民国十九年 / 公元 1930 年	2108000	210800
民国二十年 / 公元 1931 年	1728000	237365

数据来源：根据傅璇琮主编，王幕民、沈松平、王万盈著《宁波通史》（民国卷），宁波出版社，2009年，第299页的相关内容整理。

2. 铜锡业

铜锡业也是宁波地区重要的传统手工业之一，主要生产金属质地的生活用品。其中，尤以鄞县东大街老福顺店的铜锡制品最为有名。当时，鄞县的个体民营铜锡业在全盛时期有53家店铺，各店资本雄厚。“据1932年调查资料所得，民国时期鄞县38家铜锡制品企业总资本为73900元，年产值819870元。”[③]

3. 藤竹木加工业

“藤器、竹器制作属于民国时期浙江省著名的手工行业之一，宁波的藤器、

① 傅璇琮主编，王幕民、沈松平、王万盈著：《宁波通史》（民国卷），宁波：宁波出版社，2009年，第298页。

② 俞福海主编：《宁波市志》（中），北京：中华书局，1995年，第1268页。

③ 傅璇琮主编，王幕民、沈松平、王万盈著：《宁波通史》（民国卷），宁波：宁波出版社，2009年，第301页。

竹器生产仅次于杭州”[①]，这充分说明宁波地区藤器、竹器制作的生产规模之大（见表7–37），对便利民众生活发挥了重要作用。

当时，个体民营木器制作主要集中在鄞县，其产品为生产生活服务，且能够带动伐木、锯木等上游产业的发展。竹雕业是奉化的传统手工业之一，“始创于清代中叶，当时仅为个人爱好，用竹子雕制书枕笔筒，作为书斋用品”[②]。

表 7-37　　民国时期宁波地区民营藤竹木加工业发展概况

年号、年间/时间	所在地	行业数量（家）	行业类别	资本总额（元）	从业人员（人）	总产值（元）	主要产品
民国二十二年/公元1933年	鄞县	14	藤竹器	不详	不详	61600	藤椅、竹篮、沙发、桌椅、竹筷
		37	木器	111100	396	329900	床、椅子、箱子、柜子、木桶
20世纪30年代	奉化	4	竹雕	不详		6000（营业额）	竹雕制品

数据来源：根据傅璇琮主编，王幕民、沈松平、王万盈著《宁波通史》（民国卷），宁波出版社，2009年，第301～302页的相关内容整理。

4. 手工造纸印刷业

手工造纸和印刷业是两个相邻行业，二者相互依托，形成一条完整的产业链。民国时期，个体手工造纸户遍及宁波地区的鄞县、慈溪、奉化、镇海、定海、象山、余姚和宁海等地，以鄞县、奉化两县出产的“皮纸”最为有名。

印刷业主要集中在鄞县，通过铅印和石印的方式进行印刷。“1932年，鄞县有均和、华陞、宁波、大华等印刷企业8家，资本总数约46500元，年营业总额达113000元”[③]，足见其印刷产业具有相当的规模。

5. 制伞业

从清代起，宁波就成为浙江地区的制伞中心之一，个体民营制伞业虽归于宁波的传统手工业，但因与民众生活息息相关，因此制伞的个体民营企业数量多，从业者众。宁波地区“1933年有制伞企业19家，资本6500元，年营业额33430元”[④]。

①② 傅璇琮主编，王幕民、沈松平、王万盈著：《宁波通史》（民国卷），宁波：宁波出版社，2009年，第301页。

③④ 傅璇琮主编，王幕民、沈松平、王万盈著：《宁波通史》（民国卷），宁波：宁波出版社，2009年，第302页。

良好的市场前景使得制伞生意兴隆，除了满足本地市场需要外，宁波制的雨伞还远销上海等地。据相关资料显示，自1927～1931年，宁波雨伞的对外销售量就达到了147180把。

（十一）航运业①

1. 轮船公司数量多

自古以来，宁波航运业发达，航运业的发展适应了商贸流通业扩大需求。民国时期，宁波民营轮船公司主要集中于江北外滩、外濠河、新河头、大河头一带。“据统计，在1933年，宁波就有轮船公司45家，航线有宁波至上海、海宁、永嘉、瑞安、台州、海门黄岩和岱山、定海、镇海、奉化、余姚等本地区各处。”②

2. 开通海外航线

与此同时，宁波开通至日本航线，该航线至1937年抗战后中断。先前开通的暹罗、锡兰、苏门答腊、菲律宾和柬埔寨等南洋航线，由于太平洋战争爆发且日军占领宁波后，该航线也告中断。

3. 大力发展内河航运业

“宁波的水运船只主要分为海轮、洋式帆船与民船三类。”③由于经济社会不断发展，商贸流通业及人员往来的需求日甚，宁波航运载具及运输人数因抗战爆发而逐年减少（见表7–38）。

表 7-38　　民国时期宁波地区民营航运业发展概况

年号、年间/时间	往来宁波的海轮数量（艘）	载重总量（吨）	洋式帆船（艘）	载重总量（吨）	民船（艘）	载重总量（担）	进出宁波港的船舶总数（艘）
民国二十年/公元1931年	1800	2911981	61	9198	2713	1889777	4574
民国二十五年/公元1936年	不详	不详	不详	不详	不详	不详	2068
民国二十六年/公元1937年							1502

数据来源：根据傅璇琮主编，王幕民、沈松平、王万盈著《宁波通史》（民国卷），宁波出版社，2009年，第333页的相关内容整理。

① 域外航运业是指宁波地区区域以外的，包括宁波周边地区及海外区域。

② 傅璇琮主编，王幕民、沈松平、王万盈著：《宁波通史》（民国卷），宁波：宁波出版社，2009年，第332～333页。

③ 傅璇琮主编，王幕民、沈松平、王万盈著：《宁波通史》（民国卷），宁波：宁波出版社，2009年，第333页。

民国时期，宁波的内河航运主要以三江为主线，开通甬江水系与鄞县、余姚、慈溪、镇海等辖县河流的航运通道，“经营这些航线轮船主要有甬昌、鄞南、永年、宁湖、钱湖、郧溪、俊波、鄞山、宁安、鄞勇等10多家公司的”[①]20多艘轮船，为宁波商贸流通业的发展提供了交流的便利。

（十二）社会事业

除此之外，民营商人还积极兴办传媒、慈善等社会事业。民国三十五年四月（公元1946年），宁波“私营宁声广播电台在城区成立”[②]。民国三十六年四月（公元1947年），宁波“鄞县私立济喑聋哑学校建立”[③]。

二、民国时期宁波民营金融业发展概况

民国时期，受惠于通商口岸及形成的对外开放环境，本土及宁波域外的民营企业家不断发展钱庄、银行、典当与保险业等金融业务，服务资本主义工商经济，使宁波成为浙江省金融中心之一。

（一）货币和资本相互转化的基本条件与目的

1.“宁波帮”人士通过实体经济和资本运作拥有雄厚资本

“五口通商”及“洋务运动”后，一批政府官员亦官亦商获得巨额资本。同时，宁波府城内外的“宁波帮”潜心工商实业，雇佣更多的剩余劳动力获得剩余价值。其中，也有相当一部分的“宁波帮”通过买办方式进行资本的原始积累，使其具有丰裕的资金存量。还有一部分“宁波帮”人士拥有雄厚的资本后通过兴办实业并将其投入到新的实体或金融业的虚体投资中，以资本运作的方式使货币增值，使宁波钱庄业资本位居各业之首。

2.资本拥有者需要提升剩余价值的程度

在工商业领域，一方面，资金需要获得回报。另一方面，作为商贸交流重

① 傅璇琮主编，王幕民、沈松平、王万盈著：《宁波通史》（民国卷），宁波：宁波出版社，2009年，第338～339页。

② 俞福海主编：《宁波市志》（上），北京：中华书局，1995年，第93页。

③ 俞福海主编：《宁波市志》（上），北京：中华书局，1995年，第94页。

镇，宁波个体民营从业者亟需钱庄当铺等金融机构的资金支持。当时，很多个体户以做大做强为目标，他们获得资本金后，其业务范围在原有基础上不断扩大、延伸，有的将其转变为民营企业，有的投入巨额资本兴办近代工商业，以获得更多的剩余价值。

（二）金融功能创新和提升货币与资本的转化程度

1. 早期钱庄的功能与作用

①进行兑换业务。明末清初，钱庄主要业务有存款、汇兑、兑换和放款等四种功能。明清时期，采取银两和制钱并行的货币制度，白银和铜钱的兑换就自然成为经济生活的需求，使得货币兑换业务需求应运而生。因此，宁波早期钱庄主要从事银两和制钱的兑换业务，发挥了重要的资金融通作用。

据史料记载，1930年代，“浙江全省共计有钱庄632家，而宁波地区就多达225家”[①]，这225家钱庄分布在宁波府城及相关辖县（见表7-41、表7-42），其各项指标均高居浙江全省第一位。

表 7-41　　宁波地区钱庄数量与资本概况

浙江全省钱庄（家）	宁波地区钱庄（家）	占全省钱庄数量的（%）	资本金（银元）	占全省钱庄资本的（%）	营业额（银元）	占全省钱庄营业额的（%）
632	225	35.6	4280240	45	8073400	15.2

资料来源：根据傅璇琮主编，王幕民、沈松平、王万盈著《宁波通史》（民国卷），宁波出版社，2009年，第324页的相关内容整理。

表 7-42　　宁波府城及相关辖县钱庄数量

区域名称	钱庄数量（家）
鄞县	115
慈溪	11
奉化	27
镇海	11
定海	32
象山	6
余姚	23
总计	225

资料来源：根据傅璇琮主编，王幕民、沈松平、王万盈著《宁波通史》（民国卷），宁波出版社，2009年，第324页的相关内容整理。

---

① 傅璇琮主编，王幕民、沈松平、王万盈著：《宁波通史》（民国卷），宁波：宁波出版社，2009年，第324页。

据鄞县政府统计科调查，“1931年宁波市区共有各类厂商5599家，资本总额412万元。钱庄160家，拥有资本420.25万元，占社会总资本的29.8%。1931年，有大同行70家，其中67家集中在江厦，资金划拨、银钱出纳均高度集中在一起”[①]。

②积蓄丰裕资本。“五口通商”后，由于本土不同规制和币材的钱币大量流通以及外币的流入，刺激了宁波钱庄业的发展。据史料记载，1876年，当钱庄“利息提高到一分以上，存款骤增，吸引更多的人投资经营钱庄业。整个阶段，有牌号记载下来的，先后开业的钱庄有400多家。从资本量上看，这一时期，宁波钱庄业资本居各业之首”[②]。

2. 商品经济的发展和“庄票”等信用形式催生了银行形式

①随着业务范围和相关规制的拓展与完善，钱庄实现由信贷业务向借贷资本业务的转变。宁波作为通商口岸之一，主要从事货币兑换的业务。钱庄极尽服务工商资本，使其具有一定的买办性，但宁波工商经济的发展需要金融机构不断提升创造信用的功能和能力。

随着经济发展程度的提高，钱庄业务不断由信贷业务向借贷业务转变。当时，钱庄逐渐不再以货币兑换为主营业务，而是由主要经营存放款、划汇和签发庄票等信贷业务向借贷资本转变，通过提高资金的流转速度以加快商品流通，钱庄的功能与作用逐渐发生质的变化。

清朝乾隆、嘉庆年后，“宁波成为南北洋和长江一带的水运中枢，巨额的商品交易带来频繁的资金收付，而制钱价值量低，银元、银两又不足，因此钱庄开始签发庄票”[③]。“庄票”的使用是信用的表现形式之一，表明钱庄为了适应近代经济社会的发展要求，逐渐将社会储蓄转化为职能资本的现代信用制度。

②随着简化货币流通程序，提高资金周转速度和资本利用率的意愿强化，钱庄通过“过账制度”[④]结算和交换票据的方式实现由现金货币向票据货币的

① 康均、王涛：“江浙钱庄会计研究”，《会计之友》，2008年第5期上，第105页。

② 王苏英：“近代宁波钱庄业的发展历程及其经营特色”，《浙江万里学院学报》，2006年5月第3期，第11页。

③ 王苏英：“近代宁波钱庄业的发展历程及其经营特色”，《浙江万里学院学报》，2006年5月，第3期，第12页。

④ 宁波钱庄的“过账制度”是我国银行业最早、最全面的结算、清算制度，这一划时代的金融创新注入了近代金融的元素，促使了钱业由传统金融向近代金融的转变。“过账制度”有“过账码头”“多单码头”和“信誉码头”之誉，使宁波钱庄在全国金融业行业中处于引领性地位。

转变。

在双方交易中，现金交易的弊端日现。为了追求交易便利化，“过账制度”应运而生。19世纪50年代，宁波钱庄最终完善了“过账制度”，从而使钱庄得以顺利转型。

专栏7-4　“过账制度”的操作方式与作用

“过账制度”是宁波个体民营经济在金融业态中的创新，这一成果不仅具有历史作用，而且具有现实意义。今天，人们普遍认同需要在交易中减少甚至实行无现金的支付方式。于是，通过微信、支付宝等电子账户进行虚拟支付，但虚拟支付这一金融创新早在一百多年前的宁波就已经流行开来，只不过当时的虚拟支付是以账面现金为支付依据和载体的。

学者研究后认为，“本市区内的商店、铺户及个人，因银钱上的关系，有与大同行往来，有与小同行往账，因而均可利用过账。不过进行过账结算的，只在宁波钱庄大同行间进行。在大同行开户的客户，可以通过开户钱庄直接过账，而在小同行和现兑庄开户的客户，过账时要由开户的钱庄认定一家大同行的牌号，并以认定的大同行的名义参加过账”①。

“过账制度”是指在实际操作中以“过账簿”代替票据，宁波全市各行各业的资金收支，从使用现金改为借助钱庄进行汇转，实行统一清算，避免在经济活动中大量使用现金货币，以此减少现金的使用量，提高了钱庄在整个经济生活中的地位，它对宁波商贸流通业的发展具有积极的促进作用，使得“宁波之码头日见兴旺，宁波之富名甲于一省”②。

“过账制度”的重要意义不仅仅在于使用开户结算与同城票据交换的新兴方式，而是使其初步具备了货币金融学的基本框架，使钱庄具有商业银行的性质，促进商业银行能够行使信用中介、支付中介、信用创造等职能。

注：① 张跃、孙善根：“论中国本土商业银行的发轫——宁波钱庄过帐制度研究”，《宁波教育学院学报》，2009 年6月，第3期，第81页。

② 段光清：《镜湖自撰年谱》，北京：中华书局,1960 年，第122 页。

3. 大力发展典当业与保险业

民国时期，得益于宁波发达的工商经济和和谐的金融环境，宁波典当业与保险业加快发展。据史料记载，20世纪30年代浙江省共有典当业300余家，而“宁波地区的典当行共有64家之多，占浙江全省典当行的20%”①，其中以鄞县、余姚为多（见表7-42），资本金有超过百万之巨，足见其发展程度与规模。

表 7-42　民国时期宁波地区典当业发展概况

区域	数量（家）	资本金（元）
鄞县	25	644000
慈溪	5	146000
奉化	4	89000
镇海	9	274000
定海	2	不详
象山	1	60000
余姚	16	245000
宁海	2	200000
总计	64	1658000

数据来源：根据傅璇琮主编，王幕民、沈松平、王万盈著《宁波通史》（民国卷），宁波出版社，2009年，第329页的相关内容整理。

宁波地区典当行以经营存款业务并通过钱庄或银行来融通资金，以便利周转。同时，保险业也在发展。据史料记载，在1914～1916年间，先后有扬子保险、先施保险和长利保险等企业落户宁波，其后不断发展壮大（见表7-43），“到1933年，宁波地区已经拥有保险公司54家，营业额达544000元”②，其主要从事水火保险和人寿保险业务。

表 7-43　民国时期宁波地区保险公司发展概况

<table>
<tr><th>年间</th><th>成立保险公司的数量（家）</th><th>营业额（元）</th></tr>
<tr><td>1921 ～ 1926 年</td><td>6</td><td rowspan="3">不详</td></tr>
<tr><td>1927 ～ 1933 年</td><td>4</td></tr>
<tr><td>时间不详</td><td>4</td></tr>
<tr><td>1933 年</td><td>54</td><td>544000</td></tr>
<tr><td>1934 年</td><td>42</td><td rowspan="2">不详</td></tr>
<tr><td>1937</td><td>18</td></tr>
</table>

数据来源：根据傅璇琮主编，王幕民、沈松平、王万盈著《宁波通史》（民国卷），宁波出版社，2009年，第331页的相关内容整理。

---

① 傅璇琮主编，王幕民、沈松平、王万盈著：《宁波通史》（民国卷），宁波：宁波出版社，2009年，第329页。

② 傅璇琮主编，王幕民、沈松平、王万盈著：《宁波通史》（民国卷），宁波：宁波出版社，2009年，第331页。

（三）农工商资本之间实现产业融合的趋势加快

1. 产业资本不断融合

钱庄的盛行和现代信用制度等职能资本的尝试，使货币转化为资本的速度加快，产业融合的程度不断提升。

在市场经济发展过程中，宁波地区农村的地主、富农等私有土地的拥有者，依靠每年出租土地的租佃收入，完成了农业资本的原始积累，他们把农业资本大量投资于工商产业并获得丰厚的报酬，实现了农业资本与工商资本的融合。

2. 资本集聚程度不断提升

依赖于适宜的金融环境，宁波农工商资本不断实现产业融合。据统计，民国时期，宁波地区“包括地主兼工商业主和工商业兼地主，共16853户，占总户数2.39%，占有土地86.08万亩，占土地总数的21.73%，户均占有55.22亩”[①]。

民国时期，如象山县，“地主兼工商业主和工商业主兼地主2282户，占地主户数14.6%，有土地14.49万亩，户均占有63.5亩”[②]。

三、民国时期宁波个体民营商贸流通业发展概况

资金是重要的要素，在推动宁波商贸流通业加快发展的过程中，金融业的作用和地位无可替代。依赖于发达的金融业，宁波内外贸易不断完善流通体系，促进商贸流通业加快发展并取得巨大的成就。

（一）金融业成为宁波商贸流通业的重要发展基础

发达的金融业使商贸流通体系趋于完善。银行、钱庄和当铺是民国时期宁波的主要金融机构。民国时期，由于钱庄业的发展，宁波金融业适应和推动了商贸流通业的发展需求，使其“形成了较为完整的网络体系，形成了以航运、金融、民信和白货营销为主导四大主干商业”[③]体系。

宁波的主干商业体系以商业城镇的发展与商业中心的繁荣为载体，以内外贸易为两个支点，形成了以包含钱庄、典当业等金融业为支撑的粮食业、鱼行业、

---

①② 俞福海主编：《宁波市志》（上），北京：中华书局，1995年，第336页。
③ 张守广：《超越传统——宁波帮的近代化历程》，成都：西南财大出版社，2000年。

药业、南北货业等商贸流通体系。

（二）内外商贸流通业加快发展

1. 个体民营药材业

①宁波药材种植产业促进全国最大的药材交易市场的形成。千百年来，贝母、元胡、白术、麦冬等药材种植是宁波的传统产业。种植的药材收获加工后进入流通领域并形成药材市场，“宁波的药材商人，以慈溪帮居多”[①]。其后，逐渐产生集聚效应。

②宁波成为东部地区重要的药材散集地。尤自“五口通商”后，全国各地的药材商人云集于此，“宁波成为东南各省主要的药材散集地，陕西、甘肃、四川、河南、河北、山东、广东、广西等地药材商帮，纷纷云集宁波贩卖药材”[②]。个体民营药行药号林立，交易繁盛（见表7-44），全国最大的药材交易市场已然形成。

表 7-44　　民国时期宁波民营药行业发展概况　　单位：家，人，万元

年号、年间 / 时间	药行药店	从业人员	分店所在地区	营业额	其中：分店数量
民国十六年 / 公元1927 年	64	1400	四川、湖北、香港、北京、天津、江西、安徽、云南、贵州	不详	37
民国二十一年 / 公元 1932 年	92	不详		950	61

数据来源：根据傅璇琮主编，王幕民、沈松平、王万盈著《宁波通史》（民国卷），宁波出版社，2009年，第310页的相关内容整理。

2. 个体民营南北货业

晚清时期，“南北货号属于近代宁波颇为重要的行业之一”[③]。南北货号是宁波民国时期商贸流通业的重要载体（见表7-45）。民国时期，食糖取代木材而成为输入宁波的大宗商品。“1927年以后，洋糖进口增多，1931年洋糖进口金额达228万两关银。”[④]

① 傅璇琮主编，王幕民、沈松平、王万盈著：《宁波通史》（民国卷），宁波：宁波出版社，2009年，第310页。

② 傅璇琮主编，王幕民、沈松平、王万盈著：《宁波通史》（民国卷），宁波：宁波出版社，2009年，第309页。

③④ 傅璇琮主编，王幕民、沈松平、王万盈著：《宁波通史》（民国卷），宁波：宁波出版社，2009年，第311页。

表 7-45　　　　　　　　　**民国时期宁波南北货号流通概况**

货号种类	经营行业	输入宁波的商品类别	始发地	输出宁波的商品类别
南号	木材	木材	福建、温州	“宁波土特产及由宁波转口的省内外物质”
北号	副食品	粉干、花生、植物油、红枣、黑枣	东北、华北、山东	

数据来源：根据傅璇琮主编，王幕民、沈松平、王万盈著《宁波通史》（民国卷），宁波出版社，2009年，第311页的相关内容整理。

3. 城乡个体民营商号

民国时期，由于个体民营商铺甚多，商贸流通的从业者众（见表7–46），“据1931年工商登记统计，宁波有商业企业5331家，商业总资本额为9951368元，数量较为庞大”[①]，（见表7–47）可见当时的繁盛景象。同时，在个体民营企业5331家中，有很多著名的商号在本行业中执牛耳（见表7–48）。

另据《宁波市志》（上）的相关记载，“民国时，1931年，城区商业5599家，资本总额1452万元，年贸易额3000万元。1935年城区建成9个菜市场”[②]。

表 7-46　　　　　　**民国时期宁波个体民营民生商品流通概况**

年号、年间 / 时间	行业	个体民营店铺数量（户）	销量	全年营业额	备注
民国十四年—民国二十二年（公元 1925 ~ 1933 年）	棉布业	>70	月销 18 万匹	250 万银元	其中，“花旗布”最为畅销
民国十六年—民国十九年（公元 1927 ~ 1930 年）	米行业	>40	年销 >20 万石		米行同时经营豆类等杂粮
清宣统三年—民国三十八年（公元 1911 ~ 1949 年）	百货业	>70	—	250 万元	—
	木材业	37	全年进口 30000 余吨	>260 万元	—
	竹业	18	年销近 1 亿斤	不详	—

数据来源：根据傅璇琮主编，王幕民、沈松平、王万盈著《宁波通史》（民国卷），宁波出版社，2009年，第311页的相关内容整理。

① 傅璇琮主编，王幕民、沈松平、王万盈著：《宁波通史》（民国卷），宁波：宁波出版社，2009年，第312页。

② 俞福海主编：《宁波市志》（上），北京：中华书局，1995年，《总述》，第14 ~ 15页。

表 7-47　　1931 年宁波民营商业企业一览表

行业类别	数量	资本数（元）	原统计分类项目
服饰类	1096	2082930	纺织工业品业、服用贩卖品业、金属制品业、整妆业
饮食类	1403	2689801	饮食品贩卖业、水产品贩卖业、饮食业、畜产品业、农产品业
住用类	336	1434195	土石制品业、木草籐竹业、旅馆业
燃料类	212	420005	林产品贩卖业
医药卫生类	11	35850	澡浣业
文化教育类	44	54053	教育用品业、娱乐场所业
日用杂物类	795	1781404	杂材制品业、杂货业、物品货贷业
工业原料类	266	246682	化学工业品、矿产品
居间类	101	524660	运输业、交易所业
其他	1067	681788	废物业、广告业其他行业
总计	5331	9951368	—

数据来源：转引自傅璇琮主编，王幕民、沈松平、王万盈著《宁波通史》（民国卷），宁波出版社，2009年，第312页的相关表格。

表 7-48　　民国时期宁波著名个体民营商业字号概况

行业类别	商业字号名称
绸布业	源康、凤苞、云章、大纶
百货业	同福昌、大有丰、老慎记
南北货业	方怡和、董生阳、大同、大有
国药业	寿全斋、冯存云、香山堂、赵翰香居
海味业	永泰丰
食糖业	德和、益和
油行业	恒康成、成泰隆
钱庄业	天益、元益
酱业	楼茂记、张信茂

资料来源：根据傅璇琮主编，王幕民、沈松平、王万盈著《宁波通史》（民国卷），宁波出版社，2009年，第312～313页的相关内容整理。

4. 对外贸易业

民国时期，宁波依托优越的水陆运输条件，大力发展内外贸易，传统产品出口势头良好，主要出口农副产品和鱼产品，以外需来促进工商产业的发展。其中，水产贸易、草席、棉布、食盐、茶叶出口在宁波内外贸易占有重要地位（见表7–49）。

"1931年宁波口岸的进口总值为4700万元，出口总值为2100万元"①，对外

① 傅璇琮主编，王幕民、沈松平、王万盈著：《宁波通史》（民国卷），宁波：宁波出版社，2009年，第315页。

贸易成为促进宁波经济社会发展的重要推力。

表 7-49　　民国时期宁波内外贸易概况

出口货物	每年出口货物的价值（万元）	重要来源地	出口目的地
水产品	>500	鄞县、象山、定海、南田	上海
草席	200 ~ 300	鄞县	日本
棉花、丝茶黄酒	>1000 ~ 2000	余姚、绍兴	上海
食盐	300	余姚	苏州、松江、太仓
茶叶	36887951 关两（1922 ~ 1931 年间）	宁波相关县	不详
棉布	424400 匹（1931 年的出口量）	宁波城区及相关县	台湾

数据来源：根据傅璇琮主编，王幕民、沈松平、王万盈著《宁波通史》（民国卷），宁波出版社，2009年，第313 ~ 315页的相关内容整理。

（三）宁波商贸流通业显现的不同特点

1. 市场容量与港口集散功能形成良性互动关系

①市场容量大。民国时期，浙江省将宁波划为全省四大经济区之一，即宁波经济区，为宁波发展工商产业奠定体制基础。宁波经济区人口众多，腹地广阔，市镇密集，具有巨大的消费市场。

“据国民政府实业部1933年调查统计，宁波经济区和象山、定海、南田等地共有国土面积58459平方公里，人口5148412人，拥有市镇296个，平均每县21个，远远超出杭州、永嘉、嘉湖经济区市镇的平均数量”[①]，具备发展商贸流通业的市场条件。

②港口集散功能齐全。由于宁波港口枢纽性地位快速提升，来自内地的大量物质在宁波港口集散、转运，物流和人流的大量涌入，商业、工业、交通运输业、旅栈业、饮食业加快发展，使宁波显现繁荣景象。

③商业街区纵横。民国时期，由于经济社会的发展程度较高，宁波城区商贸流通业繁荣，商业街区纵横交错，“大致有东大路、江厦、江北岸、江东新河路、百丈路以及西门外航船埠头等5个商业带”[②]。同时，市辖鄞县、慈溪、奉化、定海、余姚等县，不仅有较为集中的商业街区，而且诸多市镇也很繁荣。

---

①② 傅璇琮主编，王幕民、沈松平、王万盈著：《宁波通史》（民国卷），宁波：宁波出版社，2009年，第307页。

3. 行业集聚集约与集群方式和程度相互促进

①营销方式集约化。当时，由于农业与商贸流通业的融合程度进一步提升，奉化的农民直接将竹笋运到宁波城区的笋行销售，省略中间批发环节，将农产品直接到消费者手中。其他的如毛竹、茶叶、奉化水蜜桃等农产品和水果也是采用这种营销方式。其中，水蜜桃则是“由桃贩或上海客商直接到奉化收购，并直接装船运走。”[①]

②行业地域集聚化。1949年，镇海有“久丰纱厂1家，数家酿造厂和手工印刷、织布、卷烟厂”[②]。手工业的发展为商贸流通业提供实物支撑，促进宁波地区商贸流通业的发展。当时，宁波全市区域的商贸流通业显现出行业集聚的特点，一是地域集中，二是因市镇而繁盛。民国时期，宁波市区之外有不少的商业网点，形成商贸流通业集聚的格局（见表7–50）。

表 7-50　　民国时期宁波所辖相关县商业街区集聚概况

<table>
<tr><th>县域名称</th><th>商业区域所在地</th><th>商业街区名称或商店数量</th></tr>
<tr><td rowspan="5">鄞县</td><td>东乡</td><td>梅墟、宝幢、五乡碶、莫枝堰</td></tr>
<tr><td>南乡</td><td>姜山、横溪</td></tr>
<tr><td>西乡</td><td>黄古林、凤岙市、前虞奋、集士港、横街头</td></tr>
<tr><td>东南乡</td><td>韩岭、徐前、下应</td></tr>
<tr><td>西南乡</td><td>鄞江桥、栎社、石碶</td></tr>
<tr><td rowspan="3">慈溪</td><td>城关区</td><td>“城市因便于火车，商店约三百余家”</td></tr>
<tr><td>骆驼桥</td><td>“骆驼桥地临镇海，水路交通便利，商店约百余家”</td></tr>
<tr><td>观海卫</td><td>“观海卫地滨大海，商店约百余家”</td></tr>
<tr><td>奉化</td><td>大桥、萧王庙、西坞、溪口、亭下、方桥、莼湖</td><td rowspan="4">不详</td></tr>
<tr><td>镇海</td><td>城关、柴桥、澥浦、庄市、大碶头、团桥</td></tr>
<tr><td>定海</td><td>沈家门</td></tr>
<tr><td>象山</td><td>石浦、城关、墙头、泗洲头、昌国卫、爵溪、陈晃、东溪、珠溪、西周</td></tr>
</table>

① 傅璇琮主编，王幕民、沈松平、王万盈著：《宁波通史》（民国卷），宁波：宁波出版社，2009年，第319页。

② 俞福海主编：《宁波市志》（上），北京：中华书局，1995年，第78页。

续表

县域名称	商业区域所在地	商业街区名称或商店数量
南田	浦鹤、樊岙	“浦鹤镇计商店六十五家，全年交易数约十一万四千七百元，浦鹤镇计商店九家，全年交易数约一万二千五百元，龙泉镇计商店六家，全年交易数约一万八千一百元”
余姚	城关、周行、马渚	不详
宁海	海游	

资料来源：根据傅璇琮主编，王幕民、沈松平、王万盈著《宁波通史》（民国卷），宁波出版社，2009年，第307页的相关内容整理。

③流通载体集群化。商贸流通业骤然出现繁盛景象。抗日战争爆发后，随着上海、杭州等城市的沦陷，宁波成为抗战初期与上海租界区联系的主要港口。同时，许多物资也通过宁波转运四川、湖南、江西、福建以及浙赣路沿线一带与其进行贸易的内地重要城市。

“当时，每天从上海进口的棉布、百货、五金、日用品在10000吨以上，出口转运上海的物资也在5000吨以上。”[①]同时，为货物流通的相关个体民营服务性机构应运而生（见表7-51）。他们为流通提供服务，由此带动旅店业、茶馆业、酒楼业的水陆运输业等众多相关行业的发展，宁波商贸流通的枢纽性地位得到进一步强化。

表 7-51　　抗战时期宁波民营商贸流通机构及服务概况

服务机构名称	服务机构数量（家）	主要业务
报关行	100	办理托运手续
批发商号	300 ~ 400	从事各种商品的批发业务
百货业	>100	商品零售
药店	业务量上升了五六倍	日常用药和紧缺药品
零售商店	不详	批发、零售兼营

数据来源：根据傅璇琮主编，王幕民、沈松平、王万盈著《宁波通史》（民国卷），宁波出版社，2009年，第308页的相关内容整理。

（四）同业公会组织完善

由于商贸流通业的发达，宁波形成了以航运、金融、民信和百货营销等为主的商贸流通加盟体系。一方面，商贸流通业从业者遵守行业规则。另一方面，也

① 傅璇琮主编，王幕民、沈松平、王万盈著：《宁波通史》（民国卷），宁波：宁波出版社，2009年，第308页。

需要行业组织来制定“游戏规则”，以规范全行业的商业行为、完善市场经营。于是，宁波行业公会应运而生。

民国时期，宁波有以钱庄业、典当业、粮食业、鱼行业、药业、南北货业为中心的商业组织，同业公会发达。据《民国鄞县通志记载》，“1935年，宁波市有织造业、西药业、海味业、竹骨业、钱业、草帽业、机器碾米业、煤炭业等同业公会65家”[①]，涵盖了宁波地区的各行各业。

① 傅璇琮主编，王慕民、沈松平、王万盈著：《宁波通史》（民国卷），宁波：宁波出版社，2009年，第318页。转引自（民国）《鄞县通志·政教志·党部团体》，宁波：宁波出版社，2006年。

第八章
新民主主义时期（1949－1956年）宁波民营经济发展概述

新民主主义时期，宁波通过先期没收官僚资本、改制民营资本和收归私营企业的方式，重估私营企业财产价值，扩张国营（有）资本，不断改变和转变生产资料私有制性质，为进行社会主义“三大改造”和实现工业化总目标打下基础。

第一节　新民主主义时期宁波民营经济的发展概况

宁波在全行业通过分步推进的方式对个体和民营企业进行公私合营，建立国营（有）资本的产权模式和国营（有）商贸流通方式，形成以国营（有）企业为主体的公有制经济体制。

一、宁波民营经济的发展现状与特点

在新民主主义经济政策的指引下，宁波个体民营工商业不断发展，吸纳了大量的城市就业人口，其企业显现一定的生产规模，民营经济在宁波经济结构中占有重要地位。

（一）发展成就

1. 个体手工产业领域

1950 ~ 1955年，宁波老城区个体手工业、私营商业不断发展。1951年，个体手工业的营业额近500万元（见表8-1），可见宁波老城区个体手工业的发展规模与程度。

表 8-1　　1950 年、1951 年和 1955 年宁波老城区个体手工业发展概况

时间	个体手工业（户）	从业人员（人）	注册资本（万元）	营业额（万元）
1950 年	3849	6308	不详	
1951 年	3266	7166	217.66	489.43
1955 年	3869	6278	不详	

数据来源：根据俞福海主编《宁波市志》（上），中华书局，1995年，第348 ~ 349页的相关内容整理。

2. 私营工商企业领域

①私营工商企业显现规模。据统计，从1951 ~ 1953年，宁波城区有个体私营企业4.6万多户，从业人员有6万人之多，资本额3704.88万元，而且流动资金有1600万之多（见表8–2），这些统计的数据还不包括鄞县、余姚、慈溪、镇海、象山、宁海等辖县，足见当时宁波民营经济的发展实力与规模。

表 8-2　　1951 ~ 1953 年宁波老市区私营企业发展概况　　单位：户，人，万元

时间	私营行业类别	数量	从业人员	资本额	流动资金	年营业额
1951 年 12 月	私营行商	790	不详	不详	不详	不详
	私营摊贩	7518				
1952 年 12 月	私营行商	418			8.7919	507.87
	私营摊贩	6157			9.5961	149
1953 年	私营工商业	14124	30117	1862.27	793.55	不详
	私营工业企业	3304	13132	1193.49	413.5	
	其中：个体手工业	3011				
	私营商业	2559	6699	454.12	334.67	
	私营饮食、运输、服务、建筑、金融企业	1114	3139	195	25.72	
	私营行商	381	381	—	10	
	私营摊贩	6766	6766	—	9.6	
	总计	46142	60234	3704.88	1605.43	656.87

数据来源；根据俞福海主编《宁波市志》（上），中华书局，1995年，第349 ~ 350页、第485页的相关内容整理。

②手工业和商贸流通业成为支柱产业。1951年，由于大量民营企业的存在，宁波老城区私营工商业全行业发展较快。其中，商贸流通业和机器工业全年的营业额都在1000万元之上（见表8–3），从另一个侧面展现宁波老城区的繁华与商贸流通业的兴盛程度。

表 8-3　　1951 年宁波老城区私营工商业行业发展概况　单位：万元（旧币）

业别	户数	人数	资本额	全年营业额	业别	户数	人数	资本额	全年营业额
合计	6855	22725	2227.46	5458.63	运输业	33	658	170.14	96.29
机器工业	145	5154	1070.51	1019.42	服务业	425	1112	134.63	83.39
手工业	3266	7166	217.66	489.43	建筑业	133	174	9.59	78.69
商业	2404	7269	607.72	3600.00	金融业	20	182	6.20	26.25
饮食业	406	961	9.44	62.15	农业	23	49	1.53	2.97

数据来源：俞福海主编《宁波市志》（上），中华书局，1995年，第480页的相关表格。

1951年底，经工商部门调整核实，宁波全市私营工商业户数、人数、资本额、营业额都有较大幅度的增长（见表8–4）。

表 8-4　　1951 年宁波老市区私营工商业情况表　　单位：万元（旧币）

业别	户数	人数	资本额	全年营业额
机器工业	145	5154	10705139	10194246
手工业	3266	7166	2176647	4894347
商业	2406	7269	6077239	36000020
饮食业	406	961	94464	621597
运输业	33	658	1701468	962948
服务业	425	1112	1346331	833999
金融业	133	174	95900	786945
建筑业	20	182	62094	262554
合计	6834	22676	22259282	54556656

数据来源：转引自宁波市工商业联合会（总商会）志编纂委员会编《宁波市工商业联合会（总商会）志》，2005年，第218页的相关表格。

3. 工商资本丰裕

当时，宁波很多工商资本及其他城市资本拥有者不断渗透到农业领域，其中以后一部分人数量为多，他们用大批资金在乡下购买土地等田产（见表8–5），成为地产巨富。

表 8-5　　土地改革前后宁波民营工商资本进入农业领域概况

社会阶层	户数	占总户数比例（%）	人口数（万人）	占总户数比例（%）	占有土地					
					土改前			土改后		
					土地占有（万亩）	比例（%）	人（亩）	土地占有（万亩）	比例（%）	人（亩）
工商业	5626	0.8	2.36	0.89	5.92	1.49	2.51	0.49	0.12	0.21
其他*	225556	31.92	78.15	29.48	43.48	10.98	0.56	64.18	15.18	0.82

注：* 其他栏包括工人、手工业者、商贩、店员、自由职业、贫民、游民、渔民等。

数据来源：根据俞福海主编《宁波市志》（上），中华书局，1995年，第343页的相关表格整理。

4. 私营商业仍然在经济结构中占据重要地位

1952年，宁波“全市社会商品零售总额1.49亿元，比1949年增长32.79%，其中私营商业比重由1951年的82.4%降至60.1%”[①]。私营商业的比重虽然下降了20多个百分点，但仍然在经济结构中显现出其重要地位。

5. 拉动就业作用明显

手工业和商贸流通业吸纳了大量的农村剩余劳动力就业，在当时宁波老城区的产业结构中具有重要的地位。

宁波手工业的从业户数占宁波老市区私营工商业从业户数总数的47.79%，商业占35.21%，饮食业占5.94%，而手工业和商贸流通业这两大行业的从业人数占总人数的63.66%。

二、宁波民营经济的经济体制形式与特点

在新民主主义时期，宁波存在五种经济形态及相关载体，在民营经济领域，实行生产资料私有制及与之相关的经济体制和经济形式。与国营（有）工业经济、合作社经济、国家资本主义等具有社会主义性质的生产形式共存共荣，继续为宁波经济社会发展作出自己的贡献。

（一）混合经济体制

新民主主义理论，“从经济结构上看，是一个混合经济体，包括私人企业、公私合营企业和国家资本主义。建国初期，这三者共存，并且比较平衡”[②]。因此，在新民主主义时期，宁波具有新民主主义的五种经济形态及所对应的经济性质和载体（见表8–6）。

表 8-6　　宁波在新民主主义时期的五种经济形态及载体

经济结构与形式	经济载体或所占份额	经济性质
国营（有）工业经济	首家公营工业企业甬江印刷厂开业；公营甬江纱厂；接办甬杭、甬百（官）间汽车客运业务，停办私营民华、姚江汽车公司，将其资产与业务纳入国营（有）经济体系	社会主义

① 俞福海主编：《宁波市志》（上），北京：中华书局，1995年，第331页。

② 郑永年：“民企为何纷纷抱大腿”，东方觉悟社，凤凰网博客。引自网页： http://dfjws.blog.ifeng.com 2014–08–06。本文节选自《关键时刻：中国改革何处去》，北京：东方出版社，2014年。

续表

经济结构与形式	经济载体或所占份额	经济性质
合作社经济	“改制”后的鄞奉汽车公司的私股及转为公私合营后的交易性质与形式；1956年实现公私合营的状元楼菜馆、梅龙镇酒楼等	半社会主义
私人资本主义经济	宁波老城区及辖县的资本主义工商经济	资本主义
个体农业经济、手工业经济	宁波老城区及辖县的共同农业经济及手工业经济	资本主义
国家资本主义*	—	半社会主义、半资本主义

注：* 国家资本主义指资本与国家政权相结合，由国家掌握和控制的一种资本主义经济。它的性质和作用决定于国家的性质。此处的国家资本主义经济是指国家资本与私人资本合作的经济，为国家资本主义性质的经济。在必要和可能的条件下，政府鼓励私人资本向国家资本主义方向发展，例如为国家企业加工，或与国家全营，或用租借形式经营国家的企业、开发国家的富源等。

资料来源：根据相关内容整理。

（二）个体私营经济形式

“保存一般的私人资本主义的企业并不废除富农经济”[①]是新民主主义时期的经济政策之一。在工商业领域，宁波存在基于生产资料私有制性质上的资本主义经济形式。个体盐户以个体生产为主，是私人资本主义经济形式，在宁波工商业领域具有一定的代表性。

专栏8-1　宁波制盐业领域的个体盐户属于资本主义性质的经济形式

新中国成立初期，宁波的制盐业领域以个体生产为主，在生产资料所有制形式上仍属于私有制的经济体制与机制。

当时，“盐民是一家一户为一个生产单位，从事制盐劳作，分专业盐户和半农半盐户两类。专业盐户是全部从事盐业生产或以盐业生产为主的盐户；半农半盐户是以农为主，且从事盐业生产的农户”[①]，这种情况一直持续到1953年12月。

注：①朱柏铭主编：《宁波盐志》，宁波：宁波出版社，2009年，第239页。

① 《毛泽东选集》，第2卷，北京：人民出版社，1991年，第647页。

第二节　宁波进行社会主义“三大改造”[1]

当确立了“利用、限制、改造”的基本政策后，对资本主义工商业进行社会主义改造，通过“公私合营”的方式，改造宁波私营经济，为提前进入社会主义社会奠定体制基础。

一、宁波实行社会主义“三大改造”的原则和实施路径

在党的领导下，全国对农业、手工业和资本主义工商业等三个行业进行社会主义改造。就宁波而言，旨在保护、利用、限制和改造城市私营工商经济，使社会主义公有制在宁波国民经济中占据主导地位。

（一）确立调整政策的范围和方式

1. 确立调整的政策和范围

城市私营经济是《共同纲领》中提出的、在国营（有）经济领导下得到保护、利用、限制和发展的经济成分之一。在社会主义“三大改造”的政策下，政府对私营经济本着“利用、限制、改造”的基本政策，将私营经济划分为个体经济和私人资本主义经济两部分。

2. 确立政策调整方式

随着时间的推移，党和政府对私营经济的政策在发生变化，建立了采用行政管理手段、经济杠杆手段、行业组织自律手段、群众运动手段等四种调控手段为主要内容的调控体系，对私营经济“利用、限制、改造”。

---

① 社会主义三大改造，即中华人民共和国建立后，由中国共产党领导的对农业、手工业和资本主义工商业三个行业的社会主义改造。积极引导农民组织起来，走集体化的道路。1955年，全国掀起农业合作化的高潮。第二年，90%以上的农户参加了农业生产合作社。与此同时，90%以上的手工业者也参加了手工业生产合作社。实行了“利用、限制、改造”的政策，从以加工订货为主逐步向公私合营过渡。1956年初，资本主义工商业的社会主义改造出现了全行业公私合营的浪潮，并迅速席卷全国。社会主义改造基本完成，标志着社会主义公有制在国民经济中占据主导地位。从此，社会主义制度在我国基本建立起来，我国开始进入社会主义初级阶段。

（二）扶持民营经济发展

1. 没收官僚资本

宁波于1949年5月25日解放，28日成立了中国人民解放军宁波市军事管制委员会，次日中共宁波地委宣告成立。1950年2月3日，宁波市军管会、浙江省交通公司和浙江省交通管理局开始通过接管、没收、接办和赎买的方式，调整公有和私有关系，将部分官僚资本、民营资本转变为国营（有）资本，建立和扩大社会主义国营经济基础。

2. 扶持私营企业

以加工订货、扩大对私营工业的加工订货量、收购并包销私营工厂产品的方式扶持宁波私营企业的发展，以维持其正常的生产经营活动。因此，政府“至1951年10月，对私营工业的加工范围已扩展到棉纱、棉布、袜子、毛巾、粮食、面粉等7类商品，占私营总产量70%以上”[①]。

3. 帮助民营企业恢复扩大再生产

据《宁波市志》记载，“1950年至1952年，国民经济恢复时期，政府在城市接管、没收官僚资本和汉奸、恶霸的资产、股权后开始一批国营企业，并帮助一些私营企业克服困难、恢复生产”[②]。其后，政府通过采取赎买方式，将私营企业收归旗下，形成国营（有）经济发展体制与机制。

（三）调整工商公私关系

1. 调整工商业关系

宁波市人民政府在党的“统筹兼顾”方针指引下，以“利用、限制、改造”为原则，从1950年第三季度开始，进行全面调整工商业关系的工作（见表8–7）。

为此，宁波市工商联筹委会专门成立私资评审委员会，“下设针织、织布、

---

① 宁波市工商业联合会（总商会）志编纂委员会编：《宁波市工商业联合会（总商会）志》，2005年，第213页。

② 俞福海主编：《宁波市志》（上），《经济总情·经济发展概略》，北京：中华书局，1995年，第330页。

百货、颜料、国药、参燕、绸布等12个工商业评审分会”[①]，开展相关评审工作。

表 8-7　　宁波工商公私关系调整的范畴与举措

调整的范畴	调整的目的、原则与相关举措	调整的作用
公私工商业关系	除没收几家官僚资本银行和新建立的几家国营公司外，绝大部分工厂、商店、交通运输业等还是由私人经营。调整工业主要是维持和恢复私营工厂的生产；调整商业，主要是调整公私商业的经营范围和价格	利用宁波私营企业促进经济社会恢复发展，限制其消极作用，推动整个国民经济健康发展
税负关系	“由税务部门提出总税收任务数，在各行各业自上而下进行判定，分摊税额”，通过调整税负，减并税种，简化纳税办法，适当减轻人民负担	在保证国家财政收入的前提下，促进生产力发展
劳资关系	以“公私兼顾、劳资两利”为调整原则，确保工人的民主权利、有利于生产劳资问题提供协商解决，协商不成则由政府仲裁。1950 年 6 月，宁波市人民政府颁布相关文件，贯彻劳资政策，“使全市有 10 个行业、17 家厂店建立劳资协商会议”	发展生产、劳资两利
产销关系	解决社会主义计划生产与私营资本主义无政府生产的矛盾；通过公私协商，以寻求产销平衡	解决公私关系中存在的产销问题

数据来源：根据宁波市工商业联合会（总商会）志编纂委员会编《宁波市工商业联合会（总商会）志》，2005年，第213 ~ 216页的相关内容整理。

2. 重估私营企业财产价值

1951年6月，宁波市对私营资本的财产进行摸底，对之重新估值，“重估私营企业财产，调整资本，登记工商企业，7月底结束。登记工商企业7829户，资本总额1790.8万元”[②]，以为宁波进行社会主义“三大改造”做好前期准备工作。

二、宁波不断建立完善国营（有）经济发展体制

在社会主义“三大改造”的过程中，宁波通过先期“改制”个体民营资本，建立国营（有）资本的产权模式，不断扩张国营（有）资本，陆续建立国营（有）企业，奠定了社会主义生产资料公有制的所有制体制。

① 宁波市工商业联合会（总商会）志编纂委员会编：《宁波市工商业联合会（总商会）志》，2005年，第213页。

② 俞福海主编：《宁波市志》（上），北京：中华书局，1995年，《卷首 · 大事记》，第102页。

（一）开始部分改变和转变生产资料私有制性质

1. 先期“改制”[①]个体民营资本

宁波不断转变民营资本的私有性质，以没收、接管官僚资本和私营资本之举确立生产资料公有制的主导地位，为建立国营（有）经济体制与机制打下基础（见表8-8）。

表 8-8　建国初期宁波“改制”民营资本概况

时间	“改制”主体	“改制”路径	“改制”效果
1950 年 2 月	宁波市军管会	“接管长丰纱厂。12 月更名公营甬江纱厂”，将没收后的官僚资本转变为国营（有）资本	为建立国营（有）经济体制与机制打下基础
1950 年 4 月	浙江省交通公司	“接办甬杭、甬百（官）间汽车客运业务，私营民华、姚江汽车公司停办”	在交通运输领域由公营资本替代民营资本
1950 年 6 月	浙江省交通管理局	“没收鄞奉汽车公司官僚资本股本，保留私股，转为公私合营”	在没收官僚资本的同时，保留民营资本股份，保护合法私有财产
1951 年 7 月	宁波市人民政府	“接办甬江女子中学”	由国营（有）资本接管学校和慈善机构
	宁波市军管会	“接管普济院、仁慈堂”	
1951 年 10 月	宁波市人民政府	“接办华美医院，1954 年改名宁波第二医院”	将私营医院“改制”为公营医院

资料来源：根据俞福海主编《宁波市志》（上），中华书局，1995年，第100 ~ 103页的相关内容整理。

专栏8-2　私营文艺团体改制改名为国营（有）剧团

宁波艺人徐凤仙等于1950年5月组建凤仙甬剧团，到了1952年，该团“改名为宁波市甬剧团，1956年11月改为国营”[②]，实际上是生产资料所有制性质的转变。将私营文艺团体改制改名为国营（有）剧团，由国营（有）资本占据宣传领域。

2. 建立国营（有）资本的产权模式

宁波自1949年后，即刻建立和完善国营（有）资本的产权模式，通过制度

① 改制是指通过接管、没收、接办和赎买的方式，改变其生产资料所有制的性质，即将官僚资本、个体民营资本转变为集体或国营（有）资本。

② 俞福海主编：《宁波市志》（上），北京：中华书局，1995年，第101页。

建设、培植基础、扩大规模，将私营资本转变为公营资本，并以国营（有）主导产业来抗衡民营资本。1949年10月，首家公营工业企业甬江印刷厂开业，国营（有）资本产权模式不断完善，意味着宁波开始建立国营（有）经济发展体制与机制。

其后，宁波市人民政府运用没收、接管、接办的方式，不断“改制”官僚资本和民营资本，国营（有）资本不断发展壮大。1952年1月，宁波有“市公营、公私合营、私营工厂243家”[①]。

3. 盐区实行合作化

自1952年后，宁波盐区通过合作化的方式，将私有形式的生产资料逐渐转变为生产资料的集体所有制。1953年3月，宁波在盐区实行土地改革，依靠贫雇盐民，以乡为单位，依法没收地主、富盐民的土地等生产资料，将之无偿分配给无地的贫苦盐民（见表8–9）。

表8-9　　宁波庵东盐区土改没收、征收的生产资料及浮财

名称	数量	名称	数量
盐地	15004.15亩	棉地	4647.66亩
盐板	74548块	荒草地	157.47亩
卤缸	5371只	一年荒地	118.59亩
漏碗	7562只	三年荒地	182.78亩
卤井桶	6079.5只	五年荒地	61.5亩
大卤桶	3195只	房屋	516.5间
官仓	57.5座	草舍	121.5间
私仓	47座	粮食（谷）	23993.75斤
盐具	649件	家具	18905件
盐泥	13800担	农具	440件
晒板基	805.09亩	其他	9141件

注：被列为没收、征收对象的地主、富盐户计426户3373人。

数据来源：朱柏铭主编《宁波盐志》，宁波出版社，2009年，第241页。

（二）扩张国营（有）资本

1. 建立国营（有）企业

1951年10月，宁波市人民政府“买下6家私营小厂建立宁波铁工厂，为市内

① 俞福海主编：《宁波市志》（上），北京：中华书局，1995年，第104页。

首家机械工业企业，次年3家小厂并入，1957年改名宁波动力机厂”[①]。宁波动力机厂的成立，意味着宁波经济社会中民营（有）经济与国营（有）经济并存。

专栏8-3 宁波“盛滋记酿造园”私营和国营（有）经营体制的变化路径

在保护合法私营资本产权的基础上，宁波通过赎买民营资本产权，将私营资本转变为公营资本，不断促进生产资料所有者的主体发生性质上的变化。

1957年，在全国公私合营的浪潮下，“盛滋记酿造园”100多亩的工厂和厂房实现公私合营，两年后变成了一家地方国营（有）企业。

1998年，“盛滋记”被宁波市和平注射器厂以180万元的价格买断，从此变成了一家民营企业，这家具有100多年传承历史的百年老店在宁波人的眼里永远消失了。

在100多年的时间里，这家企业历经民营、公私合营、地方国营再到民营的体制路径，又回到民营企业的原点。

2. 大力发展国营（有）商贸流通业

①掌控经济资源。宁波在“1953年后，城市社会主义改造以私营工商业为重点，首先国营商业扩大对私营工业的加工订货、统购包销工业产品范围和农产品收购，由1950年6种工业品，至1953年扩大到301种，农副产品收购值增加8倍，使国营商业掌握了重要工业品货源，保证国家建设和人民需要”[②]。

②实行统购统销。对粮油和棉花等民生行业实行统购统销政策。1955年12月，中央对民营经济政策收紧，在贯彻粮食统购统销的过程中，政府对“全市粮食、食用油、棉花、棉布等重要物品先后实行统购统销和派购，禁止私商、小贩自由买卖和贩运，老市区专业市场先后关闭或由国营商业部门接办，私营批发商的主要业务逐步被国营、合作社商业代替”[③]。

③建立国营（有）商贸流通企业。1950年创设宁波第一百货商店，为宁波最早成立的综合性零售百货商场。1957年设立宁波第二百货商店（1958年与宁波第一棉布店合并）。1956年7月建立冠生园食品商店，为宁波首家国营

---

① 俞福海主编：《宁波市志》（上），北京：中华书局，1995年，第103页。

②③ 俞福海主编：《宁波市志》（上），北京：中华书局，1995年，第349页。

（有）食品商店。

政府通过产权置换的方式以国营（有）代销店替代私营店铺。宁波政府通过载体替换、人员替代、体制变革的方式，陆续将个体民营经济体制转变为国营（有）经济发展体制与机制。1955年12月，政府对“81户粮商、217户油商改为国营代销店，私营棉布批发商全部由国营（有）取代，从业人员由国营（有）商业吸收安排”[①]。

（三）改造个体民营商贸流通企业

1. 宁波老城区私营商业发展现状

1955年，宁波老城区私营商业发展到7640户之多，从业人数达到11394人（见表8–10）。其中，在从业商户中，坐商占总户数的28.51%，行商占2.53%，摊贩占68.97%。由此可知，摊贩是当时宁波老城区商贸流通业的主力军，他们日出设市，日落收市，充分见证宁波商业的繁荣与兴盛。

表 8-10　　1955 年 9 月宁波老城区私营商业发展概况　单位：户，人，万元

私营商业	从业人数	资本额	其中：坐商	从业人数	行商	从业人数	摊贩	从业人数	小商小贩资本额	私营饮食业	从业人数	资本额
7640	11394	475. 68	2178	5818	193	193	5269	5783	145. 88	1267	2055	14. 18

数据来源：根据俞福海主编《宁波市志》（上），中华书局，1995年，第480页的相关内容整理。

2. 实行改造的步骤

①分部推进。按照中央的指示精神，与当时全国一样，宁波通过分步推进的方式对个体和民营企业进行社会主义改造。“首先是实行初级形式的改造，也就是在工业中实行加工、订货、统购、包销、收购；在商业中实行批购、代销、经销、专业代销等等，……第二步是高级形式的改造，也就是实行公私合营。[②]”

②赎买私股。1950年始，政府以赎买公私合营企业中私股的形式为公私合营奠定基础。对民族资产阶级并没有实行像对待官僚买办资产阶级那样的没收政策，而是采取赎买的方式，让民营企业家或资本持有者在一定的时间内、一定的数额内仍然享有巨额收益，中央制订对私营企业的赎买政策，意即通过货币手段

① 俞福海主编：《宁波市志》（上），北京：中华书局，1995年，第349页。

② 宁波市政协文史资料委员会、中共宁波市委统战部编：《在民主团结的旗帜下——宁波市各民主党派工商联史料》，宁波：宁波出版社，1999年，第80页。

将其所有权进行转移。

③清产核资。根据当时的赎买政策，“对私营企业进行了清产核资。据统计，1956 年全国公私合营企业的私股总额为24.2亿元，并据此对私股支付年息5% 的定息，领取定息的私股股东共 114.2万人”[①]。

专栏8-4 通过购买私股剥离私有者的生产资料所有权

公私合营到1965年为止，定息已支付10年时间，金额总计2亿元。“全行业公私合营后保留私方人员高薪累计为815亿元，资本家共获得赎金3215亿元，差不多与他们原有的资产持平”[①]。其结果是将私股与其生产资料的使用权相分离，企业的生产资料由国家统一管理和运用，将赎买政策落到实处。

政府通过“赎买制”将公私合营企业中的私营股份转变成国营（有）企业的股份。“赎买制”的本意是政府通过每年向公私合营企业中的私营生产资料所有者发放一定数量货币，以购买其生产资料的价值，当达到一定的年限后，私营生产资料所有者的生产资料所有权就变成国营（有）企业。

政府通过“赎买制”的方式向私营生产资料所有者支付定息，这些定息“总共支付了 10 年，相当于全部私股股本的50%”[②]。

宁波地区全行业公私合营后，继续贯彻对私营企业的赎买政策，在清产核资的基础上，按照公平合理、实事求是的方针，核定宁波“全市公私合营企业的私股股额1503万元，定息5厘（计息5%），期限7年（后延为3年），每年支付定息75.15万元”[③]。

注：①吴晓波：《跌荡一百年·中国企业·1870–1977》（下），北京：中信出版社，2014年8月第2版，第247页。

②剧锦文：《中国经济：路径与对策》（1949–1999），北京：社会科学文献出版社，2001年，第80页。

③俞福海主编：《宁波市志》（上），北京：中华书局，1995年，第352页。

④推进公私合营。1949年后至1955年前，宁波对民营企业公私合营是零散进行的，即符合条件的，即刻进行公私合营。对条件或时机不成熟的，暂缓公私合营的实施。1952年1月，宁波市公营、公私合营、私营工厂243家分批开展民主改革。

1953年12月，“老市区111户私营粮商只有81户改作国营代销店，其余转产

① 剧锦文：《中国经济：路径与对策》（1949–1999），北京：社会科学文献出版社，2001年，第44页。

或歇业”①，为实行粮油统购统销打下基础。到了1954年8～9月，宁波“老市区35家私营棉布店，纳入国家计划经销”②。

⑤对基础手工业和民生工业进行公私合营。将两种不同的所有制进行有机组合。国营（有）企业和民营企业的载体分别为，以国营（有）企业为代表的公有制经济体制和以个体私营企业为代表的私营经济体制。公有制交通运输行业是宁波实行公私合营的第一个领域。1953年9月，宁波“通运、宁穿长途汽车公司首先实行公私合营”③。

从1953年的12月起到1955年底，宁波地区的永耀电力公司、和丰纱厂、万信一厂、万信二厂、冷藏公司、恒丰布厂、四明电话公司等民营企业陆续实行公私合营（见表8–11）。“至1955年底，纺织、机器、卷烟、酿酒、粮油等8个行业、194个工厂全行业公私合营，老市区公私合营工业企业产值占全部工业产值的36.54%。”④

表 8-11　　宁波地区民营行业实行公私合营概况

时间	私营行业类别	实行公私合营的民营企业数量（户）	资本额（万元）	其中：流动资金（万元）
1950 年 6 月	组织生产小组	47	1.46	0.8799
1954 年 12 月	工业企业	11	12.56	10.98
	个体手工业组织生产合作社	43	1.731	1.0555

数据来源：根据俞福海主编《宁波市志》（上），中华书局，1995年，第348~350页相关内容整理。

对私营企业实行公私合营已成趋势。1952年1月，宁波市公营、公私合营、私营工厂243家分批开展民主改革。1953年12月，老市区111户私营粮商只有81户改作国营（有）代销店，其余转产或歇业，为实行粮油统购统销打下基础。

1954年，宁波老城区的社会主义改造主要在私营批发、零售和私营百货等三个行业进行。在对这三个行业的社会主义改造中，针对行业、对象等实际情况不同，如老市区对私营批发额占总销售额一半以上的绸缎、五金器材、钟表眼镜、南北货等30个行业，“分别采取‘留、转、包’办法实行社会主义改造”⑤（见表8–12）。

① 俞福海主编：《宁波市志》（上），北京：中华书局，1995年，第106页。
② 俞福海主编：《宁波市志》（上），北京：中华书局，1995年，第107页。
③④ 俞福海主编：《宁波市志》（上），北京：中华书局，1995年，第350页。
⑤ 俞福海主编：《宁波市志》（上），北京：中华书局，1995年，第350页。

表 8-12　　1954 年宁波对私营批发商进行社会主义改造的概况

改造批次	行业类别	行业数量（个）	户数（户）	人数（人）	资本额（万元）
第一批	绸缎、五金器材、钟表眼镜、南北货	30	290	824	不详
第二批	绸缎、新药国药、南北货、颜料、五金、文具、杂货、瓷器	13	32	236	16.27

数据来源：根据俞福海主编《宁波市志》（上），中华书局，1995年，第350页的相关内容整理。

通过社会主义改造，1955年的第一季度，国营（有）批发金额占市场批发总额的91.89%，私营批发商占到的份额不足一成。到了“年底，除少数商号自行歇业外，私营批发商社会主义改造基本完成，计资本额82.71 万元，从业人员949人”[①]。自此以后，国家对棉布、棉纱统购统销，将流通环节牢牢控制在自己手中，个体民营棉商仅能够对之代销。

在私营零售领域，1954年9月，国家对粮食、食用油、棉花、食盐、新药、文具纸张、木材等11个行业的零售商行业实行经销、代销。1955年6月，国家对对私营百货、新药业零售商也进行社会主义改造（见表8-13），将全行业改造成为中百公司和市医药公司所属零售经销店。

表 8-13　　1955 年宁波对私营零售商进行社会主义改造的概况

私营零售行业	数量（家）	从业人员（人）	资产总值（万元）	流动资金（万元）	改造的行业零售商
百货零售商	52	221	29.6	21.3	纸张、图书、食盐、烟酒、南北货、茶叶
新药零售商	12	80	13.4	6.86	—

数据来源：根据俞福海主编《宁波市志》（上），中华书局，1995年，第350页的相关内容整理。

从1955 ~ 1956年，在不到两个月的时间内，除零散摊贩外，宁波市对全市122个私营行业、4501家（户）私营商店实行公私合营（见表8–14），棉布、新药、木材、百货、服装、国药、五金电器等私营行业的民营企业实行公私合营（见表8–15），逐渐消除民营企业的生存基础。

至此以后，宁波全市有269家商店实行全行业公私合营。1956年8月至11月，宁波老“市区私有出租房屋实行社会主义改造，11月结束”[②]。1956年，宁波“参加公私合营的有370名私营工商业者”[③]。

① 俞福海主编：《宁波市志》（上），北京：中华书局，1995年，第350页。
② 俞福海主编：《宁波市志》（上），北京：中华书局，1995年，第112 页。
③ 俞福海主编：《宁波市志》（上），北京：中华书局，1995年，第130 页。

表 8-14　　1955 ~ 1956 年宁波民营企业实行公私合营概况

时间		私营行业及数量	载体	数量（家、户）
1955 年	12 月 10 日	棉布、新药、木材等 3 个行业	商店	50
	12 月 31 日	纺织、机器、卷烟、酿酒、榨油等 8 个工业行业	工厂	194
		百货、服装、国药、五金电器等 12 个商业行业	商店	269
1956 年	1 月 19 日	市区 14 个工业行业、80 个商业行业、5 个交通运输及建筑业	—	3988
总计		122	—	4501

数据来源：根据俞福海主编《宁波市志》（上），中华书局，1995年，第108 ~ 109页的相关内容整理。

表 8-15　　宁波地区民营企业实行公私合营概况

时间	私营行业类别	私营行业数量（个）	实行公私合营的民营企业数量（户）
1955 年 10 月	棉布、新药、木材	3	61
1955 年 12 月	百货、服装、国药、五金电器	12	269

数据来源：根据俞福海主编《宁波市志》（上），中华书局，1995年，第350页的相关内容整理。

⑥将私营工商业分流到三个渠道。当时，公私合营涉及宁波全市的14个工业行业、80个商业行业及交通运输、建筑业共3988户。其中，有私营工商业13057户，从业人员29046人，经过社会主义改造后，分流到转为国营企业、实行公私合营和走合作化道路等三个渠道（见表8–16）。如粮食代销店、食油代销店、猪肉、牛肉商店转变为国营商业店铺。

表 8-16　　1956 年 1 月年宁波资本主义工商业进行社会主义改造概况

改造行业类别	数量（户）	占比（%）	从业人员（人）	占比（%）	其中：职工（人）
私营工商业	13057	—	29046	—	—
通过改造：	—	—	—	—	—
转为国营（有）企业	201	1.54	529	1.82	121
实行公私合营	6026	46.15	20657	71.12	11242
走合作化道路	989	7.58	1879	6.47	301
未纳入社会主义改造的摊贩	5841	44.73	5981	20.59	25

数据来源：根据俞福海主编《宁波市志》（上），中华书局，1995年，第351页的相关内容整理。

⑦在商贸流通业领域完成社会主义改造任务。当时，政府对宁波的私营工业、私营商业、私营饮食业和私营服务行业，以及宁波地区所属各县私营商业

等资本主义工商业进行社会主义改造（表8–17、表8–18、表8–19、表8–20、表8–21）。

表 8-17　　1956 年宁波私营工业进行社会主义改造概况

改造行业类别	数量（户）	占比（%）	从业人员（人）	占比（%）	其中：职工（人）
私营工业	3084	—	13119	—	8270
通过改造：	—	—	—	—	—
转为国营（有）企业	3	0.1	35	0.27	32
实行公私合营	2690	87.22	11849	90.35	7937
走合作化道路	391	12.68	1235	9.42	301

数据来源：根据俞福海主编《宁波市志》（上），中华书局，1995年，第351的相关内容整理。

表 8-18　　1956 年宁波私营商业进行社会主义改造概况

改造行业类别	数量（户）	占比（%）	从业人员（人）	占比（%）	其中：职工（人）
私营商业	7807	—	11805	—	—
通过改造：	—	—	—	—	—
转为国营（有）企业	198	2.54	494	4.18	89
实行公私合营	2251	28.83	5887	49.88	2231
走合作化道路	540	6.92	586	4.96	—
尚未改造	4818	61.71	4838	40.98	—

数据来源：根据俞福海主编《宁波市志》（上），中华书局，1995年，第351的相关内容整理。

表 8-19　　1956 年宁波私营饮食业进行社会主义改造概况

改造行业类别	数量（户）	占比（%）	从业人员（人）	占比（%）	其中：职工（人）
私营饮食业	1235	—	1983	—	308
通过改造：	—	—	—	—	—
实行公私合营	435	35.22	1112	56.08	308
走合作化道路	58	4.70	58	2.92	—
尚未改造	742	60.01	813	42.95	—

数据来源：根据俞福海主编《宁波市志》（上），中华书局，1995年，第351的相关内容整理。

表 8-20　　1956 年宁波私营服务行业进行社会主义改造概况

改造行业类别	数量（户）	占比（%）	从业人员（人）	占比（%）	其中：职工（人）
私营服务行业	931		2139		791
通过改造：					
实行公私合营	650	69.82	1809	84.57	766
尚未改造	281	30.18	330	15.43	25

数据来源：根据俞福海主编《宁波市志》（上），中华书局，1995年，第351的相关内容整理。

表 8-21　　1956 年宁波地区所辖各县私营商业进行社会主义改造概况

改造行业类别	数量（户）	占比（%）	从业人员（人）	占比（%）
各县私营商业	52598		67069	—
通过改造：	—	—	—	—
过渡为国营（有）企业	1460	2.77	3189	4.75
实行公私合营	2133	4.05	7033	10.49
组织合作商店	7946	15.14	10813	16.12
组织合作小组	31654	60.18	35404	52.79
转到其他行业	2248	4.27	2393	3.57
代购代销	799	1.51	917	1.37
尚未改造	6358	12.08	7320	10.91

数据来源：根据俞福海主编《宁波市志》（上），中华书局，1995年，第352的相关内容整理。

（四）公私合营的目标与结果

1. 继续对私营企业实行赎买政策

宁波地区全行业公私合营后，继续贯彻对私营企业的赎买政策，在清产核资的基础上，按照公平合理、实事求是的方针，核定宁波“全市公私合营企业的私股股额1503万元，定息5厘（计息5%），期限7年（后延为3年），每年支付定息75.15万元”①（见表8–22），一直发放到1966年止。

表 8-22　　1956 年宁波全市公私合营企业私股资金定息情况　　单位：万元

类别	私股资金总额	每年支付定息
工业系统	949.4160	47.4708
其中：重工业	256.5840	12.8292
轻工业	572.5120	28.6256
粮食业	69.3040	3.4652
水产业	47.9680	2.3984
建筑业	3.0480	0.1524
商业系统	387.8120	19.3906
交通系统	166.0000	8.3000
合计	1503.2280	75.1614

数据来源：转引自宁波市工商业联合会（总商会）志编纂委员会编《宁波市工商业联合会（总商会）志》，2005年，第234页的相关表格。

① 俞福海主编：《宁波市志》（上），北京：中华书局，1995年，第352页。

2. 形成以国营（有）企业为主体的公有制经济体制

社会主义改造完成后，宁波地区与全国一样，在生产资料所有制的性质上发生了根本变化，其经济形式也随之发生变化（见表8–23）。通过改造并合营后，其经济形式较之前有所减少，形成了以国营（有）企业为主、以集体和个体劳动者为辅的社会主义生产资料公有制的经济体制。

表 8-23　　1956 年宁波社会主义改造完成前后经济形式比较

社会主义改造完成前的经济形式	社会主义改造完成后的经济形式
国营（有）企业	国营（有）企业
合作企业	集体企业
民族资本主义企业	个体劳动者
国家资本主义企业	—
个体经济	—

资料来源：根据相关内容整理。

3. 全行业实行以计划经济体制为基础的生产方式

全行业公私合营后，企业原材料主要由国家分配，部分由企业自行采购解决，劳动力由政府相关部门统一安排招工、分配，生产经营执行国家的统一计划安排和调度，企业本身没有自主权，产品由国营（有）商业批发站或物质部门收购，其余的利润全部上缴国家，企业所需资金由国家拨款。

4. 宁波顺利完成对个体手工业和资本主义工商业的社会主义改造任务

1954年底前，宁波完成对绸缎等30个行业、290户私营批发商的社会主义改造，私营商贩和私营手工业（见表8–24），以及私营百货和新药业等领域也顺利完成进行社会主义改造任务（见表8–25）。

表 8-24　　宁波老市区私营商贩和手工业实行社会主义改造概况

时间	小商小贩（户）	其中：公私合营（户）	个体商贩（户）	组成合作商店（个）	个体商贩（户）	组成合作小组（个）	—
1956 年	7942	406	1502	37	4766	369	
时间	手工业从业人员（人）	其中：参加手工业合作组织(人)	占比（%）	手工业合作社（个）	数量（个）	个体手工业者（人）	比 1955 年减少（人）
1957 年	15659	12522	80	91	7388	3137	3141

数据来源：根据俞福海主编《宁波市志》（上），中华书局，1995年，第485页、第349页的相关内容整理。

表 8-25　1955 ~ 1956 年宁波私营百货、新药业零售商全行业进行社会主义改造概况

<table>
<tr><th>私营店铺名称</th><th>创设时间</th><th>店铺特色</th><th>实行社会主义改造后的发展趋势</th></tr>
<tr><td>源康布店</td><td>1904 年</td><td>宁波首家绸布店</td><td>1955 年公私合营后，继续以“多、全、优、新”为经营特色，扩大规模增辟营业铺面</td></tr>
<tr><td>老三进鞋店</td><td>19 世纪末</td><td>宁波著名的鞋店</td><td>1958 年与清光绪年间开业的同福昌帽扇店合并，易名老三进鞋帽店，其以选料讲究、做工精细扬名</td></tr>
<tr><td>升阳泰南货铺</td><td>清同治年间</td><td>以经营南北果品和宁波糕点闻名</td><td>现为宁波昇阳泰商场，为首批“中华老字号”</td></tr>
<tr><td>楼恒盛茂记酱园</td><td>清乾隆年间</td><td>所制香干尤为出名</td><td>1956 年公私合营改名为楼茂记酱品商店，厂店分设，现成立楼茂记食品有限公司，为首批“中华老字号”</td></tr>
<tr><td>冯存仁堂药店</td><td>清咸丰元年</td><td>在新药领域声誉日隆</td><td>1951 年由冯姓后裔合伙集资在东渡路重建店房，1956 年迁至江厦街，主营中药材和中成药</td></tr>
<tr><td>状元楼菜馆</td><td rowspan="3">不详</td><td>菜肴有冰糖甲鱼、脱骨锅烧鳗等宁波“十大”名菜</td><td>1956 年实现公私合营，营业出现转机</td></tr>
<tr><td>梅龙镇酒楼</td><td rowspan="2">不详</td><td rowspan="2">公私合营后，翻建新楼，扩大经营</td></tr>
<tr><td>东福园饭店</td></tr>
</table>

资料来源：根据相关内容整理。

“1956年底全行业公私合营完成，全国90%的私营工业户变为公私合营，商业户中大多数实现了公私合营或合作化。”① 在农业、个体手工业和资本主义工商业等三大生产资料私有制领域，通过“三大改造”，宁波全市有269家商店实行全行业公私合营，将私有制变成公有制，使民营经济失去了体制基础（见表8-26）。

自1953 ~ 1957年，宁波的私营商业进行社会主义改造的任务顺利完成，1956年1月21 日，宁波“市区6万人集会游行，庆祝完成农业、手工业、资本主义工商业的社会主义改造任务”②，标志着宁波全部完成对农业、手工业和资本主义工商业的社会主义改造，民营经济自此在宁波大地上基本消亡。

① 章立凡：“中国近代三次‘国进民退’的历史教训”，人民网，2010年8月12日。
② 俞福海主编：《宁波市志》（上），北京：中华书局，1995年，第109页。

表 8-26　　**宁波市私营工商业全面改造情况 ***

业别		改造后基本情况											
		直接转为国营、供销社门市部			改造公私合营			走合作化道路			未批准改造的		
		户数（户）	从业人员（人）		户数（户）	从业人员（人）		户数（户）	从业人员（人）		户数（户）	从业人员（人）	
			合计	其中职工		合计	其中职工		合计	其中职工		合计	其中职工
私营企业	总计	201	529	121	6026	20657	10604	989	1879	301	5841	5981	25
	资本主义性质	24	141	91	730	11608	9999	18	114	101	4	53	25
	个体工业及小商贩	177	388	30	5296	9049	605	971	1765	200	5837	5908	—
工业	合计	3	35	32	2690	11849	7299	391	1235	301			
	雇职工4人及4人以上	3	35	32	255	7816	7099	18	114	101	—	—	—
	雇职工3人及3人以上	—	—	—	2435	4033	200	373	1121	200			
商业	合计	198	494	89	2251	5887	2231	540	586	—	4818	4838	—
	雇职工2人及2人以上	21	106	59	314	2689	2085	—			153	153	—
	雇职工1人及不雇工的	104	271	30	1710	2927	146	83	129	—	4665	4685	—
	摊贩	73	117	—	227	273	—	457	457	—			
饮食业	合计				435	1112	308	58	58		742	813	
	雇职工2人及2人以上	—			49	293	211	—					
	雇职工1人及不雇工的				386	819	97	—			742	813	—
	摊贩				—			58	58	—			

续表

<table>
<tr><td colspan="2" rowspan="4">业别</td><td colspan="12">改造后基本情况</td></tr>
<tr><td colspan="3">直接转为国营、供销社门市部</td><td colspan="3">改造公私合营</td><td colspan="3">走合作化道路</td><td colspan="3">未批准改造的</td></tr>
<tr><td rowspan="2">户数（户）</td><td colspan="2">从业人员（人）</td><td rowspan="2">户数（户）</td><td colspan="2">从业人员（人）</td><td rowspan="2">户数（户）</td><td colspan="2">从业人员（人）</td><td rowspan="2">户数（户）</td><td colspan="2">从业人员（人）</td></tr>
<tr><td>合计</td><td>其中职工</td><td>合计</td><td>其中职工</td><td>合计</td><td>其中职工</td><td>合计</td><td>其中职工</td></tr>
<tr><td rowspan="4">其他</td><td>合计</td><td colspan="3" rowspan="4">—</td><td>650</td><td>1809</td><td>766</td><td colspan="3" rowspan="4">—</td><td>281</td><td>330</td><td>25</td></tr>
<tr><td>雇职工2人及2人以上</td><td>112</td><td>812</td><td>604</td><td>4</td><td>53</td><td>25</td></tr>
<tr><td>雇职工1人及不雇工的</td><td>538</td><td>997</td><td>162</td><td colspan="3">—</td></tr>
<tr><td>摊贩</td><td colspan="3">—</td><td>277</td><td>277</td><td>—</td></tr>
</table>

注：* 数据来源：转引自宁波市工商业联合会（总商会）志编纂委员会编《宁波市工商业联合会（总商会）志》，2005年，第236页的相关表格。

附注：①直接转为国营、供销社部门的行业系：印刷业、粮食业、油脂业、肉业。

②未批准改造的行业系：摊贩、行商、剧院。

③公私合营后，仍予经销、代销的共2748户，从业人员4488人，其中职工364人。

④工业中手工业改造未确定形式的有1698户，从业人数2084人，其中职工547人。暂列入为公私合营栏。

⑤列表为宁波老市区工商业。

4. 社会主义生产资料公有制逐渐主导所有制领域

对农业、手工业和资本主义工商业的社会主义改造后，社会主义生产资料公有制完全成为经济体制的主角（见表8–27）。因此，“从1956年以后，政府就对工商业企业完全按照国营（有）企业的计划模式管理。1965年，对资本家停发股息，标志着对资改造彻底完成”[①]。宁波市区的商业批发领域中，国营商业由1950年的37.44%的占比上升到1955年的93.29%，私营商业的比重呈现逐年下降的趋势（见表8–28）。这表明，宁波作为全国的一个地区，国营（有）经济及其他所有制经济形式也在发生由国营（有）经济占主导地位的变化。

① 剧锦文：《中国经济：路径与对策》（1949–1999），北京：社会科学文献出版社，2001年，第82页。

表 8-27　1952-1956 年全国国营（有）经济及其他所有制经济形式的变化情况

生产资料所有制性质	经济成分	1952 年（%）	1956 年（%）
公有制经济	国营（有）经济	19.1	32.2
	合作社经济	1.5	53.4
混合所有制经济	公私合营经济	0.7	7.3
私有经济	资本主义经济	6.9	0
	个体经济	71.8	7.1

数据来源：根据剧锦文《中国经济：路径与对策》（1949–1999），社会科学文献出版社，2001年，第79页的相关内容整理。

表 8-28　1950-1955 年宁波商业批发领域公私经济的比重概况

年份	国营商业（%）	私营商业（%）	年份	国营商业（%）	私营商业（%）
1950	24.18	75.82	1951	37.44	62.56
1952	68.10	31.90	1953	72.00	28.00
1954	87.89	12.11	1955	93.29	6.71

数据来源：转引自宁波市工商业联合会（总商会）志编纂委员会编《宁波市工商业联合会（总商会）志》，2005年，第225页的相关表格。

对资本主义工商业的社会主义改造，使生产关系发生了质的变化，也使以国营（有）经济为领导的社会主义公有制经济体系得以不断完善，宁波经济得到较快发展。“1956年全市工业总产值32050万元，比1952年增长69.8%，工业劳动生产率比1952年提高28.17%，社会商品零售额28623万元，比1952年增长92.50%。”①

1958年，继银行之后，企业、土地和其他生产性资产的国有化已基本完成，政府拥有了对财政资源、物质资源、金融资源和人力资源的全面控制权，私营资本消亡后，完全由政府取代市场而进行经济社会资源的配置。

① 宁波市工商业联合会（总商会）志编纂委员会编：《宁波市工商业联合会（总商会）志》，2005年，第239页。

参考文献

[1] 毕世宏. 中国产业经济思想的历史演变. 中国经济思想史学会第十届年会论文，2002.

[2] 柴隆，潘瑶菁. 江厦观潮. 宁波：宁波出版社，2017.

[3] 陈爱红. 实业报国 造福桑梓——宁波甬港联会首任会长俞佐宸. 东南商报，2017-10-01.

[4] 陈高华. 元代商税初探. 中国社会科学院研究生院学报，1997（1）.

[5] 陈桥驿主编. 浙江古今地名词典. 杭州：浙江教育出版社，1991.

[6] 陈乃华. 盐铁专卖与西汉中后期社会危机. 山东师范大学学报，2000（2）.

[7] 陈新权. 明代江南农业中商品经济略论. 史林，1987（1）.

[8] 陈学文. 中国封建晚期的商品经济. 长沙：湖南人民出版社，1989.

[9] 陈晓旻. 东钱湖水岙窑址考古发掘成果公布 这里代表了北宋中期越窑青瓷的工艺水平. 东南商报，2016-12-23（9）.

[10] 陈勇勤. 中国经济史. 北京：中国人民大学出版社，2012.

[11] 程鑫. 浙东运河让杭甬两地紧密相连. 东南商报，2014-6-18.

[12] 董书城. 中国商品经济史. 合肥：安徽教育出版社，1990.

[13] 段光清. 镜湖自撰年谱. 北京：中华书局，1960.

[14] 傅璇琮主编，乐承耀著. 宁波通史（清代卷）. 宁波：宁波出版社，2009.

[15] 傅璇琮主编，钱茂伟，毛阳光著. 宁波通史（元明卷）. 宁波：宁波出版社，2009.

[16] 傅璇琮主编，王幕民，沈松平，王万盈著. 宁波通史（民国卷）. 宁波：宁波出版社，2009.

[17] 傅璇琮主编，张如安，刘恒武，唐燮军著. 宁波通史（史前至唐五代卷）. 宁波：宁波出版社，2009.

[18] 傅璇琮主编，张伟，张如安，邢舒绪著. 宁波通史（宋代卷）. 宁波：宁波出版社，2009.

[19] 郭建龙. 忽必烈的孱弱遗产. 作家文摘，2018-3-27.

[20] 贺师三主编. 宁波金融志（第一卷）. 北京：中华书局，1996.

[21] 侯外庐. 中国封建社会土地所有制形式的问题——中国封建社会发展规律商兑之一. 历史研究，1954（1）.

[22] 胡寄窗. 中国经济思想史. 上海：上海财经大学出版社，1998.

[23] “胡寄窗：中国经济思想史研究的开拓者和首创人”，2009-09-04. 凤凰网财经. 来源于网页：http：//finance. ifeng. com/opinion/xuejie/20090904/1195409. shtml2017年09月15日.

[24] 蒋兆成.《中国封建晚期的商品经济》述评. 中国社会经济史研究. 1990（2）.

[25] 江怡. 民营经济发展体制与机制研究. 杭州：浙江大学出版社，2016.

[26] 吉成名. 先秦至隋代食盐产地考略. 盐业史研究，1997（3）.

[27] 金普森，陈剩勇主编. 浙江通史（秦汉六朝卷）. 杭州：浙江人民出版社，2005.

[28] 林甘泉主编. 中国封建土地制度史（第一卷）. 北京：中国社会科学出版社，1990.

[29] 林满红. 两千年间的“佛”与“国”：传统中国对西方货币领袖头像的认知. 中国经济史研究，2018（2）

[30] 林士民，沈建国. 万里丝路——宁波与海上丝绸之路. 宁波：宁波出版社，2002.

[31] 林士民. 宁波造船史. 杭州：浙江大学出版社，2012.

[32] 林正秋. 浙江古代海外贸易史探述. 商业经济与管理，2003（12）.

[33] 刘刚. 中国的大航海时代. 作家文摘，2015-6-16.

[34] 刘辉. 新中国成立前后经济学界对新民主主义的理论思考. 中央党史研究，2013（1）.

[35] 吕文利. 康熙帝：让世界财富流向中国. 作家文摘，2016-12-16.

[36] 马骏主编. 宁波金融志（第二卷）. 北京：方志出版社，2006.

[37] 毛泽东选集（第2卷）. 北京：人民出版社，1991.

[38] 木志荣. 对民营经济概念的修正. 云南财经大学学报，2008（5）：81-85.

[39] 宁波市工商业联合会（总商会）志编纂委员会编. 宁波市工商业联合会（总商会）志，2005.

[40] 宁波市政协文史资料委员会，中共宁波市委统战部编. 在民主团结的旗帜下——宁波市各民主党派工商联史料. 宁波：宁波出版社，1999.

[41] 宁海城关镇志. 杭州：浙江人民出版社，1989.

[42] 农学报（第17卷）. 灌田公司. 光绪二十三年，公元1897年.

[43] 任放. 保持史家本色的史家——《陈学文集》评介. 中国经济与社会史评论（2012 年卷），第339页.

[44] 苏小和. 百年经济史笔记（上卷）. 北京：东方出版社，2015.

[45] 王天伟. 中国产业发展史纲. 北京：社会科学文献出版社，2012.

[46] 王千马. 盘活中国民间金融百年风云[M]. 北京：现代出版社，2015（1）.
[47] 王千马. 宁波帮——天下第一商帮如何搅动近代中国[M]. 北京：现代出版社，2015（6）.
[48] 王雪梅，谢实编著. 西方经济学简史[M]. 昆明：云南人民出版社，2005（4）.
[49] 王翔. 中国近代手工业史稿[M]. 上海：上海人民出版社，2012（6）.
[50] 王勇进主编. 宁波市对外经济贸易志（638–1995）. 宁波：宁波出版社，1997.
[51] 王则柯. 自由的烦恼[M]. 北京：社会科学文献出版社，2001（10）.
[52] 王振中主编. 转型经济・理论研究[M]. 北京：中国市场出版社，2006年（5）.
[53] 王志凯. 中国民营经济区域发展研究——江苏、浙江实证分析[J]. 浙江大学学报（社会科学版），2009（2）.
[54] 吴敏. 我国民营企业的发展现状及其发展模式. 经济体制改革，2005（3）：62.
[55] 吴晓波. 历代经济变革得失. 杭州：浙江大学出版社，2013.
[56] 吴松弟. 中国人口史. 上海：复旦大学出版社，2000.
[57] 徐瑾. 纸币对南宋朝廷的影响. 作家文摘，2017–3–10.
[58] 徐淑英，边燕杰，郑国汉主编. 中国民营企业的管理和绩效[M]. 北京：北京大学出版社，2008（6）.
[59] 席龙飞. 中国造船史. 武汉：湖北教育出版社，2004.
[60] 许高峰. 发展民营经济及其在区域经济发展中的作用[J]. 北京：中国青年政治学院学报，2010（3）.
[61] 许高峰. 论民营经济在区域经济发展中的作用——以浙江省舟山市为例[M]. 北京：经济科学出版社，2012（12）.
[62] 许高峰，王炜. 论我国发展民营经济对区域经济建设与发展的作用——以苏南模式、温州模式、珠江模式为例[J]. 天津：天津大学学报（社会科学版），2010（6）.
[63] 于传波. 汉代盐铁官营的再评价. 浙江学刊，1991（4）.
[64] 杨继刚，沈小滨. 企业转型那点事儿[M]. 北京：机械工业出版社，2011（6）.
[65] 袁行霈，严文明主编. 中华文明史（第一卷），严文明，李零主编. 北京：北京大学出版社，2006.
[66] 袁行霈，严文明主编. 中华文明史（第二卷），张传玺，王邦维主编. 北京：北京大学出版社，2006.
[67] 袁行霈，严文明主编. 中华文明史（第三卷），袁行霈，邓小南主编. 北京：北京大学出版社，2006.
[68] 易中天. 易中天中华史19：风流南宋. 杭州：浙江文艺出版社，2017.

[69] 余姚镇志，1989年铅印本.
[70] 永谊. 白银秘史——东西方货币战争史[M]. 重庆：重庆出版社，2011（1）.
[71] 俞福海主编. 宁波市志（上）. 北京：中华书局，1995.
[72] 俞福海主编. 宁波市志（中）. 北京：中华书局，1995.
[73] 俞福海主编. 宁波市志（下）. 北京：中华书局，1995.
[74] 詹荣胜主编. 转型升级 创新发展——宁波市发展规划研究院2012年研究成果选编（上、下）[M]. 宁波：宁波出版社，2014（4）.
[75] 中国人民大学复印报刊资料. 体制改革[J]. 2009（11）.
[76] 中国人民大学复印报刊资料. 民营经济管理[J]. 2010（5）.
[77] 中国经济通史·隋唐五代经济卷. 北京：经济日报出版社，2000.
[78] 张志勇. 中国往事三十年——揭幕民营经济中国式进程度. 北京：经济日报出版社，2009：2-5.
[79] 张问敏，宋光茂，郑红亮，王利民，詹小洪编. 中国经济大论战（第三辑）[M]. 北京：经济管理出版社，1998（2）.
[80] 张雁. 探索经济学的“历史路标”——关于深化经济思想史研究的对话. 光明日报，2017-01-03（11）.
[81] 张守广. 宁波帮志（历史卷）. 北京：中国社会科学出版社，2009.
[82] 张鸣. 重说中国近代史——还原一段被扭曲的历史、挖掘国人今日问题之根源[M]. 北京：中国致公出版社，2012（2）.
[83] 张明之. 从朝贡体系到条约通商：近代中国对外贸易形态的变迁——鸦片战争170周年反思. 南京政治学院学报，2010（3）.
[84] 张跃，孙善根. 论中国本土商业银行的发轫——宁波钱庄过账制度研究. 宁波教育学院学报，2009-06（3）.
[85] 赵自芳，王争夺等. 中国民营企业的生产率研究[M]. 杭州：浙江大学出版社，2009（6）.
[86] 朱柏铭主编. 宁波盐志. 宁波：宁波出版社，2009.
[87] 郑志国. 公有制为主体涵盖资源性资产[J]. 江汉论坛，2012（12）.
[88] 郑绍昌主编. 宁波港史. 北京：人民交通出版社，1989.
[89] [法]费尔南·布罗代尔. 十五至十八世纪的物质文明、经济和资本主义（第一卷）. 顾良，施康强译. 北京：商务印书馆，2017.
[90] [美]沃尔特·拉塞尔·米德著，涂怡超，罗怡清译. 上帝与黄金：英国、美国与现代世界的形成[M]. 北京：社会科学文献出版社，2014（12）.

[91] [日]田中健夫. 倭寇与勘合贸易. 知文堂，1961.

[92] [日]斯波义信著，方健，何忠礼译，虞云国校. 宋代江南经济史研究. 苏州：江苏人民出版社，2001.

[93] [日]斯波义信著，王泰祥译. 宁波及其腹地. 引自网页：http：//www. docin. com/p-1189085044. html.

后　记

2016年6月，宁波市社会科学院（社会科学界联合会）的相关人士建议以宁波为题，撰写宁波自先秦时期以降的民营经济发展历史。本人欣然应允，立即着手搜集资料，并于2016年7月底正式开始写作本书，至2018年6月完成第四次修改，前后历时两年，日前交由中国发展出版社出版发行。

本书上限至先秦时期，下限延伸到1956年宁波社会主义“三大改造”任务完成时为止，以此作为宁波民营经济发展历史的第一卷本，而《宁波民营经济史》（1957年-2017年）将作为第二卷本并于其后开始着手撰写。

立身于“书藏古今、港通天下”的格调和格局而在海内外发扬光大，宁波民营经济不断发展。体制内外，精美、精明、精气神与人财物的融汇贯通；江海上下，资产与资本的极致配置，成就了波澜壮阔的宁波民营经济发展历史。

本书展现了在当时经济社会环境下个体民营工商产业的发展概况，论述国营（有）经济体制对个体私营经济发展产生的影响和结果，以及宁波民营经济自身发展壮大及对经济社会和文化形成的推动作用。

编写本书在于温故而知新。以本书为载体，简略解读宁波的过去，罗织四明大地过往的人和事，不曾忘却宁波作为港城名都拥有的成就与辉煌。当翻开厚重历史一页的时候，我们能够理性地把握当下，不断憧憬民营经济发展的未来。

热爱是最好的老师。写作本书，需要查找、阅读多种相关参考资料，实际上就是不断学习、探究的过程。热爱研究工作才能静下心来全身心投入其间。同时，庆幸自己找到了好的研究选题，对提升研究能力大有裨益，而能力的提升需要全神贯注，日积月累，才能见微知著，厚积薄发。

初稿完成后，浙江大学原经济学院院长，浙江大学民营经济研究中心主任、博导、浙江大学资深人文教授史晋川先生通阅本书全稿，提出中肯的修改意见，且欣然为本书作序。作者在此向史晋川教授表示深深的谢意！

受宁波市社会科学院（社会科学界联合会）的委托，华弼天先生通阅本书并